数字信号处理

史 林 赵树杰 编著

科学出版社
北京

内 容 简 介

本书系统讲述了数字信号处理的基本原理、分析方法和处理技术。全书内容由五部分组成：信号和信号处理概论及模拟信号的数字化处理方法；离散时间信号——序列与离散时间系统的基本概念和时域、频域分析；序列离散傅里叶变换的概念、性质和应用及其快速算法；数字滤波器的基本概念与理论，数字滤波器的设计、算法结构和误差分析；多采样速率数字信号处理的基本理论、高效算法结构和应用举例。书中结合各章的重点内容，列举典型例子介绍相应的 Matlab 信号处理工具箱函数，并给出用 Matlab 阐述问题和求解计算或设计的程序及结果。各章配有理论练习题和 Matlab 上机实验题。

本书可作为普通高等学校工科电子信息工程、通信工程、智能信息处理、生物医学工程、自动化、测控技术与仪器、电子科学与技术专业以及理科电子信息科学与技术等电子信息类专业本科生的教材，也可供从事信号与信息处理的科技工作者参考。

图书在版编目(CIP)数据

数字信号处理/史林，赵树杰编著. —北京：科学出版社，2007.9

ISBN 978-7-03-020108-9

Ⅰ.数… Ⅱ.①史…②赵… Ⅲ.数字信号-信号处理 Ⅳ.TN911.72

中国版本图书馆 CIP 数据核字(2007)第 146641 号

责任编辑：潘斯斯 匡 敏 余 江 / 责任校对：钟 洋
责任印制：赵 博 / 封面设计：陈 敬

科 学 出 版 社 出版
北京东黄城根北街 16 号
邮政编码：100717
http://www.sciencep.com

北京凌奇印刷有限责任公司印刷
科学出版社发行 各地新华书店经销
*
2007 年 9 月第 一 版 开本：720×1000 1/16
2024 年 7 月第十一次印刷 印张：28 1/2
字数：540 000

定价：89.00 元

(如有印装质量问题，我社负责调换)

前　言

数字信号处理是高等院校电子信息类专业的一门必修课程。随着电子信息科学技术和计算机科学技术及大规模、超大规模集成电路的迅速发展与广泛应用，数字信号处理的理论、算法和处理技术也得到飞速发展，应用的领域和范围日益扩大。为了满足教学中对数字信号处理教材的需求，同时教材中应反映数字信号处理的新理论、新算法和新的处理技术，编者在参考国内外同类教材的基础上，结合多年教学经验，并吸取了部分科研成果，编著了这本书。

本书在编写过程中力求做到如下几点：

(1) 内容选择合适，章节安排得当，重点内容突出，便于教和学。数字信号处理的先修课程是信号与系统，而后续课程是离散时间随机信号处理、现代信号处理等。所以，在内容的选择上既要保持课程的完整性，又要考虑前后课程的不同教学大纲的要求，力求做到取舍合适；各章节的前后次序和具体内容安排，力求做到合理、完整、系统，重点内容突出，方便教学和学习。

(2) 突出基本原理，强调基本概念，重视基本分析方法，注意理论联系实际。数字信号处理是一门理论性和实践性都很强的课程，因此，在讨论离散时间信号和系统的时域、频域特性，序列的离散傅里叶变换，多采样速率信号处理等问题时，重点论述它们的基本原理，明确其物理意义，掌握其主要性质；在讨论离散傅里叶变换的快速算法时，重点说明各种算法的基础和基本思想与具体方法；在讨论数字滤波器的设计和算法结构及误差分析等问题时，主要论述设计指标、设计原理和设计方法，各种可能的算法结构及其主要优缺点，有限字长的误差分析等。书中对数字信号处理的典型应用——用 DFT 对信号进行频谱分析，用 DFT 计算两序列的线性卷积，数字下变频信号处理等做了详细介绍。

(3) 适量补充新内容。数字信号处理的理论和技术不断向前发展，适量补充比较成熟的、通用性较强的新理论和技术是必要的。本书对多采样速率信号处理的基本原理、采样率转换系统的实现方法和高效结构进行了讨论，并介绍了它在模拟/数字变换、数字接收机设计、音频信号处理等方面的应用；对格型滤波器也做了适量的讨论。根据教学大纲要求，离散时间随机信号处理的内容不包含在本书内。

(4) 将数字信号处理的理论和算法、数字滤波器的设计和结构与 Matlab 语言很好地结合，提高效率，方便分析和设计。Matlab 信号处理工具箱函数，可用于数字信号和系统的性能分析研究、数值计算，数字滤波器的算法结构设计和参数计算等方面。本书的各章中，分别介绍了有关的 Matlab 信号处理工具箱函数，并结合例题说明其应用。

(5) 将例题、理论练习题和 Matlab 上机实验题合理搭配，有机结合。书中的重点内容部分均有相应的例题；各章末也配有较丰富的理论练习题和 Matlab 上机实验题，其中有些题目是以实际应用问题为基础编写而成的。读者在学习数字信号处理基本理论的基础上，最好能选做一些理论练习题，并用 Matlab 语言在计算机上进行问题的分析和求解，或系统参数的计算与设计。

本书共分 9 章。第 1 章概述了信号和信号处理的基本概念、数字信号处理的特点；还讨论了模拟信号的数字处理方法，导出了时域采样定理。第 2 章讨论离散时间信号和系统的时域分析。重点讨论了离散时间信号——序列的基本概念、典型序列、序列表示和序列运算，离散时间系统的线性和时不变性，线性时不变系统的单位脉冲响应，输入序列输出序列间的线性卷积关系，用系统参数来描述系统特性的线性常系数差分方程及其求解。第 3 章讨论离散时间信号和系统的频域分析。重点讨论了序列的离散时间傅里叶变换的定义、概念和性质，序列的 Z 变换的定义、收敛域和性质及其与序列的离散时间傅里叶变换的关系，离散时间线性时不变性系统的系统函数、零极点分布、因果性和稳定性及系统的特性。第 4 章讨论有限长序列的离散傅里叶变换。重点讨论了序列的离散傅里叶变换的定义、概念和性质，及其与序列的离散时间傅里叶变换和序列的 Z 变换之间的关系；还讨论了序列离散傅里叶变换的主要应用。第 5 章讨论有限长序列的离散傅里叶变换的快速算法。在分析减少运算量途径的基础上，重点讨论了时域抽取基 2FFT 算法和频域抽取基 2FFT 算法，给出了蝶形运算结构，分析了该算法的特点和运算量；还讨论了离散傅里叶逆变换的快速算法问题。第 6 章讨论无限长单位脉冲响应数字滤波器的设计。在说明滤波器主要指标含义的基础上，讨论了常用几种模拟滤波器的设计；重点讨论了由模拟滤波器转换成数字滤波器的脉冲响应不变法和双线性变换法的基本原理、变换关系、映射分析及各自的优缺点；还讨论了数字域的频带变换问题；无限长脉冲响应数字滤波器的优化设计是本章的另一个重点问题。第 7 章讨论有限长脉冲响应数字滤波器设计。首先说明了线性相位滤波器的概念及条件；然后重点讨论了窗函数设计法、频率采样设计法和等波纹最佳逼近设计法的基本原理、设计方法及各自的优缺点。第 8 章讨论数字滤波器的算法结构与误差分析。首先讨论了无限长脉冲响应数字滤波器的直接型、级联型和并联型算法结构及有限长脉冲响应数字滤波器的直接型、级联型和频率采样型算法结构；然后讨论了信号量化、滤波器系数量化的有限字长效应问题。第 9 章讨论多速率数字信号处理。讨论了整数倍抽取、内插的概念，抽取、内插滤波系统的实现方法和高效算法结构，并举例说明其应用。

本门课的先修课程是信号与系统、Matlab 语言等，教学参考时数为 60 学时。如果安排 46 学时，那么有关 Matlab 的内容(书中的小字体部分)、第 6 章关于模拟滤波器设计的内容可以简略,第 9 章不讲。

本书由史林和赵树杰共同编写。刘昕雨、曹哲、薛媛等 13 名研究生参加了本书的计算机文字录入,绘制了部分图表,对他们的工作和付出在此表示深深的感谢。

本书在编写过程中,参考了国内外有关的参考文献资料,参照了部分内容的写法,采用了其中的一些例题和练习题。在此向所有参考文献的作者表示诚挚的感谢。

本书的出版得到科学出版社匡敏、余江等编辑的大力支持,他们为本书做了大量细致的工作,在此深表感谢。

由于作者水平有限,书中难免还存在一些缺点和错误,殷切希望广大读者批评指正。

作者联系电话:(029)88201997,E-mail:lshi61@163. com。

作　者
于西安电子科技大学

目 录

第1章 信号和信号处理

1.1 引 言

自然界中充满了各种信号，从这些信号中提取尽可能多的对人类有用的信息，是现代信息技术始终追求且永无止境的目标，它推动了信号处理学科的发展。特别是近三十多年来，高速度、高精度的数字信号处理已经形成了一套完备的理论体系，其中包括各种快速的和优良的算法。而且随着新理论和新算法的提出，计算机技术、超大规模集成电路技术等的飞速发展，数字信号处理的理论和技术还在不断地丰富、完善和提高。

本章主要讨论信号及其分类、信号处理的基本概念、实现方法和数字信号处理的特点，模拟信号的数字处理方法等内容。

1.2 信号及其分类

信号是信息的载体，任何携带信息的物理量都可以称为信号。在社会科学、自然科学和人们的日常生活中会遇到各种各样的信号，其中有的是客观存在的，有的则是人类有目的制造的；有的信号是有用的，有的则是不需要的，甚至是有害的。虽然有不同类型的信号，但一般来说，信号都可以表示为独立自变量的函数。函数的自变量可以是时间、坐标、温度、压力等，而特定自变量所对应的函数值可以理解为信号的幅度值。

有多种方法对信号进行分类。下面介绍几种主要的信号分类方法。

(1) 按信号载体的物理特性，信号可分为：电、光、声、磁、机械、热等信号。一些社会科学研究的信号则以统计数据为载体，例如，一个国家的人口素质是基于人口数量、男女比例、年龄结构、文化程度、从事职业、健康状况等统计数据得出来的。

(2) 按信号中自变量的数目，信号可分为：

一维信号，如语言和音乐，它们是以时间为自变量的信号。

二维信号，如黑白照片、地形图，它们以 x、y 两维坐标为自变量；彩色照片的自变量也是二维坐标，但照片有红、绿、蓝三色。

三维信号，如黑白电视图像，它的三个自变量是 x、y 坐标和时间 t；彩色电视图像也是三个自变量的信号，且图像有三色（如红、绿、蓝）。

类似地,也有四维信号及四维以上信号。

通常,将含有一个自变量的信号称为一维信号,而将含有两个或两个以上自变量的信号称为多维信号。

本书讨论以时间为自变量的一维电信号的处理问题。虽然自变量不一定是时间,信号也不限于电信号,但这样默认便于问题的讨论和理解。一维信号处理也是研究多维信号处理的基础。

(3) 按信号中自变量和幅度的取值特点,信号可分为:

连续时间(continuous-time, CT)信号,其自变量时间在信号的定义域内是连续的。如果连续时间信号的幅度在一定的动态范围内也连续取值,即为模拟量,这样的信号称为模拟信号(analog signal),用 $x_a(t)$表示。自然界中的大多数信号是模拟信号。

离散时间(discrete-time, DT)信号,其自变量时间在信号的定义域内是离散的。所以离散时间信号是仅在离散时刻上有定义的信号。离散时间信号可以通过对连续时间信号的采样获得,例如,用周期为 T 的采样脉冲对模拟信号 $x_a(t)$进行采样,得离散时间信号

$$x(nT) = x_a(t)\,|_{t=nT}, \quad n = 0, \pm 1, \pm 2, \cdots$$

也有的信号本身就是离散时间的,如电话交换机单位时间内收到的电话呼叫次数,计算机产生的离散伪随机序列等。

数字信号(digital signal),是时间离散、幅度量化为有限字长二进制数的信号。

离散时间信号的幅度量化为有限字长的二进制数,存在量化误差。本书针对离散时间信号和系统展开论述,量化误差将在误差分析一节中讨论。这样安排的目的是,在阐述数字信号处理的基本概念、基本理论和算法、系统设计等问题时,先避开有限字长的效应,使概念清楚、理论严谨、便于理解和掌握。

1.3 信号处理的基本概念

从信号中提取尽可能多的有用信息,增强信号的有用分量,估计信号的特征参数,识别信号的特性,同时抑制或消除不需要的,甚至有害的信号分量等,是信号处理的根本目的。为此,需要对信号进行分析和变换、扩展和压缩、滤波、参数估计、特性识别等加工,统称为信号处理。

信号处理分为模拟信号处理和数字信号处理两种。一般来说,模拟信号处理的对象是模拟信号,数字信号处理的对象是数字信号。因模拟信号经采样、模拟/数字变换,成为数字信号,而数字信号经过数字/模拟变换成为模拟信号。所以,若信号处理系统增加数字/模拟变换器,模拟信号处理系统也可以处理数字信号,若信号处理系统增加模拟/数字变换器,数字信号处理系统也可以处理模拟信号。在

实际工程应用中，这样的信号处理系统是经常采用的。

让我们看几个具体的信号处理的例子。

(1) 在直流稳压电源中，50Hz 交流电压经全波整流后，由于含有 100Hz 和更高的谐波分量，所以，其后必须经过低通滤波，保留直流分量，抑制交流分量到足够低的水平，以保证直流稳压电源的良好性能。图 1.3.1(a)是由电阻 R 和电容 C 组成的模拟低通滤波器；图 1.3.1(b)是数字低通滤波器的框图，它由延迟单元、乘法器和加法器组成。

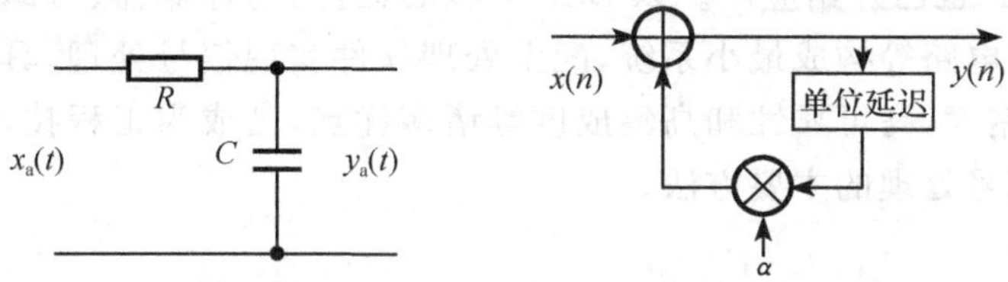

(a) 模拟低通滤波器　　(b) 数字低通滤波器

图 1.3.1　低通滤波器

(2) 线性调频信号是一种性能优良的扩频信号，其时宽 T 与带宽 B 的乘积 $D=BT$，代表了压缩后的功率信噪比相对于压缩前的功率信噪比的改善倍数。线性调频信号经匹配滤波进行压缩，为获得低旁瓣而加权压缩后信号的宽度 $\tau\approx 1.47/B$。线性调频信号通常在频域实现数字脉冲压缩，其基本原理是：线性调频信号经模拟/数字变换器获得数字信号，其离散傅里叶变换的结果与频域的加权系数相乘，乘积的离散傅里叶逆变换就是数字脉冲压缩后的数据。

(3) 雷达回波信号中，通常混有强度很大的固定杂波，它淹没了杂波中的运动目标。为了实现运动目标的显示，利用固定杂波其频谱分布在零频率附近的特性，设计与杂波谱相匹配、凹口在零频率附近的滤波器，抑制杂波，保留运动目标。这就是雷达信号处理中的动目标显示(MTI)。

从人们的日常生活到社会科学、自然科学、生产过程等领域，我们还可以举出许多信号处理的例子。信号处理，尤其是数字信号处理，已经和必将对社会发展、科技进步、生产力提高、人们生活水平的改善等各个方面，发挥越来越大的作用。

1.4　数字信号处理的实现方法

数字信号研究如何用"数字"方法来"处理信号"，其实现方法分为软件实现、硬件实现和硬软件结合实现。在讨论实现方法时，认为待处理的信号已被处理为数字信号。

(1) 软件实现方法。按照信号处理的原理和算法，编写程序(如用 Matlab 语言)，在通用计算机上实现信号处理。这种方法的优点是灵活方便，程序中的参数容易改变，程序也便于修改，缺点是计算速度较慢，达不到高速实时处理的目的。

(2) 硬件实现方法。按照信号处理的原理和算法，设计硬件实现方案，由存储器、超大规模集成电路(如可编程逻辑器件 CPLD、FPGA)等构成硬件实现系统，完成信号处理。其优点是运算速度快，实时性强，但不够灵活。

(3) 硬软件结合实现方法。高性能的数字信号处理器(digital signal processor, DSP)已广泛应用于数字信号处理系统中，内时钟高达 600MHz，内存容量为 24Mbit 的 DSP 也已开始应用。以 DSP 为核心器件，与存储器、可编程逻辑器件、输入输出接口电路等构成最小系统，配上处理软件实现信号处理，具有高灵活性，高实时性，高精度，高可靠性和高集成度等诸多优点，已成为工程技术领域中实现高性能数字信号处理的主要方法。

1.5 数字信号处理的主要特点

如前所述，数字信号处理是用“数字”的方法来“处理信号”，无论完成何种处理，其处理方式都可归结为二进制数数值运算的方式，所以相对于模拟信号处理具有许多优点。

(1) 灵活性好。

数字信号处理系统(简称数字系统)的性能取决于系统参数，这些参数保存在存储器中，或在程序中设定，因此很容易修改。灵活性好还表现在数字系统可以分时复用，用一套数字系统可以分时处理多路信号。

(2) 高精度和高稳定性。

数字系统的运算字长为 16 位、32 位甚至为 64 位，有足够高的计算精度。如果数字信号是由模拟信号采样、模拟/数字变换获得的，因为模拟/数字变换器一般选用 12 位或 12 位以上的器件，所以数字系统的精度也远高于模拟系统的精度。数字系统的特性一般不会随使用环境的变化而变化，尤其使用了超大规模集成的 DSP 芯片，简化了设备，更提高了系统的稳定性和可靠性。

(3) 便于开发和升级。

用 DSP 芯片等器件设计出通用的数字信号处理机，在这样的硬件平台上，可以设计不同的软件来完成多种信号处理功能，服务于多种系统。由于软件可以方便传送、复制和升级，系统的性能可以得到不断的改善。

(4) 功能强。

数字信号处理不仅能完成一维信号的处理，还可以实现多维信号的处理，例如，二维图像信号处理、多维阵列的信号处理等。对数字信号可以进行存储、剪裁、复制、传送等处理，使数字信号在功能上还可以完成模拟信号处理不能完成的许多任务，例如，电视系统中的画中画、多画面、各种视频特技，包括画面压缩、画面放大、画面坐标旋转、画面合成、动画、特技制作等。

(5) 便于大规模集成。

数字部件具有高度的规范性，对电路参数要求不严格，容易大规模集成和生产。随着大规模集成电路技术的发展，一个复杂的数字信号处理系统已可以集成在一个芯片上，即所谓的“片上系统”(system on chip, SOC)。SOC 包含有数字电路、模拟电路、模拟和数字转换电路、微处理器、微控制器以及数字信号处理器等。与传统的集成电路不同的是，嵌入式软件的设计也被集成到了 SOC 的设计流程中。SOC 的设计方法将以组装为基础，设计过程中大量重复使用具有智能特性(intelligent property, IP)的模块。SOC 各子系统要充分考虑如何合理划分软件和硬件所实现的系统功能以及如何实现子系统之间、软件与硬件之间的信息交换等。片上系统将是数字信号处理系统的一种新型的实现方法。

当然，数字信号处理系统也存在一些缺点。由于受模拟/数字变换的采样频率的限制和处理速度的制约，目前数字信号处理应用中，信号的频率范围还只能在中频以下；数字信号处理系统一般需要模拟/数字变换器、数字/模拟变换器等接口电路，往往比模拟系统复杂些；另外，涉及大功率的许多模拟信号处理系统，目前也无法完全用数字系统来实现，等等。数字信号处理技术正在逐步克服这些缺点，以惊人的速度发展，不断扩大应用领域。

1.6 模拟信号的数字处理方法

数字信号处理相对于模拟信号处理具有许多优点，因此人们希望将模拟信号经过采样和量化编码形成数字信号，再采用数字处理技术进行处理；处理完毕，如果需要，再将处理结果转换成模拟信号。这种处理方法称为模拟信号的数字处理方法。

1.6.1 模拟信号的数字处理原理框图

模拟信号的数字处理原理框图如图 1.6.1 所示。模拟信号 $x_a(t)$ 首先经预处理，滤除信号中的杂散分量后，经采样和模拟/数字(A/D)变换转换后成为数字信号，再进行数字信号处理，处理结果以数字信号形式输出，必要时也可以经过数字/模拟(D/A)变换再转换为模拟信号，平滑滤波后输出。下面我们讨论采样定理和采样内插恢复。

图 1.6.1　模拟信号的数字处理原理框图

1.6.2　采样定理

对模拟信号 $x_a(t)$进行数字处理，首先要对其进行采样，获得离散时间信号。我们关心的是模拟信号经过采样以后不丢失信息应满足什么条件？如何由采样获得的离散时间信号恢复原来的模拟信号？这就是采样定理和采样内插恢复问题。

将模拟信号变成离散时间信号，最常用的方法是对其进行等间隔采样，即每隔一个固定时间 T 取一个信号值，T 称为采样周期，T 的倒数称为采样频率，记为 f_s，而其对应的角频率为 $\Omega_s=\frac{2\pi}{T}=2\pi f_s$。采样器由电子开关组成，开关每隔时间 T 短暂地闭合一次，将模拟信号接通，实现一次采样。当电子开关闭合时间非常短时，就可以认为它是单位冲激信号 $\delta(t)$，形成理想采样。对于周期性的单位脉冲串，记为 $p_\delta(t)$，称为采样脉冲信号。可以写成

$$p_\delta(t)=\sum_{n=-\infty}^{\infty}\delta(t-nT) \tag{1.6.1}$$

式中 n 取整数。$p_\delta(t)$中每个单位冲激信号处在信号的采样点上，强度为 1。理想采样则是 $x_a(t)$与 $p_\delta(t)$相乘的结果，记作 $\hat{x}_a(t)$，称为采样信号，表示为

$$\hat{x}_a(t)=x_a(t)p_\delta(t) \tag{1.6.2}$$

如图 1.6.2 所示。

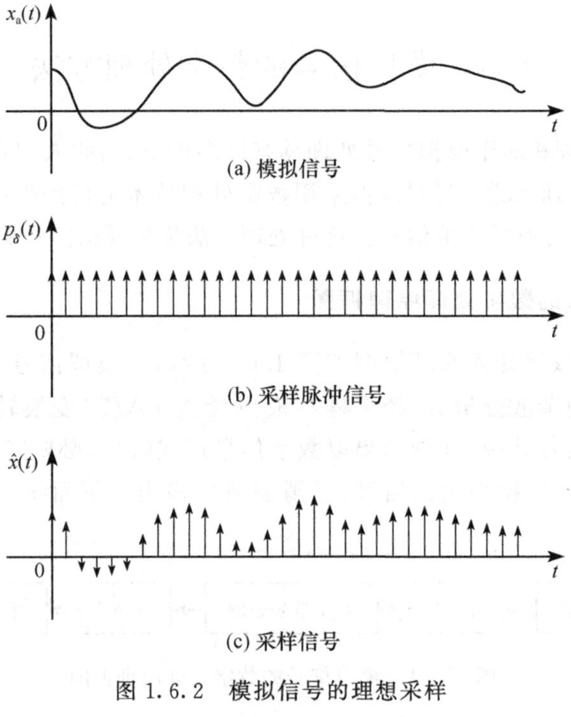

图 1.6.2　模拟信号的理想采样

下面研究理想采样前后信号频谱的关系，从而找出为了使采样不丢失信息，由采样信号不失真地恢复原模拟信号，采样频率 Ω_s 与模拟信号最高频率 Ω_c 之间的关系，得出采样定理。

采样脉冲信号 $p_\delta(t)$ 为周期信号，可以用傅里叶级数展开表示

$$p_\delta(t) = \sum_{k=-\infty}^{\infty} c_k e^{jk\Omega_s t} \tag{1.6.3}$$

式中

$$c_k = \frac{1}{T}\int_{-T/2}^{T/2} p_\delta(t) e^{-jk\Omega_s t} dt$$

为傅里叶系数。考虑到积分只是在一个周期内进行，所以

$$c_k = \frac{1}{T}\int_{-T/2}^{T/2} \delta(t) e^{-jk\Omega_s t} dt = \frac{1}{T} \tag{1.6.4}$$

这样，$p_\delta(t)$ 的傅里叶级数表示式为

$$p_\delta(t) = \frac{1}{T}\sum_{k=-\infty}^{\infty} e^{jk\Omega_s t} \tag{1.6.5}$$

将(1.6.2)式的两边分别取傅里叶变换，得

$$\begin{aligned}\hat{X}_a(j\Omega) &= \int_{-\infty}^{\infty} \sum_{n=-\infty}^{\infty} x_a(t)\delta(t-nT) e^{-j\Omega t} dt = \int_{-\infty}^{\infty} x_a(t) \frac{1}{T}\sum_{k=-\infty}^{\infty} e^{jk\Omega_s t} e^{-j\Omega t} dt \\ &= \frac{1}{T}\sum_{k=-\infty}^{\infty}\int_{-\infty}^{\infty} x_a(t) e^{-j(\Omega-k\Omega_s)t} dt = \frac{1}{T}\sum_{k=-\infty}^{\infty} X_a(j\Omega - jk\Omega_s)\end{aligned} \tag{1.6.6}$$

式中，$\hat{X}_a(j\Omega)$ 是采样信号 $\hat{x}_a(t)$ 的频谱，$X_a(j\Omega)$ 是模拟信号 $x_a(t)$ 的频谱。

(1.6.6)式表明，采样信号的频谱 $\hat{X}_a(j\Omega)$ 是原模拟信号的频谱 $X_a(j\Omega)$ 沿频率轴，每间隔一个采样角频率 Ω_s 重复出现一次，或者说采样信号的频谱 $\hat{X}_a(j\Omega)$ 是原模拟信号的频谱 $X_a(j\Omega)$ 以采样角频率 Ω_s 为周期，进行周期性延拓而形成的（系数 $1/T$ 不影响频谱特性）。

现在结合图 1.6.3 对(1.6.6)式作进一步讨论。设 $x_a(t)$ 是带限信号，最高截止频率为 Ω_c，其频谱 $X_a(j\Omega)$ 如图 1.6.3(a)所示，称为基带频谱。$p_\delta(t)$ 的频谱为

$$\begin{aligned}p_\delta(j\Omega) &= \int_{-\infty}^{\infty} p_\delta(t) e^{-j\Omega t} dt = \frac{1}{T}\sum_{k=-\infty}^{\infty}\int_{-\infty}^{\infty} e^{jk\Omega_s t} e^{-j\Omega t} dt \\ &= \frac{2\pi}{T}\sum_{k=-\infty}^{\infty} \delta(\Omega - k\Omega_s)\end{aligned} \tag{1.6.7}$$

如图 1.6.3(b)所示。按照(1.6.6)式，如果满足 $\Omega_s \geqslant 2\Omega_c$，或者用频率表示，满足 $f_s \geqslant 2f_c$，则 $\hat{x}_a(t)$ 的频谱 $\hat{X}_a(j\Omega)$ 中，基带频谱与其周期延拓形成的频谱不重叠，如图 1.6.3(c)所示。在这种情况下，可以用带宽为 Ω_s 的理想低通滤波器 $G(j\Omega)$ 从采样输出信号中不失真地恢复原模拟信号，如图 1.6.4 所示。但如果选择的采样频率 Ω_s 低于信号的最高截至频率 Ω_c 的两倍，即 $\Omega_s < 2\Omega_c$，则 $X_a(j\Omega)$ 按照采样频率

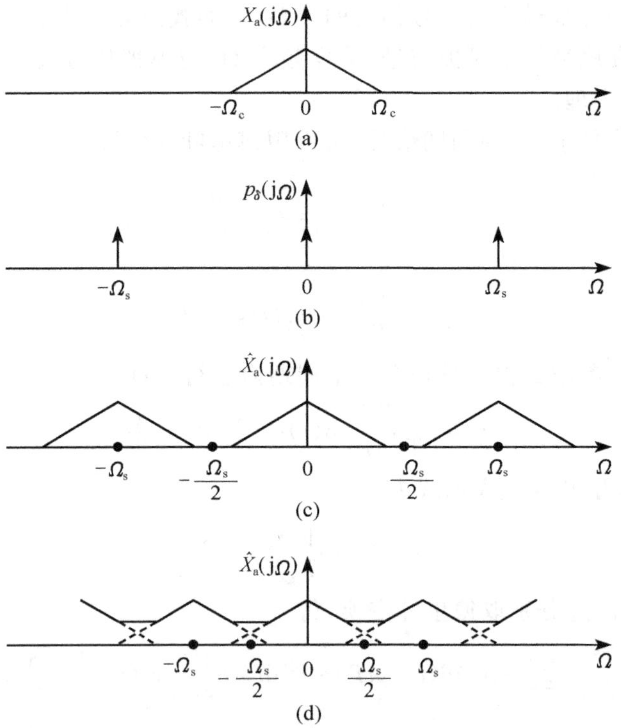

图 1.6.3　采样信号的频谱

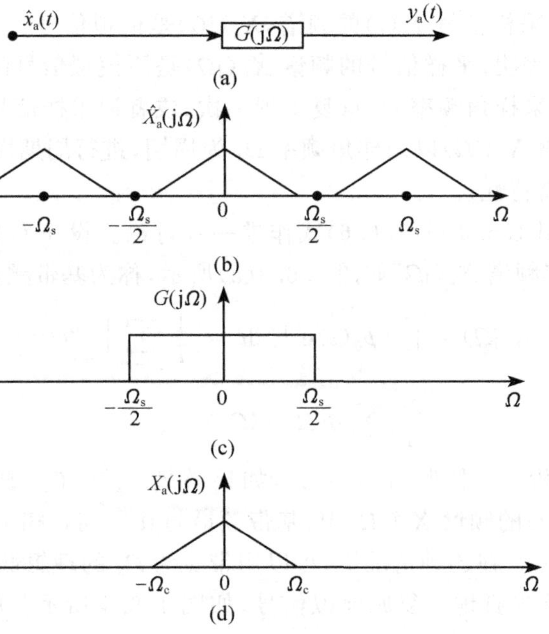

图 1.6.4　采样内插恢复

Ω_s 周期延拓时，会产生频谱混叠现象，如图 1.6.3(d)所示。在这种情况下，再用图 1.6.4 的理想低通滤波器对 $\hat{x}_a(t)$进行滤波，得到的将是失真的模拟信号。上述讨论结果用公式表示为

$$G(j\Omega)=\begin{cases}T, & |\Omega|\leqslant\Omega_s/2\\0, & |\Omega|>\Omega_s/2\end{cases}$$

$$Y_a(j\Omega)=\mathrm{FT}[y_a(t)]=\hat{X}_a(j\Omega)G(j\Omega) \tag{1.6.8}$$

$$y_a(t)=\mathrm{IFT}[Y_a(j\Omega)]$$

$$y_a(t)=x_a(t),\quad \Omega_c\leqslant\Omega_s/2$$

$$y_a(t)\neq x_a(t),\quad \Omega_c>\Omega_s/2$$

因此，不产生频谱混叠的临界采样频率为 $\Omega_s=2\Omega_c$。所以，一般称 $\Omega_s/2$(或 $f_s/2$)为折叠频率。信号的最高频率低于折叠频率，才不会产生频谱混叠现象，否则超过 $\Omega_s/2$ 的频谱会折叠回来造成频谱混叠。

以上分析和讨论所得结论，就是采样定理，叙述如下：

对模拟信号 $x_a(t)$进行等间隔 T 采样得采样信号 $\hat{x}_a(t)$，它的频谱 $\hat{X}_a(j\Omega)$是原模拟信号的频谱 $X_a(j\Omega)$以采样频率 $\Omega_s=2\pi/T$ 为周期进行周期性的延拓形成的，如(1.6.6)式所示；设模拟信号 $x_a(t)$是带限信号，最高截止频率为 Ω_c，如果采样频率 $\Omega_s\geqslant 2\Omega_c$，那么让采样信号 $\hat{x}_a(t)$通过一个增益为 T、带宽为 Ω_s 的理想低通滤波器 $G(j\Omega)$，可以不失真地恢复原来的模拟信号 $x_a(t)$。否则，$\Omega_s<2\Omega_c$ 会造成采样信号的频谱混叠，不能无失真地恢复出原来的模拟信号。能够无失真地恢复出原来模拟信号的最低采样频率称为奈奎斯特(Nyquist)采样频率，即奈奎斯特采样频率为信号的最高截止频率的两倍。

实际工程中对模拟信号采样，考虑到信号的频谱不是锐截止的，理论的最高截止频率以上往往还有较小的高频分量，为此，选择的采样频率 Ω_s 通常高于奈奎斯特采样频率。另外，可以在采样之前加低通滤波器，滤去高于 $\Omega_s/2$ 的一些高频分量和其他的杂散信号。这就是图 1.6.1 中模拟信号首先进行预滤波处理的原因。

1.6.3　采样内插恢复

现在研究怎样从采样信号 $\hat{x}_a(t)$恢复出原模拟模拟信号 $x_a(t)$。

如果信号采样频率高于奈奎斯特采样频率，即信号最高截止频率不超过折叠频率，可以让采样信号通过一个理想低通滤波器

$$G(j\Omega)=\begin{cases}T, & |\Omega|\leqslant\Omega_s/2\\0, & |\Omega|>\Omega_s/2\end{cases} \tag{1.6.9}$$

采样信号 $\hat{x}_a(t)$的频谱为 $\hat{X}_a(j\Omega)$，则滤波器的输出频谱为

$$Y_a(j\Omega)=\hat{X}_a(j\Omega)G(j\Omega) \tag{1.6.10}$$

由于在 $|\Omega|\leqslant\Omega_s/2$ 范围内，$\hat{X}_a(j\Omega)=\frac{1}{T}X_a(j\Omega)$，所以

$$Y_a(j\Omega)=\frac{1}{T}X_a(j\Omega)G(j\Omega)=X_a(j\Omega) \tag{1.6.11}$$

这就是说，在时域中低通滤波器的输出信号为 $y_a(t)=x_a(t)$。

从(1.6.2)式～(1.6.10)式得

$$\begin{aligned} y_a(t) &= \hat{x}_a(t) * g(t) = \int_{-\infty}^{\infty}\Big[\sum_{n=-\infty}^{\infty}x_a(\tau)\delta(\tau-nT)\Big]g(t-\tau)\mathrm{d}\tau \\ &= \sum_{n=-\infty}^{\infty}\int_{-\infty}^{\infty}x_a(\tau)g(t-\tau)\delta(\tau-nT)\mathrm{d}\tau = \sum_{n=-\infty}^{\infty}x_a(nT)g(t-nT) \end{aligned} \tag{1.6.12}$$

式中

$$g(t)=\mathrm{IFT}[G(j\Omega)]=\frac{1}{2\pi}\int_{-\Omega_s/2}^{\Omega_s/2}T\mathrm{e}^{j\Omega t}\mathrm{d}\Omega=\frac{\sin(\pi t/T)}{\pi t/T} \tag{1.6.13}$$

因此，(1.6.12)式所示的线性卷积公式可以表示为

$$x_a(t)=\sum_{n=-\infty}^{\infty}x_a(n\mathrm{T})\frac{\sin[\pi(t-nT)/T]}{\pi(t-nT)/T} \tag{1.6.14}$$

该式为采样内插公式，它表明了模拟信号 $x_a(t)$ 如何用它的采样值 $x_a(nT)$ 来表示，即 $x_a(t)$ 等于 $x_a(nT)$ 乘以对应的内插函数之和。内插函数 $\frac{\sin[\pi(t-nT)/T]}{\pi(t-nT)/T}$ 的波形如图 1.6.5 所示，其特点为：在采样点 nT 上，函数值等于 1，其余采样点上，函数值都为零。其内插过程如图 1.6.6 所示。被恢复的信号 $y_a(t)=x_a(t)$ 在采样点上的值就等于 $x_a(nT)$，采样点之间的信号则是由各采样值内插函数的波形延伸叠加而成的。这种由理想低通滤波器恢复的模拟信号完全等于原模拟信号 $x_a(t)$，是一种无失真的恢复。

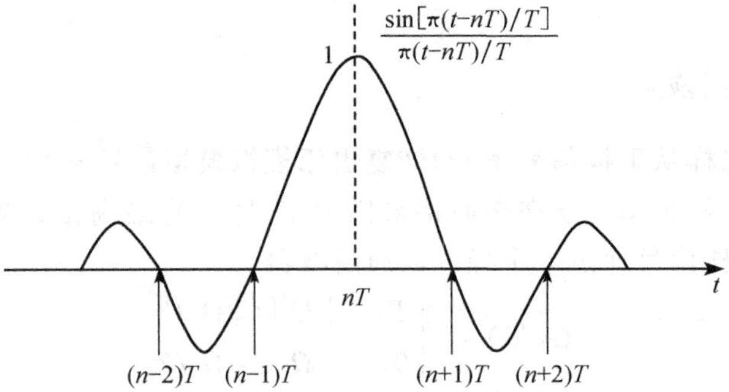

图 1.6.5　内插函数

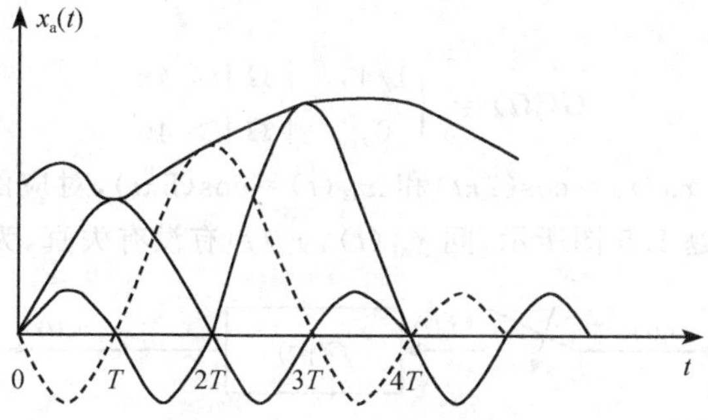

图 1.6.6 采样内插恢复

1.7 习 题

1.1 先对三个正弦信号 $x_{a1}(t)=\cos(2\pi t)$，$x_{a2}(t)=-\cos(6\pi t)$，$x_{a3}(t)=\cos(10\pi t)$进行理想采样，采样频率 $\Omega_s=8\pi$ rad/s，求这三个采样输出序列，比较其结果。画出 $x_{a1}(t)$、$x_{a2}(t)$、$x_{a3}(t)$的波形及采样点位置，并解释频谱混叠现象。

1.2 一个采样周期为 T 的采样器，开关导通时间为 $\tau(0<\tau<T)$，若采样器的输入信号为 $x_a(t)$，求采样器的输出信号 $\hat{x}_a(t)=x_a(t)p(t)$的频谱结构。式中

$$p(t)=\sum_{n=-\infty}^{\infty}r(t-n\tau)$$

$$r(t)=\begin{cases}1, & 0\leqslant t\leqslant\tau\\0, & \text{其他}\end{cases}$$

1.3 有一连续时间信号 $x_a(t)=\cos(2\pi ft+\varphi)$，式中，$f=20\text{Hz}$，$\varphi=\pi/2$。

(1) 求出 $x_a(t)$的周期。

(2) 用采样间隔 $T=0.02\text{s}$ 的采样脉冲对 $x_a(t)$进行采样，试写出采样信号 $\hat{x}_a(t)$的表示式。

(3) 画出对应 $\hat{x}_a(t)$的离散时间信号(序列)$x(n)$的波形，并求出 $x(n)$的周期。

1.4 已知连续信号 $x_a(t)$的频谱如题 1.4 图所示，对 $x_a(t)$进行等间隔采样而得到离散时间信号(序列)为 $x(n)$，采样周期 $T=0.25\text{ms}$。试画出 $x(n)$的频谱 $X(e^{j\omega})$的图形。

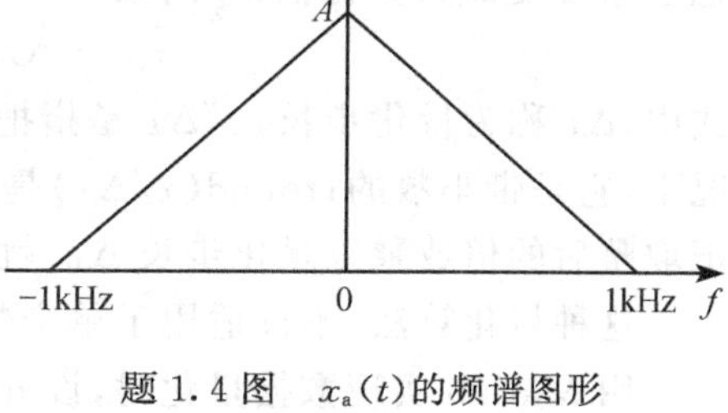

题 1.4 图 $x_a(t)$的频谱图形

1.5 有一个理想采样系统，对连续时间信号 $x_a(t)$进行等间隔 T 采样，采样频率 $\Omega_s=8\pi$ rad/s，采样后所得采样信号 $\hat{x}_a(t)$经理想低通滤波器 $G(j\Omega)$进行恢复，

已知

$$G(\mathrm{j}\Omega)=\begin{cases}1/4, & |\Omega|\leqslant 4\pi \\ 0, & |\Omega|>4\pi\end{cases}$$

今有两个输入信号 $x_{a1}(t)=\cos(2\pi t)$ 和 $x_{a2}(t)=\cos(5\pi t)$，对应的输出信号分别为 $y_{a1}(t)$ 和 $y_{a2}(t)$，如题 1.5 图所示，问 $y_{a1}(t)$、$y_{a2}(t)$ 有没有失真，为什么？

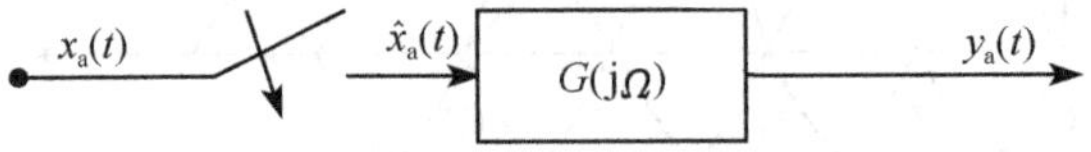

题 1.5 图 理想采样系统与恢复理想低通滤波器

1.6 已知连续时间信号 $x_a(t)$ 是频率为 300Hz、400Hz、1.3kHz 和 4.3kHz 的正弦信号的线性组合。现以 2kHz 的采样频率对 $x_a(t)$ 进行采样。若恢复滤波器是一截止频率为 900Hz 的理想低通滤波器，试确定通过恢复滤波器后的输出信号 $y_a(t)$ 中的各频率分量。

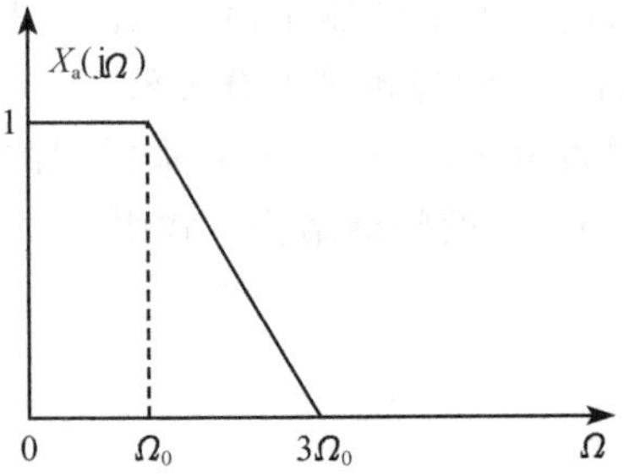

题 1.7 图 $x_a(t)$ 的频谱图形

1.7 已知模拟信号 $x_a(t)$ 的频谱如题 1.7 图所示。对其等间隔 T 采样所得离散时间信号（序列）为 $x(n)=x_a(nT)$。

(1) 当采样间隔 $T=\pi/(3\Omega_0)$ 时，画出序列 $x(n)$ 的频谱图形。

(2) 试确定采样信号频谱不混叠的最低采样频率，并画出此时 $x(n)$ 的频谱图形。

(3) 画出由(2)中的序列 $x(n)$ 恢复 $x_a(t)$ 的框图（可用复理想低通滤波器）。

1.8 设数字信号 $x(n)$ 的数据率为 10000 次/s，对每个数据的处理需要四次乘法运算和三次加法运算。若所采用的数字信号处理器完成一次乘法运算所需的时间为 10ns(10×10^{-9}s)，完成一次加法运算所需的时间为 2.5ns(2.5×10^{-9}s)，问采用这种型号的数字信号处理器最多能同时处理多少路这样的数字信号？

1.9 大家知道，如果把离散时间信号中的因变量量化为数字量，则这种自变量（通常指时间）和因变量（通常指信号幅度）都只取离散值的信号称为数字信号。把数据 x 变成为量化值 x_g 的数学表示式为

$$x_g=\Delta x\cdot \mathrm{round}(x/\Delta x)$$

式中，Δx 称为量化步长；$x/\Delta x$ 是指把数据 x 量化为量化步长 Δx 的倍数，一般情况下，它是带小数的；round($x/\Delta x$)是用四舍五入的方法取此倍数为整数倍；最后把取整后的倍数乘以量化步长 Δx，就得到量化值 x_g。

这种量化算法，不仅适用于单个数据，也适用于数组。

用 Matlab 实现数据量化时，设 delta$x=\Delta x$，则量化语句就写成

```
xg = round(x/deltax) * deltax
```

给定数组 x，确定量化步长 $\Delta x=\mathrm{delta}x$，执行该语句，就得到量化值 x_g 的结果。

数据量化造成的绝对量化误差最大为 $|e_x|=\mathrm{delta}x/2$。如果考虑相对量化误差，即数据 x 与量化值 x_g 之差值与其绝对值之比，则 Matlab 语句写成

```
rerror = (xg - x)./abs(x)
```

执行该语句就得到各个数据的相对量化误差。

现设数组 x 和量化步长 delta$x$ 分别为

```
x = [3.14159,0.38455,54.3753, - 0.134273];deltax = 2^ - 4;
```

请用 Matlab 实现该数组 x 的量化，得出数据的量化结果，并求各数据的相对量化误差。

1.10　现考虑由连续时间信号 $x_a(t)(0\leqslant t\leqslant t_f)$，求采样后的离散时间信号 $x(n)$ 及量化后的数字信号 x_g 的 Matlab 实现问题。

在用 Matlab 语言描述该问题的模型时，首先要建立连续时间的自变量向量 t。自变量 t 是可在 $0\sim t_f$ 取任何值的连续量，因变量 x_a 也可以取任何值的模拟量。但计算机无法严格地表示连续量和模拟量。就自变量来说，它只能把 t 取得很密。程序中将其表示为 t=0：dt：tf；把时间增量 dt 取得很小，例如，dt=0.001。因变量取 Matlab 中的双精度格式，其动态范围是 $10^{-308}\sim10^{308}$，而有效值是十进制 15～16 位，分辨率是 2.24×10^{-16}。将自变量时间轴按采样周期 T 进行分割，得到离散时间自变量向量 n。通常它从零开始，取顺序增加的整数，直到终点 t_f/T，Matlab 语言写成 n=[0：1：tf/T]。按此采样周期对信号 $x_a(t)$ 进行采样，所得的离散时间信号的表示式为

$$x(n) = x_a(t)\ \Big|_{t=nT}$$

采样所得数据 x，按量化步长 $\Delta x=\mathrm{delta}x$ 进行量化，就得到量化值 x_g，即数字信号的值。

现设连续时间信号为

$$x_a(t) = \sqrt{t} + \cos t,\quad 0 \leqslant t \leqslant t_f = 6\mathrm{s}$$

若采样时间间隔 $T=0.5\mathrm{s}$，求采样后的离散时间信号；又设 A/D 变换的量化步长为 delta$x$=0.5，求量化后的数字信号，并绘出曲线。对连续时间信号、离散时间信号和数字信号进行比较。

附：本题加上了完整的绘图语句，其中包括有图例标注的 legend 语句和设置背景色的 set 语句的 Matlab 程序如下，供参考。

```
dt = 0.001;tf = 6;t = 0 : dt : tf;        % 建立连续自变量向量
xa = sqrt(t) + cos(t);                     % 原始的连续时间信号 xa
T = 0.5;n = 0 : tf/T;                      % 建立离散自变量向量
```

```
x = sqrt(n * T) + cos(n * T);              % 采样周期为 T 的离散时间信号 x
deltax = 0.5;                              % 确定量化步长 deltax = 0.5
xq = round(x/deltax) * deltax;             % 舍入量化后的数字信号 xq
subplot(1,2,1);
plot(t,xa,':'),hold on,grid on             % 画出连续时间信号曲线
plot(n * T,x,'o')                          % 画出离散时间信号曲线
stem(n * T,xq,' * '),grid on               % 画出数字信号曲线
legend('连续时间信号 xa','离散时间信号 x','数字信号 xq')
                                           % 画出图例标注
subplot(1,2,2)
stairs(n * T,xq),grid on                   % 画出数字信号采样保持后恢复的连续时间
                                             信号曲线
legend('数字信号采样保持')                 % 画出图例标注
set(gcf,'color','w')                       % 将本图的背景色置为白色
```

第2章　离散时间信号和系统的时域分析

2.1 引　　言

模拟信号、离散时间信号和数字信号是三种主要的信号。根据输入、输出是哪种信号，系统也有模拟系统、离散时间系统和数字系统之分。当然，实际工程技术中，模拟与数字的混合系统也是经常采用的。

本章讨论离散时间信号和系统的时域分析，它是数字信号处理的基础知识之一。主要包括离散时间信号——序列的表示、典型序列和序列的基本运算；离散时间系统的时域特性：线性，时不变性，因果性，稳定性，系统输入、输出信号的线性卷积关系，系统的差分方程描述及时域求解等。

2.2 离散时间信号——序列

对模拟信号 $x_a(t)$ 进行等间隔采样，设采样时间间隔为 T，则得

$$x_a(t)\big|_{t=nT} = x_a(nT), \quad -\infty < n < \infty \tag{2.2.1}$$

这里 n 取整数。对于不同的 n 值，$x_a(nT)$ 是一个有序的数值序列：$\cdots, x_a(-T), x_a(0), x_a(T), \cdots$，其中 nT 代表前后顺序，该数值序列就是离散时间信号。数字信号处理讨论的信号形式主要是离散时间信号，通常采样时间间隔 T 是固定的，所以为简化表示，T 可以不写，并省略下标 a，形成 $x(n)$ 信号。$x(n)$ 称为序列。对于具体的信号，$x(n)$ 也代表第 n 个序列值。需要特别指出的是，这里 n 取整数，非整数时无定义；另外，$x(n)$ 在数值上等于模拟信号 $x_a(t)$ 的采样值，即

$$x(n) = x_a(nT), \quad -\infty < n < \infty \tag{2.2.2}$$

如果信号本来就是离散时间信号，也称为序列 $x(n)$。

序列 $x(n)$ 随 n 的变化规律可以用公式表示，也可以用图形表示。如果 $x(n)$ 是通过观测得到的一组离散数据，则可以用集合符号来表示，例如

$$x(n) = \{\cdots, 1, -3, 2, 0, 3, 4, -2, 4, \cdots\}$$

2.2.1 常用的典型序列

1) 单位脉冲序列

$$\delta(n) = \begin{cases} 1, & n = 0 \\ 0, & n \neq 0 \end{cases} \tag{2.2.3}$$

单位脉冲序列又称为单位采样序列，其特点是在 $n=0$ 时取值为 1，其他 n 时均为零，如图 2.2.1 所示。$\delta(n)$类似于图 2.2.2 所示的模拟信号和系统中的单位冲激信号 $\delta(t)$，但不同的是 $\delta(t)$在 $t=0$ 时，取值为无穷大，$t\neq0$ 时取值为零，对时间 t 的积分为 1，即强度为 1。

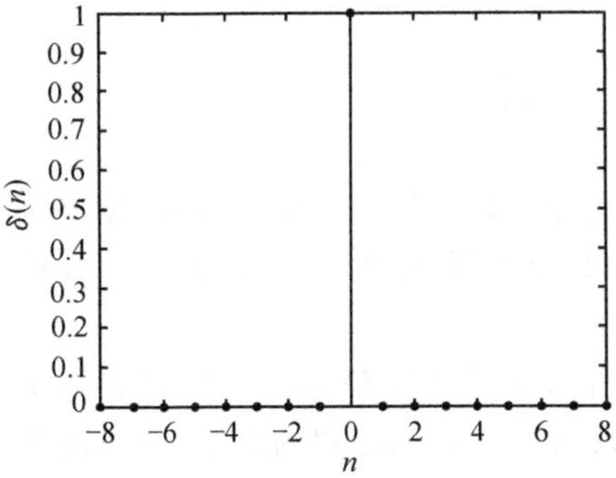

图 2.2.1　单位脉冲序列

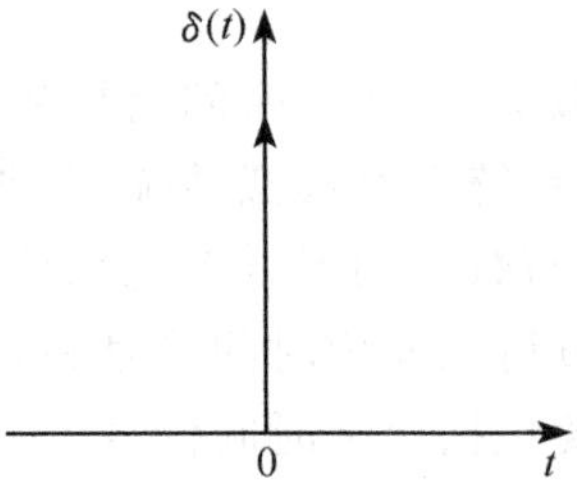

图 2.2.2　单位冲激信号

2）单位阶跃序列

$$u(n)=\begin{cases}1, & n\geqslant 0\\0, & n<0\end{cases} \tag{2.2.4}$$

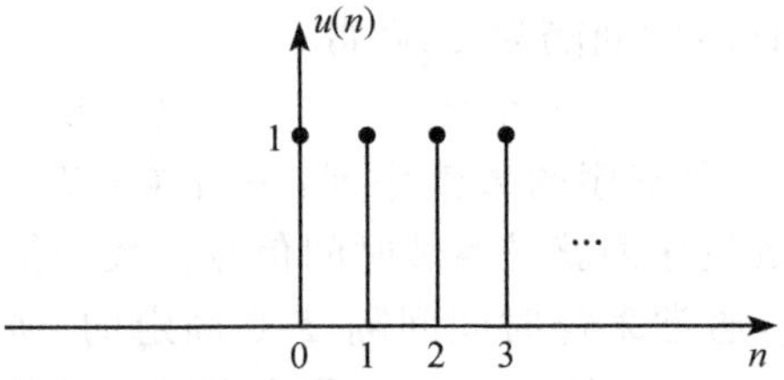

图 2.2.3　单位阶跃序列

单位阶跃序列如图 2.2.3 所示。它类似于模拟信号中的单位阶跃信号 $u(t)$。$\delta(n)$与 $u(n)$之间的关系为

$$\delta(n)=u(n)-u(n-1) \tag{2.2.5}$$

$$u(n)=\sum_{k=0}^{\infty}\delta(n-k) \tag{2.2.6}$$

或

$$u(n)=\sum_{m=-\infty}^{n}\delta(m) \tag{2.2.7}$$

3）矩形序列

$$R_N(n)=\begin{cases}1, & 0\leqslant n\leqslant N-1\\0, & \text{其他}\end{cases} \tag{2.2.8}$$

式中，N 称为矩形序列的长度。当 $N=4$ 时，$R_4(n)$的波形如图 2.2.4 所示。长度为 N 的矩形序列可以用单位阶跃序列表示为

$$R_N(n)=u(n)-u(n-N) \tag{2.2.9}$$

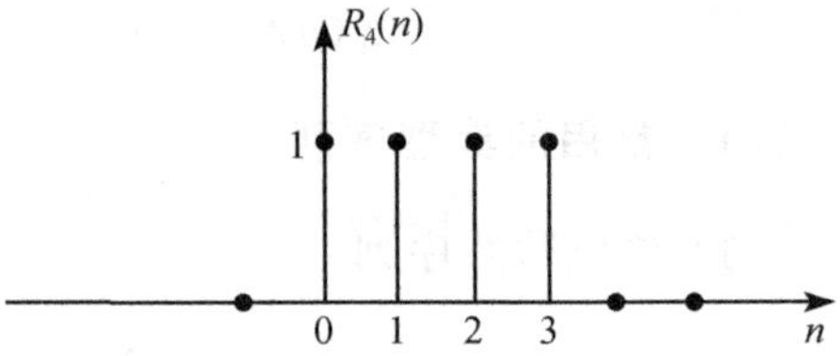

图 2.2.4　长度为 $N=4$ 的矩形序列

4）实指数序列

单边实指数序列表示为

$$x(n) = a^n u(n),\ a\ 为实数 \tag{2.2.10}$$

如果 $|a|<1$,则 $x(n)$ 的幅度随 n 的增大而减小,称为收敛序列;如果 $|a|>1$,则 $x(n)$ 的幅度随 n 的增大而增大,称为发散序列;如果 $|a|=1$,则当 $a=1$ 时,成为单位阶跃序列,而当 $a=-1$ 时,为单边等幅振荡序列。图 2.2.5 示出了它的两种波形。

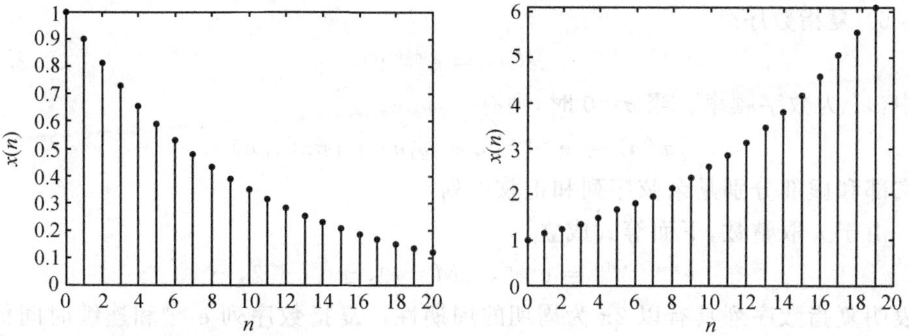

(a) 单边实指数序列($0<a<1$)　　(b) 单边实指数序列($a>1$)

图 2.2.5

双边实指数序列表示为

$$x(n) = a^{|n|},\ -\infty < n < \infty \tag{2.2.11}$$

当 $0<a<1$ 时,其波形如图 2.2.6 所示。

5）正弦序列

$$x(n) = \sin(\omega n) \tag{2.2.12}$$

式中,ω 称为正弦序列的数字域频率(简称数字频率),单位是弧度,它表示正弦序列的变化速率,或者说表示相邻两个序列值之间的相位变化。

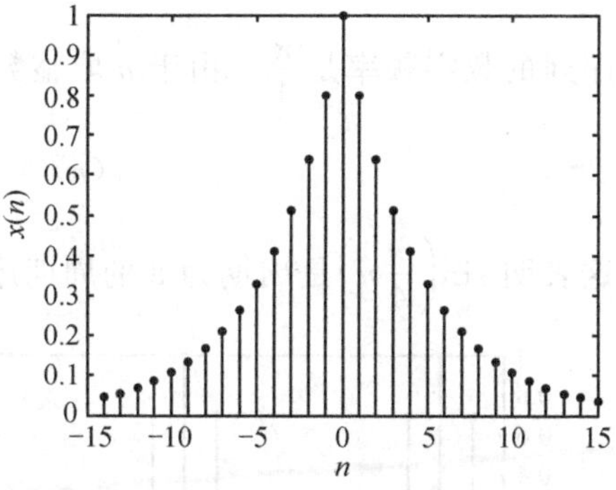

图 2.2.6　双边实指数序列

如果正弦序列是由模拟正弦信号 $x_a(t)$ 采样得到的,那么

$$x_a(t) = \sin(\Omega t)$$

$$x_a(t)\big|_{t=nT} = \sin(\Omega nT)$$

$$x(n) = \sin(\omega n)$$

因为在数值上,序列值与信号的采样值相等,因此得到的数字频率 ω 与模拟角频率 Ω 之间的关系为

$$\omega = \Omega T \tag{2.2.13}$$

该关系式具有普遍意义,它表示凡是由模拟信号采样得到的序列,其数字频率 ω

与模拟角频率Ω成线性关系。由于采样频率f_s与采样周期T互为倒数，所以ω与Ω的线性关系也可以表示为

$$\omega = \frac{\Omega}{f_s} \tag{2.2.14}$$

(2.2.14)式表示数字频率ω是模拟角频率Ω用采样频率f_s的归一化频率。Ω的单位是rad/s，ω的单位是rad，f_s的单位是Hz。

6）复指数序列

$$x(n) = e^{(\sigma + j\omega_0)n} \tag{2.2.15}$$

式中，ω_0为数字频率。当$\sigma=0$时，则有

$$x(n) = e^{j\omega_0 n} = \cos(\omega_0 n) + j\sin(\omega_0 n)$$

其实部和虚部分别是余弦序列和正弦序列。

由于n取整数，下面等式成立：

$$e^{j(\omega_0 + 2\pi M)n} = e^{j\omega_0 n}, \quad M = 0, \pm 1, \pm 2, \cdots$$

这表明复指数序列具有以2π为周期的周期性。复指数序列$e^{j\omega_0 n}$和连续时间信号中的复指数信号$e^{j\Omega_0 t}$一样，在信号分析中扮演着重要的角色。

7）周期序列

设序列为$x(n)$，如果对所有n存在一个最小正整数N，使下面等式成立：

$$x(n) = x(n+N), \quad -\infty < n < \infty \tag{2.2.16}$$

则称序列$x(n)$为周期序列，周期为N。例如

$$x(n) = \sin\left(\frac{\pi}{4}n\right)$$

序列的数字频率是$\frac{\pi}{4}$。由于n取整数，上式可以写成

$$x(n) = \sin\left[\frac{\pi}{4}(n+8)\right]$$

这表明$\sin\left(\frac{\pi}{4}n\right)$是周期为8的周期序列，它是一正弦序列，如图2.2.7所示。

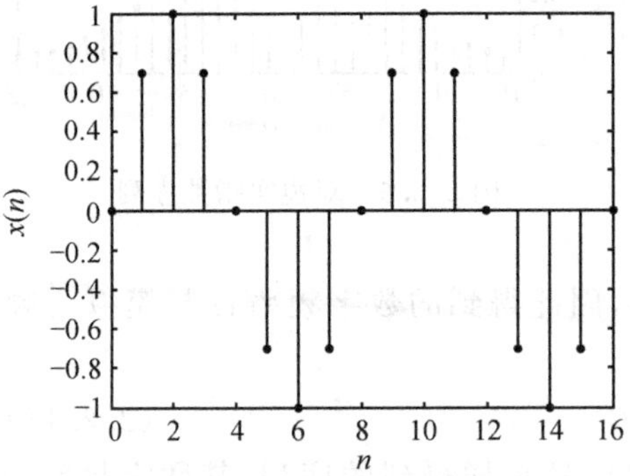

图 2.2.7　正弦序列

下面讨论一般正弦序列的周期性。

设正弦序列

$$x(n) = A\sin(\omega_0 n + \varphi)$$

那么

$$\begin{aligned} x(n+N) &= A\sin[\omega_0(n+N) + \varphi] \\ &= A\sin(\omega_0 n + \omega_0 N + \varphi) \end{aligned}$$

如果

$$x(n+N) = x(n)$$

则要求$N=(2\pi/\omega_0)k$，式中k和N均取

整数，且 k 的取值要保证 N 是最小的正整数。满足这些条件，正弦序列才是以 N 为周期的周期序列。

关于正弦序列的周期性有以下三种情况：

(1) 当 $2\pi/\omega_0$ 为整数时，$k=1$，正弦序列是以 $2\pi/\omega_0$ 为周期的周期序列。例如，$x(n)=\sin(\pi n/8)$，$\omega_0=\pi/8$，$2\pi/\omega_0=16$，该正弦序列周期为 16。

(2) 当 $2\pi/\omega_0$ 不是整数时，而是一有理数时，设 $2\pi/\omega_0=P/Q$，式中 P,Q 是互为素数的整数，取 $k=Q$，那么 $N=P$，则正弦序列是以 P 为周期的周期序列。例如，$x(n)=\sin(4\pi n/5)$，$\omega_0=(4/5)\pi$，$2\pi/\omega_0=5/2$，$k=2$，$P=5$，该正弦序列是以 5 为周期的周期序列。

(3) 当 $2\pi/\omega_0$ 是无理数时，任何整数 k 都不能使 N 为正整数，因此，此时的正弦序列不是周期序列。例如，$x(n)=\sin(n/4)$，$\omega_0=1/4$ 的正弦序列就不是周期序列。

对于复指数序列 $e^{j\omega_0 n}$ 的周期性也有与正弦序列的周期性同样的分析结果。

这种正弦序列有可能不是周期序列的现象是由于 n 只能取整数引起的。

2.2.2 任意序列的表示

以上介绍了几种常用的典型序列。对于任意序列 $x(n)$，都可以用单位脉冲序列 $\delta(n)$ 的移位加权和表示，即

$$x(n)=\sum_{m=-\infty}^{\infty}x(m)\delta(n-m) \tag{2.2.17}$$

式中，$\delta(n-m)$ 是单位脉冲序列 $\delta(n)$ 的移位序列，且

$$\delta(n-m)=\begin{cases}1, & n=m\\ 0, & n\neq m\end{cases}$$

这种任意序列的表示方法，在离散时间信号和系统的分析中是一个很有用的公式。

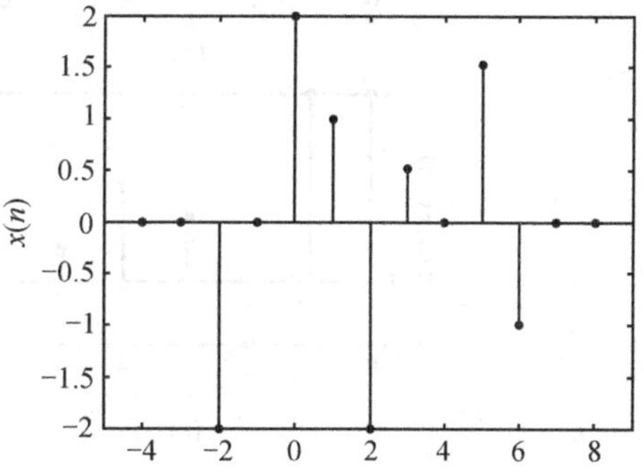

图 2.2.8 任意序列 $x(n)$ 的波形

例如，设序列 $x(n)$ 的波形如图 2.2.8 所示，则该序列可以用(2.2.17)式表示成

$$x(n)=-2\delta(n+2)+2\delta(0)+\delta(n-1)-2\delta(n-2)$$
$$+0.5\delta(n-3)+1.5\delta(n-5)-\delta(n-6)$$

或用 Matlab 表示成：

```
% 图 2.2.8 所示序列的 Matlab 表示
x = [0,0, - 2,0,2,1, - 2,0.5,0,1.5, - 1,0,0];        % 序列 x,长度 N = 13
n = - 4 : - 4 + length(x) - 1;                        % 序列 x 的起始位置为 - 4,终
                                                          止位置为 8
```

```
stem(n,x,'.');xlabel('n');ylabel('x(n)')
```

2.2.3 序列的基本运算

在数字信号处理中，要对序列进行多种运算，如本节将要讨论的序列加法、乘法、倍乘、移位、翻转和尺度变换及求序列的绝对值之和、序列的能量、周期序列的平均功率等基本运算，关于序列的循环移位、两序列的线性卷积、循环卷积等运算，将结合具体问题分别讨论。

1）序列加法

加法用于序列的合成。它把两个序列 $x_1(n)$、$x_2(n)$ 中同序号的序列值逐项对应相加，形成新的序列，表示为

$$x(n) = x_1(n) + x_2(n) \tag{2.2.18}$$

如图 2.2.9(a)、(b)、(c)所示。

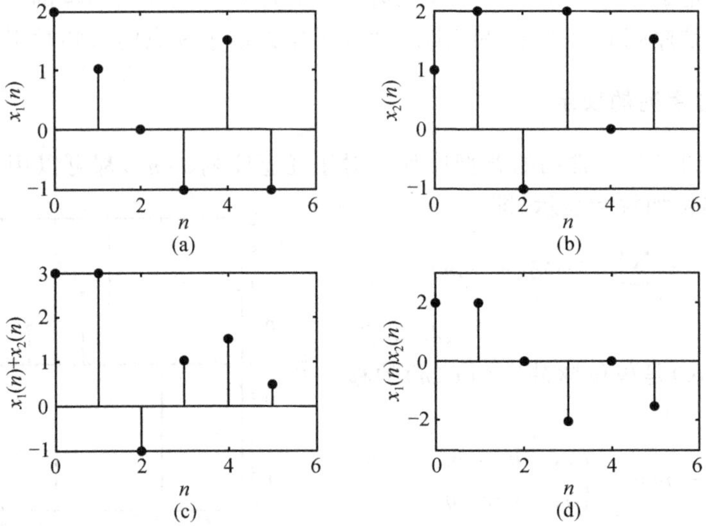

图 2.2.9 序列的加法和乘法

2）序列乘法

序列的乘法是一种非线性运算，它用于信号的调制。它把两个序列 $x_1(n)$、$x_2(n)$ 中同序号的序列值逐项对应相乘，形成新的序列，表示为

$$x(n) = x_1(n)x_2(n) \tag{2.2.19}$$

如图 2.2.9(d)所示。

3）序列的倍乘

序列的倍乘用于序列值的比例变换。把序列 $x(n)$ 中所有序号下的序列值同乘一个常数 a，得

$$y(n) = ax(n) \tag{2.2.20}$$

4）序列移位

设序列为 $x(n)$，如图 2.2.10(a)所示，其移位序列表示为 $x(n-n_0)$。当 $n_0>0$ 时，序列右移 n_0 个序数，称为 $x(n)$的延时序列；当 $n_0<0$ 时，序列左移 n_0 个序数，称为 $x(n)$的超前序列。如图 2.2.10(b)所示。

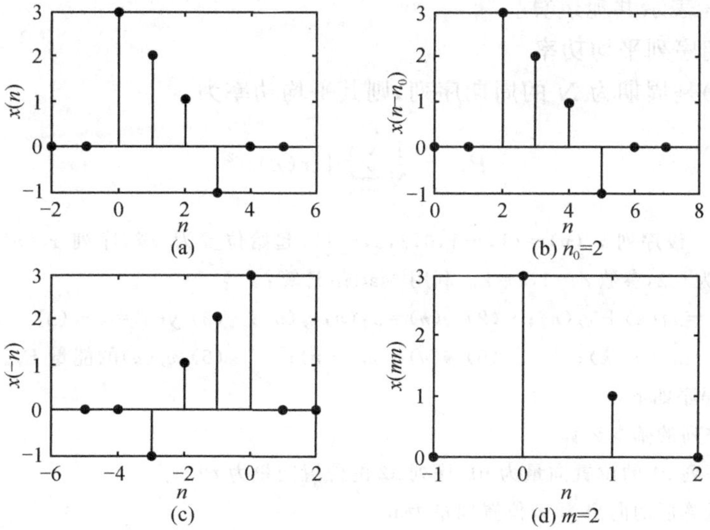

图 2.2.10　序列的移位、翻转和尺度变换

5）序列翻转

若序列 $x(n)$的每个序号下的序列值都以纵坐标轴 $n=0$ 做对称翻转，得序列 $x(-n)$，则称 $x(-n)$为 $x(n)$的翻转序列。如图 2.2.10(c)所示。

6）序列尺度变换

如果对序列 $x(n)$每隔 m 点取其序列值形成新序列 $x(mn)$，相当于时间轴 n 压缩了 m 倍，称为序列 $x(n)$的尺度变换。如图 2.2.10(d)所示。

7）序列绝对值之和

设序列为 $x(n)$，则

$$s_x = \sum_{n=-\infty}^{\infty} |\, x(n) \,| \tag{2.2.21}$$

称为序列绝对值之和。如果满足 $\sum_{n=-\infty}^{\infty} |\, x(n) \,| < \infty$，则 $x(n)$为绝对可和序列。

如果一个序列 $x(n)$的每一个序列值的绝对值均小于等于某一个有限的正数 M_x，即满足

$$|\, x(n) \,| \leqslant M_x < \infty$$

则称 $x(n)$ 为有界序列。

8）序列能量

复数序列 $x(n)$ 的能量为

$$E_x = \sum_{n=-\infty}^{\infty} |x(n)|^2 = \sum_{n=-\infty}^{\infty} x(n)x^*(n) \tag{2.2.22}$$

式中，上标 * 表示共轭运算。

9）周期序列平均功率

设 $x(n)$ 是周期为 N 的周期序列，则其平均功率为

$$P_x = \frac{1}{N}\sum_{n=0}^{N-1} |x(n)|^2 \tag{2.2.23}$$

例 2.2.1 设序列 $x_1(n)=\{1,-1,0,2,3,-1\}$，起始位置为 -2，序列 $x_2(n)=\{2,1,1,0,1\}$，起始位置为 -2，参数 $a=2,k=2$。利用 Matlab 计算：

(1) $y(n)=x_1(n)+x_2(n)$； (2) $y(n)=x_1(n)x_2(n)$； (3) $y(n)=ax_1(n)$；

(4) $y(n)=x_1(n-k)$； (5) $y(n)=x_1(-n)$； (6) $x_1(n)$ 的能量 E_x。

Matlab 程序如下：

```
%序列的基本运算
%序列 x1 的位置向量为 n1,序列 x2 的位置向量为 n2
%运算后的向量为 y,位置向量为 n
x1 = [1, - 1,0,2,3, - 1];x2 = [2,1,1,0,1];n1 = [ - 2, - 1,0,1,2,3];
n2 = [ - 2, - 1,0,1,2];k = 2;a = 2;
n = min(min(n1),min(n2)):max(max(n1),max(n2));   %确定位置向量 n
z1 = zeros(1,length(n));z2 = z1;                   % 把向量 z1,z2 初始化为零向量
z1(find((n> = min(n1))&(n< = max(n1)) = = 1)) = x1;   % 把 x1 延拓到 n 上生成 z1
z2(find((n> = min(n2))&(n< = max(n2)) = = 1)) = x2;   % 把 x2 延拓到 n 上生成 z2
y1 = z1 + z2;                                       %序列 x1 和 x2 相加
y2 = z1. * z2;                                      %序列 x1 和 x2 相乘
figure(1)
subplot(2,2,1),stem(n,z1,'.');xlabel('n');ylabel('x1')
subplot(2,2,3),stem(n,z2,'.');xlabel('n');ylabel('x2')
subplot(2,2,2),stem(n,y1,'.');xlabel('n');ylabel('y1')
subplot(2,2,4),stem(n,y2,'.');xlabel('n');ylabel('y2')
y3 = a * x1;                                        %序列 x1 倍乘 a
figure(2)
subplot(2,2,1),stem(n,y3,'.');xlabel('n');ylabel('y3')
y4 = x1;n = n1 + k;                                 %序列 x1 移位 k
subplot(2,2,2),stem(n,y4,'.');xlabel('n');ylabel('y4')
```

```
y5 = fliplr(x1);n = -fliplr(n1);                        % 序列 x1 翻转
subplot(2,2,3),stem(n,y5,'.');xlabel('n');ylabel('y5')
Ex = sum(x1. * conj(x1))                                % 序列 x1 的能量
```

运行结果如图 2.2.11 所示，$E_x=16$。

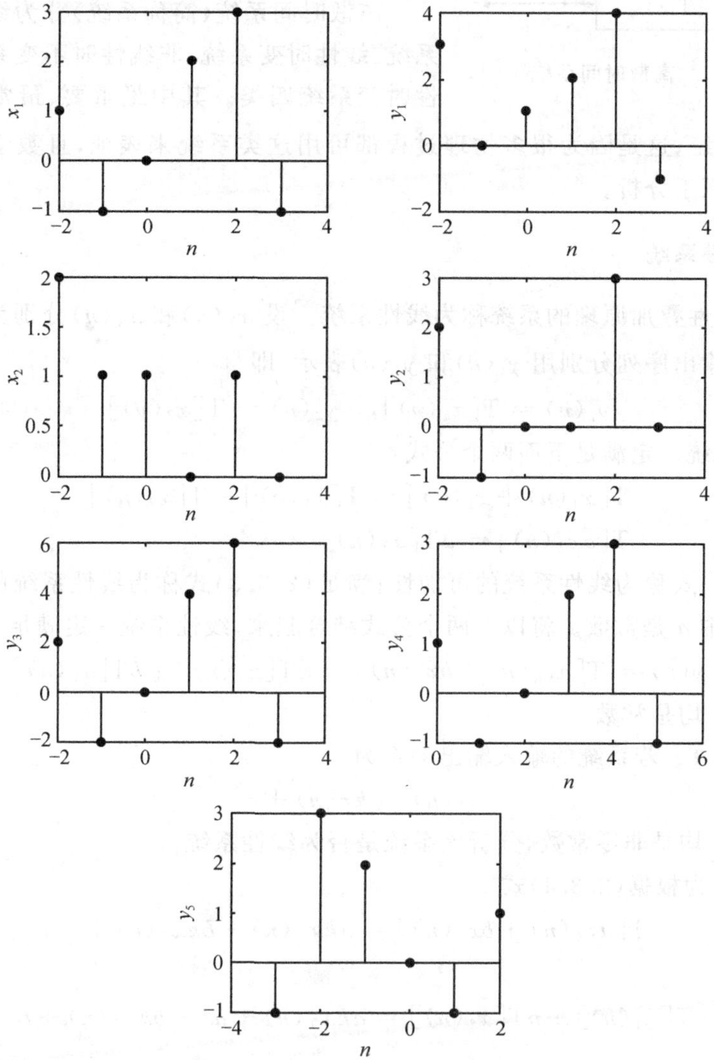

图 2.2.11　例 2.2.1 的运行结果

2.3　离散时间系统

离散时间系统在数学上定义为将输入序列 $x(n)$ 映射成输出序列 $y(n)$ 的唯一

性变换或运算,亦即将一个序列变换成另一个序列的系统。设变换或运算关系用T[·]表示,则系统输出序列 $y(n)$ 与输入序列 $x(n)$ 之间的关系可表示为

$$y(n)=\mathrm{T}[x(n)] \tag{2.3.1}$$

其框图如图 2.3.1 所示。

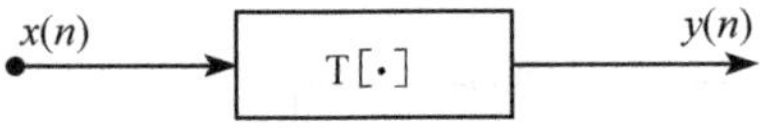

图 2.3.1 离散时间系统

离散时间系统(简称系统)分为线性时不变系统、线性时变系统、非线性时不变系统和非线性时变系统四类。其中最重要、最常用的是线性时不变系统,这是因为很多物理过程都可用这类系统来表征,且数学上便于表示,理论上便于分析。

2.3.1 线性系统

满足线性叠加原理的系统称为线性系统。设 $x_1(n)$ 和 $x_2(n)$ 分别为系统的输入序列,其输出序列分别用 $y_1(n)$ 和 $y_2(n)$ 表示,即

$$y_1(n)=\mathrm{T}[x_1(n)],\quad y_2(n)=\mathrm{T}[x_2(n)]$$

那么线性系统一定满足下面两个公式:

$$\mathrm{T}[x_1(n)+x_2(n)]=\mathrm{T}[x_1(n)]+\mathrm{T}[x_2(n)] \tag{2.3.2}$$

$$\mathrm{T}[ax_1(n)]=a\mathrm{T}[x_1(n)] \tag{2.3.3}$$

满足(2.3.2)式称为线性系统的可加性;满足(2.3.3)式称为线性系统的比例性或齐次性,式中 a 是常数。将以上两个公式结合起来,线性系统一定满足

$$y(n)=\mathrm{T}[ax_1(n)+bx_2(n)]=a\mathrm{T}[x_1(n)]+b\mathrm{T}[x_2(n)] \tag{2.3.4}$$

式中,a 和 b 均是常数。

例 2.3.1 若系统的输入输出关系为

$$y(n)=kx(n)+c$$

式中,k 和 c 均是非零常数,分析该系统是否为线性系统。

解 因为根据(2.3.4)式

$$\mathrm{T}[ax_1(n)+bx_2(n)]=akx_1(n)+bkx_2(n)+c$$

而

$$a\mathrm{T}[x_1(n)]+b\mathrm{T}[x_2(n)]=akx_1(n)+ac+bkx_2(n)+bc$$

所以

$$\mathrm{T}[ax_1(n)+bx_2(n)]\neq a\mathrm{T}[x_1(n)]+b\mathrm{T}[x_2(n)]$$

因此,该系统不是线性系统,而是非线性系统。当 $c=0$ 时,该系统是线性系统。

用同样的分析方法可得知,$y(n)=kx(n)\sin\left(\omega_0 n+\frac{\pi}{4}\right)$所代表的系统是线性系统,请读者自己证明。

2.3.2 时不变系统

如果系统对输入序列的运算关系 T[·]在整个运算过程中不随时间变化,则称这种系统为时不变系统。用公式表示如下:

$$y(n) = \mathrm{T}[x(n)]$$
$$y(n-n_0) = \mathrm{T}[x(n-n_0)] \tag{2.3.5}$$

例 2.3.2 分析例 2.3.1 的系统是否为时不变系统。

解 根据(2.3.5)式,有

$$y(n-n_0) = kx(n-n_0)+c$$

而

$$\mathrm{T}[x(n-n_0)] = kx(n-n_0)+c$$

所以

$$y(n-n_0) = \mathrm{T}[x(n-n_0)]$$

因此,该系统是时不变系统。

例 2.3.3 若系统的输入输出关系为

$$y(n) = kx(n)\sin\left(\omega_0 n+\frac{\pi}{4}\right)$$

式中,k 是非零常数,分析该系统是否为时不变系统。

解 根据(2.3.5)式,有

$$y(n-n_0) = kx(n-n_0)\sin\left(\omega_0(n-n_0)+\frac{\pi}{4}\right)$$

而

$$\mathrm{T}[x(n-n_0)] = kx(n-n_0)\sin\left(\omega_0 n+\frac{\pi}{4}\right)$$

所以

$$y(n-n_0) \neq \mathrm{T}[x(n-n_0)]$$

因此,该系统不是时不变系统,而是时变系统。

如果离散时间系统既是线性系统,又是时不变系统,则称其为离散时间线性时不变系统,简称为离散时间 LTI 系统。今后,若无特别说明,本书所有系统均指离散时间 LTI 系统。

例 2.3.4 若系统的输入输出关系为

$$y(n) = x(n)+3x(n-1)$$

分析该系统是否为线性时不变系统。

解 根据(2.3.4)式,有

$$\mathrm{T}[ax_1(n)+bx_2(n)] = ax_1(n)+bx_2(n)+3[ax_1(n-1)+bx_2(n-1)]$$

而

$$aT[x_1(n)]+bT[x_2(n)] = ax_1(n)+3ax_1(n-1)+bx_2(n)+3bx_2(n-1)$$

所以

$$T[ax_1(n)+bx_2(n)] = aT[x_1(n)]+bT[x_2(n)]$$

因此,该系统是线性系统。

根据(2.3.5)式,有

$$y(n-n_0) = x(n-n_0)+3x(n-n_0-1)$$

而

$$T[x(n-n_0)] = x(n-n_0)+3x(n-n_0-1)$$

所以

$$y(n-n_0) = T[x(n-n_0)]$$

因此,该系统是时不变系统。

这样,该系统是线性时不变系统。

2.4 离散时间 LTI 系统的时域分析

现在讨论离散时间 LTI 系统的时域主要特性。

2.4.1 系统的单位脉冲响应

设系统的输入为单位脉冲序列 $x(n)=\delta(n)$,系统输出 $y(n)$的初始状态为零,把这种条件下的系统输出定义为系统的单位脉冲响应,用 $h(n)$表示。换句话说,系统的单位脉冲响应 $h(n)$就是系统对于单位脉冲序列 $\delta(n)$的零状态响应。用公式表示为

$$h(n) = T[\delta(n)] \tag{2.4.1}$$

离散时间 LTI 系统的单位脉冲响应 $h(n)=T[\delta(n)]$和模拟系统的单位冲激响应 $h(t)$相类似,都代表系统的时域特性。

2.4.2 系统输出与输入之间的关系

设系统的输入序列为 $x(n)$,将它表示成单位脉冲序列的移位加权和,即

$$x(n) = \sum_{m=-\infty}^{\infty} x(m)\delta(n-m) \tag{2.4.2}$$

那么,系统的输出序列为

$$y(n) = T\left[\sum_{m=-\infty}^{\infty} x(m)\delta(n-m)\right]$$

根据线性系统的叠加原理,上式可表示为

$$y(n)=\sum_{m=-\infty}^{\infty}x(m)\mathrm{T}[\delta(n-m)]$$

又根据时不变系统的时不变性质，最终表示为

$$y(n)=\sum_{m=-\infty}^{\infty}x(m)h(n-m)=x(n)*h(n) \tag{2.4.3}$$

式中的符号“$*$”代表线性卷积运算。(2.4.3)式表示，离散时间 LTI 系统的输出序列等于输入序列与该系统的单位脉冲响应的线性卷积。只要知道系统的单位脉冲响应 $h(n)$，按照(2.4.3)式，对于任意输入序列 $x(n)$，都可以由它们的线性卷积求出系统的输出序列 $y(n)$。需要强调指出的是由线性卷积得到的系统输出序列 $y(n)$是系统的零状态响应。

下面介绍线性卷积运算的求解过程。

按照(2.4.3)式：① 将 $x(n)$和 $h(n)$用 $x(m)$和 $h(m)$表示，并将 $h(m)$进行翻转，形成 $h(-m)$；② 将 $h(-m)$移位 n，得到 $h(n-m)$，当 $n>0$ 时，序列右移；当 $n<0$ 时，序列左移；③ 将 $x(m)$与 $h(n-m)$相同 m 的序列值对应相乘后，结果再相加。对 $n=0,n=\pm1,n=\pm2,\cdots$逐一按以上三个步骤可得到线性卷积结果 $y(n)$。

例 2.4.1 设 $x(n)=R_4(n)$，$h(n)=R_4(n)$，求 $y(n)=x(n)*h(n)$。

解 按照(2.4.3)式，有

$$y(n)=\sum_{m=-\infty}^{\infty}R_4(m)R_4(n-m)$$

式中矩形序列的长度为 $N=4$，求解上式主要是根据矩形序列的非零值区间确定求和的上、下限。$R_4(m)$的非零值区间为：$0\leqslant m\leqslant 3$，$R_4(n-m)$的非零值区间为 $0\leqslant n-m\leqslant 3$，其乘积值的非零值区间，要求 m 同时满足下面两个不等式：

$$\begin{cases}0\leqslant m\leqslant 3\\ n-3\leqslant m\leqslant n\end{cases}$$

因此，当 $0\leqslant n\leqslant 3$ 时，

$$y(n)=\sum_{m=0}^{n}1=n+1$$

当 $4\leqslant n\leqslant 6$ 时，

$$y(n)=\sum_{m=n-3}^{3}1=7-n$$

卷积过程以及 $y(n)$的波形如图 2.4.1 所示。线性卷积结果 $y(n)$表示为

$$y(n)=\begin{cases}n+1, & 0\leqslant n\leqslant 3\\ 7-n, & 4\leqslant n\leqslant 6\\ 0, & \text{其他}\end{cases}$$

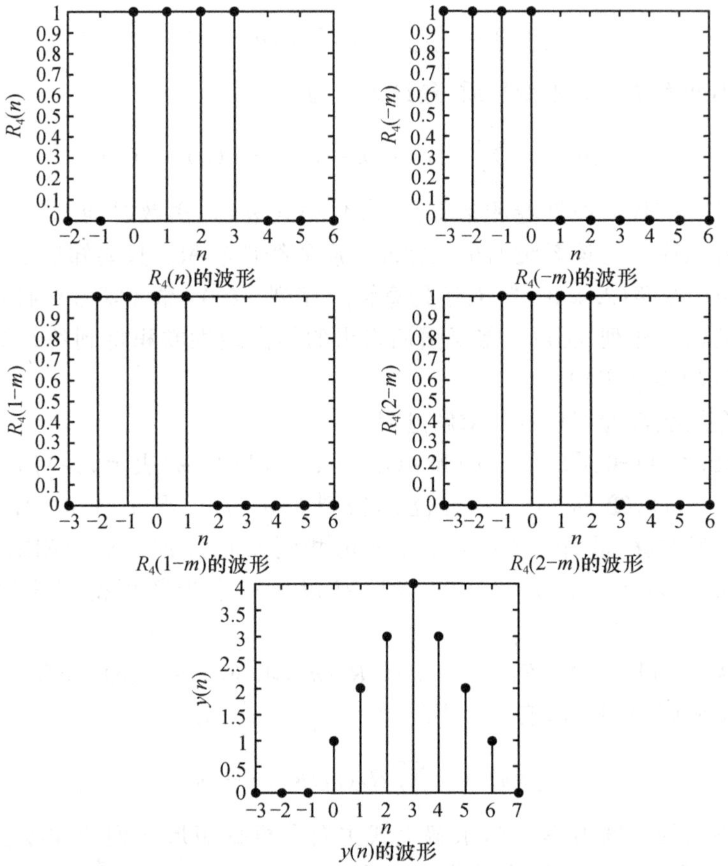

图 2.4.1　例 2.4.1 卷积过程及 $y(n)$的波形

Matlab 提供了计算线性卷积和两个多项式相乘的函数 conv，语法格式为 w=conv(u,v)，其中 u 和 v 分别是有限长度序列向量，w 是 u 和 v 的卷积结果序列向量。如果向量 u 和 v 的长度分别为 N 和 M，则向量 w 的长度为 $N+M-1$。如果向量 u 和 v 是两个多项式的系数，则 w 就是这两个多项式乘积的系数。

求解例 2.4.1 中卷积的 Matlab 程序如下：

```
x = ones(1,4);      % x(n) = R4(n)
h = ones(1,4);      % h(n) = R4(n)
y = conv(x,h);      % y(n) = x(n) * h(n)
```

运行结果：yn = [1,2,3,4,3,2,1]，与例 2.4.1 中求解的结果相同。

序列的线性卷积中主要运算是翻转、移位、相乘和相加。设两序列的长度分别为 N 和 M，则二者线性卷积后所得序列的长度为 $L=N+M-1$。

序列的线性卷积运算服从交换律、结合律和分配律。用公式分别表示为

$$x(n) * y(n) = y(n) * x(n) \tag{2.4.4}$$

$$x(n) * [h_1(n) * h_2(n)] = x(n) * h_1(n) * h_2(n) \tag{2.4.5}$$

$$x(n) * [h_1(n) + h_2(n)] = x(n) * h_1(n) + x(n) * h_2(n) \tag{2.4.6}$$

上述三个线性卷积的运算规律请读者自己证明。设 $x(n)$ 是系统的输入序列，$h(n)$ 是系统的单位脉冲响应，$y(n)$ 是系统的输出序列，(2.4.4)式所示的线性卷积交换律表示为

$$y(n) = x(n) * h(n) = h(n) * x(n)$$

这意味着如果把 $h(n)$ 作为系统的输入序列，而把 $x(n)$ 作为系统的单位脉冲响应，则系统的输出序列 $y(n)$ 不变，如图 2.4.2(a)、(b)所示；(2.4.5)式所示的线性卷积结合律表示，$x(n)$ 通过单位脉冲响应为 $h_1(n) * h_2(n)$ 的系统输出 $y(n)$ 与 $x(n)$ 先通过 $h_1(n)$ 后再通过 $h_2(n)$ 的系统输出一样，如图 2.4.2(c)、(d)所示；(2.4.6)式所示的线性卷积分配律表示，$x(n)$ 通过单位脉冲响应为 $h_1(n)+h_2(n)$ 的系统输出 $y(n)$ 与 $x(n)$ 同时分别通过 $h_1(n)$ 和 $h_2(n)$ 两子系统输出之和相等，如图 2.4.2(e)、(f)所示。

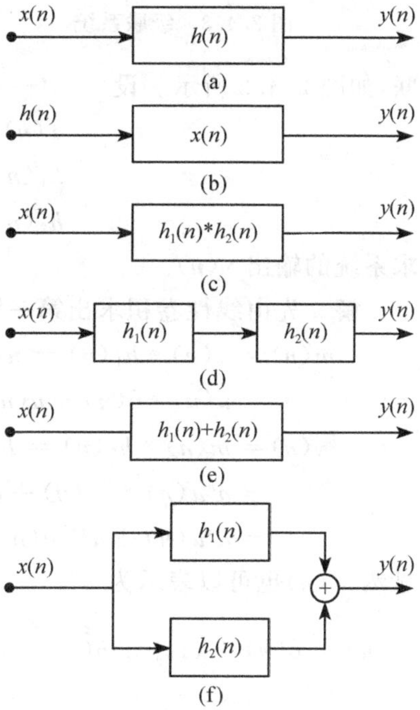

图 2.4.2　线性卷积的交换律、结合律、分配律

线性卷积的结合律说明，单位脉冲响应为 $h(n)$ 的系统，可由单位脉冲响应满足 $h_1(n) * h_2(n) * \cdots * h_k(n) = h(n)$ 的 k 个子系统级联实现，且由交换律知，各子系统的前后顺序可以任意安排；线性卷积的分配律说明，单位脉冲响应为 $h(n)$ 的系统，可由单位脉冲响应满足 $h_1(n)+h_2(n)+\cdots+h_L(n)=h(n)$ 的 L 个子系统并联实现。需要再次强调说明的是，关于系统级联、并联等价实现原系统的上述结论适用于线性时不变系统，因为它是基于线性卷积得到的，对非线性系统或者时变系统，这些结论是不成立的。

现考查(2.4.2)式，发现它也是一个线性卷积公式，该式表示的是任意序列与单位脉冲序列的线性卷积等于序列本身，即

$$x(n) = \sum_{m=-\infty}^{\infty} x(m)\delta(n-m) = x(n) * \delta(n) \tag{2.4.7}$$

如果序列 $x(n)$ 与移位的单位脉冲序列 $\delta(n-n_0)$ 进行线性卷积，就相当于将序列 $x(n)$ 本身移位 n_0（n_0 是整常数），得到 $x(n-n_0)$。证明如下：

$$x(n) * \delta(n-n_0) = \sum_{m=-\infty}^{\infty} x(m)\delta(n-n_0-m)$$

式中，只有当 $n-n_0-m=0$，即 $m=n-n_0$ 时，才可能有非零值，因此得到

$$x(n) * \delta(n-n_0) = x(n-n_0) \tag{2.4.8}$$

(2.4.7)式和(2.4.8)式在离散时间信号和系统的分析中会带来方便。

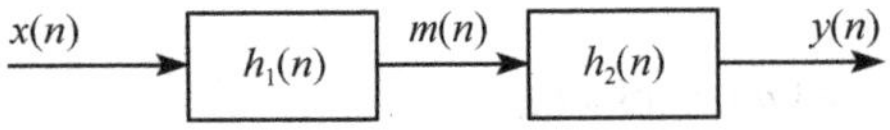

图 2.4.3　级联系统

例 2.4.2　单位脉冲响应为 $h_1(n)$ 的系统与单位脉冲响应为 $h_2(n)$ 的系统级联，如图 2.4.3 所示。设

$$x(n) = u(n)$$
$$h_1(n) = \delta(n) - \delta(n-4)$$
$$h_2(n) = a^n u(n)$$

求系统的输出 $y(n)$。

解　先由线性卷积求出第一级的输出 $m(n)$，再求出 $y(n)$。

$$\begin{aligned} m(n) &= x(n) * h_1(n) = u(n) * [\delta(n) - \delta(n-4)] \\ &= u(n) * \delta(n) - u(n) * \delta(n-4) = u(n) - u(n-4) = R_4(n) \\ y(n) &= m(n) * h_2(n) = R_4(n) * a^n u(n) \\ &= a^n u(n) * [\delta(n) + \delta(n-1) + \delta(n-2) + \delta(n-3)] \\ &= a^n u(n) + a^{n-1}u(n-1) + a^{n-2}u(n-2) + a^{n-3}u(n-3) \end{aligned}$$

显然，$y(n)$ 也可以表示为

$$y(n) = \delta(n) + (1+a)\delta(n-1) + (1+a+a^2)\delta(n-2) + \left[a^n \sum_{k=0}^{3} a^{-k}\right]u(n-3)$$

2.4.3　系统的因果性和稳定性

由系统的单位脉冲响应 $h(n)$，可以判断离散时间 LTI 系统的因果性和稳定性。

如果系统 n 时刻的输出序列，只取决于 n 时刻以及 n 时刻以前的输入序列，而与 n 时刻以后的输入序列无关，则称该系统具有因果性质，即系统是因果系统。如果系统 n 时刻的输出序列还取决于 n 时刻以后的输入序列，在时间上违背了因果关系，系统无法实现，则称系统为非因果系统。因此系统的因果性是指系统的物理可实现性。

离散时间 LTI 系统具有因果性的充分必要条件是系统的单位脉冲响应 $h(n)$ 满足

$$h(n) = 0,\quad n < 0 \tag{2.4.9}$$

证明　离散时间 LTI 系统的输出序列 $y(n)$ 等于输入序列 $x(n)$ 与系统单位脉

冲响应 $h(n)$ 的线性卷积，由线性卷积的交换律，得

$$y(n)=h(n)*x(n)=\sum_{m=-\infty}^{\infty}h(m)x(n-m)$$

$$=\sum_{m=-\infty}^{-1}h(m)x(n-m)+\sum_{m=0}^{\infty}h(m)x(n-m) \tag{2.4.10a}$$

$$=\cdots+h(-3)x(n+3)+h(-2)x(n+2)+h(-1)x(n+1)$$
$$+h(0)x(n)+h(1)x(n-1)+h(2)x(n-2)+\cdots \tag{2.4.10b}$$

(1) 充分性。当 $h(n)$ 满足(2.4.9)式时，(2.4.10a)式中第一项求和等于零，所以系统在 n 时刻的输出 $y(n)$ 只与输入 $x(n-m)(m\geqslant 0)$ 有关，因此系统是因果系统。

(2) 必要性。设系统是因果的，则由因果系统的定义知，系统在 n 时刻的输出响应 $y(n)$ 与输入序列 $x(n+m)(m\geqslant 1)$ 无关。由(2.4.10)式知，因果系统必满足(2.4.9)式。

如果把 $h(n)$ 看作一个序列，则满足(2.4.9)式的序列称为因果序列，因此因果系统的单位脉冲响应必然是因果序列。因果性系统的条件(2.4.9)式从概念上也容易理解，因为单位脉冲响应是系统输入为 $\delta(n)$ 时的零状态响应，在 $n=0$ 时刻以前，即 $n<0$ 时，没有信号加入系统，其输出只能等于零，因此得到因果性系统的条件为(2.4.9)式。

例 2.4.3　试判断系统：(1) $y(n)=x(n)+x(n-1)/2$；(2) $y(n)=x(n+1)$ 是否为因果系统。

解　(1) 系统 $y(n)=x(n)+x(n-1)/2$ 为因果系统，因为系统在 n 时刻的输出只与 n 及 $n-1$ 时刻的输入有关。也可以根据(2.4.9)式判断。因为

$$h(n)=\delta(n)+\delta(n-1)/2$$

所以

$$h(n)=0,\quad n<0$$

因此，系统是因果系统。

(2) 系统 $y(n)=x(n+1)$，由系统因果性的定义，该系统在 n 时刻的输出，与 $n+1$ 时刻的输入有关，例如，$n=2$ 时刻的输出 $y(2)$，与 $x(3)$ 有关，所以系统是非因果系统。或者根据(2.4.9)式判断。因为 $h(n)=\delta(n+1)$，所以

$$h(n)\neq 0,\quad n<0$$

因此，系统是非因果系统。

这里需要指出的是，在许多重要系统中，也有非因果的系统，如理想低通滤波器。如果考虑到数字信号处理中，数据可以存储一段时间后再被调用，有些非因果系统是可以实现的，也有些非因果系统是可以近似实现的，只是系统的输出有时间延时。这也是数字系统优于模拟系统，可以获得更接近于理想特性的原因。设系统输入序列 $x(n)$ 如图 2.4.4(a)所示，系统的单位脉冲响应 $h(n)$ 如图 2.4.4(b)所

示，这是一个非因果系统。从理论上讲将 $x(n)$ 与 $h(n)$ 进行线性卷积得到输出序列 $y(n)$，如图 2.4.4(c)所示。为了实现该系统，将 $h(n)$ 波形存储，序列 $x(n)$ 加入系统时与已存储的序列 $h(n)$ 进行线性卷积，相当于序列 $h(n)$ 延时了一个单位时间，变成了因果序列 $h_s(n)$，如图 2.4.4(d)所示，线性卷积的结果 $y_s(n)$ 如图 2.4.4(e)所示。对比图 2.4.4 中的(c)和(e)，这样实现的系统输出延时了一个单位时间。当然，对于无限长的序列 $h(n)$，通常只能截取一段，近似实现这类系统。

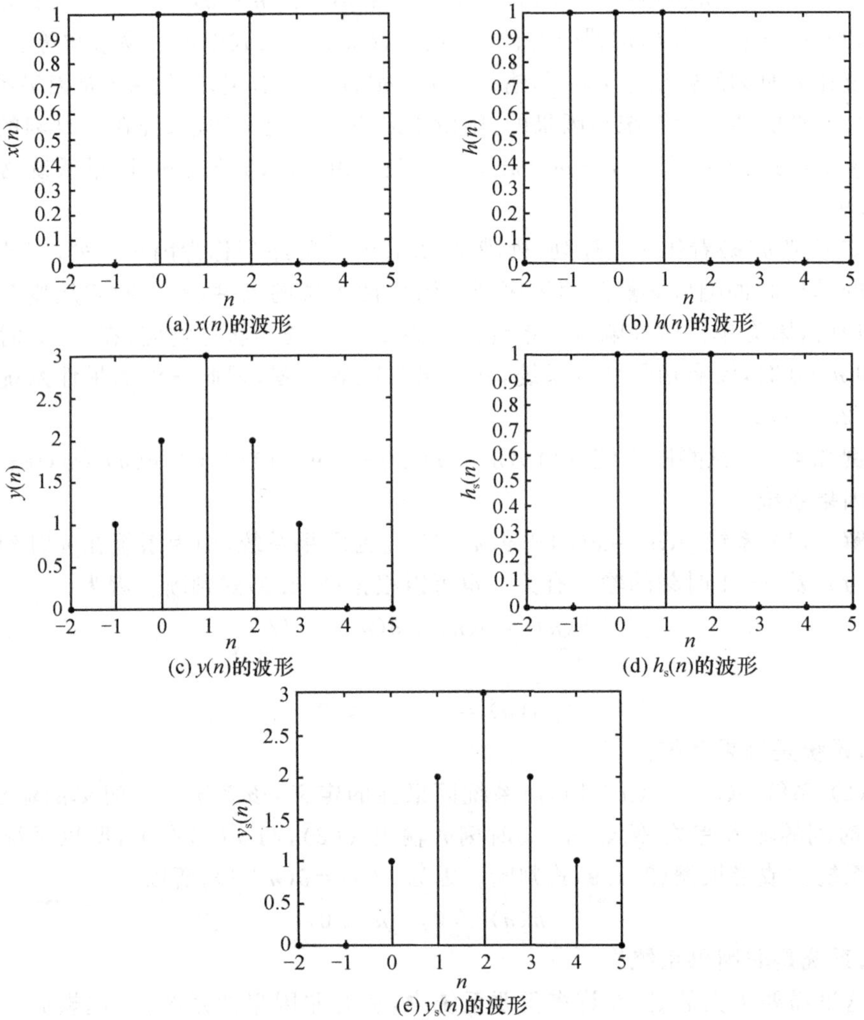

(a) $x(n)$的波形　(b) $h(n)$的波形　(c) $y(n)$的波形　(d) $h_s(n)$的波形　(e) $y_s(n)$的波形

图 2.4.4　非因果系统的延时实现

如果系统对任意的有界输入序列，其输出也是有界的序列，则称该系统是稳定系统。设 $x(n)$ 是系统的输入序列，当 $x(n)$ 有界时，即对任意的 n 有

$$|x(n)| \leqslant M_x < \infty$$

若系统的输出序列也有界，即

$$|y(n)| \leqslant M_y < \infty$$

则系统是稳定系统。上述关于系统稳定性的定义称为 BIBO(bounded input bounded output)稳定。

离散时间 LTI 系统具有稳定性的充分必要条件是系统的单位脉冲响应 $h(n)$ 满足绝对可和，即

$$\sum_{n=-\infty}^{\infty} |h(n)| < \infty \tag{2.4.11}$$

证明　(1) 充分性。设输入序列是有界的，即 $|x(n)| < M_x$，由线性时不变系统的输出和输入关系得

$$\begin{aligned} |y(n)| &= \left|\sum_{m=-\infty}^{\infty} x(m)h(n-m)\right| \leqslant \sum_{m=-\infty}^{\infty} |x(m)||h(n-m)| \\ &\leqslant M_x \sum_{m=-\infty}^{\infty} |h(n-m)| = M_x \sum_{m=-\infty}^{\infty} |h(m)| \end{aligned}$$

如果系统的单位脉冲响应 $h(n)$ 满足(2.4.11)式，那么输出 $y(n)$ 一定是有界的，即

$$|y(n)| < \infty$$

(2) 必要性。下面用反证法证明其必要性。如果 $h(n)$ 不满足(2.4.11)式，即 $\sum_{n=-\infty}^{\infty} |h(n)| = \infty$，那么总可以找到一个或若干个有界的输入序列引起无界的输出序列。例如，构造的输入序列为

$$x(n) = \begin{cases} h^*(-n)/|h(-n)|, & h(-n) \neq 0 \\ 0, & h(-n) = 0 \end{cases}$$

由于 $|x(n)| \leqslant 1$，所以输入 $x(n)$ 为有界序列。而

$$y(n) = \sum_{m=-\infty}^{\infty} h(m)x(n-m)$$

当 $n=0$ 时，有

$$y(0) = \sum_{m=-\infty}^{\infty} h(m)x(-m) = \sum_{m=-\infty}^{\infty} h(m)\frac{h^*(m)}{|h(m)|} = \sum_{m=-\infty}^{\infty} |h(m)| = \infty$$

上式说明，$n=0$ 时刻的输出是无界的，系统不稳定。这就证明了(2.4.11)式系统稳定条件的必要性。

例 2.4.4　设系统的单位脉冲响应为 $h(n)=a^n u(n)$，式中 a 是实常数，试分析该系统的因果性和稳定性。

解　由于 $n<0$ 时，$h(n)=0$，所以系统是因果系统。

系统单位脉冲响应 $h(n)$ 的绝对值之和为

$$\sum_{n=-\infty}^{\infty} |h(n)| = \sum_{n=0}^{\infty} |a|^n = \lim_{N\to\infty} \frac{1-|a|^N}{1-|a|}$$

当$|a|<1$时，

$$\sum_{n=-\infty}^{\infty} |h(n)| = \frac{1}{1-|a|} < \infty$$

因此，该系统稳定的条件是$|a|<1$。否则，当$|a|\geqslant 1$时，系统是不稳定的。

系统稳定时，$h(n)$的模值随n增大而减小，此时序列$h(n)$称为收敛序列；如果系统不稳定，$h(n)$的模值随n增大而增大，则序列$h(n)$称为发散序列。

例 2.4.5 设系统的单位脉冲响应$h(n)=u(n)$，求对于任意输入序列$x(n)$的输出序列$y(n)$，并分析系统的因果性和稳定性。

解

$$h(n)=u(n)$$

$$y(n) = x(n) * h(n) = \sum_{m=-\infty}^{\infty} x(m)u(n-m)$$

因为当$n-m<0$时，$u(n-m)=0$；$n-m\geqslant 0$时，$u(n-m)=1$，因此，求和限为$m\leqslant n$，所以

$$y(n) = \sum_{m=-\infty}^{n} x(m)$$

上式表示该系统是一个累加器，它将输入序列从加入系统时刻开始，逐项累加，一直加到n时刻为止。因为

$$h(n) = 0, \quad n < 0$$

所以该系统是因果系统。又因为

$$\sum_{m=-\infty}^{\infty} |h(n)| = \sum_{n=0}^{\infty} |u(n)| = \infty$$

所以该系统不是稳定系统。

2.4.4 数字滤波器的分类

滤波器是信号处理系统的通用名称。因此离散时间系统也可统称为数字滤波器。在以下的讨论中，仍然默认数字滤波器是线性时不变的。

数字滤波器有多种分类方法，基于单位脉冲响应的特性，可将其分为两类。

(1) 无限长单位脉冲响应数字滤波器。

如果一个线性时不变离散时间系统的单位脉冲响应$h(n)$的长度是无限的，则称此系统为无限长单位脉冲响应(infinite impulse response，IIR)数字滤波器，简称 IIR 数字滤波器。

(2) 有限长单位脉冲响应数字滤波器。

如果一个线性时不变离散时间系统的单位脉冲响应$h(n)$的长度是有限的，则

称此系统为有限长单位脉冲响应(finite impulse response,FIR)数字滤波器,简称FIR 数字滤波器。

2.5　离散时间 LTI 系统的差分方程描述

描述一个系统,可以不考虑系统的内部结构,而只研究系统输出信号与输入信号及系统参数之间的关系。大家知道,对于模拟系统通常用微分方程来描述这种关系,而对于离散时间 LTI 系统则用线性常系数差分方程来描述。本节主要讨论这类差分方程及其解法。若无特别说明,差分方程均指线性常系数差分方程。

2.5.1　线性常系数差分方程

一个 N 阶线性常系数差分方程表示为

$$y(n)=\sum_{i=0}^{M}b_i x(n-i)-\sum_{k=1}^{N}a_k y(n-k) \tag{2.5.1a}$$

或者

$$\sum_{k=0}^{N}a_k y(n-k)=\sum_{i=0}^{M}b_i x(n-i),\quad a_0=1 \tag{2.5.1b}$$

式中,$x(n)$和 $y(n)$分别是系统的输入序列和输出序列,a_k 和 b_i 均为常数,代表系统参数;式中的 $x(n-i)$和 $y(n-k)$项只有一次幂,也没有相互交叉相乘项,故称为线性常系数差分方程。差分方程的阶数由方程中 $y(n-k)$项 k 的最大取值与最小取值之差来确定。在(2.5.1)式中,$y(n-k)$项中 k 的最大取值为 N,最小取值为零,因此称其为 N 阶差分方程。

(2.5.1)式所示的差分方程描述的是一个 IIR 数字滤波器,因为其单位脉冲响应 $h(n)$具有无限长度。如果(2.5.1)式中,$a_k(k=1,2,\cdots,N)$等于零,则差分方程变为

$$y(n)=\sum_{i=0}^{M}b_i x(n-i) \tag{2.5.2}$$

该数字滤波器的单位脉冲响应就等于等式右端的系数向量:$h(0)=b_0$,$h(1)=b_1$,$\cdots$,$h(M)=b_M$,而所有其他的 $h(n)$均为零。因此(2.5.2)式的差分方程描述的是一个 M 阶 FIR 数字滤波器。

2.5.2　线性常系数差分方程的求解

已知系统的输入序列,通过求解差分方程获得系统的输出序列,即为差分方程的求解。求解差分方程的基本方法有以下三种:

(1) 经典解法。这种方法类似于模拟系统中微分方程的求解,先把差分方程的解分成齐次解和特解两部分,由初始条件确定待定系数。该解法较麻烦,实际中

很少采用,这里从略。

(2) 递推解法。这种方法较简单,且适合用计算机求解,但一般只能得到数值解,对于阶次较高的线性常系数差分方程不容易得到解析解。

(3) 变换域解法。这种解法首先将差分方程进行Z变换,z域求解获得$Y(z)$后,再进行逆Z变换求出$y(n)$。该方法简单有效,将在第3章中讨论。

当然,如果已知系统的单位脉冲响应$h(n)$,将其与系统的输入序列$x(n)$进行线性卷积,得到系统的输出序列$y(n)$。但是如果系统的单位脉冲响应预先未知,仍然需要求解差分方程,获得其零状态响应解。本节只讨论递推解法。

观察(2.5.1)式,求n时刻的输出,要知道n时刻以及n时刻以前的$M+1$个输入序列值,还要知道n时刻以前的N个输出序列值。因此在给定输入序列的条件下求解差分方程,还需要确定N个初始条件。

(2.5.1)式表示,若已知输入序列和N个初始条件,则可求出n时刻的输出;如果将该公式中的n用$n+1$代替,又可以求出$n+1$时刻的输出。因此,(2.5.1)式表示的差分方程本身就是一个适合递推求解的方程。

下面通过例子说明差分方程的递推求解,并进而讨论若干问题。

例 2.5.1 设系统的差分方程为

$$y(n)=ay(n-1)+x(n)$$

输入序列$x(n)=\delta(n)$。分别求初始条件为:(1)$y(-1)=0$;(2)$y(-1)=1$;(3)$y(n)=0(n>0)$时的输出序列$y(n)$。

解 (1) 由差分方程

$$y(n)=ay(n-1)+x(n)$$

和输入序列$x(n)=\delta(n)$及初始条件$y(-1)=0$,递推得

$$\begin{aligned}
n=0\text{ 时},\quad & y(0)=ay(-1)+\delta(0)=1\\
n=1\text{ 时},\quad & y(1)=ay(0)+\delta(1)=a\\
n=2\text{ 时},\quad & y(2)=ay(1)+\delta(2)=a^2\\
&\vdots\\
n=n\text{ 时},\quad & y(n)=ay(n-1)+\delta(n)=a^n
\end{aligned}$$

通式为

$$y(n)=a^n u(n)$$

(2) 初始条件

$$y(-1)=1$$

$$\begin{aligned}
n=0\text{ 时},\quad & y(0)=ay(-1)+\delta(0)=1+a\\
n=1\text{ 时},\quad & y(1)=ay(0)+\delta(1)=(1+a)a\\
n=2\text{ 时},\quad & y(2)=ay(1)+\delta(2)=(1+a)a^2\\
&\vdots
\end{aligned}$$

$$n = n \text{ 时}, \quad y(n) = ay(n-1) + \delta(n) = (1+a)a^n$$

通式为

$$y(n) = (1+a)a^n u(n)$$

(3) 初始条件

$$y(n) = 0, \quad n > 0$$

由差分方程得

$$y(n-1) = a^{-1}[y(n) - \delta(n)]$$

$$n = 1 \text{ 时}, \quad y(0) = a^{-1}[y(1) - \delta(1)] = 0$$

$$n = 0 \text{ 时}, \quad y(-1) = a^{-1}[y(0) - \delta(0)] = -a^{-1}$$

$$n = -1 \text{ 时}, \quad y(-2) = a^{-1}[y(-1) - \delta(-1)] = -a^{-2}$$

$$\vdots$$

$$n = -|n| \text{ 时}, \quad y(n-1) = a^{-1}[y(n) - \delta(n)] = -a^{n-1}$$

用 n 代替 $n-1$,得到

$$y(n) = -a^n u(-n-1)$$

该例表明,对于同一个差分方程和同一个输入序列。因为初始条件不同,得到的输出序列是不相同的。

对于实际系统,用递推解法求解,总是由初始条件向 $n>0$ 的方向递推,结果是一个因果解。但对于差分方程,其本身也可以向 $n<0$ 的方向递推,得到的是非因果解。因此,差分方程本身并不能确定该系统是因果系统还是非因果系统,还需要由初始条件进行限制。由于系统的单位脉冲响应是当系统输入序列为 $\delta(n)$时的零状态响应,所以在用差分方程求系统的单位脉冲响应时,只要令差分方程中的输入序列为 $\delta(n)$,N 个初始条件都为零,其解就是系统的单位脉冲响应。在上例中,当初始条件为 $y(-1)=0$ 时,系统的单位脉冲响应 $h(n)=y(n)=a^n u(n)$,差分方程描述的是一个因果系统,且当$|a|<1$ 时此系统是一稳定系统。而当初始条件为 $y(n)=0, n>0$ 时,系统的单位脉冲响应 $h(n)=y(n)=-a^n u(-n-1)$,差分方程描述的是一个非因果系统,且当$|a|>1$ 时此系统才是一个稳定系统。

Matlab 信号处理工具箱提供了 filter 函数,可以实现线性常系数差分方程的递推求解,调用格式如下:

```
yn = filter(B,A,xn,xi)
xi = filtic(B,A,ys,xs)
```

调用参数中 xn 是输入信号向量,B 和 A 是差分方程(2.5.1b)的系数向量,即

```
B = [b0,b1,…,bM]
A = [a0,a1,…,aN]
```

其中 a0=1,如果 a0≠1,则 filter 用 a0 对系数向量 B 和 A 归一化。

xi 是与初始条件有关的向量,用 xi=filtic(B,A,ys,xs)函数格式计算,其中 ys 和 xs 是初始条件向量,即

```
ys = [y(-1),y(-2),…,y(-N)]
xs = [x(-1),x(-2),…,x(-M)]
```

如果 xn 是因果序列，则 xs=0，调用时可默认 xs。用 filtic(B,A,ys,xs)函数计算出的 xi 被称为等效初始条件的输入向量。

用 filter(B,A,xn,xi)函数计算出的 yn 向量与输入信号和系统的初始状态有关，称为系统的全响应。如果系统的初始条件为零，就默认 xi=0，调用格式为

```
yn = filter(B,A,xn)
```

这样计算出的 yn 称为系统的零状态响应。

例 2.5.1 中选择 $a=0.8$，$y(-1)=1$ 和 $y(-1)=0$ 的 Matlab 程序如下：

```
%例 2.5.1 的 Matlab 求解程序
a = 0.8;ys = 1;              %给定差分方程系数 a = 0.8,初始状态 y(-1) = 1
xn = [1,zeros(1,30)];        %x(n)为单位脉冲响应,取长度 N = 31
B = 1;A = [1,-a]             %差分方程系数向量
xi = filtic(B,A,ys);         %xi 是等效初始条件的输入序列
yn = filter(B,A,xn,xi);      %求输出序列 y(n)
n = 0:length(yn) - 1;
subplot(1,2,1),stem(n,yn,'.');title('(a)');xlabel('n');ylabel
  ('y(n)')
hn = filter(B,A,xn);         %初始状态 y(-1) = 0,求输出序列 h(n)
subplot(1,2,2),stem(n,hn,'.');title('(b)');xlabel('n');ylabel
  ('h(n)')
```

运行结果如图 2.5.1 所示，其中(a)是初始状态 $y(-1)=1$ 时的输出，(b)是初始状态 $y(-1)=0$ 时的输出。

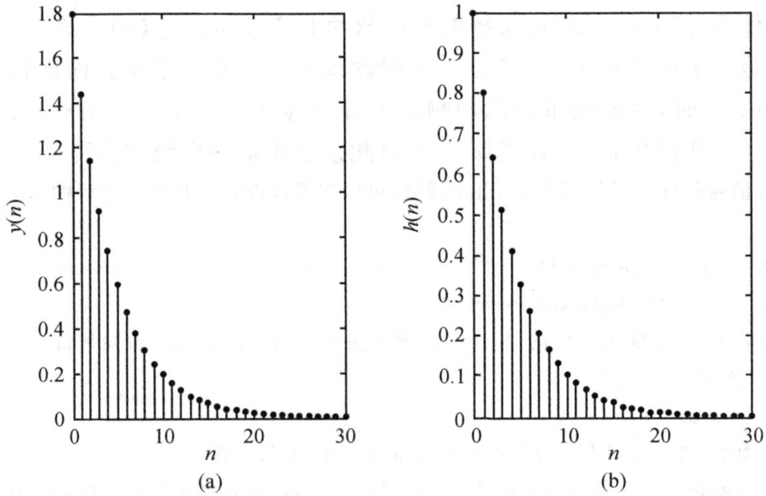

图 2.5.1　例 2.5.1 的 Matlab 运行结果

最后需要说明的是，一个线性常系数差分方程所描述的系统不一定是线性时不变系统，这与系统的初始条件有关。下面举一个用线性常系数差分方程描述的非线性时变系统的例子。

例 2.5.2　若系统的一阶差分方程为

$$y(n)=ay(n-1)+x(n)$$

设初始条件为 $y(-1)=1$。试分析该系统是否是线性时不变系统。

解　如果系统是线性时不变的，必须满足(2.3.4)式和(2.3.5)式。下面通过设输入序列 $x_1=\delta(n)$，$x_2=\delta(n-1)$ 和 $x_3=\delta(n)+\delta(n-1)$ 来检验系统是否是线性时不变系统。

(1)　$x_1=\delta(n)$，　$y(-1)=1$，　$y_1(n)=ay_1(n-1)+\delta(n)$

这种情况和例 2.5.1(2)相同，因此输出序列为

$$y_1(n)=(1+a)a^n u(n)$$

(2)　$x_2=\delta(n-1)$，　$y(-1)=1$，　$y_2(n)=ay_2(n-1)+\delta(n-1)$

$n=0$ 时，　$y_2(0)=ay_2(-1)+\delta(-1)=a$

$n=1$ 时，　$y_2(1)=ay_2(0)+\delta(0)=1+a^2$

$n=2$ 时，　$y_2(2)=ay_2(1)+\delta(1)=(1+a^2)a$

⋮

$n=n$ 时，　$y_2(n)=ay_2(n-1)+\delta(n-1)=(1+a^2)a^{n-1}$

通式为

$$y_2(n)=(1+a^2)a^{n-1}u(n-1)+a\delta(n)$$

(3)　$x_3(n)=\delta(n)+\delta(n-1)$，　$y(-1)=1$

$$y_3(n)=ay_3(n-1)+\delta(n)+\delta(n-1)$$

$n=0$ 时，　$y_3(0)=ay_3(-1)+\delta(0)+\delta(-1)=1+a$

$n=1$ 时，　$y_3(1)=ay_3(0)+\delta(1)+\delta(0)=1+a+a^2$

$n=2$ 时，　$y_3(2)=ay_3(1)+\delta(2)+\delta(1)=(1+a+a^2)a$

⋮

$n=n$ 时，　$y_3(n)=ay_3(n-1)+\delta(n)+\delta(n-1)=(1+a+a^2)a^{n-1}$

通式为

$$y_3(n)=(1+a+a^2)a^{n-1}u(n-1)+(1+a)\delta(n)$$

由情况(1)和情况(2)，得到

$$y_1(n-1)=(1+a)a^{n-1}u(n-1)$$

$$\mathrm{T}[\delta(n-1)]=(1+a^2)a^{n-1}u(n-1)+a\delta(n)$$

显然，$y_1(n-1) \neq T[\delta(n-1)]$，所以该系统是时变系统。再由情况(3)得到

$$T[\delta(n)+\delta(n-1)] = (1+a+a^2)a^{n-1}u(n-1)+(1+a)\delta(n)$$

而

$$\begin{aligned} T[\delta(n)]+T[\delta(n-1)] &= (1+a)a^n u(n)+(1+a^2)a^{n-1}u(n-1)+a\delta(n) \\ &= (1+a)a^{n-1}u(n-1)+(1+a^2)a^{n-1}u(n-1) \\ &\quad +(1+a)\delta(n)+a\delta(n) \\ &= (2+a+a^2)a^{n-1}u(n-1)+(1+2a)\delta(n) \end{aligned}$$

显然

$$T[\delta(n)+\delta(n-1)] \neq T[\delta(n)]+T[\delta(n-1)]$$

因此，该系统是非线性系统。

请读者自己验证，如果该系统的初始条件改成 $y(n)=0(n\leqslant -1)$，则一阶差分方程 $y(n)=ay(n-1)+x(n)$ 描述的是线性时不变系统。

上述讨论结果说明，采用线性常系数差分方程描述系统时，如果没有附加的约束条件，则它不能唯一地确定一个系统的输入和输出关系，也不能保证系统一定是线性时不变系统。但在下面的整个讨论中，除非另做说明，凡用线性常系数差分方程(2.5.1)所描述的系统都是指线性时不变系统，并且多数是指因果系统。

2.6 习 题

2.1 将序列 $x(n)=\begin{cases} 1, & n=0 \\ -1, & n=1 \\ 0, & n=2 \\ 2, & n=3 \\ 0, & \text{其他} \end{cases}$ 表示为 $u(n)$ 及 $u(n)$ 延迟的和。

2.2 用单位脉冲序列 $\delta(n)$ 的移位加权和表示题 2.2 图所示序列。

2.3 设序列 $x(n)=\begin{cases} 2n+4, & -4\leqslant n\leqslant -1 \\ 4, & 0\leqslant n\leqslant 4 \\ 0, & \text{其他} \end{cases}$。

(1) 用单位脉冲序列 $\delta(n)$ 的移位加权和表示该序列。

(2) 画出序列 $x(n)$ 的波形，标出各序列值。

(3) 令 $x_1(n)=x(2-n)$，画出 $x_1(n)$ 的波形。

(4) 令 $x_2(n)=2x(n-2)$，画出 $x_2(n)$ 的波形。

(5) 令 $x_3(n)=x_1(n)+x_2(n)$，画出 $x_3(n)$ 的波形。

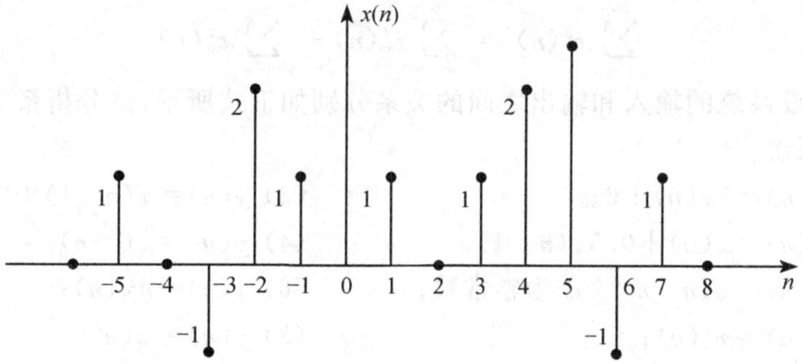

题 2.2 图　序列 $x(n)$ 的波形图

2.4　请画出如下序列的波形：

(1) $x(n)=3\delta(n+3)+2\delta(n+1)+\delta(n)-4\delta(n-1)+2\delta(n-2)$；

(2) $x(n)=0.5^n R_5(n)$。

2.5　判断下列序列中，哪一个是周期序列，如果是周期序列，求出它的周期。

(1) $x(n)=\sin(1.2n)$；

(2) $x(n)=\sin(9.7\pi n)$；

(3) $x(n)=\cos(3\pi n/7)$；

(4) $x(n)=A\cos\left(\frac{3}{7}\pi n-\frac{\pi}{4}\right)$；

(5) $x(n)=\sin\left(\frac{\pi n}{4}\right)-\cos\left(\frac{\pi n}{7}\right)$；

(6) $x(n)=e^{j\left(\frac{n}{8}-\pi\right)}$。

2.6　对题 2.1 给出的序列 $x(n)$，要求：

(1) 画出 $x(-n)$ 的波形。

(2) 计算 $x_e(n)=\frac{1}{2}[x(n)+x(-n)]$，并画出 $x_e(n)$ 的波形。

(3) 计算 $x_o(n)=\frac{1}{2}[x(n)-x(-n)]$，并画出 $x_o(n)$ 的波形。

(4) 令 $x_1(n)=x_e(n)+x_o(n)$，将 $x_1(n)$ 与原序列 $x(n)$ 进行比较，你能得出什么结论？

2.7　将实序列 $x(n)$ 的偶对称序列 $x_e(n)$ 和奇对称序列 $x_o(n)$ 分别表示为

$$x_e(n)=\frac{1}{2}[x(n)+x(-n)]$$

$$x_o(n)=\frac{1}{2}[x(n)-x(-n)]$$

试证明

$$\sum_{n=-\infty}^{\infty} x^2(n) = \sum_{n=-\infty}^{\infty} x_e^2(n) + \sum_{n=-\infty}^{\infty} x_o^2(n)$$

2.8 设系统的输入和输出之间的关系分别如下式所示，试分析系统是否为线性时不变系统。

(1) $y(n)=3x(n)+6$；(2) $y(n)=x(n-1)+2$；

(3) $y(n)=x(n)+0.5x(n-1)$；(4) $y(n)=x(-n)$；

(5) $y(n)=x(n-n_0)$，n_0 为整常数；(6) $y(n)=nx(n)$；

(7) $y(n)=x^2(n)$；(8) $y(n)=x(n^2)$。

2.9 试确定下列系统是否为线性时不变系统。

(1) $y(n)=x(n)\sin(\omega n)$；

(2) $y(n) = \sum_{m=0}^{n} x(m)$，$m$ 为正整数；

(3) $y(n) = \sum_{m=-\infty}^{\infty} x(m)\delta(n-mM)$，$m$ 为正整数，M 为正整数；

(4) $y(n) = x(n)\sum_{m=-\infty}^{\infty} \delta(n-mM)$，$m$ 为正整数，M 为正整数。

2.10 设线性时不变系统的单位脉冲响应 $h(n)$ 分别如下式所示，试分析系统是否为因果的和稳定的。

(1) $h(n)=\frac{1}{n^2}u(n)$；(2) $h(n)=\frac{1}{n!}u(n)$；

(3) $h(n)=3^n u(n)$；(4) $h(n)=3^n u(-n)$；

(5) $h(n)=0.5^n u(n)$；(6) $h(n)=0.5^n u(-n-1)$；

(7) $h(n)=\delta(n+2)$；(8) $h(n)=\delta(n-2)$。

2.11 试求如题 2.11 图所示线性时不变系统的单位脉冲响应 $h(n)$，图中

$$h_1(n) = 4\times 0.5^n[u(n)-u(n-3)]$$
$$h_2(n) = h_3(n) = (n+1)u(n)$$
$$h_4(n) = \delta(n-1)$$
$$h_5(n) = \delta(n) - 4\delta(n-3)$$

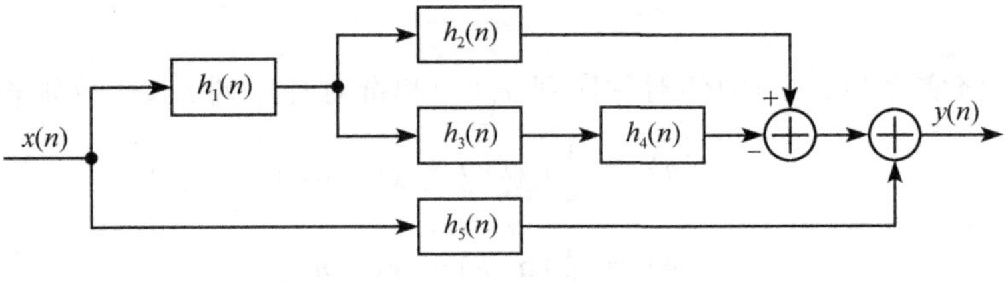

题 2.11 图 线性时不变系统

如果输入序列 $x(n)=\delta(n)-\delta(n-1)$，求该系统的输出序列 $y(n)$。

2.12　证明线性卷积服从交换律、结合律和分配律，即证明下面三个等式成立：

(1) $x(n)*h(n)=h(n)*x(n)$；

(2) $x(n)*[h_1(n)*h_2(n)]=[x(n)*h_1(n)]*h_2(n)$；

(3) $x(n)*[h_1(n)+h_2(n)]=x(n)*h_1(n)+x(n)*h_2(n)$。

2.13　计算并画出如题 2.13 图所示序列 $x(n)$ 与 $h(n)$ 线性卷积的波形。

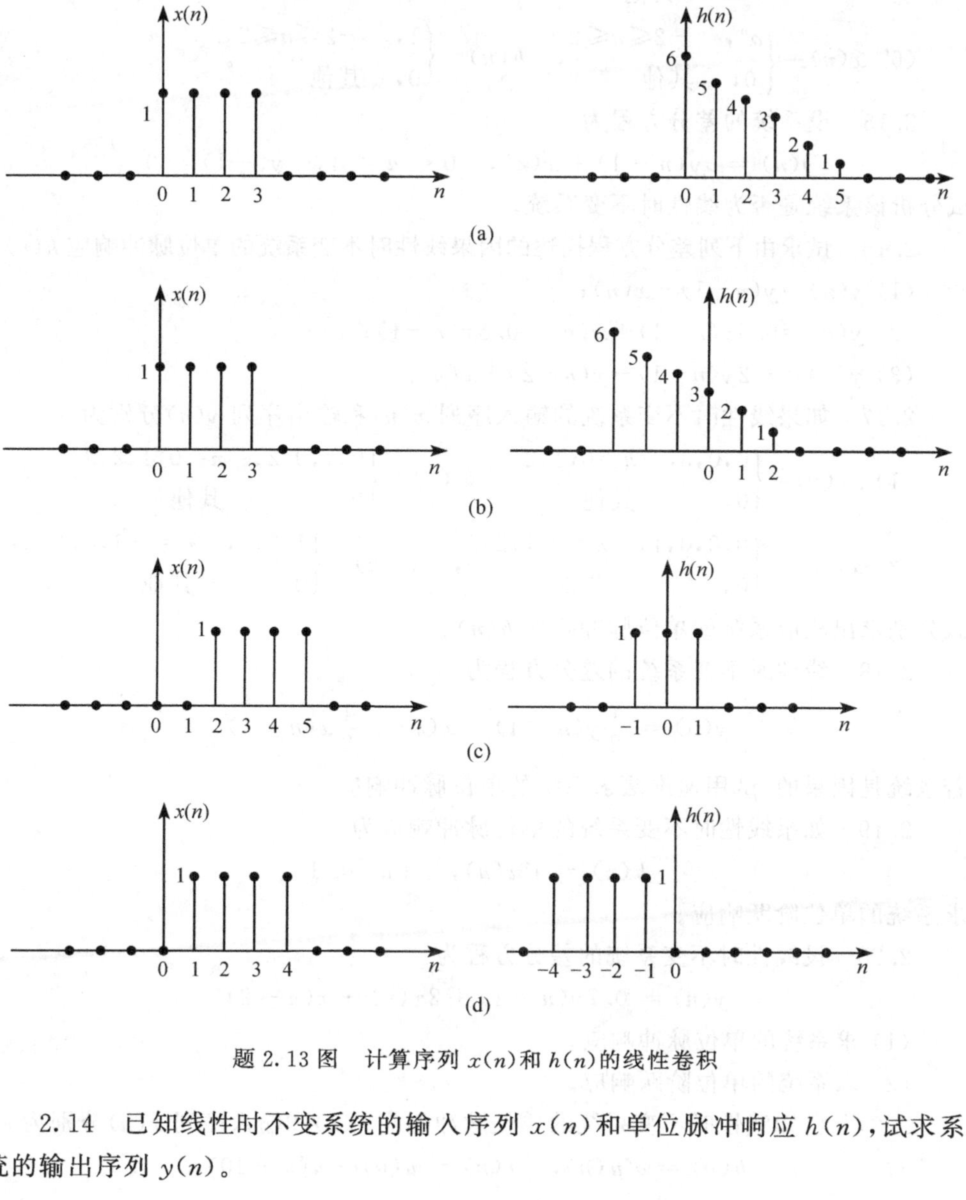

题 2.13 图　计算序列 $x(n)$ 和 $h(n)$ 的线性卷积

2.14　已知线性时不变系统的输入序列 $x(n)$ 和单位脉冲响应 $h(n)$，试求系统的输出序列 $y(n)$。

(1) $x(n)=R_4(n)$， $h(n)=R_5(n)$；

(2) $x(n)=\delta(n)-\delta(n-2)$， $h(n)=R_5(n)$；

(3) $x(n)=\delta(n-2)$， $h(n)=0.5^n R_4(n)$；

(4) $x(n)=R_4(n)$， $h(n)=0.5^n u(n)$；

(5) $x(n)=\begin{cases}\frac{1}{2}n, & 0\leqslant n\leqslant 6\\ 0, & \text{其他}\end{cases}$， $h(n)=\begin{cases}1, & 0\leqslant n\leqslant 4\\ 0, & \text{其他}\end{cases}$；

(6) $x(n)=\begin{cases}a^n, & -2\leqslant n\leqslant 2\\ 0, & \text{其他}\end{cases}$， $h(n)=\begin{cases}1, & -2\leqslant n\leqslant 2\\ 0, & \text{其他}\end{cases}$。

2.15 设系统的差分方程为

$$y(n)=ay(n-1)+x(n),\quad 0<a<1,\quad y(-1)=0$$

试分析该系统是否为线性时不变系统。

2.16 试求由下列差分方程描述的因果线性时不变系统的单位脉冲响应 $h(n)$。

(1) $y(n)=y(n-1)+x(n)$；

(2) $y(n)=0.5y(n-1)+x(n)+0.5x(n-1)$；

(3) $y(n)=-2y(n-1)-y(n-2)+x(n)$。

2.17 如果线性时不变系统的输入序列 $x(n)$和输出序列 $y(n)$分别为

(1) $x_1(n)=\begin{cases}0,0,3, & n=0,1,2\\ 0, & \text{其他}\end{cases}$， $y_1(n)=\begin{cases}0,1,0,2, & n=0,1,2,3\\ 0, & \text{其他}\end{cases}$；

(2) $x_2(n)=\begin{cases}0,0,0,1, & n=0,1,2,3\\ 0, & \text{其他}\end{cases}$， $y_2(n)=\begin{cases}1,2,1, & n=-1,0,1\\ 0, & \text{其他}\end{cases}$。

试分别求出相应系统的单位脉冲响应 $h(n)$。

2.18 线性时不变系统的差分方程为

$$y(n)=\frac{1}{2}y(n-1)+x(n)+\frac{1}{2}x(n-1)$$

若系统是因果的，试用递推法求系统的单位脉冲响应。

2.19 如果线性时不变系统的单位脉冲响应为

$$h(n)=a^n u(n),\quad |a|<1$$

求系统的单位阶跃响应。

2.20 设线性时不变系统的差分方程为

$$y(n)=0.7y(n-1)+2x(n)-x(n-2)$$

(1) 求系统的单位脉冲响应。

(2) 求系统的单位阶跃响应。

2.21 已知线性时不变系统的单位脉冲响应 $h(n)$和输入序列 $x(n)$分别为

$$h(n)=a^n u(n),\quad x(n)=u(n)-u(n-10)$$

求系统的响应 $y(n)$。

2.22　设线性时不变系统的单位脉冲响应为 $h(n)=\frac{3}{8}\times 0.5^n u(n)$，系统的输入 $x(n)$ 是一组观测数据，即 $x(n)=\{x_0,x_1,x_2,\cdots,x_k,\cdots\}$。试用递推法求系统的输出 $y(n)$。递推时设系统的初始状态为零状态。

2.23　利用 Matlab 工具箱函数 stem，画出单位脉冲序列 $\delta(n)$，单位阶跃序列 $u(n)$ 和斜坡序列 $x(n)=nu(n)$ 的波形。

2.24　已知两个线性时不变系统的差分方程分别为

$$y(n)=0.6y(n-1)-0.08y(n-2)+x(n)$$
$$y(n)=0.7y(n-1)-0.1y(n-2)-x(n-2)$$

利用 Matlab，分别求这两个系统的单位脉冲响应和单位阶跃响应，并画出前 31 点的波形。

2.25　已知线性时不变系统的差分方程为

$$y(n)=-\frac{1}{2}y(n-1)+x(n)+2x(n-2)$$

若系统的输入序列 $x(n)=\{1,2,3,4,2,1\}$，编写利用递推法计算系统零状态响应的 Matlab 程序，并算出结果。

2.26　已知线性时不变系统的差分方程为

$$y(n)+0.7y(n-1)-0.45y(n-2)-0.6y(n-3)$$
$$=0.8x(n)-0.44x(n-1)+0.36x(n-2)+0.02x(n-3)$$

当输入序列 $x(n)=\delta(n)$ 时，用 Matlab 计算输出序列 $y(n)$，$0\leqslant n\leqslant 40$，并画出 $y(n)$ 的波形。

2.27　已知线性时不变系统的差分方程为

$$y(n)=-a_1 y(n-1)-a_2 y(n-2)+bx(n)$$

其中，$a_1=-0.8$，$a_2=0.64$，$b=0.866$。

(1) 用 Matlab 求解系统的单位脉冲响应 $h(n)$，$0\leqslant n\leqslant 49$，并画出 $h(n)$ 的波形。

(2) 用 Matlab 求解系统的单位阶跃响应 $y(n)$，$0\leqslant n\leqslant 100$，并画出 $y(n)$ 的波形。

(3) 现利用(1)中的 $h(n)$ 的前一段构成一个新的系统，其单位脉冲响应为

$$h_1(n)=\begin{cases}h(n), & 0\leqslant n\leqslant 14\\ 0, & \text{其他}\end{cases}$$

编写求解这个新系统的单位阶跃响应的 Matlab 程序，并计算结果。

(4) 比较(2)、(3)中求得的单位阶跃响应的特点。

2.28　题 2.28 图所示系统是由四个子系统 T_1、T_2、T_3 和 T_4 组成的，分别用

单位脉冲响应或差分方程描述为

T_1：　$h_1(n)=\begin{cases}1,\frac{1}{2},\frac{1}{4},\frac{1}{8},\frac{1}{16},\frac{1}{32}, & n=0,1,2,3,4,5\\ 0, & \text{其他}\end{cases}$

T_2：　$h_2(n)=\begin{cases}1,1,1,1,1,1, & n=0,1,2,3,4,5\\ 0, & \text{其他}\end{cases}$

T_3：　$y_3(n)=\frac{1}{4}x(n)+\frac{1}{2}x(n-1)+\frac{1}{4}x(n-2)$

T_4：　$y(n)=0.9y(n-1)-0.81y(n-2)+v(n)+v(n-1)$

编写计算整个系统的单位脉冲响应 $h(n)$，$0\leqslant n\leqslant 99$ 的 Matlab 程序，并计算结果。

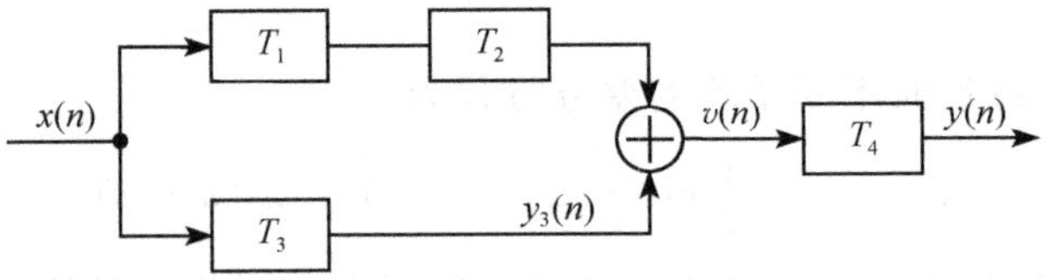

题 2.28 图　由四个子系统组成的系统

2.29　已知序列 $x(n)$ 和 $h(n)$ 分别为

$$x(n)=\begin{cases}-0.5,0,0.5,1, & n=-1,0,1,2\\ 0, & \text{其他}\end{cases}$$

$$h(n)=\begin{cases}1,1,1, & n=-2,-1,0\\ 0, & \text{其他}\end{cases}$$

试用 Matlab 工具箱函数 conv，计算线性卷积

$$y(n)=x(n)*h(n)$$

并画出 $y(n)$ 的波形。

2.30　利用 Matlab 画出受高斯噪声干扰的正弦信号的波形，表示为

$$x(n)=10\sin(0.02\pi n)+v(n),\quad 0\leqslant n\leqslant 100=N$$

其中 $v(n)$ 是均值为零、方差为 1 的高斯噪声。

提示：均值为零、方差为 1 的高斯噪声的 Matlab 工具箱函数为 randn(1,N+1)。

第3章 离散时间信号和系统的频域分析

3.1 引 言

大家知道，对信号和系统既可以进行时域分析，也可以进行频域分析。在连续时间信号与系统中，采用傅里叶变换和拉普拉斯变换对信号和系统做频域分析。而在离散时间信号和系统中，频域分析采用离散时间傅里叶变换和Z变换作为数学工具。

本章讨论离散时间信号与系统的频域分析，它是数字信号处理的另一类基础知识。主要内容包括离散时间信号——序列的离散时间傅里叶变换及性质、Z变换及性质，利用Z变换解差分方程及系统的频域特性分析等。

3.2 序列的离散时间傅里叶变换

离散时间信号——序列存在傅里叶变换，通常称为序列的离散时间傅里叶变换(discrete time Fourier transform，DTFT)，简称为序列的DTFT。

3.2.1 序列的离散时间傅里叶变换的定义

从1.6节关于信号采样的讨论知道，对模拟信号在时域内进行采样的结果是频域内频谱的周期延拓。也就是说，采样输出离散时间信号——序列的频谱是周期函数，它可以用傅里叶级数来表示，傅里叶级数的系数就相当于序列值。因此，把一般序列$x(n)$的DTFT定义为

$$X(e^{j\omega}) = \sum_{n=-\infty}^{\infty} x(n)e^{-j\omega n} \tag{3.2.1}$$

简记为

$$X(e^{j\omega}) = \text{DTFT}[x(n)] \tag{3.2.2}$$

$X(e^{j\omega})$是序列$x(n)$的频谱函数。(3.2.1)式的级数不一定总是收敛的，例如，$x(n)$是单位阶跃序列时级数就不收敛。序列$x(n)$的DTFT存在的充分必要条件是序列$x(n)$绝对可和，即满足

$$\sum_{n=-\infty}^{\infty} |x(n)| < \infty \tag{3.2.3}$$

因此,有限长序列的 DTFT 总是存在的。如果引入单位冲激函数,一些绝对不可和的序列,如周期序列、单位阶跃序列,其 DTFT 可用单位冲激函数来表示,这将在下面的章节中讨论。

为求序列的 DTFT 的逆变换,用 $e^{j\omega m}$ 同乘(3.2.1)式的两端,并在 ω 的一个周期 $-\pi\sim\pi$ 内对 ω 进行积分,得到

$$\int_{-\pi}^{\pi} X(e^{j\omega})e^{j\omega m}d\omega = \int_{-\pi}^{\pi}\left[\sum_{n=-\infty}^{\infty}x(n)e^{-j\omega n}\right]e^{j\omega m}d\omega$$

$$= \sum_{n=-\infty}^{\infty}x(n)\int_{-\pi}^{\pi}e^{j\omega(m-n)}d\omega = 2\pi\sum_{n=-\infty}^{\infty}x(n)\delta(m-n) = 2\pi x(m)$$

因此

$$x(n) = \frac{1}{2\pi}\int_{-\pi}^{\pi}X(e^{j\omega})e^{j\omega n}d\omega \tag{3.2.4}$$

这就是序列的 DTFT 的逆变换公式,简记为

$$x(n) = \text{IDTFT}[X(e^{j\omega})] \tag{3.2.5}$$

(3.2.1)式和(3.2.5)式构成序列的一对 DTFT 变换对。

例 3.2.1　设序列 $x(n)=R_N(n)$,求 $x(n)$的 DTFT。

解　$$X(e^{j\omega}) = \sum_{n=-\infty}^{\infty}x(n)e^{-j\omega n} = \sum_{n=0}^{N-1}R_N(n)e^{-j\omega n} = \sum_{n=0}^{N-1}e^{-j\omega n}$$

$$= \frac{1-e^{-j\omega N}}{1-e^{-j\omega}} = \frac{e^{-j\omega N/2}(e^{j\omega N/2}-e^{-j\omega N/2})}{e^{-j\omega/2}(e^{j\omega/2}-e^{-j\omega/2})}$$

$$= e^{-j(N-1)\omega/2}\,\frac{\sin(\omega N/2)}{\sin(\omega/2)}$$

设 $N=4$,则 $X(e^{j\omega})$的幅度谱和相位谱如图 3.2.1 所示。

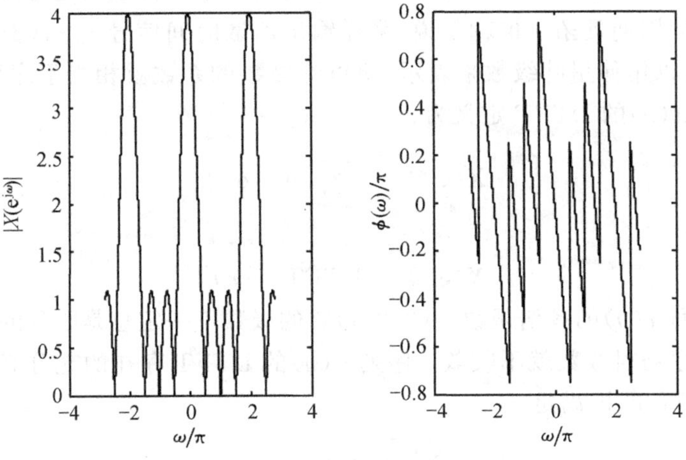

图 3.2.1　$R_4(n)$的幅度谱和相位谱

```
% 例 3.2.1 的 Matlab 程序
x = [1,1,1,1];nx = [0:3];                        % x(n) = R4(n)
w = linspace( - 2.8 * pi,2.8 * pi,100000);       % 在[-2.8π,2.8π]区间均匀取 10000 个点
X = x * exp( - j * nx' * w);                     % 计算 x(n)的 DTFT
subplot(1,2,1),plot(w/ pi,abs(X));xlabel('\omega /\pi');ylabel('|X(e^j^\omega)|')
subplot(1,2,2),plot(w/ pi,angle(X)/ pi);xlabel('\omega /\pi');ylabel('\phi(\o-
  mega)/\pi')
```

3.2.2　序列的离散时间傅里叶变换的性质

序列的 DTFT 具有多个重要的性质，现予讨论。

1）DTFT 的周期性

序列的 DTFT 定义式中，n 取整数，因此

$$X(e^{j\omega}) = \sum_{n=-\infty}^{\infty} x(n) e^{-j(\omega+2\pi M)n},\quad M \text{ 为整数} \tag{3.2.6}$$

成立。这说明序列的 DTFT 是频率 ω 的连续周期函数，周期为 2π。由于 DTFT 的周期性，因此只需要知道 $X(e^{j\omega})$ 的一个周期，即 $\omega\in[0,2\pi)$ 或 $\omega\in[-\pi,\pi)$，就可以分析序列的频谱，不需要取整个 $-\infty<\omega<\infty$ 域来分析。在 $\omega=0,2\pi M$ 点上，$X(e^{j\omega})$ 表示序列 $x(n)$ 的低频分量，序列 $x(n)$ 的最高频率分量在 $\omega=\pi$ 点上。

一般来说，$X(e^{j\omega})$ 是实变量 ω 的复值函数，可用实部和虚部将其表示为

$$X(e^{j\omega}) = X_R(e^{j\omega}) + jX_I(e^{j\omega}) \tag{3.2.7}$$

其中，$X_R(e^{j\omega})$、$X_I(e^{j\omega})$ 分别是 $X(e^{j\omega})$ 的实部和虚部。

$X(e^{j\omega})$ 也可以用幅度谱和相位谱表示为

$$X(e^{j\omega}) = |X(e^{j\omega})| e^{j\arg[X(e^{j\omega})]} \tag{3.2.8}$$

其中，$|X(e^{j\omega})|$、$\arg[X(e^{j\omega})]$ 分别称为序列 $x(n)$ 的幅度谱和相位谱。

2）线性

设

$$X(e^{j\omega}) = \text{DTFT}[x(n)]$$
$$Y(e^{j\omega}) = \text{DTFT}[y(n)]$$
$$w(n) = ax(n) + by(n)$$

则 $w(n)$ 的 DTFT 为

$$W(e^{j\omega}) = \text{DTFT}[ax(n) + by(n)] = aX(e^{j\omega}) + bY(e^{j\omega}) \tag{3.2.9}$$

其中 a,b 均为常数。

3）位移特性

设

$$X(e^{j\omega}) = \text{DTFT}[x(n)]$$

则

$$\mathrm{DTFT}[x(n-n_0)] = \mathrm{e}^{-\mathrm{j}\omega n_0} X(\mathrm{e}^{\mathrm{j}\omega}) \tag{3.2.10}$$

4）频移特性

设

$$X(\mathrm{e}^{\mathrm{j}\omega}) = \mathrm{DTFT}[x(n)]$$

则

$$\mathrm{DTFT}[\mathrm{e}^{\mathrm{j}\omega_0 n} x(n)] = X(\mathrm{e}^{\mathrm{j}(\omega-\omega_0)}) \tag{3.2.11}$$

5）序列乘以 n

设

$$X(\mathrm{e}^{\mathrm{j}\omega}) = \mathrm{DTFT}[x(n)]$$

则

$$\mathrm{DTFT}[nx(n)] = \mathrm{j}\,\frac{\mathrm{d}X(\mathrm{e}^{\mathrm{j}\omega})}{\mathrm{d}\omega} \tag{3.2.12}$$

该性质也称为频域微分。

6）共轭序列

设

$$X(\mathrm{e}^{\mathrm{j}\omega}) = \mathrm{DTFT}[x(n)]$$

则

$$\mathrm{DTFT}[x^*(n)] = X^*(\mathrm{e}^{-\mathrm{j}\omega}) \tag{3.2.13}$$

$$\mathrm{DTFT}[x^*(-n)] = X^*(\mathrm{e}^{\mathrm{j}\omega}) \tag{3.2.14}$$

7）DTFT 的对称性

在讨论序列的 DTFT 的对称性以前，先介绍什么是共轭对称序列、共轭反对称序列以及它们的性质。

设序列 $x_e(n)$满足下式：

$$x_e(n) = x_e^*(-n) \tag{3.2.15}$$

则称 $x_e(n)$为共轭对称序列。为研究共轭对称序列的性质，将 $x_e(n)$表示成实部和虚部的复数形式

$$x_e(n) = x_{er}(n) + \mathrm{j}x_{ei}(n)$$

式中两端 n 用$-n$ 代替，并取共轭，得到

$$x_e^*(-n) = x_{er}(-n) - \mathrm{j}x_{ei}(-n)$$

对比上面两公式，因左端相等，从而得到

$$x_{er}(n) = x_{er}(-n) \tag{3.2.16a}$$

$$x_{ei}(n) = -x_{ei}(-n) \tag{3.2.16b}$$

由上面两式得出结论：共轭对称序列的实部是偶函数，虚部是奇函数。

类似地可定义，若序列 $x_o(n)$满足

$$x_o(n) = -x_o^*(-n) \tag{3.2.17}$$

则称为共轭反对称序列。将 $x_o(n)$ 表示成实部和虚部的复数形式，则得

$$x_o(n) = x_{or}(n) + jx_{oi}(n)$$

和

$$-x_o^*(-n) = -x_{or}(-n) + jx_{oi}(-n)$$

从而得出结论：共轭反对称序列的实部是奇函数，虚部是偶函数。

例 3.2.2　试分析复指数序列 $x(n)=e^{j\omega n}$ 的对称性。

解　因为

$$x^*(-n) = [e^{-j\omega n}]^* = e^{j\omega n} = x(n)$$

所以，复指数序列 $x(n)=e^{j\omega n}$ 是共轭对称序列。如果将其展开成实部和虚部的复数形式，则得

$$x(n) = e^{j\omega n} = \cos\omega n + j\sin\omega n$$

其实部是 n 的偶函数，虚部是 n 的奇函数。

一般序列可用共轭对称序列与共轭反对称序列之和表示，即

$$x(n) = x_e(n) + x_o(n) \tag{3.2.18}$$

式中，$x_e(n)$ 和 $x_o(n)$ 可以分别由原序列 $x(n)$ 构造。设序列为 $x(n)$，可以由 $x(n)$ 构造一共轭对称序列

$$x_e(n) = \frac{1}{2}[x(n) + x^*(-n)] \tag{3.2.19}$$

和一共轭反对称序列

$$x_o(n) = \frac{1}{2}[x(n) - x^*(-n)] \tag{3.2.20}$$

于是得

$$x(n) = x_e(n) + x_o(n)$$

对于序列 $x(n)$ 的 DTFT 所得频谱函数 $X(e^{j\omega})$，也有和序列 $x(n)$ 类似的概念和结论

$$X(e^{j\omega}) = X_e(e^{j\omega}) + X_o(e^{j\omega}) \tag{3.2.21}$$

式中，$X_e(e^{j\omega})$ 和 $X_o(e^{j\omega})$ 分别称为共轭对称分量和共轭反对称分量，它们满足

$$X_e(e^{j\omega}) = X_e^*(e^{-j\omega}) \tag{3.2.22}$$

和

$$X_o(e^{j\omega}) = -X_o^*(e^{-j\omega}) \tag{3.2.23}$$

且可由 $X(e^{j\omega})$ 分别构造，即

$$X_e(e^{j\omega}) = \frac{1}{2}[X(e^{j\omega}) + X^*(e^{-j\omega})] \tag{3.2.24a}$$

$$X_o(e^{j\omega}) = \frac{1}{2}[X(e^{j\omega}) - X^*(e^{-j\omega})] \tag{3.2.24b}$$

下面研究序列的 DTFT 的对称性，按序列 $x(n)$的两种表示方式，讨论其 DTFT 的两种对称形式。

(1) 将序列 $x(n)$表示成实部和虚部的复数形式，即

$$x(n) = x_r(n) + jx_i(n) \tag{3.2.25}$$

对上式进行 DTFT，得到

$$X(e^{j\omega}) = X_e(e^{j\omega}) + X_o(e^{j\omega}) \tag{3.2.26}$$

式中

$$X_e(e^{j\omega}) = \text{DTFT}[x_r(n)] = \sum_{n=-\infty}^{\infty} x_r(n)e^{-j\omega n} \tag{3.2.27}$$

$$X_o(e^{j\omega}) = \text{DTFT}[jx_i(n)] = \sum_{n=-\infty}^{\infty} jx_i(n)e^{-j\omega n} \tag{3.2.28}$$

上面两式中，$x_r(n)$和 $x_i(n)$都是实数序列。容易证明：$X_e(e^{j\omega})$满足(3.2.22)式，具有共轭对称性，它的实部是 ω 的偶函数，虚部是 ω 的奇函数；$X_o(e^{j\omega})$满足(3.2.23)式，具有共轭反对称性，它的实部是 ω 的奇函数，虚部是 ω 的偶函数。

最后得到结论：序列表示成实部和虚部的复数形式，实部对应的 DTFT 具有共轭对称性，虚部乘 j 对应的 DTFT 具有共轭反对称性。

(2) 将序列 $x(n)$表示成共轭对称序列和共轭反对称序列之和，即

$$x(n) = x_e(n) + x_o(n) \tag{3.2.29}$$

式中

$$x_e(n) = \frac{1}{2}[x(n) + x^*(-n)]$$

$$x_o(n) = \frac{1}{2}[x(n) - x^*(-n)]$$

将上面两序列分别进行 DTFT，得到

$$\text{DTFT}[x_e(n)] = \frac{1}{2}[X(e^{j\omega}) + X^*(e^{j\omega})] = \text{Re}[X(e^{j\omega})] = X_R(e^{j\omega}) \tag{3.2.30}$$

$$\text{DTFT}[x_o(n)] = \frac{1}{2}[X(e^{j\omega}) - X^*(e^{j\omega})] = j\text{Im}[X(e^{j\omega})] = jX_I(e^{j\omega}) \tag{3.2.31}$$

因此，(3.2.29)式所示的序列 $x(n)$的 DTFT 为

$$X(e^{j\omega}) = X_R(e^{j\omega}) + jX_I(e^{j\omega}) \tag{3.2.32}$$

由(3.2.32)式得到结论：序列 $x(n)$表示成共轭对称序列 $x_e(n)$和共轭反对称序列 $x_o(n)$之和，$x_e(n)$的 DTFT 是 $X(e^{j\omega})$的实部 $X_R(e^{j\omega})$，$x_o(n)$的 DTFT 是

$X(e^{j\omega})$的虚部前乘 j，即为 $jX_I(e^{j\omega})$。

利用序列 $x(n)$的 DTFT $X(e^{j\omega})$的对称性质，可以得到实因果序列的 DTFT 的特点，并导出实因果序列与其偶序列和奇序列之间的关系。

设 $h(n)$是实因果序列，其 DTFT 只有共轭对称分量 $H_e(e^{j\omega})$，共轭反对称分量等于零，即

$$H(e^{j\omega}) = H_e(e^{j\omega}) \tag{3.2.33}$$

$$H(e^{j\omega}) = H_e^*(e^{-j\omega}) \tag{3.2.34}$$

因此实序列的 DTFT 的实部是 ω 的偶函数，虚部是 ω 的奇函数，表示为

$$H_R(e^{j\omega}) = H_R(e^{-j\omega}) \tag{3.2.35}$$

$$H_I(e^{j\omega}) = -H_I(e^{-j\omega}) \tag{3.2.36}$$

显然其模的平方 $|H(e^{j\omega})|^2 = H_R^2(e^{j\omega}) + H_I^2(e^{j\omega})$是 ω 的偶函数，而相位函数 $\arg[H(e^{j\omega})] = \arctan[H_I(e^{j\omega})/H_R(e^{j\omega})]$是 ω 的奇函数。这是实序列的 DTFT 的特点。

因为 $h(n)$是实序列，所以由(3.2.18)式～(3.2.20)式，得到

$$h(n) = h_e(n) + h_o(n)$$

式中

$$h_e(n) = \frac{1}{2}[h(n) + h(-n)]$$

$$h_o(n) = \frac{1}{2}[h(n) - h(-n)]$$

又因为 $h(n)$是实因果序列，$h(n)=0(n<0)$，所以 $h_e(n)$和 $h_o(n)$又可分别表示为

$$h_e(n) = \begin{cases} h(0), & n = 0 \\ \frac{1}{2}h(n), & n > 0 \\ \frac{1}{2}h(-n), & n < 0 \end{cases} \tag{3.2.37}$$

$$h_o(n) = \begin{cases} 0, & n = 0 \\ \frac{1}{2}h(n), & n > 0 \\ -\frac{1}{2}h(-n), & n < 0 \end{cases} \tag{3.2.38}$$

这样，实因果序列 $h(n)$可以分别由 $h_e(n)$和 $h_o(n)$表示为

$$h(n) = h_e(n)u_+(n) \tag{3.2.39}$$

$$h(n) = h_o(n)u_+(n) + h(0)\delta(n) \tag{3.2.40}$$

式中

$$u_+(n)=\begin{cases}2, & n>0\\1, & n=0\\0, & n<0\end{cases}$$

因为 $h(n)$ 是实序列，上面公式中的 $h_e(n)$ 是偶序列，$h_o(n)$ 是奇序列。(3.2.39)式表示，实因果序列完全可以仅由其偶序列恢复；而(3.2.30)式表示，实因果序列由其奇序列恢复时，需要补充 $n=0$ 时的 $h(0)$，即 $h(0)\delta(n)$。

例 3.2.3　设序列 $x(n)=a^n u(n)$，$0<a<1$。求该序列的偶序列 $x_e(n)$ 和奇序列 $x_o(n)$。

解　序列 $x(n)$ 是实因果序列，用偶序列 $x_e(n)$ 和奇序列 $x_o(n)$ 表示为

$$x(n)=x_e(n)+x_o(n)$$

由(3.2.39)式，得到

$$x_e(n)=\begin{cases}x(0), & n=0\\ \dfrac{1}{2}x(n), & n>0\\ \dfrac{1}{2}x(-n), & n<0\end{cases}=\begin{cases}1, & n=0\\ \dfrac{1}{2}a^n, & n>0\\ \dfrac{1}{2}a^{-n}, & n<0\end{cases}$$

由(3.2.38)式，得到

$$x_o(n)=\begin{cases}0, & n=0\\ \dfrac{1}{2}x(n), & n>0\\ -\dfrac{1}{2}x(-n), & n<0\end{cases}=\begin{cases}0, & n=0\\ \dfrac{1}{2}a^n, & n>0\\ -\dfrac{1}{2}a^{-n}, & n<0\end{cases}$$

序列 $x(n)$、$x_e(n)$ 和 $x_o(n)$ 的波形如图 3.2.2 所示。

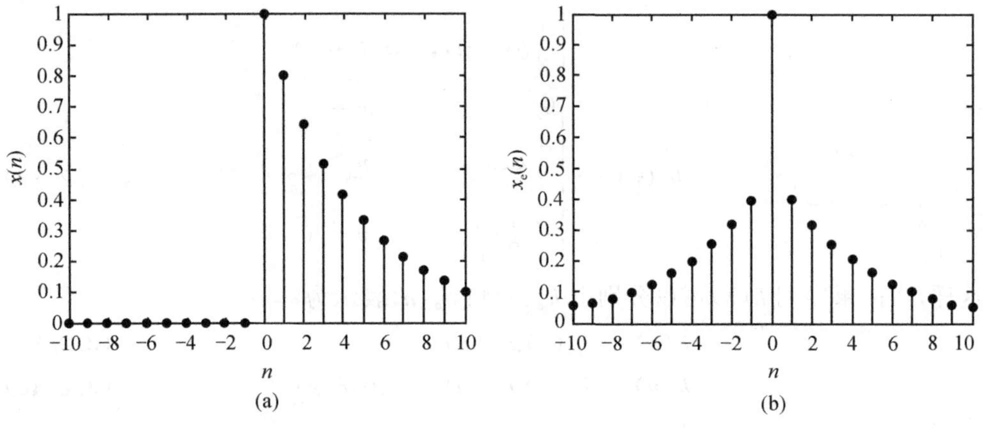

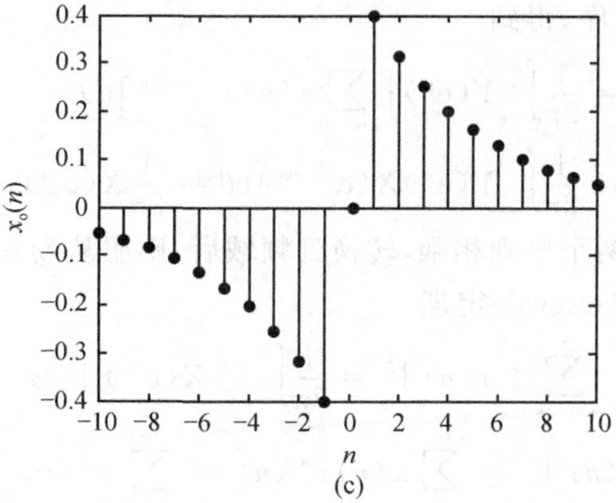

图 3.2.2　例 3.2.2 序列波形图

8）时域卷积定理

设 $w(n)=x(n)*y(n)$，则

$$W(e^{j\omega}) = X(e^{j\omega})Y(e^{j\omega}) \tag{3.2.41}$$

证明

$$w(n) = \sum_{m=-\infty}^{\infty} x(m)y(n-m)$$

$$W(e^{j\omega}) = \text{DTFT}[w(m)] = \sum_{n=-\infty}^{\infty}\left[\sum_{m=-\infty}^{\infty} x(m)y(n-m)\right]e^{-j\omega n}$$

令 $l=n-m$，则

$$\begin{aligned}W(e^{j\omega}) &= \sum_{l=-\infty}^{\infty} y(l)e^{-j\omega l}\sum_{m=-\infty}^{\infty} x(m)e^{-j\omega m}\\ &= Y(e^{j\omega})X(e^{j\omega}) = X(e^{j\omega})Y(e^{j\omega})\end{aligned}$$

该定理说明，两个序列线性卷积的 DTFT，等于两个序列各自 DTFT 相乘。对于线性时不变系统，输出序列的 DTFT，等于输入序列的 DTFT 乘以系统单位脉冲响应的 DTFT。因此，在求系统的输出序列时，可以在时域用线性卷积公式(2.4.3)计算，也可以在频域按(3.2.41)式，先求出输出序列的 DTFT，再对其作 IDTFT，得输出序列。

9）频域卷积定理

设 $w(n)=x(n)y(n)$，则

$$W(e^{j\omega}) = \frac{1}{2\pi}X(e^{j\omega}) * Y(e^{j\omega}) = \frac{1}{2\pi}\int_{-\pi}^{\pi} X(e^{j\theta})Y(e^{j(\omega-\theta)})d\theta$$

证明

$$\begin{aligned}W(e^{j\omega}) &= \sum_{n=-\infty}^{\infty} x(n)y(n)e^{-j\omega n}\\ &= \sum_{n=-\infty}^{\infty} x(n)\left[\frac{1}{2\pi}\int_{-\pi}^{\pi} Y(e^{j\theta})e^{j\theta n}d\theta\right]e^{-j\omega n}\end{aligned}$$

交换积分与求和的次序，得到

$$W(e^{j\omega})=\frac{1}{2\pi}\int_{-\pi}^{\pi}Y(e^{j\theta})\left[\sum_{n=-\infty}^{\infty}x(n)e^{-j(\omega-\theta)n}\right]d\theta$$
$$=\frac{1}{2\pi}\int_{-\pi}^{\pi}Y(e^{j\theta})X(e^{j(\omega-\theta)})d\theta=\frac{1}{2\pi}X(e^{j\omega})*Y(e^{j\omega})$$

该定理说明，在时域两个序列相乘，转换到频域后，则服从卷积关系。

10) 帕塞瓦尔(Parseval)定理

$$\sum_{n=-\infty}^{\infty}|x(n)|^2=\frac{1}{2\pi}\int_{-\pi}^{\pi}|X(e^{j\omega})|^2d\omega \tag{3.2.42}$$

证明 $$\sum_{n=-\infty}^{\infty}|x(n)|^2=\sum_{n=-\infty}^{\infty}x(n)x^*(n)=\sum_{n=-\infty}^{\infty}x^*(n)\left[\frac{1}{2\pi}\int_{-\pi}^{\pi}X(e^{j\omega})e^{j\omega n}d\omega\right]$$
$$=\frac{1}{2\pi}\int_{-\pi}^{\pi}X(e^{j\omega})\sum_{n=-\infty}^{\infty}x^*(n)e^{j\omega n}d\omega$$
$$=\frac{1}{2\pi}\int_{-\pi}^{\pi}X(e^{j\omega})X^*(e^{j\omega})d\omega=\frac{1}{2\pi}\int_{-\pi}^{\pi}|X(e^{j\omega})|^2d\omega$$

帕塞瓦尔定理说明，序列时域的总能量等于频域的总能量。需要说明的是，这里的频域总能量是指 $|X(e^{j\omega})|^2$ 在一个周期中的积分再乘以 $1/(2\pi)$。

表 3.2.1 列出了序列的 DTFT 的主要性质，它们在离散时间信号与系统分析及实际应用中是很重要的。

表 3.2.1 序列的离散时间傅里叶变换的主要性质

性质	序列	离散时间傅里叶变换
	$x(n)$	$X(e^{j\omega})$
	$y(n)$	$Y(e^{j\omega})$
线性	$ax(n)+by(n)$	$aX(e^{j\omega})+bY(e^{j\omega})$，$a$、$b$ 为常数
位移特性	$x(n-n_0)$	$e^{-j\omega n_0}X(e^{j\omega})$
频移特性	$e^{j\omega_0 n}x(n)$	$X(e^{j(\omega-\omega_0)})$
序列/翻转	$x(-n)$	$X(e^{-j\omega})$
共轭序列	$x^*(n)$	$X^*(e^{-j\omega})$
共轭翻转序列	$x^*(-n)$	$X^*(e^{j\omega})$
线性卷积定理	$x(n)*y(n)$	$X(e^{j\omega})Y(e^{j\omega})$
频域卷积定理	$x(n)y(n)$	$\frac{1}{2\pi}\int_{-\pi}^{\pi}X(e^{j\theta})Y(e^{j(\omega-\theta)})d\theta$
序列乘以 n	$nx(n)$	$j[dX(e^{j\omega})/d\omega]$
实部	$\mathrm{Re}[x(n)]$	$X_e(e^{j\omega})$
虚部乘以 j	$j\mathrm{Im}[x(n)]$	$X_o(e^{j\omega})$
共轭对称序列	$x_e(n)$	$\mathrm{Re}[X(e^{j\omega})]$
共轭反对称序列	$x_o(n)$	$j\mathrm{Im}[X(e^{j\omega})]$
帕塞瓦尔定理	$\sum_{n=-\infty}^{\infty}|x(n)|^2=\frac{1}{2\pi}\int_{-\pi}^{\pi}|X(e^{j\omega})|^2d\omega$	

3.3　基本序列的离散时间傅里叶变换

根据序列的 DTFT 的定义和性质,可以求出序列 $x(n)$的 DTFT,即序列的频谱函数 $X(e^{j\omega})$。

3.3.1　基本序列离散时间傅里叶变换的求解

1) 单位脉冲序列的 DTFT

单位脉冲序列 $\delta(n)$的 DTFT 为

$$\Delta(e^{j\omega}) = \text{DTFT}[\delta(n)] = \sum_{n=-\infty}^{\infty}\delta(n)e^{-j\omega n} = 1 \tag{3.3.1}$$

如图 3.3.1 所示,其频谱函数为常数 1。

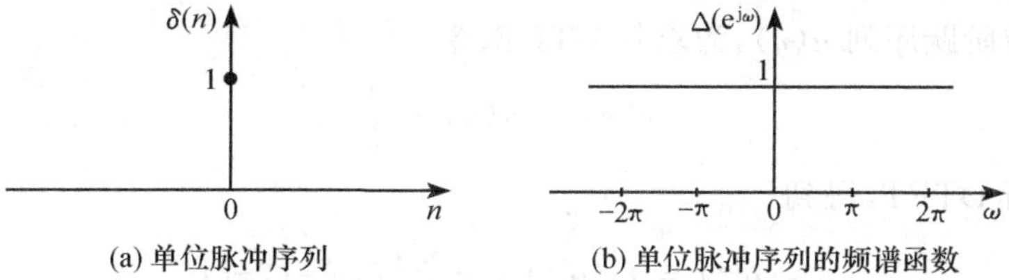

图 3.3.1　单位脉冲序列的频谱函数

2) 序列 $x(n)=1$ 的 DTFT

$x(n)=1$ 的序列,可以表示为 $\sum_{m=-\infty}^{\infty}\delta(n-m)$,是周期单位脉冲序列,其 DTFT 为

$$X(e^{j\omega}) = \sum_{n=-\infty}^{\infty}\Big[\sum_{m=-\infty}^{\infty}\delta(n-m)\Big]e^{-j\omega n} = \sum_{n=-\infty}^{\infty}e^{-j\omega n}$$

大家知道,在模拟信号中,有

$$\int_{-\infty}^{\infty}e^{-j\Omega t}\,dt = 2\pi\delta(\Omega)$$

因为在离散时间信号中,$e^{-j\omega n}=e^{-j(\omega+2\pi M)n}$,$M$ 取整数,所以得

$$X(e^{j\omega}) = \text{DTFT}[1] = 2\pi\sum_{l=-\infty}^{\infty}\delta(\omega-2\pi l) \tag{3.3.2}$$

上式表示,序列 $x(n)=1$ 的频谱函数是在 $\omega=2\pi l(l=0,\pm1,\pm2,\cdots)$处的单位冲激函数,强度为 2π,如图 3.3.2 所示。

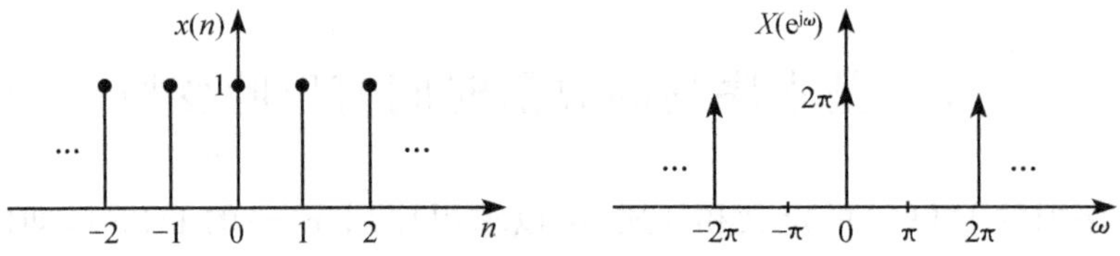

(a) x(n)=1的序列　　(b) 序列x(n)=1的频谱函数

图 3.3.2　$x(n)=1$ 的频谱函数

下面通过求 $X(e^{j\omega})$ 的 IDTFT 来验证上述结果。

按照序列的 IDTFT 的定义，有

$$\frac{1}{2\pi}\int_{-\pi}^{\pi} X(e^{j\omega})e^{j\omega n}d\omega = \int_{-\pi}^{\pi}\sum_{l=-\infty}^{\infty}\delta(\omega-2\pi l)e^{j\omega n}d\omega \tag{3.3.3}$$

观察图 3.3.2 发现，在 $-\pi\leqslant\omega\leqslant\pi$ 区间，只包含一个处在 $\omega=0$ 点的单位冲激函数，所以，(3.3.3)式的右端等于 1，从而说明(3.3.2)式的正确性。

3）单位阶跃序列的 DTFT

设单位阶跃序列 $u(n)$，为求其 DTFT，令

$$x(n) = u(n) - \frac{1}{2}$$

对上式进行 DTFT，得到

$$X(e^{j\omega}) = U(e^{j\omega}) - \pi\sum_{l=-\infty}^{\infty}\delta(\omega-2\pi l)$$

因

$$x(n-1) = u(n-1) - \frac{1}{2}$$

则

$$x(n) - x(n-1) = u(n) - u(n-1) = \delta(n)$$

对上式进行 DTFT，得到

$$X(e^{j\omega}) = \frac{1}{1-e^{-j\omega}}$$

所以

$$U(e^{j\omega}) = \mathrm{DTFT}[u(n)] = \frac{1}{1-e^{-j\omega}} + \pi\sum_{l=-\infty}^{\infty}\delta(\omega-2\pi l) \tag{3.3.4}$$

4）矩形序列的 DTFT

设长度为 N 的矩形序列为

$$x(n) = R_N(n) = \begin{cases}1, & 0\leqslant n\leqslant N-1\\ 0, & \text{其他}\end{cases}$$

其 DTFT 为

$$X(e^{j\omega}) = \mathrm{DTFT}[R_N(n)] = \sum_{n=-\infty}^{\infty}R_N(n)e^{-j\omega n} = \sum_{n=0}^{N-1}e^{-j\omega n}$$

$$= e^{-j(N-1)\omega/2} \frac{\sin(\omega N/2)}{\sin(\omega/2)} \tag{3.3.5}$$

详细推导过程见例 3.2.1。

5）实指数序列的 DTFT

设单边实指数序列为

$$x(n) = a^n u(n), \quad |a| < 1$$

则其 DTFT 为

$$X(e^{j\omega}) = \sum_{n=-\infty}^{\infty} a^n u(n) e^{-j\omega n} = \sum_{n=0}^{\infty} a^n e^{-j\omega n}$$

$$= \sum_{n=0}^{\infty} (a e^{-j\omega})^n$$

当 $|a|<1$ 时，级数收敛。由等比级数的求和公式得

$$X(e^{j\omega}) = \mathrm{DTFT}[a^n u(n)] = \frac{1}{1-ae^{-j\omega}}, \quad |a| < 1 \tag{3.3.6}$$

6）复指数序列的 DTFT

设复指数序列为

$$x(n) = e^{j\omega_0 n}, \quad 2\pi/\omega_0 \text{ 为有理数}$$

将其看作是序列 $x(n)=1$ 的频移序列，于是由 DTFT 的频移特性，得

$$X(e^{j\omega}) = \mathrm{DTFT}[e^{j\omega_0 n}] = 2\pi \sum_{l=-\infty}^{\infty} \delta(\omega - \omega_0 - 2\pi l) \tag{3.3.7}$$

7）余弦序列的 DTFT

设余弦序列为

$$x(n) = \cos(\omega_0 n), \quad 2\pi/\omega_0 \text{ 为有理数}$$

它是单边复指数序列 $e^{j\omega_0 n}$ 的实部，利用序列的 DTFT 的对称性质，得

$$X(e^{j\omega}) = \mathrm{DTFT}[\cos(\omega_0 n)] = \pi \sum_{l=-\infty}^{\infty} [\delta(\omega - \omega_0 - 2\pi l) + \delta(\omega + \omega_0 + 2\pi l)] \tag{3.3.8}$$

其频谱函数如图 3.3.3 所示。

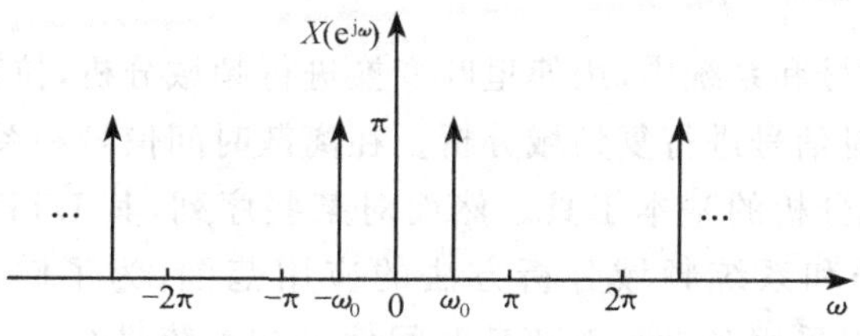

图 3.3.3　余弦序列的频谱函数

8) 正弦序列的 DTFT

设正弦序列为

$$x(n) = \sin(\omega_0 n), \quad 2\pi/\omega_0 \text{ 为有理数}$$

它是单边复指数序列 $e^{j\omega_0 n}$ 的虚部,利用序列的 DTFT 的对称性质,得

$$X(e^{j\omega}) = \text{DTFT}[\sin(\omega_0 n)] = -j\pi \sum_{l=-\infty}^{\infty} [\delta(\omega - \omega_0 - 2\pi l) - \delta(\omega + \omega_0 + 2\pi l)] \tag{3.3.9}$$

3.3.2 基本序列离散时间傅里叶变换的列表

为了查阅方便,表 3.3.1 归纳列出了基本序列的离散时间傅里叶变换。

表 3.3.1　基本序列的离散时间傅里叶变换

序　　列	离散时间傅里叶变换
$\delta(n)$	1
周期单位脉冲序列 $x(n)=1$	$2\pi \sum_{l=-\infty}^{\infty} \delta(\omega - 2\pi l)$
$u(n)$	$\frac{1}{1-e^{-j\omega}} + \pi \sum_{l=-\infty}^{\infty} \delta(\omega - 2\pi l)$
$R_N(n)$	$e^{-j(N-1)\omega/2} \frac{\sin(\omega N/2)}{\sin(\omega/2)}$
$a^n u(n), \lvert a \rvert < 1$	$\frac{1}{1-ae^{-j\omega}}$
$e^{j\omega_0 n}$, $2\pi/\omega_0$ 为有理数	$2\pi \sum_{l=-\infty}^{\infty} \delta(\omega - \omega_0 - 2\pi l)$
$\cos(\omega_0 n)$, $2\pi/\omega_0$ 为有理数	$\pi \sum_{l=-\infty}^{\infty} [\delta(\omega - \omega_0 - 2\pi l) + \delta(\omega + \omega_0 + 2\pi l)]$
$\sin(\omega_0 n)$, $2\pi/\omega_0$ 为有理数	$-j\pi \sum_{l=-\infty}^{\infty} [\delta(\omega - \omega_0 - 2\pi l) - \delta(\omega + \omega_0 + 2\pi l)]$

3.4　序列的 Z 变换

在连续时间信号和系统中,用傅里叶变换进行频域分析,拉普拉斯变换作为傅里叶变换的推广,对信号进行复频域分析。在离散时间信号和系统中,离散时间傅里叶变换是其频域分析的基本工具。然而对某些序列,其 DTFT 不存在,这就限制了离散时间信号和系统频域分析方法的应用范围,为了解决这个问题,作为 DTFT 的推广,可以采用 Z 变换对离散时间信号和系统进行 z 域分析。因此 Z 变换是离散时间信号和系统分析与设计的又一重要工具。

3.4.1　序列的 Z 变换的定义及收敛域

序列 $x(n)$ 的 Z 变换定义为

$$X(z)=\sum_{n=-\infty}^{\infty}x(n)z^{-n} \tag{3.4.1}$$

式中 z 是一个复变量，它所在的复平面称为 z 平面。注意在定义式中，对 n 求和是在 $-\infty\sim+\infty$ 进行，所以称为双边 Z 变换。如果对 n 的求和限是从零到无穷大，则称为单边 Z 变换，定义为

$$X(z)=\sum_{n=0}^{\infty}x(n)z^{-n} \tag{3.4.2}$$

如果序列 $x(n)$ 是因果序列，则用两种 Z 变换定义计算出的结果是一样的。本书中如不另作说明，均用双边 Z 变换对信号和系统进行分析。序列 $x(n)$ 的 Z 变换简记为

$$X(z)=\mathrm{ZT}[x(n)] \tag{3.4.3}$$

对于所有的序列或所有的 z 值，Z 变换并不总是存在的。(3.4.1)式 Z 变换存在的条件是等号右端的级数收敛，这要求级数绝对可和，即

$$\sum_{n=-\infty}^{\infty}|x(n)z^{-n}|<\infty \tag{3.4.4}$$

对于任意给定的序列 $x(n)$，使(3.4.4)式成立，z 变量取值的域称为收敛域。一般来说，(3.4.1)式的幂级数将在 z 平面上的一个环形区域内收敛，即 Z 变换的收敛域可表示为

$$R_{x_-}<|z|<R_{x_+} \tag{3.4.5}$$

令 $z=re^{j\omega}$，代入(3.4.5)式得到 $R_{x_-}<r<R_{x_+}$。收敛域是分别以 R_{x_-} 和 R_{x_+} 为半径的两个圆形成的环状域，如图 3.4.1 中的斜线部分所示。R_{x_-} 和 R_{x_+} 为收敛半径，当然，R_{x_-} 可以小到零，R_{x_+} 可以大到无穷大。

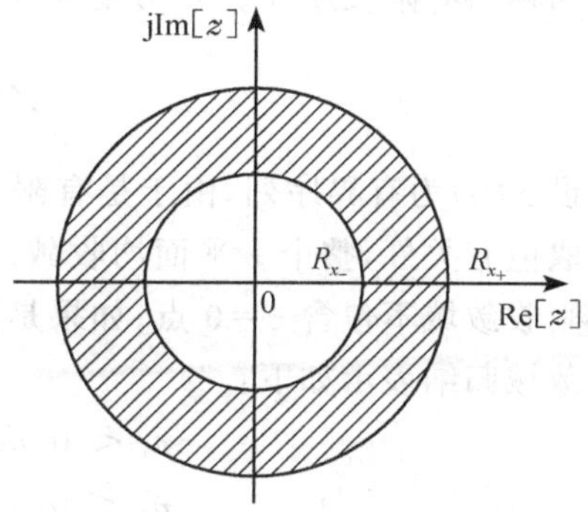

图 3.4.1　Z 变换的收敛域

常用序列的 Z 变换是一个有理函数，用两个多项式之比表示为

$$X(z)=\frac{B(z)}{A(z)} \tag{3.4.6}$$

分子多项式 $B(z)$ 的根是 $X(z)$ 的零点，记为 $z_i(i=1,2,\cdots,M)$，分母多项式 $A(z)$ 的根是 $X(z)$ 的极点，记为 $p_k(k=1,2,\cdots,N)$。在极点处 Z 变换不存在，因此收敛域内没有极点，收敛域总是由极点限定其边界。

Z 变换收敛域的概念很重要，不同的序列可能有相同的 Z 变换表示式，但收敛域却不同。只有当两个序列的 Z 变换表达式相同、收敛域也相同时，才能判定这两个序列是相等的。

例 3.4.1　设序列 $x(n)=u(n)$，求其 Z 变换。

解

$$X(z)=\sum_{n=-\infty}^{\infty}u(n)z^{-n}=\sum_{n=0}^{\infty}z^{-n}$$

$X(z)$存在的条件是$|z^{-1}|<1$，因此收敛域为$|z|>1$。这样

$$X(z)=\frac{1}{1-z^{-1}},\quad |z|>1$$

$X(z)$的表达式表明，$X(z)$的极点是 $p=1$，收敛域是不包含单位圆的外部，即单位圆上的 Z 变换不存在。大家知道，序列 $x(n)=u(n)$的 DTFT 不存在，但如果引入单位冲激函数，其 DTFT 则可以表示出来(见表 3.3.1)。该例说明，一个序列的 DTFT 不存在，但在一定的收敛域内其 Z 变换是存在的。

3.4.2　序列特性与收敛域的关系

序列的特性决定其 Z 变换的收敛域。研究常用序列的特性与收敛域的关系，对应用 Z 变换分析信号和系统是很有帮助的。

1) 有限长序列

设序列 $x(n)$满足

$$x(n)=\begin{cases}x(n), & n_1\leqslant n\leqslant n_2\\ 0, & \text{其他}\end{cases}$$

即序列 $x(n)$从 n_1 到 n_2 的序列值不全为零，此范围之外序列值全为零，这样的序列称为有限长序列。其 Z 变换为

$$X(z)=\sum_{n=n_1}^{n_2}x(n)z^{-n}$$

设 $x(n)$为有界序列，由于是有限项求和，除 0 和∞两点是否收敛与 n_1、n_2 的具体取值有关外，整个 z 平面均收敛。如果 $n_1<0$，则收敛域不包括∞点；如果 $n_2>0$，则收敛域不包含 $z=0$ 点；如果是因果序列，则收敛域包含∞点。有限长序列的收敛域归纳表示如下：

$$n_1<0,n_2\leqslant 0\text{ 时},\quad 0\leqslant|z|<\infty$$

$$n_1<0,n_2>0\text{ 时},\quad 0<|z|<\infty$$

$$n_1\geqslant 0,n_2>0\text{ 时},\quad 0<|z|\leqslant\infty$$

例 3.4.2　试求有限长序列 $\delta(n)$和 $R_N(n)$的 Z 变换及其收敛域。

解　当 $x(n)=\delta(n)$时，则有

$$X(z)=\mathrm{ZT}[\delta(n)]=1,\quad 0\leqslant|z|\leqslant\infty$$

当 $x(n)=R_N(n)$ 时，则有

$$X(z)=\mathrm{ZT}[R_N(n)]=\sum_{n=-\infty}^{\infty}R_N(n)z^{-n}$$

$$=\sum_{n=0}^{N-1}z^{-n}=\frac{1-z^{-N}}{1-z^{-1}},\quad 0<|z|\leqslant\infty$$

这是一个因果的有限长序列，因此收敛域为 $0<|z|\leqslant\infty$。由序列 $R_N(n)$ Z 变换的结果可以看出，似乎 $z=1$ 是 $X(z)$ 的极点，但同时分子多项式在 $z=1$ 时也有一个零点，所以 $z=1$ 的零极点相互抵消，$X(z)$ 在单位圆上仍然存在。

2) 右边序列

右边序列是指 $n\geqslant n_1$ 时，序列值不全为零，而在 $n<n_1$ 时，序列值全为零的序列。其 Z 变换为

$$X(z)=\sum_{n=n_1}^{\infty}x(n)z^{-n}=\sum_{n=n_1}^{-1}x(n)z^{-n}+\sum_{n=0}^{\infty}x(n)z^{-n}$$

第一项为有限长序列，设 $n\leqslant-1$，其收敛域为 $0\leqslant|z|<\infty$；第二项为因果序列，其收敛域为 $R_{x-}<|z|\leqslant\infty$，$R_{x-}$ 是其最小的收敛半径。将两收敛域相与，$X(z)$ 的收敛域为 $R_{x-}<|z|<\infty$。如果是因果序列，其收敛域为 $R_{x-}<|z|\leqslant\infty$。

例 3.4.3　试求序列 $x(n)=a^nu(n)$ 的 Z 变换及其收敛域，a 为实常数。

解　序列 $x(n)$ 是一个右边序列，其 Z 变换为

$$X(z)=\sum_{n=-\infty}^{\infty}a^nu(n)z^{-n}=\sum_{n=0}^{\infty}a^nz^{-n}=\frac{1}{1-az^{-1}}$$

在收敛域内必须满足 $|az^{-1}|<1$，因此，其收敛域为 $|z|>|a|$，此时

$$X(z)=\frac{1}{1-az^{-1}},\quad |z|>|a|$$

当 $|a|<1$ 时，收敛域为包含单位圆的外部。

3) 左边序列

左边序列是指在 $n\leqslant n_2$ 时，序列值不全为零，而在 $n>n_2$ 时，序列值全为零的序列。其 Z 变换为

$$X(z)=\sum_{n=-\infty}^{n_2}x(n)z^{-n}$$

如果 $n_2<0$，则 $z=0$ 点收敛，$z=\infty$ 点不收敛，其收敛域是半径为 R_{x+} 的圆内，即 $0\leqslant|z|<R_{x+}$；如果 $n_2\geqslant0$，则收敛域为 $0<|z|<R_{x+}$。

例 3.4.4　试求序列 $x(n)=-a^nu(-n-1)$ 的 Z 变换及其收敛域。

解　序列 $x(n)$ 是一个左边序列，当 $n\geqslant0$ 时，$x(n)=0$，其 Z 变换为

$$X(z)=\sum_{n=-\infty}^{\infty}-a^nu(-n-1)z^{-n}=\sum_{n=-\infty}^{-1}-a^nz^{-n}=\sum_{n=1}^{\infty}-a^{-n}z^n$$

$X(z)$存在(级数收敛)要求$|a^{-1}z|<1$,即收敛域为$|z|<|a|$,此时

$$X(z)=\frac{-a^{-1}z}{1-a^{-1}z}=\frac{1}{1-az^{-1}},\quad |z|<|a|$$

比较例 3.4.3 和例 3.4.4 人们发现,两个序列是不同的,即一个是左边序列,一个是右边序列,但它们具有相同的 Z 变换表达式,然而却有不同的收敛域。这提供了不同的序列可能有相同的 Z 变换表达式,但收敛域却不相同的例证。由此可以得出结论:序列的 Z 变换与序列之间不是一一对应的,它具有多义性。由序列求 Z 变换是唯一的,但必须标明收敛域,否则由 Z 变换求序列(即求逆 Z 变换),可能会有多个不同的结果。这就是 Z 变换收敛域概念的重要性。

4) 双边序列

一个双边序列可以看作是一个左边序列与一个右边序列之和,其 Z 变换为

$$X(z)=\sum_{n=-\infty}^{\infty}x(n)z^{-n}=X_1(z)+X_2(z)$$

式中

$$X_1(z)=\sum_{n=-\infty}^{n_1}x(n)z^{-n},\quad 0<|z|<R_{x_+}$$

$$X_2(z)=\sum_{n=n_1+1}^{\infty}x(n)z^{-n},\quad R_{x_-}<|z|\leqslant\infty$$

这里假设上式中的$n_1>0$。$X(z)$的收敛域是$X_1(z)$与$X_2(z)$收敛域的公共收敛区域。如果$R_{x_+}>R_{x_-}$,则其收敛域为$R_{x_-}<|z|<R_{x_+}$,是一个环状域;如果$R_{x_+}<R_{x_-}$,两个收敛域没有公共区域,则$X(z)$没有收敛域,序列的 Z 变换$X(z)$不存在。

例 3.4.5 试求序列$x(n)=a^{|n|}$的 Z 变换及其收敛域,a为实常数。

解 序列$x(n)$是一个双边序列,其 Z 变换为

$$\begin{aligned}X(z)&=\sum_{n=-\infty}^{\infty}a^{|n|}z^{-n}=\sum_{n=-\infty}^{-1}a^{-n}z^{-n}+\sum_{n=0}^{\infty}a^{n}z^{-n}\\&=\sum_{n=1}^{\infty}a^{n}z^{n}+\sum_{n=0}^{\infty}a^{n}z^{-n}\end{aligned}$$

式中,第一项的收敛域为$|az|<1$,即$|z|<|a|^{-1}$;第二项的收敛域为$|az^{-1}|<1$,即$|z|>|a|$。如果$|a|<1$,则两部分的公共收敛域为$|a|<|z|<|a|^{-1}$。此时,序列的 Z 变换为

$$\begin{aligned}X(z)&=\frac{az}{1-az}+\frac{1}{1-az^{-1}}\\&=\frac{1-a^2}{(1-az)(1-az^{-1})},\quad |a|<|z|<|a|^{-1},\quad |a|<1\end{aligned}$$

如果$|a|>1$,则无公共收敛域,因此$X(z)$不存在。当$0<a<1$时,$x(n)$的波形及

$X(z)$的收敛域如图 3.4.2 所示。

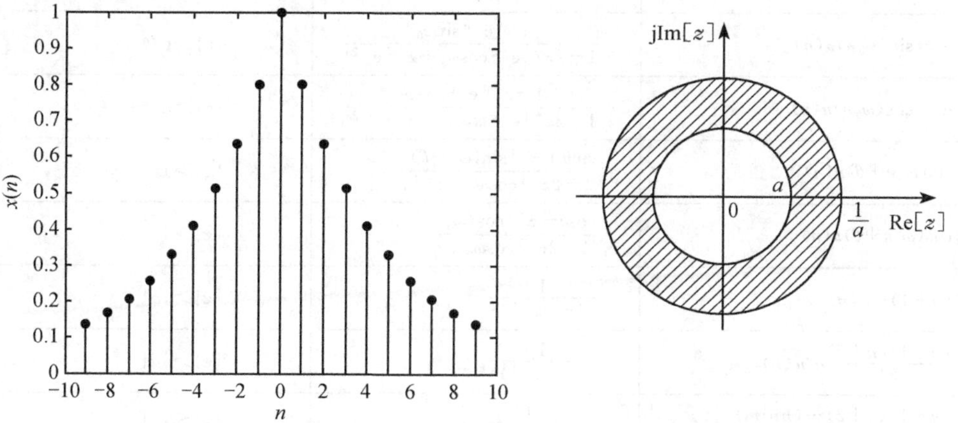

(a) $x(n)$的波形　　(b) $X(z)$的收敛域

图 3.4.2　序列 $x(n)=a^{|n|}$ 的波形及其 Z 变换的收敛域

3.4.3　常见序列的 Z 变换

为了查找方便，将一些常用序列的 Z 变换及其收敛域列于表 3.4.1 中，供参阅。

表 3.4.1　常见序列的 Z 变换

序　　列	Z 变 换	收 敛 域
$\delta(n)$	1	$0\leqslant\|z\|\leqslant\infty$
$u(n)$	$\frac{1}{1-z^{-1}}$	$\|z\|>1$
$a^n u(n)$	$\frac{1}{1-az^{-1}}$	$\|z\|>\|a\|$
$R_N(n)$	$\frac{1-z^{-N}}{1-z^{-1}}$	$\|z\|>0$
$-a^n u(-n-1)$	$\frac{1}{1-az^{-1}}$	$\|z\|<\|a\|$
$nu(n)$	$\frac{z^{-1}}{(1-z^{-1})^2}$	$\|z\|>1$
$na^n u(n)$	$\frac{az^{-1}}{(1-az^{-1})^2}$	$\|z\|>\|a\|$
$e^{j\omega_0 n}u(n)$	$\frac{1}{1-e^{j\omega_0}z^{-1}}$	$\|z\|>1$
$\sin(\omega_0 n)u(n)$	$\frac{z^{-1}\sin\omega_0}{1-2z^{-1}\cos\omega_0+z^{-2}}$	$\|z\|>1$
$\cos(\omega_0 n)u(n)$	$\frac{1-z^{-1}\cos\omega_0}{1-2z^{-1}\cos\omega_0+z^{-2}}$	$\|z\|>1$

续表

序　列	Z 变换	收敛域
$e^{-an}\sin(\omega_0 n)u(n)$	$\dfrac{z^{-1}e^{-a}\sin\omega_0}{1-2z^{-1}e^{-a}\cos\omega_0+z^{-2}e^{-2a}}$	$\|z\|>e^{-a}$
$e^{-an}\cos(\omega_0 n)u(n)$	$\dfrac{1-z^{-1}e^{-a}\cos\omega_0}{1-2z^{-1}e^{-a}\cos\omega_0+z^{-2}e^{-2a}}$	$\|z\|>e^{-a}$
$\sin(\omega_0 n+\theta)u(n)$	$\dfrac{\sin\theta+z^{-1}\sin(\omega_0-\theta)}{1-2z^{-1}\cos\omega_0+z^{-2}}$	$\|z\|>1$
$\cos(\omega_0 n+\theta)u(n)$	$\dfrac{\cos\theta-z^{-1}\cos(\omega_0-\theta)}{1-2z^{-1}\cos\omega_0+z^{-2}}$	$\|z\|>1$
$(n+1)a^n u(n)$	$\dfrac{1}{(1-az^{-1})^2}$	$\|z\|>\|a\|$
$\dfrac{(n+1)(n+2)}{2!}a^n u(n)$	$\dfrac{1}{(1-az^{-1})^3}$	$\|z\|>\|a\|$
$\dfrac{(n+1)(n+2)\cdots(n+m)}{m!}a^n u(n)$	$\dfrac{1}{(1-az^{-1})^{m+1}}$	$\|z\|>\|a\|$
$\dfrac{n(n-1)}{2!}u(n)$	$\dfrac{z^{-2}}{(1-z^{-1})^3}$	$\|z\|>1$
$\dfrac{n(n-1)(n-2)\cdots(n-m+1)}{m!}u(n)$	$\dfrac{z^{-m}}{(1-z^{-1})^{m+1}}$	$\|z\|>1$

3.4.4　序列的 Z 变换与 DTFT 的关系

根据序列 Z 变换的定义和 DTFT 的定义，序列 $x(n)$ 的 Z 变换为

$$X(z)=\sum_{n=-\infty}^{\infty}x(n)z^{-n} \tag{3.4.7}$$

而 $x(n)$ 的 DTFT 为

$$X(e^{j\omega})=\sum_{n=-\infty}^{\infty}x(n)e^{-j\omega n} \tag{3.4.8}$$

如果 $X(z)$ 的收敛域包含单位圆，令 $z=e^{j\omega}$，则(3.4.7)式为

$$X(z)\Big|_{z=e^{j\omega}}=\sum_{n=-\infty}^{\infty}x(n)e^{-j\omega n} \tag{3.4.9}$$

由此可以看出，当 $z=e^{j\omega}$ 时，序列的 Z 变换(收敛域包含单位圆)与 DTFT 相等。这就是说，序列在单位圆上的 Z 变换等于该序列的离散时间傅里叶变换。

由于 $e^{j\omega}=e^{j(\omega+2\pi M)}$($M$ 为整数)，所以 $X(e^{j\omega})$ 是以 2π 为周期的 ω 的周期函数，z 平面单位圆上的一周正好对应 $X(e^{j\omega})$ 的一个周期。

例 3.4.6　设序列 $x(n)=a^n u(n)(|a|<1)$，证明由它的 $X(z)$ 可求得它的 $X(e^{j\omega})$。

证明　序列 $x(n)=a^n u(n)(|a|<1)$ 的 Z 变换及其收敛域为

$$X(z)=\frac{1}{1-az^{-1}},\quad |z|>|a|,\quad |a|<1$$

所以 $X(z)$ 的收敛域包含单位圆。令 $z=e^{j\omega}$，得

$$X(e^{j\omega}) = X(z)\mid_{z=e^{j\omega}} = \frac{1}{1-ae^{-j\omega}}, \quad |a|<1$$

结果与序列 $x(n)=a^n u(n)(|a|<1)$ 按照 DTFT 定义求出的(3.3.6)式一样。所以由该序列的 $X(z)$ 可求得它的 $X(e^{j\omega})$。

3.4.5 逆 Z 变换

已知序列 $x(n)$ 的 Z 变换 $X(z)$ 及其收敛域，求原序列 $x(n)$，称为逆 Z 变换，常用

$$x(n) = \text{IZT}[X(z)] \tag{3.4.10}$$

表示逆 Z 变换运算。

逆 Z 变换关系式可以利用柯西(Cauchy)积分定理推导出来。柯西积分定理为

$$\frac{1}{2\pi j}\oint_c z^{k-1}dz = \begin{cases}1, & k=0\\ 0, & k\neq 0\end{cases} \tag{3.4.11}$$

式中，c 是一条逆时针方向包含原点的闭合围线，该积分称为围线积分。按照 Z 变换的定义有

$$X(z) = \sum_{n=-\infty}^{\infty} x(n)z^{-n} \tag{3.4.12}$$

将(3.4.12)式两端同乘以 z^{k-1}，在 $X(z)$ 的收敛域中取一条包含原点的闭合曲线做围线积分，得

$$\frac{1}{2\pi j}\oint_c X(z)z^{k-1}dz = \frac{1}{2\pi j}\oint_c \sum_{n=-\infty}^{\infty} x(n)z^{-n+k-1}dz$$

根据(3.4.11)式，有

$$\frac{1}{2\pi j}\oint_c \sum_{n=-\infty}^{\infty} x(n)z^{-n+k-1}dz = \sum_{n=-\infty}^{\infty} x(n)\frac{1}{2\pi j}\oint_c z^{-n+k-1}dz = x(k)$$

即

$$x(n) = \frac{1}{2\pi j}\oint_c X(z)z^{n-1}dz \tag{3.4.13}$$

式中，c 就是 $X(z)$ 收敛域中的一条逆时针方向包含原点的闭合曲线，如图 3.4.3 所示。(3.4.13)式即为逆 Z 变换表示式，它与(3.4.12)式的 Z 变换表示式构成一对 Z 变换对。

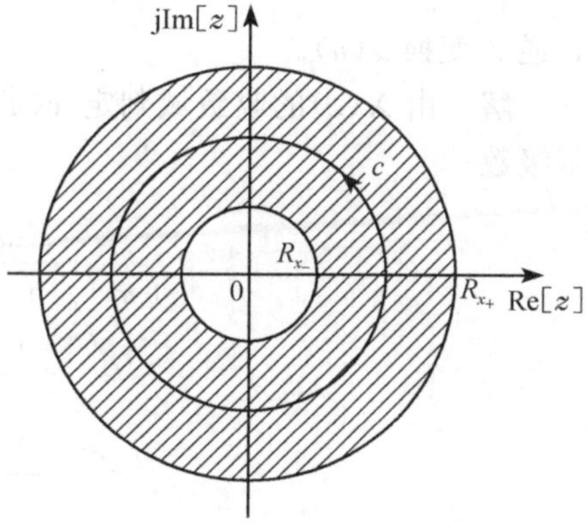

图 3.4.3　围线积分路径

逆 Z 变换就是求(3.4.13)式表示的围线积分。直接计算围线积分是比较麻烦

的，实际上求逆 Z 变换时，一般采用长除法、部分分式展开法和留数法。下面分别介绍这三种求逆 Z 变换的方法。

1) 长除法

按照 Z 变换的定义式，即(3.4.1)式，可以用长除法将 $X(z)$写成幂级数的形式，幂级数的系数就是序列 $x(n)$，所以这种方法又称幂级数法。需要说明的是如果 $x(n)$是右边序列，级数应是负幂级数；如果 $x(n)$是左边序列，级数则是正幂级数。$x(n)$是右边序列还是左边序列，可由其 Z 变换的收敛域判定。

例 3.4.7 已知序列 $x(n)$的 Z 变换 $X(z)=\dfrac{1}{1-az^{-1}}$，$|z|>|a|$，用长除法求其逆 Z 变换 $x(n)$。

解 由 $X(z)$的收敛域判定 $x(n)$是一个右边序列，用长除法将 $X(z)$展开成负幂级数

$$\begin{array}{r|l} & 1+az^{-1}+a^2z^{-2}+\cdots \\ \hline 1-az^{-1} & 1 \\ & 1-az^{-1} \\ \hline & az^{-1} \\ & az^{-1}-a^2z^{-2} \\ \hline & a^2z^{-2} \\ & \cdots \end{array}$$

即

$$X(z)=1+az^{-1}+a^2z^{-2}+\cdots=\sum_{n=0}^{\infty}a^nz^{-n},\quad |z|>|a|$$

因此，序列

$$x(n)=\mathrm{IZT}[X(z)]=a^nu(n)$$

例 3.4.8 已知序列 $x(n)$的 Z 变换 $X(z)=\dfrac{1}{1-az^{-1}}$，$|z|<|a|$，用长除法求其逆 Z 变换 $x(n)$。

解 由 $X(z)$的收敛域判定 $x(n)$是一个左边序列，用长除法将 $X(z)$展开成正幂级数

$$\begin{array}{r|l} & -a^{-1}z-a^{-2}z^2-a^{-3}z^3-\cdots \\ \hline 1-az^{-1} & 1 \\ & 1-a^{-1}z \\ \hline & a^{-1}z \\ & a^{-1}z-a^{-2}z^2 \\ \hline & a^{-2}z^2 \\ & \cdots \end{array}$$

即

$$X(z)=-a^{-1}z-a^{-2}z^{2}-a^{-3}z^{3}-\cdots=-\sum_{n=-\infty}^{-1}a^{n}z^{-n},\quad |z|<|a|$$

因此，序列

$$x(n)=-a^{n}u(-n-1)$$

长除法相对比较简单，其缺点是在复杂序列情况下，很难得到 $x(n)$ 的封闭解。

Matlab 提供的多项式乘法函数是 conv，除法函数是 deconv，其调用格式为

```
[q,r] = deconv(b,a)
```

其中 b 是多项式分子系数向量，a 是多项式分母系数向量，q 是商的系数向量，r 是余数的系数向量，它们都按照 z^{-1} 的升幂排列。如果左端只有一个输出变量，那么得出的就是商 q。

deconv 函数按照 b 向量的长度 M，a 向量的长度 N 做除法运算，算到余数长度比分母长度小 1 为止。故最后的商的长度为 $M-N+1$，而 r 的长度为 $N-1$。

如果希望商 q 的长度为 N_q，就要通过加零的方法使分子向量 b 的长度增加，使 b 变成一个新向量 bz，要使得它的长度 M_{bz} 满足 $M_{bz}-N+1\geqslant N_q$。若取等号，则增加的零的数目应为 $M_{bz}-M=N_q+N-M-1$。

例如，因果序列 $x(n)$ 的 Z 变换为

$$X(z)=\frac{1+0.5z^{-1}}{1-1.2z^{-1}+0.7z^{-2}}$$

用长除法求逆 Z 变换的 Matlab 程序如下：

```
b = [1,0.5];a = [1, - 1.2,0.7];          % 分子向量 b,分母向量 a
N = length(a);M = length(b);Nq = 8;      % 取商 q 的长度为 8
x = deconv([b,zeros(1,Nq + N-M-1)],a)
```

运行结果为

```
x = [1.0000,1.7000,1.3400,0.4180, - 0.4364, - 0.8163, - 0.6741, - 0.2375]
```

故 $X(z)$ 的逆 Z 变换为

$$\begin{aligned}x(n)=&1.0000\delta(n)+1.7000\delta(n-1)+1.3400\delta(n-2)+0.4180\delta(n-3)-0.4364\delta(n-4)\\&-0.8163\delta(n-5)-0.6741\delta(n-6)-0.2375\delta(n-7)+\cdots\end{aligned}$$

由该例子看出，用长除法求逆 Z 变换的 Matlab 程序很简单，但是只能给出数值结果。

2) 部分分式展开法

当序列 $x(n)$ 的 Z 变换 $X(z)$ 是有理分式时，可以用部分分式展开法，将 $X(z)$ 展开成一些简单常用的部分分式之和的形式，然后求出（如用查表法）各部分的逆 Z 变换，最后相加得到原序列 $x(n)$。

设 $X(z)$ 是有理函数，分子多项式是 M 阶，分母多项式是 N 阶，即

$$X(z)=\frac{b_0+b_1z^{-1}+\cdots+b_Mz^{-M}}{1+a_1z^{-1}+\cdots a_Nz^{-N}}\tag{3.4.14}$$

(1) $M<N$ 情况。

如果 $X(z)$ 只有 N 个一阶极点 $p_k(k=1,2,\cdots,N)$，则(3.4.14)式可以展开成

下式：

$$X(z)=\sum_{k=1}^{N}\frac{r_k z}{z-p_k} \tag{3.4.15}$$

其中 r_k 是 $X(z)$在极点 p_k 处的留数。一阶极点的留数可由下式计算：

$$r_k=X(z)(1-p_k z^{-1})\mid_{z=p_k} \tag{3.4.16}$$

(2) $M\geqslant N$ 情况。

如果 $M\geqslant N$，则(3.4.14)式可以写成真有理式与多项式之和的形式

$$X(z)=X_1(z)+\sum_{k=0}^{M-N}c_k z^{-k} \tag{3.4.17}$$

其中

$$X_1(z)=\frac{b'_0+b'_1z^{-1}+\cdots+b'_{N-1}z^{-N+1}}{1+a_1z^{+1}+\cdots+a_Nz^{-N}}$$

(3.4.17)式中的第一项 $X_1(z)$是真有理式，可以按照(3.4.15)式展开。第二项的逆 Z 变换是单位脉冲序列 $\delta(n)$及其延迟序列的组合。

例 3.4.9　已知序列 $x(n)$的 Z 变换为

$$X(z)=\frac{z^{-1}}{1-5z^{-1}+6z^{-2}}$$

试用部分分式展开法分别求收敛域为$|z|>3$，$2<|z|<3$，$|z|<2$ 时的逆 Z 变换。

解　$X(z)$用部分分式展开，可以表示为

$$\frac{X(z)}{z}=\frac{z^{-2}}{1-5z^{-1}+6z^{-2}}=\frac{1}{z^2-5z+6}=\frac{1}{(z-2)(z-3)}=\frac{r_1}{z-2}+\frac{r_2}{z-3}$$

系数 r_1，r_2 分别为

$$r_1=\text{Res}\left[\frac{X(z)}{z},2\right]=\frac{X(z)}{z}(z-2)\mid_{z=2}=-1$$

$$r_2=\text{Res}\left[\frac{X(z)}{z},3\right]=\frac{X(z)}{z}(z-3)\mid_{z=3}=1$$

这样

$$\frac{X(z)}{z}=\frac{-1}{z-2}+\frac{1}{z-3}$$

于是，$X(z)$的部分分式展开式为

$$X(z)=-\frac{z}{z-2}+\frac{z}{z-3}=-\frac{1}{1-2z^{-1}}+\frac{1}{1-3z^{-1}}$$

当收敛域为$|z|>3$ 时，第一项的极点是 $p_1=2$，因此，收敛域为$|z|>2$；第二项的极点是 $p_2=3$，其收敛域为$|z|>3$。这样，两部分的公共收敛域为$|z|>3$。于是，由常见序列的 Z 变换表得逆 Z 变换

$$x(n)=-2^n u(n)+3^n u(n)$$

当收敛域为 $2<|z|<3$ 时，第一项的收敛域为$|z|>2$，第二项的收敛域为

$|z|<3$，逆 Z 变换为

$$x(n) = -2^n u(n) - 3^n u(-n-1)$$

当收敛域 $|z|<2$ 时，第一项的收敛域 $|z|<2$，第二项的收敛域 $|z|<3$，其公共收敛域才为 $|z|<2$。于是，逆 Z 变换为

$$x(n) = 2^n u(-n-1) - 3^n u(-n-1)$$

Matlab 信号处理工具箱中提供了计算留数的 residuez 函数，其调用格式为

```
[r,p,c] = residuez(b,a)
```

其中 b 和 a 分别是(3.4.14)式的分子和分母系数向量，p 是 $X(z)$ 的极点向量，r 是极点向量中各个极点对应的留数向量，c 是(3.4.17)式中的多项式系数向量，仅在 $M \geqslant N$ 时存在。

例 3.4.9 的 Matlab 程序如下：

```
b = [0,1];a = [1, - 5,6];          % 分子系数向量 b,分母系数向量 a
[r,p,c] = residuez(b,a)            % 计算留数 r、极点 p 和多项式向量 c
```

运行结果为

```
r = [1.0000, - 1.0000]
p = [ 3.0000,2.0000]
c = [0]
```

即极点为 $p_1=3$，$p_2=2$，在极点 p_1 处的留数为 $r_1=1$，极点 p_2 处的留数为 $r_2=-1$。

3）留数法

用留数法求逆 Z 变换是基于留数定理。如果 $X(z)z^{n-1}$ 在围线 c 内的极点为 $p_k(k=1,2,\cdots,L_1)$，根据留数定理，有

$$\frac{1}{2\pi \mathrm{j}}\oint_c X(z)z^{n-1}\mathrm{d}z = \sum_{k=1}^{L_1}\mathrm{Res}[X(z)z^{n-1},p_k] \tag{3.4.18}$$

其中 $\mathrm{Res}[X(z)z^{n-1},p_k]$ 表示被积函数 $X(z)z^{n-1}$ 在极点 $z=p_k$ 的留数，逆 Z 变换则是围线 c 内所有极点的留数之和。

如果 $p_k(k=1,2,\cdots,L_1)$ 是单阶极点，则根据留数定理，有

$$\mathrm{Res}[X(z)z^{n-1},p_k] = X(z)z^{n-1}(z-p_k)\big|_{z=p_k} \tag{3.4.19}$$

如果 p_k 是 m 阶极点，则根据留数定理，有

$$\mathrm{Res}[X(z)z^{n-1},p_k] = \frac{1}{(m-1)!}\frac{\mathrm{d}^{m-1}}{\mathrm{d}z^{m-1}}[(z-p_k)^m X(z)z^{n-1}]\big|_{z=p_k} \tag{3.4.20}$$

式(3.4.20)表明，对于 m 阶极点，需要求 $m-1$ 次导数，这是比较麻烦的。如果围线 c 内有高阶极点，而 c 外没有高阶极点，则可以根据留数辅助定理改求 c 外的所有极点的留数之和，使求解得以简化。

下面简要介绍留数辅助定理。设围线积分的被积函数用 $F(z)$ 表示，即

$$F(z) = X(z)z^{n-1}$$

$F(z)$在 z 平面上有 L 个极点，收敛域内的积分围线 c 将 z 平面上的极点分成两部分：一部分是 c 内极点，设有 L_1 个极点，用 p_{1k} 表示；另一部分是 c 外极点，有 L_2 个，用 p_{2k} 表示，$L_1+L_2=L$。根据留数辅助定理，在 $F(z)$的分母多项式，阶次比分子多项式阶次至少高两阶的条件下，下式成立：

$$\sum_{k=1}^{L_1}\text{Res}[F(z),p_{1k}]=-\sum_{k=1}^{L_2}\text{Res}[F(z),p_{2k}] \tag{3.4.21}$$

设 $X(z)=B(z)/A(z)$，$B(z)$和 $A(z)$分别是 M 阶和 N 阶多项式，根据(3.4.21)式成立的条件，要求

$$N-M-n+1\geqslant 2$$

即要求

$$N-M-n\geqslant 1 \tag{3.4.22}$$

这样，如果(3.4.22)式的条件满足，若围线 c 内的极点有高阶极点，而 c 外的极点是单极点或低阶极点，则可按照(3.4.21)式，改求围线 c 外极点留数之和，并将结果加一个负号得到逆 Z 变换。

例 3.4.10 已知序列 $x(n)$的 Z 变换为 $X(z)=\dfrac{1}{(1-az^{-1})^2}$，$|z|<|a|$ 试用留数法求其逆 Z 变换 $x(n)$。

解 由逆 Z 变换公式(3.4.13)，得

$$x(n)=\frac{1}{2\pi\text{j}}\oint_c X(z)z^{n-1}\text{d}z=\frac{1}{2\pi\text{j}}\oint_c\frac{z^{n-1}}{(1-az^{-1})^2}\text{d}z=\frac{1}{2\pi\text{j}}\oint_c\frac{z^{n+1}}{(z-a)^2}\text{d}z$$

这里 c 是收敛域$|z|<|a|$中的积分围线。当 $n\geqslant-1$ 时，围线 c 内无极点，故

$$x(n)=0,\quad n\geqslant-1$$

当 $n\leqslant-2$ 时，令$-n-1=m$ $(m=1,2,\cdots)$，则有

$$x(n)=\frac{1}{2\pi\text{j}}\oint_c\frac{1}{z^m(z-a)^2}\text{d}z$$

这时围线 c 内在 $z=0$ 处有一个 m 阶极点，由(3.4.20)式得

$$\begin{aligned}x(n)&=\frac{1}{(m-1)!}\frac{\text{d}^{m-1}}{\text{d}z^{m-1}}\left[(z-0)^m\frac{1}{z^m(z-a)^2}\right]\bigg|_{z=0}\\&=ma^{-(m+1)}=-(n+1)a^n,\quad n\leqslant-2\end{aligned}$$

即

$$x(n)=-(n+1)a^nu(-n-1)$$

如果根据留数辅助定理，在 $n\leqslant-2$ 时，$N-M-n\geqslant1$，可改由围线 c 外的极点留数之和来求本例的逆 Z 变换，且因围线 c 外在 $z=a$ 处有二阶极点，所以

$$\begin{aligned}x(n)&=-\frac{1}{(2-1)!}\frac{\text{d}^{2-1}}{\text{d}z^{2-1}}\left[(z-a)^2\frac{1}{z^m(z-a)^2}\right]\bigg|_{z=a}\\&=-(-m)a^{-(m+1)}=-(n+1)a^n,\quad n\leqslant-2\end{aligned}$$

结果

$$x(n)=-(n+1)a^nu(-n-1)$$

与围线 c 内的极点留数之和结果一样。

例 3.4.11　已知序列 $x(n)$ 的 Z 变换为

$$X(z)=\frac{1-a^2}{1+a^2-az^{-1}-az},\quad |a|<1$$

a 为实常数，讨论其可能的收敛域，并在每种收敛域下求 $X(z)$ 的逆 Z 变换。

解　序列 $x(n)$ 的 Z 变换 $X(z)$ 可写成

$$X(z)=\frac{1-a^2}{1+a^2-az^{-1}-az}=\frac{1-a^2}{(1-az)(1-az^{-1})},\quad |a|<1,\quad a\text{ 为实常数}$$

其极点为 $p_1=a, p_2=a^{-1}$，如图 3.4.4 所示。

由于收敛域中不包含极点，收敛域总是以极点为边界的，所以，本例 $X(z)$ 的收敛域有三种可能的选择：

(1) $|z|>|a^{-1}|$；

(2) $|z|<|a|$；

(3) $|a|<|z|<|a^{-1}|$。

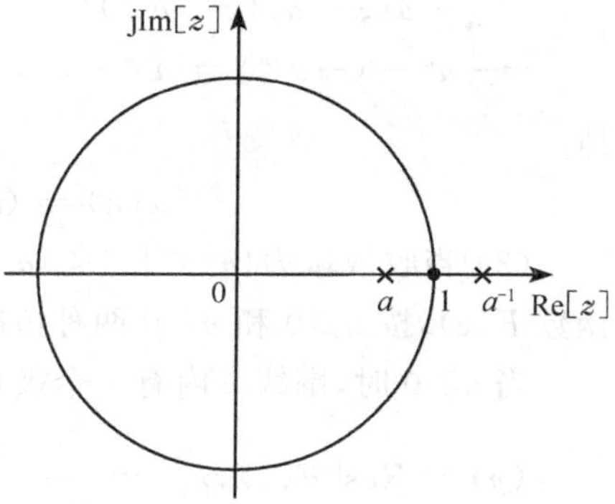

图 3.4.4　例 3.4.11 的 $X(z)$ 的极点($0<a<1$)

下面分别在不同收敛域下采用留数法求逆 Z 变换。由(3.4.13)式得

$$\begin{aligned}x(n)&=\frac{1}{2\pi j}\oint_c X(z)z^{n-1}dz\\&=\frac{1}{2\pi j}\oint_c\frac{1-a^2}{(1-az)(1-az^{-1})}z^{n-1}dz\\&=\frac{1}{2\pi j}\oint_c\frac{1-a^2}{-a(z-a)(z-a^{-1})}z^n dz\end{aligned}$$

这样，被积函数

$$F(z)=\frac{1-a^2}{-a(z-a)(z-a^{-1})}z^n$$

(1) 当收敛域 $|z|>|a^{-1}|$ 时，原序列 $x(n)$ 是右边序列，且是因果序列，无须求 $n<0$ 时的 $x(n)$，即

$$x(n)=0,\quad n<0$$

当 $n\geqslant 0$ 时，围线 c 内有两个极点：$p_1=a$ 和 $p_2=a^{-1}$。因此

$$\begin{aligned}x(n)&=\text{Res}[F(z),p_1]+\text{Res}[F(z),p_2]\\&=\frac{(1-a^2)z^n}{-a(z-a)(z-a^{-1})}(z-a)\Big|_{z=a}+\frac{(1-a^2)z^n}{-a(z-a)(z-a^{-1})}(z-a^{-1})\Big|_{z=a^{-1}}\\&=a^n-a^{-n},\quad n\geqslant 0\end{aligned}$$

即

$$x(n)=(a^n-a^{-n})u(n)$$

(2) 当收敛域$|z|<|a|$时,原序列$x(n)$是左边序列。当$n\geqslant0$时,围线c内没有极点,所以

$$x(n)=0,\quad n\geqslant0$$

当$n<0$时,围线c内有一个$p_1=0$的n阶极点。因为满足$N-M-1\geqslant1$的条件,所以改由求围线c外极点留数之和。当$n<0$时,围线c外有两个极点:$p_2=a$和$p_3=a^{-1}$,因此

$$\begin{aligned}x(n)&=-\mathrm{Res}[F(z),p_2]-\mathrm{Res}[F(z),p_3]\\&=-\frac{(1-a^2)z^n}{-a(z-a)(z-a^{-1})}(z-a)\Big|_{z=a}-\frac{(1-a^2)z^n}{-a(z-a)(z-a^{-1})}(z-a^{-1})\Big|_{z=a^{-1}}\\&=-a^n-(-a^{-n})=a^{-n}-a^n,\quad n<0\end{aligned}$$

即

$$x(n)=(a^{-n}-a^n)u(-n-1)$$

(3) 当收敛域为$|a|<|z|<|a^{-1}|$时,原序列$x(n)$是双边序列,需要根据被积函数$F(z)$,按$n\geqslant0$和$n<0$两种情况分别求$x(n)$。

当$n\geqslant0$时,围线c内有一个极点$p_1=a$,因此

$$x(n)=\mathrm{Res}[F(z),p_1]=\frac{(1-a^2)z^n}{-a(z-a)(z-a^{-1})}(z-a)\Big|_{z=a}=a^n,\quad n\geqslant0$$

当$n<0$时,围线c内有一个一阶极点$p_1=a$和一个n阶极点$p_2=0$。因为满足$N-M-n\geqslant1$的条件,所以改由求围线c外极点留数之和。当$n<0$时,围线c外有一个极点$p_3=a^{-1}$,因此

$$\begin{aligned}x(n)&=-\mathrm{Res}[F(z),p_3]\\&=-\frac{(1-a^2)z^n}{-a(z-a)(z-a^{-1})}(z-a^{-1})\Big|_{z=a^{-1}}=a^{-n},\quad n<0\end{aligned}$$

这样,$X(z)$的逆Z变换

$$x(n)=\begin{cases}a^n, & n\geqslant0\\a^{-n}, & n<0\end{cases}$$

即

$$x(n)=a^{|n|}$$

3.4.6 Z变换的性质和定理

序列的Z变换有许多重要的性质和定理,下面分别予以介绍。

1）线性

设

$$X(z) = \mathrm{ZT}[x(n)], \quad R_{x-} < |z| < R_{x+}$$
$$Y(z) = \mathrm{ZT}[y(n)], \quad R_{y-} < |z| < R_{y+}$$
$$w(n) = ax(n) + by(n), \quad a、b\ 常数$$

则

$$W(z) = \mathrm{ZT}[w(n)] = aX(z) + bY(z), \quad R_{w-} < |z| < R_{w+} \tag{3.4.23}$$

这里 $W(z)$ 的收敛域 (R_{w-}, R_{w+}) 是 $X(z)$ 与 $Y(z)$ 的公共收敛域。如果二者没有公共收敛域，例如，当 $R_{x+} > R_{x-} > R_{y+} > R_{y-}$ 时，则 $W(z)$ 不存在。

2）位移特性

位移特性是指序列移位后的特性。设

$$X(z) = \mathrm{ZT}[x(n)], \quad R_{x-} < |z| < R_{x+}$$

则

$$\mathrm{ZT}[x(n - n_0)] = z^{-n_0} X(z), \quad R_{x-} < |z| < R_{x+} \tag{3.4.24}$$

3）乘以指数序列

设

$$X(z) = \mathrm{ZT}[x(n)], \quad R_{x-} < |z| < R_{x+}$$
$$y(n) = a^n x(n), \quad a\ 为常数$$

则

$$Y(z) = \mathrm{ZT}[a^n x(n)] = X(a^{-1} z), \quad |a| R_{x-} < |z| < |a| R_{x+} \tag{3.4.25}$$

证明　$$Y(z) = \sum_{n=-\infty}^{\infty} a^n x(n) z^{-n} = \sum_{n=-\infty}^{\infty} x(n)(a^{-1} z)^{-n} = X(a^{-1} z)$$

因为 $R_{x-} < |a^{-1} z| < R_{x+}$，从而得收敛域 $|a| R_{x-} < |z| < |a| R_{x+}$。

4）序列乘以 n

设

$$X(z) = \mathrm{ZT}[x(n)], \quad R_{x-} < |z| < R_{x+}$$

则

$$\mathrm{ZT}[nx(n)] = -z \frac{\mathrm{d}X(z)}{\mathrm{d}z}, \quad R_{x-} < |z| < R_{x+} \tag{3.4.26}$$

证明　$$\begin{aligned}\frac{\mathrm{d}X(z)}{\mathrm{d}z} &= \frac{\mathrm{d}}{\mathrm{d}z}\left[\sum_{n=-\infty}^{n=\infty} x(n) z^{-n}\right] = \sum_{-\infty}^{\infty} x(n) \frac{\mathrm{d}}{\mathrm{d}z}[z^{-n}] \\ &= -\sum_{-\infty}^{\infty} nx(n) z^{-n-1} = -z^{-1} \sum_{-\infty}^{\infty} nx(n) z^{-n} \\ &= -z^{-1} \mathrm{ZT}[nx(n)]\end{aligned}$$

因此

$$\mathrm{ZT}[nx(n)] = -z\frac{\mathrm{d}X(z)}{\mathrm{d}z}$$

5）复共轭序列

设

$$X(z)=\mathrm{ZT}[x(n)],\quad R_{x-}<|z|<R_{x+}$$

则

$$\mathrm{ZT}[x^*(n)] = X^*(z^*),\quad R_{x-}<|z|<R_{x+} \tag{3.4.27}$$

证明

$$\mathrm{ZT}[x^*(n)] = \sum_{n=-\infty}^{\infty} x^*(n)z^{-n} = \left[\sum_{n=-\infty}^{\infty} x(n)(z^*)^{-n}\right]^* = [X(z^*)]^* = X^*(z^*)$$

而

$$\mathrm{ZT}[x^*(-n)] = \sum_{n=-\infty}^{\infty} x(-n)z^{-n} = \left[\sum_{n=-\infty}^{\infty} x(n)\left(\frac{1}{z^*}\right)^{-n}\right]^* = X^*\left(\frac{1}{z^*}\right),\quad 1/R_{x+}<|z|<1/R_{x-} \tag{3.4.28}$$

6）序列卷积定理

设

$$X(z)=\mathrm{ZT}[x(n)],\quad R_{x-}<|z|<R_{x+}$$
$$Y(z)=\mathrm{ZT}[y(n)],\quad R_{y-}<|z|<R_{y+}$$

则当

$$w(n) = x(n) * y(n)$$

时，有

$$W(z) = X(z)Y(z),\quad R_{w-}<|z|<R_{w+} \tag{3.4.29}$$

式中 $R_{w-}=\max[R_{x-},R_{y-}]$，$R_{w+}=\min[R_{x+},R_{y+}]$。

证明 $W(z)=\mathrm{ZT}[x(n) * y(n)]$

$$= \sum_{n=-\infty}^{\infty}\left[\sum_{m=-\infty}^{\infty} x(m)y(n-m)\right]z^{-n} = \sum_{m=-\infty}^{\infty} x(m)\left[\sum_{n=-\infty}^{\infty} y(n-m)z^{-n}\right]$$
$$= \sum_{m=-\infty}^{\infty} x(m)z^{-m}Y(z) = X(z)Y(z)$$

$W(z)$的收敛域是 $X(z)$和 $Y(z)$的公共收敛域。该性质归纳为：序列 $x(n)$与 $y(n)$的线性卷积的 Z 变换等于序列 $x(n)$的 Z 变换 $X(z)$与序列 $y(n)$的 Z 变换 $Y(z)$相乘，简述为时域线性卷积对应 z 域相乘，称为序列卷积定理。下面的例子说明了序列卷积定理的应用。

例 3.4.12 已知离散时间 LTI 系统的单位脉冲响应 $h(n)=a^n u(n)$，$|a|<1$，a 为常数，系统输入序列 $x(n)=u(n)$，求系统的输出序列 $y(n)$。

解 求系统的输出序列 $y(n)$可以采用线性卷积法，也可以采用 Z 变换法。

（1）线性卷积法。

$$
\begin{aligned}
y(n) &= x(n) * h(n) = h(n) * x(n) \\
&= \sum_{m=-\infty}^{\infty} h(m)x(n-m) = \sum_{m=0}^{\infty} a^m u(m)u(n-m) \\
&= \sum_{m=0}^{n} a^m = \frac{1-a^{n+1}}{1-a}
\end{aligned}
$$

其中 $n \geqslant 0$，即

$$y(n) = \frac{1-a^{n+1}}{1-a}u(n)$$

（2）Z变换法。

$$y(n) = h(n) * x(n)$$

$$Y(z) = H(z)X(z)$$

其中

$$H(z) = \mathrm{ZT}[a^n u(n)] = \frac{1}{1-az^{-1}}, \quad |z| > |a|$$

$$X(z) = \mathrm{ZT}[u(n)] = \frac{1}{1-z^{-1}}, \quad |z| > 1$$

所以

$$Y(z) = \frac{1}{(1-az^{-1})(1-z^{-1})}, \quad |z| > 1$$

$$y(n) = \frac{1}{2\pi \mathrm{j}}\oint_c \frac{z^{n+1}}{(z-a)(z-1)}\mathrm{d}z$$

由收敛域判定

$$y(n) = 0, \quad n < 0$$

当 $n \geqslant 0$ 时，围线 c 有两个极点：$p_1 = a$，$p_2 = 1$，所以

$$
\begin{aligned}
y(n) &= \mathrm{Res}\left[\frac{z^{n+1}}{(z-a)(z-1)}, p_1\right] + \mathrm{Res}\left[\frac{z^{n+1}}{(z-a)(z-1)}, p_2\right] \\
&= \left[\frac{z^{n+1}}{(z-a)(z-1)}(z-a)\right]\Bigg|_{z=a} + \left[\frac{z^{n+1}}{(z-a)(z-1)}(z-1)\right]\Bigg|_{z=1} \\
&= \frac{a^{n+1}}{a-1} + \frac{1}{1-a} = \frac{1-a^{n+1}}{1-a}, \quad a \geqslant 0
\end{aligned}
$$

即

$$y(n) = \frac{1-a^{n+1}}{1-a}u(n)$$

7）复卷积定理

设

$$X(z) = \mathrm{ZT}[x(n)], \quad R_{x-} < |z| < R_{x+}$$

$$Y(z)=\mathrm{ZT}[y(n)],\quad R_{y-}<|z|<R_{y+}$$

则当

$$w(n)=x(n)y(n)$$

时，有

$$W(z)=\frac{1}{2\pi \mathrm{j}}\oint_c X(v)Y\left(\frac{z}{v}\right)v^{-1}\mathrm{d}v \tag{3.4.30}$$

$W(z)$的收敛域为

$$R_{x-}R_{y-}<|z|<R_{x+}R_{y+} \tag{3.4.31}$$

(3.4.30)式中 v 平面上，被积函数的收敛域为

$$\max\left[R_{x-},\frac{|z|}{R_{y+}}\right]<|v|<\min\left[R_{x+},\frac{|z|}{R_{y-}}\right] \tag{3.4.32}$$

证明

$$\begin{aligned}W(z)&=\sum_{n=-\infty}^{\infty}x(n)y(n)z^{-n}\\&=\sum_{n=-\infty}^{\infty}\left[\frac{1}{2\pi \mathrm{j}}\oint_c X(v)v^{n-1}\mathrm{d}v\right]y(n)z^{-n}\\&=\frac{1}{2\pi \mathrm{j}}\oint_c X(v)\sum_{n=-\infty}^{\infty}y(n)\left(\frac{z}{v}\right)^{-n}\frac{\mathrm{d}v}{v}\\&=\frac{1}{2\pi \mathrm{j}}\oint_c X(v)Y\left(\frac{z}{v}\right)v^{-1}\mathrm{d}v\end{aligned}$$

由 $X(z)$的收敛域和 $Y(z)$的收敛域，得到

$$R_{x-}<|v|<R_{x+}$$

$$R_{y-}<\left|\frac{z}{v}\right|<R_{y+}$$

因此

$$R_{x-}R_{y-}<|z|<R_{x+}R_{y+}$$

$$\max\left[R_{x-},\frac{|z|}{R_{y+}}\right]<|v|<\min\left[R_{x+},\frac{|z|}{R_{y-}}\right]$$

例 3.4.13 已知序列 $x(n)=u(n)$，$y(n)=a^{|n|}$，a 为实常数，且满足 $|a|<1$。若序列 $w(n)=x(n)y(n)$，求其 Z 变换 $W(z)=\mathrm{ZT}[w(n)]$。

解 序列 $x(n)$和 $y(n)$的 Z 变换分别为

$$X(z)=\frac{1}{1-z^{-1}},\quad 1<|z|\leqslant\infty$$

和

$$Y(z)=\frac{1-a^2}{(1-az^{-1})(1-az)},\quad |a|<|z|<|a|^{-1}$$

于是

$$W(z)=\frac{1}{2\pi \mathrm{j}}\oint_{c}\frac{1-a^{2}}{(1-av^{-1})(1-av)}\frac{1}{1-\dfrac{v}{z}}v^{-1}\mathrm{d}v$$

$$=\frac{1}{2\pi \mathrm{j}}\oint_{c}\frac{1-a^{2}}{(v-a)(1-av)}\frac{z}{z-v}\mathrm{d}v$$

$W(z)$的收敛域为$|a|<|z|\leqslant\infty$，被积函数在 v 平面上的收敛域为 $\max[|a|,0]<|v|<\min[|a|^{-1},|z|]$。$v$ 平面上的极点为 $v_1=a, v_2=a^{-1}, v_3=z$。围线 c 内的极点是 $v_1=a$。这样

$$W(z)=\mathrm{Res}[F(v),v_1]=\frac{1-a^{2}}{(v-a)(1-av)}\frac{z}{z-v}(v-a)\Big|_{v=a}$$

$$=\frac{z}{z-a}=\frac{1}{1-az^{-1}},\quad |a|<|z|\leqslant\infty$$

显然，序列

$$w(n)=a^{n}u(n),\quad |a|<1$$

这与 $w(n)=x(n)y(n)$直接相乘得到的结果是一样的。

8) 初值定理

设 $x(n)$是因果序列，其 $X(z)=\mathrm{ZT}[x(n)]$，则

$$x(0)=\lim_{z\to\infty}X(z) \tag{3.4.33}$$

称为初值定理。

证明 $X(z)=\sum_{n=0}^{\infty}x(n)z^{-n}=x(0)+x(1)z^{-1}+x(2)z^{-2}+\cdots$

因此

$$\lim_{z\to\infty}X(z)=x(0)$$

9) 终值定理

若 $x(n)$是因果序列，其 Z 变换的极点，除可以有一个一阶极点在 $z=1$ 处外，其他极点均在单位圆内，则

$$\lim_{n\to\infty}x(n)=\lim_{z\to 1}(z-1)X(z) \tag{3.4.34}$$

称为终值定理。

证明 $$(z-1)X(z)=\sum_{n=-\infty}^{\infty}[x(n+1)-x(n)]z^{-n}$$

因为 $x(n)$是因果序列，即

$$x(n)=0,\quad n<0$$

所以

$$(z-1)X(z)=\lim_{n\to\infty}\left[\sum_{m=-1}^{n}x(m+1)z^{-m}-\sum_{m=0}^{n}x(m)z^{-m}\right]$$

因为$(z-1)X(z)$在单位圆上没有极点，可将上式两端对 $z=1$ 取极限，得到

$$\lim_{z\to 1}(z-1)X(z)=\lim_{n\to\infty}\left[\sum_{m=-1}^{n}x(m+1)-\sum_{m=0}^{n}x(m)\right]$$
$$=\lim_{n\to\infty}[x(0)+x(1)+\cdots+x(n)+x(n+1)-x(0)-x(1)-\cdots-x(n)]$$
$$=\lim_{n\to\infty}x(n+1)=\lim_{n\to\infty}x(n)$$

终值定理也可以用在 $z=1$ 点的留数表示，因为根据留数的定义，当 $p=1$ 是 $X(z)$ 的一阶极点时，有

$$\lim_{z\to 1}(z-1)X(z)=\operatorname{Res}[X(z),1]$$

因此

$$x(\infty)=\operatorname{Res}[X(z),1]$$

如果单位圆上 $X(z)$ 无极点，则 $x(\infty)=0$。

10）帕塞瓦尔(Parseval)定理

设

$$X(z)=\mathrm{ZT}[x(n)],\quad R_{x-}<|z|<R_{x+}$$
$$Y(z)=\mathrm{ZT}[y(n)],\quad R_{y-}<|z|<R_{y+}$$

且满足

$$R_{x-}R_{y-}<1,\quad R_{x+}R_{y+}>1$$

则

$$\sum_{n=-\infty}^{\infty}x(n)y^*(n)=\frac{1}{2\pi\mathrm{j}}\oint_c X(v)Y^*\left(\frac{1}{v^*}\right)v^{-1}\mathrm{d}v \tag{3.4.35}$$

在 v 平面上，收敛域为

$$\max\left[R_{x-},\frac{1}{R_{y+}}\right]<|v|<\min\left[R_{x+},\frac{1}{R_{y-}}\right]$$

证明　利用复数卷积定理，令

$$w(n)=x(n)y^*(n)$$

则

$$W(z)=\mathrm{ZT}[w(n)]=\frac{1}{2\pi\mathrm{j}}\oint_c X(v)Y^*\left(\frac{z}{v}\right)^*v^{-1}\mathrm{d}v$$

且

$$R_{x-}R_{y-}<|z|<R_{x+}R_{y+}$$

根据假设条件，$z=1$ 在收敛域中。将 $z=1$ 带入 $W(z)$ 中，得

$$W(1)=\frac{1}{2\pi\mathrm{j}}\oint_c X(v)Y^*\left(\frac{1}{v^*}\right)v^{-1}\mathrm{d}v$$

而根据 $W(z)$ 的定义，有

$$W(1)=\sum_{n=-\infty}^{\infty}x(n)y^*(n)z^{-n}\Big|_{z=1}=\sum_{n=-\infty}^{\infty}x(n)y^*(n)$$

因此

$$\sum_{n=-\infty}^{\infty} x(n)y^*(n) = \frac{1}{2\pi j}\oint_c X(v)Y^*\left(\frac{1}{v^*}\right)v^{-1}dv$$

如果 $X(z)$和 $Y(z)$在单位圆上收敛，则可在上式中令 $v=e^{j\omega}$，从而得到

$$\sum_{n=-\infty}^{\infty} x(n)y^*(n) = \frac{1}{2\pi}\int_{-\pi}^{\pi} X(e^{j\omega})Y^*(e^{j\omega})d\omega$$

进而令 $y(n)=x(n)$，得

$$\sum_{n=-\infty}^{\infty} |x(n)|^2 = \frac{1}{2\pi}\int_{-\pi}^{\pi} \left|X(e^{j\omega})\right|^2 d\omega \tag{3.4.36}$$

该式就是序列的离散时间傅里叶变换性质中的帕塞瓦尔定理(3.2.43)式。

表 3.4.2 列出了序列 Z 变换的一些重要性质，供查阅。

表 3.4.2　序列 Z 变换的主要性质

性　质	序　列	Z 变 换	收 敛 域
	$x(n)$	$X(z)$	$R_{x-}<\|z\|<R_{x+}$
	$y(n)$	$Y(z)$	$R_{y-}<\|z\|<R_{y+}$
线性	$ax(n)+by(n)$	$aX(z)+bY(z)$	$\max[R_{x-},R_{y-}]<\|z\|<\min[R_{x+},R_{y+}]$
位移特性	$x(n-n_0)$	$z^{-n_0}X(z)$	$R_{x-}<\|z\|<R_{x+}$
乘以指数序列	$a^n x(n)$	$X(a^{-1}z)$	$\|a\|R_{x-}<\|z\|<\|a\|R_{x+}$
序列乘以 n	$nx(n)$	$-z\frac{dX(z)}{dz}$	$R_{x-}<\|z\|<R_{x+}$
序列翻转	$x(-n)$	$X(1/z)$	$1/R_{x+}<\|z\|<1/R_{x-}$
复共轭序列	$x^*(n)$	$X^*(z^*)$	$R_{x-}<\|z\|<R_{x+}$
共轭翻转序列	$x^*(-n)$	$X^*(1/z^*)$	$1/R_{x+}<\|z\|<1/R_{x-}$
序列卷积定理	$x(n)*y(n)$	$X(z)Y(z)$	$\max[R_{x-},R_{y-}]<\|z\|<\min[R_{x+},R_{y+}]$
复卷积定理	$x(n)y(n)$	$\frac{1}{2\pi j}\oint_c X(v)Y\left(\frac{z}{v}\right)v^{-1}dv$	$R_{x-}R_{y-}<\|z\|<R_{x+}R_{y+}$
实部	$\mathrm{Re}[x(n)]$	$\frac{1}{2}[X(z)+X^*(z^*)]$	$R_{x-}<\|z\|<R_{x+}$
虚部乘 j	$j\mathrm{Im}[x(n)]$	$\frac{1}{2}[X(z)-X^*(z^*)]$	$R_{x-}<\|z\|<R_{x+}$
初值定理	$x(0)=\lim_{z\to\infty}X(z)$		$x(n)$是因果序列，$R_{x-}<\|z\|$
终值定理	$\lim_{n\to\infty}x(n)=\lim_{z\to 1}(z-1)X(z)$		$x(n)$是因果序列，$(z-1)X(z)$的极点均在单位圆内
帕塞瓦尔定理	$\sum_{n=-\infty}^{\infty}x(n)y^*(n)=\frac{1}{2\pi}\int_{-\pi}^{\pi}X(e^{j\omega})Y^*(e^{j\omega})d\omega$		$R_{x-}R_{y-}<\|z\|<R_{x+}R_{y+}$

3.5 离散时间 LTI 系统的频域分析

本章我们已经讨论了序列的离散时间傅里叶变换和性质，序列的 Z 变换和性质，在此基础上，下面进行离散时间 LTI 系统的频域分析。

3.5.1 差分方程的 Z 变换解

离散时间 LTI 系统，其输入序列 $x(n)$ 和输出序列 $y(n)$ 之间满足 N 阶线性常系数差分方程，即

$$\sum_{k=0}^{N} a_k y(n-k) = \sum_{i=0}^{M} b_i x(n-i), \quad a_0 = 1 \tag{3.5.1}$$

在第 2 章中，介绍了线性常系数差分方程的递推解法。本节将用 Z 变换法研究差分方程的全解，也就是它的全响应。Z 变换法求解线性常系数差分方程步骤简明而有规律，系统的初始条件引起的响应也包含在求解方程中，可一举求得系统的全响应；Z 变换将差分方程变换为代数方程，求解方便。所谓系统的全响应包括：假定系统输入为零，由系统初始条件引起的零输入响应和假定系统初始条件为零，由系统输入引起的零状态响应。这两种响应的叠加就是系统的全响应。零状态响应可由系统输入序列与系统的单位脉冲响应的线性卷积来求得。为了推导由初始条件引起的响应，采用单边 Z 变换来分析。

对于 N 阶差分方程，求全响应必须已知 N 个初始条件。设 $x(n)$ 是因果序列，即 $x(n)=0(n<0)$，已知初始条件 $y(-1), y(-2), \cdots, y(-N)$。对(3.5.1)式进行 Z 变换时，注意这里要采用单边 Z 变换。该方程的右端由于 $x(n)$ 是因果序列，采用单边 Z 变换与双边 Z 变换结果是相同的。下面先推导移位序列的单边 Z 变换结果。

设

$$Y(z) = \sum_{n=0}^{\infty} y(n) z^{-n}$$

则

$$\begin{aligned} \mathrm{ZT}[y(n-m)] &= \sum_{n=0}^{\infty} y(n-m) z^{-n} = z^{-m} \sum_{n=0}^{\infty} y(n-m) z^{-(n-m)} \\ &= z^{-m} \sum_{l=-m}^{\infty} y(l) z^{-l} = z^{-m} \left[\sum_{l=0}^{\infty} y(l) z^{-l} + \sum_{l=-m}^{-1} y(l) z^{-l} \right] \\ &= z^{-m} \left[Y(z) + \sum_{l=-m}^{-1} y(l) z^{-l} \right] \end{aligned} \tag{3.5.2}$$

按照(3.5.2)式对差分方程(3.5.1)进行单边 Z 变换，得

$$\sum_{k=0}^{N} a_k z^{-k}\left[Y(z)+\sum_{l=-k}^{-1} y(l) z^{-l}\right]=\sum_{i=0}^{M} b_i X(z) z^{-i}, \quad a_0=1$$

进而得

$$Y(z)=\frac{\sum_{i=0}^{M} b_i z^{-i}}{\sum_{k=0}^{N} a_k z^{-k}} X(z)-\frac{\sum_{k=0}^{N} a_k z^{-k} \sum_{l=-k}^{-1} y(l) z^{-l}}{\sum_{k=0}^{N} a_k z^{-k}}, \quad a_0=1 \tag{3.5.3}$$

式中,右端第一项与系统的初始条件无关,为零状态解;而第二项与系统的输入无关,为零输入解。将 $Y(z)$ 做逆 Z 变换,得输出全响应 $y(n)$。

系统函数与差分方程之间可以通过 Z 变换相互转换,系统函数的系数就是差分方程的系数。所以,根据系统函数的系数和初始条件,通过调用 filter 函数和 filtic 函数可以方便地计算出系统的输出全响应。Matlab 程序编写参见 2.5.2 节。

例 3.5.1　已知系统的差分方程为 $y(n)=by(n-1)+x(n)$,若系统输入序列 $x(n)=a^n u(n)$,初始条件为 $y(-1)=2$,求系统的全响应 $y(n)$。

解　将系统的差分方程进行单边 Z 变换,得

$$Y(z)=bz^{-1}Y(z)+by(-1)+X(z)$$

于是

$$Y(z)=\frac{1}{1-bz^{-1}}X(z)+\frac{2b}{1-bz^{-1}}$$

式中

$$X(z)=\frac{1}{1-az^{-1}}, \quad |z|>|a|$$

这样

$$\begin{aligned} Y(z)&=\frac{1}{(1-az^{-1})(1-bz^{-1})}+\frac{2b}{1-bz^{-1}} \\ &=\frac{1}{a-b}\left(\frac{a}{1-az^{-1}}-\frac{b}{1-az^{-1}}\right)+\frac{2b}{1-bz^{-1}} \end{aligned}$$

收敛域为 $|z|>\max[|a|,|b|]$。求 $Y(z)$ 的逆 Z 变换得到

$$y(n)=\frac{1}{a-b}(a^{n+1}-b^{n+1})+2b^{n+1}, \quad n \geqslant 0$$

式中,第一项为零状态响应,第二项为零输入响应。最终得

$$y(n)=\left[\frac{1}{a-b}(a^{n+1}-b^{n+1})+2b^{n+1}\right]u(n)+2\delta(n+1)$$

3.5.2　离散时间 LTI 系统的频率响应

离散时间 LTI 系统的频域特性,可用系统的频率响应和系统函数进行分析。

本小节研究离散时间 LTI 系统的频率响应。

当输入序列 $x(n)$通过单位脉冲响应为 $h(n)$的离散时间 LTI 系统时,系统的零状态响应为

$$y(n) = x(n) * h(n) = \sum_{m=-\infty}^{\infty} x(m)h(n-m) \tag{3.5.4}$$

当系统的输入是频率为 ω 的复指数序列

$$x(n) = e^{j\omega n}$$

时,系统的零状态响应为

$$y(n) = e^{j\omega n} * h(n) = \sum_{m=-\infty}^{\infty} e^{j\omega(n-m)} h(m) = e^{j\omega n} H(e^{j\omega}) \tag{3.5.5}$$

式中

$$H(e^{j\omega}) = \sum_{n=-\infty}^{\infty} h(n) e^{-j\omega n} = \text{DTFT}[h(n)] \tag{3.5.6}$$

$H(e^{j\omega})$定义为离散时间 LTI 系统的频率响应。由(3.5.5)式可知,复指数序列$e^{j\omega n}$通过离散时间 LTI 系统后的输出序列的频率不变,序列的幅度由系统的频率响应 $H(e^{j\omega})$在 ω 点的幅度值确定。所以$|H(e^{j\omega})|$表示系统对不同频率信号的增益。

对任意离散时间信号 $x(n)$,可用复指数序列 $e^{j\omega n}$表示为

$$x(n) = \frac{1}{2\pi}\int_{-\pi}^{\pi} X(e^{j\omega}) e^{j\omega n} d\omega$$

由系统的线性特性和(3.5.5)式,可得系统的零状态响应为

$$\begin{aligned} y(n) &= T[x(n)] = \frac{1}{2\pi}\int_{-\pi}^{\pi} X(e^{j\omega}) T[e^{j\omega n}] d\omega \\ &= \frac{1}{2\pi}\int_{-\pi}^{\pi} X(e^{j\omega}) H(e^{j\omega}) e^{j\omega n} d\omega \end{aligned}$$

故系统零状态响应 $y(n)$的 DTFT 为

$$Y(e^{j\omega}) = H(e^{j\omega}) X(e^{j\omega}) \tag{3.5.7}$$

可见,任意序列 $x(n)$通过离散时间 LTI 系统的零状态响应 $y(n)$的频谱函数等于输入序列的频谱函数乘以系统的频率响应。(3.5.7)式也可由序列 DTFT 的时域卷积定理直接导出。

在一般情况下,离散时间 LTI 系统的频率响应 $H(e^{j\omega})$是复值函数,可用幅度和相位表示为

$$H(e^{j\omega}) = |H(e^{j\omega})| e^{j\phi(\omega)} \tag{3.5.8}$$

式中,$|H(e^{j\omega})|$称为系统的幅频响应,$\phi(\omega)$称为系统的相频响应。当 $h(n)$是实序列时,由序列的 DTFT 性质可知,$|H(e^{j\omega})|$是 ω 的偶函数,$\phi(\omega)$是 ω 的奇函数。

例 3.5.2 若已知离散时间 LTI 系统的差分方程为

$$y(n) + \frac{5}{6}y(n-1) + \frac{1}{6}y(n-2) = \frac{1}{2}x(n) + \frac{2}{3}x(n-1)$$

试求该系统的频率响应 $H(e^{j\omega})$和单位脉冲响应 $h(n)$。

解　由序列 DTFT 的位移特性，对差分方程两端进行 DTFT，得

$$Y(e^{j\omega})+\frac{5}{6}e^{-j\omega}Y(e^{j\omega})+\frac{1}{6}e^{-j2\omega}Y(e^{j\omega})=\frac{1}{2}X(e^{j\omega})+\frac{2}{3}e^{-j\omega}X(e^{j\omega})$$

整理得系统得频率响应为

$$H(e^{j\omega})=\frac{Y(e^{j\omega})}{X(e^{j\omega})}=\frac{\frac{1}{2}+\frac{2}{3}e^{-j\omega}}{1+\frac{5}{6}e^{-j\omega}+\frac{1}{6}e^{-j2\omega}}=\frac{-2.5}{1+0.5e^{-j\omega}}+\frac{3}{1+\frac{1}{3}e^{-j\omega}}$$

对上式做 IDTFT，即得系统得单位脉冲响应为

$$h(n)=-2.5\left(-\frac{1}{2}\right)^n u(n)+3\left(-\frac{1}{3}\right)^n u(n)$$

例 3.5.3　试求序列

$$x(n)=\sum_k C_k e^{j\omega_k n},\quad C_k \text{ 为实常数}$$

通过离散时间 LTI 系统的响应，并进行讨论。

解　设离散时间 LTI 系统的频率响应为 $H(e^{j\omega})$，表示为

$$H(e^{j\omega})=|H(e^{j\omega})|e^{j\phi(\omega)}$$

则由(3.5.5)式及系统的线性特性，有

$$\begin{aligned}y(n)&=\sum_k C_k|H(e^{j\omega_k})|e^{j\phi(\omega_k)}e^{j\omega_k n}\\&=\sum_k C_k|H(e^{j\omega_k})|e^{j\omega_k[n+\phi(\omega_k)/\omega_k]}\end{aligned}$$

式中，$|H(e^{j\omega_k})|$是对信号中频率为 ω_k 的信号分量的增益。例如，输入序列中，频率为 ω_3 的信号分量是有用信号，但它很小(系数 C_3 小)，其余信号分量($k\neq 3$)都是不需要的，但很大；此时只要系统的幅频响应$|H(e^{j\omega_3})|$足够大，而其余的$|H(e^{j\omega_k})|$($k\neq 3$)接近为零，则系统的输出序列中，频率为 ω_3 的信号分量将比较大，而其余频率分量的信号将衰减到近似为零。这种在系统输出序列中只保留信号中有用分量的处理，称为系统对输入信号的滤波。这也是为什么把离散时间系统统称为数字滤波器的原因。上式中的相位项中，对一般系统而言，$\phi(\omega_k)/\omega_k$($k=0,1,\cdots$)不是一个常数。这意味着系统所保留的信号不同频率分量将会有不同的时间延迟，从而引起输出信号的失真。这类由相位非线性而产生的失真称为相位失真。

当离散时间 LTI 系统的相频响应是 ω 的线性函数时，即

$$\phi(\omega)=-\omega\tau,\quad \tau \text{ 为实常数} \tag{3.5.9}$$

则称该系统是线性相位系统。对线性相位系统，例 3.5.3 的输出序列可表示为

$$y(n)=\sum_k C_k|H(e^{j\omega_k})|e^{j(\omega_k n-\omega_k\tau)}$$

由上式可知，不同频率分量的信号通过线性相位系统的延迟是与信号的频率无关

的一个常数。这时线性相位系统可近似为一个无失真传输系统。

3.5.3 余弦型信号通过离散时间 LTI 系统的响应

设系统输入是频率为 ω 的余弦序列

$$x(n)=A\cos(\omega n+\theta)$$

将其表示为

$$x(n)=\frac{A}{2}[\mathrm{e}^{\mathrm{j}(\omega n+\theta)}+\mathrm{e}^{-\mathrm{j}(\omega n+\theta)}]$$

由(3.5.5)式得系统的输出响应为

$$y(n)=\frac{A}{2}[H(\mathrm{e}^{\mathrm{j}\omega})\mathrm{e}^{\mathrm{j}(\omega n+\theta)}+H(\mathrm{e}^{\mathrm{j}\omega})\mathrm{e}^{-\mathrm{j}(\omega n+\theta)}]$$

当 $h(n)$是实序列时,由 DTFT 的对称性,有

$$H(\mathrm{e}^{\mathrm{j}\omega})=H^*(\mathrm{e}^{-\mathrm{j}\omega})$$

所以,$h(n)$为实序列时的系统输出响应为

$$\begin{aligned}y(n)&=A\mathrm{Re}[H(\mathrm{e}^{\mathrm{j}\omega})\mathrm{e}^{\mathrm{j}(\omega n+\theta)}]\\&=A\mid H(\mathrm{e}^{\mathrm{j}\omega})\mid\cos[\omega n+\phi(\omega)+\theta]\end{aligned}\tag{3.5.10}$$

类似地,可得正弦序列

$$x(n)=A\sin(\omega n+\theta)$$

通过 $h(n)$是实序列的系统后,其输出响应为

$$\begin{aligned}y(n)&=A\mathrm{Im}[H(\mathrm{e}^{\mathrm{j}\omega})\mathrm{e}^{\mathrm{j}(\omega n+\theta)}]\\&=A\mid H(\mathrm{e}^{\mathrm{j}\omega})\mid\sin[\omega n+\phi(\omega)+\theta]\end{aligned}\tag{3.5.11}$$

例 3.5.4 已知离散时间 LTI 系统的单位脉冲响应为

$$h(n)=0.1\times(0.9)^{n-1}u(n-1)$$

系统的输入序列为

$$x(n)=\cos(0.2\pi n)$$

试求系统的输出响应 $y(n)$。

解 由 DTFT 的线性和位移特性可得系统的频率响应为

$$H(\mathrm{e}^{\mathrm{j}\omega})=\frac{0.1\mathrm{e}^{-\mathrm{j}\omega}}{1-0.9\mathrm{e}^{-\mathrm{j}\omega}}=\frac{0.1}{\mathrm{e}^{\mathrm{j}\omega}-0.9}$$

$$H(\mathrm{e}^{\mathrm{j}0.2\pi})=-0.0257-\mathrm{j}0.1661=0.1681\mathrm{e}^{-\mathrm{j}1.7244}$$

在计算 $H(\mathrm{e}^{\mathrm{j}0.2\pi})$的相位时,如果用一般的反正切函数计算,则计算出的相位值为 1.4172。这是因为反正切函数的值域定义在$[-\pi/2,\pi/2]$范围。由于 $H(\mathrm{e}^{\mathrm{j}0.2\pi})$的值在第三象限,所以真正的相位值应为

$$\phi(\omega)=1.4172-\pi=-1.7244$$

由(3.5.10)式得系统的输出响应

$$y(n)=\mathrm{Re}[H(\mathrm{e}^{\mathrm{j}0.2\pi})\mathrm{e}^{\mathrm{j}0.2\pi}]=0.1681\cos(0.2\pi n-1.7244)$$

3.5.4　离散时间 LTI 系统的稳态响应和暂态响应

前面讨论了离散时间 LTI 系统对复指数序列和余弦型序列的响应。在分析中假设了输入序列 $x(n)$是在 $n=-\infty$就开始输入系统，所以在 n 时刻观察系统输出时，响应中的暂态项都将消失，故称这时的系统响应为稳态响应。如果输入序列 $x(n)$是在 $n=0$ 时刻开始输入系统，则系统的全响应中将包含稳态响应和暂态响应。暂态响应是指输入序列输入系统后，全响应中暂时出现的分量，随着时间的增长，它将消失。全响应中减去暂态分量后的剩余分量就是稳态分量。下面将分析系统对 $n=0$ 时刻输入的复指数序列的响应。

设系统的输入序列为

$$x(n)=e^{j\omega n}u(n)$$

则系统的输出序列为

$$\begin{aligned} y(n) &= \sum_{m=-\infty}^{\infty} h(m)e^{j\omega(n-m)}u(n-m) \\ &= \Big[\sum_{m=-\infty}^{n} h(m)e^{-j\omega m}\Big]e^{j\omega n} \\ &= \Big[\sum_{m=-\infty}^{\infty} h(m)e^{-j\omega m}\Big]e^{j\omega n} - \Big[\sum_{m=n+1}^{\infty} h(m)e^{-j\omega m}\Big]e^{j\omega n} \\ &= H(e^{j\omega})e^{j\omega n} - \Big[\sum_{m=n+1}^{\infty} h(m)e^{-j\omega m}\Big]e^{j\omega n} \end{aligned} \tag{3.5.12}$$

式中第一项是系统的稳态响应，记为

$$y_{sr}(n)=H(e^{j\omega})e^{j\omega n}$$

第二项是系统的暂态响应，记为

$$y_{tr}(n)=-\Big[\sum_{m=n+1}^{\infty} h(m)e^{-j\omega m}\Big]e^{j\omega n}$$

且满足

$$|y_{tr}(n)|=\Big|\sum_{m=n+1}^{\infty} h(m)e^{j\omega(n-m)}\Big|\leqslant\Big|\sum_{m=n+1}^{\infty} h(m)\Big| \tag{3.5.13}$$

对于稳定系统，由于 $h(n)$是绝对可和的，当 $n\to\infty$时，$\sum\limits_{m=n+1}^{\infty}|h(m)|\to 0$，所以稳定系统的暂态响应将随着 n 的增大而趋于零。如果 $h(n)$是长度为 N 的 FIR 系统的单位脉冲响应，即 $h(n)$只在 $0\leqslant n\leqslant N-1$ 范围内有非零值，则由(3.5.13)式知，当 $n>N-1$ 时系统的暂态响应将为零，即 FIR 系统的输出在 $n>N-1$ 时达到稳态。

3.5.5　离散时间 LTI 系统的相位延迟和群延迟

由(3.5.10)式知，余弦序列通过离散时间 LTI 系统的响应可写为

$$y(n) = A \mid H(e^{j\omega}) \mid \cos\{\omega[n + \phi(\omega)/\omega] + \theta\} \tag{3.5.14}$$

当系统的相频响应 $\phi(\omega)$非零时，频率为 ω 的余弦序列通过系统将产生延迟。因此将系统的相位延迟（phase delay）定义为

$$\tau_p(\omega) = -\frac{\phi(\omega)}{\omega} \tag{3.5.15}$$

当单频信号通过系统时，系统的相位延迟将决定输出信号的延迟的大小。当输入信号中含有不同的频率分量时，不同频率的输出信号分量的延迟一般将有所不同。下面通过一个例子来说明这个问题。

设系统的输入序列 $x(n)$是由一个低频序列 $d(n)$与一个频率为 ω_c 的余弦序列调制而成的，即

$$x(n) = d(n)\cos(\omega_c n) \tag{3.5.16}$$

低频序列 $d(n)$的最高频率为 ω_d，且 $\omega_d \ll \omega_c$。将 $\cos(\omega_c n)$写成

$$\cos(\omega_c n) = \frac{1}{2}(e^{j\omega_c n} + e^{-j\omega_c n})$$

的形式，由 DTFT 的频移特性可知，调制后的序列 $x(n)$频谱为

$$X(e^{j\omega}) = \frac{1}{2}[D(e^{j(\omega+\omega_c)}) + D(e^{j(\omega-\omega_c)})] \tag{3.5.17}$$

如果 $X(e^{j\omega})$只在 $\omega = \pm\omega_c$ 附近有非零值，则称这类信号是中心频率为 ω_c 的窄带信号。设系统在 $\omega = \pm\omega_c$ 附近的幅频响应 $|H(e^{j\omega})|$ 近似为 1，则 $X(e^{j\omega})$通过系统后输出信号的频谱 $Y(e^{j\omega})$可近似表示为

$$Y(e^{j\omega}) \approx \frac{1}{2}[D(e^{j(\omega+\omega_c)}) + D(e^{j(\omega-\omega_c)})]e^{j\phi(\omega)} \tag{3.5.18}$$

利用泰勒（Taylor）级数及系统的相频响应，$\phi(\omega)$是 ω 的奇函数，可将 $\phi(\omega)$在 $\omega = \pm\omega_c$ 邻域的近似值分别表示为

$$\phi(\omega) \approx -\phi(\omega_c) + \phi'(\omega_c)(\omega + \omega_c)$$

和

$$\phi(\omega) \approx \phi(\omega_c) + \phi'(\omega_c)(\omega - \omega_c)$$

将上述 $\phi(\omega)$的近似表示式代入(3.5.18)式，可得

$$2Y(e^{j\omega}) \approx D(e^{j(\omega+\omega_c)})e^{-j\phi(\omega_c)}e^{j\phi'(\omega_c)(\omega+\omega_c)} + D(e^{j(\omega-\omega_c)})e^{j\phi(\omega_c)}e^{j\phi'(\omega)(\omega-\omega_c)} \tag{3.5.19}$$

由 DTFT 的位移特性和频移特性，若

$$x(n) = \text{IDTFT}[X(e^{j\omega})]$$

则

$$x(n - n_0)e^{-j\omega_c n} = \text{IDTFT}[X(e^{j(\omega+\omega_c)})e^{-j(\omega+\omega_c)n_0}]$$

$$x(n - n_0)e^{j\omega_c n} = \text{IDTFT}[X(e^{j(\omega-\omega_c)})e^{-j(\omega-\omega_c)n_0}]$$

于是，若设 $\phi'(\omega_c)$为整数，则系统的输出响应

$$y(n) \approx d[n+\phi'(\omega_c)](e^{-j\omega_c n}e^{-j\phi(\omega_c)}+e^{j\omega_c n}e^{j\phi(\omega_c)})/2$$
$$= d[n+\phi'(\omega_c)]\cos\{\omega_c[n+\phi(\omega_c)/\omega_c]\} \tag{3.5.20}$$

定义系统的群延迟(group delay)为

$$\tau_g(\omega_c) = -\frac{d\phi(\omega_c)}{d\omega_c} \tag{3.5.21}$$

最终得系统得输出响应

$$y(n) = d[n-\tau_g(\omega_c)]\cos\{\omega_c[n-\tau_p(\omega_c)]\} \tag{3.5.22}$$

结果说明,序列 $x(n)=d(n)\cos(\omega_c n)$ 通过离散时间 LTI 系统后,其包络的延迟由群延迟 $\tau_g(\omega_c)$ 决定,载波 $\cos(\omega_c n)$ 的延迟由相位延迟 $\tau_p(\omega_c)$ 决定。

由群延迟的定义知,当系统的相频响应是线性函数时,群延迟 $\tau_g(\omega_c)$ 将是一个常数。

3.6　离散时间 LTI 系统的 z 域分析

本节由序列的 Z 变换定义离散时间 LTI 系统的系统函数 $H(z)$,并利用系统函数在 z 域分析系统的特性。

3.6.1　离散时间 LTI 系统的系统函数

离散时间 LTI 系统的输出与输入的关系为

$$y(n) = x(n) * h(n) \tag{3.6.1}$$

式中,$x(n)$、$y(n)$ 和 $h(n)$ 分别是系统的输入序列、输出序列和单位脉冲响应。利用序列 Z 变换的序列卷积定理,离散时间 LTI 系统在 z 域的输出与输入的关系为

$$Y(z) = H(z)X(z)$$

式中,$H(z)$ 是系统单位脉冲响应 $h(n)$ 的 Z 变换,即 $H(z)=\mathrm{ZT}[h(n)]$。由上式得

$$H(z) = \frac{Y(z)}{X(z)} \tag{3.6.2}$$

称 $H(z)$ 为系统的系统函数。当 $H(z)$ 的收敛域包含单位圆时,系统的频率响应 $H(e^{j\omega})$ 和系统函数 $H(z)$ 的关系为

$$H(e^{j\omega}) = H(z)\big|_{z=e^{j\omega}} \tag{3.6.3}$$

当 $h(n)$ 为实序列时,由 $H(e^{j\omega})$ 的对称性可得

$$|H(e^{j\omega})|^2 = H(e^{j\omega})H^*(e^{j\omega}) = H(e^{j\omega})H(e^{-j\omega}) = H(z)H\left(\frac{1}{z}\right)\Big|_{z=e^{j\omega}} \tag{3.6.4}$$

3.6.2　离散时间 LTI 系统的差分方程与系统函数

离散时间 LTI 系统的线性常系数差分方程为

$$\sum_{k=0}^{N} a_k y(n-k) = \sum_{i=0}^{M} b_i x(n-i), \quad a_0 = 1 \tag{3.6.5}$$

对(3.6.5)式两端做Z变换,可得

$$H(z) = \frac{Y(z)}{X(z)} = \frac{\sum_{i=0}^{M} b_i z^{-i}}{1 + \sum_{k=1}^{N} a_k z^{-k}} \tag{3.6.6}$$

(3.6.6)式的分子、分母都是 z 的多项式。分子多项式等于零的根称为系统函数的零点,记为 $z_i(i=1,2,\cdots,M)$;分母多项式等于零的根称为系统函数的极点,记为 $p_k(k=1,2,\cdots,N)$。通常 $H(z)$是 z 的有理函数。

若令系统的输入序列 $x(n)=\delta(n)$,则系统的输出序列 $y(n)=h(n)$,从而由系统的差分方程得

$$\text{ZT}[h(n)] = \frac{\sum_{i=0}^{M} b_i z^{-i}}{1 + \sum_{k=1}^{N} a_k z^{-k}} \tag{3.6.7}$$

显然,系统的系统函数 $H(z)$是系统单位脉冲响应 $h(n)$的Z变换的结论是正确的。

系统函数 $H(z)$也可以表示为 z 的有理多项式。由(3.6.6)式得

$$H(z) = z^{N-M} \frac{b_0 z^M + b_1 z^{M-1} + \cdots + b_M}{z^N + a_1 z^{N-1} + \cdots + a_N} \tag{3.6.8}$$

系统函数 $H(z)$还可以将分子、分母多项式各自因式分解后,写成

$$H(z) = b_0 z^{N-M} \frac{\prod_{i=1}^{M}(z - z_i)}{\prod_{k=1}^{N}(z - p_k)} \tag{3.6.9}$$

式中,$z_i(i=1,2,\cdots,M)$和 $p_k(k=1,2,\cdots,N)$分别是系统函数 $H(z)$的零点和极点。

利用 Matlab 求方程根的函数 roots 计算系统的零点和极点,调用格式为

```
p=roots(a)
```

其中,a 是 $H(z)$分子(计算零点)或分母(计算极点)多项式的系数向量。例如,计算(3.6.8)式系统的极点的程序如下:

```
a=[1,a1,a2,…,aN];          %分母多项式系数向量
p=roots(a);                %计算系统的极点
```

利用 zplane 函数绘制系统的零、极点图,格式

```
zplane(b,a)
```

绘制系统函数 $H(z)$的零极点图,其中 b 和 a 分别是 $H(z)$的分子和分母多项式系数向量。

3.6.3 系统函数的极点分布与系统因果性和稳定性的关系

在离散时间 LTI 系统的时域分析中(参见 2.4 节)已经证明:因果系统的充分

必要条件是其单位脉冲响应 $h(n)$ 满足

$$h(n)=0,\quad n<0 \tag{3.6.10}$$

而稳定系统的充分必要条件是其单位脉冲响应 $h(n)$ 绝对可和，即

$$\sum_{n=-\infty}^{\infty}|h(n)|<\infty \tag{3.6.11}$$

当系统的单位脉冲响应 $h(n)=0(n<0)$ 时，则其系统函数 $H(z)$ 的收敛域一定包含∞点，即收敛域是某个圆的外部，表示为 $R_{x-}<|z|\leqslant\infty$。因为收敛域中不含极点，所以因果系统其系统函数 $H(z)$ 的极点分布在某个圆内，收敛域是这个圆的外部。

当系统的单位脉冲响应 $h(n)$ 满足绝对可和的条件时，根据(3.2.3)式，其 DTFT 存在，即

$$H(e^{j\omega})=\text{DTFT}[h(n)]$$

存在。由序列的 Z 变换与 DTFT 的关系，即

$$H(e^{j\omega})=H(z)\big|_{z=e^{j\omega}}$$

当序列 $h(n)$ 的 $H(e^{j\omega})$ 存在时，其 $H(z)$ 的收敛域一定包含单位圆。由此得出结论：稳定系统的系统函数 $H(z)$ 的收敛域包含单位圆，而收敛域中没有极点。

如果系统是因果稳定系统，则要求同时满足因果性和稳定性的条件，即系统的系统函数 $H(z)$ 的收敛域是包含单位圆的外部，表示为

$$r<|z|\leqslant\infty,\quad 0<r<1$$

所以，因果稳定系统的系统函数 $H(z)$ 的所有极点一定分布在单位圆内。

例 3.6.1　已知离散时间 LTI 系统的系统函数为

$$H(z)=\frac{1-a^2}{1+a^2-az^{-1}-az},\quad |a|<1,\quad a\text{ 为实常数}$$

试分析该系统的因果性和稳定性。

解　系统函数 $H(z)$ 的极点为 $p_1=a$ 和 $p_2=a^{-1}$，如图 3.4.4 所示(参见例题 3.4.11)。针对三种可能的收敛域，分别讨论系统的因果性和稳定性。

(1) 当收敛域为 $a^{-1}\leqslant|z|\leqslant\infty$ 时，$H(z)$ 的极点在半径为 a^{-1} 的圆的内部，对应的系统是因果系统，但由于收敛域不包含单位圆，因此系统是不稳定系统。系统的单位脉冲响应为

$$h(n)=(a^n-a^{-n})u(n)$$

它是一个因果序列，但不收敛。

(2) 当收敛域为 $0\leqslant|z|<a$ 时，$H(z)$ 的极点在半径为 a 的圆的外部，且收敛域不包含单位圆，对应的系统是非因果且不稳定的系统。系统的单位脉冲响应

为

$$h(n) = (a^{-n} - a^{n})u(-n-1)$$

这是一个非因果且不收敛的序列。

(3) 当收敛域 $a < |z| < a^{-1}$ 时，极点 $p_1 = a$ 在半径为 a 的圆上，而极点 $p_2 = a^{-1}$ 在半径为 a^{-1} 的圆上，对应的系统是一个非因果系统，但由于收敛域包含单位圆，因此它是稳定系统。系统的单位脉冲响应为

$$h(n) = a^{|n|}$$

这是一个收敛的双边序列。

最后说明，因果稳定的系统是物理可实现的稳定系统。如果系统是非因果的但是稳定的系统，如例 3.6.1 中的(3)，严格讲它是物理不可实现的系统。但是在数字信号处理中，利用数字系统的存储功能，是可以近似实现的。基本方法是将非因果的单位脉冲响应 $h(n)$，从 $n=-N$ 到 $n=N$ 截取一段并存储，表示为 $h_{2N}(n)$；把 $h_{2N}(n)$ 作为具体实现系统的单位脉冲响应参与运算；运算的结果即系统的输出在时间上有所延迟。N 越大，$h_{2N}(n)$ 所表示的系统越接近原 $h(n)$ 表示的系统。这种非因果但稳定系统的数字实现，是数字信号处理技术优于模拟信号处理技术的又一体现。

3.6.4　系统函数的零极点分布对系统频率响应特性的影响

有理系统函数 $H(z)$ 经因式分解后，一般可表示为

$$H(z) = A\frac{\prod_{i=1}^{M}(1 - z_i z^{-1})}{\prod_{k=1}^{N}(1 - p_k z^{-1})} \tag{3.6.12}$$

式中，$A = b_0/a_0$，当 $a_0 = 1$ 时，$A = b_0$；若 $H(z)$ 的零点 $z_i = c_i (i = 1,2,\cdots,M)$，极点 $p_k = d_k (k = 1,2,\cdots,N)$，则

$$H(z) = A\frac{\prod_{i=1}^{M}(1 - c_i z^{-1})}{\prod_{k=1}^{N}(1 - d_k z^{-1})} \tag{3.6.13}$$

该式说明，除了反映系统幅度增益的比例常数 A 以外，整个系统函数可以由它的全部零点、极点唯一确定。

用零点和极点来表示系统函数的优点之一是它引导出一种获得系统频率响应的实用的几何方法。

设系统是稳定的，令 $z = e^{j\omega}$ 代入(3.6.13)式，得系统的频率响应

$$H(e^{j\omega}) = A' \frac{\prod_{i=1}^{M}(e^{j\omega} - c_i)}{\prod_{k=1}^{N}(e^{j\omega} - d_k)} \tag{3.6.14}$$

式中，$A'=Ae^{j\omega(N-M)}$，它只包含常系数的幅度增益和线性的相移，不影响 $H(e^{j\omega})$ 的频率特性。在 z 平面上，$e^{j\omega}-c_i$ 可以用由零点 c_i 指向单位圆上 $e^{j\omega}$ 点 B 的向量 $\overrightarrow{c_iB}$ 来表示；同样，$e^{j\omega}-d_k$ 可以用由极点 d_k 指向单位圆上点 B 的向量 $\overrightarrow{d_kB}$ 来表示，如图 3.6.1 所示，即

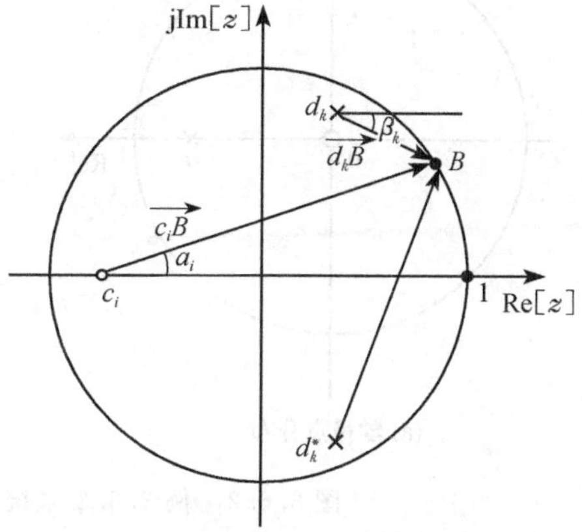

图 3.6.1　系统频率响应的几何表示

$$\overrightarrow{c_iB} = e^{j\omega} - c_i$$
$$\overrightarrow{d_kB} = e^{j\omega} - d_k$$

$\overrightarrow{c_iB}$ 和 $\overrightarrow{d_kB}$ 分别称为零点矢量和极点矢量。将它们用极坐标表示为

$$\overrightarrow{c_iB} = |\overrightarrow{c_iB}| e^{j\alpha_i}$$
$$\overrightarrow{d_kB} = |\overrightarrow{d_kB}| e^{j\beta_k}$$

将它们代入(3.6.14)式，得到

$$H(e^{j\omega}) = A' \frac{\prod_{i=1}^{M}\overrightarrow{c_iB}}{\prod_{k=1}^{N}\overrightarrow{d_kB}} = |H(e^{j\omega})| e^{j\phi(\omega)} \tag{3.6.15}$$

式中

$$|H(e^{j\omega})| = |A'| \frac{\prod_{i=1}^{M}|\overrightarrow{c_iB}|}{\prod_{k=1}^{N}|\overrightarrow{d_kB}|} \tag{3.6.16}$$

$$\phi(\omega) = \sum_{i=1}^{M}\alpha_i - \sum_{k=1}^{N}\beta_k \tag{3.6.17}$$

这样，系统的频率响应由(3.6.16)式和(3.6.17)式确定。其中，系统的幅频响应按(3.6.16)式由零点矢量长度之积与极点矢量长度之积的比值决定；而相频响应则按(3.6.17)式由零点矢量幅角之和与极点矢量幅角之和的差值决定。当频率 ω 从零变化到 2π 时，这些向量的终点 B 沿单位圆逆时针旋转一周。从而可分别得到系统的幅频响应和相频响应。例如，图 3.6.2(a)所示的具有一个零点和一个极点的系统，其幅频响应 $|H(e^{j\omega})|$ 和相频响应 $\phi(\omega)$ 如图 3.6.2(b)所示。

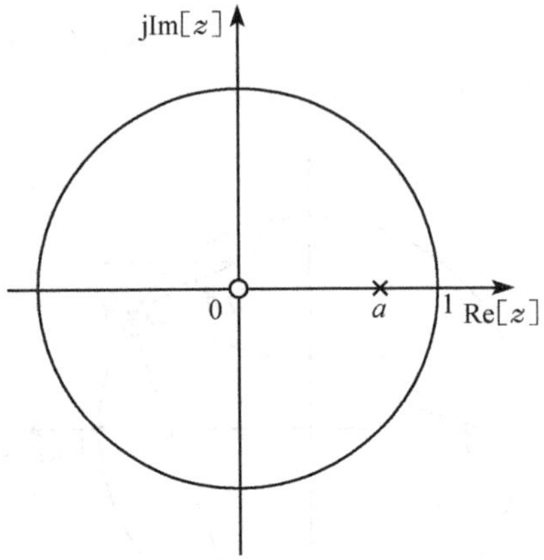

(a) 零极点分布

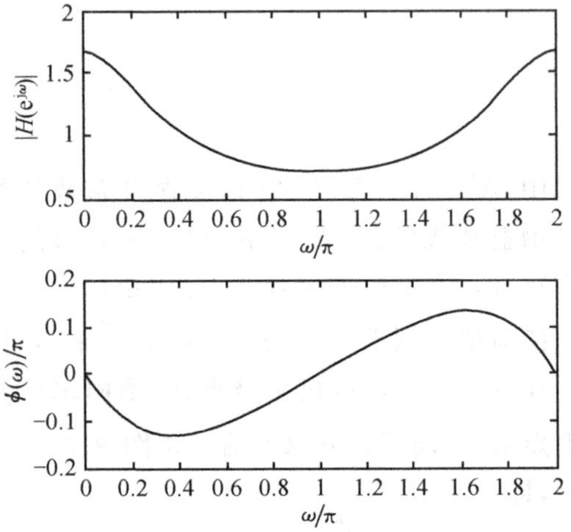

(b) 频率响应特性曲线

图 3.6.2　例 3.6.2 系统函数的零极点分布和频率响应特性

按照(3.6.16)式,知道系统函数的零极点分布后,可以分析零极点位置对系统频率特性的影响。当 ω 变化使 B 点转到极点附近时,该极点矢量长度短,因而幅频响应将出现峰值,且极点越靠近单位圆,极点矢量长度越短,峰值越高越尖锐。如果极点在单位圆上,该极点对应的幅频响应无穷大,系统是不稳定的,这与稳定系统的收敛域要求包含单位圆的条件是一致的。对于零点,结果相反,当 ω 变化使 B 点转到零点附近时,该零点矢量长度最短,幅频响应将出现谷值,零点愈靠近单位圆,谷值愈接近零。当零点处在单位圆上时,谷值为零。

总结以上结论:系统函数的极点位置主要影响系统幅频响应的峰值位置及尖锐程度,零点位置主要影响系统幅频响应的谷值及谷深。

例 3.6.2　设一阶系统的差分方程为

$$y(n)-ay(n-1)=x(n),\quad 0<a<1$$

试分析该系统的频率响应特性。

解　由系统的差分方程得到系统函数为

$$H(z)=\frac{1}{1-az^{-1}}=\frac{z}{z-a},\quad |z|>a$$

系统的单位脉冲响应为

$$h(n)=a^n u(n)$$

系统函数的零点 $z=0$,极点 $p=a$,如图 3.6.2(a)所示。幅频响应特性和相频响应特性如图 3.6.2(b)所示。

Matlab 提供了 freqz 函数计算离散时间 LTI 系统的频率响应,格式

```
H = freqz(b,a,w)
```

计算由向量 w 指定的数字频率点上系统的频率响应 $H(e^{j\omega})$，结果存放在 H 向量中。b 和 a 分别是系统函数分子和分母多项式的系数向量。格式

```
[H,w] = freqz(b,a,M)
```

计算 M 个频率点上的系统频率响应，结果存放在 H 向量中。函数在[0,π]区间均匀选取 M 个频率点，并存放在向量 w 中。格式

```
[H,w] = freqz(b,a,M,'whole')
```

自动在[0,2π]区间均匀选取 M 个频率点。

默认 w 和 M 时 freqz 函数自动选取 512 个频率点计算。

例 3.6.2，a=0.4 的 Matlab 程序如下：

```
a = [1, - 0.4];b = [1];
[H,w] = freqz(b,a,'whole');
subplot(2,1,1),plot(w/pi,abs(H));
xlabel('\omega/\pi');ylabel('|H(e^j^\omega)|')
subplot(2,1,2),plot(w/pi,angle(H)/pi);
xlabel('\omega/\pi');ylabel('\phi(\omega)/\pi')
```

运行结果如图 3.6.2(b)所示。

例 3.6.3　例 3.6.2 的单位脉冲响应 $h(n)$ 是无限长因果序列，对应的系统是 IIR 数字滤波器。如果截取 $h(n)$ 的一段，得到一个有限长单位脉冲响应

$$h(n)=\begin{cases}a^n, & 0\leqslant n\leqslant N-1,\quad 0<a<1\\ 0, & 其他\end{cases}$$

对应的是 FIR 数字滤波器，试分析其频率响应特性。

解　系统的系统函数为

$$H(z)=\sum_{n=0}^{N-1}a^n z^{-n}=\frac{1-a^N z^{-N}}{1-az^{-1}},\quad |z|>a$$

将 $H(z)$ 改写为

$$H(z)=\frac{z^N-a^N}{z^{N-1}(z-a)},\quad |z|>a$$

其 N 个零点为

$$z_i=a\mathrm{e}^{\mathrm{j}(2\pi/N)(i-1)},\quad i=1,2,\cdots,N$$

它们等间隔分布在半径为 $a(0<a<1)$ 的圆上。在 $z=a$ 处有一个极点，其余 $N-1$ 个极点是处在原点的 $N-1$ 阶重极点。这样，在 $z=a$ 处的极点被一个相同位置的零点所抵消。设 $N=8$，则其零、极点分布图和对应的频率响应特性分别如图 3.6.3(a)、(b)所示。可以看出，系统幅频响应的峰值出现在 $\omega=0$ 处，因为那里的零点被极点抵消了；另外，在每一零点附近的幅频响应均有陷落。随着截取长度 N 的增加，幅频响应特性的曲线将逐渐光滑而接近 $h(n)=a^n u(n)$ 的结果。

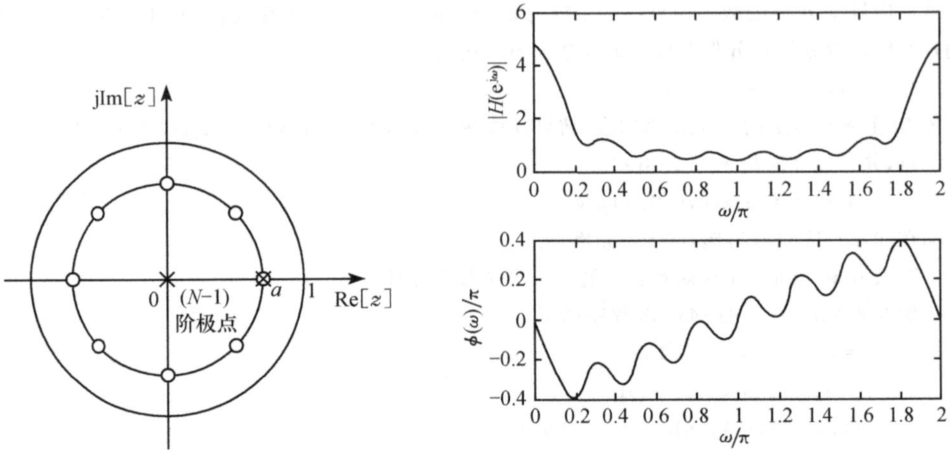

(a) 零极点分布(N=8)　　(b) 频率响应特性(N=8)

图 3.6.3　例 3.6.3 系统函数的零极点分布和频率响应特性

3.7　梳状滤波器、全通滤波器和最小相位系统

梳状滤波器(comb filter)、全通滤波器(whole pass filter)和最小相位系统(minimum phase system)是各具特色频率响应特性的离散时间 LTI 系统。本节分别讨论它们的基本特性。

3.7.1　梳状滤波器

滤波器通常只有一个通带或阻带,但在实际应用中,往往要求滤波器具有多个通(阻)带。梳状滤波器就是一个多通(阻)带的数字滤波器。梳状滤波器的频率响应是 ω 的周期函数,其周期为 $2\pi/N$(N 是一个正整数)。如果 $H(z)$是一个单通(阻)带滤波器,可用 z^N 取代 $H(z)$中的 z,从而获得梳状滤波器的系统函数 $H_c(z)=H(z^N)$。称 $H(z)$为构成梳状滤波器的原型滤波器(prototype filter)。原型滤波器可以是 FIR 数字滤波器,也可以是 IIR 数字滤波器。

由系统函数为

$$H(z) = 1 - z^{-1}, \quad |z| > 0$$

的一阶高通 FIR 原型数字滤波器产生的梳状滤波器的系统函数为

$$H_c(z) = 1 - z^{-N} = \frac{z^N - 1}{z^N} \tag{3.7.1}$$

$H_c(z)$的零点有 N 个,由分子多项式的根决定,即

$$z^N - 1 = 0$$

$$z_i = e^{j\frac{2\pi}{N}(i-1)}, \quad i = 1,2,\cdots,N$$

这 N 个零点等间隔分布在单位圆上。$H_c(z)$在 $z=0$ 处有 N 阶极点。

令 $z=e^{j\omega}$，则梳状滤波器的频率响应

$$H_c(e^{j\omega}) = 1 - e^{-j\omega N} = [1-\cos(\omega N)] + j\sin(\omega N) \tag{3.7.2}$$

其幅频响应

$$|H_c(e^{j\omega})| = \{2[1-\cos(\omega N)]\}^{\frac{1}{2}} \tag{3.7.3}$$

相频响应

$$\phi_c(\omega) = \arctan\frac{\sin(\omega N)}{1-\cos(\omega N)} \tag{3.7.4}$$

设 $N=8$，$H_c(z)$的零极点分布如图 3.7.1(a)所示。当 ω 从零变化到 2π 时，每遇到一个零点，幅频响应为零，在两个零点中间幅频响应最大，形成峰值。幅频响应谷值点的频率为 $\omega_i=(2\pi/N)(i-1)(i=1,2,\cdots,N)$。$N=8$ 时的幅频响应特性如图 3.7.1(b)所示。通常将具有如图 3.7.1(b)所示幅频响应特性的滤波器称为梳状滤波器。

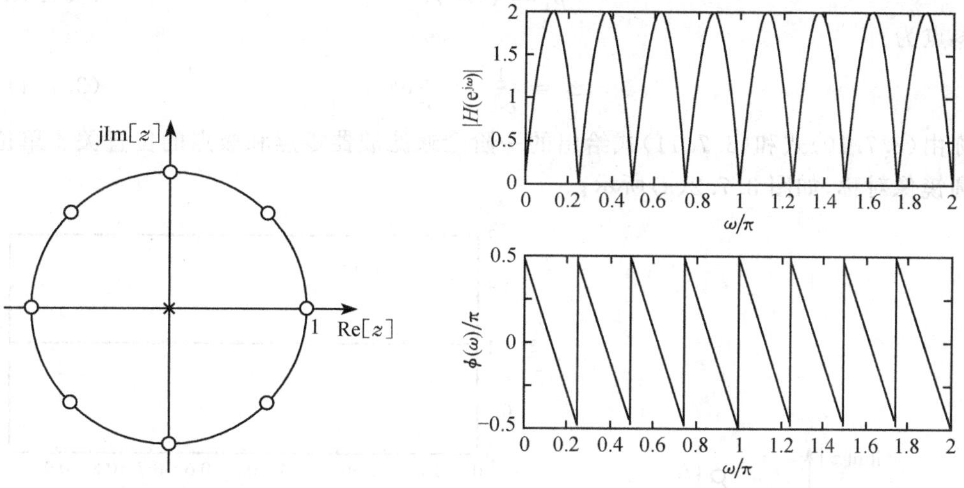

(a) 零极点分布(N=8)　　(b) 频率响应特性曲线(N=8)

图 3.7.1　梳状滤波器的零极点分布和频率响应特性

如果滤波器的系统函数 $H_c(z)$是由一阶低通 FIR 原型数字滤波器 $H(z)=1+z^{-1}$产生的，即

$$H_c(z) = 1 + z^{-N} \tag{3.7.5}$$

则

$$H_c(e^{j\omega}) = 2e^{-j\omega N/2}\cos(\omega N/2) \tag{3.7.6}$$

它也是梳状滤波器，但频率响应特性与(3.7.2)式所示的频率响应特性有所差别，请读者自己分析。

3.7.2　全通滤波器

全通滤波器是指系统的幅频响应恒为常数的数字滤波器。全通滤波器在滤波器结构、多采样速率信号处理、滤波器组设计等领域有着广泛的应用。

1）一阶全通滤波器

一阶因果稳定全通滤波器的系统函数定义为

$$H_{\mathrm{wp1}}(z)=\frac{z^{-1}-c^{*}}{1-cz^{-1}},\qquad |c|<1 \tag{3.7.7}$$

系统的频率响应为

$$H_{\mathrm{wp1}}(\mathrm{e}^{\mathrm{j}\omega})=\mathrm{e}^{-\mathrm{j}\omega}\frac{1-c^{*}\mathrm{e}^{\mathrm{j}\omega}}{1-c\mathrm{e}^{-\mathrm{j}\omega}} \tag{3.7.8}$$

由于(3.7.8)式中的分子分母互为共轭，故

$$|H_{\mathrm{wp1}}(\mathrm{e}^{\mathrm{j}\omega})|=1 \tag{3.7.9}$$

所以将该系统称为全通滤波器。由(3.7.7)式可得全通滤波器 $H_{\mathrm{wp1}}(z)$的极点为

$$p_1=c=r\mathrm{e}^{\mathrm{j}\beta} \tag{3.7.10}$$

零点为

$$z_1=\frac{1}{c^{*}}=\frac{1}{r}\mathrm{e}^{\mathrm{j}\beta} \tag{3.7.11}$$

称由(3.7.10)式和(3.7.11)式给出的一阶全通滤波器零点和极点的位置关于单位圆镜像对称，如图 3.7.2(a)所示。

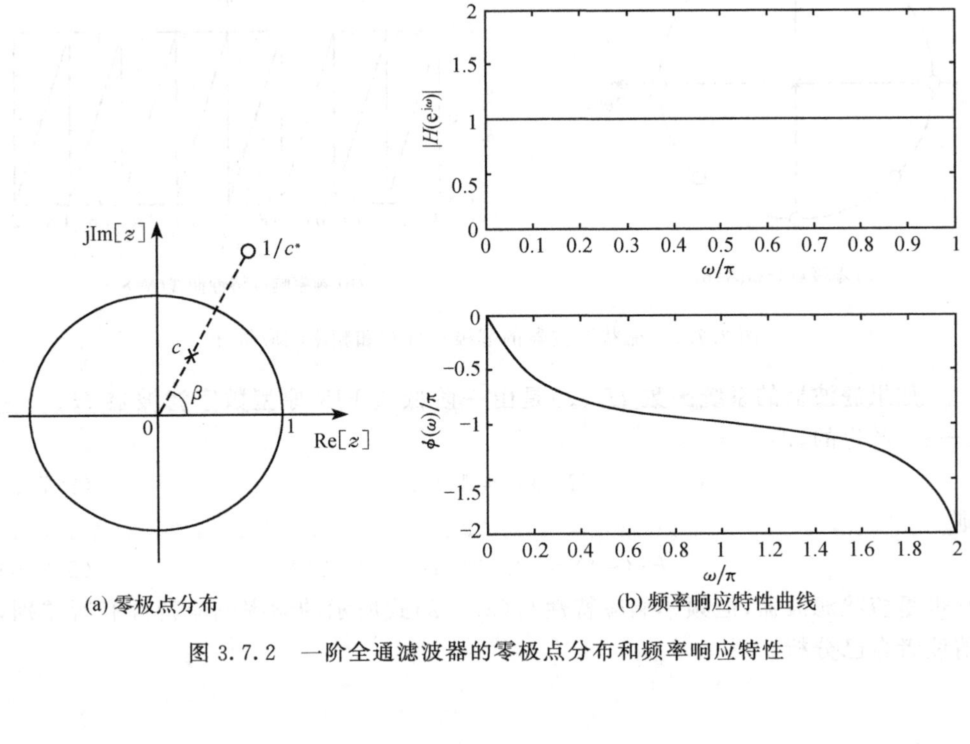

(a) 零极点分布　　(b) 频率响应特性曲线

图 3.7.2　一阶全通滤波器的零极点分布和频率响应特性

将一阶全通滤波器的系数 c 用幅度 r 和幅角 β 的极坐标表示，则由(3.7.8)式可得一阶全通滤波器的相频响应为

$$\phi_{\mathrm{wp1}}(\omega) = -\omega - 2\arctan\left[\frac{r\sin(\omega-\beta)}{1-r\cos(\omega-\beta)}\right] \tag{3.7.12}$$

将 $\phi_{\mathrm{wp1}}(\omega)$ 对 ω 求导可得

$$\frac{\mathrm{d}\phi_{\mathrm{wp1}}(\omega)}{\mathrm{d}\omega} = -\frac{1-r^2}{[1-r\cos(\omega-\beta)]^2 + r^2\sin^2(\omega-\beta)} < 0 \tag{3.7.13}$$

这说明一阶全通滤波器的相频响应是单调递减的。

由(3.7.12)式可知，当 $\beta=0$，ω 从 0 变到 2π 时，一阶全通滤波器的相位将从 0 递减到 -2π；当 $\beta\neq 0$ 时，记

$$\phi_1 = 2\arctan\left(\frac{r\sin\beta}{1-r\cos\beta}\right)$$

ω 从 0 变到 2π，一阶全通滤波的相位将从 ϕ_1 递减到 $\phi_1-2\pi$。这说明一阶全通滤波器当 ω 从 0 变到 2π 时，相位将减小 2π。

一阶全通滤波器的频率响应特性如图 3.7.2(b)所示。

2) N 阶实系数全通滤波器

N 阶实系数全通滤波器的系统函数为

$$H_{\mathrm{wp}N}(z) = \frac{\sum_{i=0}^{N} a_i z^{-N+i}}{\sum_{i=0}^{N} a_i z^{-N}} = \frac{z^{-N} + a_1 z^{-N+1} + a_2 z^{-N+2} + \cdots + a_N}{1 + a_1 z^{-1} + a_2 z^{-2} + \cdots + a_N z^{-N}}$$

$$= \frac{z^{-N}A_N(z^{-1})}{A_N(z)},\quad a_0 = 1,\quad a_1, a_2, \cdots, a_N \text{ 为实数} \tag{3.7.14}$$

式中

$$A_N(z) = 1 + a_1 z^{-1} + a_2 z^{-2} + \cdots + a_N z^{-N} \tag{3.7.15}$$

为使系统稳定，实系数多项式 $A_N(z)$ 的根，即系统函数的极点 $p_k(k=1,2,\cdots,N)$ 必须全都在单位圆内。

由于系统函数中的系数 $a_1, a_2, \cdots, a_N$ 是实系数，所以

$$A_N(z^{-1})\big|_{z=\mathrm{e}^{\mathrm{j}\omega}} = A_N(\mathrm{e}^{-\mathrm{j}\omega}) = A_N^*(\mathrm{e}^{\mathrm{j}\omega}) \tag{3.7.16}$$

式中，$A_N^*(\mathrm{e}^{\mathrm{j}\omega})$ 是 $A_N(\mathrm{e}^{\mathrm{j}\omega})$ 的共轭，它们两者的模是相等的。因此有

$$|H_{\mathrm{wp}N}(\mathrm{e}^{\mathrm{j}\omega})| = \left|\frac{A_N^*(\mathrm{e}^{\mathrm{j}\omega})}{A_N(\mathrm{e}^{\mathrm{j}\omega})}\right| = 1 \tag{3.7.17}$$

这就证明了(3.7.14)式系统函数所代表的系统具有全通滤波特性。

全通滤波器具有特殊的零点和极点分布规律。设 z_i 是 $H_{\mathrm{wp}N}(z)$ 的零点，按照(3.7.14)式，z_i^{-1} 必然是 $H_{\mathrm{wp}N}(z)$ 的极点，记为 $p_i = z_i^{-1}$，则 $p_i z_i = 1$，即全通滤波器的零点和极点互为共轭倒数关系。如果再考虑到 $A_N(z)$ 和 $A_N(z^{-1})$ 的系数均为实

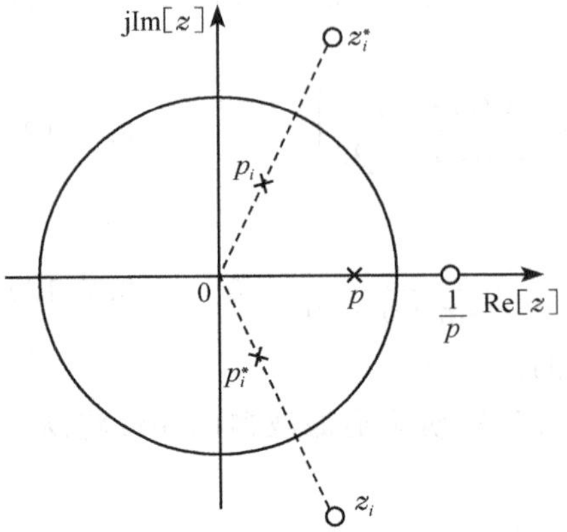

图 3.7.3　全通滤波器的零极点分布

数，其零点、极点或者为实数，或者呈共轭复数对。其中，复数零点和复数极点必然以两对一组出现。例如，z_i 为 $H_{wpN}(z)$的复数零点，则必有复数零点 z_i^*，而复数极点为 $p_i=z_i^{-1}$ 和 $p_i^*=(z_i^{-1})^*$。而实数零极点则以两个一组出现，且零点与极点互为倒数关系。以一个实数极点和一对共轭复数极点为例，零极点位置示意图如图 3.7.3 所示。

观察图 3.7.3，如果将零点 z_i 和极点 p_i^* 组成一对，将零点 z_i^* 和极点 p_i 组成一对，那么全通滤波器的零点与极点便以共轭倒数关系出现。因此，实系数全通滤波器的系统函数也可以写成如下形式：

$$H_{wpN}(z)=\prod_{i=1}^{N}\frac{z^{-1}-p_i^*}{1-p_iz^{-1}} \tag{3.7.18}$$

其中，极点 p_i 和零点$(1/p_i)^*$构成一个一阶全通滤波器。所以 N 阶实系数全通滤波器可分解为 N 个一阶全通滤波器的级联。

由于 N 阶全通滤波器的相频响应是 N 个一阶全通滤波器相频响应的和，所以 N 阶全通滤波器的相频响应也是单调递减的。由于 $H_{wpN}(e^{j0})=1$，N 阶实系数全通滤波器在 $\omega=0$ 点的相位为

$$\phi(0)=0$$

当 ω 从 0 变到 2π 时，N 阶全通滤波器的相频响应将从 0 递减到 $-2N\pi$。

全通滤波器是一种纯相位滤波器，经常用于相位均衡。对幅频响应特性满足要求而相频响应特性有缺陷的滤波器，可以级联全通滤波器进行相位校正。

3.7.3　最小相位系统

系统零点、极点都在单位圆内的因果系统，称为最小相位系统，系统函数记为 $H_{min}(z)$。

任一实系数因果稳定系统的 $H(z)$都可表示为一个最小相位系统和一个全通系统的级联，即

$$H(z)=H_{min}(z)H_{wpN}(z) \tag{3.7.19}$$

为了证明上述结论，设系统函数 $H(z)$只有一个零点 $z=1/a^*$ 在单位圆外，$|a|<1$，而其余零点都在单位圆内，那么 $H(z)$就能够表示成

$$H(z)=H_1(z)(z^{-1}-a^*) \tag{3.7.20}$$

按定义 $H_1(z)$是一个最小相位系统。$H(z)$也可等效地表示为

$$H(z)=H_1(z)(z^{-1}-a^*)\frac{1-az^{-1}}{1-az^{-1}}=H_1(z)(1-az^{-1})\frac{z^{-1}-a^*}{1-az^{-1}} \tag{3.7.21}$$

因为$|a|<1$，所以$H_1(z)(1-az^{-1})$也是最小相位系统，记为$H_{\min}(z)$。由于$(z^{-1}-a^*)/(1-az^{-1})$是一阶全通系统（参见(3.7.7)式），故得

$$H(z)=H_{\min}(z)H_{\mathrm{wp1}}(z) \tag{3.7.22}$$

对单位圆外的每一个零点使用(3.7.21)式，即得(3.7.19)式。由于$H_{\mathrm{wp}N}(z)$是全通系统，因此(3.7.19)式中的$H(z)$和$H_{\min}(z)$具有相同的幅频响应。

由于全通系统的相位是非正的，在幅频响应与$H(z)$相同的所有因果稳定系统中，最小相位系统的相位值最大，称之为最小相位滞后。因此，最小相位系统更为确切的术语应为最小相位滞后系统。由于最小相位系统是历史上早已惯用的名称，所以至今仍沿用这一术语。

例 3.7.1　已知实系数因果稳定系统的系统函数

$$H(z)=\frac{b+z^{-1}}{1+az^{-1}},\quad |a|<1,\quad |b|<1$$

试判断该系统是否为最小相位系统。

解　系统函数$H(z)$的零点$z_1=-1/b$。由于$|b|<1$，所以$|z_1|>1$，零点在单位圆外，所以这不是一个最小相位系统。

由(3.7.21)式，与例 3.7.1 系统函数$H(z)$具有相同幅频响应的最小相位系统为

$$H_{\min}(z)=\frac{1+bz^{-1}}{1+az^{-1}},\quad |a|<1,\quad |b|<1$$

图 3.7.4 示出了$H(z)$和$H_{\min}(z)$的相频响应特性曲线。

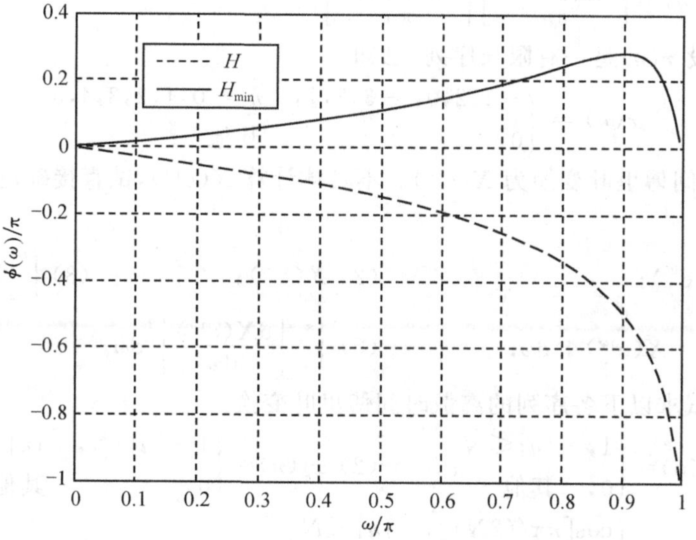

图 3.7.4　$a=0.9, b=0.4$ 时，例 3.7.1 的相频响应特性曲线

3.8 习　　题

3.1 试求以下各序列的离散时间傅里叶变换。

(1) $x_1(n)=\delta(n-3)$；　(2) $x_2(n)=\frac{1}{2}\delta(n+1)+\delta(n)+\frac{1}{2}\delta(n-1)$；

(3) $x_3(n)=a^n u(n), 0<a<1$；　(4) $x_4(n)=u(n+3)-u(n-4)$。

3.2 设 $X(e^{j\omega})$是序列 $x(n)$的离散时间傅里叶变换,利用离散时间傅里叶变换的定义及性质,求下列各序列的离散时间傅里叶变换。

(1) $g(n)=x(n)-x(n-1)$；　(2) $g(n)=x^*(n)$；

(3) $g(n)=x^*(-n)$；　(4) $g(n)=x(2n)$；

(5) $g(n)=nx(n)$；　(6) $g(n)=x^2(n)$；

(7) $g(n)=\begin{cases} x\left(\frac{n}{2}\right), & n \text{ 为偶数} \\ 0, & n \text{ 为奇数} \end{cases}$。

3.3 试求以下各序列的离散时间傅里叶变换。

(1) $x_1(n)=a^n u(n), |a|<1$；　(2) $x_2(n)=a^n u(-n), |a|>1$；

(3) $x_3(n)=\begin{cases} a^{|n|}, & |n|\leqslant M \\ 0, & \text{其他} \end{cases}$；　(4) $x_4(n)=a^n u(n+3), |a|<1$；

(5) $x_5(n) = \sum_{m=0}^{\infty}\left(\frac{1}{4}\right)^n \delta(n-3m)$；

(6) $x_6(n)=\left[\frac{\sin(\pi n/3)}{\pi n}\right]\left[\frac{\sin(\pi n/4)}{\pi n}\right]$。

3.4 设 $x(n)$是一有限长序列,已知

$$x(n) = \begin{cases} -1,2,0,-3,2,1, & n = 0,1,2,3,4,5 \\ 0, & \text{其他} \end{cases}$$

它的离散时间傅里叶变换为 $X(e^{j\omega})$。不具体计算 $X(e^{j\omega})$,试直接确定下列表达式的值。

(1) $X(e^{j0})$；　(2) $X(e^{j\pi})$；　(3) $\int_{-\pi}^{\pi} X(e^{j\omega})\mathrm{d}\omega$；

(4) $\int_{-\pi}^{\pi} |X(e^{j\omega})|^2 \mathrm{d}\omega$；　(5) $\int_{-\pi}^{\pi} \left|\frac{\mathrm{d}X(e^{j\omega})}{\mathrm{d}\omega}\right|^2 \mathrm{d}\omega$。

3.5 试求以下各序列的离散时间傅里叶变换。

(1) $x_1(n)=\begin{cases} 1, & |n|\leqslant N \\ 0, & \text{其他} \end{cases}$；　(2) $x_2(n)=\begin{cases} 1-|n|/N, & |n|\leqslant N \\ 0, & \text{其他} \end{cases}$；

(3) $x_3(n)=\begin{cases} \cos[n\pi/(2N)], & |n|\leqslant N \\ 0, & \text{其他} \end{cases}$。

3.6　证明：若 $X(e^{j\omega})$ 是序列 $x(n)$ 的离散时间傅里叶变换，而

$$x_1(n)=\begin{cases}x(n/k), & n/k \text{ 为整数}\\ 0, & \text{其他}\end{cases}$$

则 $X_1(e^{j\omega})=X(e^{jk\omega})$。

3.7　设序列 $x(n)=u(n)$，证明 $x(n)$ 的离散时间傅里叶变换为

$$X(e^{j\omega})=\frac{1}{1-e^{-j\omega}}+\pi\sum_{l=-\infty}^{\infty}\delta(\omega-2\pi l)$$

3.8　如题 3.8 图所示四个序列，已知序列 $x_1(n)$ 的离散时间傅里叶变换为 $X_1(e^{j\omega})$，试用 $X_1(e^{j\omega})$ 表示其他序列的离散时间傅里叶变换。

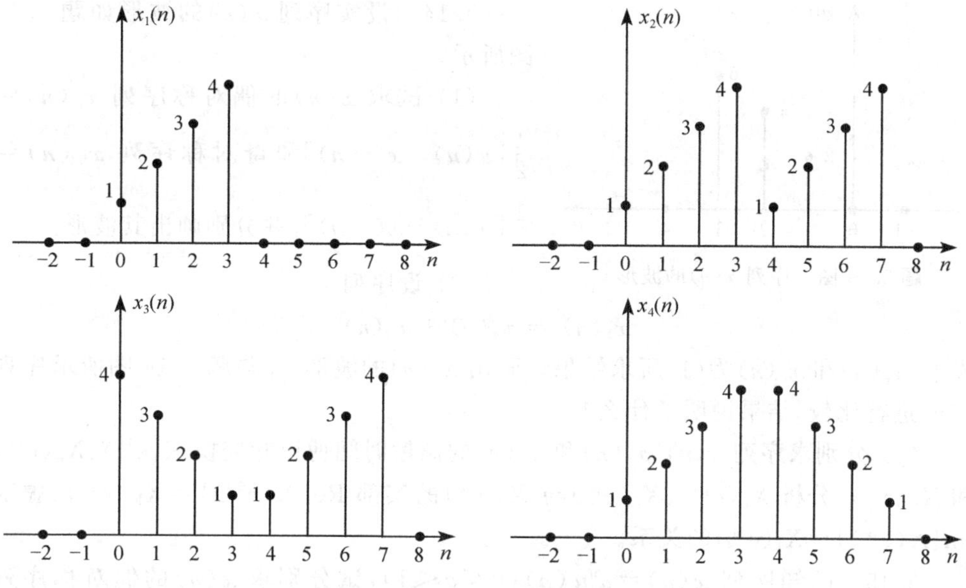

题 3.8 图　四个序列的波形

3.9　证明离散时间傅里叶变换性质中的帕塞瓦尔定理，即

$$\sum_{n=-\infty}^{\infty}|x(n)|^2=\frac{1}{2\pi}\int_{-\pi}^{\pi}|X(e^{j\omega})|^2d\omega$$

3.10　证明离散时间傅里叶变换性质中的频域微分性质，即

$$\mathrm{DTFT}[nx(n)]=j\frac{dX(e^{j\omega})}{d\omega}$$

式中，$X(e^{j\omega})$ 是序列 $x(n)$ 的离散时间傅里叶变换。

3.11　证明：

(1) 若序列 $x(n)$ 是实偶函数，则其离散时间傅里叶变换 $X(e^{j\omega})$ 是 ω 的实偶函数。

(2) 若序列 $x(n)$是实奇函数，则其离散时间傅里叶变换 $X(e^{j\omega})$是纯虚数，且是 ω 的奇函数。

3.12　设序列 $x(n)=R_4(n)$，试求 $x(n)$的共轭对称序列 $x_e(n)$和共轭反对称序列 $x_o(n)$，并分别画出其波形。

3.13　设实序列 $x(n)$的偶对称序列 $x_e(n)=\frac{1}{2}[x(n)+x(-n)]$，奇对称序列 $x_o(n)=\frac{1}{2}[x(n)-x(-n)]$，试证明

$$\sum_{n=-\infty}^{\infty} x^2(n) = \sum_{n=-\infty}^{\infty} x_e^2(n) + \sum_{n=-\infty}^{\infty} x_o^2(n)$$

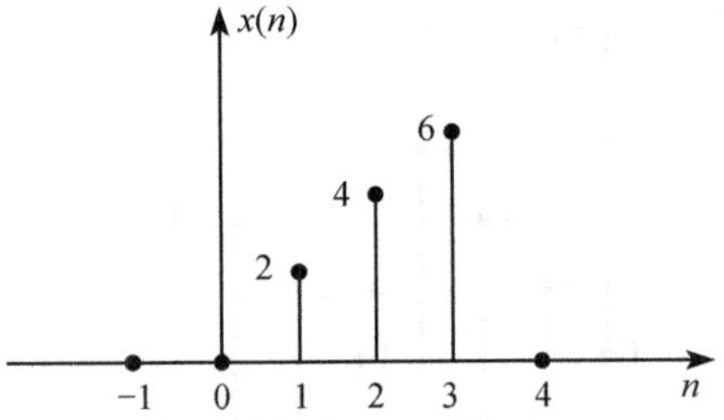

题 3.14 图　序列 $x(n)$的波形

3.14　设实序列 $x(n)$的波形如题 3.14 图所示。

(1) 试求 $x(n)$的偶对称序列 $x_e(n)=\frac{1}{2}[x(n)+x(-n)]$和奇对称序列 $x_o(n)=\frac{1}{2}[x(n)-x(-n)]$，并分别画出其波形。

(2) 设序列

$$x_1(n) = x_e(n) + x_o(n)$$

式中，$x_e(n)$和 $x_o(n)$为(1)所求结果。画出 $x_1(n)$的波形，并与题 3.14 图所示序列 $x(n)$进行比较，结果说明了什么？

(3) 分别求序列 $x(n)$、$x_e(n)$和 $x_o(n)$的离散时间傅里叶变换 $X(e^{j\omega})$、$X_e(e^{j\omega})$和 $X_o(e^{j\omega})$，分析 $X_e(e^{j\omega})$、$X_o(e^{j\omega})$与 $X(e^{j\omega})$的实部 $\mathrm{Re}\{X(e^{j\omega})\}=X_R(e^{j\omega})$、虚部 $\mathrm{Im}\{X(e^{j\omega})\}=X_I(e^{j\omega})$的关系。

3.15　已知序列 $x(n)=a^n u(n)\ (0<a<1)$，试分别求 $x(n)$的偶对称序列 $x_e(n)$和奇对称序列 $x_o(n)$的离散时间傅里叶变换 $X_e(e^{j\omega})$和 $X_o(e^{j\omega})$。

3.16　若序列 $x(n)$是因果序列，已知其离散时间傅里叶变换 $X(e^{j\omega})$的实部 $X_R(e^{j\omega})$为

$$X_R(e^{j\omega}) = 1 + \cos\omega$$

求序列 $x(n)$及其离散时间傅里叶变换 $X(e^{j\omega})$。

3.17　若序列 $x(n)$是实因果序列，$x(0)=1$，已知其离散时间傅里叶变换 $X(e^{j\omega})$的虚部 $X_I(e^{j\omega})$为

$$X_I(e^{j\omega}) = -\sin\omega$$

求序列 $x(n)$及其离散时间傅里叶变换 $X(e^{j\omega})$。

3.18　如果 $x(n)$是实序列，试证明 $X^*(e^{j\omega})=X(e^{-j\omega})$。

3.19　设 $x(n)$是已知的实序列，其离散时间傅里叶变换为 $X(e^{j\omega})$。若序列

$y(n)$的离散时间傅里叶变换为

$$Y(e^{j\omega}) = \text{DTFT}[y(n)] = \frac{1}{2}[X(e^{j\omega/2}) + X(e^{-j\omega/2})]$$

试求序列 $y(n)$。

3.20　已知序列 $y(n)=x_1(n)*x_2(n)*x_3(n)$，证明：

(1) $\sum_{n=-\infty}^{\infty} y(n) = \left[\sum_{n=-\infty}^{\infty} x_1(n)\right]\left[\sum_{n=-\infty}^{\infty} x_2(n)\right]\left[\sum_{n=-\infty}^{\infty} x_3(n)\right]$；

(2) $\sum_{n=-\infty}^{\infty} (-1)^n y(n) = \left[\sum_{n=-\infty}^{\infty} (-1)^n x_1(n)\right]\left[\sum_{n=-\infty}^{\infty} (-1)^n x_2(n)\right]\left[\sum_{n=-\infty}^{\infty} (-1)^n x_3(n)\right]$。

3.21　试计算下列各序列的 Z 变换及其收敛域，并画出各自相应的零极点分布图。

(1) $x_1(n)=\begin{cases}6,7,-3, & n=0,1,2\\ 0, & \text{其他}\end{cases}$；　(2) $x_2(n)=\begin{cases}(1/2)^n, & n\geqslant 5\\ 0, & n\leqslant 4\end{cases}$；

(3) $x_3(n)=\delta(n-n_0)$，n_0 为常数，且 $n_0\geqslant 0$；　(4) $x_4(n)=R_N(n)$，$N=4$；

(5) $x_5(n)=Ar^n\cos(\omega_0 n+\varphi)u(n)$，$0<r<1$；

(6) $x_6(n)=\begin{cases}n, & 0\leqslant n\leqslant N\\ 2N-n, & N+1\leqslant n\leqslant 2N\text{，其中 } N=4\text{。}\\ 0, & \text{其他}\end{cases}$

3.22　试计算下列各序列的 Z 变换及其收敛域。

(1) $x_1(n)=u(n+4)-u(n-4)$；　(2) $x_2(n)=2^{-n}[u(n)-u(n-10)]$；

(3) $x_3(n)=2^{-n}u(n)$；　(4) $x_4(n)=0.5^n u(n+1)$；

(5) $x_5(n)=u(-n+1)$；　(6) $x_6(n)=-2^{-n}u(-n-1)$；

(7) $x_7(n)=-n2^n u(-n-1)$；　(8) $x_8(n)=0.5^n u(-n-1)+3^n u(-n)$。

3.23　已知序列 $x(n)=a^n u(n)(0<a<1)$，分别求下列各序列的 Z 变换及其收敛域。

(1) $x_1(n)=x(n)$；　(2) $x_2(n)=nx(n)$；　(3) $x_3(n)=a^{-n}u(-n)$。

3.24　试证明序列

$$x(n) = \frac{(n+1)(n+2)\cdots(n+m)a^n}{m!}u(n)$$

的 Z 变换为

$$X(z) = \frac{1}{(1-az^{-1})^{m+1}},\quad |z|>a$$

3.25　实序列 $x(n)$的自相关函数 $r_x(m)$定义为

$$r_x(m) = \sum_{n=-\infty}^{\infty} x(n)x(n+m)$$

(1) 试求 $r_x(m)$的 Z 变换 $R_x(z)$及其收敛域。

(2) 设 $x(n)=a^n u(n)$，$|a|<1$，试计算 $R_x(z)$ 和 $r_x(m)$。

3.26 设序列 $x(n)$ 的 Z 变换为 $X(z)$，试用 $X(z)$ 表示序列 $y(n)=\sum_{m=-\infty}^{n}x(m)$ 的 Z 变换 $Y(z)$。

提示：计算 $y(n)-y(n-1)$ 与 $x(n)$ 的关系。

3.27 已知序列 $x(n)$ 的 Z 变换为

$$X(z)=\frac{3}{1-0.5z^{-1}}+\frac{2}{1-2z^{-1}}$$

(1) 根据 $X(z)$ 的零极点分布，试确定 $X(z)$ 的所有可能的收敛域。

(2) 求(1)中所有不同收敛域时 $X(z)$ 所对应的序列 $x(n)$。

3.28 已知序列 $x(n)$ 的 Z 变换为

$$X(z)=\frac{1}{(1-0.5z^{-1})^2(1+2z^{-1})}$$

(1) 试确定 $X(z)$ 的所有可能的收敛域。

(2) 求(1)中所有不同收敛域时 $X(z)$ 所对应的序列 $x(n)$。

3.29 已知 $X(z)=\dfrac{1}{1-1.5z^{-1}+0.5z^{-2}}$，求所有可能的对应序列 $x(n)$。

3.30 用部分分式展开法求以下各函数的逆 Z 变换。

(1) $X_1(z)=\dfrac{1-\frac{1}{3}z^{-1}}{1-\frac{1}{4}z^{-2}}$， $|z|>\dfrac{1}{2}$； (2) $X_2(z)=\dfrac{1-2z^{-1}}{1-\frac{1}{4}z^{-2}}$， $|z|<\dfrac{1}{2}$。

3.31 求下列各函数的逆 Z 变换。

(1) $X_1(z)=z^{-1}+5z^{-3}+6z^{-5}$， $|z|>0$；

(2) $X_2(z)=\dfrac{0.75}{(1-0.5z)(1-0.5z^{-1})}$， $0.5<|z|<2$；

(3) $X_3(z)=\dfrac{0.75}{(1-0.5z)(1-0.5z^{-1})}$， $2<|z|$；

(4) $X_4(z)=\dfrac{0.75}{(1-0.5z)(1-0.5z^{-1})}$， $|z|<0.5$。

3.32 求下列各函数的逆 Z 变换。

(1) $X_1(z)=\dfrac{1-z^{-1}+\frac{1}{6}z^{-2}}{\left(1-\frac{1}{3}z^{-1}\right)\left(1-\frac{1}{2}z^{-1}\right)}$， $\dfrac{1}{3}<|z|<\dfrac{1}{2}$；

(2) $X_2(z)=\dfrac{1}{1-2r\cos\theta z^{-1}+r^2z^{-2}}$， $|z|>r>0$；

(3) $X_3(z)=\dfrac{1}{1+z^{-3}}$， $|z|>1$。

3.33　求下列各函数的逆 Z 变换。

(1) $X_1(z)=\dfrac{1}{(1-z^{-1})(1-2z^{-1})}$，　$1<|z|<2$；

(2) $X_2(z)=\dfrac{z-5}{(1-0.5z^{-1})(1-0.5z)}$，　$0.5<|z|<2$；

(3) $X_3(z)=\dfrac{1+z^{-1}}{1-\cos\omega_0 z^{-1}+z^{-2}}$，　$|z|>1$；

(4) $X_4(z)=\dfrac{1-az^{-1}}{z^{-1}-a}$，　$|z|>\left|\dfrac{1}{a}\right|$。

3.34　求下列各 Z 变换表达式所对应的因果序列。

(1) $X_1(z)=\dfrac{1+3z^{-1}}{1+3z^{-1}+2z^{-2}}$；　(2) $X_2(z)=\dfrac{1}{1-z^{-1}-\dfrac{1}{2}z^{-2}}$；

(3) $X_3(z)=\dfrac{1-\dfrac{1}{2}z^{-1}}{1+\dfrac{1}{2}z^{-1}}$；　(4) $X_4(z)=\dfrac{1-2z^{-2}}{1-z^{-2}}$；

(5) $X_5(z)=\dfrac{z^{-6}+z^{-7}}{1-z^{-1}}$。

3.35　设序列 $x(n)$和 $y(n)$的 Z 变换分别为 $X(z)$和 $Y(z)$，当 $x(n)$与 $y(n)$满足下列各关系时，试求相应的 $Y(z)$与 $X(z)$的关系。

(1) $y(n)=c^n x(n)$，c 为常数；　(2) $\begin{cases} y(2n)=x(n) \\ y(2n+1)=0 \end{cases}$；

(3) $y(2n)=y(2n+1)=x(n)$；　(4) $y(n)=x(-n)$。

3.36　求下面各系统的频率响应，并画出它们各自的幅频响应曲线。

(1) $y_1(n)=\dfrac{1}{2}[x(n)+x(n-1)]$；　(2) $y_2(n)=\dfrac{1}{2}[x(n)-x(n-1)]$；

(3) $y_3(n)=\dfrac{1}{2}[x(n+1)+x(n-1)]$；(4) $y_4(n)=\dfrac{1}{2}[x(n+1)-x(n-1)]$；

(5) $y_5(n)=x(n-4)$。

3.37　若线性时不变系统的差分方程为

$$y(n)=x(n)+x(n-4)$$

(1) 求该系统的频率响应，并画出它的幅频响应曲线。

(2) 计算系统对输入序列

$$x(n)=\cos(\pi n/2)+\cos(\pi n/4),\quad -\infty<n<\infty$$

的响应。

(3) 利用(1)的幅频响应特性解释所得到的结果。

3.38　如果线性时不变系统的差分方程为

$$y(n) = 0.9y(n-1) + bx(n)$$

(1) 确定参数 b,使 $|H(e^{j0})|=1$。

(2) 确定频率 ω_0,使 $|H(e^{j\omega_0})|=1/\sqrt{2}$。

(3) 分析该系统是低通、带通还是高通系统。

(4) 如果系统的差分方程为

$$y(n) = -0.9y(n-1) + 0.1x(n)$$

重做(2)、(3)。

3.39　设线性时不变系统的差分方程为

$$y(n) = y(n-1) + y(n-2) + x(n-1)$$

(1) 求系统的系统函数 $H(z)$,并画出零极点分布图。

(2) 若系统是因果的,写出 $H(z)$的收敛域,并求其单位脉冲响应 $h(n)$。

(3) 若系统是稳定的,写出 $H(z)$的收敛域,并求其单位脉冲响应 $h(n)$。

3.40　设线性时不变因果系统的差分方程为

$$y(n) = 0.9y(n-1) + x(n) + 0.9x(n-1)$$

(1) 求系统的系统函数 $H(z)$及其单位脉冲响应 $h(n)$。

(2) 求系统的频率响应函数 $H(e^{j\omega})$,并画出其幅频响应特性曲线。

(3) 若输入序列 $x(n)=e^{j\omega_0 n}$,求系统的输出序列 $y(n)$。

3.41　设线性时不变系统的输入序列和单位脉冲响应分别为 $x(n)=a^n u(n)$,$h(n)=b^n u(n)$,$|a|<1$,$|b|<1$,求系统的输出序列 $y(n)$。

3.42　设线性时不变系统的系统函数为

$$H(z) = \frac{3z^{-1} - z^{-2}}{(1-0.9z^{-1})(1+0.6z^{-1})}$$

若输入序列 $x(n)=u(n)$,求系统的输出序列 $y(n)$。

3.43　设两个线性时不变系统的差分方程和初始条件分别为

(1) $y(n)=0.9y(n-1)+0.05x(n)$,$y(n)=0$,$n\leqslant -1$;

(2) $y(n)=0.9y(n-1)+0.05x(n)$,$y(-1)=1$,$y(n)=0$,$n<-1$。

若输入序列 $x(n)=u(n)$,分别求两个系统的全响应。

3.44　讨论一个具有下列系统函数的线性时不变因果系统

$$H(z) = \frac{1-a^{-1}z^{-1}}{1-az^{-1}},\quad a \text{ 为实数}$$

(1) 问系统因果稳定的 a 值范围是多少?

(2) 如果 $0<a<1$,画出 $H(z)$的零极点分布图,并标出收敛区域。

(3) 在 z 平面上用图解法证明该系统是一个全通系统,即系统的幅频响应为一常数。

3.45　若序列 $h(n)$是实因果序列,其离散时间傅里叶变换的实部为

$$H_R(e^{j\omega}) = \frac{1 - a\cos\omega}{1 + a^2 - 2a\cos\omega}, \quad 0 < a < 1$$

求序列 $h(n)$ 及其离散时间傅里叶变换 $H(e^{j\omega})$。

3.46　若序列 $h(n)$ 是实因果序列，其离散时间傅里叶变换的虚部为

$$H_I(e^{j\omega}) = \frac{-a\sin\omega}{1 + a^2 - 2a\cos\omega}, \quad 0 < a < 1$$

求序列 $h(n)$ 及其离散时间傅里叶变换 $H(e^{j\omega})$。

3.47　利用 Matlab 工具箱函数 zplane(b,a)，画出下列 Z 变换的零极点分布图，并给出所有可能的收敛域及对应序列的特性（左边序列、右边序列、双边序列）。

(1) $X_1(z) = \dfrac{2z^4 + 16z^3 + 44z^2 + 56z + 32}{3z^4 + 3z^3 - 15z^2 + 18z - 12}$;

(2) $X_2(z) = \dfrac{4z^4 - 8.68z^3 - 17.98z^2 + 26.74z - 8.04}{z^4 - 2z^3 + 10z^2 + 6z + 65}$。

3.48　设线性时不变系统的系统函数分别为

$$H_1(z) = \frac{1}{1 - 1.845z^{-1} + 0.850586z^{-2}}$$

$$H_2(z) = \frac{1}{1 - 1.85z^{-1} + 0.85z^{-2}}$$

$$H_3(z) = \frac{(z+9)(z-3)}{3z^4 - 3.98z^3 + 2.3418z - 1.5147}$$

试利用 Matlab 工具箱函数 filter，分别求出各系统的单位脉冲响应，并判断系统是否稳定。

3.49　设线性时不变因果系统的差分方程为

$$\begin{aligned} y(n) = & -0.6y(n-1) - 0.68y(n-2) - 0.55y(n-3) + 0.477y(n-4) \\ & + 3x(n) + 1.2x(n-1) - 5.22x(n-2) - 1.548x(n-3) + 0.359x(n-4) \end{aligned}$$

利用 Matlab 工具箱函数 zplane(b,a)，画出系统的零极点分布，并判断系统是否稳定。

3.50　设线性时不变系统的系统函数为

$$H(z) = \frac{0.8z^{-2}}{1 - 0.5z^{-1} - 0.3z^{-2}}$$

(1) 利用 Matlab 语言判断系统是否稳定。

(2) 如果系统稳定，求系统对于单位阶跃序列的响应。

3.51　设线性时不变系统的系统函数为

$$H(z) = \frac{z^2 + 5z - 50}{2z^4 - 2.98z^3 + 0.17z^2 + 2.3418z - 1.5147}$$

(1) 利用 Matlab 语言所得系统的极点分布判断系统是否稳定。

(2) 用输入单位阶跃序列 $u(n)$ 检验系统是否稳定。

(3) 如果系统稳定,求系统对于单位阶跃序列的响应。

3.52 M 点滑动平均系统的单位脉冲响应

$$h(n)=\begin{cases}1/M, & 0\leqslant n\leqslant M-1\\ 0, & \text{其他}\end{cases}$$

利用 Matlab 工具箱函数 freqz、abs、和 angle,画出 $M=7$ 时该系统的幅频响应特性曲线和相频响应特性曲线,并解释相频响应特性曲线不连续的原因。

3.53 利用 Matlab 语言,画出下列无限长脉冲响应系统的幅频响应特性曲线和相频响应特性曲线,并指出系统的类型。

(1) $H_1(z)=\dfrac{z^{-1}(1-z^{-1})^2}{(1-0.4z^{-1})(1-0.88z^{-1}+0.61z^{-2})}$;

(2) $H_2(z)=\dfrac{0.0534(1+z^{-1})(1-1.0166z^{-1}+z^{-2})^2}{(1-0.683z^{-1})(1-1.4461z^{-1}+0.7957z^{-2})}$;

(3) $H_3(z)=\dfrac{(1-z^{-1})^4}{(1-1.499z^{-1}+0.8482z^{-2})(1-1.5548z^{-1}+0.6493z^{-2})}$。

3.54 下面四个二阶线性时不变系统的系统函数具有相同的极点分布,系统函数分别为

$$H_1(z)=\frac{1}{1-1.6z^{-1}+0.9425z^{-2}},\quad H_2(z)=\frac{1-0.3z^{-1}}{1-1.6z^{-1}+0.9425z^{-2}}$$

$$H_3(z)=\frac{1-0.8z^{-1}}{1-1.6z^{-1}+0.9425z^{-2}},\quad H_4(z)=\frac{1-1.6z^{-1}+0.8z^{-2}}{1-1.6z^{-1}+0.9425z^{-2}}$$

试用 Matlab 语言,研究零点分布对单位脉冲响应的影响。

(1) 分别画出各系统的零极点分布图。

(2) 分别求出各系统的单位脉冲响应,并画出其波形。

(3) 分析各系统零点分布对单位脉冲响应的影响。

第 4 章　离散傅里叶变换

4.1 引　　言

在第 3 章关于序列的频域分析中，我们讨论了序列 $x(n)$ 的离散时间傅里叶变换（DTFT），得到的信号频谱函数 $X(e^{j\omega})$ 是以 2π 为周期的 ω 的连续周期函数。离散时间傅里叶变换的起名缘由，在于强调它只在时间域离散，而频谱函数是连续的。而本章将要讨论的离散傅里叶变换（discrete Fourier transform，DFT），则在时域和频域都是离散的。而且，有限长序列的 DFT 仍然是有限长序列。因而序列的 DFT 特别适合于用数字运算方法实现的数字信号处理。序列的 DFT 存在快速算法，这使得它不仅在理论上具有十分重要的意义，而且在科学研究、工程技术等诸多领域获得广泛的应用。

本章重点讨论有限长序列的 DFT 的概念及主要性质，DFT 的应用等问题。

4.2 周期序列的离散傅里叶级数及性质

4.2.1 周期序列的离散傅里叶级数

设 $\tilde{x}(n)$ 是周期为 N 的周期序列，可以写成

$$\tilde{x}(n)=\tilde{x}(n+lN),\quad 0\leqslant n\leqslant N-1,\quad l\text{ 为任意整数}$$

周期序列不满足绝对可和条件，因而它的 DTFT 不存在。但由于 $\tilde{x}(n)$ 是周期的，可以展开成离散傅里叶级数，这就是把该周期序列表示成不同频率复指数序列之和的形式，这些复指数序列的频率为该周期序列基频 $2\pi/N$ 的整数倍。与连续周期信号的傅里叶级数不大相同的是，离散傅里叶级数所有谐波成分中只有 N 个是独立的，这是因为，k 次谐波

$$e_k(n)=e^{j(2\pi/N)kn}\tag{4.2.1}$$

对 k 是周期性的，即

$$e_{k+lN}(n)=e^{j(2\pi/N)(k+lN)n}=e^{j(2\pi/N)kn}=e_k(n)$$

因而周期序列在展开成离散傅里叶级数时，只需要取 $k=0,1,2,\cdots,N-1$ 个独立的谐波分量求和。这样，$\tilde{x}(n)$ 的离散傅里叶级数形式为

$$\tilde{x}(n)=\frac{1}{N}\sum_{k=0}^{N-1}\tilde{X}(k)e^{j(2\pi/N)kn}\tag{4.2.2}$$

为方便起见，式中求和号前乘以系数$\frac{1}{N}$，它不会影响离散傅里叶级数表示式的特性。$\widetilde{X}(k)$是第k次谐波的系数，为了求解这个系数，将(4.2.2)式两端同乘以$e^{-j(2\pi/N)rn}$(r为任意整数)，并对n在一个周期$0\leqslant n\leqslant N-1$内求和，得

$$\sum_{n=0}^{N-1}\widetilde{x}(n)e^{-j(2\pi/N)rn}=\frac{1}{N}\sum_{n=0}^{N-1}\sum_{k=0}^{N-1}\widetilde{X}(k)e^{j(2\pi/N)(k-r)n}$$

变换上式右端的求和顺序，则得

$$\sum_{n=0}^{N-1}\widetilde{x}(n)e^{-j(2\pi/N)rn}=\sum_{k=0}^{N-1}\widetilde{X}(k)\left[\frac{1}{N}\sum_{n=0}^{N-1}e^{j(2\pi/N)(k-r)n}\right] \tag{4.2.3}$$

式中

$$\sum_{n=0}^{N-1}e^{j(2\pi/N)(k-r)n}=\begin{cases}N, & k=r\\0, & k\neq r\end{cases} \tag{4.2.4}$$

于是

$$\sum_{n=0}^{N-1}\widetilde{x}(n)e^{-j(2\pi/N)rn}=\widetilde{X}(r)$$

这样，(4.2.2)式中的各次谐波系数$\widetilde{X}(k)$可由下式求出：

$$\widetilde{X}(k)=\sum_{n=0}^{N-1}\widetilde{x}(n)e^{-j(2\pi/N)kn} \tag{4.2.5}$$

由于$e^{-j(2\pi/N)kn}$是周期为N的周期序列，因此系数$\widetilde{X}(k)$也是周期为N的周期序列，即

$$\begin{aligned}\widetilde{X}(k+lN)&=\sum_{n=0}^{N-1}\widetilde{x}(n)e^{-j(2\pi/N)(k+lN)n}\\&=\sum_{n=0}^{N-1}\widetilde{x}(n)e^{-j(2\pi/N)kn}\\&=\widetilde{X}(k)\end{aligned}$$

所以，时域上周期为N的周期序列，其离散傅里叶级数在频域上仍然是一个周期为N的周期序列。这样，对于周期序列的离散傅里叶级数表示式，在时域与频域之间就存在对偶性。(4.2.2)式与(4.2.5)式一起考虑，可以把它们看作是一个变换对，称为周期序列的离散傅里叶级数(discrete Fourier series，DFS)。为了方便起见，将因子$e^{-j(2\pi/N)}$表示为符号W_N，即

$$W_N=e^{-j(2\pi/N)} \tag{4.2.6}$$

这样，周期为N的周期序列$\widetilde{x}(n)$，其DFS表达式为

$$\widetilde{X}(k)=\mathrm{DFS}[\widetilde{x}(n)]=\sum_{n=0}^{N-1}\widetilde{x}(n)W_N^{kn} \tag{4.2.7}$$

$$\widetilde{x}(n)=\mathrm{IDFS}[\widetilde{X}(k)]=\frac{1}{N}\sum_{k=0}^{N-1}\widetilde{X}(k)W_N^{-kn} \tag{4.2.8}$$

式中,DFS[·]表示离散傅里叶级数变换,IDFS[·]表示离散傅里叶级数逆变换。

(4.2.8)式表明,可以将周期序列分解成 N 次谐波,第 k 次谐波的频率为 $\omega_k=(2\pi/N)k(k=0,1\cdots,N-1)$,幅度为 $(1/N)\widetilde{X}(k)$。可见,周期序列 $\tilde{x}(n)$ 可以用其离散傅里叶级数之系数 $\widetilde{X}(k)$ 表示它的频率分布规律。

由上述讨论可以看出,由于 $\tilde{x}(n)$ 是以 N 为周期的周期序列,用 $\tilde{x}(n)$ 一个周期的 N 个序列值即可代表 $\tilde{x}(n)$ 的形状,其余周期的序列值均是这 N 个序列值的重复出现;同样,$\widetilde{X}(k)$ 也是以 N 为周期的,用 $\widetilde{X}(k)$ 一个周期的序列值也可以代表 $\widetilde{X}(k)$ 的特性。因此可以定义,周期为 N 为周期序列 $\tilde{x}(n)$ 中,从 $n=0$ 到 $n=N-1$ 的第一个周期为 $\tilde{x}(n)$ 的主值区间,而主值区间上的序列称为 $\tilde{x}(n)$ 的主值序列。类似地,$\widetilde{X}(k)$ 也有 $k=0$ 到 $k=N-1$ 的主值区间和相应的主值序列。

4.2.2　DFS 的性质

下面讨论 DFS 的主要性质。

1) 线性

设 $\tilde{x}(n)$ 和 $\tilde{y}(n)$ 都是周期为 N 的两个周期序列,它们各自的 DFS 分别为 $\widetilde{X}(k)$ 和 $\widetilde{Y}(k)$,则

$$\mathrm{DFS}[a\tilde{x}(n)+b\tilde{y}(n)]=a\widetilde{X}(k)+b\widetilde{Y}(k),\quad a,b\text{ 为常数} \tag{4.2.9}$$

式中,时域、频域线性组合的序列也都是以 N 为周期的。

2) 序列的移位

设 $\tilde{x}(n)$ 是周期为 N 的周期序列,其 DFS 为 $\widetilde{X}(k)$,则

$$\mathrm{DFS}[\tilde{x}(n+n_0)]=W_N^{-kn_0}\widetilde{X}(k)$$

证明

$$\mathrm{DFS}[\tilde{x}(n+n_0)]=\sum_{n=0}^{N-1}\tilde{x}(n+n_0)W_N^{kn}=\sum_{m=n_0}^{N+n_0-1}\tilde{x}(m)W_N^{k(m-n_0)}$$

$$=W_N^{-kn_0}\sum_{m=n_0}^{N+n_0-1}\tilde{x}(m)W_N^{km}$$

由于 $\tilde{x}(m)$ 及 W_N^{km} 都是以 N 为周期的,即

$$\sum_{m=n_0}^{N+n_0-1}\tilde{x}(m)W_N^{km}=\sum_{m=0}^{N-1}\tilde{x}(m)W_N^{km}=\widetilde{X}(k)$$

因此

$$\mathrm{DFS}[\tilde{x}(n+n_0)]=W_N^{-kn_0}\widetilde{X}(k)$$

同理可以证明

$$\mathrm{IDFS}[\widetilde{X}(k+l)]=W_N^{ln}\tilde{x}(n) \tag{4.2.10}$$

3) 共轭对称性

设 $\tilde{x}(n)$ 是周期为 N 的周期复序列,其 DFS 为 $\widetilde{X}(k)$,则共轭序列 $\tilde{x}^*(n)$ 的

DFS 为

$$\mathrm{DFS}[\tilde{x}^*(n)] = \tilde{X}^*(-k) = \tilde{X}^*(N-k) \tag{4.2.11}$$

证明

$$\mathrm{DFS}[\tilde{x}^*(n)] = \sum_{n=0}^{N-1}\tilde{x}^*(n)W_N^{kn}$$

$$= \left(\sum_{n=0}^{N-1}\tilde{x}(n)W_N^{-kn}\right)^* = \tilde{X}^*(-k)$$

利用 $\tilde{X}(k)$以 N 为周期的周期性，进而得

$$\mathrm{DFS}[\tilde{x}^*(n)] = \tilde{X}^*(-k) = \tilde{X}^*(N-k)$$

同理可以证明

$$\mathrm{DFS}[\tilde{x}^*(-n)] = \tilde{X}^*(k) \tag{4.2.12}$$

在上述基础上，进一步可得

$$\mathrm{DFS}\{\mathrm{Re}[\tilde{x}(n)]\} = \frac{1}{2}\mathrm{DFS}[\tilde{x}(n)+\tilde{x}^*(n)]$$

$$= \frac{1}{2}[\tilde{X}(k)+\tilde{X}^*(N-k)] \tag{4.2.13}$$

称$\frac{1}{2}[\tilde{X}(k)+\tilde{X}^*(N-k)]$为 $\tilde{X}(k)$的共轭对称分量，记为 $\tilde{X}_{\mathrm{ep}}(k)$，即

$$\mathrm{DFS}\{\mathrm{Re}[\tilde{x}(n)]\} = \tilde{X}_{\mathrm{ep}}(k) \tag{4.2.14}$$

同理可得

$$\mathrm{DFS}\{\mathrm{jIm}[\tilde{x}(n)]\} = \tilde{X}_{\mathrm{op}}(k) \tag{4.2.15}$$

式中，$\tilde{X}_{\mathrm{op}}(k)=\frac{1}{2}[\tilde{X}(k)-\tilde{X}^*(N-k)]$为 $\tilde{X}(k)$的共轭反对称分量。

4) 周期卷积定理

设 $\tilde{x}(n)$、$\tilde{y}(n)$和 $\tilde{f}(n)$都是周期为 N 的三个周期序列，它们各自的 DFS 分别为 $\tilde{X}(k)$、$\tilde{Y}(k)$和 $\tilde{F}(k)$。若 $\tilde{F}(k)=\tilde{X}(k)\tilde{Y}(k)$，则

$$\tilde{f}(n) = \mathrm{IDFS}[\tilde{F}(k)] = \sum_{m=0}^{N-1}\tilde{x}(m)\tilde{y}(n-m) \tag{4.2.16}$$

证明

$$\tilde{f}(n) = \mathrm{IDFS}[\tilde{X}(k)\tilde{Y}(k)]$$

$$= \frac{1}{N}\sum_{k=0}^{N-1}\tilde{X}(k)\tilde{Y}(k)W_N^{-kn}$$

$$= \frac{1}{N}\sum_{k=0}^{N-1}\left[\sum_{m=0}^{N-1}\tilde{x}(m)W_N^{km}\right]\tilde{Y}(k)W_N^{-kn}$$

$$= \frac{1}{N}\sum_{k=0}^{N-1}\sum_{m=0}^{N-1}\tilde{x}(m)\tilde{Y}(k)W_N^{-k(n-m)}$$

$$= \sum_{m=0}^{N-1} \tilde{x}(m)\tilde{y}(n-m)$$

这是一个卷积公式。但是，应当指出，它与有限长度的非周期序列的线性卷积是不同的。这里的 $\tilde{x}(m)$ 和 $\tilde{y}(n-m)$ 都是变量 m 的周期函数，周期为 N；卷积过程仅限于一个周期以内，即 $m=0\sim(N-1)$。所以称为周期卷积，其卷积结果 $\tilde{f}(n)$ 仍然是周期为 N 的周期序列。

周期卷积满足交换律，因此(4.2.17)式的等价公式为

$$\tilde{f}(n) = \sum_{m=0}^{N-1} \tilde{y}(m)\tilde{x}(n-m) \tag{4.2.17}$$

利用 DFS 和 IDFS 的对偶性，也可以证明

$$\begin{aligned} \mathrm{DFS}[\tilde{x}(n)\tilde{y}(n)] &= \frac{1}{N}\sum_{l=0}^{N-1} \widetilde{X}(l)\widetilde{Y}(k-l) \\ &= \frac{1}{N}\sum_{l=0}^{N-1} \widetilde{Y}(l)\widetilde{X}(k-l) \end{aligned} \tag{4.2.18}$$

式中，$\tilde{x}(n)\tilde{y}(n)$ 及其 $\mathrm{DFS}[\tilde{x}(n)\tilde{y}(n)]$ 均是周期为 N 的周期序列。证明过程请读者自己完成。

例 4.2.1　设周期序列 $\tilde{x}(n)$ 与 $\tilde{y}(n)$ 如图 4.2.1(a)所示，试求它们的周期卷积

$$\tilde{f}(n) = \sum_{m=0}^{N-1} \tilde{y}(m)\tilde{x}(n-m)$$

解　根据周期卷积的概念，周期序列 $\tilde{x}(n)$ 与 $\tilde{y}(n)$ 的周期卷积过程和结果分别如图 4.2.1(b)、(c)所示。

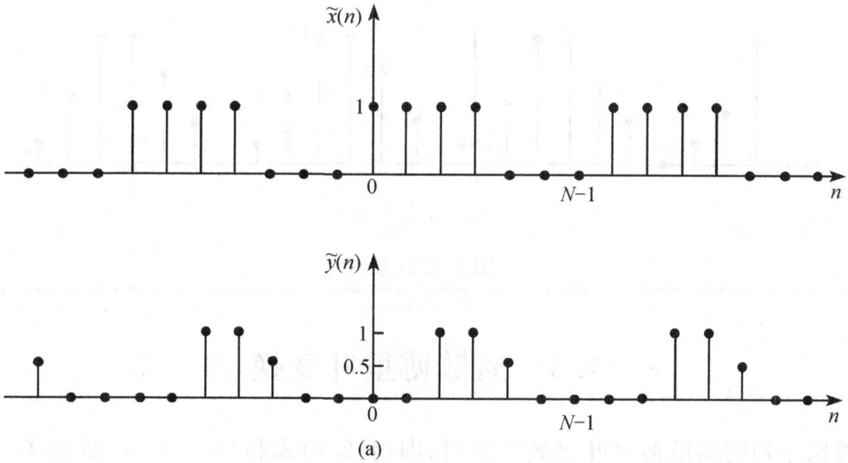

图 4.2.1　例 4.2.1 的周期卷积过程

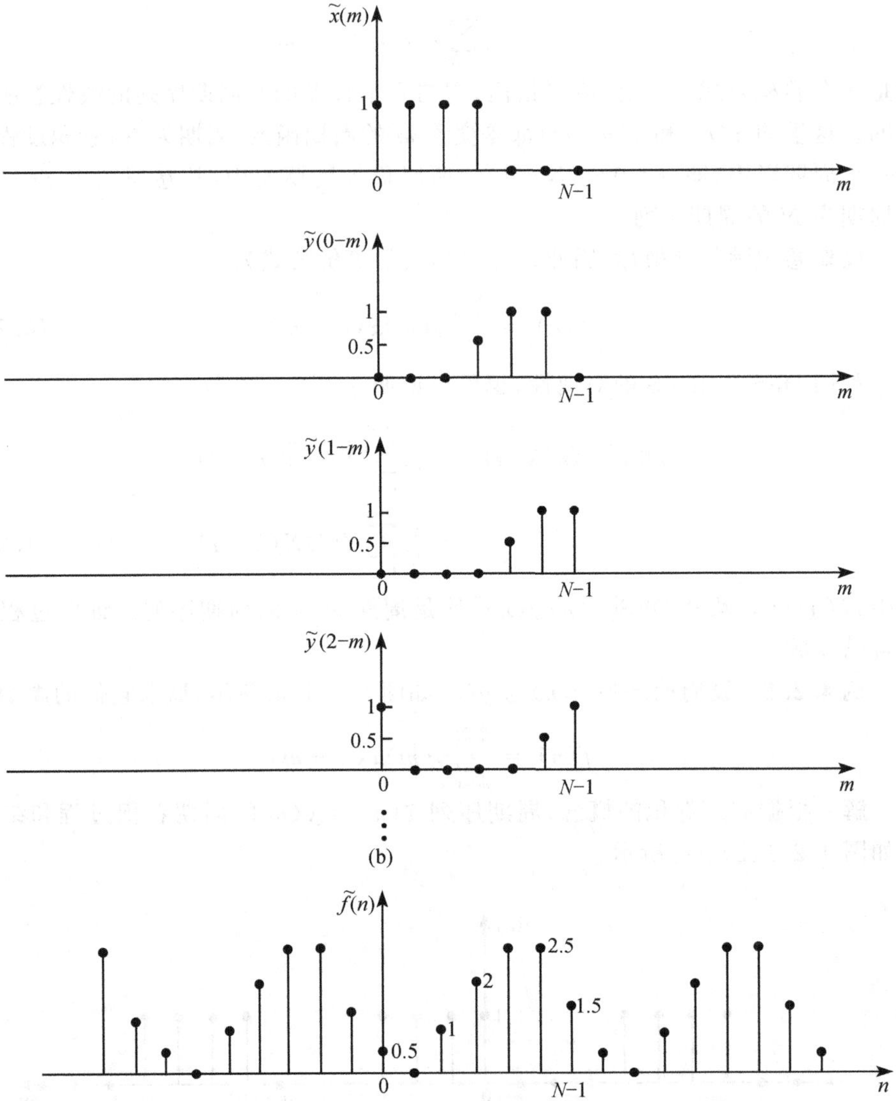

图 4.2.1(续)

4.3　离散傅里叶变换

周期序列的离散傅里叶级数变换对，即(4.2.7)式和(4.2.8)式，提供了一种计算离散频率点上序列频谱的公式，但针对的序列是周期序列。在实际工程技术中大多数信号具有有限持续时间。设 $x(n)$是长度为 N 的有限长序列，如果以 N 为

周期对 $x(n)$ 进行延拓，将获得周期为 N 的周期序列 $\tilde{x}(n)$，进而得到离散傅里叶级数 $\widetilde{X}(k)$。由于 $x(n)$ 是 $\tilde{x}(n)$ 的主值序列，所以取 $\widetilde{X}(k)$ 的主值序列 $X(k)$ 作为 $x(n)$ 的频谱。这样就产生了一种新的变换，称为有限长序列的离散傅里叶变换(discrete Fourier transform，DFT)，它可以对任意有限长序列进行数值计算。在以下讨论中，长度为 N 的有限长序列 $x(n)$，均指 $0\leqslant n\leqslant N-1$ 的序列。

4.3.1　离散傅里叶变换的定义

设 $x(n)$ 是长度为 N 的有限长序列，$\tilde{x}(n)$ 是 $x(n)$ 的周期延拓，可写成

$$\tilde{x}(n)=\sum_{l=-\infty}^{\infty}x(n+lN) \tag{4.3.1}$$

显然，$x(n)$ 是 $\tilde{x}(n)$ 的主值序列，表示为

$$x(n)=\tilde{x}(n)R_N(n) \tag{4.3.2}$$

式中，$R_N(n)$ 为矩形序列，即

$$R_N(n)=\begin{cases}1, & 0\leqslant n\leqslant N-1\\ 0, & \text{其他}\end{cases}$$

为方便起见，引入符号 $((n))_N$ 表示 n 对 N 求余数。令 $n=n_1+n_2N$，其中，$0\leqslant n_1\leqslant N-1$，则 n_1 为 n 对 N 的余数，记作 $((n))_N$。这样，(4.3.1)式又可以表示为

$$\tilde{x}(n)=x((n))_N \tag{4.3.3}$$

例如，$\tilde{x}(n)$ 是长度为 $N=8$ 的序列 $x(n)$ 以 $N=8$ 为周期的周期延拓序列，求 $\tilde{x}(21)$ 和 $\tilde{x}(-2)$。由于

$$n=21=2\times 8+5,\qquad \text{得}((21))_8=5$$
$$n=-2=(-1)\times 8+6,\quad \text{得}((-2))_8=6$$

因此 $\tilde{x}(21)=x(5)$，$\tilde{x}(-2)=x(6)$。

4.2 节讨论了周期为 N 的周期序列 $\tilde{x}(n)$ 的离散傅里叶级数 $\widetilde{X}(k)$ 也是周期为 N 的周期序列。有限长序列 $X(k)$ 为 $\widetilde{X}(k)$ 的主值序列，$\widetilde{X}(k)$ 是 $X(k)$ 的周期延拓，即

$$\widetilde{X}(k)=X((k))_N,\quad X(k)=\widetilde{X}(k)R_N(k)$$

周期序列 $\tilde{x}(n)$ 的 DFS 变换对为

$$\widetilde{X}(k)=\sum_{n=0}^{N-1}\tilde{x}(n)W_N^{kn},\quad \tilde{x}(n)=\frac{1}{N}\sum_{k=0}^{N-1}\widetilde{X}(k)W_N^{-kn}$$

它们的求和只限于主值区间，因而这种变换关系也适用于主值序列 $x(n)$ 和 $X(k)$，于是得到长度为 N 的有限长序列 $x(n)$ 的离散傅里叶变换的定义式

$$X(k)=\mathrm{DFT}[x(n)]=\sum_{n=0}^{N-1}x(n)W_N^{kn},\quad 0\leqslant k\leqslant N-1 \tag{4.3.4}$$

$$x(n) = \mathrm{IDFT}[X(k)] = \frac{1}{N}\sum_{k=0}^{N-1} X(k)W_N^{-kn}, \quad 0 \leqslant n \leqslant N-1 \tag{4.3.5}$$

(4.3.4)式是离散傅里叶变换,(4.3.5)式是离散傅里叶逆变换。$x(n)$与$X(k)$构成了离散傅里叶变换对。已知$x(n)$就能够唯一地确定$X(k)$,同样,已知$X(k)$就唯一地确定了$x(n)$。

4.3.2 离散傅里叶变换的矩阵表示

(4.3.4)式和(4.3.5)式是N个$x(n)$与N个$X(k)$之间的变换关系,均为线性方程组,可以用矩阵形式来表示。设$\boldsymbol{x}$为由$x(n)(0\leqslant n\leqslant N-1)$构成的列向量,$\boldsymbol{X}$为由$X(k)(0\leqslant k\leqslant N-1)$构成的列向量,即

$$\boldsymbol{x} = \begin{bmatrix} x(0) \\ x(1) \\ \vdots \\ x(N-1) \end{bmatrix}, \quad \boldsymbol{X} = \begin{bmatrix} X(0) \\ X(1) \\ \vdots \\ X(N-1) \end{bmatrix}$$

则有 DFT 矩阵方程

$$\boldsymbol{X} = \boldsymbol{W}_N \boldsymbol{x} \tag{4.3.6}$$

式中

$$\boldsymbol{W}_N = \begin{bmatrix} 1 & 1 & 1 & \cdots & 1 \\ 1 & W_N^1 & W_N^2 & \cdots & W_N^{(N-1)} \\ 1 & W_N^2 & W_N^4 & \cdots & W_N^{2(N-1)} \\ \vdots & \vdots & \vdots & & \vdots \\ 1 & W_N^{(N-1)} & W_N^{2(N-1)} & \cdots & W_N^{(N-1)(N-1)} \end{bmatrix} \tag{4.3.7}$$

为$N\times N$矩阵,其$(i+1)$行$(j+1)$列的元素为$W_N^{ij}(i,j=0,1,\cdots,N-1)$。类似地,IDFT 的矩阵方程为

$$x = (\boldsymbol{W}_N)^{-1}\boldsymbol{X} \tag{4.3.8}$$

式中

$$\boldsymbol{W}_N^{-1} = \frac{1}{N}\begin{bmatrix} 1 & 1 & 1 & \cdots & 1 \\ 1 & W_N^{-1} & W_N^{-2} & \cdots & W_N^{-(N-1)} \\ 1 & W_N^{-2} & W_N^{-4} & \cdots & W_N^{-2(N-1)} \\ \vdots & \vdots & \vdots & & \vdots \\ 1 & W_N^{-(N-1)} & W_N^{-2(N-1)} & \cdots & W_N^{-(N-1)(N-1)} \end{bmatrix} \tag{4.3.9}$$

为$N\times N$矩阵,其$(i+1)$行$(j+1)$列的元素为$W_N^{-ij}(i,j=0,1,\cdots,N-1)$。

长度为N的有限长度序列$x(n)$,可以通过在序列后补零增加其长度,因此对$x(n)$可以做N点 DFT,也可以做大于N点的 DFT,即变换区间长度等于或大于序列长度。

4.3.3 离散傅里叶变换与 Z 变换及离散时间傅里叶变换之间的关系

有限长序列 $x(n)$存在 Z 变换 $X(z)(0<|z|\leqslant\infty)$，也存在离散时间傅里叶变换 $X(e^{j\omega})$，以及离散傅里叶变换 $X(k)$。三种变换都与序列 $x(n)$之间存在一一对应的关系。这就是说，只要知道三种变换中的任一变换 $X(z)$、$X(e^{j\omega})$或 $X(k)$，就可求得原序列 $x(n)$。既然三种变换源于同一有限长序列 $x(n)$，那么它们之间必然存在着相互联系。下面分析有限长序列的离散傅里叶变换 $X(k)$与该序列的 Z 变换 $X(z)$及离散时间傅里叶变换 $X(e^{j\omega})$之间的相互关系。

1) 由序列的 Z 变换或 DTFT 表示序列的 DFT

设序列 $x(n)$的长度为 N，其 Z 变换为

$$X(z)=\mathrm{ZT}[x(n)]=\sum_{n=0}^{N-1}x(n)z^{-n}$$

收敛域为 $0<|z|\leqslant\infty$。而 $x(n)$的 DFT 为

$$X(k)=\mathrm{DFT}[x(n)]=\sum_{n=0}^{N-1}x(n)W_N^{kn}$$

$$=\sum_{n=0}^{N-1}x(n)e^{-j(2\pi/N)kn},\quad 0\leqslant k\leqslant N-1$$

比较上面两式，可得序列的 DFT 与 Z 变换之间的关系为

$$X(k)=X(z)\Big|_{z=e^{j\frac{2\pi}{N}k}},\quad 0\leqslant k\leqslant N-1 \tag{4.3.10}$$

序列 $x(n)$的 DTFT 为

$$X(e^{j\omega})=\mathrm{DTFT}[x(n)]=\sum_{n=0}^{N-1}x(n)e^{-j\omega n}$$

因此，又有序列的 DFT 与 DTFT 之间的关系为

$$X(k)=X(e^{j\omega})\Big|_{\omega=\frac{2\pi}{N}k},\quad 0\leqslant k\leqslant N-1 \tag{4.3.11}$$

(4.3.10)式表明，序列 $x(n)$的 N 点离散傅里叶变换 $X(k)(0\leqslant k\leqslant N-1)$是 $x(n)$的 Z 变换在单位圆上的 N 点等间隔采样；(4.3.11)式则说明 $X(k)(0\leqslant k\leqslant N-1)$是 $x(n)$的离散时间傅里叶变换 $X(e^{j\omega})$在$[0,2\pi)$区间上的 N 点等间隔采样，采样间隔为 $2\pi/N$。大家知道，序列 $x(n)$的 $X(e^{j\omega})$是该序列的频谱函数，而序列$x(n)$在单位圆上的 Z 变换就是序列的离散时间傅里叶变换 $X(e^{j\omega})$。所以序列 $x(n)$的离散傅里叶变换 $X(k)(0\leqslant k\leqslant N-1)$实质上是对序列频谱函数的等间隔离散抽取，称为频域采样，这就是序列的离散傅里叶变换的物理意义。由此显而易见，DFT 的变换区间长度 N 不同，表示对 $X(z)$在单位圆上，或对 $X(e^{j\omega})$在$[0,2\pi)$区间上的采样间隔和采样点数不同，因而 DFT 的变换结果不同。

现在说明 DFT 的变换区间长度要等于或大于有限长序列的长度的原因。这

是因为，若 DFT 的变换区间长度小于序列 $x(n)$的长度，所变换的时间序列就不是序列 $x(n)$；当 DFT 的变换区间长度大于序列 $x(n)$的长度时，等效于对序列 $x(n)$后补零增加其长度，根据序列 Z 变换的定义和序列 DTFT 的定义，这不会改变序列的频谱特性，只是增加了单位圆上或$[0,2\pi)$区间上的采样点数。

2）由序列的 DFT 表示序列的 Z 变换或 DTFT——频域采样定理

前面已讨论，有限长序列 $x(n)$的离散傅里叶变换 $X(k)(0\leqslant k\leqslant N-1)$可以由其 Z 变换 $X(z)$在单位圆上的等间隔采样表示，也可以由其 DTFT 的 $X(e^{j\omega})$在$[0,2\pi)$区间上的等间隔采样表示。反过来，有限长序列的 Z 变换 $X(z)$，或其 DTFT 的 $X(e^{j\omega})$也可以由它的 DFT $X(k)(0\leqslant k\leqslant N-1)$唯一表示。这是因为由 $X(k)(0\leqslant k\leqslant N-1)$可以经 IDFT 得到原序列 $x(n)(0\leqslant n\leqslant N-1)$，对序列 $x(n)$进行 Z 变换即可得到 $X(z)$，而对序列 $x(n)$进行 DTFT 就可以得到 $X(e^{j\omega})$。这也表明，当长度为 N 的有限长序列 $x(n)$的 Z 变换在单位圆上的 N 个等间隔采样值（即 $X(k)(0\leqslant k\leqslant N-1)$）确定后，$x(n)$的 Z 变换在整个 z 平面的取值也就随之确定。下面推导利用 $X(k)$直接表示序列 Z 变换 $X(z)$的关系式。类似地也可以导出用 $X(k)$表示 $X(e^{j\omega})$的关系式。

$$X(z)=\sum_{n=0}^{N-1}x(n)z^{-n}=\sum_{n=0}^{N-1}\left[\frac{1}{N}\sum_{k=0}^{N-1}X(k)W_N^{-kn}\right]z^{-n}$$

交换求和次序得

$$\begin{aligned}X(z)&=\frac{1}{N}\sum_{k=0}^{N-1}X(k)\left[\sum_{n=0}^{N-1}W_N^{-kn}z^{-n}\right]\\&=\frac{1}{N}\sum_{k=0}^{N-1}X(k)\left[\sum_{n=0}^{N-1}(W_N^{-k}z^{-1})^n\right]\\&=\frac{1}{N}\sum_{k=0}^{N-1}X(k)\frac{1-W_N^{-Nk}z^{-N}}{1-W_N^{-k}z^{-1}}\end{aligned}$$

由于 $W_N^{-Nk}=1$，故有

$$X(z)=\frac{1-z^{-N}}{N}\sum_{k=0}^{N-1}\frac{X(k)}{1-W_N^{-k}z^{-1}}\tag{4.3.12}$$

(4.3.12)式称为用 $X(k)$表示 $X(z)$的内插公式，它表明有限长序列 $x(n)$的 Z 变换 $X(z)$不仅可以通过对 $x(n)$做 Z 变换得到，也可以由序列的 DFT 的 $X(k)$表示。

令

$$\varphi_k(z)=\frac{1}{N}\frac{1-z^{-N}}{1-W_N^{-k}z^{-1}}\tag{4.3.13}$$

则用 $X(k)$表示 $X(z)$的内插公式可写成

$$X(z)=\sum_{k=0}^{N-1}X(k)\varphi_k(z)\tag{4.3.14}$$

式中，(4.3.13)式所示的 $\varphi_k(z)$ 被称为内插函数。

当 $z=e^{j\omega}$ 时，(4.3.13)式和(4.3.14)式就变成为 $x(n)$ 的离散时间傅里叶变换 $X(e^{j\omega})$ 用 $X(k)$ 表示的内插函数和内插公式，即

$$\varphi_k(\omega)=\frac{1}{N}\frac{1-e^{-j\omega N}}{1-e^{-j(\omega-2\pi k/N)}} \tag{4.3.15}$$

和

$$X(e^{j\omega})=\sum_{k=0}^{N-1}X(k)\varphi_k(\omega) \tag{4.3.16}$$

进一步化简，可得内插公式和内插函数

$$X(e^{j\omega})=\sum_{k=0}^{N-1}X(k)\varphi\left(\omega-\frac{2\pi}{N}k\right) \tag{4.3.17}$$

和

$$\varphi(\omega)=\frac{1}{N}\frac{\sin(\omega N/2)}{\sin(\omega/2)}e^{-j\omega\left(\frac{N-1}{2}\right)} \tag{4.3.18}$$

根据内插公式，可以由 N 个频率点上的离散值 $X(k)(0\leqslant k\leqslant N-1)$，求得频域内所有频率点上的信号频谱函数 $X(e^{j\omega})$。

例 4.3.1　设序列 $x(n)=R_4(n)$，分别求 $x(n)$ 的 4 点、8 点和 16 点 DFT。

解　设变换区间 $N=4$，则

$$\begin{aligned}X(k)&=\sum_{n=0}^{3}x(n)W_4^{kn}=\sum_{n=0}^{3}e^{-j\frac{2\pi}{4}kn}\\&=1+e^{-j\frac{2\pi}{4}k}+e^{-j\frac{2\pi}{4}2k}+e^{-j\frac{2\pi}{4}3k}\\&=\frac{1-e^{-j\frac{2\pi}{4}4k}}{1-e^{-j\frac{2\pi}{4}k}}\\&=\frac{e^{-j\frac{2\pi}{4}\frac{4}{2}k}e^{j\frac{2\pi}{4}\frac{4}{2}k}-e^{-j\frac{2\pi}{4}\frac{4}{2}k}e^{-j\frac{2\pi}{4}\frac{4}{2}k}}{e^{-j\frac{2\pi}{4}\frac{1}{2}k}e^{j\frac{2\pi}{4}\frac{1}{2}k}-e^{-j\frac{2\pi}{4}\frac{1}{2}k}e^{-j\frac{2\pi}{4}\frac{1}{2}k}}\\&=e^{-j\frac{3\pi}{4}k}\frac{\sin(\pi k)}{\sin\left(\frac{\pi}{4}k\right)},\quad 0\leqslant k\leqslant 3\end{aligned}$$

设变换区间 $N=8$（序列 $x(n)=R_4(n)$ 后补 4 个零）

$$\begin{aligned}X(k)&=\sum_{n=0}^{7}x(n)W_8^{kn}=\sum_{n=0}^{3}e^{-j\frac{2\pi}{8}kn}\\&=e^{-j\frac{3\pi}{8}k}\frac{\sin\left(\frac{\pi}{2}k\right)}{\sin\left(\frac{\pi}{8}k\right)},\quad 0\leqslant k\leqslant 7\end{aligned}$$

设变换区间 $N=16$（序列 $x(n)=R_4(n)$ 后补 12 个零），则

$$X(k)=\sum_{n=0}^{15}x(n)W_{16}^{kn}=\sum_{n=0}^{3}\mathrm{e}^{-\mathrm{j}\frac{2\pi}{16}kn}$$

$$=\mathrm{e}^{-\mathrm{j}\frac{3\pi}{16}k}\frac{\sin\left(\frac{\pi}{4}k\right)}{\sin\left(\frac{\pi}{16}k\right)},\quad 0\leqslant k\leqslant 15$$

图 4.3.1 示出了本例中变换区间长度 N 分别取 4、8 和 16 时，$X(k)$的幅频特性曲线，同时，为了说明 $X(k)$是对 $X(\mathrm{e}^{\mathrm{j}\omega})$在$[0,2\pi)$区间上的 N 点等间隔采样，图中还示出了 $X(\mathrm{e}^{\mathrm{j}\omega})$的幅频特性曲线。

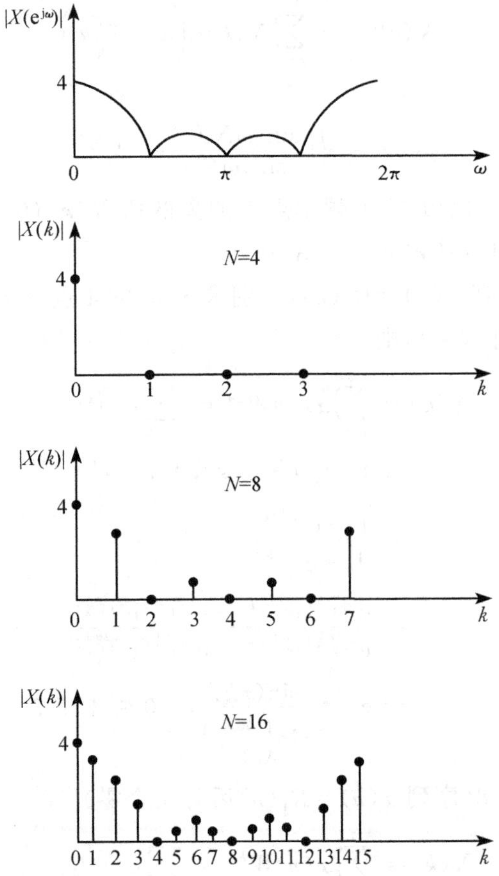

图 4.3.1　$x(n)=R_4(n)$的 DFT 及其与 DTFT 的关系

比较图 4.3.1 所示结果可见，在有限长序列后补零，不会增加任何信息，补零前后两个序列对应的 DTFT 完全一样，但补零前后两个序列对应的 DFT 却存在明显差别。从信号表示的角度，对于长度为 N 的时域序列 $x(n)$，可由其 N 点

DFT 对应的频域序列 $X(k)$唯一表示，$X(k)$是序列 $x(n)$的离散时间傅里叶变换 $X(e^{j\omega})$在$[0,2\pi)$区间上的 N 点等间隔采样。但从信号频谱分析的角度，在序列 $x(n)$后补零增加其长度，所对应的离散傅里叶变换 $X(k)$则可以从 $X(e^{j\omega})$的$[0,2\pi)$区间上获得更多的采样值，从而由 $X(k)$观察到 $X(e^{j\omega})$更多的细节。

例 4.3.2 已知复序列 $x(n)=\{1+j2,2+j2,j,1+j\}$，利用 DFT 的矩阵方程，求该复序列的 4 点 DFT。

解 由 DFT 的矩阵方程

$$\boldsymbol{X}=\boldsymbol{W}_N\boldsymbol{x}$$

式中

$$\boldsymbol{x}=\begin{bmatrix}1+j2\\2+j2\\j\\1+j\end{bmatrix},\quad \boldsymbol{X}=\begin{bmatrix}X(0)\\X(1)\\X(2)\\X(3)\end{bmatrix}$$

$$\boldsymbol{W}_N=\begin{bmatrix}1&1&1&1\\1&W_4^1&W_4^2&W_4^3\\1&W_4^2&W_4^4&W_4^6\\1&W_4^3&W_4^6&W_4^9\end{bmatrix}=\begin{bmatrix}1&1&1&1\\1&-j&-1&j\\1&-1&1&-1\\1&j&-1&-j\end{bmatrix}$$

则可求得

$$\begin{bmatrix}X(0)\\X(1)\\X(2)\\X(3)\end{bmatrix}=\begin{bmatrix}1&1&1&1\\1&-j&-1&j\\1&-1&1&-1\\1&j&-1&-j\end{bmatrix}\begin{bmatrix}1+j2\\2+j2\\j\\1+j\end{bmatrix}=\begin{bmatrix}4+6j\\2\\-2\\j2\end{bmatrix}$$

计算 DFT 和 IDFT 经常采用其快速算法，DFT 的快速算法称为 FFT(快速离散傅里叶变换)，IDFT 的快速算法称为 IFFT(快速离散傅里叶逆变换)。在变换长度相同的条件下，DFT 与 FFT、IDFT 与 IFFT 的计算结果完全相同，但 FFT 和 IFFT 的计算量分别比 DFT 和 IDFT 小，FFT 和 IFFT 算法将在第 5 章中介绍。

Matlab 提供了计算 FFT 的函数 fft，以及计算 IFFT 的函数 ifft，其调用格式为

```
X = fft(x,N)
x = ifft(X,N)
```

其中，x 是时间序列向量，X 是 x 的 FFT 变换向量，N 是变换长度。在 N 缺省的情况下，函数将变换长度自动选择为向量 x(FFT 变换)或 X(IFFT 变换)的长度。如果 x 的长度小于 N，则函数自动在 x 的末端补零，将 x 的长度扩展为 N 后再做变换；如果 x 的长度大于 N，则函数自动将 x 截短成为长度为 N 的向量后再做变换。

例 4.3.1 的 Matlab 程序如下：

```
x = [1,1,1,1];N = 8;
```

```
X = fft(x,N)   % x 的 8 点 FFT
x = ifft(X,N)  % X 的 8 点 IFF
```

运行结果如下：

```
X = [4.0000,1.0000 - j2.4142,0,1.0000 - j0.4142,0,1.0000 + j0.4142,0,1.0000 +
   j2.4142]
x = [1,1,1,1,0,0,0,0]
```

例 4.3.2 的 Matlab 程序如下：

```
%例 4.3.2 程序
x = [1 + 2i,2 + 2i,i,1 + i];
X = fft(x,4)
```

运行结果如下：

```
X = [4.0000 + j6.0000,2.0000, - 2.0000,j2.0000]
```

4.4 离散傅里叶变换的隐含周期性和性质

DFT 有许多有用的性质。这些性质类似于 4.2.2 节所讨论的周期序列的 DFS 的性质，其中多数性质起因于 DFT 表示式中隐含的周期性。

4.4.1 离散傅里叶变换的隐含周期性

在(4.3.4)式和(4.3.5)式的 DFT 变换对中，$x(n)$和 $X(k)$均是长度为 N 的有限长序列，但由于 W_N^{kn} 的周期性，使变换对中的 $X(k)$隐含周期性，且周期均为 N。对任意的整数 l，总有

$$W_N^k = W_N^{(k+lN)}, \quad k、l、N \text{ 均为整数}$$

所以(4.3.4)式中，$X(k)$满足

$$X(k+lN) = \sum_{n=0}^{N-1} x(n) W_N^{(k+lN)n} = \sum_{n=0}^{N-1} x(n) W_N^{kn} = X(k), \quad 0 \leqslant k \leqslant N-1 \tag{4.4.1}$$

即 $X(k)$隐含周期性。

类似地，在(4.3.5)式中，$x(n)$满足

$$x(n+lN) = \frac{1}{N}\sum_{k=0}^{N-1} X(k) W_N^{-k(n+lN)} = \frac{1}{N}\sum_{k=0}^{N-1} X(k) W_N^{-kn} = x(n), \quad 0 \leqslant n \leqslant N-1 \tag{4.4.2}$$

在涉及 DFT 关系的场合，有限长序列总是表示成周期序列的主值序列。

4.4.2　离散傅里叶变换的性质和定理

下面讨论 DFT 的主要性质和定理。

1) 线性

设 $x(n)$ 和 $y(n)$ 都是长度为 N 的有限长序列，它们各自的 DFT 分别为 $X(k)$ 和 $Y(k)$，则

$$\mathrm{DFT}[ax(n)+by(n)]=aX(k)+bY(k),\quad 0\leqslant k\leqslant N-1 \tag{4.4.3}$$

式中，a、b 为常数。

2) 循环移位定理

(1) 序列的循环移位。

设 $x(n)$ 是长度为 N 的有限长序列，则 $x(n)$ 的循环移位（circular shift）定义为

$$f(n)=x((n+n_0))_N R_N(n) \tag{4.4.4}$$

(4.4.4)式表明，为实现 $x(n)$ 的循环移位，将 $x(n)$ 以 N 为周期进行周期延拓得到 $\tilde{x}(n)=x((n))_N$；再将 $\tilde{x}(n)$ 左移 n_0 位得到 $\tilde{x}(n+n_0)$；最后取 $\tilde{x}(n+n_0)$ 的主值序列则得到长度为 N 的有限长序列 $x(n)$ 的循环移位序列 $f(n)$。$x(n)$ 及其循环移位过程如图 4.4.1 所示。显然，循环移位序列 $f(n)$ 仍是长度为 N 的有限长序列。观察图 4.4.1 可见，循环移位的实质是将 $x(n)$ 左移 n_0 位，而移出主值区间（$0\leqslant n\leqslant N-1$）的序列值又依次从右侧进入主值区间。循环移位就是由此而得名。

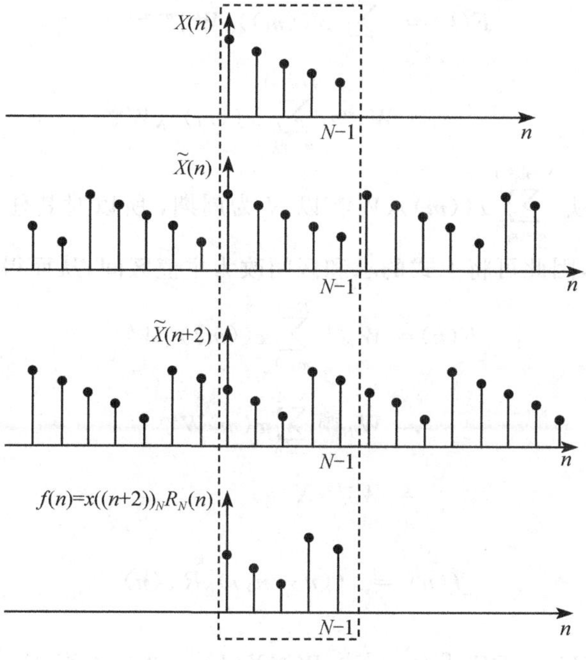

图 4.4.1　循环移位过程示意图（$N=5$，$n_0=2$）

类似地，我们也可以完成

$$f(n) = x((n - n_0))_N R_N(n) \tag{4.4.5}$$

的循环移位，它是将从右侧移出主值区间的序列又依次从左侧进入主值区间来实现的。

(2) 时域循环移位定理。

设 $x(n)$ 是长度为 N 的有限长序列，$f(n)$ 为 $x(n)$ 的循环移位，即

$$f(n) = x((n + n_0))_N R_N(n)$$

则

$$F(k) = \text{DFT}[f(n)] = W_N^{-kn_0} X(k), \quad 0 \leqslant k \leqslant N-1 \tag{4.4.6}$$

式中

$$X(k) = \text{DFT}[x(n)], \quad 0 \leqslant k \leqslant N-1$$

称为时域循环移位定理。

证明

$$\begin{aligned} F(k) &= \text{DFT}[f(n)] \\ &= \sum_{n=0}^{N-1} x((n+n_0))_N R_N(n) W_N^{kn} \\ &= \sum_{n=0}^{N-1} x((n+n_0))_N W_N^{kn} \end{aligned}$$

令 $n + n_0 = m$，则有

$$\begin{aligned} F(k) &= \sum_{m=n_0}^{N+n_0-1} x((m))_N W_N^{k(m-n_0)} \\ &= W_N^{-kn_0} \sum_{m=n_0}^{N+n_0-1} x((m))_N W_N^{km} \end{aligned}$$

由于上式中求和项 $\sum\limits_{m=n_0}^{N+n_0-1} x((m))_N W_N^{km}$ 以 N 为周期，所以对其任意一个整周期上的求和结果相同，因此可将上式的求和区间改为主值区间，从而得

$$\begin{aligned} F(k) &= W_N^{-kn_0} \sum_{m=0}^{N-1} x((m))_N W_N^{km} \\ &= W_N^{-kn_0} \sum_{m=0}^{N-1} x(m) W_N^{km} \\ &= W_N^{-kn_0} X(k) \end{aligned}$$

类似地，若

$$f(n) = x((n - n_0))_N R_N(n)$$

则

$$F(k) = \text{DFT}[f(n)] = W_N^{kn_0} X(k), \quad 0 \leqslant k \leqslant N-1 \tag{4.4.7}$$

(3) 频域循环移位定理。

如果

$$X(k) = \mathrm{DFT}[x(n)], \quad 0 \leqslant k \leqslant N-1$$
$$F(k) = X((k+l))_N R_N(k)$$

则

$$f(n) = \mathrm{IDFT}[F(k)] = W_N^{ln} x(n), \quad 0 \leqslant n \leqslant N-1 \tag{4.4.8}$$

称为频域循环移位定理。

若

$$F(k) = X((k-l))_N R_N(k)$$

则

$$f(n) = \mathrm{IDFT}[F(k)] = W_N^{-ln} x(n), \quad 0 \leqslant n \leqslant N-1 \tag{4.4.9}$$

频域循环移位定理的证明,类似于时域循环移位定理的证明,直接对 $F(k)=X((k+l))_N R_N(k)$进行 IDFT 即得证,请读者自己完成。

3) 循环卷积定理

(1) 时域循环卷积定理。

设长度分别为 N_1 和 N_2 的有限长序列为 $x(n)$和 $y(n)$,取 $N \geqslant \max[N_1, N_2]$,则 $x(n)$和 $y(n)$的 N 点 DFT 分别为

$$X(k) = \mathrm{DFT}[x(n)], \quad 0 \leqslant k \leqslant N-1$$
$$Y(k) = \mathrm{DFT}[y(n)], \quad 0 \leqslant k \leqslant N-1$$

如果

$$F(k) = X(k)Y(k), \quad 0 \leqslant k \leqslant N-1 \tag{4.4.10}$$

则

$$f(n) = \mathrm{IDFT}[F(k)] = \sum_{m=0}^{N-1} x(m) y((n-m))_N R_N(n) \tag{4.4.11a}$$

或

$$f(n) = \mathrm{IDFT}[F(k)] = \sum_{m=0}^{N-1} y(m) x((n-m))_N R_N(n) \tag{4.4.11b}$$

称(4.4.11a)式或(4.4.11b)式所表示的运算为 $x(n)$和 $y(n)$的时域循环卷积(circular convolution in time),简记为

$$\begin{aligned} f(n) &= x(n) \circledast y(n) \\ &= y(n) \circledast x(n) \end{aligned} \tag{4.4.12}$$

(4.4.11)式所示的 $x(n)$和 $y(n)$的时域循环卷积对应着(4.4.10)式所示的 $X(k)$和$Y(k)$的频域相乘,称为时域循环卷积定理。

证明　直接对(4.4.11a)式两端进行 DFT,则有

$$
\begin{aligned}
F(k) &= \mathrm{DFT}[f(n)] \\
&= \sum_{n=0}^{N-1}\Big[\sum_{m=0}^{N-1} x(m)y((n-m))_N R_N(n)\Big]W_N^{kn} \\
&= \sum_{m=0}^{N-1} x(m)\sum_{n=0}^{N-1} y((n-m))_N W_N^{kn}
\end{aligned}
$$

令 $n-m=n'$，则有

$$
\begin{aligned}
F(k) &= \sum_{m=0}^{N-1} x(m)\sum_{n'=-m}^{N-1-m} y((n'))_N W_N^{k(n'+m)} \\
&= \sum_{m=0}^{N-1} x(m)W_N^{km}\sum_{n'=-m}^{N-1-m} y((n'))_N W_N^{kn'}
\end{aligned}
$$

因为上式中 $y((n'))_N W_N^{kn'}$ 是以 N 为周期的，所以对其在任意一个整周期求和结果相同。因此

$$
\begin{aligned}
F(k) &= \sum_{m=0}^{N-1} x(m)W_N^{km}\sum_{n'=0}^{N-1} y(n')W_N^{kn'} \\
&= X(k)Y(k), \quad 0 \leqslant k \leqslant N-1
\end{aligned}
$$

因为

$$F(k) = \mathrm{DFT}[f(n)] = X(k)Y(k) = Y(k)X(k), \quad 0 \leqslant k \leqslant N-1$$

所以

$$f(n) = \mathrm{IDFT}[F(k)] = x(n) \circledast y(n) = y(n) \circledast x(n), \quad 0 \leqslant n \leqslant N-1$$

(4.4.11a)式或(4.4.11b)式所示的 $x(n)$ 和 $y(n)$ 的时域循环卷积，可以看作是周期序列 $\tilde{x}(n)$ 与 $\tilde{y}(n)$ 做周期卷积后取其主值序列，即

$$
\begin{aligned}
f(n) &= \Big[\sum_{m=0}^{N-1} \tilde{x}(m)\tilde{y}(n-m)\Big]R_N(n) \\
&= \Big[\sum_{m=0}^{N-1} x((m))_N y((n-m))_N\Big]R_N(n)
\end{aligned}
$$

对于 $0 \leqslant m \leqslant N-1$，$x((m))_N = x(m)$，因此

$$f(n) = \Big[\sum_{m=0}^{N-1} x(m)y((n-m))_N\Big]R_N(n)$$

同理，也可以证明

$$
\begin{aligned}
f(n) &= \Big[\sum_{m=0}^{N-1} \tilde{y}(m)\tilde{x}(n-m)\Big]R_N(n) \\
&= \Big[\sum_{m=0}^{N-1} y(m)x((n-m))_N\Big]R_N(n)
\end{aligned}
$$

(4.4.11a)式的时域循环卷积过程如图 4.4.2 所示。时域循环卷积过程中，求和变量 m、n 为参变量。先将 $y(m)$ 周期化，形成 $y((m))_N$，再翻转形成 $y((-m))_N$，

取其主值序列则得到 $y((-m))_N R_N(m)$，通常称之为 $y(m)$ 的循环翻转；对 $y(m)$ 的循环翻转序列循环移位 n，形成 $y((n-m))_N R_N(m)$。当 $n=0,1,\cdots,N-1$ 时，分别将 $x(m)$ 与 $y((n-m))_N R_N(m)$ 相乘，并对 m 在 $0\sim(N-1)$ 区间上求和，便得到 $x(n)$ 和 $y(n)$ 的时域循环卷积 $f(n)$。

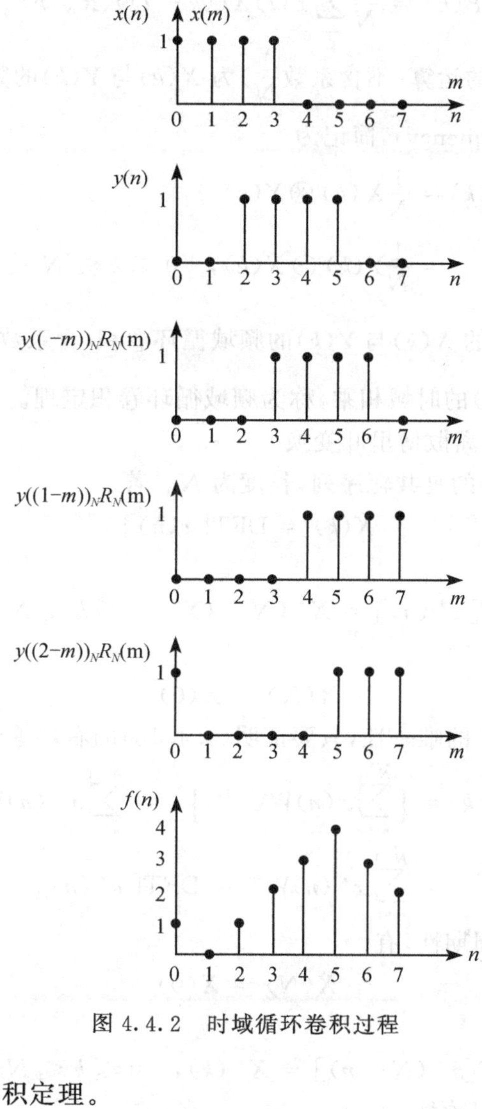

图 4.4.2　时域循环卷积过程

(2) 频域循环卷积定理。

利用时域和频域离散傅里叶变换的对偶性可以得到，如果

$$f(n) = x(n)y(n),\quad 0 \leqslant n \leqslant N-1 \tag{4.4.13}$$

则

$$F(k)=\mathrm{DFT}[f(n)]$$

$$=\frac{1}{N}\sum_{l=0}^{N-1}X(l)Y((k-l))_N R_N(k) \tag{4.4.14a}$$

或

$$F(k)=\frac{1}{N}\sum_{l=0}^{N-1}Y(l)X((k-l))_N R_N(k) \tag{4.4.14b}$$

称(4.4.14)式所表示的运算(不含系数$\frac{1}{N}$)为 $X(k)$与 $Y(k)$的频域循环卷积(circular convolution in frequency),简记为

$$F(k)=\frac{1}{N}X(k) ⊛ Y(k)$$

$$=\frac{1}{N}Y(k) ⊛ X(k),\quad 0\leqslant k\leqslant N-1 \tag{4.4.15}$$

(4.4.14)式所示的 $X(k)$与 $Y(k)$的频域循环卷积(含系数$\frac{1}{N}$)对应着(4.4.13)式所示的 $x(n)$与 $y(n)$的时域相乘,称为频域循环卷积定理。

4) 复共轭序列的离散傅里叶变换

设 $x^*(n)$是 $x(n)$的复共轭序列,长度为 N。若

$$X(k)=\mathrm{DFT}[x(n)]$$

则

$$\mathrm{DFT}[x^*(n)]=X^*(N-k),\quad 0\leqslant k\leqslant N-1 \tag{4.4.16}$$

且

$$X(N)=X(0)$$

证明 根据 DFT 的唯一性,只要证明(4.4.16)的右端等于左端即可,这样

$$X^*(N-k)=\left[\sum_{n=0}^{N-1}x(n)W_N^{(N-k)n}\right]^*=\sum_{n=0}^{N-1}x^*(n)W_N^{-(N-k)n}$$

$$=\sum_{n=0}^{N-1}x^*(n)W_N^{kn}=\mathrm{DFT}[x^*(n)]$$

又由于 $X(k)$的隐含周期性,有

$$X(N)=X(0)$$

同样的方法可以证明

$$\mathrm{DFT}[x^*(N-n)]=X^*(k),\quad 0\leqslant k\leqslant N-1 \tag{4.4.17}$$

5) DFT 的共轭对称性

在 3.2.2 节中,我们详细讨论了序列离散时间傅里叶变换的对称性,那里的对称性是指关于坐标原点的纵坐标的对称性。离散傅里叶变换也有类似的对称性,但在离散傅里叶变换中涉及的序列 $x(n)$及其离散傅里叶变换 $X(k)$均为有限长序

列，其定义区间为 0 到 $N-1$，所以这里的对称性是指关于 $N/2$ 点的对称性。下面讨论离散傅里叶变换的共轭对称性质。

(1) 有限长共轭对称序列和共轭反对称序列。

为了区别于序列的离散时间傅里叶变换中所定义的共轭对称序列和共轭反对称序列，下面用 $x_{ep}(n)$ 和 $x_{op}(n)$ 分别表示长度为 N 的有限长共轭对称序列和共轭反对称序列。

共轭对称序列 $x_{ep}(n)$ 和共轭反对称序列 $x_{op}(n)$ 分别满足如下定义式：

$$x_{ep}(n) = x_{ep}^{*}(N-n), \quad 0 \leqslant n \leqslant N-1 \tag{4.4.18}$$

$$x_{op}(n) = -x_{op}^{*}(N-n), \quad 0 \leqslant n \leqslant N-1 \tag{4.4.19}$$

当 N 为偶数时，将上面式中的 n 换成 $\frac{N}{2}-n$，可得到

$$x_{ep}\left(\frac{N}{2}-n\right) = x_{ep}^{*}\left(\frac{N}{2}+n\right), \quad 0 \leqslant n \leqslant \frac{N}{2}-1$$

$$x_{op}\left(\frac{N}{2}-n\right) = -x_{op}^{*}\left(\frac{N}{2}+n\right), \quad 0 \leqslant n \leqslant \frac{N}{2}-1$$

该式更清楚地说明了有限长序列共轭对称性的含义，如图 4.4.3 所示。图中 * 表示对应点序列取共轭后的值。

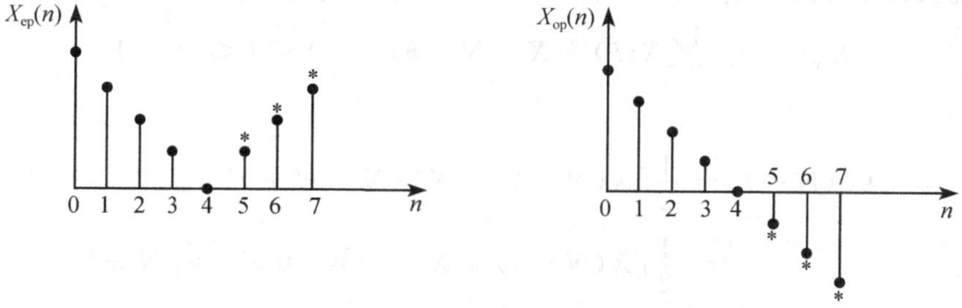

图 4.4.3　共轭对称序列与共轭反对称序列

如果构造序列 $x(n)$ 的共轭对称序列和共轭反对称序列分别为

$$x_{ep}(n) = \frac{1}{2}[x(n) + x^{*}(N-n)] \tag{4.4.20}$$

和

$$x_{op}(n) = \frac{1}{2}[x(n) - x^{*}(N-n)] \tag{4.4.21}$$

则可得到，任意有限长序列 $x(n)$ 都可表示成其共轭对称序列和共轭反对称序列之和，即

$$x(n) = x_{ep}(n) + x_{op}(n), \quad 0 \leqslant n \leqslant N-1 \tag{4.4.22}$$

(2) DFT 的共轭对称性。

① 如果

$$x(n) = x_r(n) + jx_i(n), \quad 0 \leqslant n \leqslant N-1 \tag{4.4.23}$$

式中

$$x_r(n) = \mathrm{Re}[x(n)] = \frac{1}{2}[x(n) + x^*(n)]$$

$$jx_i(n) = j\mathrm{Im}[x(n)] = \frac{1}{2}[x(n) - x^*(n)]$$

那么,由(4.4.16)式和(4.4.20)式可得

$$\begin{aligned}\mathrm{DFT}[x_r(n)] &= \frac{1}{2}[X(k) + X^*(N-k)] \\ &= X_{ep}(k), \quad 0 \leqslant k \leqslant N-1\end{aligned} \tag{4.4.24}$$

$X_{ep}(k)$称为 $X(k)$的共轭对称分量。同理,又由(4.4.16)式和(4.4.21)式可得

$$\begin{aligned}\mathrm{DFT}[jx_i(n)] &= \frac{1}{2}[X(k) - X^*(N-k)] \\ &= X_{op}(k), \quad 0 \leqslant k \leqslant N-1\end{aligned} \tag{4.4.25}$$

$X_{op}(k)$称为 $X(k)$的共轭反对称分量。由 DFT 的线性性质可得

$$X(k) = \mathrm{DFT}[x(n)] = X_{ep}(k) + X_{op}(k), \quad 0 \leqslant k \leqslant N-1 \tag{4.4.26}$$

现在,再来讨论 $X_{ep}(k)$和 $X_{op}(k)$本身的一些对称性质。由于

$$X_{ep}(k) = \frac{1}{2}[X(k) + X^*(N-k)], \quad 0 \leqslant k \leqslant N-1$$

因此

$$\begin{aligned}X_{ep}(N-k) &= \frac{1}{2}[X(N-k) + X^*(N-N+k)] \\ &= \frac{1}{2}[X(N-k) + X^*(k)], \quad 0 \leqslant k \leqslant N-1\end{aligned}$$

从而有

$$X_{ep}(k) = X_{ep}^*(N-k), \quad 0 \leqslant k \leqslant N-1 \tag{4.4.27}$$

这表明 $X_{ep}(k)$存在共轭偶对称特性,这就是将 $X_{ep}(k)$称为 $X(k)$的共轭对称分量的原因。由(4.4.27)式又可得到

$$\begin{aligned}&|X_{ep}(k)| = |X_{ep}(N-k)|, && 0 \leqslant k \leqslant N-1 \\ &\arg[X_{ep}(k)] = -\arg[X_{ep}(N-k)], && 0 \leqslant k \leqslant N-1\end{aligned} \tag{4.4.28}$$

应用类似的方法,可以得到

$$X_{op}(k) = -X_{op}^*(N-k), \quad 0 \leqslant k \leqslant N-1 \tag{4.4.29}$$

这表明,$X_{op}(k)$存在共轭反对称特性,且进而可得

$$\begin{aligned}&\mathrm{Re}[X_{op}(k)] = -\mathrm{Re}[X_{op}(N-k)], && 0 \leqslant k \leqslant N-1 \\ &\mathrm{Im}[X_{op}(k)] = \mathrm{Im}[X_{op}(N-k)], && 0 \leqslant k \leqslant N-1\end{aligned} \tag{4.4.30}$$

② 如果

$$x(n) = x_{ep}(n) + x_{op}(n), \quad 0 \leqslant n \leqslant N-1 \tag{4.4.31}$$

其中

$$x_{ep}(n) = \frac{1}{2}[x(n) + x^*(N-n)]$$

$$x_{op}(n) = \frac{1}{2}[x(n) - x^*(N-n)]$$

分别为 $x(n)$ 的共轭对称序列和共轭反对称序列，那么，由(4.4.17)式得

$$\begin{aligned}\text{DFT}[x_{ep}(n)] &= \frac{1}{2}[X(k) + X^*(k)] \\ &= \text{Re}[X(k)], \quad 0 \leqslant k \leqslant N-1\end{aligned} \tag{4.4.32}$$

和

$$\begin{aligned}\text{DFT}[x_{op}(n)] &= \frac{1}{2}[X(k) - X^*(k)] \\ &= \text{jIm}[X(k)], \quad 0 \leqslant k \leqslant N-1\end{aligned} \tag{4.4.33}$$

它们分别是 $X(k)$ 的实部和虚部乘 j。由 DFT 的线性性质可得

$$X(k) = \text{DFT}[x(n)] = X_R(k) + \text{j}X_I(k), \quad 0 \leqslant k \leqslant N-1 \tag{4.4.34}$$

其中

$$X_R(k) = \text{Re}[X(k)] = \text{DFT}[x_{ep}(n)]$$

$$\text{j}X_I(k) = \text{jIm}[X(k)] = \text{DFT}[x_{op}(n)]$$

综上讨论，可总结出 DFT 的共轭对称性质：如果序列 $x(n)$ 的 DFT 为 $X(k)$，则 $x(n)$ 的实部和虚部乘以 j 的 DFT 分别为 $X(k)$ 的共轭对称分量和共轭反对称分量；而 $x(n)$ 的共轭对称序列和共轭反对称序列的 DFT 分别为 $X(k)$ 的实部和虚部乘以 j。

(3) 实序列的共轭对称性。

设 $x(n)$ 是长度为 N 的实序列，且 $X(k)=\text{DFT}[x(n)]$，则 $X(k)$ 只有共轭对称分量 $X_{ep}(k)$，且具有共轭对称性，即

$$X(k) = X^*(N-k), \quad 0 \leqslant k \leqslant N-1 \tag{4.4.35}$$

利用这一特性，只要求得前一半数目的 $X(k)$，就可以得到另外一半的 $X(k)$，提高了运算效率。具体地说，计算实序列 $x(n)$ 的 N 点 DFT 时，当 N 为偶数时，只需计算前面 $N/2+1$ 点的 $X(k)$，而当 N 为奇数时，只需计算前面 $(N+1)/2$ 点的 $X(k)$。后面各点的 $X(k)$ 可按如下关系式获得。

如果 $x(n)$ 是长度为 N 的实偶对称序列，即

$$x(n) = x(N-n), \quad 0 \leqslant n \leqslant N-1$$

则其 $X(k)$ 也实偶对称，即

$$X(k) = X(N-k), \quad 0 \leqslant k \leqslant N-1 \tag{4.4.36}$$

其证明留作习题。

如果 $x(n)$是长度为 N 的实奇对称序列，即

$$x(n)=-x(N-n),\quad 0\leqslant n\leqslant N-1$$

则其 $X(k)$为纯虚奇对称，即

$$X(k)=-X(N-k),\quad 0\leqslant k\leqslant N-1 \tag{4.4.37}$$

其证明也留作习题。

例 4.4.1 设长度分别为 N_1 和 N_2 的两个有限长实序列为 $x(n)$和 $y(n)$，取 $N\geqslant\max[N_1,N_2]$，试通过计算一个 N 点 DFT，求得 $X(k)$和 $Y(k)$($0\leqslant k\leqslant N-1$)。

解 利用 DFT 的共轭对称性，由 $x(n)$和 $y(n)$构造一个复序列为

$$f(n)=x(n)+\mathrm{j}y(n),\quad 0\leqslant n\leqslant N-1$$

对 $f(n)$做 N 点 DFT，得

$$F(k)=\mathrm{DFT}[f(n)]=F_{\mathrm{ep}}(k)+F_{\mathrm{op}}(k),\quad 0\leqslant k\leqslant N-1$$

其中，$F_{\mathrm{ep}}(k)$和 $F_{\mathrm{op}}(k)$利用 DFT 的对称性得

$$F_{\mathrm{ep}}(k)=\mathrm{DFT}[x(n)]=\frac{1}{2}[F(k)+F^*(N-k)],\quad 0\leqslant k\leqslant N-1$$

$$F_{\mathrm{op}}(k)=\mathrm{DFT}[\mathrm{j}y(n)]=\frac{1}{2}[F(k)-F^*(N-k)],\quad 0\leqslant k\leqslant N-1$$

所以

$$X(k)=\mathrm{DFT}[x(n)]=\frac{1}{2}[F(k)+F^*(N-k)],\quad 0\leqslant k\leqslant N-1$$

$$Y(k)=\mathrm{DFT}[y(n)]=-\mathrm{j}\,\frac{1}{2}[F(k)-F^*(N-k)],\quad 0\leqslant k\leqslant N-1$$

可见，通过做一个 N 点 DFT 获得 $F(k)$后，再按最后两式计算，即可得 $X(k)$和 $Y(k)$。

6) 离散傅里叶变换的选频性

设复序列 $x(n)$是由复指数信号 $x(t)=\mathrm{e}^{\mathrm{j}m\omega_0 t}$采样得到的，即

$$x(n)=\mathrm{e}^{\mathrm{j}m\omega_0 n}$$

其中，m 是一整数。当 $\omega_0=2\pi/N$ 时，上式可以写成

$$x(n)=\mathrm{e}^{\mathrm{j}(2\pi/N)mn},\quad 0\leqslant n\leqslant N-1 \tag{4.4.38}$$

则 $x(n)$的 N 点 DFT 为

$$X(k)=\sum_{n=0}^{N-1}\mathrm{e}^{\mathrm{j}(2\pi/N)(m-k)n},\quad 0\leqslant k\leqslant N-1 \tag{4.4.39}$$

将上式写成闭解形式，得

$$X(k)=\frac{1-\mathrm{e}^{\mathrm{j}2\pi(m-k)}}{1-\mathrm{e}^{\mathrm{j}(2\pi/N)(m-k)}}=\begin{cases}N, & m=k\\ 0, & m\neq k\end{cases} \tag{4.4.40}$$

当输入幅度为 1、频率为 $m\omega_0$ ($\omega_0=2\pi/N$)的复信号时，变换后的 N 个 $X(k)$ ($0\leqslant k\leqslant N-1$)中，只有 $X(k)|_{k=m}=N$，其余皆为零。如果输入信号是若干个不同

频率信号的线性组合，经过 DFT 后，不同频率点上将有一一对应的输出。因此，离散傅里叶变换算法实质上对频率具有选择性。从另一个角度分析，按照(4.4.40)式，对幅度为 1、频率为 $2\pi m/N+2\pi M$(M 为整数)复信号的 N 点 DFT，$X(k)|_{k=m}=N$。因此 N 点 DFT 实现了同频率信号的相参积累。DFT 的频率选择性和同频率信号的相参积累功能在实际工程技术中是十分有用的。

例 4.4.2　求余弦序列

$$x(n)=\cos\left(\frac{2\pi}{N}mn\right),\quad 0\leqslant n\leqslant N-1$$

的 DFT。

解　将余弦序列 $x(n)$ 写成

$$x(n)=\cos\left(\frac{2\pi}{N}mn\right)=\frac{1}{2}(\mathrm{e}^{\mathrm{j}\frac{2\pi}{N}mn}+\mathrm{e}^{-\mathrm{j}\frac{2\pi}{N}mn})$$

则其 DFT 为

$$\begin{aligned}X(k)=\mathrm{DFT}[x(n)]&=\frac{1}{2}\sum_{n=0}^{N-1}(\mathrm{e}^{\mathrm{j}\frac{2\pi}{N}mm}+\mathrm{e}^{-\mathrm{j}\frac{2\pi}{N}mm})W_N^{kn}\\&=\frac{1}{2}[\mathrm{e}^{\mathrm{j}\frac{2\pi}{N}(m-k)n}+\mathrm{e}^{-\mathrm{j}\frac{2\pi}{N}(N-m-k)n}]\\&=\begin{cases}\frac{N}{2}, & m=k,\quad m=N-k\\0, & \text{其他}\end{cases}\end{aligned}$$

7) 帕塞瓦尔定理

根据前面讨论的两个序列相乘的 DFT((4.4.14)式)及复共轭序列的 DFT((4.4.16)式)可以得到

$$\begin{aligned}\mathrm{DFT}[x(n)y^*(n)]&=\sum_{n=0}^{N-1}x(n)y^*(n)W_N^{kn}\\&=\frac{1}{N}\sum_{l=0}^{N-1}X(l)Y^*((N-(k-l)))_NR_N(l)\end{aligned}$$

令 $k=0$，并考虑到 $Y(l)$ 的隐含周期性，得到

$$\sum_{n=0}^{N-1}x(n)y^*(n)=\frac{1}{N}\sum_{l=0}^{N-1}X(l)Y^*(l)$$

将上式中右端的变量 l 用 k 来表示，即得到离散傅里叶变换形式下的帕塞瓦尔定理

$$\sum_{n=0}^{N-1}x(n)y^*(n)=\frac{1}{N}\sum_{k=0}^{N-1}X(k)Y^*(k)\tag{4.4.41}$$

当 $y(n)=x(n)$ 时，即为有限长序列 DFT 形式下的能量公式

$$\sum_{n=0}^{N-1}|x(n)|^2=\frac{1}{N}\sum_{k=0}^{N-1}|X(k)|^2\tag{4.4.42}$$

有限长序列 $x(n)$的 DFT 是正交变换，满足帕塞瓦尔能量守恒定理，反映了序列在时域的能量等于其频域的能量。

例 4.4.3 用序列 $x(n)=\{1,1,0,0\}$验证 DFT 形式下的帕塞瓦尔定理。

解 序列 $x(n)$的 DFT 为

$$X(k)=\sum_{n=0}^{3}x(n)W_4^{kn},\quad 0\leqslant k\leqslant 3$$

计算得到：$X(0)=2,X(1)=1-\mathrm{j},X(2)=0,X(3)=1+\mathrm{j}$。

$$\sum_{n=0}^{3}|x(n)|^2=2$$

$$\frac{1}{4}\sum_{k=0}^{3}|X(k)|^2=\frac{1}{4}(2^2+1^2+1^2+0^2+1^2+1^2)=2$$

恰好满足(4.4.42)式。

4.4.3 离散傅里叶变换性质列表

以上讨论了 DFT 的主要性质，为方便查阅，归纳于表 4.4.1 中。

表 4.4.1 离散傅里叶变换的性质

性　质	长度为 N 的有限长序列	N 点 DFT
隐含周期性	$x(n)$	$X(k+lN)=X(k)$，l 为整数
线性	$ax(n)+by(n)$	$aX(k)+bY(k)$，a、b 为常数
循环移位定理	$x((n+n_0))_N R_N(n)$ $W_N^{ln}x(n)$	$W_N^{-kn_0}X(k)$ $X((k+l))_N R_N(k)$
循环卷积定理	$x(n)\circledast y(n)$ $x(n)y(n)$	$X(k)Y(k)$ $X(k)\circledast Y(k)/N$
复共轭序列	$x^*(n)$ $x^*(N-n)$	$X^*(N-k)$ $X^*(k)$
共轭对称性	$\mathrm{Re}[x(n)]$ $\mathrm{jIm}[x(n)]$ $x_{ep}(n)=[x(n)+x^*(N-n)]/2$ $x_{op}(n)=[x(n)-x^*(N-n)]/2$	$X_{ep}(k)=[X(k)+X^*(N-k)]/2$ $X_{op}(k)=[X(k)-X^*(N-k)]/2$ $\mathrm{Re}[X(k)]$ $\mathrm{jIm}[X(k)]$
实序列对称性 实偶对称序列 实奇对称序列	$x(n)$ $x(n)=x(N-n)$ $x(n)=-x(N-n)$	$X(k)=X^*(N-k)$ $X(k)$为实偶对称，且 $X(k)=X(N-k)$ $X(k)$为纯虚奇对称，且 $X(k)=-X(N-k)$
选频性	$x(n)=e^{j(2\pi/N)mn}$	$X(k)=\begin{cases}N, & m=k\\0, & 其他\end{cases}$
帕塞瓦尔定理	$\sum_{n=0}^{N-1}x(n)y^*(n)=\frac{1}{N}\sum_{k=0}^{N-1}X(k)Y^*(k)$ $\sum_{n=0}^{N-1}\lvert x(n)\rvert^2=\frac{1}{N}\sum_{k=0}^{N-1}\lvert X(k)\rvert^2$	

4.5　离散傅里叶变换的应用

序列的离散傅里叶变换在时域和频域都是离散的，便于数字处理。特别是 DFT 的快速算法 FFT 的出现，大大提高了算法效率，使 DFT 在数字通信、图像处理、雷达信号处理、语音信号处理、功率谱估计、系统分析与仿真、光学，生物医学，地震学，振动工程等各个领域都获得广泛地应用。

4.5.1　利用 DFT 计算序列的线性卷积

线性卷积是离散时间信号处理的重要运算，如离散时间系统的时域响应就是通过系统的输入序列与系统的单位脉冲响应的线性卷积而得到的。但在时域中进行线性卷积效率是很低的。由于序列的 DFT 和 IDFT 都存在快速算法，因而利用 DFT 来实现序列的线性卷积，可以极大地提高计算线性卷积的效率。

如果　$f(n) = x(n) \circledast y(n) = \sum_{m=0}^{N-1} x(m)y((n-m))_N R_N(n)$

且

$$X(k) = \mathrm{DFT}[x(n)], \quad 0 \leqslant k \leqslant N-1$$
$$Y(k) = \mathrm{DFT}[y(n)], \quad 0 \leqslant k \leqslant N-1$$

则由时域循环卷积定理得

$$F(k) = X(k)Y(k), \quad 0 \leqslant k \leqslant N-1$$

从而

$$f(n) = \mathrm{IDFT}[F(k)], \quad 0 \leqslant n \leqslant N-1$$

由此可见，序列 $x(n)$与 $y(n)$的循环卷积既可以在时域直接计算，也可以在频域计算，如图 4.5.1 所示。由于 DFT 和 IDFT 都可以采用快速算法，当 N 很大时，在频域计算的速度要快得多，因而常用 DFT 的快速算法计算序列的循环卷积。

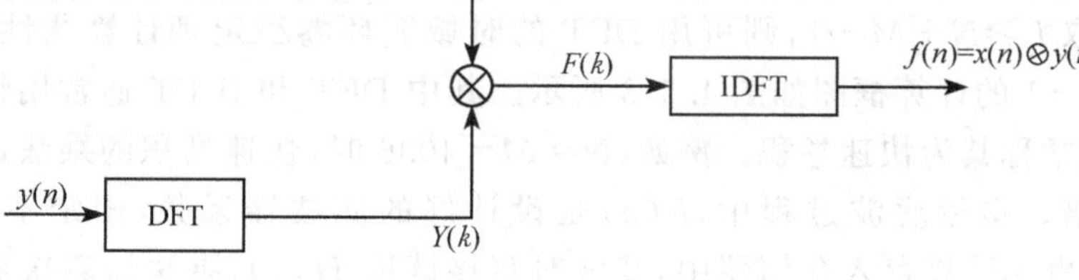

图 4.5.1　用 DFT 计算循环卷积

在实际应用中，通常需要计算两个序列的线性卷积，为了提高计算效率，希望采用具有快速算法的 DFT 来实现。然而，DFT 只能计算循环卷积，因此应寻找出两个序列线性卷积与循环卷积之间的关系以及循环卷积与线性卷积相等的条件。

假设 $h(n)$ 和 $x(n)$ 都是有限长序列，长度分别为 N 和 M。它们的线性卷积和循环卷积分别表示如下：

$$y_1(n)=h(n)*x(n)=\sum_{m=-\infty}^{\infty}h(m)x(n-m)=\sum_{m=0}^{L-1}h(m)x(n-m) \quad (4.5.1)$$

$$y_c(n)=h(n)\circledast x(n)=\sum_{m=0}^{L-1}h(m)x((n-m))_L R_L(n) \quad (4.5.2)$$

式中，$L\geqslant\max[N,M]$，$x((n))_L=\sum\limits_{q=-\infty}^{\infty}x(n+qL)$，所以

$$\begin{aligned}y_c(n)&=\sum_{m=0}^{L-1}h(m)\sum_{q=-\infty}^{\infty}x(n-m+qL)R_L(n)\\&=\sum_{q=-\infty}^{\infty}\sum_{m=0}^{L-1}h(m)x(n-m+qL)R_L(n)\end{aligned} \quad (4.5.3)$$

对照(4.5.1)式可以看出，上式中

$$\sum_{m=0}^{L-1}h(m)x(n+qL-m)=y_1(n+qL)$$

因此

$$y_c(n)=\sum_{q=-\infty}^{\infty}y_1(n+qL)R_L(n) \quad (4.5.4)$$

(4.5.4)式说明，$y_c(n)$ 等于 $y_1(n)$ 以 L 为周期的周期延拓序列的主值序列。我们知道，$y_1(n)$ 的长度为 $N+M-1$，因此只有当循环卷积长度 $L\geqslant N+M-1$ 时，$y_1(n)$ 以 L 为周期进行周期延拓才不会出现混叠现象，此时取其主值序列能够满足 $y_c(n)=y_1(n)$。由此证明了循环卷积等于线性卷积的条件是 $L\geqslant N+M-1$。图 4.5.2 画出了序列 $h(n)$，$x(n)$ 以及 $h(n)*x(n)$ 和 L 分别取 6、8、10 时 $h(n)\circledast x(n)$ 的波形。由于 $h(n)$ 的长度 $N=4$，$x(n)$ 的长度 $M=5$，$N+M-1=8$，所以只有 $L\geqslant 8$ 时，$h(n)\circledast x(n)$ 的波形才与 $h(n)*x(n)$ 相同，即循环卷积才等于线性卷积。

如果取 $L\geqslant N+M-1$，则可用 DFT 的时域循环卷积定理计算线性卷积，取 $L=N+M-1$ 的计算框图如图 4.5.3 所示。其中 DFT 和 IDFT 通常用快速算法来实现，故常称其为快速卷积。例如，$N=M=4096$ 时，快速卷积的乘法运算次数降低 100 倍。实际滤波过程中，$h(n)$ 是设计好的滤波器系数，固定不变，所以 $H(k)$ 可以事先计算存入存储器中，滤波时直接读取 $H(k)$，乘法运算次数又降低了 $0.5L\log_2 L$ 次，计算效率更高。

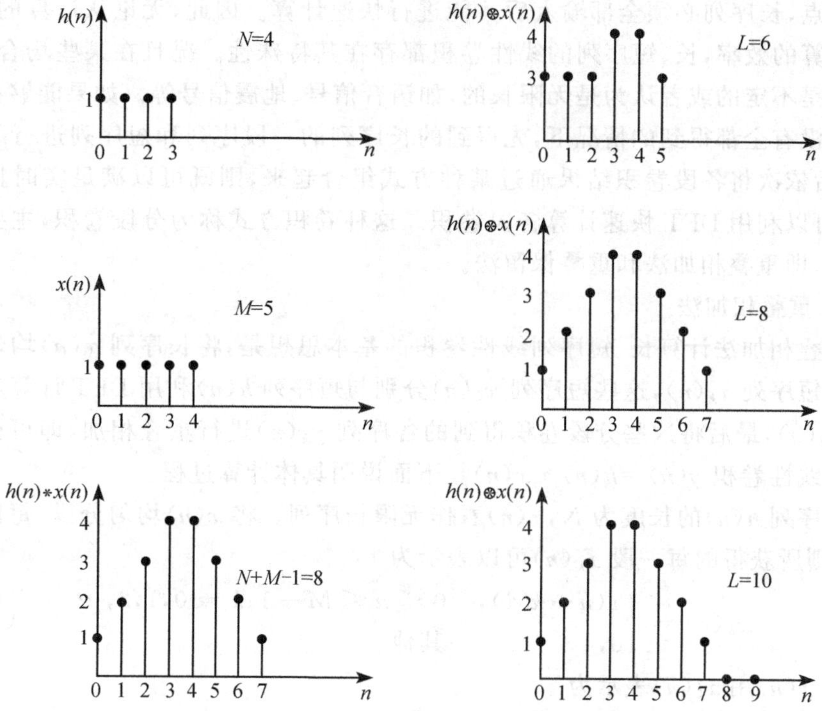

图 4.5.2　$h(n)$与$x(n)$的线性卷积与循环卷积

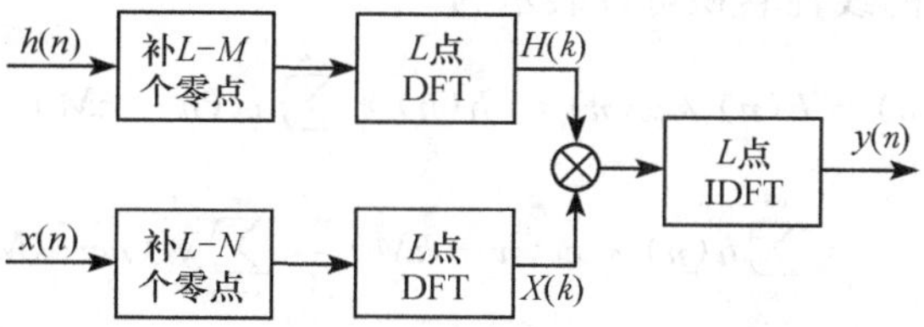

图 4.5.3　用 DFT 计算线性卷积的框图

例如，用图 4.5.3 所示的快速线性卷积算法计算图 4.5.2 的线性卷积，$h(n)$的长度 $N=4$，序列 $x(n)$的长度 $M=5$，DFT 的长度必须满足 $L\geqslant N+M-1=8$，选择 $L=8$，程序如下：

```
h=[1,1,1,1];x=[1,1,1,1,1];
y=ifft(fft(h,8).*fft(x,8))
```

运行结果如下：

```
y=[1,2,3,4,4,3,2,1]
```

实际应用中，经常遇到两个序列的长度相差很大的情况，例如，$M\gg N$。如果取 $L=N+M-1$，以 L 为运算区间，用 DFT 来计算线性卷积，则要求对短序列补很多零点，长序列必须全部输入后才能进行快速计算。因此，无论从运算的时延，还是运算的效率，长、短序列的线性卷积都存在其特殊性。况且在某些场合下，序列长度是不定的或者认为是无限长的，如语音信号、地震信号等。如果能够在长序列数据没有全都得到的情况下，先得到的长序列的一段序列和短序列进行线性卷积，最后依次将各段卷积结果通过某种方式组合起来，则既可以满足实时性的要求，又可以利用 DFT 快速计算各段卷积。这种卷积方式称为分段卷积，主要有两种方法，即重叠相加法和重叠保留法。

1）重叠相加法

重叠相加法计算长、短序列线性卷积的基本思想是，将长序列 $x(n)$ 均匀分段为许多短序列 $x_k(n)$，这些短序列 $x_k(n)$ 分别与短序列 $h(n)$ 利用 DFT 计算其线性卷积 $y_k(n)$，最后将这些分段卷积得到的各序列 $y_k(n)$ 进行重叠相加，即可得到两序列的线性卷积 $y(n)=h(n)*x(n)$。下面说明具体计算过程。

设序列 $h(n)$ 的长度为 N，$x(n)$ 看作无限长序列。将 $x(n)$ 均匀分段，每段长度为 M，则所获得的每一段 $x_k(n)$ 可以表示为

$$x_k(n)=\begin{cases}x(n+kM), & 0\leqslant n\leqslant M-1;k=0,1,2,\cdots\\ 0, & \text{其他}\end{cases}\tag{4.5.5}$$

而序列 $x(n)$ 用 $x_k(n)$ 表示为

$$x(n)=\sum_{k=0}^{\infty}x_k(n-kM)\tag{4.5.6}$$

于是，$h(n)$ 和 $x(n)$ 的线性卷积可以表示为

$$\begin{aligned}y(n)&=h(n)*x(n)=h(n)*\sum_{k=0}^{\infty}x_k(n-kM)\\&=\sum_{k=0}^{\infty}h(n)*x_k(n-kM)=\sum_{k=0}^{\infty}y_k(n-kM)\end{aligned}\tag{4.5.7}$$

式中

$$y_k(n)=h(n)*x_k(n),\quad 0\leqslant n\leqslant N+M-2\tag{4.5.8}$$

它可以利用图 4.5.3 所示的方案来实现。当 $N\leqslant M$ 时，由于 $y_k(n)$ 的非零范围为 $0\leqslant n\leqslant N+M-2$，所以 $y_k(n-kM)$ 的非零范围为

$$kM\leqslant n\leqslant(k+1)M+N-2\tag{4.5.9}$$

而 $y_{k+1}[n-(k+1)M]$ 的非零范围为

$$(k+1)M\leqslant n\leqslant(k+2)M+N-2\tag{4.5.10}$$

因而，相邻的两个序列 $y_k(n-kM)$ 与 $y_{k+1}[n-(k+1)M]$ 非零部分的重叠区间为

$$(k+1)M\leqslant n\leqslant(k+1)M+N-2\tag{4.5.11}$$

重叠的点数为

$$(k+1)M+N-2-(k+1)M+1=N-1\tag{4.5.12}$$

即每相邻两段线性卷积结果有 $N-1$ 个点重叠，如图 4.5.4 所示。

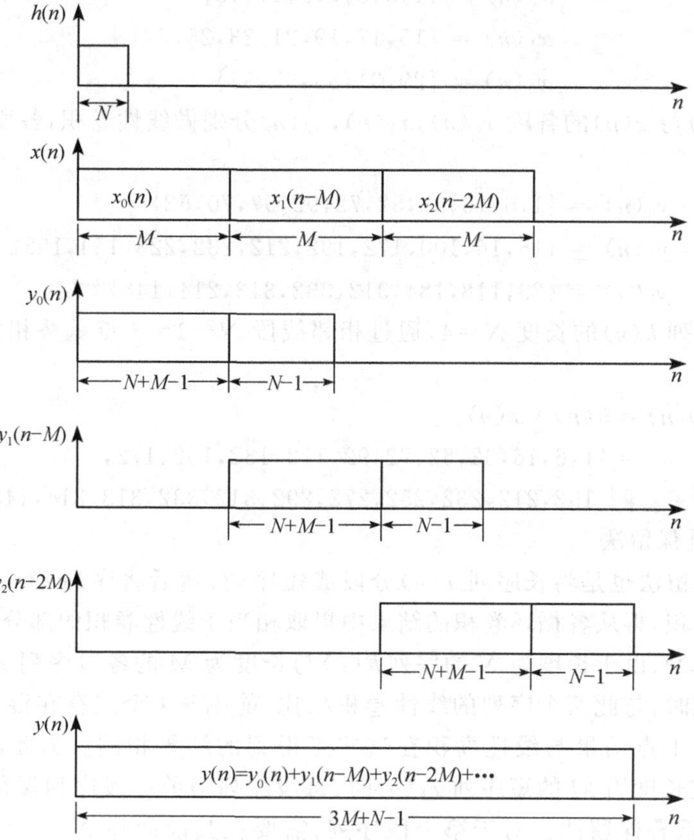

图 4.5.4　重叠相加法线性卷积示意图

为了得到两个序列 $h(n)$ 与 $x(n)$ 最终的线性卷积结果，需将 $y_k(n)$ 相邻两段的 $N-1$ 个重叠点的值相加，故称重叠相加法。在利用 DFT 求出各 $y_k(n)(0\leqslant n\leqslant N+M-2)$ 后，$h(n)$ 与 $x(n)$ 的线性卷积 $y(n)$ 可分段表示为

$$
\begin{aligned}
y(n) &= y_0(n), && 0\leqslant n\leqslant M-1\\
y(n) &= y_0(n)+y_1(n-M), && M\leqslant n\leqslant M+N-2\\
y(n) &= y_1(n-M), && M+N-1\leqslant n\leqslant 2M-1\\
y(n) &= y_1(n-M)+y_2(n-2M), && 2M\leqslant n\leqslant 2M+N-2\\
y(n) &= y_2(n-2M), && 2M+N-1\leqslant n\leqslant 3M-1\\
&\vdots
\end{aligned}
$$

例 4.5.1　已知序列 $h(n)=\{1,3,2,4\}$，$x(n)=2n+1(0\leqslant n\leqslant 18)$，试按 $M=7$ 对序列 $x(n)$ 进行分段，并利用重叠相加法计算线性卷积 $y(n)=h(n)*x(n)$。

解　序列 $x(n)$的长度为 19，按 $M=7$ 对序列进行分段，可分解为如下三段：

$$x_0(n) = \{1,3,5,7,9,11,13\}$$

$$x_1(n) = \{15,17,19,21,23,25,27\}$$

$$x_2(n) = \{29,31,33,35,37\}$$

将序列 $h(n)$与 $x(n)$的各段 $x_0(n)$，$x_1(n)$，$x_2(n)$分别做线性卷积，各段线性卷积结果为

$$y_0(n) = \{1,6,16,32,52,72,92,97,70,52\}$$

$$y_1(n) = \{15,16,100,172,192,212,232,223,154,108\}$$

$$y_2(n) = \{29,118,184,312,332,313,214,148\}$$

由于序列 $h(n)$的长度 $N=4$，通过相邻线段 $N-1=3$ 点重叠相加，即得到线性卷积序列

$$\begin{aligned} y(n) &= h(n) * x(n) \\ &= \{1,6,16,32,52,72,92,112,132,152,172, \\ &\quad 192,212,232,252,272,292,312,332,313,214,148\} \end{aligned}$$

2) 重叠保留法

重叠保留法也是将长序列 $x(n)$分段成短序列，然后将序列 $h(n)$与各段序列进行循环卷积，再从各循环卷积的结果中提取相当于线性卷积的部分。

设 $N \leqslant M$，由于长度为 N 的序列 $h(n)$与长度为 M 的各段序列 $x_k(n)$进行 M 点循环卷积时，与此两个序列的线性卷积相比，前 $N-1$ 个点存在混叠，只有余下的 $M-N+1$ 点结果与线性卷积在这些点得到的结果相同。为此，在将长序列 $x(n)$分解成长度为 M 的短序列 $x_k(n)$时，每段序列与前一段序列保留 $N-1$ 点重叠，故称为重叠保留法。对于第一段序列，需要在其前面补 $N-1$ 个零。当得到 $h(n)$与各段序列$x_k(n)$的 M 点循环卷积结果 $y_k(n)=h(n) \circledast x_k(n)$后，将每段输出 $y_k(n)$在区间 $0 \leqslant n < N-1$ 的部分删掉，再将各相邻段剩余部分依次拼接起来，就可得到最终的线性卷积结果。

例 4.5.2　已知序列 $h(n)=\{1,3,2,4\}$，$x(n)=2n+1(0 \leqslant n \leqslant 18)$，试按 $M=7$ 利用重叠保留法计算线性卷积 $y(n)=h(n) * x(n)$。

解　由于序列 $h(n)$的长度 $N=4$，故分段时相邻两段应重叠 $N-1=3$ 个点的序列值，而第一段前需要补 3 个零。因为序列 $x(n)$长度为 19，按 $M=7$ 分段，并考虑每段重叠 3 点，所以序列 $x(n)$可分为如下 6 段：

$$x_0(n) = \{0,0,0,1,3,5,7\}$$

$$x_1(n) = \{3,5,7,9,11,13,15\}$$

$$x_2(n) = \{11,13,15,17,19,21,23\}$$

$$x_3(n) = \{19,21,23,25,27,29,31\}$$

$$x_4(n) = \{27,29,31,33,35,37,0\}$$

$$x_5(n) = \{35,37,0,0,0,0,0\}$$

计算 $h(n)$ 与每段的 $M=7$ 点循环卷积，得

$$y_0(n) = h(n) ⊛ x_0(n) = \{43,34,28,1,6,16,32\}$$

$$y_1(n) = h(n) ⊛ x_1(n) = \{118,96,88,52,72,92,112\}$$

$$y_2(n) = h(n) ⊛ x_2(n) = \{198,176,168,132,152,172,192\}$$

$$y_3(n) = h(n) ⊛ x_3(n) = \{278,256,248,212,232,252,272\}$$

$$y_4(n) = h(n) ⊛ x_4(n) = \{241,258,172,292,312,332,313\}$$

$$y_5(n) = h(n) ⊛ x_5(n) = \{35,142,181,214,148,0,0\}$$

去掉各 $y_k(n)$ 前面的3个点的序列值后，把各 $y_k(n)$ 剩余序列值依次拼接在一起，即可得到输出序列

$$\begin{aligned} y(n) &= h(n) * x(n) \\ &= \{1,6,16,32,52,72,92,112,132,152,172,192, \\ &\quad 212,232,252,272,292,312,332,313,214,148,0,0\} \end{aligned}$$

重叠保留法在实际计算过程中，序列的循环卷积 $y_k(n)=h(n)⊛x_k(n)$ 可以利用 DFT 来计算，从而实现其快速算法。

4.5.2 利用 DFT 对连续时间信号进行频谱分析

所谓信号的频谱分析，就是计算信号的傅里叶变换，获得信号的频谱函数，进而研究信号的频域特性。我们知道，连续时间信号的傅里叶变换所得信号的频谱函数是频率 Ω 的连续函数；序列的离散时间傅里叶变换所得信号的频谱函数是频率 ω 的连续函数。而序列的离散傅里叶变换是一种时域和频域均离散化了的变换，适合做数值运算，成为分析离散时间信号和系统的有力工具。下面讨论利用 DFT 对信号进行频谱分析的基本原理、方法和主要问题。

1) 利用 DFT 对连续时间信号进行频谱分析的过程

由于 DFT 具有选频特性，所以常用它对连续时间信号进行频谱分析。

设连续时间信号为 $x_a(t)$，其频谱函数 $X_a(j\Omega)$ 是 Ω 的连续函数。为了利用 DFT 对 $x_a(t)$ 进行频谱分析，先对 $x_a(t)$ 进行时域采样，得到离散时间信号 $x(n)=x_a(nT)$，再对 $x(n)$ 做 DFT，得到的 $X(k)$ 则是 $x(n)$ 的离散时间傅里叶变换 $X(e^{j\omega})$ 在频域 $[0,2\pi)$ 区间上的 N 点等间隔采样。这里 $x(n)$ 和 $X(k)$ 均为有限长序列。然而，由信号的傅里叶变换理论知道，若信号持续时间有限长，则其频谱无限宽；若信号的频谱有限宽，则其持续时间无限长。所以严格地讲，持续时间有限的带限信号是不存在的。因此，若按采样定理对连续时间信号进行采样，上述两种信号下的采样输出序列 $x(n)=x_a(nT)$ 均应为无限长序列，不满足 DFT 的变换条件。实际上对频谱很宽的信号，为防止时域采样后产生频谱混叠，应采用预滤波的方法滤除高频分量；而对于连续时间很长的信号，则往往采用截断的方法。这样，利用 DFT

对连续时间信号进行频谱分析的过程如图 4.5.5 所示。

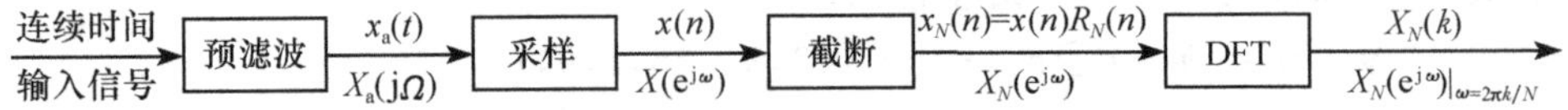

图 4.5.5　利用 DFT 对连续时间信号进行频谱分析的过程

从图中的频谱分析过程看出，利用 DFT 对连续时间信号进行频谱分析是近似的，其近似程度与信号带宽，采样频率和截取长度等参数有关。

2）利用 DFT 对连续时间信号进行谱频分析的基本原理

为了说明利用 DFT 对连续时间信号进行频谱分析的基本原理，假设 $x_a(t)$ 是经过预滤波和截断处理的有限长带限信号。

连续时间信号 $x_a(t)$ 以时间间隔 T 进行采样，得到离散时间信号——序列 $x(n)$。分别用 $X_a(j\Omega)$ 和 $X(e^{j\omega})$ 表示 $x_a(t)$ 和 $x(n)$ 的频谱函数，则

$$X_a(j\Omega) = \mathrm{FT}[x_a(t)] = \int_{-\infty}^{\infty} x_a(t)e^{-j\Omega t}\,d\Omega \tag{4.5.13}$$

$$X(e^{j\omega}) = \mathrm{DTFT}[x(n)] = \sum_{n=-\infty}^{\infty} x(n)e^{-j\omega n} \tag{4.5.14}$$

由连续时间信号的傅里叶逆变换得

$$x_a(t) = \mathrm{IFT}[X_a(j\Omega)] = \frac{1}{2\pi}\int_{-\infty}^{\infty} X_a(j\Omega)e^{j\Omega t}\,d\Omega$$

因为

$$x(n) = x_a(t)\,|_{t=nT}$$

所以

$$\begin{aligned} x(n) &= x_a(t)\,|_{t=nT} = \frac{1}{2\pi}\int_{-\infty}^{\infty} X_a(j\Omega)e^{j\Omega nT}\,d\Omega \\ &= \sum_{k=-\infty}^{\infty} \frac{1}{2\pi}\int_{(2k-1)\pi/T}^{(2k+1)\pi/T} X_a(j\Omega)e^{j\Omega nT}\,d\Omega \end{aligned} \tag{4.5.15}$$

令 $\omega=\Omega T-2\pi k$，则有

$$\begin{aligned} x(n) &= \sum_{k=-\infty}^{\infty}\left[\frac{1}{2\pi}\int_{-\pi}^{\pi}\frac{1}{T}X_a\left(j\,\frac{\omega-2\pi k}{T}\right)e^{j(\omega+2\pi k)n}\,d\omega\right] \\ &= \frac{1}{2\pi}\int_{-\pi}^{\pi}\left[\sum_{k=-\infty}^{\infty}\frac{1}{T}X_a\left(j\,\frac{\omega-2\pi k}{T}\right)e^{j\omega n}\right]d\omega \end{aligned} \tag{4.5.16}$$

由上式及 IDTFT 的定义，可得离散时间信号 $x(n)$ 与连续时间信号 $x_a(t)$ 的频谱函数关系为

$$X(e^{j\omega}) = \sum_{k=-\infty}^{\infty}\frac{1}{T}X_a\left(j\,\frac{\omega-2\pi k}{T}\right) = \sum_{k=-\infty}^{\infty}\frac{1}{T}X_a(j\Omega-jk\Omega_s) \tag{4.5.17}$$

推导中利用了 $\omega=\Omega T$ 和采样角频率 $\Omega_s=2\pi/T$。

(4.5.17)式说明，$X(e^{j\omega})$是 $X_a(j\Omega)$的周期化，且周期为 $\Omega_s T=2\pi$。若连续时间信号 $x_a(t)$为有限长带限信号，其最高频率为 Ω_c，设信号的采样时间间隔 T 满足 $T\leqslant\pi/\Omega_c$（即 $\Omega_s\geqslant 2\Omega_c$），整个有限长信号的采样点数为 N，则根据信号时域采样定理，$X(e^{j\omega})$不会出现信号频谱的混叠，在 $X(e^{j\omega})$中可以得到完整的 $X_a(j\Omega)$。这样可以通过分析 $X(e^{j\omega})$来实现 $X_a(j\Omega)$的分析，而 $X(e^{j\omega})$在$[0,2\pi)$区间上的 $L(L\geqslant N)$点等间隔采样可以由 $x(n)$的 L 点 DFT 来计算。于是，连续时间信号 $x_a(t)$的频谱特性 $X_a(j\Omega)$可以通过频域上的 L 个等频率点的采样来分析，这就是利用 DFT 对连续时间信号进行频谱分析的基本原理。

下面做进一步的说明，设 $L=N$，由上面分析可见，在分析连续时间信号 $x_a(t)$的频谱函数 $X_a(j\Omega)$时，可以将 $x_a(t)$经等时间间隔 $T(T\leqslant\pi/\Omega_c)$采样得到序列 $x(n)$，再对 $x(n)$进行 N 点 DFT，就可以得到序列 $X(e^{j\omega})$在$[0,2\pi)$区间上的 N 个频谱采样 $X(k)$，从而获得 $X_a(j\Omega)$的信息，如图 4.5.6 所示。当时域采样频率 $\Omega_s\geqslant 2\Omega_c$ 时，采样后的序列 $x(n)$频谱无混叠，$X(e^{j\omega})$在$[-\pi,\pi)$区间上的频谱与 $X_a(j\Omega)$除相差一个常数因子 $1/T$ 外完全一样，而相差的常数因子不影响信号的频谱特性。

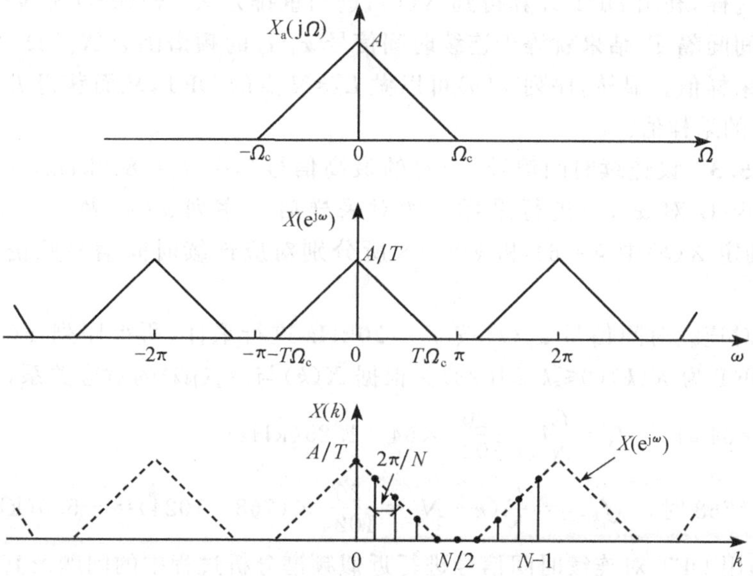

图 4.5.6　$X_a(j\Omega)$、$X(e^{j\omega})$以及 $X(k)$之间的关系

由于 $X(k)$对应于 $X(e^{j\omega})$在$[0,2\pi)$区间上的 N 个频谱采样值，而 $X_a(j\Omega)$对应于 $X(e^{j\omega})$在$[-\pi,\pi)$区间上的频谱。因此，可以利用频谱函数 $X(e^{j\omega})$的周期性，由 $X(e^{j\omega})$在$[\pi,2\pi)$区间上的采样值得到其在$[-\pi,0)$区间上的值。由图 4.5.6 可知，

当 $0\leqslant k\leqslant N/2-1$ 时，$X(k)$ 对应 $X_a(j\Omega)$ 在频率点为

$$\Omega_k=\frac{1}{T}\frac{2\pi}{N}k=\frac{\Omega_s}{N}k,\quad 0\leqslant k\leqslant\frac{N}{2}-1 \tag{4.5.18}$$

的采样值；当 $N/2\leqslant k\leqslant N-1$ 时，$X(k)$ 对应 $X_a(j\Omega)$ 在频率点为

$$\Omega_{k-N}=\frac{1}{T}\left(\frac{2\pi}{N}k-2\pi\right)=\frac{\Omega_s}{N}(k-N),\quad \frac{N}{2}\leqslant k\leqslant N-1 \tag{4.5.19}$$

上的采样值。

若将 $X(k)$ 重新排序为

$$X_1(k)=\left\{X\left(\frac{N}{2}\right),X\left(\frac{N}{2}+1\right),\cdots,X(N-1),X(0),X(1),\cdots,X\left(\frac{N}{2}-1\right)\right\} \tag{4.5.20}$$

则 $X_1(0)$ 对应连续时间信号频率为 $-\frac{\Omega_s}{2}$ 的频谱，$X_1(1)$ 对应连续时间信号频率为 $-\frac{\Omega_s}{2}+\frac{\Omega_s}{N}$ 的频谱。因此，一般地 $X_1(k)$ 对应连续时间信号频率为

$$-\frac{\Omega_s}{2}+k\frac{\Omega_s}{N},\quad k=0,1,\cdots,N-1$$

的频谱。这样，利用 DFT 计算得到 $X(k)$，进而重排为 $X_1(k)(0\leqslant k\leqslant N-1)$ 后，乘以采样时间间隔 T，结果就等于连续时间信号 $x_a(t)$ 的频谱函数 $X_a(j\Omega)$ 在 N 个频率点上的采样值。显然，序列 $x(n)$ 可以做 $L\geqslant N$ 点的 DFT，从而获得 L 个频率点上 $X_a(j\Omega)$ 的采样值。

例 4.5.3 设连续时间信号 $x_a(t)$ 的最高信号频率 $f_c=8.0\text{kHz}$，现用采样频率 $f_s=20\text{kHz}$ 对 $x_a(t)$ 进行采样。如对采样后的序列 $x(n)$ 做 $N=1024$ 点的 DFT，试确定 $X(k)$ 中 $k=64$ 和 $k=768$ 所分别对应连续时间信号频谱函数的频率点。

解 对连续时间信号 $x_a(t)$ 按 $f_s=20\text{kHz}$ 进行采样，所得序列 $x(n)$ 的 $N=1024$ 点 DFT 为 $X(k)(0\leqslant k\leqslant 1023)$。根据 $X(k)$ 与 $X_a(j\Omega)$ 的对应关系，得

当 $k=64$ 时，$f_k=\frac{f_s}{N}k=\frac{20}{1024}\times 64=1.25(\text{kHz})$

当 $k=768$ 时，$f_{k-N}=\frac{f_s}{N}(k-N)=\frac{20}{1024}\times(768-1024)=-5.0(\text{kHz})$

3) 利用 DFT 对连续时间信号进行近似频谱分析过程中的问题及其解决方法

(1) 混叠现象。

前面已经指出，时域有限长的信号，其频谱无限宽。由于采样所得序列的频谱函数是原连续时间信号频谱函数以采样频率为周期的周期延拓，对时域有限长信号，采样频率不满足时域采样定理，所以会发生频谱混叠现象，使得采样后序列信号的频谱不能真实地反映原连续时间信号的频谱，产生频谱分析误差。

解决频谱混叠问题的唯一办法是选择足够高的信号采样频率，这意味着通常需要知道原连续时间信号的频谱范围，以根据时域采样定理确定采样频率。然而在很多情况下可能无法预计信号的频率，为保证基本无混叠现象，可在采样前利用模拟低通滤波器(也称为抗混叠滤波器)对连续时间信号进行预处理，将其上限频率 f_{max} 限制在采样频率 f_s 的一半以内，以减少混叠程度，提高频谱分析精度。

(2) 截断效应。

如果连续时间信号 $x_a(t)$ 在时域无限长，则离散化后的序列 $x(n)$ 也是无限长的，而 DFT 只适用于有限长序列的计算，因此需要对 $x(n)$ 进行加窗截断，使之成为有限长序列 $x_N(n)$，这个过程称为时域加窗(time-windowing)。设窗函数为 $w_N(n)$，则

$$x_N(n) = x(n)w_N(n) \tag{4.5.21}$$

由 DTFT 的性质，时域上两个序列相乘，在频域上是两个序列的离散时间傅里叶变换的卷积，即加窗后序列 $x_N(n)$ 的频谱函数

$$X_N(e^{j\omega}) = \frac{1}{2\pi}\int_{-\pi}^{\pi} X(e^{j\theta})W_N(e^{j(\omega-\theta)})d\theta \tag{4.5.22}$$

式中，$W_N(e^{j\omega})$ 是窗函数 $w_N(n)$ 的 DTFT。

当 $w_N(n)$ 是长度为 N 的矩形窗 $R_N(n)$ 时，相当于对序列 $x(n)$ 直接截断。$R_N(n)$ 的 DTFT 为

$$W_N(e^{j\omega}) = \text{DTFT}[R_N(n)] = \sum_{n=0}^{N-1} e^{-j\omega n} = \frac{\sin(\omega N/2)}{\sin(\omega/2)} e^{-j\omega\frac{N-1}{2}} \tag{4.5.23}$$

矩形窗频谱函数的幅度频谱 $|W_N(e^{j\omega})| = |\sin(\omega N/2)/\sin(\omega/2)|$，如图 4.5.7 所示。主瓣在 $\omega=0$ 处，峰值为 N，宽度为 $4\pi/N$，有效宽度为 $2\pi/N$；主瓣两边有若干

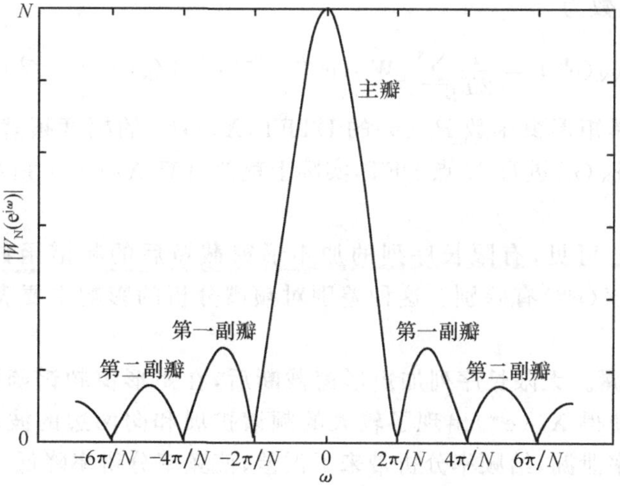

图 4.5.7　矩形窗频谱函数的幅度频谱

个幅度较小的副瓣，零点的位置由 $\sin(\omega N/2)$ 确定，分别位于 $\omega=2\pi l/N(l=\pm1,\pm2,\cdots)$；第一副瓣的峰值出现在 $\omega=3\pi/N$ 处。

显然，随着截取长度 N 的增大，主瓣峰值将变大，宽度将变窄，但副瓣的峰值也会随之增加。第一副瓣峰值与主瓣峰值之比用分贝表示为

$$20\lg\left|\frac{W_N(e^{j(3\pi/N)})}{W_N(e^{j0})}\right| = 20\lg\left|\frac{\sin(3\pi/2)}{N\sin[3\pi/(2N)]}\right|$$

当 N 较大时，$[3\pi/(2N)]$ 较小，故 $\sin[3\pi/(2N)]\approx 3\pi/(2N)$，于是

$$20\lg\left|\frac{W_N(e^{j(3\pi/N)})}{W_N(e^{j0})}\right| \approx 20\lg\frac{2}{3\pi} = -13.46(\text{dB})$$

为了说明时域加窗对连续时间信号 $x_a(t)$ 频谱分析的影响，现分析一无限长的余弦信号的频谱。设

$$x_a(t) = \cos\Omega_0 t,\quad -\infty < t < \infty$$

则该信号的频谱函数为

$$X_a(j\Omega) = \pi[\delta(\Omega-\Omega_0)+\delta(\Omega+\Omega_0)]$$

如果以时间间隔 T 对其采样，且满足采样定理，采样后的序列为无限长序列，即

$$x(n) = \cos(\omega_0 n),\quad -\infty < n < \infty$$

式中，$\omega_0=\Omega_0 T$，则序列 $x(n)$ 的频谱函数为

$$X(e^{j\omega}) = \frac{\pi}{T}\sum_{l=-\infty}^{\infty}[\delta(\omega-\omega_0-2\pi l)+\delta(\omega+\omega_0-2\pi l)]$$

如图 4.5.8(a)所示，它在 $[-\pi,\pi)$ 区间上为两个冲激信号。若对无限长序列 $x(n)$ 用矩形窗 $R_N(n)$ 截断，即 $x_N(n)=x(n)R_N(n)$，则由(4.5.22)式可知，有限长序列 $x_N(n)$ 的频谱函数为

$$X_N(e^{j\omega}) = \frac{1}{2T}\sum_{l=-\infty}^{\infty}[W_N(e^{j(\omega-\omega_0-2\pi l)})+W_N(e^{j(\omega+\omega_0-2\pi l)})]$$

式中，$W_N(e^{j\omega})$ 是矩形窗函数 $R_N(n)$ 的 DTFT，$X_N(e^{j\omega})$ 的幅度频谱如图 4.5.8(b)所示。对序列 $x_N(n)$ 进行 N 点 DFT，实际上就是计算 $X_N(e^{j\omega})$ 在 $[0,2\pi)$ 区间上的 N 个采样值。

由图 4.5.8 可见，有限长序列的加矩形窗截短后的频谱函数 $X_N(e^{j\omega})$ 与原序列频谱函数 $X(e^{j\omega})$ 有差别。这种差别对频谱分析的影响主要表现在如下两个方面：

① 频谱泄漏。无限长序列加矩形窗截断后，在矩形窗频谱函数(见(4.5.23)式)的作用下，使得 $X_N(e^{j\omega})$ 出现了较大的频谱扩展和向两边的波动，通常称之为频谱泄漏或功率泄漏，给频率分析带来了误差，使频率分辨率降低。当一个大信号和小信号频率相近时，会淹没掉小信号。

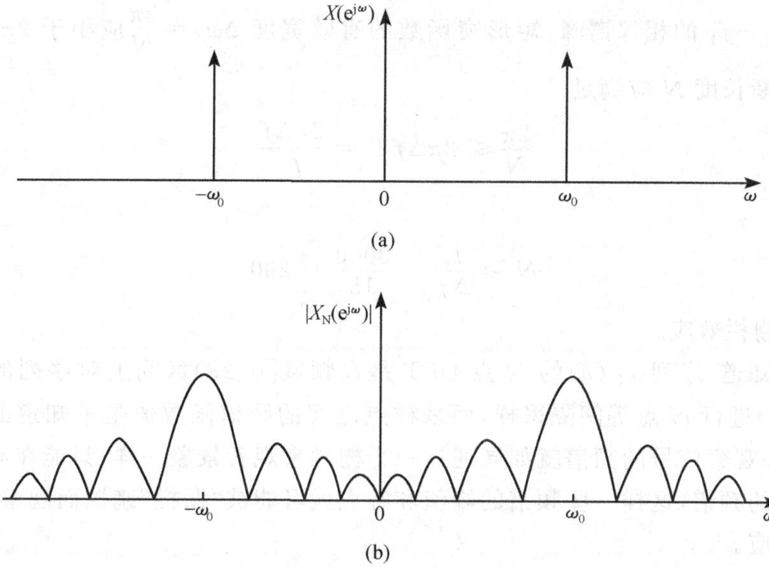

图 4.5.8　用矩形窗函数截断余弦序列后的频谱

② 谱间干扰。截断引起的频谱展宽和波动，还会造成频谱混叠，即当它的高频成分超过 $\omega=\pi$（相当于折叠频率 $f_s/2$），不同频率分量信号间的频谱产生混叠现象，称之为谱间干扰，同样会给频谱分析带来误差，或者由于频谱混叠而出现较大的峰值，被误认为是另一个信号的谱线，从而造成虚假信号。

由于上述两种现象都是由于对长序列截断引起的，所以称之为截断效应。为了降低频谱泄漏，减小谱间干扰，可以增加截断的长度 N，并选用副瓣较小的窗函数 $w_N(n)$。因为对矩形窗函数 $R_N(n)$，增加长度 N，可使主瓣变窄，提高频率的分辨率，但其主副瓣比不变，所以还应选择合适的窗函数，应当注意，在 N 一定的条件下，副瓣越小的窗函数，其主瓣越宽。因此，在允许的情况下，增加截断的长度 N，同时选用副瓣较小的非矩形窗函数，有利于信号的谱分析。关于窗函数及其频谱函数将在第 7 章的 FIR 滤波器设计中介绍。

例 4.5.4　已知连续时间信号为

$$x_a(t)=\cos(2\pi f_1 t)+\cos(2\pi f_2 t)$$

其中 $f_1=1000\text{Hz}$，$f_2=1015\text{Hz}$。若以采样频率 $f_s=3000\text{Hz}$ 对该信号进行采样，试求用 DFT 对 $x_a(t)$ 进行近似谱分析时，用矩形窗截断的长度 N 最少应为多少？

解　由于信号采样频率 f_s 大于信号的最高频率 f_2 的 2 倍，所以采样过程中没有造成频谱混叠。采样后的序列为

$$x(n)=x_a(t)\big|_{t=nT}=\cos(2\pi f_1 nT)+\cos(2\pi f_2 nT)$$

由于 $x(n)$ 是无限长序列，若用矩形窗对其进行加窗截断，为了能够分辨两个间隔

为 $\Delta f=f_2-f_1$ 的相邻谱峰，矩形窗函数的有效宽度 $\Delta\omega_N=\frac{2\pi}{N}$ 应小于 $2\pi\Delta fT$，由此可得截断长度 N 应满足

$$\frac{2\pi}{N}\leqslant 2\pi\Delta fT=\frac{2\pi\Delta f}{f_s}$$

即

$$N\geqslant\frac{f_s}{\Delta f}=\frac{3000}{15}=200$$

(3) 栅栏效应。

我们知道，序列 $x_N(n)$ 的 N 点 DFT 是在频域 $[0,2\pi)$ 区间上对序列的频谱函数 $X_N(e^{j\omega})$ 进行 N 点等间隔采样，而采样点之间的频谱函数值是不知道的。所以用 DFT 来观察信号的频谱就如同通过一个栅栏来观看景象一样，只能在离散点上看到真实的频谱，这样一些频谱的峰值和谷点就可能被“栅栏”遮挡而观察不到，称为栅栏效应。

减小栅栏效应的常用方法是在原序列的末端补零，构成一个长度 $L>N$ 的序列 $x_L(n)$，即

$$x_L(n)=\begin{cases}x_N(n), & 0\leqslant n\leqslant N-1\\ 0, & N\leqslant n\leqslant L-1\end{cases}$$

序列 $x(n)$ 补零后，尽管 $x_L(n)$ 的频谱函数仍为 $X_N(e^{j\omega})$，但对序列 $x_L(n)$ 做 L 点 DFT 后，计算出的频谱 $X_L(k)(0\leqslant k\leqslant L-1)$ 实际上是 $X_N(e^{j\omega})$ 在 $[0,2\pi)$ 区间上的 L 个等间隔采样，从而增加了对真实频谱采样的点数，并改变了采样点的位置，这将会显示出 $X(e^{j\omega})$ 的更多细节。

(4) 信号的频谱分辨力。

序列末端补零的方法，在 DFT 中经常被采用，如在利用 DFT 计算线性卷积时需要对序列进行补零，在利用快速算法 FFT 计算 DFT 时，也常将序列补零至 2 的整数幂次(基 2FFT 算法)或 4 的整数幂次(基 4FFT 算法)。序列末端补零可以改变对 $x_N(n)$ 的频谱 $X_N(e^{j\omega})$ 的采样密度，增加了采样点数，这似乎可以提高信号的频率分辨力，但实际上这是一种误解。这是因为连续时间信号 $x_a(t)$ 经采样、截断后的序列 $x_N(n)$，其频谱函数 $X_N(e^{j\omega})$，并不随序列末端补零而改变，信号的频率分辨率为 f_s/N。序列末端补零只能提高频谱显示的分辨率。换句话说，如果连续时间信号在离散化或时域加窗截断过程中，由于频谱混叠或泄漏等原因已经造成信号频谱中信息的失真，则无论怎么补零做 DFT，都无法再恢复已损失的信息。例如，小信号的频谱被频率相近的大信号频谱所淹没，那么通过序列末端补零做 DFT，是不能将小信号的频谱与大信号的频谱分开的。

提高信号频率分辨力只有提高信号的采样频率或增加序列的截取长度 N(信

号持续时间加长)。

4) 利用 DFT 对连续时间信号进行频谱分析的参数选择

由上述分析可知,在利用 DFT 对连续时间信号进行频谱分析时,涉及频谱混叠、频谱泄漏和栅栏效应等问题。频谱混叠与连续时间信号的时域采样频率 f_s 有关,频谱泄漏与时域加窗截断的长度 N 有关。在大多数情况下,一般已知待分析连续时间信号的最高频率 f_c,并对信号的频率分辨率 Δf 提出要求。下面根据信号傅里叶变换的理论,讨论利用 DFT 进行信号频谱分析的参数(采样频率、持续时间、DFT 点数)选择的问题。

(1) 采样频率。

设连续时间信号 $x_a(t)$ 的最高信号频率为 f_c,根据时域采样定理,信号的采样频率 f_s 应满足

$$f_s \geqslant 2f_c \tag{4.5.24}$$

对应的采样时间间隔 T 应满足

$$T = \frac{1}{f_s} \leqslant \frac{1}{2f_c} \tag{4.5.25}$$

(2) 信号的持续时间。

信号的持续时间 T_p,应满足频率分辨率 Δf 的要求,即

$$T_p = NT = \frac{N}{f_s} = \frac{1}{\Delta f} \tag{4.5.26}$$

式中 N 为信号的采样点数。

由(4.5.26)式可见,频率分辨率 Δf 与信号采样的持续时间 T_p 之间是反比关系,若希望得到较高的频率分辨率,则需要较长的信号采样持续时间。为保证满足频率分辨率的要求,应取 $T_p \geqslant \frac{1}{\Delta f}$。

(3) DFT 的点数。

根据信号采样时间间隔 T 和信号采样持续时间 T_p,DFT 的点数 N 应满足

$$N = \frac{T_p}{T} \geqslant \frac{2f_c}{\Delta f} \tag{4.5.27}$$

通常用序列末端补零的方法,使实际作 DFT 的点数 $L \geqslant N$。

例 4.5.5 试利用 DFT 分析连续时间信号 $x_a(t)$ 的频谱。已知该信号的最高频率 $f_c = 1000\text{Hz}$,要求信号的频率分辨率 $\Delta f \leqslant 2\text{Hz}$,DFT 的点数必须为 2 的整数幂次。请确定以下参数:最大的采样时间间隔、最小的信号持续时间和最少的 DFT 点数。

解 由(4.5.25)式可得最大的采样时间间隔

$$T_{max} = \frac{1}{2f_c} = \frac{1}{2 \times 1000} = 0.5 \times 10^{-3}\,(\text{s})$$

由(4.5.26)式可得最小的信号持续时间

$$T_{\mathrm{pmin}}=\frac{1}{\Delta f}=\frac{1}{2}\mathrm{s}$$

由最大的采样时间间隔 $T_{\max}$ 和最小的信号持续时间 T_{pmin}，可得最少的 DFT 点数为

$$N\geqslant\frac{2f_{\mathrm{c}}}{\Delta f}=\frac{2\times1000}{2}=1000$$

选择 DFT 的点数 $L=1024$，以满足其为 2 的整数幂次，且是最少的。

4.5.3 利用 DFT 对序列进行频谱分析

我们知道，序列长度为 N 的有限长序列 $x(n)$ 在单位圆上的 Z 变换，就是序列的离散时间傅里叶变换，即

$$X(\mathrm{e}^{\mathrm{j}\omega})=X(z)\big|_{z=\mathrm{e}^{\mathrm{j}\omega}}$$

序列的频谱函数 $X(\mathrm{e}^{\mathrm{j}\omega})$ 是以 2π 为周期的 ω 的连续周期函数。如果对序列 $x(n)$ 进行 $L\geqslant N$ 点 DFT，得到 $X(k)(0\leqslant k\leqslant L-1)$，$X(k)$ 是在 $[0,2\pi)$ 区间上对 $X(\mathrm{e}^{\mathrm{j}\omega})$ 的 L 点等间隔采样。因此序列的离散时间傅里叶变换可利用 DFT 来计算。

下面讨论序列频谱分析中的两个具体问题：非单位圆采样和 Chirp-Z 变换。

1) 非单位圆采样

长度为 N 的有限长序列 $x(n)$ 的 N 点 DFT 为 $X(k)(0\leqslant k\leqslant N-1)$，是序列 $x(n)$ 的 Z 变换 $X(z)$ 在单位圆上的 N 点等间隔采样，即

$$X(\mathrm{e}^{\mathrm{j}\omega})=X(z)\big|_{z=\mathrm{e}^{\mathrm{j}\frac{2\pi}{N}k}},\quad 0\leqslant k\leqslant N-1$$

但是许多实际应用中，并非单位圆上的所有频谱都是很有用的。例如，对于窄带信号，往往只希望对信号所在的一段频带进行频谱分析，这时便希望采样点能密集在这段频带内，而其余部分可完全不予考虑。另外，有时要求采样点不局限于单位圆上。例如，在语音信号处理中，常常需要知道 $X(z)$ 的极点所对应的频率，如果极点离单位圆较远，则其单位圆上的频谱就比较平坦，如图 4.5.9(a)所示，这时很难从中识别出极点对应的频率。如果使采样点轨迹沿一条接近这些极点的弧线或圆周进行，则采样结果将会在极点对应的频率上出现明显的尖峰，如图 4.5.9(b)所示。这样就能较准确地测定极点频率。对均匀分布在以原点为圆心，以 $r(0<r\leqslant1)$ 为半径的圆上的 N 点（$z_k=r\mathrm{e}^{\mathrm{j}(2\pi/N)k}$，$0\leqslant k\leqslant N-1$）频率采样，可用 DFT 计算，而沿螺旋弧线采样，则要用线性调频 Z 变换（Chirp-Z 变换，简称 CZT）计算。

现具体讨论利用 DFT 对序列 $x(n)$ 在半径为 $r(0<r\leqslant1)$ 的圆上的频谱分析。如果要求分析序列 $x(n)$ 在半径为 r 的圆上的频谱，则 N 点等间隔采样点为 $z_k=r\mathrm{e}^{\mathrm{j}(2\pi/N)k}(0\leqslant k\leqslant N-1)$，$z_k$ 的频谱分量为

$$X(z_k)=X(z)\big|_{z=z_k}=\sum_{n=0}^{N-1}x(n)r^{-n}\mathrm{e}^{-\mathrm{j}\left(\frac{2\pi}{N}\right)kn}\tag{4.5.28}$$

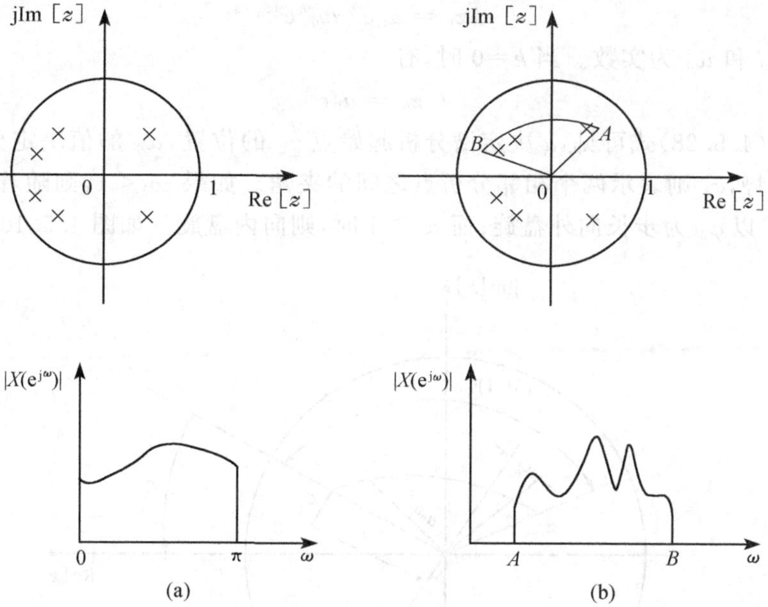

图 4.5.9　单位圆采样与非单位圆采样

令 $x_1(n)=x(n)r^{-n}$，则

$$X(z_k)=\sum_{n=0}^{N-1}x_1(n)\mathrm{e}^{-\mathrm{j}\left(\frac{2\pi}{N}\right)kn}=\mathrm{DFT}[x_1(n)] \tag{4.5.29}$$

上式说明，要计算 $x(n)$ 在半径为 r 的圆上的 N 点等间隔频谱分量，可先将 $x(n)$ 乘以 $r^{-n}(0\leqslant n\leqslant N-1)$ 获得 $x_1(n)$，再计算 $x_1(n)$ 的 N 点 DFT 即可得到。

如果要求分析序列 $x(n)$ 在半径为 r 的圆上的有限角度 $[\varphi_1,\varphi_2]$ 内的 N 点等间隔频谱分量，则可以通过序列末端补零的方法，补零的个数为 $\frac{2\pi N}{\varphi_2-\varphi_1}-N$，然后做 $L=\frac{2\pi N}{\varphi_2-\varphi_1}$ 点 DFT，获得 $X(k)(0\leqslant k\leqslant L-1)$，最后根据 φ_1、φ_2 的具体角度值，从 $X(k)$ 中取出相应的 N 个频谱分量即可。显然，这种方法的计算量较大，且不能做螺旋采样。下面讨论的 CZT 可以解决这些问题。

2) Chirp-Z 变换

设序列 $x(n)$ 的长度为 N，现分析 z 平面上 M 点频谱采样值，分析点为 $z_k(0\leqslant k\leqslant M-1)$。设

$$z_k=aw^{-k},\quad 0\leqslant k\leqslant M-1 \tag{4.5.30}$$

式中，a 和 w 为复数，用极点坐标形式表示为

$$a=a_0\mathrm{e}^{\mathrm{j}\theta_0}$$

$$w=w_0\mathrm{e}^{-\mathrm{j}\varphi_0}$$

$$z_k = a_0 e^{j\theta_0} w_0^{-k} e^{jk\varphi_0}$$

式中，a_0 和 w_0 为实数。当 $k=0$ 时，有

$$z_0 = a_0 e^{j\theta_0}$$

由(4.5.28)式可见，a 决定谱分析起始点 z_0 的位置，w_0 的值决定分析路径的盘旋趋势，φ_0 则表示两个相邻分析点之间的夹角。如果 $w_0<1$，则随着 k 增大，分析点 z_k 以 φ_0 为步长向外盘旋；而 $w_0>1$ 时，则向内盘旋。如图 4.5.10 所示。

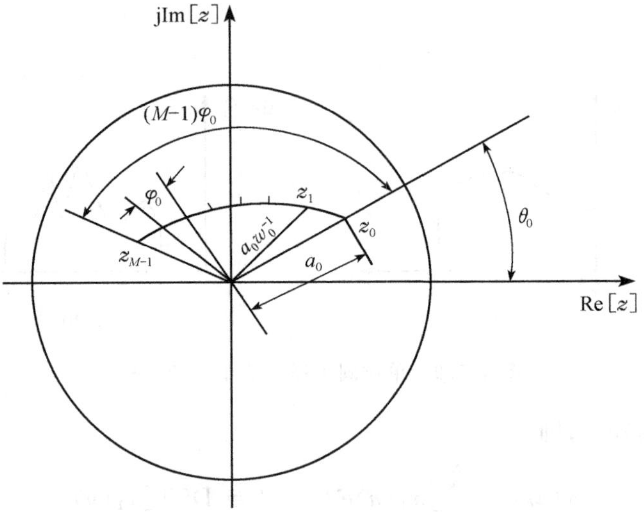

图 4.5.10　Chirp-Z 变换分析频率点分布图

将 z_k 代入 Z 变换公式得到

$$\begin{aligned} X(z_k) &= \sum_{n=0}^{N-1} x(n)(aw^{-k})^{-n} \\ &= \sum_{n=0}^{N-1} x(n)a^{-n}w^{kn}, \quad 0 \leqslant k \leqslant M-1 \end{aligned} \tag{4.5.31}$$

利用

$$kn = \frac{1}{2}[n^2 + k^2 - (k-n)^2]$$

的关系式，得到

$$\begin{aligned} X(z_k) &= \sum_{n=0}^{N-1} x(n)a^{-n}w^{[n^2+k^2-(k-n)^2]/2} \\ &= w^{k^2/2}\sum_{n=0}^{N-1} x(n)a^{-n}w^{n^2/2}w^{-(k-n)^2/2} \end{aligned}$$

令

$$y(n) = x(n)a^{-n}w^{n^2/2}$$

$$h(n)=w^{-n^2/2}$$

则

$$X(z_k)=w^{k^2/2}\sum_{n=0}^{N-1}y(n)h(k-n),\quad 0\leqslant k\leqslant M-1 \tag{4.5.32}$$

(4.5.32)式说明，长度为 N 的序列 $x(n)$ 的 M 点频谱分析可以通过预乘得到 $y(n)$，再计算 $y(n)$ 与 $h(n)$ 线性卷积，最后乘以 $w^{k^2/2}$ 三个步骤得到。如图 4.5.11 所示。图中，$h(n)=w^{-n^2/2}$ 被看成是线性时不变系统的单位脉冲响应，输出 $f(n)=y(n)*h(n)$。

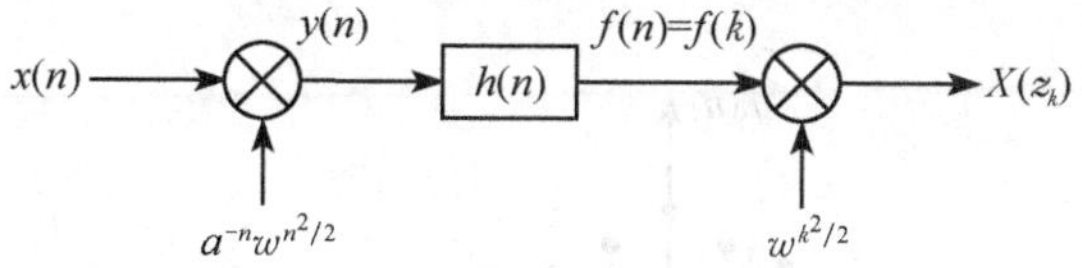

图 4.5.11　Chirp-Z 变换计算框图

当 $w_0=1$ 时，$h(n)=e^{jn^2\varphi_0/2}$ 是频率随时间线性增长的复指数序列。在雷达系统中这样的信号被称为线性调频信号，并用专用词汇 Chirp 表示，因此对上述变换命名为线性调频 Z 变换，记为 Chirp-Z 变换(CZT)。

下面介绍用 DFT 计算 CZT 的原理和实现方法。首先要确定线性卷积的区间。由于序列 $x(n)(0\leqslant n\leqslant N-1)$ 的长度为 N，所以 $y(n)$ 的长度也是 N，如图 4.5.12(a)所示。而 $h(n)=w^{-n^2/2}$ 是无限长序列。这样，$f(n)=y(n)*h(n)$ 必然是无限长序列。然而要求的频谱分析点数为 M，即我们只关心 $0\leqslant k\leqslant M-1$ 区间上的线性卷积结果，$f(k)=f(n)$，因此只要计算出区间 $0\sim M-1$ 上的 M 个值就可以了。根据上述分析，只要截取 $-(N-1)\leqslant n\leqslant M-1$ 区间上的 $h(n)$ 参与线性卷积就能得到所要求的结果，如图 4.5.12(b)所示。这样，线性卷积所得 $f(n)$ 的长度为 $2N+M-2$。由(4.5.4)式知，$y(n)⊛h(n)$ 是 $f(n)$ 的周期延拓序列的主值序列，延拓周期为 L。即

$$y(n)⊛h(n)=\sum_{q=-\infty}^{\infty}f(n+ql)R_L(n)$$

而 $f(n)$ 的非零区间为$[-(N-1),(N+M-1)]$。为了用循环卷积代替线性卷积计算出 $f(n)$ 在$[0,(M-1)]$区间上的 M 个序列值，以 L 为周期进行周期延拓时，$[0,(M-1)]$区间上不能有混叠，所以循环卷积的长度 L 应大于或等于 $N+M-1$。若选择 $L=N+M-1$，那么 $y(n)$ 的末端补 $M-1$ 个零，并将 $h(n)$ 从 $-(N-1)$ 到 $(M-1)$ 所截取的一段序列以 L 为周期进行周期延拓，取主值序列形成 $h_L(n)$，如图 4.5.12(c)所示。这时可用 DFT 计算如上构造的两个序列 $y(n)$(补 $M-1$ 个零)和 $h_L(n)$ 的循环卷积。若选择 $L>N+M-1$，则 $y(n)$ 末端应补 $L-N$ 个零，而 $h(n)$ 应从 $(M-L)$ 到 $(M-1)$ 区间上截取(或 $h(n)$ 仍按从 $-(N-1)$ 到 $(M-1)$ 区间

上截取，但截取后在$-(N-1)$点前面补$L-(N+M-1)$个零点)，然后周期延拓，取主值序列形成$h_L(n)$。

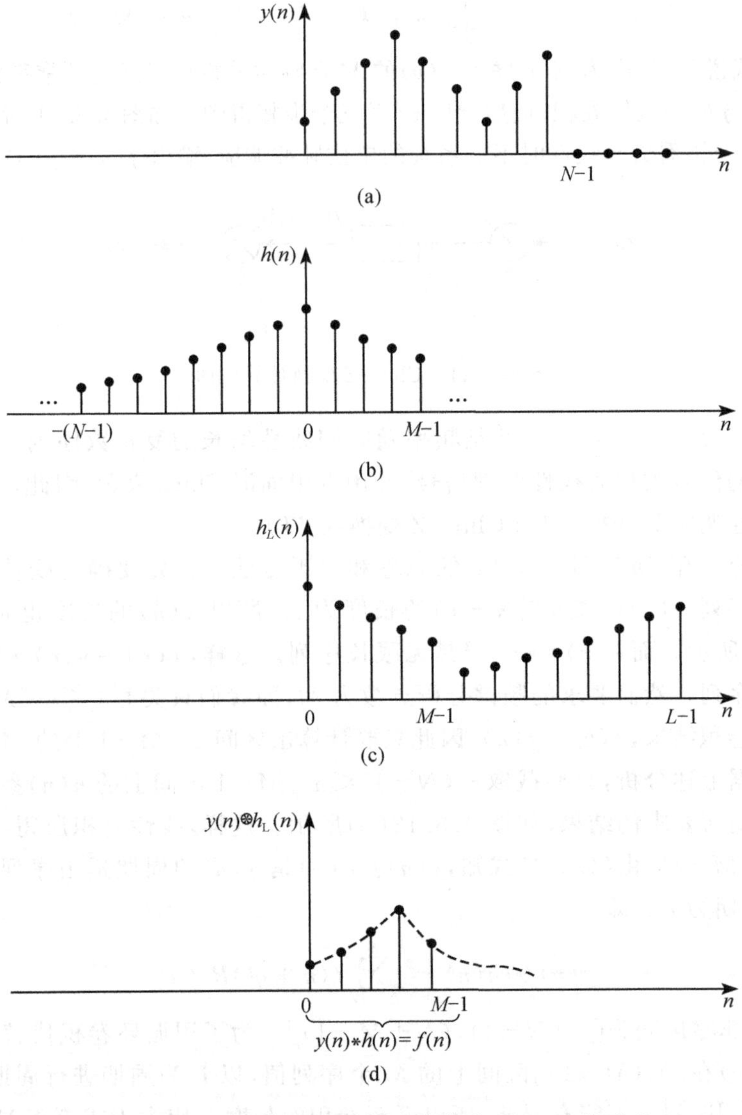

图 4.5.12　Chirp 变换中$h(n)$的截取和$h_L(n)$的形成

综上讨论，可归纳出 Chirp-Z 变换的计算步骤如下：

(1) 形成$h_L(n)$序列。

$$h_L(n)=\begin{cases}w^{-n^2/2}, & 0\leqslant n\leqslant M-1\\ w^{-(n-L)^2/2}, & M\leqslant n\leqslant L-1\end{cases}$$

(2) $$H(k)=\mathrm{DFT}[h_L(n)],\quad 0\leqslant k\leqslant L-1$$

(3) $y(n)$末端补零

$$y(n)=\begin{cases}x(n)a^{-n}w^{n^2/2}, & 0\leqslant n\leqslant N-1\\ 0, & N\leqslant n\leqslant L-1\end{cases}$$

(4) $$Y(k)=\mathrm{DFT}[y(n)],\quad 0\leqslant k\leqslant L-1$$

(5) $$F(k)=Y(k)H(k),\quad 0\leqslant k\leqslant L-1$$

(6) 求 $F(k)$的 IDFT

$$f(n)=\mathrm{IDFT}[F(k)],\quad 0\leqslant n\leqslant N-1$$

(7) 求 z 平面上的 M 点频谱采样值

$$X(z_k)=w^{k^2/2}f(k),\quad 0\leqslant k\leqslant M-1$$

与标准的 DFT 算法比较,Chirp-Z 变换具有以下特点:

(1) 输入序列长度 N 和输出序列长度 M 不需要相等,且二者均可为素数。

(2) 分析频率点 z_k 的起始点 z_0 及相邻两点之间的夹角 φ_0 是任意的,因此频谱分析可以从任意频率点上开始,且采样点上的频率间隔也是任意的。

(3) 频谱分析的路径可以是螺旋的。

(4) 当 $a=1,M=N,w=e^{-j(2\pi/N)}$ 时,z_k 均匀分布在单位圆上,此时序列的 Chrip-Z 变换就是序列的 DFT。因此,序列的 DFT 是其 Chrip-Z 变换的特例。

总之,利用 Chrip-Z 变换做序列的频谱分析,具有灵活、适应性强和运算效率高等优点。

4.5.4 利用 DFT 对周期性序列进行频谱分析

在 4.2 节中我们曾指出,周期为 N 的周期序列 $\tilde{x}(n)$可以用其离散傅里叶级数之系数 $\widetilde{X}(k)$表示它的频谱分布规律,且 $\widetilde{X}(k)$也是以 N 为周期的,只要获得 $\widetilde{X}(k)$一个周期的序列值,就能代表 $\widetilde{X}(k)$的特性,即 $\tilde{x}(n)$的频谱特性。

利用 DFT 的隐含周期性,截取周期序列 $\tilde{x}(n)$的主值序列 $x(n)=\tilde{x}(n)R_N(n)$,并进行 N 点 DFT,得到

$$X(k)=\mathrm{DFT}[x(n)]=\mathrm{DFT}[\tilde{x}(n)R_N(n)]=\widetilde{X}(k)R_N(k)$$

所以,可用 $X(k)$表示 $\tilde{x}(n)$的频谱特性。

4.6 习　　题

4.1 试确定下列周期为 4 的周期序列 $x(n)$的离散傅里叶级数的系数(频谱)$\widetilde{X}(k)(k=0,1,2,3)$。

(1) $\tilde{x}_1(n)=\{1,2,0,2;n=0,1,2,3\}$;

(2) $\tilde{x}_2(n)=\{0,1,0,-1;n=0,1,2,3\}$。

4.2 试确定下列周期序列 $\tilde{x}(n)$的周期及离散傅里叶级数的系数 $\widetilde{X}(k)$。

(1) $\tilde{x}_1(n)=\sin(\pi n/4)$；

(2) $\tilde{x}_2(n)=2\sin(\pi n/4)+\cos(\pi n/3)$。

4.3 周期序列 $\tilde{x}(n)$的共轭对称序列 $\tilde{x}_e(n)$和共轭反对称序列 $\tilde{x}_o(n)$分别表示为

$$\tilde{x}_e(n)=\frac{1}{2}[\tilde{x}(n)+\tilde{x}^*(-n)]$$

$$\tilde{x}_o(n)=\frac{1}{2}[\tilde{x}(n)-\tilde{x}^*(-n)]$$

试证明

$$\mathrm{DFS}[\tilde{x}_e(n)]=\mathrm{Re}\{\widetilde{X}(k)\}$$
$$\mathrm{DFS}[\tilde{x}_o(n)]=\mathrm{jIm}\{\widetilde{X}(k)\}$$

其中，$\widetilde{X}(k)$是 $\tilde{x}(n)$的离散傅里叶级数的系数。

4.4 设 $x(n)=\begin{cases}1, & n=0,1\\ 0, & \text{其他}\end{cases}$，将 $x(n)$以 8 为周期进行周期延拓，形成周期序列 $\tilde{x}(n)$。画出 $x(n)$和 $\tilde{x}(n)$的波形，并求 $\tilde{x}(n)$的离散傅里叶级数的系数 $\widetilde{X}(k)$ $(k=0,1,\cdots,7)$。

4.5 在变换区间 $0\leqslant n\leqslant N-1$ 内，计算以下各序列的 N 点离散傅里叶变换。

(1) $x_1(n)=1$；

(2) $x_2(n)=\delta(n)$；

(3) $x_3(n)=\delta(n-m),0\leqslant m\leqslant N$；

(4) $x_4(n)=R_m(n),0<m<N$；

(5) $x_5(n)=a^n,0\leqslant n\leqslant N-1$；

(6) $x_6(n)=\mathrm{e}^{\mathrm{j}\frac{2\pi}{N}mn},0<m<N$；

(7) $x_7(n)=\mathrm{e}^{\mathrm{j}\omega_0 n}$；

(8) $x_8(n)=\cos\left(\frac{2\pi}{N}mn\right),0<m<N$；

(9) $x_9(n)=\sin\left(\frac{2\pi}{N}mn\right),0<m<N$；

(10) $x_{10}(n)=\cos(\omega_0 n)$；

(11) $x_{11}(n)=nR_N(n)$；

(12) $x_{12}(n)=\begin{cases}1, & n\text{ 为偶数}\\ 0, & n\text{ 为奇数}\end{cases}$。

4.6 设序列 $x(n)$的 N 点离散傅里叶变换为 $X(k)=\mathrm{DFT}[x(n)]$ $(0\leqslant k\leqslant N-1)$。现已知下列各 $X_j(k)$，分别求其离散傅里叶逆变换 $x_j(n)=\mathrm{IDFT}[X_j(k)]$。

(1) $X_1(k)=\delta(k)$；

(2) $X_2(k)=W_N^{mk},0<m<N$；

(3) $X_3(k)=R_N(k)$；

(4) $X_4(k)=\begin{cases}\frac{N}{2}\mathrm{e}^{\mathrm{j}\theta}, & k=m\\ \frac{N}{2}\mathrm{e}^{-\mathrm{j}\theta}, & k=N-m\\ 0, & \text{其他}\end{cases}$；

(5) $X_5(k)=\begin{cases}-\dfrac{N}{2}\mathrm{j}\mathrm{e}^{\mathrm{j}\theta}, & k=m\\ \dfrac{N}{2}\mathrm{j}\mathrm{e}^{-\mathrm{j}\theta}, & k=N-m。\\ 0, & 其他\end{cases}$

4.7 已知序列

$$x(n)=\begin{cases}1,2,3,3,2,1, & n=0,1,2,3,4,5\\ 0, & 其他\end{cases}$$

(1) 求序列 $x(n)$ 的离散时间傅里叶变换 $X(\mathrm{e}^{\mathrm{j}\omega})$，画出幅频特性曲线和相频特性曲线。

(2) 计算序列 $x(n)$ 的 $N(N\geqslant 6)$ 点离散傅里叶变换 $X(k)(0\leqslant k\leqslant N-1)$，画出幅频特性曲线和相频特性曲线。

(3) 将 $X(\mathrm{e}^{\mathrm{j}\omega})$ 和 $X(k)(0\leqslant k\leqslant N-1)$ 的幅频特性曲线和相频特性曲线分别画在同一幅图中，验证 $X(k)$ 是 $X(\mathrm{e}^{\mathrm{j}\omega})$ 在 $[0,2\pi)$ 区间上的 N 点等间隔采样，采样间隔为 $2\pi/N$。

(4) 计算 $X(k)$ 的 N 点 IDFT，验证 DFT 和 IDFT 的唯一性。

4.8 设序列 $x(n)$ 的 N 点离散傅里叶变换为 $X(k)=\mathrm{DFT}[x(n)](0\leqslant k\leqslant N-1)$，试用 $X(k)$ 表示下面两个序列的 N 点离散傅里叶变换。

(1) $x_1(n)=x(n)\cos\left(\dfrac{2\pi mn}{N}\right)R_N(n)$， $0<m<N$；

(2) $x_2(n)=x(n)\sin\left(\dfrac{2\pi mn}{N}\right)R_N(n)$， $0<m<N$。

4.9 已知 $x(n)$ 是长度为 N 的有限长度序列，其 N 点离散傅里叶变换为 $X(k)=\mathrm{DFT}[x(n)](0\leqslant k\leqslant N-1)$。现将序列 $x(n)$ 的长度补零扩大 m 倍，得长度 mN 的有限长序列 $y(n)$，即

$$y(n)=\begin{cases}x(n), & 0\leqslant n\leqslant N-1\\ 0, & N\leqslant n\leqslant mN-1\end{cases}$$

其中，m 为正整数。试求用 $X(k)$ 表示的序列 $y(n)$ 的 mN 点离散傅里叶变换 $Y(k)=\mathrm{DFT}[y(n)](0\leqslant k\leqslant mN-1)$。

4.10 已知 $x(n)$ 是长度为 N 的有限长序列，其 N 点离散傅里叶变换为 $X(k)=\mathrm{DFT}[x(n)](0\leqslant k\leqslant N-1)$。现将序列 $x(n)$ 的每二点之间补进 $m-1$ 个 0 值，得长度为 mN 的有限长序列 $y(n)$，即

$$y(n)=\begin{cases}x(n/m), & n=im, \quad i=0,1,\cdots,N-1\\ 0, & 其他\end{cases}$$

其中，m 为正整数。试求用 $X(k)$ 表示的序列 $y(n)$ 的 mN 点离散傅里叶变换 $Y(k)=\mathrm{DFT}[y(n)](0\leqslant k\leqslant mN-1)$。

4.11 已知 $x(n)$是长度为 N 的有限长序列，其 N 点离散傅里叶变换为 $X(k)=\text{DFT}[x(n)](0\leqslant k\leqslant N-1)$。现有以下序列：

(1) $x_1(n)=(-1)^n x(n)$；

(2) $x_2(n)=x(N-1-n)$。

试分别求 $x_1(n)$的 N 点离散傅里叶变换 $X_1(k)$和 $x_2(n)$的 N 点离散傅里叶变换 $X_2(k)$与 $X(k)$的关系。

4.12 已知实序列 $x(n)$的 8 点离散傅里叶变换 $X(k)(0\leqslant k\leqslant 7)$的前 5 点的值为 0.25，0.125－j0.3018，0，0.125－j0.0518，0。

(1) 求 $X(k)$的其余 3 点的值。

(2) 若 $x_1(n)=\sum\limits_{m=-\infty}^{\infty} x(n+5+8m)R_8(n)$，求该序列的 8 点离散傅里叶变换 $X_1(k)=\text{DFT}[x_1(n)](0\leqslant k\leqslant 7)$。

(3) 若 $x_2(n)=x(n)\mathrm{e}^{\mathrm{j}\pi n/4}$，求该序列的 8 点离散傅里叶变换 $X_2(k)=\text{DFT}[x_2(n)](0\leqslant k\leqslant 7)$。

4.13 证明：若序列 $x(n)$实偶对称，即 $x(n)=x(N-n)$，则 $X(k)$也实偶对称；若序列 $x(n)$实奇对称，即 $x(n)=-x(N-n)$，则 $X(k)$是纯虚数，并奇对称。

4.14 假设序列 $f(n)=x(n)+\mathrm{j}y(n)$，其中 $x(n)$和 $y(n)$是长度为 N 的实序列，$F(k)=\text{DFT}[f(n)](0\leqslant k\leqslant N-1)$。

(1) 如果已知 $F_R(k)=\text{Re}[F(k)]$，$F_I(k)=\text{Im}[F(k)]$，请求出用 $F_R(k)$和 $F_I(k)$表示 $x(n)$和 $y(n)$的 N 点离散傅里叶变换的表示式。

(2) 已知 $F_{ep}(k)=\frac{1}{2}[F(k)+F^*(N-k)]$，　$F_{op}(k)=\frac{1}{2}[F(k)-F^*(N-k)]$，试用 $F_{ep}(k)$和 $F_{op}(k)$表示 $x(n)$和 $y(n)$的 N 点离散傅里叶变换。

4.15 已知长度为 N 的复有限长序列 $f(n)$是由长度为 N 的两个实序列 $x(n)$和 $y(n)$构成的，即 $f(n)=x(n)+\mathrm{j}y(n)$，并且 $\text{DFT}[f(n)]=F(k)(0\leqslant k\leqslant N-1)$。若 $F(k)$分别为以下两式所示：

(1) $F(k)=\dfrac{1-a^N}{1-aW_N^k}+\mathrm{j}\dfrac{1-b^N}{1-bW_N^k}$，　$W_N=\mathrm{e}^{-\mathrm{j}\frac{2\pi}{N}}$；

(2) $F(k)=1+\mathrm{j}N$。

试分别求 $X(k)$、$Y(k)$以及 $x(n)$、$y(n)$。

4.16 已知一个 9 点实序列 $x(n)$的离散傅里叶变换 $X(k)(0\leqslant k\leqslant 8)$在偶数点的值为 $X(0)=3.1$，$X(2)=2.5+\mathrm{j}4.6$，$X(4)=-1.7+\mathrm{j}5.2$，$X(6)=9.3+\mathrm{j}6.3$，$X(8)=5.5-\mathrm{j}8.0$，试确定 $X(k)$在奇数点的值。

4.17 已知一个 9 点实序列 $x(n)$的离散傅里叶变换 $X(k)(0\leqslant k\leqslant 8)$在 5 个点上的值为 $X(0)=23$，$X(1)=2.2426-\mathrm{j}$，$X(4)=-6.3749+\mathrm{j}4.1212$，$X(6)=$

6.5+j2.5981，$X(7)=-4.1527+j0.2645$，试确定 $X(k)$ 其他 4 个点的值。

4.18 证明离散傅里叶变换的频域循环卷积定理。

4.19 设序列 $x(n)$、$x_1(n)$ 和 $x_2(n)$ 分别如题 4.19 图(a)、(b)和(c)所示，已知 $X(k)=\mathrm{DFT}[x(n)](0\leqslant k\leqslant 7)$。试求用 $X(k)$ 表示的 $X_1(k)=\mathrm{DFT}[x_1(n)](0\leqslant k\leqslant 7)$ 和 $X_2(k)=\mathrm{DFT}[x_2(n)](0\leqslant k\leqslant 7)$。

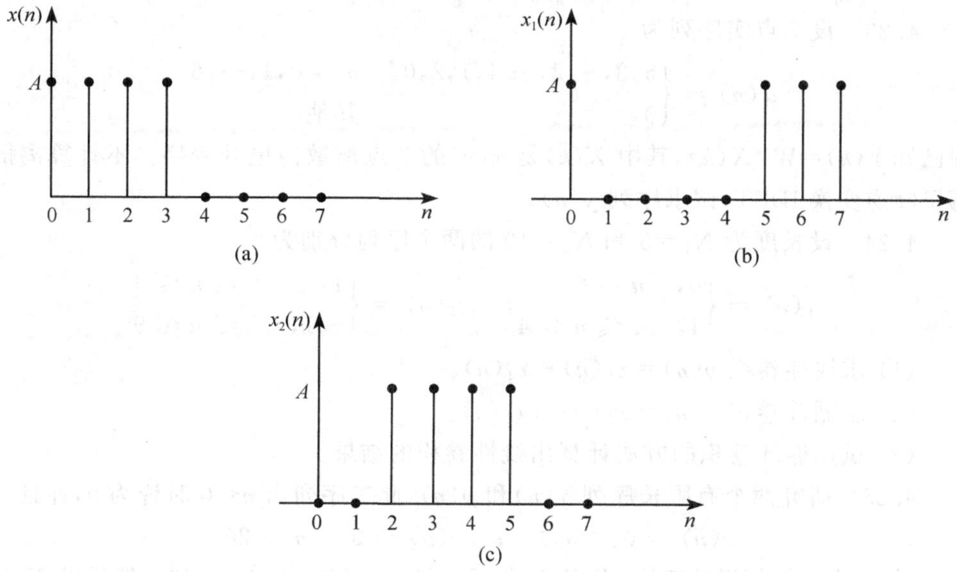

题 4.19 图 序列 $x(n)$、$x_1(n)$ 和 $x_2(n)$ 的波形

4.20 已知有限长序列 $x(n)=nR_5(n)$，$X(k)=\mathrm{DFT}[x(n)](0\leqslant k\leqslant 5)$。

(1) 设 $Y(k)=\mathrm{DFT}[y(n)]=W_6^{-2}X(k)(0\leqslant k\leqslant 5)$，求序列 $y(n)$。

(2) 设 $F(k)=\mathrm{DFT}[f(n)]=\mathrm{Re}[X(k)](0\leqslant k\leqslant 5)$，求序列 $f(n)$。

(3) 设 $G(k)=\mathrm{DFT}[g(n)]=\mathrm{jIm}[X(k)](0\leqslant k\leqslant 5)$，求序列 $g(n)$。

4.21 设有限长序列

$$x(n)=\begin{cases}2,1,1,0,3,2,0,3,4,6, & n=0,1,\cdots,9\\ 0, & \text{其他}\end{cases}$$

不计算 $x(n)$ 的离散傅里叶变换 $X(k)(0\leqslant k\leqslant 9)$，试求下列表达式的值。

(1) $X(0)$； (2) $X(5)$； (3) $\sum_{k=0}^{9}X(k)$；

(4) $\sum_{k=0}^{9}|X(k)|^2$； (5) $\sum_{k=0}^{9}\mathrm{e}^{-\mathrm{j}4\pi k/5}X(k)$。

4.22 设 $X(k)$ 是长度为 12 的实序列 $x(n)$ 的 12 点离散傅里叶变换，已知 $X(k)$ 前 7 个点的值为 $X(0)=10$，$X(1)=-5-j4$，$X(2)=3-j2$，$X(3)=1+j3$，$X(4)=$

$2+j5$，$X(5)=6-j2$，$X(6)=12$。不计算离散傅里叶逆变换 IDFT，试求下列表达式的值。

(1) $x(0)$；　(2) $x(6)$；　(3) $\sum_{n=0}^{11}x(n)$；

(4) $\sum_{n=0}^{11}|x(n)|^2$；　(5) $\sum_{n=0}^{11}e^{j(2\pi n/3)}x(n)$。

4.23　设 7 点实序列为

$$x(n)=\begin{cases}5,3,-2,-4,1,2,0, & n=0,1,\cdots,6\\ 0, & \text{其他}\end{cases}$$

现已知 $Y(k)=W_7^{4k}X(k)$，其中 $X(k)$ 是 $x(n)$ 的 7 点离散傅里叶变换。不计算离散傅里叶逆变换 IDFT，试求序列 $y(n)$。

4.24　设长度为 $N_1=5$ 和 $N_2=10$ 的两个序列分别为

$$x_1(n)=\begin{cases}0, & n=0\\ 1, & 1\leqslant n\leqslant 4\end{cases},\quad x_2(n)=\begin{cases}1, & 0\leqslant n\leqslant 4\\ -1, & 5\leqslant n\leqslant 9\end{cases}$$

(1) 求线性卷积 $y(n)=x_1(n)*x_2(n)$。

(2) 求循环卷积 $f(n)=x_1(n)⊛x_2(n)$。

(3) 试用循环卷积的方法计算出线性卷积的结果。

4.25　研究两个有限长序列 $x(n)$ 和 $y(n)$，此二序列当 $n<0$ 时皆为 0，并且

$$x(n)=0,\quad n\geqslant 8;\quad y(n)=0,\quad n\geqslant 20$$

各自做 20 点离散傅里叶变换，得 $X(k)(0\leqslant k\leqslant 19)$ 和 $Y(k)(0\leqslant k\leqslant 19)$，然后做 $X(k)$ 与 $Y(k)$ 乘积序列 $F(k)=X(k)Y(k)$ 的离散傅里叶逆变换，得 $f(n)=\text{IDFT}[F(k)]$，试指出 $f(n)$ 的哪些点对应 $x(n)$ 与 $y(n)$ 做线性卷积应得到的点。

4.26　设 $x(n)$ 和 $h(n)$ 是定义在 $0\leqslant n\leqslant 29$ 范围内的长度为 30 的有限长序列，且 $h(n)=0,0\leqslant n\leqslant 9,20\leqslant n\leqslant 29$。$x(n)$ 与 $h(n)$ 的线性卷积记为 $y(n)$，30 点循环卷积记为 $f(n)$。试分析在哪些点上有 $y(n)=f(n)$。

4.27　利用 Matlab 工具箱函数 fft，计算习题 4.5 的各序列的离散傅里叶变换。

4.28　利用 Matlab 工具箱函数 ifft，计算习题 4.6 的各序列的离散傅里叶逆变换。

4.29　编写 Matlab 程序，实现习题 4.7 的计算及其他要求。

4.30　利用 Matlab 计算习题 4.21 序列 $x(n)$ 的离散傅里叶变换 $X(k)(0\leqslant k\leqslant 9)$，验证原习题所求得的结果。

4.31　利用 Matlab 计算习题 4.22 序列 $X(k)$（首先利用离散傅里叶变换的对称性求出 $X(k)(0\leqslant k\leqslant 11)$）的离散傅里叶逆变换 $x(n)(0\leqslant n\leqslant 12)$，验证原习题所求得的结果。

4.32　已知两个序列分别为

$$x_1(n)=\begin{cases}2,1,1,2, & n=0,1,2,3\\ 0, & \text{其他}\end{cases}$$

$$x_2(n)=\begin{cases}1,-1,-1,1, & n=0,1,2,3\\ 0, & \text{其他}\end{cases}$$

(1) 直接在时域计算 $x_1(n)$与 $x_2(n)$的 4 点循环卷积。

(2) 利用 Matlab,采用离散傅里叶变换计算出 $x_1(n)$与 $x_2(n)$的 4 点循环卷积。验证离散傅里叶变换的时域循环卷积定理。

4.33　已知序列 $h(n)=R_4(n)$,$x(n)=nR_4(n)$。利用 Matlab 实现下列各式的计算。

(1) $y_f(n)=h(n)*x(n)$;

(2) 4 点循环卷积 $y_c(n)=h(n)\circledast x(n)$;

(3) 7 点循环卷积 $y_c(n)=h(n)\circledast x(n)$;

(4) 8 点循环卷积 $y_c(n)=h(n)\circledast x(n)$。

从而说明用离散傅里叶变换的循环卷积计算线性卷积的方法。

4.34　选择合适的变换区间长度 N,编写 Matlab 程序,用离散傅里叶变换对下列信号进行谱分析,画出幅频特性曲线和相频特性曲线。

(1) $x_1(n)=2\cos(0.2\pi n)R_{10}(n)$;

(2) $x_2(n)=\sin(0.45\pi n)\sin(0.55\pi n)R_{51}(n)$;

(3) $x_3(n)=2^{-|n|}R_{21}(n+10)$。

4.35　已知序列 $x(n)=\cos(\omega_0 n)+0.75\cos(\omega_1 n)\quad(0\leqslant n\leqslant 63)$,其中,$\omega_0=2\pi/15\text{rad}$,$\omega_1=2.3\pi/15\text{rad}$。编写 Matlab 谱分析程序,完成:

(1) 对 $x(n)$做 64 点离散傅里叶变换,画出信号的幅频特性曲线。

(2) 如果(1)中显示的信号谱线不能分辨两个信号分量的谱峰,是否可通过对信号末端补零,再对补零后的序列做大于 64 点的离散傅里叶变换而分辨出两个谱峰。请通过编程计算来证实,并解释其原因。

4.36　已知连续时间信号 $x_a(t)=e^{-3t}u(t)$,试利用离散傅里叶变换对其进行近似谱分析。要求频率分辨率为 1Hz,确定采样频率 f_s、采样点数 N 以及所需的信号持续时间 T_p。编写 Matlab 程序完成信号的谱分析。

第 5 章　快速离散傅里叶变换

5.1　引　　言

DFT 是离散时间信号分析和处理中的一种重要变换，应用广泛。但因直接计算 DFT 的计算量与变换区间长度 N 的平方成正比，当 N 较大时，计算量太大，从而限制了 DFT 在信号频谱分析和实时信号处理中的应用。

1965 年库利(J. W. Cooley)和图基(J. W. Tukey)在《计算机数学》(Math. Computation, Vol. 19, 1965)杂志上发表了著名的《机器计算傅里叶级数的一种算法》论文后，桑德(G. Sande)-图基等快速算法相继出现，又经人们进行改进，很快形成一套 DFT 的高效算法，这就是快速傅里叶变换，简称 FFT(fast Fourier transform)。FFT 算法使 DFT 的运算效率提高了很多，为数字信号处理技术应用于各种实时处理创造了条件，大大推动了数字信号处理技术的发展。

DFT 快速算法的类型很多，但其基本数学原理是相似的。本章主要介绍基 2 时域抽取和基 2 频域抽取 FFT 快速算法原理，并在此基础上介绍基 4 时域抽取 FFT 算法。还将介绍简称为 IFFT(inverse fast Fourier transform)的离散傅里叶逆变换快速算法。

5.2　基 2FFT 算法

5.2.1　直接计算 DFT 的运算量及减少运算量的基本途径

长度为 N 的有限长序列 $x(n)$，其 DFT 和 IDFT 分别定义为

$$X(k)=\sum_{n=0}^{N-1}x(n)W_N^{kn},\quad 0\leqslant k\leqslant N-1 \tag{5.2.1}$$

$$x(n)=\frac{1}{N}\sum_{k=0}^{N-1}X(k)W_N^{-kn},\quad 0\leqslant n\leqslant N-1 \tag{5.2.2}$$

考虑 $x(n)$ 为复序列的一般情况，对每一个 k 值，直接按(5.2.1)式计算 $X(k)$ 值，需要 N 次复数乘法，$(N-1)$ 次复数加法。因此，对所有 N 个 k 值，共需 N^2 次复数乘法和 $N(N-1)$ 次复数加法运算。当 $N\gg1$ 时，$N(N-1)\approx N^2$。可见，N 点 DFT 的乘法运算和加法运算的次数均为 N^2。当 N 较大时，运算量将相当大。例

如，$N=1024$ 时，$N^2=1048576$。这对于要求实时信号处理来说，必将对计算速度提出很高的要求，甚至无法实现。所以，有必要在计算方法上寻求改进，使 DFT 的运算量大大减少。

如前所述，N 点 DFT 的复乘次数等于 N^2。显然，如果把 N 点 DFT 分解成若干个较短序列的 DFT，可使复乘次数大大减少。另外，由于旋转因子 W_N^m 具有周期性、对称性和可约性，其周期性表现为

$$W_N^{m+lN}=\mathrm{e}^{-\mathrm{j}\left(\frac{2\pi}{N}\right)(m+lN)}=\mathrm{e}^{-\mathrm{j}\left(\frac{2\pi}{N}\right)m}=W_N^m \tag{5.2.3}$$

其对称性表现在

$$W_N^{-m}=W_N^{N-m} \quad 或者 \quad [W_N^{N-m}]^*=W_N^m$$

$$W_N^{m+\frac{N}{2}}=-W_N^m \tag{5.2.4}$$

而可约性表现在

$$W_N^{mk}=W_{N/k}^m \tag{5.2.5}$$

序列的 FFT 算法就是把长序列的 DFT 逐步分解成几个短序列的 DFT，并利用 W_N^{kn} 的周期性和对称性来减少 DFT 的运算次数。最常用的是基 2FFT 算法，它又分为时域抽取法和频域抽取法。

5.2.2　时域抽取基 2FFT 算法

时域抽取(decimation in time，DIT)基 2FFT 算法，简称为 DIT-FFT 算法。

1) DIT-FFT 算法原理

设序列 $x(n)$的长度为 N，且满足

$$N=2^M,\quad M 为正整数$$

按 n 的奇偶把 $x(n)$分解成两个 $N/2$ 点的子序列

$$x_1(r)=x(2r),\quad 0\leqslant r\leqslant N/2-1$$

$$x_2(r)=x(2r+1),\quad 0\leqslant r\leqslant N/2-1$$

则 $x(n)$的 DFT 为

$$\begin{aligned}X(k)&=\sum_{n=偶数}x(n)W_N^{kn}+\sum_{n=奇数}x(n)W_N^{kn}\\&=\sum_{r=0}^{N/2-1}x(2r)W_N^{2kr}+\sum_{r=0}^{N/2-1}x(2r+1)W_N^{k(2r+1)}\\&=\sum_{r=0}^{N/2-1}x_1(r)W_N^{2kr}+W_N^k\sum_{r=0}^{N/2-1}x_2(r)W_N^{2kr}\end{aligned}$$

由于旋转因子有可约性，即

$$W_N^{2kr}=\mathrm{e}^{-\mathrm{j}(2\pi/N)2kr}=\mathrm{e}^{-\mathrm{j}\frac{2\pi}{(N/2)}kr}=W_{N/2}^{kr}$$

故 $X(k)$可表示为

$$
\begin{aligned}
X(k) &= \sum_{r=0}^{N/2-1} x_1(r) W_{N/2}^{kr} + W_N^k \sum_{r=0}^{N/2-1} x_2(r) W_{N/2}^{kr} \\
&= X_1(k) + W_N^k X_2(k), \quad 0 \leqslant k \leqslant N-1
\end{aligned} \tag{5.2.6}
$$

进而，由于 $X_1(k)$ 和 $X_2(k)$ 都隐含周期性，周期为 $N/2$，即存在

$$X_1(k + N/2) = X_1(k), \quad 0 \leqslant k \leqslant N/2-1 \tag{5.2.7}$$

$$X_2(k + N/2) = X_2(k), \quad 0 \leqslant k \leqslant N/2-1 \tag{5.2.8}$$

并且旋转因子存在对称性，即

$$W_N^{k+N/2} = \mathrm{e}^{-\mathrm{j}\pi} W_N^k = -W_N^k \tag{5.2.9}$$

因而(5.2.6)式又可表示为

$$X(k) = X_1(k) + W_N^k X_2(k), \quad 0 \leqslant k \leqslant N/2-1 \tag{5.2.10a}$$

$$X(k + N/2) = X_1(k) - W_N^k X_2(k), \quad 0 \leqslant k \leqslant N/2-1 \tag{5.2.10b}$$

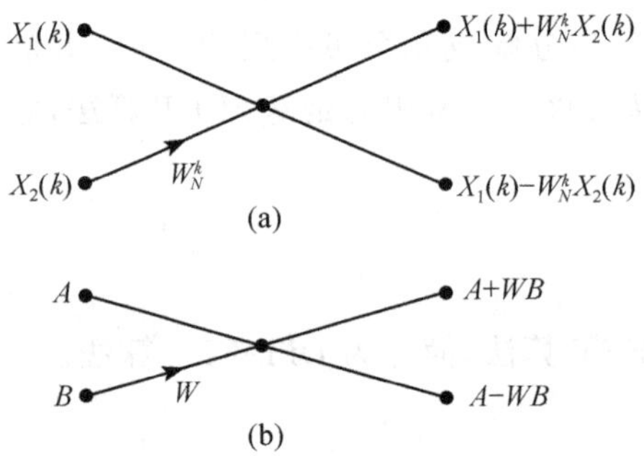

图 5.2.1　DIT-FFT 蝶形运算信号流图和符号

这样，就将 N 点 DFT 分解为两个 $N/2$ 点的 DFT 和(5.2.10a)、(5.2.10b)式的运算。(5.2.10a)、(5.2.10b)式的运算可用图 5.2.1(a)所示的信号流图表示。由于这个图形呈蝶形，故称为蝶形运算符号，它是基 2DIT-FFT 算法的基本单元，如图 5.2.1(b)所示。采用这种蝶形运算符号，可将上述分解运算表示于图 5.2.2 中，图中以 $N=2^3=8$ 为例，$X(0)\sim X(3)$ 由(5.2.10a)式给出，而 $X(4)\sim X(7)$ 则由(5.2.10b)式给出。

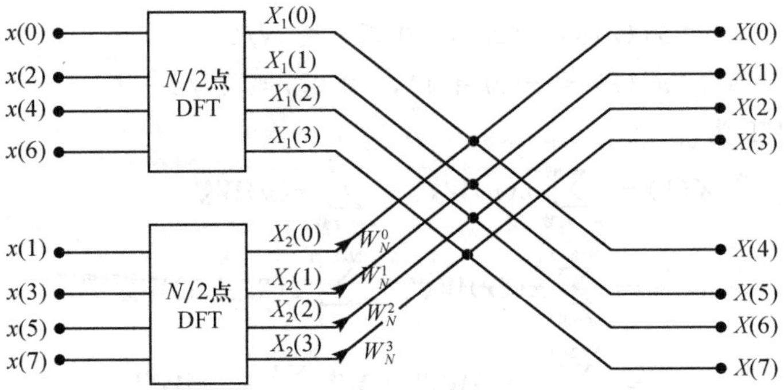

图 5.2.2　N 点 DFT 的一次时域抽取运算流图($N=8$)

由图 5.2.1 可见，要完成一个蝶形运算，需要一次复数乘法和两次复数加法运算。由图 5.2.2 容易看出，经过一次分解后，计算一个 N 点 DFT 共需计算两个

$N/2$ 点 DFT 和 $N/2$ 个蝶形运算。我们知道，计算一个 $N/2$ 点 DFT 需要 $(N/2)^2$ 次复数乘法和 $(N/2-1)N/2$ 次复数加法。所以，$N\gg1$ 时按图 5.2.2 计算 N 点 DFT 总共需要 $2(N/2)^2+N/2=N(N+1)/2\approx N^2/2$ 次复数乘法和 $N(N/2-1)+2N/2=N^2/2$ 次复数加法运算。由此可见，仅仅经过一次分解，就使运算量减少近一半。既然这样分解对减少 DFT 的运算量是有效的，且 $N=2^M$，当 $N/2$ 仍然是偶数时，则可以对 $N/2$ 点 DFT 再作进一步的分解。

与第一次分解相同，将 $x_1(r)$ 按奇偶分解成两个 $N/4$ 长的子序列 $x_3(l)$ 和 $x_4(l)$，即

$$x_3(l)=x_1(2l),\quad 0\leqslant l\leqslant N/4-1$$
$$x_4(l)=x_1(2l+1),\quad 0\leqslant l\leqslant N/4-1$$

这样，$X_1(k)$ 又可表示为

$$\begin{aligned}X_1(k)&=\sum_{l=0}^{N/4-1}x_1(2l)W_{N/2}^{2kl}+\sum_{l=0}^{N/4-1}x_1(2l+1)W_{N/2}^{k(2l+1)}\\&=\sum_{l=0}^{N/4-1}x_3(l)W_{N/4}^{kl}+W_{N/2}^{k}\sum_{l=0}^{N/4-1}x_4(l)W_{N/4}^{kl}\\&=X_3(k)+W_{N/2}^{k}X_4(k),\quad 0\leqslant k\leqslant N/2-1\end{aligned}\tag{5.2.11}$$

式中

$$X_3(k)=\sum_{l=0}^{N/4-1}x_3(l)W_{N/4}^{kl}=\mathrm{DFT}[x_3(l)]$$

$$X_4(k)=\sum_{l=0}^{N/4-1}x_4(l)W_{N/4}^{kl}=\mathrm{DFT}[x_4(l)]$$

同样，由 $X_3(k)$ 和 $X_4(k)$ 隐含的周期性和 $W_{N/2}^{k}$ 的对称性，即 $W_{N/2}^{k+N/4}=-W_{N/2}^{k}$，最后得到

$$X_1(k)=X_3(k)+W_{N/2}^{k}X_4(k),\quad 0\leqslant k\leqslant N/4-1\tag{5.2.12a}$$

$$X_1(k+N/4)=X_3(k)-W_{N/2}^{k}X_4(k),\quad 0\leqslant k\leqslant N/4-1\tag{5.2.12b}$$

用类似的方法可以得到

$$X_2(k)=X_5(k)+W_{N/2}^{k}X_6(k),\quad 0\leqslant k\leqslant N/4-1\tag{5.2.13a}$$

$$X_2(k+N/4)=X_5(k)-W_{N/2}^{k}X_6(k),\quad 0\leqslant k\leqslant N/4-1\tag{5.2.13b}$$

式中

$$X_5(k)=\sum_{l=0}^{N/4-1}x_5(l)W_{N/4}^{kl}=\mathrm{DFT}[x_5(l)]$$

$$X_6(k)=\sum_{l=0}^{N/4-1}x_6(l)W_{N/4}^{kl}=\mathrm{DFT}[x_6(l)]$$

而

$$x_5(l) = x_2(2l), \quad 0 \leqslant l \leqslant N/4 - 1$$

$$x_6(l) = x_2(2l+1), \quad 0 \leqslant l \leqslant N/4 - 1$$

这样，经过第二次分解，又将每个 $N/2$ 点 DFT 分解成两个 $N/4$ 点 DFT 和(5.2.12a)、(5.2.12b)式或(5.2.13a)、(5.2.13b)式所示的 $N/4$ 个蝶形运算，当 $N=8$ 时，如图 5.2.3 所示。

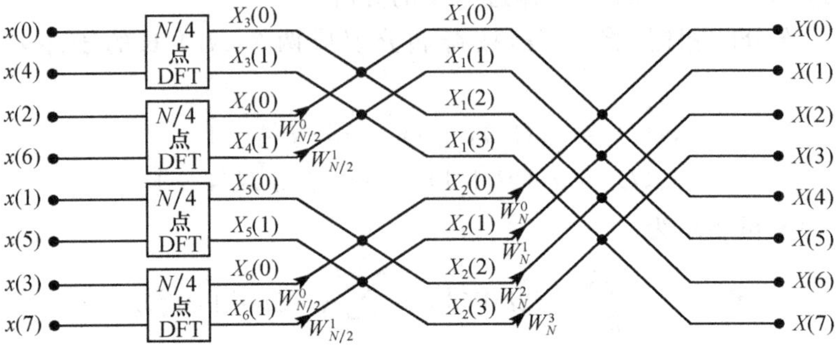

图 5.2.3　N 点 DFT 的二次时域抽取运算流图($N=8$)

以此类推，经过 $M-1$ 次分解，最后将 N 点 DFT 分解成 $N/2$ 个 2 点 DFT。一个完整的 8 点 DIT-FFT 运算流图如图 5.2.4 所示。图中用到旋转因子的关系式 $W_{N/m}^{k}=W_{N}^{km}$。

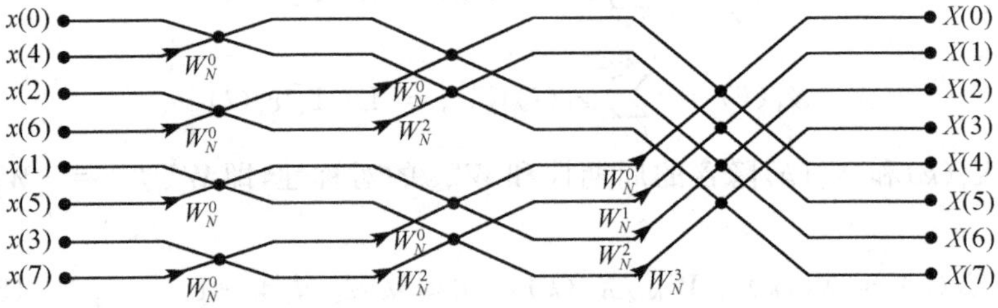

图 5.2.4　N 点基 2DFT-FFT 运算流图($N=8$)

这种方法，由于每一次分解都是按输入序列在时域上的次序是属于偶数还是奇数来抽取的，最终分解成 $N/2$ 个 2 点 DFT，以实现快速算法，所以称为时域抽取基 2FFT 算法。

2) DIT-FFT 算法的运算量

由 DIT-FFT 算法的分解过程可见，对于任何 $N=2^M$ 点的 DFT，都可以通过 $M-1$ 次分解，构成从 $x(n)$ 到 $X(k)$ 的 M 级运算过程，每一级运算都含有 $N/2$ 个蝶形运算。因为每个蝶形运算需要一次复数乘法和两次复数加法，所以，M 级运算总共需要的复数乘法次数为

$$C_M = M\frac{N}{2} = \frac{N}{2}\log_2 N \tag{5.2.14}$$

复数加法次数为

$$C_A = M\frac{N}{2}\times 2 = N\log_2 N \tag{5.2.15}$$

而直接计算 N 点 DFT 的复数乘法次数为 N^2，复数加法次数为 $N(N-1)$。这样，当 $N\gg 1$ 时，DIT-FFT 算法将比直接计算 DFT 的运算次数大大减少。以 $N=1024$ 为例，直接计算 DFT 的复数乘法次数为 $1024^2=1048576$，复数加法次数为 $1024\times(1024-1)=1047552$，而基 2DIT-FFT 算法，复数乘法次数为 $\frac{1024}{2}\times\log_2 1024=5120$，复数加法次数为 $1024\times\log_2 1024=10240$，分别使复数乘法的运算效率提高了 200 多倍，复数加法的运算效率提高 100 多倍。直接计算 N 点 DFT 与基 2DIT-FFT 算法的复数乘法次数之比为

$$R = \frac{N^2}{(N/2)\log_2 N} = \frac{2N}{\log_2 N} \tag{5.2.16}$$

图 5.2.5 示出了直接计算 DFT 与基 2DIT-FFT 算法所需复数乘法次数与 DFT 点数 N 之间的比较曲线。显然，N 越大，FFT 算法的效率越高。

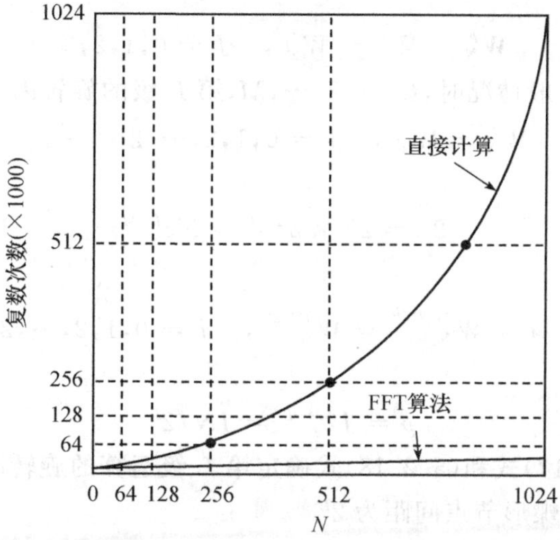

图 5.2.5　直接计算 DFT 与 FFT 算法所需复乘次数的比较曲线

3) DIT-FFT 的运算规律和编程思想

由基 2DIT-FFT 的运算流图，可以看出这种算法的运算规律。

(1) 原位计算。

基 2DIT-FFT 算法计算 $N=2^M$ 点 DFT，共进行 M 级运算，每级由 $N/2$ 个蝶

形运算组成。在同一级中，每个蝶形的两个输入数据仅用于本蝶形的计算，这意味着每个蝶形运算计算出输出数据后，其输入数据不再有用，因而所得输出数据可存入原输入数据所占用的存储单元。这样，经过 M 级运算，原来存放输入序列 $x(n)$ 数据的 N 个存储单元便依次存放 $X(k)$ 的 N 个数据。这种当输入数据存储到一组存储单元后，每一级蝶形运算的结果仍然存储在同一组存储单元中，直到最后输出，无需其他中间存储单元，称之为原位计算。

(2) 旋转因子的变化规律和蝶形节点间距。

在基 2DIT-FFT 蝶形运算中，旋转因子 W_N^p 的变化以及两个节点之间的距离都呈现一定的规律，p 称为旋转因子的指数。为了找出旋转因子 W_N^p 与运算级数之间的关系，设 L 表示从左到右的运算级数，即 $L=1,2,\cdots,M$。

观察图 5.2.4 不难发现，当 $N=2^3=8$ 时，$L=1,2,3$，第 L 级共有 2^{L-1}个不同的旋转因子，即：

$L=1$ 时

$$W_N^p = W_{N/4}^J = W_{2^L}^J, \quad J = 0$$

$L=2$ 时

$$W_N^p = W_{N/2}^J = W_{2^L}^J, \quad J = 0,1$$

$L=3$ 时

$$W_N^p = W_N^J = W_{2^L}^J, \quad J = 0,1,2,3$$

当 $N=2^M$ 的一般情况时，$L=1,2,\cdots,M$，第 L 级的旋转因子为

$$W_N^p = W_{2^L}^J, \quad J = 0,1,2,\cdots,2^{L-1}-1$$

由于

$$2^L = 2^M \times 2^{L-M} = N2^{L-M}$$

所以

$$W_N^p = W_{N\cdot 2^{L-M}}^J = W_N^{J\cdot 2^{M-L}} = W_N^{JN/2^L}, \quad J = 0,1,2,\cdots,2^{L-1}-1 \tag{5.2.17}$$

$$p = J2^{M-L} = JN/2^L \tag{5.2.18}$$

这样，就可按(5.2.17)式和(5.2.18)式确定第 L 级运算的旋转因子。

第 L 级运算的蝶形节点间距为 2^{L-1}。

将上述结论归纳，对 $N=2^M$ 的基 2DIT-FFT 算法，各级蝶形运算的旋转因子和蝶形节点间距分别为：

第一级蝶形运算($L=1$)的旋转因子均为 $W_N^{0/2}=W_N^0$，蝶形节点间距为 1。

第二级蝶形运算($L=2$)的旋转因子为 W_N^0、$W_N^{N/4}$，蝶形节点间距为 2。

第三级蝶形运算($L=3$)的旋转因子为 W_N^0、$W_N^{N/8}$、$W_N^{2N/8}$、$W_N^{3N/8}$，蝶形节点间距为 4。

第 M 级蝶形运算($L=M$)的旋转因子为 $W_N^0, W_N^1, W_N^2, \cdots, W_N^{(N/2-1)}$，蝶形节点间距为 $N/2$。

(3) 输入序列的倒序。

基 2DIT-FFT 算法输入序列的排序看起来似乎很乱，但仔细分析就会发现这种排序其实是有规律的。由于 $N=2^M$，所以 N 个顺序数可用 M 位二进制数($n_{M-1}n_{M-2}\cdots n_1n_0$)表示。以 $N=2^M=2^3$ 为例，计算 8 点 DFT 的序列为 $x(0)$、$x(1)$、$x(2)$、$x(3)$、$x(4)$、$x(5)$、$x(6)$、$x(7)$，用 3 位二进制数表示序列号为 $x(000)$、$x(001)$、$x(010)$、$x(011)$、$x(100)$、$x(101)$、$x(110)$、$x(111)$，其序号按自然序列排列；而用基 2DIT-FFT 算法时，要求输入序列排列为 $x(000)$、$x(100)$、$x(010)$、$x(110)$、$x(001)$、$x(101)$、$x(011)$、$x(111)$。出现这种情况的原因是由于在每次时域抽取时，将序列按偶数序列号和奇数序列号分组形成的。第一次按最低位 n_0 的 0 和 1 将 $x(n)$ 分解为偶数序列和奇数序列两组，偶数序列号一组放在上面，奇数序列号一组放在下面；第二次按次低位 n_1 的 0 和 1，把每组再分解为偶数序列和奇数序列；最后按最高位 n_2 的 0 和 1，进行偶、奇分组，最后得到顺序为 $x(000)$、$x(100)$、$x(010)$、$x(110)$、$x(001)$、$x(101)$、$x(011)$、$x(111)$ 的输入序列。这些序号恰好是 3 位二进制数($n_2n_1n_0$)的倒序(bit reversal)表示($n_0n_1n_2$)。$N=8$ 时上述按二进制数各位分解的过程可用如图 5.2.6 所示的树状图描述。

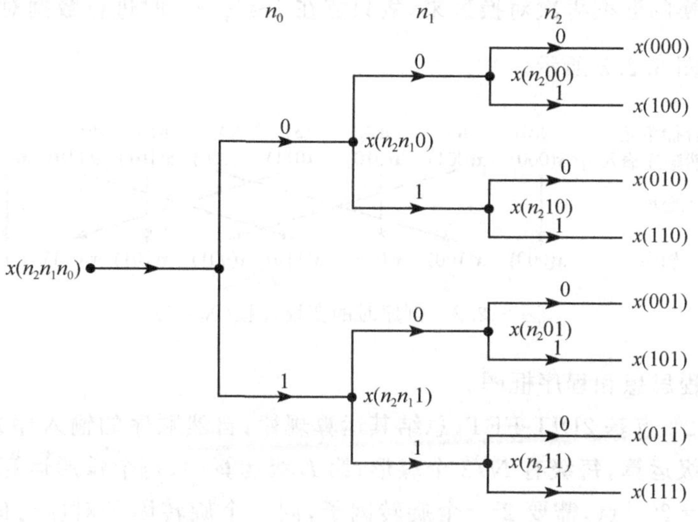

图 5.2.6　二进制倒序树状图($N=8$)

表 5.2.1 列出了 $N=8$ 时的自然顺序数和二进制倒序数。由表显而易见，只要将自然顺序的二进制数($n_2n_1n_0$)按位倒置，就能得到二进制倒序数。

表 5.2.1　自然顺序数和二进制倒序数

自然顺序数		倒序数	
十进制数	二进制数	二进制数	十进制数
0	000	000	0
1	001	100	4
2	010	010	2
3	011	110	6
4	100	001	1
5	101	101	5
6	110	011	3
7	111	111	7

在实际应用中，一般先按自然顺序数将输入序列存入存储单元 $A(I)(I=0,1,\cdots,N-1)$ 中，为了得到倒序的排列，可以通过变址运算来完成。如在 $N=8$ 时，输入序列的序号 I 二进制数表示为 $n_2n_1n_0$，则其倒序的序号 J 的二进制数表示为 $n_0n_1n_2$。

这样，原来自然顺序的 $A(I)$ 单元的数据，在倒序后应与 $A(J)$ 单元的数据对换，其变址运算过程如图 5.2.7 所示。当 $I=J$ 时，数据不必对换，当 $I\neq J$ 时，需要将 $A(I)$ 单元的数据与 $A(J)$ 单元的数据对换。由于数据对换是成对完成的，为了避免将已对换的数据再次对换过来，故只需在 $I\leqslant\frac{N}{2}-1$ 时进行数据对换。倒序的程序框图如图 5.2.8 所示。

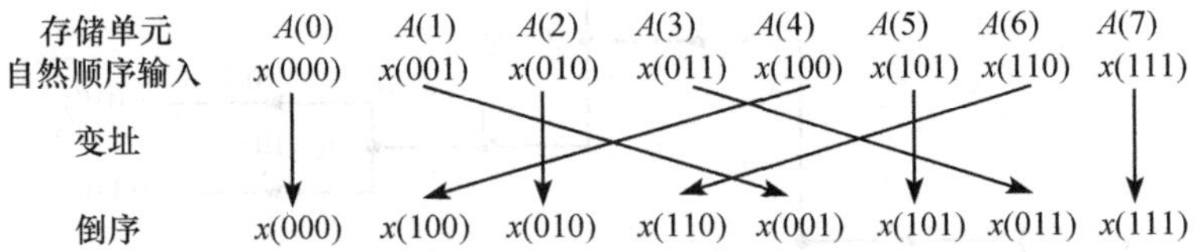

图 5.2.7　倒序时的变址过程($N=8$)

(4) 编程思想和程序框图。

对 $N=2^M$ 点基 2DIT-FFT，总结其运算规律：自然顺序的输入序列 $x(n)$ 进行倒序，共 M 级运算，每级有 $N/2$ 个蝶形；第 L 级运算中，每个蝶形运算的两个输入数据相距 $B=2^{L-1}$ 点，需要 2^{L-1} 个旋转因子，同一个旋转因子对应着间隔为 2^L 点的 2^{M-L} 个蝶形。这样，可采用下述运算方法。首先将自然顺序的输入序列 $x(n)$ 进行倒序，然后从输入端(第 1 级)开始，逐级进行，共进行 M 级运算；在进行第 L 级运算时，依次求出 2^{L-1} 不同的旋转因子；每求出一个旋转因子，就计算完它所对应的所有 2^{M-L} 个蝶形。因此，可用三重循环程序实现基 2DIT-FFT 运算，程序框图如图 5.2.9 所示。

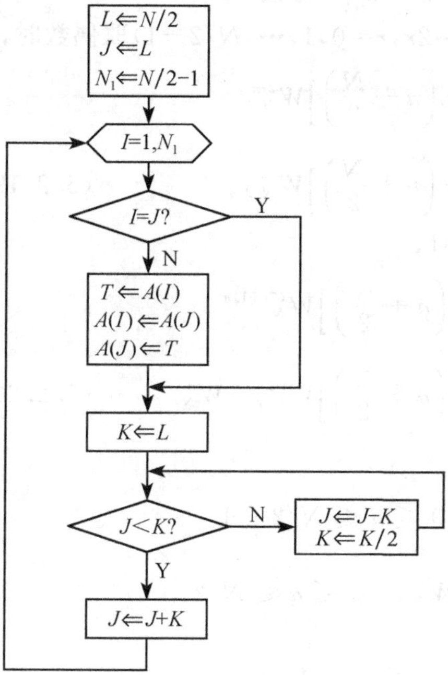

图 5.2.8　倒序的程序框图

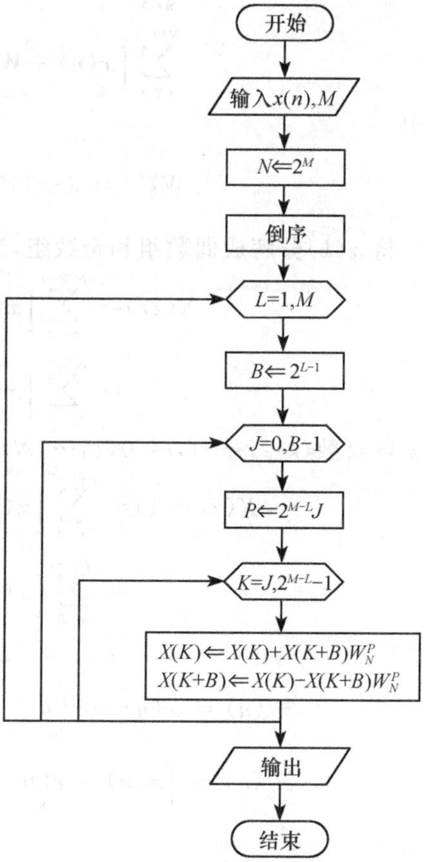

图 5.2.9　基 2DIT-FFT 运算程序框图

5.2.3　频域抽取基 2FFT 算法

频域抽取(decimation in frequency,DIF)基 2FFT 算法,简称 DIF-FFT 算法,也是一种常用的快速算法。

1) DIF-FFT 算法原理

设序列 $x(n)$的长度为 $N=2^M$,首先将 $x(n)$按 n 的自然顺序前后对半分开,得到两个子序列,其 DFT 可以表示为

$$X(k)=\mathrm{DFT}[x(n)]=\sum_{n=0}^{N-1}x(n)W_N^{kn}$$

$$=\sum_{n=0}^{N/2-1}x(n)W_N^{kn}+\sum_{n=N/2}^{N-1}x(n)W_N^{kn}$$

$$= \sum_{n=0}^{N/2-1} x(n)W_N^{kn} + \sum_{n=0}^{N/2-1} x\left(n+\frac{N}{2}\right)W_N^{k(n+N/2)}$$

$$= \sum_{n=0}^{N/2-1} \left[x(n) + W_N^{kN/2} x\left(n+\frac{N}{2}\right)\right]W_N^{kn}$$

式中

$$W_N^{kN/2} = (-1)^k = \begin{cases} 1, & k = 偶数 \\ -1, & k = 奇数 \end{cases}$$

将 $x(k)$分解成偶数组和奇数组，当 $k(k=2r, r=0,1,\cdots,N/2-1)$取偶数时，

$$X(2r) = \sum_{n=0}^{N/2-1} \left[x(n) + x\left(n+\frac{N}{2}\right)\right]W_N^{2rn}$$

$$= \sum_{n=0}^{N/2-1} \left[x(n) + x\left(n+\frac{N}{2}\right)\right]W_{N/2}^{rn} \tag{5.2.19}$$

当 k 取奇数($k=2r+1, r=0,1,\cdots,N/2-1$)时，

$$X(2r+1) = \sum_{n=0}^{N/2-1} \left[x(n) - x\left(n+\frac{N}{2}\right)\right]W_N^{(2r+1)n}$$

$$= \sum_{n=0}^{N/2-1} \left[x(n) - x\left(n+\frac{N}{2}\right)\right]W_{N/2}^{rn} \cdot W_N^n \tag{5.2.20}$$

令

$$x_1(n) = x(n) + x\left(n+\frac{N}{2}\right), \quad 0 \leqslant n \leqslant N/2-1$$

$$x_2(n) = \left[x(n) - x\left(n+\frac{N}{2}\right)\right]W_N^n, \quad 0 \leqslant n \leqslant N/2-1$$

则

$$X(2r) = \sum_{n=0}^{N/2-1} x_1(n)W_{N/2}^{rn} \tag{5.2.21a}$$

$$X(2r+1) = \sum_{n=0}^{N/2-1} x_2(n)W_{N/2}^{rn} \tag{5.2.21b}$$

(5.2.16)式表明，$x(k)$按偶奇 k 值分为两组，其偶数组是 $x_1(n)$的 $N/2$ 点 DFT，奇数组是 $x_2(n)$的 $N/2$ 点 DFT。$x_1(n)$、$x_2(n)$与 $x(n)$之间的关系也可用图 5.2.10 所示的蝶形运算信号流图表示。图 5.2.11 示出了 $N=8$ 时一次分解的运算流图。

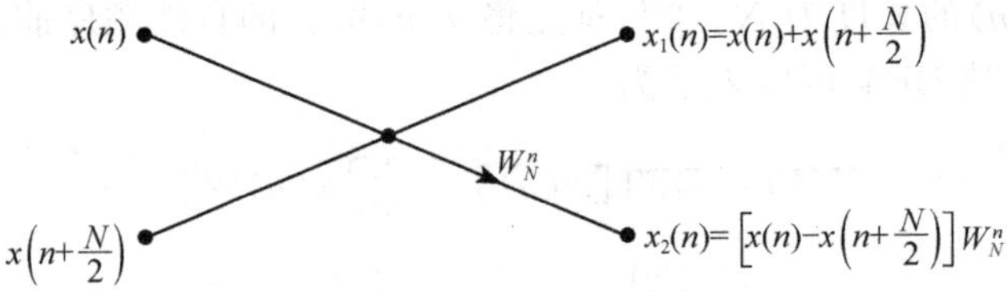

图 5.2.10 DIF-FFT 运算信号流图

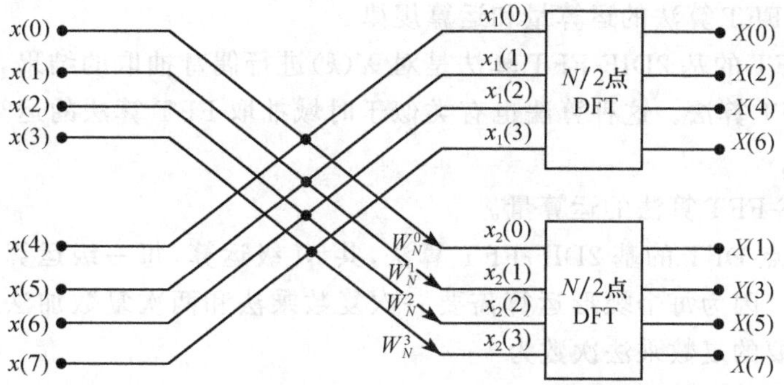

图 5.2.11　N 点 DFT 的一次频域抽取运算流图($N=8$)

由于 $N=2^M$,$N/2$ 仍然是一个偶数,故可以继续将每个 $N/2$ 点 DFT 分成偶数组和奇数组,这样每个 $N/2$ 点 DFT 又可由两个 $N/4$ 点 DFT 形成,其输入序列分别是 $x_1(n)$和 $x_2(n)$按前后对半分开形成的四个子序列。图 5.2.12 示出了 $N=8$ 时二次频域抽取运算流图。

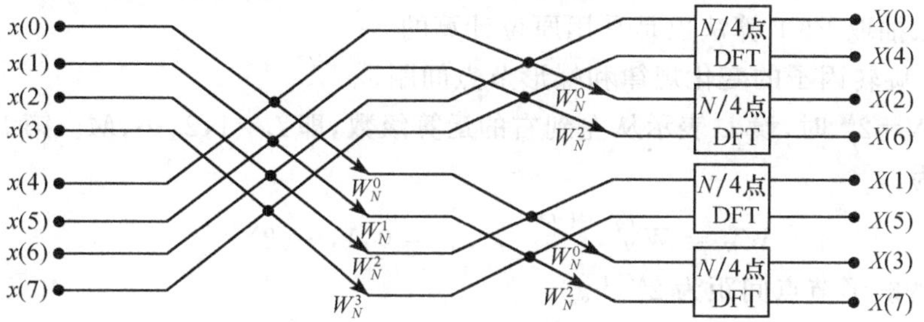

图 5.2.12　N 点 DFT 的二次频域抽取运算流图($N=8$)

根据图 5.2.10 DIF-FFT 运算信号流图,可以将序列这样继续分解下去,经过 $M-1$ 次分解,最后分解为 $2^{M-1}=N/2$ 个两点 DFT,每个两点 DFT 都是一个基本的 DIF-FFT 蝶形运算流图。当 $N=8$ 时,经过两次分解,便分解成四个两点 DFT,其完整的基 2DIF-FFT 运算流图如图 5.2.13 所示。

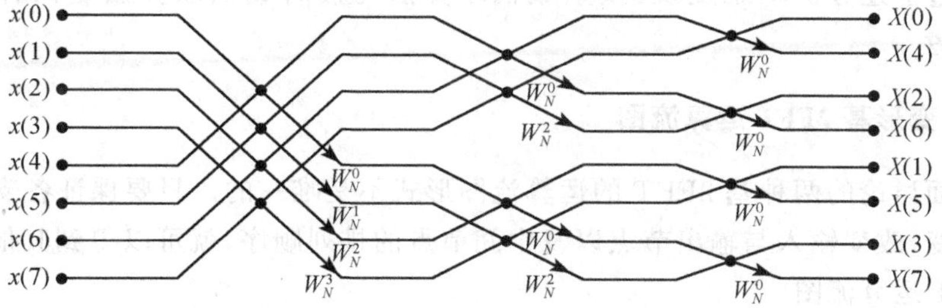

图 5.2.13　N 点基 2DIF-FFT 运算流图($N=8$)

2) DIF-FFT 算法的运算量和运算规律

N 点 DFT 的基 2DIF-FFT 算法是对 $X(k)$进行偶奇抽取的结果，所以称之为频域抽取 FFT 算法。这种算法也有类似于时域抽取 FFT 算法的运算规律，现仅作简要说明。

(1) DIF-FFT 算法的运算量。

$N=2^M$ 点 DFT 的基 2DIF-FFT 算法，共 M 级运算，每一级运算都含有 $N/2$ 个蝶形运算。因为每个蝶形运算需要一次复数乘法和两次复数加法，所以，M 级运算总共需要的复数乘法次数为

$$C_M = M\frac{N}{2} = \frac{N}{2}\log_2 N$$

复数加法次数为

$$C_A = M\frac{N}{2}\times 2 = N\log_2 N$$

可见，总的运算量与基 2DIT-FFT 算法相同。

(2) 原位计算。

频域抽取 FFT 算法也是采用原位计算的。

(3) 旋转因子的变化规律和蝶形节点间距。

当 $N=2^M$ 时，设 L 表示从左到右的运算级数，即 $L=1,2,\cdots,M$。第 L 级的旋转因子为

$$W_N^p = W_N^{JN/2^{(M-L+1)}},\quad J=0,1,\cdots,2^{M-L}-1$$

第 L 级的蝶形节点间距为 2^{M-L}。

(4) 输出序列的倒序。

基 2DIF-FFT 算法的输入序列 $x(n)$是按自然顺序排列的，而输出序列是倒序排列的。必要时通过变址运算，可以把倒序排列的输出序列重排为按自然顺序排列。仔细观察基 2DIF-FFT 运算流图和基 2DIT-FFT 运算流图会发现，将频域抽取法的运算流图反转，并将输入变输出，输出变输入，正好得到时域抽取法的运算流图。

通过上述分析不难发现，按频域抽取算法与按时域抽取算法是两种等价的 FFT 算法。

5.2.4 变形基 2FFT 运算流图

前面讨论的两种基 2FFT 的运算流图形式不是唯一的。只要保证各支路的传输比不变，改变输入与输出节点以及中间节点的排列顺序，就可以得到其他变形的基 2FFT 运算流图。

图 5.2.14 是基 2DIT-FFT 算法的一种变形运算信号流图($N=8$)，其特点是

输入序列按自然顺序排列，而输出是倒序排列，算法的信号流图结构仍然是 M 级蝶形运算结构；各级运算所需的旋转因子 W_N^p 数目与图 5.2.4 一样，且前一级的旋转因子刚好是后一级前一半蝶形的旋转因子，顺序不变，这便于旋转因子的生成和调用。

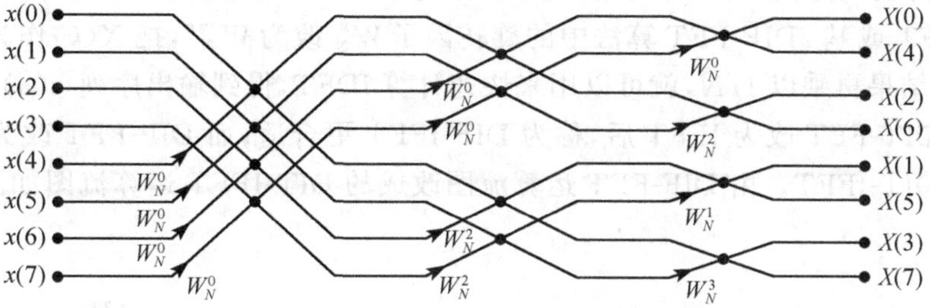

图 5.2.14 N 点基 2DIT-FFT 的一种变形运算流图($N=8$)

图 5.2.15 是基 2DIT-FFT 算法的另一种变形运算流图，其特点是输入、输出序列均为自然顺序排列，但它不能采用原位计算。

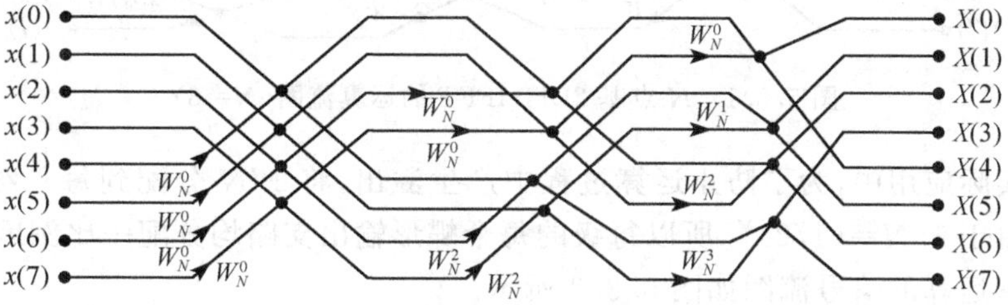

图 5.2.15 N 点基 2DIT-FFT 的另一种变形运算流图($N=8$)

(输入、输出序列均为自然顺序排列)

5.3 IDFT 的快速算法

长度为 N 的有限长序列 $x(n)$，其离散傅里叶变换为

$$X(k) = \text{DFT}[x(n)] = \sum_{n=0}^{N-1} x(n) W_N^{kn}, \quad 0 \leqslant k \leqslant N-1 \qquad (5.3.1)$$

而离散傅里叶逆变换为

$$x(n) = \text{IDFT}[X(k)] = \frac{1}{N}\sum_{k=0}^{N-1} X(k) W_N^{-kn}, \quad 0 \leqslant n \leqslant N-1 \qquad (5.3.2)$$

可见，$x(n)$ 的离散傅里叶变换对具有对称性。这样，利用 DFT 的快速算法(FFT)可以实现 IDFT 的快速算法(IFFT)。

5.3.1　旋转因子指数变极性法

将(5.3.2)式所示的 IDFT 运算公式与(5.3.1)式所示的 DFT 运算公式比较，只要将 DFT 运算式中的旋转因子 W_N^{kn} 变为 W_N^{-kn}，即旋转因子指数变极性，$X(k)$作为输入序列，并乘以系数 $1/N$，就成为 IDFT 的运算公式。所以，若将基 2DIT-FFT 或基 2DIF-FFT 算法中的旋转因子 W_N^p 改为 W_N^{-p}，把 $X(k)$作为输入序列，运算结果再乘以 $1/N$，就可以用来快速计算 IDFT，得到输出序列 $x(n)$。因此，原来的 DIT-FFT 改为 IFFT 后，称为 DIF-IFFT 更合适；而 DIF-FFT 改为 IFFT，则称为 DIT-IFFT。由 DIF-FFT 运算流图改成的 DIT-IFFT 运算流图如图 5.3.1 所示。

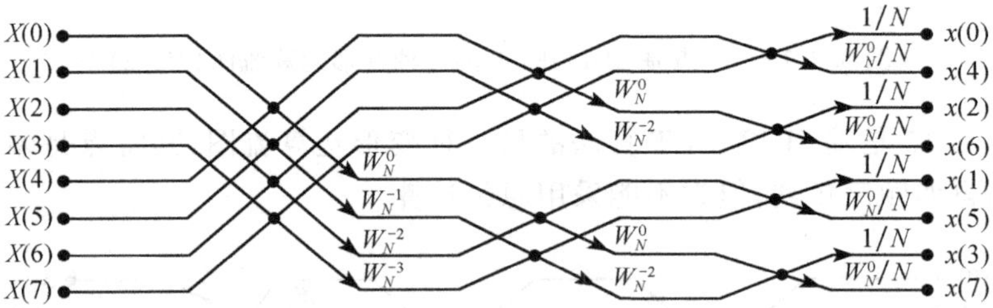

图 5.3.1　N 点基 2DIT-IFFT 的运算流图($N=8$)

在实际应用中，为了防止运算过程中产生溢出，将 $1/N$ 分配到每一级蝶形运算中。由于 $1/N=(1/2)^M$，所以每级的每个蝶形输出支路均分配一比例因子 1/2，这种蝶形运算的信号流图如图 5.3.2 所示。

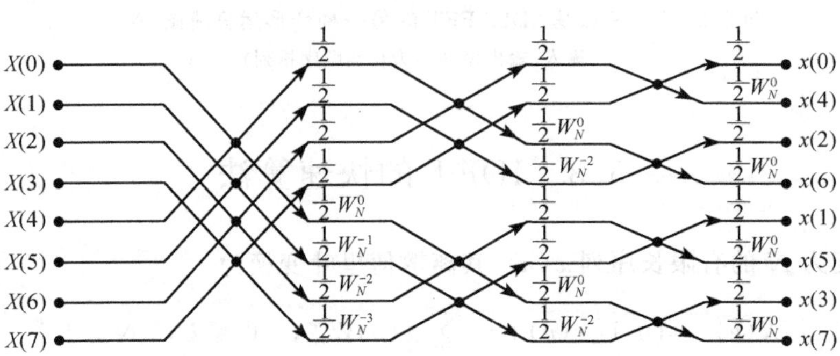

图 5.3.2　N 点基 2DIT-IFFT 的运算流图($N=8$)

5.3.2　直接调用 FFT 子程序法

如果希望直接调用 FFT 子程序计算 IFFT，则可采用下面的方法。因为

$$x(n)=\frac{1}{N}\sum_{k=0}^{N-1}X(k)W_N^{-kn},\quad 0\leqslant n\leqslant N-1$$

所以

$$x^*(n)=\frac{1}{N}\sum_{k=0}^{N-1}X^*(k)W_N^{kn},\quad 0\leqslant n\leqslant N-1$$

对上式两端同时取共轭，得

$$x(n)=\frac{1}{N}\Big[\sum_{k=0}^{N-1}X^*(k)W_N^{kn}\Big]^*=\frac{1}{N}\{\mathrm{DFT}[X^*(k)]\}^*,\quad 0\leqslant n\leqslant N-1 \tag{5.3.3}$$

根据(5.3.3)式，先将 $X(k)$ 取共轭，然后直接调用 FFT 子程序计算 $\mathrm{DFT}[X^*(k)]$，最后取共轭并乘以 $1/N$ 得到序列 $x(n)$。这种方法虽然用了两次取共轭运算，但可以与 FFT 公用同一子程序，因而实用起来很方便。

直接调用 FFT 子程序计算 IFFT，也可以采用另一种方法。设

$$g(n)=\sum_{k=0}^{N-1}X(k)W_N^{kn},\quad 0\leqslant n\leqslant N-1$$

则有

$$\begin{aligned}\frac{1}{N}g(N-n)&=\frac{1}{N}\sum_{k=0}^{N-1}X(k)W_N^{k(N-n)}\\&=\frac{1}{N}\sum_{k=0}^{N-1}X(k)W_N^{-kn}=x(n),\quad 0\leqslant n\leqslant N-1\end{aligned} \tag{5.3.4}$$

这样，将 $X(k)$ 作为输入序列，直接调用 FFT 子程序，计算得 $g(n)(0\leqslant n\leqslant N-1)$，再计算

$$x(n)=\frac{1}{N}g(N-n),\quad 0\leqslant n\leqslant N-1$$

并利用 $g(N)=g(0)$，最后得输出序列 $x(n)$。

5.4　基 4 FFT 算法

基 2FFT 算法的基本原理是将长序列的 DFT 分解为 2 点的 DFT，然后再将它们合成得到长序列的 DFT。这种算法充分利用旋转因子 W_N^{kn} 的特性，从而形成结构简单的 DFT 快速算法 FFT，在实际中获得了广泛的应用。尽管从分解后短序列本身的运算角度出发，分解得到的短序列越短(其中，基 2FFT 算法的短序列为 2 点，是最短的)，运算量越小，但合成运算所需的运算级数越长。因此，在将长序列分解为短序列时，需要综合考虑分解与合成过程中总的运算量。人们发现，基 4FFT 算法也是一种高效的计算 DFT 的算法。

基 4FFT 算法也可以分为时域抽取法和频域抽取法两种，这里我们仅讨论基 4 时域抽取 FFT 算法。

设长度为 N 的有限长序列 $x(n)$ 满足

$$N = 4^M, \quad M \text{为正整数}$$

将 $x(n)$ 分解为 4 个短序列，即

$$\begin{aligned} x_1(r) &= x(4r), & 0 \leqslant r \leqslant N/4-1 \\ x_2(r) &= x(4r+1), & 0 \leqslant r \leqslant N/4-1 \\ x_3(r) &= x(4r+2), & 0 \leqslant r \leqslant N/4-1 \\ x_4(r) &= x(4r+3), & 0 \leqslant r \leqslant N/4-1 \end{aligned}$$

则序列 $x(n)$ 的 N 点 DFT 为

$$\begin{aligned} X(k) &= \mathrm{DFT}[x(n)] = \sum_{n=0}^{N-1} x(n) W_N^{kn} \\ &= \sum_{r=0}^{N/4-1} x(4r) W_N^{4kr} + \sum_{r=0}^{N/4-1} x(4r+1) W_N^{k(4r+1)} \\ &\quad + \sum_{r=0}^{N/4-1} x(4r+2) W_N^{k(4r+2)} + \sum_{r=0}^{N/4-1} x(4r+3) W_N^{k(4r+3)} \\ &= \sum_{r=0}^{N/4-1} x_1(r) W_N^{4kr} + W_N^k \sum_{r=0}^{N/4-1} x_2(r) W_N^{4kr} \\ &\quad + W_N^{2k} \sum_{r=0}^{N/4-1} x_3(r) W_N^{4kr} + W_N^{3k} \sum_{r=0}^{N/4-1} x_4(r) W_N^{4kr}, \quad 0 \leqslant k \leqslant N-1 \end{aligned} \tag{5.4.1}$$

由于

$$W_N^{4kr} = \mathrm{e}^{-\mathrm{j}\frac{2\pi}{N}4kr} = \mathrm{e}^{-\mathrm{j}\frac{2\pi}{N/4}kr} = W_{N/4}^{kr}$$

所以(5.4.1)式可以表示为

$$\begin{aligned} X(k) &= \sum_{r=0}^{N/4-1} x_1(r) W_{N/4}^{kr} + W_N^k \sum_{r=0}^{N/4-1} x_2(r) W_{N/4}^{kr} + W_N^{2k} \sum_{r=0}^{N/4-1} x_3(r) W_{N/4}^{kr} \\ &\quad + W_N^{3k} \sum_{r=0}^{N/4-1} x_4(r) W_{N/4}^{kr}, \quad 0 \leqslant k \leqslant N-1 \end{aligned} \tag{5.4.2}$$

令 $N/4$ 点 DFT

$$X_i(k) = \sum_{r=0}^{N/4-1} x_i(r) W_{N/4}^{kr}, \quad i = 1,2,3,4, \quad 0 \leqslant k \leqslant N/4-1$$

则有

$$X(k) = X_1(k) + W_N^k X_2(k) + W_N^{2k} X_3(k) + W_N^{3k} X_4(k), \quad 0 \leqslant k \leqslant N-1 \tag{5.4.3}$$

(5.4.3)式表明，长度 N 的序列 $x(n)$ 的 DFT，可以由长度 $N/4$ 的短序列 $x_1(r)$，$x_2(r)$，$x_3(r)$ 和 $x_4(r)$ 对应的 DFT 表示。由于 $X_i(k)=\mathrm{DFT}[x_i(r)]$ $(i=1,2,3,4)$

都是以 $N/4$ 为周期的，即

$$X_i(k+lN/4)=X_i(k),\quad 0\leqslant k\leqslant N/4-1,\quad l\ \text{为整数}$$

所以，$X(k)$也可以表示为

$$\begin{aligned}X(k)&=X_1(k)+W_N^kX_2(k)+W_N^{2k}X_3(k)\\&\quad+W_N^{3k}X_4(k),\quad 0\leqslant k\leqslant N/4-1\end{aligned}\tag{5.4.4a}$$

$$\begin{aligned}X(k+N/4)&=X_1(k)+W_N^{k+N/4}X_2(k)+W_N^{2(k+N/4)}X_3(k)\\&\quad+W_N^{3(k+N/4)}X_4(k),\quad 0\leqslant k\leqslant N/4-1\end{aligned}\tag{5.4.4b}$$

$$\begin{aligned}X(k+2N/4)&=X_1(k)+W_N^{k+2N/4}X_2(k)+W_N^{2(k+2N/4)}X_3(k)\\&\quad+W_N^{3(k+2N/4)}X_4(k),\quad 0\leqslant k\leqslant N/4-1\end{aligned}\tag{5.4.4c}$$

$$\begin{aligned}X(k+3N/4)&=X_1(k)+W_N^{k+3N/4}X_2(k)+W_N^{2(k+3N/4)}X_3(k)\\&\quad+W_N^{3(k+3N/4)}X_4(k),\quad 0\leqslant k\leqslant N/4-1\end{aligned}\tag{5.4.4d}$$

利用旋转因子 W_N^{kn} 的特性，即

$$\begin{aligned}W_N^{k+N/4}&=\mathrm{e}^{-\mathrm{j}\pi/2}W_N^k=-\mathrm{j}W_N^k\\W_N^{k+2N/4}&=\mathrm{e}^{-\mathrm{j}\pi}W_N^k=-W_N^k\\W_N^{k+3N/4}&=\mathrm{e}^{-\mathrm{j}3\pi/2}W_N^k=\mathrm{j}W_N^k\\W_N^{k+4N/4}&=\mathrm{e}^{-\mathrm{j}4\pi/2}W_N^k=W_N^k\end{aligned}$$

可得 $X(k)$的表达式为

$$\begin{aligned}X(k)&=X_1(k)+W_N^kX_2(k)+W_N^{2k}X_3(k)\\&\quad+W_N^{3k}X_4(k),\quad 0\leqslant k\leqslant N/4-1\end{aligned}\tag{5.4.5a}$$

$$\begin{aligned}X(k+N/4)&=X_1(k)-\mathrm{j}W_N^kX_2(k)-W_N^{2k}X_3(k)\\&\quad+\mathrm{j}W_N^{3k}X_4(k),\quad 0\leqslant k\leqslant N/4-1\end{aligned}\tag{5.4.5b}$$

$$\begin{aligned}X(k+2N/4)&=X_1(k)-W_N^kX_2(k)+W_N^{2k}X_3(k)\\&\quad-W_N^{3k}X_4(k),\quad 0\leqslant k\leqslant N/4-1\end{aligned}\tag{5.4.5c}$$

$$\begin{aligned}X(k+3N/4)&=X_1(k)+\mathrm{j}W_N^kX_2(k)-W_N^{2k}X_3(k)\\&\quad-\mathrm{j}W_N^{3k}X_4(k),\quad 0\leqslant k\leqslant N/4-1\end{aligned}\tag{5.4.5d}$$

(5.4.5)式所示的 $X(k)(0\leqslant k\leqslant N-1)$也可以用矩阵表示为

$$\begin{bmatrix}X(k)\\X(k+N/4)\\X(k+2N/4)\\X(k+3N/4)\end{bmatrix}=\begin{bmatrix}1&1&1&1\\1&-\mathrm{j}&-1&\mathrm{j}\\1&-1&1&-1\\1&\mathrm{j}&-1&-\mathrm{j}\end{bmatrix}\begin{bmatrix}X_1(k)W_N^0\\X_2(k)W_N^k\\X_3(k)W_N^{2k}\\X_4(k)W_N^{3k}\end{bmatrix},\quad 0\leqslant k\leqslant N/4-1\tag{5.4.6}$$

(5.4.5)式是按基 4 分解的四个子序列对应的 DFT 合成序列 $x(n)$ 的 DFT 的计算公式，其实现过程可用如图 5.4.1 所示的信号流图表示，该流图是基 4 时域抽取 FFT 运算中的基本单元。

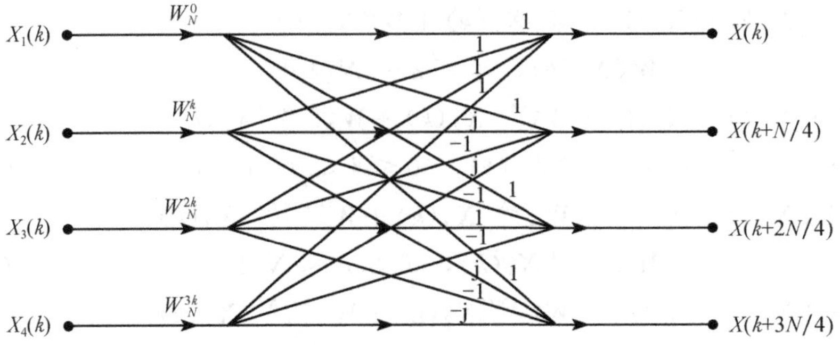

图 5.4.1 基 4 时域抽取 FFT 运算信号流图

如果第一次分解后四个短序列的长度 $N/4$ 仍然是 4 的整数幂次，则再继续分解，即将每个 $N/4$ 长的短序列再分解成 $N/16$ 长四个更短的序列。

以此类推，直到分解成每个短序列的长度为 4 时为止。

例 5.4.1 根据基 4 时域抽取 FFT 算法原理，讨论 $N=64$ 点序列 $x(n)$ 的 FFT 算法。

解 在基 4 时域抽取 FFT 算法中，第一级是 $N/4$ 个 4 点子序列各自的 DFT 运算。当 $N=64=4^3$ 时，共需三级运算。第一级运算前，首先完成序列重排。$N/4=16$ 个 4 点子序列的序列号用三维数组 (n_2, n_1, n_0) 表示，这样各子序列的序列号可表示为

$$n = 4^2 n_0 + 4n_1 + n_2, \quad 0 \leqslant n_i \leqslant 3, \quad i = 0,1,2,3$$

当 $n_2=0, n_1=0, n_0=0,1,2,3$ 时，得第一个 4 点子序列

$$\{x(0), x(16), x(32), x(48)\}$$

记为 $x_1(0,0,n_0)(0 \leqslant n_0 \leqslant 3)$。

当 $n_2=0, n_1=1, n_0=0,1,2,3$ 时，得第二个 4 点子序列

$$\{x(4), x(20), x(36), x(52)\}$$

记为 $x_2(0,1,n_0)(0 \leqslant n_0 \leqslant 3)$。

以此类推，最后当 $n_2=3, n_1=3, n_0=0,1,2,3$ 时，得第十六个 4 点子序列

$$\{x(15), x(31), x(47), x(63)\}$$

记为 $x_{16}(3,3,n_0)(0 \leqslant n_0 \leqslant 3)$。

这 16 个 4 点子序列，实际上是基 4FFT 算法时域抽取的结果，其排列顺序是输入序列自然顺序二进制数的加权倒序，位间的权值是 4。

基4时域抽取实现了N点序列$x(n)$的重排和分组，接着第一级完成16个4点子序列各自的DFT运算，即

$$X_i(k) = \sum_{n_0=0}^{3} x(n_2, n_1, n_0) W_4^{kn_0}, \quad 0 \leqslant k \leqslant 3, \quad i = 1,2,\cdots,16$$

$X_i(k)$的序列号也用三维数组(k_2, k_1, k_0)表示，则

$$k = 4^2 k_2 + 4k_1 + k_0$$

于是，第一个4点子序列$x_1(0,0,n_0)(0\leqslant n_0\leqslant 3)$的DFT为

$$\{X_1(0), X_1(1), X_1(2), X_1(3)\}$$

记为$X_1(0,0,k_0)(0\leqslant k_0\leqslant 3)$。第二个4点子序列$x_2(0,1,n_0)(0\leqslant n_0\leqslant 3)$的DFT为

$$\{X_2(0), X_2(1), X_2(2), X_2(3)\}$$

记为$X_2(0,1,k_0)(0\leqslant k_0\leqslant 3)$。依次进行类似运算，最后第十六个4点子序列$x_{16}(3,3,n_0)(0\leqslant n_0\leqslant 3)$的DFT为

$$\{X_{16}(0), X_{16}(1), X_{16}(2), X_{16}(3)\}$$

记为$X_{16}(3,3,k_0)(0\leqslant k_0\leqslant 3)$。

第二级完成4个16点的DFT运算。即由

$$\{X_1(0,0,k_0), X_2(0,1,k_0), X_3(0,2,k_0), X_4(0,3,k_0); 0 \leqslant k_0 \leqslant 3\}$$

按基4时间抽取基本运算单元，旋转因子分别为

$$W_{N/4}^0 = W_N^0, \quad W_{N/4}^k = W_N^{4k}$$

$$W_{N/4}^{2k} = W_N^{8k}, \quad W_{N/4}^{3k} = W_N^{12k}$$

完成第一个16点DFT运算，得

$$X(0, k_1, k_0), \quad 0 \leqslant k_i \leqslant 3, \quad i = 0,1$$

类似地可完成其余三个16点DFT运算，分别得

$$X(1, k_1, k_0), \quad 0 \leqslant k_i \leqslant 3, \quad i = 0,1$$

$$X(2, k_1, k_0), \quad 0 \leqslant k_i \leqslant 3, \quad i = 0,1$$

$$X(3, k_1, k_0), \quad 0 \leqslant k_i \leqslant 3, \quad i = 0,1$$

最后，第三级完成64点DFT运算。即由

$$\{X(0,k_1,k_0), X(1,k_1,k_0), X(2,k_1,k_0), X(3,k_1,k_0); 0 \leqslant k_i \leqslant 3, i = 0,1\}$$

按基4时间抽取基本运算单元，旋转因子为

$$W_N^0, \quad W_N^k, \quad W_N^{2k}, \quad W_N^{3k}$$

完成64点$x(n)$的DFT运算，输出序列为

$$\{X(0), X(1), X(2), \cdots, X(63)\}$$

为了更清楚地表示上述运算过程，其简化信号流图如图5.4.2所示。

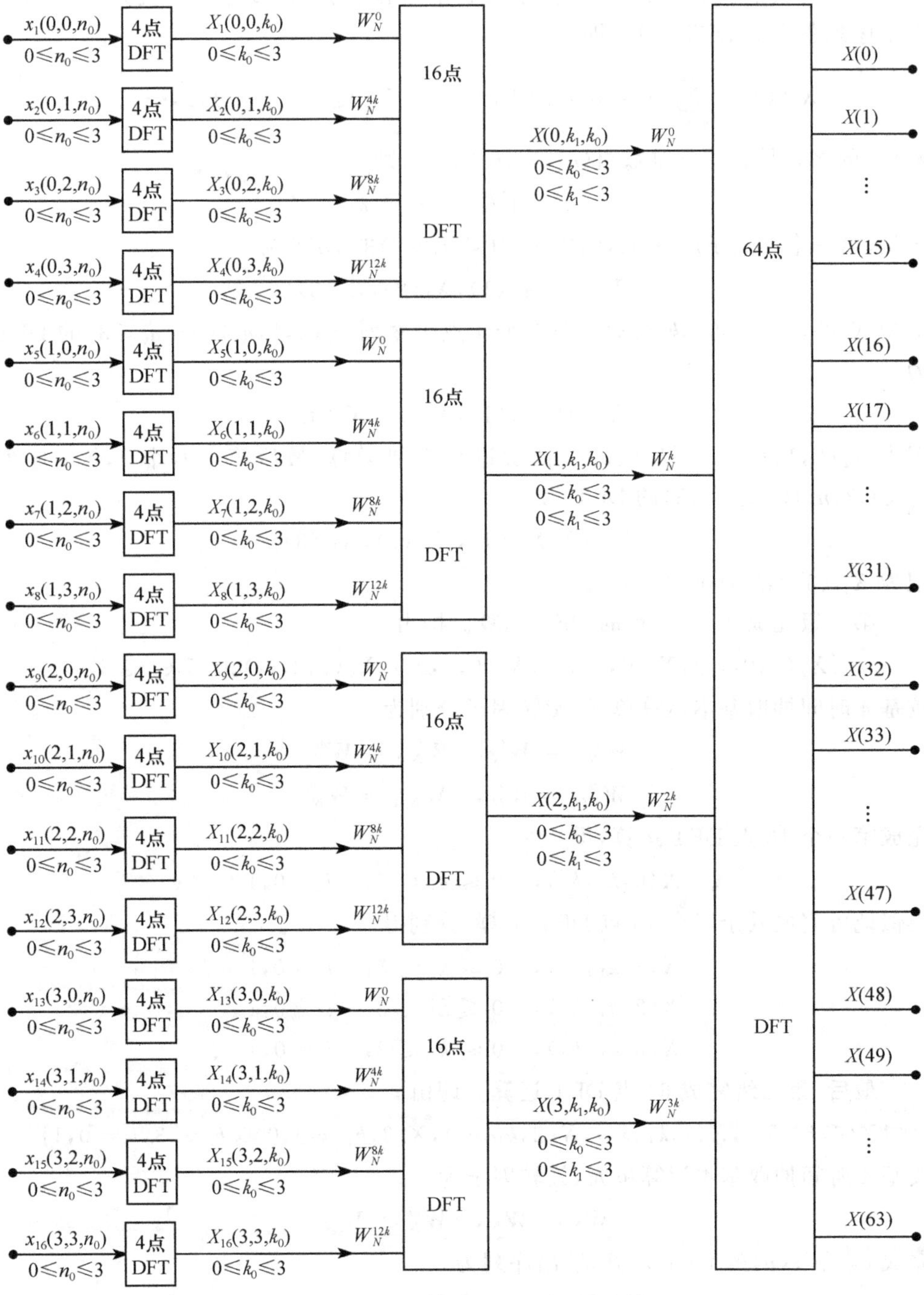

图 5.4.2　$N=64$ 点基 4 时域抽取 FFT 运算简化信号流图

现在讨论基4时域抽取算法的复数乘法次数,从基本运算单元矩阵形式中的变换矩阵

$$W=\begin{bmatrix}1 & 1 & 1 & 1\\ 1 & -\mathrm{j} & -1 & 1\\ 1 & -1 & 1 & -1\\ 1 & \mathrm{j} & -1 & -\mathrm{j}\end{bmatrix}$$

看,基4算法的4点DFT运算乘法的乘数仅是±1或±j,并不需要乘法运算,因而基4时域抽取FFT算法中所需要的只是级间旋转因子的复数乘法。设$N=4^M$,则共需M级运算,第一级为$N/4$个4点子序列的DFT运算,不需要乘旋转因子W_N^p,其余$M-1$级运算中所需复数乘法都是N。于是,N点序列$x(n)$的基4时域抽取FFT算法总的复数乘法次数为

$$N(M-1)=N(\log_4 N-1)=\frac{N}{2}\log_2 N-N$$

而基2FFT算法的复数乘法次数为$\frac{N}{2}\log_2 N$。所以,基4FFT算法的复数乘法次数更少。

5.5　实序列的FFT算法

前面讨论的序列$x(n)$的DFT的FFT算法,其序列$x(n)$均是复序列。实际应用中,序列$x(n)$也可能是实序列。本节针对$x(n)$是实序列的情况,根据其特点,并利用DFT的对称性,讨论其DFT的FFT算法问题。

5.5.1　利用复序列的FFT计算实序列的FFT

利用复序列的FFT算法计算实序列的FFT,主要分三种情况和方法。

第一种情况是把实序列$x(n)$看作是虚部为零的复序列,直接利用已讨论过的复序列$x(n)$的DFT的FFT算法,得到实序列$x(n)$的DFT。显然,这种方法多占用了存储空间,且没利用实序列的特点减少运算量。

第二种情况是同时计算两个实序列的DFT。设N点序列$x(n)$和$h(n)$都是实序列,构造N点复序列

$$y(n)=x(n)+\mathrm{j}h(n) \tag{5.5.1}$$

其DFT由FFT算法计算得

$$Y(k)=\mathrm{DFT}[x(n)+\mathrm{j}h(n)]=Y_{\mathrm{ep}}(k)+Y_{\mathrm{op}}(k),\quad 0\leqslant k\leqslant N-1 \tag{5.5.2}$$

式中

$$Y_{ep}(k)=\mathrm{DFT}[x(n)]=\frac{1}{2}[Y(k)+Y^*(N-k)],\quad 0\leqslant k\leqslant N-1$$

$$Y_{op}(k)=\mathrm{DFT}[\mathrm{j}h(n)]=\frac{1}{2}[Y(k)-Y^*(N-k)],\quad 0\leqslant k\leqslant N-1$$

所以,实序列 $x(n)$和 $h(n)$的 DFT 分别为

$$X(k)=\mathrm{DFT}[x(n)]=\frac{1}{2}[Y(k)+Y^*(N-k)],\quad 0\leqslant k\leqslant N-1 \tag{5.5.3}$$

$$H(k)=\mathrm{DFT}[h(n)]=\frac{1}{2\mathrm{j}}[Y(k)-Y^*(N-k)],\quad 0\leqslant k\leqslant N-1 \tag{5.5.4}$$

这样,用略多于一个 N 点 FFT 运算的时间,同时分别获得两个 N 点实序列的 DFT。

第三种情况是设 $x(n)$为 N 点实序列,采用时域抽取法取 $x(n)$的偶数点和奇数点分别作为新构造序列 $y(n)$的实部和虚部,即

$$x_1(n)=x(2n),\quad x_2(n)=x(2n+1),\quad 0\leqslant n\leqslant N/2-1$$

$$y(n)=x_1(n)+\mathrm{j}x_2(n),\quad 0\leqslant n\leqslant N/2-1$$

对 $y(n)$进行 $N/2$ 点 FFT,输出为

$$Y(k)=\mathrm{DFT}[x_1(n)+\mathrm{j}x_2(n)]=Y_{ep}(k)+Y_{op}(k),\quad 0\leqslant k\leqslant N/2-1 \tag{5.5.5}$$

式中

$$Y_{ep}(k)=\mathrm{DFT}[x_1(n)]=\frac{1}{2}\left[Y(k)+Y^*\left(\frac{N}{2}-k\right)\right],\quad 0\leqslant k\leqslant N/2-1$$

$$Y_{op}(k)=\mathrm{DFT}[\mathrm{j}x_2(n)]=\frac{1}{2}\left[Y(k)-Y^*\left(\frac{N}{2}-k\right)\right],\quad 0\leqslant k\leqslant N/2-1$$

所以,序列 $x_1(n)$和 $x_2(n)$的 DFT 分别为

$$X_1(k)=\mathrm{DFT}[x_1(n)]=X_{ep}(k),\quad 0\leqslant k\leqslant N/2-1$$

$$X_2(k)=\mathrm{DFT}[x_2(n)]=-\mathrm{j}X_{op}(k),\quad 0\leqslant k\leqslant N/2-1$$

根据 DIT-FFT 的分解方法及(5.2.1)式,可得到

$$X(k)=X_1(k)+W_N^kX_2(k),\quad 0\leqslant k\leqslant N/2-1 \tag{5.5.6}$$

由于 $x(n)$是实序列,所以 $X(k)$具有共轭对称性,其后半 $N/2$ 点的 DFT 为

$$X(N-k)=X^*(k),\quad 0\leqslant k\leqslant N/2-1 \tag{5.5.7}$$

相对于一般的 N 点 FFT,运算速度提高近一倍。

5.5.2 离散哈特莱变换及其快速算法

对实序列 $x(n)$,如果希望对其进行实数域的变换,这就是离散哈特莱变换

(discrete Hartley transform,DHT)。DHT 是将实序列 $x(n)$ 看成实数数据,而不像 DFT 中将 $x(n)$ 看成虚部为零的复数数据进行运算。这里我们将介绍 DHT 的定义,DHT 与 DFT 之间的关系,DHT 的主要性质,DHT 的快速算法以及 DHT 的运算量等内容。

1) 离散哈特莱变换的定义

设长度为 N 的有限长序列 $x(n)$ 是一实序列,其 DHT 定义为

$$X_{\mathrm{H}}(k) = \mathrm{DHT}[x(n)] = \sum_{n=0}^{N-1} x(n)\mathrm{cas}\left(\frac{2\pi}{N}kn\right), \quad 0 \leqslant k \leqslant N-1 \tag{5.5.8}$$

式中,$\mathrm{cas}(\alpha)=\cos\alpha+\sin\alpha$。其逆变换(inverse discrete Hartley transform, IDHT)为

$$x(n) = \mathrm{IDHT}[X_{\mathrm{H}}(k)] = \frac{1}{N}\sum_{k=0}^{N-1} X_{\mathrm{H}}(k)\mathrm{cas}\left(\frac{2\pi}{N}kn\right), \quad 0 \leqslant n \leqslant N-1 \tag{5.5.9}$$

现对逆变换进行证明。首先导出下列等式:

$$\begin{aligned}
&\sum_{k=0}^{N-1} \mathrm{cas}\left(\frac{2\pi}{N}kn\right)\mathrm{cas}\left(\frac{2\pi}{N}km\right) \\
&= \sum_{k=0}^{N-1}\left[\cos\left(\frac{2\pi}{N}kn\right)+\sin\left(\frac{2\pi}{N}kn\right)\right]\left[\cos\left(\frac{2\pi}{N}km\right)+\sin\left(\frac{2\pi}{N}km\right)\right] \\
&= \sum_{k=0}^{N-1}\left[\cos\left(\frac{2\pi}{N}k(n-m)\right)+\sin\left(\frac{2\pi}{N}k(n-m)\right)\right] \\
&= N\delta(n-m) = \begin{cases} N, & n=m \\ 0, & n\neq m \end{cases}
\end{aligned} \tag{5.5.10}$$

将(5.5.8)式代入(5.5.9)式,并利用(5.5.10)式,得

$$\begin{aligned}
&\frac{1}{N}\sum_{k=0}^{N-1}\sum_{m=0}^{N-1} x(m)\mathrm{cas}\left(\frac{2\pi}{N}km\right)\mathrm{cas}\left(\frac{2\pi}{N}kn\right) \\
&= \frac{1}{N}\sum_{m=0}^{N-1} x(m)\sum_{k=0}^{N-1}\mathrm{cas}\left(\frac{2\pi}{N}kn\right)\mathrm{cas}\left(\frac{2\pi}{N}km\right) \\
&= \frac{1}{N}\sum_{m=0}^{N-1} x(m)N\delta(n-m) = x(n)
\end{aligned}$$

2) DHT 与 DFT 之间的关系

为了找出 DHT 与 DFT 之间的关系,重写序列 $x(n)$ 的 DFT 如下:

$$\begin{aligned}
X(k) &= \mathrm{DFT}[x(n)] = \sum_{n=0}^{N-1} x(n)\mathrm{e}^{-\mathrm{j}(2\pi/N)kn} \\
&= \sum_{n=0}^{N-1} x(n)\left[\cos\left(\frac{2\pi}{N}kn\right)-\mathrm{j}\sin\left(\frac{2\pi}{N}kn\right)\right]
\end{aligned} \tag{5.5.11}$$

$$x(n)=\mathrm{IDFT}[X(k)]=\frac{1}{N}\sum_{k=0}^{N-1}X(k)\mathrm{e}^{\mathrm{j}(2\pi/N)kn}$$

$$=\frac{1}{N}\sum_{k=0}^{N-1}X(k)\left[\cos\left(\frac{2\pi}{N}kn\right)+\mathrm{j}\sin\left(\frac{2\pi}{N}kn\right)\right] \tag{5.5.12}$$

容易看出,DHT 的核函数 $\mathrm{cas}\left(\frac{2\pi}{N}kn\right)=\cos\left(\frac{2\pi}{N}kn\right)+\sin\left(\frac{2\pi}{N}kn\right)$是 DFT 的核函数 $\mathrm{e}^{\mathrm{j}\frac{2\pi}{N}kn}=\cos\left(\frac{2\pi}{N}kn\right)+\mathrm{j}\sin\left(\frac{2\pi}{N}kn\right)$的实部和虚部之和。

将 $X_{\mathrm{H}}(k)$分解为偶对称分量 $X_{\mathrm{Hep}}(k)$与奇对称分量 $X_{\mathrm{Hop}}(k)$之和,即

$$X_{\mathrm{H}}(k)=X_{\mathrm{Hep}}(k)+X_{\mathrm{Hop}}(k) \tag{5.5.13}$$

其中

$$X_{\mathrm{Hep}}(k)=\frac{1}{2}[X_{\mathrm{H}}(k)+X_{\mathrm{H}}(N-k)] \tag{5.5.14a}$$

$$X_{\mathrm{Hop}}(k)=\frac{1}{2}[X_{\mathrm{H}}(k)-X_{\mathrm{H}}(N-k)] \tag{5.5.14b}$$

由 DHT 的定义知

$$X_{\mathrm{Hep}}(k)=\sum_{n=0}^{N-1}x(n)\cos\left(\frac{2\pi}{N}kn\right) \tag{5.5.15a}$$

$$X_{\mathrm{Hop}}(k)=\sum_{n=0}^{N-1}x(n)\sin\left(\frac{2\pi}{N}kn\right) \tag{5.5.15b}$$

所以,$x(n)$的 DFT 可以表示为

$$X(k)=X_{\mathrm{Hep}}(k)-\mathrm{j}X_{\mathrm{Hop}}(k) \tag{5.5.16}$$

同理,$x(n)$的 DHT 可以表示为

$$X_{\mathrm{H}}(k)=\mathrm{Re}[X(k)]-\mathrm{Im}[X(k)] \tag{5.5.17}$$

因此,如果已知 $x(n)$的 DHT,则其 DFT 可用下式求得:

$$X(k)=\frac{1}{2}[X_{\mathrm{H}}(k)+X_{\mathrm{H}}(N-k)]$$

$$-\frac{1}{2}\mathrm{j}[X_{\mathrm{H}}(k)-X_{\mathrm{H}}(N-k)],\quad 0\leqslant k\leqslant N-1 \tag{5.5.18}$$

如果不考虑乘因子 1/2,只要增加 $2N$ 次实数加法运算就能由 $x(n)$的 DHT,即 $X_{\mathrm{H}}(k)$,求出 $x(n)$的 DFT,即 $X(k)$。由于 $X(k)$隐含以 N 为周期的周期性,所以 $X_{\mathrm{H}}(k)$也隐含以 N 为周期的周期性。

3) DHT 的主要优点

(1) DHT 是实数域变换,在对实信号进行谱分析时避免了复数运算,从而提高了运算效率,相应的硬件设备更简单、更经济。

(2) DHT 的正、逆变换(除乘因子 $1/N$ 外)具有相同的形式,因而,实现 DHT 的硬件或软件既能进行 DHT,也能进行 IDHT。

(3) DHT 与 DFT 之间关系简明,容易实现两种频谱之间的相互转换。

4) DHT 的主要性质

(1) 线性性质。

若 $X_{1H}(k)=\text{DHT}[x_1(n)]$,$X_{2H}(k)=\text{DHT}[x_2(n)]$,则有

$$\text{DHT}[ax_1(n)+bx_2(n)]=aX_{1H}(k)+bX_{2H}(k) \tag{5.5.19}$$

(2) $x(N-n)$的 DHT。

若 $X_H(k)=\text{DHT}[x(n)]$,则有

$$\text{DHT}[x(N-n)]=X_H(N-k) \tag{5.5.20}$$

且为

$$X_H(N-k)=\sum_{n=0}^{N-1}x(n)\left[\cos\left(\frac{2\pi}{N}kn\right)-\sin\left(\frac{2\pi}{N}kn\right)\right] \tag{5.5.21}$$

其中,当 $k=0$ 时,$X_H(N-k)=X_H(N)=X_H(0)$。

证明　
$$\begin{aligned}\text{DHT}[x(N-n)]&=\sum_{n=0}^{N-1}x(N-n)\text{cas}\left(\frac{2\pi}{N}kn\right)\\&=\sum_{n=0}^{N-1}x(n)\text{cas}\left(\frac{2\pi}{N}k(N-n)\right)\\&=\sum_{n=0}^{N-1}x(n)\left[\cos\left(\frac{2\pi}{N}kn\right)-\sin\left(\frac{2\pi}{N}kn\right)\right]\end{aligned}$$

而

$$\begin{aligned}X_H(N-k)&=\sum_{n=0}^{N-1}x(n)\text{cas}\left(\frac{2\pi}{N}(N-k)n\right)\\&=\sum_{n=0}^{N-1}x(n)\left[\cos\left(\frac{2\pi}{N}kn\right)-\sin\left(\frac{2\pi}{N}kn\right)\right]=\text{DHT}[x(N-n)]\end{aligned}$$

(3) 循环移位性质。

若 $X_H(k)=\text{DHT}[x(n)]$,则

$$\text{DHT}[x((n-n_0))_NR_n(n)]=X_H(k)\cos\left(\frac{2\pi}{N}kn_0\right)+X_H(N-k)\sin\left(\frac{2\pi}{N}kn_0\right) \tag{5.5.22}$$

$$\text{DHT}[x((n+n_0))_NR_n(n)]=X_H(k)\cos\left(\frac{2\pi}{N}kn_0\right)-X_H(N-k)\sin\left(\frac{2\pi}{N}kn_0\right) \tag{5.5.23}$$

证明　由 DHT 的定义,有

$$\begin{aligned}&\text{DHT}[x((n-n_0))_NR_N(n)]\\&=\sum_{n=0}^{N-1}x((n-n_0))_N\text{cas}\left(\frac{2\pi}{N}kn\right)\end{aligned}$$

$$
\begin{aligned}
&=\sum_{n=0}^{N-1}x(n)\operatorname{cas}\left(\frac{2\pi}{N}k(n+n_0)\right)\\
&=\sum_{n=0}^{N-1}x(n)\left[\cos\left(\frac{2\pi}{N}kn\right)\cos\left(\frac{2\pi}{N}kn_0\right)-\sin\left(\frac{2\pi}{N}kn\right)\sin\left(\frac{2\pi}{N}kn_0\right)\right.\\
&\quad\left.+\sin\left(\frac{2\pi}{N}kn\right)\cos\left(\frac{2\pi}{N}kn_0\right)+\cos\left(\frac{2\pi}{N}kn\right)\sin\left(\frac{2\pi}{N}kn_0\right)\right]\\
&=\sum_{n=0}^{N-1}x(n)\left[\cos\left(\frac{2\pi}{N}kn\right)+\sin\left(\frac{2\pi}{N}kn\right)\right]\cos\left(\frac{2\pi}{N}kn_0\right)\\
&\quad+\sum_{n=0}^{N-1}x(n)\left[\cos\left(\frac{2\pi}{N}kn\right)-\sin\left(\frac{2\pi}{N}kn\right)\right]\sin\left(\frac{2\pi}{N}kn_0\right)\\
&=X_{\mathrm{H}}(k)\cos\left(\frac{2\pi}{N}kn_0\right)+X_{\mathrm{H}}(N-k)\sin\left(\frac{2\pi}{N}kn_0\right)
\end{aligned}
$$

同理,可证明(5.5.23)式成立。

(4) 奇偶性。

奇对称序列和偶对称序列的 DHT,仍然分别是奇对称序列和偶对称序列,即 DHT 不改变序列的奇偶性。

(5) 循环卷积定理。

若 $X_{1\mathrm{H}}(k)=\mathrm{DHT}[x_1(n)]$,$X_{2\mathrm{H}}(k)=\mathrm{DHT}[x_2(n)]$,则

$$\mathrm{DHT}[x_1(n)\circledast x_2(n)]=X_{2\mathrm{H}}(k)X_{1\mathrm{Hep}}(k)+X_{2\mathrm{H}}(N-k)X_{1\mathrm{Hop}}(k) \tag{5.5.24}$$

或

$$\mathrm{DHT}[x_1(n)\circledast x_2(n)]=X_{1\mathrm{H}}(k)X_{2\mathrm{Hep}}(k)+X_{1\mathrm{H}}(N-k)X_{2\mathrm{Hop}}(k) \tag{5.5.25}$$

其中,$X_{1\mathrm{Hep}}(k)$和 $X_{1\mathrm{Hop}}(k)$分别是 $X_{1\mathrm{H}}(k)$的偶对称分量和奇对称分量;$X_{2\mathrm{Hep}}(k)$和 $X_{2\mathrm{Hop}}(k)$分别是 $X_{2\mathrm{H}}(k)$的偶对称分量和奇对称分量。

证明　下面利用 DFT 的循环卷积定理和 DHT 与 DFT 之间的关系来证明。由

$$X(k)=\mathrm{DFT}[x_1(n)\circledast x_2(n)]=X_1(k)X_2(k) \tag{5.5.26}$$

其中,$X_1(k)=\mathrm{DFT}[x_1(n)]$,$X_2(k)=\mathrm{DFT}[x_2(n)]$,根据 DHT 与 DFT 之间的关系,有

$$
\begin{aligned}
X_1(k)&=X_{1\mathrm{Hep}}(k)-\mathrm{j}X_{1\mathrm{Hop}}(k)\\
X_2(k)&=X_{2\mathrm{Hep}}(k)-\mathrm{j}X_{2\mathrm{Hop}}(k)\\
&=\frac{1}{2}[X_{2\mathrm{H}}(k)+X_{2\mathrm{H}}(N-k)]-\frac{1}{2}\mathrm{j}[X_{2\mathrm{H}}(k)-X_{2\mathrm{H}}(N-k)]
\end{aligned}
$$

将上面两式代入(5.5.26)式,整理得

$$X(k)=\frac{1}{2}X_{2H}(k)[X_{1Hep}(k)-X_{1Hop}(k)-jX_{1Hep}(k)-jX_{1Hop}(k)]$$
$$+\frac{1}{2}X_{2H}(N-k)[X_{1Hep}(k)+X_{1Hop}(k)+jX_{1Hep}(k)-jX_{1Hop}(k)]$$

最后，由(5.5.17)式得

$$\begin{aligned}X_H(k)&=\mathrm{DHT}[x_1(n)\circledast x_2(n)]\\&=\mathrm{Re}[X(k)]-\mathrm{Im}[X(k)]\\&=X_{2H}(k)X_{1Hep}(k)+X_{2H}(N-k)X_{1Hop}(k)\end{aligned}$$

即(5.5.24)式成立。同理可证(5.5.25)式成立。

当 $x_1(n)$ 或 $x_2(n)$ 是偶对称序列时，由 DHT 的奇偶性可得

$$X_H(k)=\mathrm{DHT}[x_1(n)\circledast x_2(n)]=X_{1H}(k)X_{2H}(k) \tag{5.5.27}$$

5) DHT 的快速算法

仿照 DFT 的分解方法，可通过时域抽取或频域抽取的方法实现 DHT 的快速算法，称为快速哈特莱变换（fast Hartley transform，FHT）。FHT 既可以采用基 2 算法，也可以采用基 4 算法等。这里仅介绍基 2 时域抽取快速 DHT 算法，简称为基 2DIT-FHT 算法。

设实序列为 $x(n)$，其长度 N 满足 $N=2^M$，则其 N 点 DHT 为

$$X_N(k)=\sum_{n=0}^{N-1}x(n)\mathrm{cas}\left(\frac{2\pi}{N}kn\right),\quad 0\leqslant k\leqslant N-1 \tag{5.5.28}$$

对 $x(n)$ 按其序列号的偶数和奇数抽取，则有

$$x_1(r)=x(2r),\quad 0\leqslant r\leqslant N/2-1 \tag{5.5.29a}$$
$$x_2(r)=x(2r+1),\quad 0\leqslant r\leqslant N/2-1 \tag{5.5.29b}$$

于是

$$X_H(k)=\sum_{r=0}^{N/2-1}x(2r)\mathrm{cas}\left(\frac{2\pi}{N}2kr\right)+\sum_{r=0}^{N/2-1}x(2r+1)\mathrm{cas}\left(\frac{2\pi}{N}k(2r+1)\right)$$

与 DFT 的时域抽取分解比较，$\mathrm{cas}\left(\frac{2\pi}{N}k(2r+1)\right)$ 不是一个指数函数，所以处理上与 $W_N^{k(2r+1)}$ 不一样。根据三角公式有

$$\mathrm{cas}(\alpha+\beta)=\mathrm{cas}\alpha\cos\beta+\mathrm{cas}(-\alpha)\sin\beta \tag{5.5.30}$$

这样，$X_H(k)$ 可以表示为

$$X_H(k)=\sum_{r=0}^{N/2-1}x_1(r)\mathrm{cas}\left(\frac{2\pi}{N/2}kr\right)+\cos\left(\frac{2\pi}{N}k\right)\sum_{r=0}^{N/2-1}x_2(r)\mathrm{cas}\left(\frac{2\pi}{N/2}kr\right)$$
$$+\sin\left(\frac{2\pi}{N}k\right)\sum_{r=0}^{N/2-1}x_2(r)\mathrm{cas}\left(-\frac{2\pi}{N/2}kr\right) \tag{5.5.31}$$

令 $X_{1H}(k)=\mathrm{DHT}[x_1(n)]$，$X_{2H}(k)=\mathrm{DHT}[x_2(n)]$，并考虑到 DHT 的隐含周期性

$(X_{1H}(k), X_{2H}(k)$的周期都是$N/2)$，(5.5.31)式又可以表示为

$$X_H(k) = X_{1H}(k) + \cos\left(\frac{2\pi}{N}k\right)X_{2H}(k) + \sin\left(\frac{2\pi}{N}k\right)X_{2H}\left(\frac{N}{2} - k\right) \quad (5.5.32)$$

根据基2DIT-FFT的分解方法，可用两个$N/2$点序列$X_1(k)$和$X_2(k)$的DFT同址计算出N点DFT序列$X(k)$和$X(N/2+k)(0 \leqslant k \leqslant N/2-1)$。但在(5.5.32)式中多出一包含$X_{2H}(N/2-k)$的项。所以，可用$X_{1H}(k)$、$X_{2H}(k)$、$X_{1H}(N/2-k)$和$X_{2H}(N/2-k)$四个点同址计算出$X_H(k)$、$X_H(N/2+k)$、$X_H(N/2-k)$和$X_H(N-k)$ $(0 \leqslant k \leqslant N/4-1)$。这种算法构成一个蝶形运算，称之为哈特莱蝶形。

为了使以下公式推导简明，记$C(k) = \cos\left(\frac{2\pi k}{N}\right)$，$S(k) = \sin\left(\frac{2\pi k}{N}\right)$。将(5.5.32)式中的$k$分别取$k$、$N/2+k$、$N/2-k$和$N-k$四个值，并考虑$X_{1H}(k)$和$X_{2H}(k)$以$N/2$为周期，得到

$$\begin{cases} X_H(k) = X_{1H}(k) + \left[C(k)X_{2H}(k) + S(k)X_{2H}\left(\frac{N}{2} - k\right)\right] \\ \qquad 0 \leqslant k \leqslant N/4, \quad N \geqslant 8 \\ X_H\left(\frac{N}{2} + k\right) = X_{1H}(k) - \left[C(k)X_{2H}(k) + S(k)X_{2H}\left(\frac{N}{2} - k\right)\right] \\ \qquad 0 \leqslant k \leqslant N/4, \quad N \geqslant 8 \\ X_H\left(\frac{N}{2} - k\right) = X_{1H}\left(\frac{N}{2} - k\right) + \left[S(k)X_{2H}(k) - C(k)X_{2H}\left(\frac{N}{2} - k\right)\right] \\ \qquad 0 \leqslant k \leqslant N/4, \quad N \geqslant 8 \\ X_H(N - k) = X_{1H}\left(\frac{N}{2} - k\right) - \left[S(k)X_{2H}(k) - C(k)X_{2H}\left(\frac{N}{2} - k\right)\right] \\ \qquad 0 \leqslant k \leqslant N/4, \quad N \geqslant 8 \end{cases} \quad (5.5.33)$$

当$k=0$时，(5.5.33)式中有重复，可单独写成

$$\begin{cases} X_H(0) = X_{1H}(0) + X_{2H}(0) \\ X_H\left(\frac{N}{2}\right) = X_{1H}(0) - X_{2H}(0) \end{cases} \quad (5.5.34)$$

同样，当$k=N/4$时，有

$$\begin{cases} X_H\left(\frac{N}{4}\right) = X_{1H}\left(\frac{N}{4}\right) + X_{2H}\left(\frac{N}{4}\right) \\ X_H\left(\frac{3N}{4}\right) = X_{1H}\left(\frac{N}{4}\right) - X_{2H}\left(\frac{N}{4}\right) \end{cases} \quad (5.5.35)$$

上述第一次时域抽取过程及相应的哈特莱蝶形运算信号流图如图5.5.1所示。

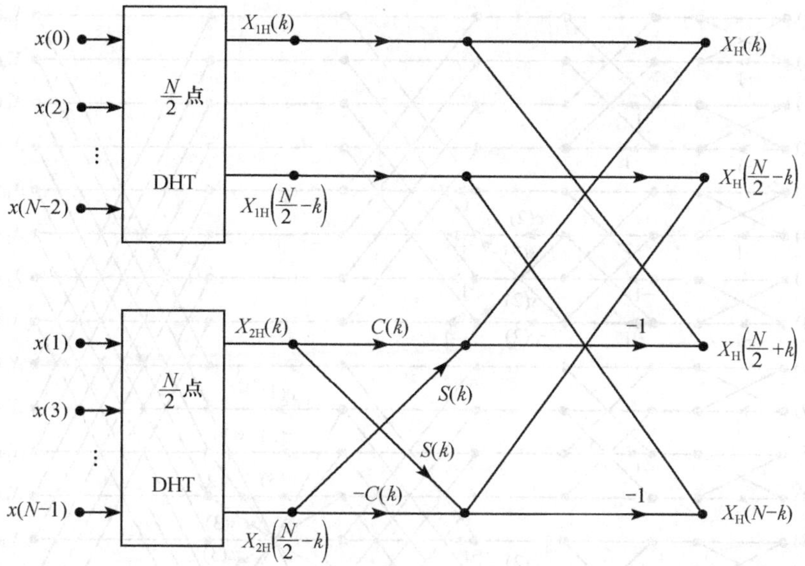

图 5.5.1　基 2DIT-FHT 第一次时域抽取过程及相应的哈特莱蝶形运算信号流图

类似地可进行第二次时域抽取，第三次时域抽取，直到分解为 $N/4$ 个 4 点 DHT。直接按(5.5.32)式画出 4 点 FHT 蝶形运算的信号流图如图 5.5.2 所示。

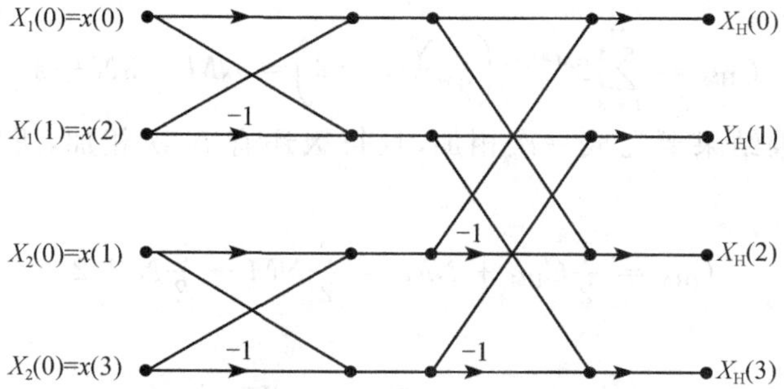

图 5.5.2　4 点基 2DIT-FHT 蝶形运算信号流图

图 5.5.3 示出了 $N=16$ 的实序列时，基 2DIT-FHT 哈特莱蝶形运算的信号流图。当 $k=0$ 和 $k=N/4$ 时不必做乘法运算。

6）基 2DIT-FHT 的运算量

当 $N=2^M$ 时，基 2DIT-FHT 共进行 M 级运算。设 L 表示信号流图中从左到右的运算级数，即 $L=1,2,\cdots,M$。前两级无乘法运算，$L=3$ 级以后，每级乘法的次数为 $2^{M-L+1}\left(\frac{N}{2^{M-L+1}}-2\right)$，所以，总的乘法次数为

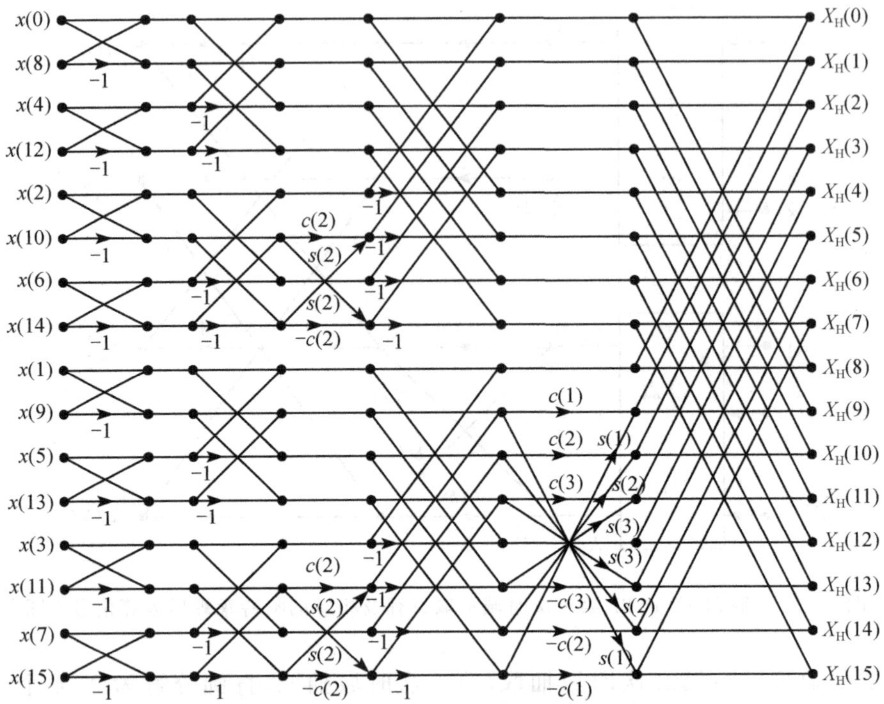

图 5.5.3　16 点基 2DIT-FHT 运算流图

$$C_{HM} = \sum_{L=3}^{M} 2^{M-L+1}\left(\frac{N}{2^{M-L+1}} - 2\right) = NM - 3N + 4$$

因为每两个相乘结果要完成一次相加，且每级还有 N 次相加，所以，总的加法次数为

$$C_{HA} = \frac{1}{2}C_{HM} + NM = \frac{3}{2}NM - \frac{3}{2}N + 2$$

5.6　习　　题

5.1　画出 $N=4$ 基 2 时域抽取法快速离散傅里叶变换(FFT)的信号流图，并利用该信号流图计算 4 点序列 $x(n)=\{1,1,1,1\}$ 的 4 点离散傅里叶变换(DFT)。

5.2　画出 $N=8$ 基 2 时域抽取法 FFT 的信号流图，并利用该信号流图计算 8 点序列 $x(n)=\{1,1,1,1,0,0,0,0\}$ 的 8 点 DFT。

5.3　画出 $N=8$ 基 2 时域抽取法 FFT 的信号流图，计算 8 点序列 $x(n)=\{1,0,1,0,1,0,1,0\}$ 的 8 点 DFT。比较习题 5.1、5.2 和 5.3 的计算结果，有何结论？

5.4　利用 Matlab 工具箱函数 fft，完成习题 5.1、5.2 和 5.3 的 DFT 计算。

5.5　画出 $N=4$ 基 2 频域抽取法 FFT 的信号流图，并利用该信号流图计算 4 点序列 $x(n)=\{1,-1,1,-1\}$ 的 4 点 DFT。

5.6　利用 $N=8$ 基 2 时域抽取法 FFT 的信号流图计算下列序列的 8 点 DFT。

(1) $x_1(n)=\sin(\pi n/2)$；

(2) $x_2(n)=\cos(\pi n/2)$。

5.7　利用 Matlab 工具箱函数 fft，完成习题 5.6 的 DFT 计算。

5.8　已知复序列 $f(n)=x(n)+\mathrm{j}y(n)$ 的 8 点 DFT 为 $F(k)=\mathrm{DFT}[f(n)]$ $(0\leqslant k\leqslant 7)$，其值为

$F(0)=1-\mathrm{j}3$，　$F(1)=-2+\mathrm{j}4$，　$F(2)=3+\mathrm{j}7$，　$F(3)=-4-\mathrm{j}5$

$F(4)=2+\mathrm{j}5$，　$F(5)=-1-\mathrm{j}2$，　$F(6)=4-\mathrm{j}8$，　$F(7)=\mathrm{j}6$

不计算 $F(k)$ 的离散傅里叶逆变换(IDFT)，试求实序列 $x(n)$ 和 $y(n)$ 的 8 点 DFT $X(k)$ 和 $Y(k)$。

5.9　设 $x(n)$ 和 $y(n)$ 时长度为 N 的两个实序列。已知 $X(k)=\mathrm{DFT}[x(n)]$ $(0\leqslant k\leqslant N-1)$，$Y(k)=\mathrm{DFT}[y(n)]$ $(0\leqslant k\leqslant N-1)$。现在希望根据 $X(k)$ 和 $Y(k)$ 求 $x(n)$ 和 $y(n)$，为了提高运算效率，试设计一种算法，用一次 N 点 IFFT 来完成。

5.10　设 $x(n)$ 是长度为 $2N$ 的实序列，已知 $X(k)=\mathrm{DFT}[x(n)]$ $(0\leqslant k\leqslant 2N-1)$。根据 DFT 的共轭对称性质和基 2 时域抽取法 FFT 思想，求解下面的问题。

(1) 设计用一次 N 点 FFT 完成计算 $X(k)$ 的高效算法。

(2) 如果知道 $X(k)$，设计用一次 N 点 IFFT 实现由 $X(k)$ 计算 $x(n)$ 的高效算法。

5.11　利用 128 点的 DFT 和 IDFT 计算一个 60 点序列和一个 1200 点序列的线性卷积。试确定利用重叠相加法计算上述线性卷积所需的最少 DFT 和 IDFT 的次数。

5.12　若对连续时间信号 $x_a(t)$ 进行频谱分析，已知信号的最高频率为 $f_c=4\mathrm{kHz}$，采样频率 $f_s=10\mathrm{kHz}$，现已计算出 $N=1024$ 点的 DFT $X(k)$ $(0\leqslant k\leqslant 1023)$，试求频谱采样之间的频率间隔，并确定 $k=128$ 时的谱线 $X(128)$ 和 $k=640$ 时的谱线 $X(640)$ 分别对应于连续时间信号的哪个频率点的频谱值。

5.13　设连续时间信号 $x_a(t)=x_1(t)+x_2(t)+x_3(t)$，其中，$x_1(t)=\cos(8\pi t)$，$x_2(t)=\cos(16\pi t)$，$x_3(t)=\cos(20\pi t)$。

(1) 如用 FFT 对 $x_a(t)$ 进行频谱分析，问采样频率 f_s 和采样点数 N 应如何选择，才能精确地求出 $x_1(t)$，$x_2(t)$ 和 $x_3(t)$ 的中心频率？为什么？

(2) 按照所选择的 f_s 和 N，对 $x_a(t)$ 进行采样，得序列 $x(n)$。试用 Matlab 工

具箱函数 fft,对 $x(n)$ 做 FFT,得到 $X(k)$,并画出 $X(k)$ 的幅频特性 $|X(k)|$ 的曲线,标出 $|X(k)|$ 的三个峰值所对应的 k 值分别是多少?

5.14　设连续时间信号 $x_a(t)=\cos(2\pi ft+\varphi)$,其中,$f=4\text{kHz}$,$\varphi=\pi/8$。现用 FFT 对该信号进行频谱分析,要求信号的频率分辨率 $\Delta f\leqslant 10\text{Hz}$。试问:

(1) 采样频率 f_s 应取多高?

(2) 采样时间 T_p 应取多长?

(3) FFT 的变换区间取多少?

(4) 按照所选择的上述参数,试用 Matlab 程序对该信号进行频谱分析,并画出其幅频特性曲线。

5.15　设连续时间信号 $x_a(t)=\cos(2\pi f_1t+\varphi_1)+\cos(2\pi f_2t+\varphi_2)$,其中,$f_1=4\text{kHz}$,$\varphi_1=\pi/8$,$f_2=3\text{kHz}$,$\varphi_2=\pi/4$。现用 FFT 对该信号进行频谱分析,请按习题 5.14 的要求完成此频谱分析。

5.16　设连续时间信号 $x_a(t)=1+\cos(100\pi t)$,试用 Matlab 语言分析该信号的频率特性,要求信号的频率分辨率 $\Delta f\leqslant 0.5\text{Hz}$,画出其幅频特性曲线。请分析误差来源,指出减小误差的方法。

5.17　已知序列 $x(n)=0.5^n(0\leqslant n\leqslant 8)$,试计算 $x(n)$ 在单位圆上的线性调频 Z 变换,其中 $\theta_0=\dfrac{\pi}{3}$,$\varphi_0=\dfrac{\pi}{12}$,$M=3$。

第 6 章 无限长单位脉冲响应数字滤波器的设计

6.1 引 言

数字信号处理是用数字技术和方法对信号进行处理，因此需要离散时间系统。数字滤波器是离散系统的通用名称。数字滤波器具有精度高，稳定性好，灵活性强，不要求阻抗匹配等优点，因而获得了广泛的应用。为了完成数字信号处理的任务，数字滤波器的特性应满足一定的技术指标要求，这就涉及数字滤波器的设计问题。

本章在概述数字滤波器的主要技术指标和基本设计方法的基础上，讨论无限长单位脉冲响应数字滤波器的设计问题，主要包括模拟滤波器的设计和频带变换，无限长单位脉冲响应数字滤波器设计的脉冲响应不变法和双线性变换法，数字滤波器的频带变换和直接设计方法，以及采用 Matlab 工具设计滤波器的方法等内容。

6.2 数字滤波器设计概述

当一个离散线性时不变系统用差分方程

$$y(n)=\sum_{i=0}^{M}b_ix(n-i)-\sum_{k=1}^{N}a_ky(n-k) \tag{6.2.1}$$

描述时，该系统的系统函数可表示为 z^{-1} 的有理多项式，即

$$H(z)=\frac{\sum_{i=0}^{M}b_iz^{-i}}{1+\sum_{k=1}^{M}a_kz^{-k}} \tag{6.2.2}$$

当 $a_k=0(k=1,2,\cdots,N)$ 时，系统的单位脉冲响应 $h(n)$ 的长度是有限的，(6.2.2)式描述的系统称为有限长单位脉冲响应(FIR)数字滤波器；当 $a_k(k=1,2,\cdots,N)$ 中至少有一个系数非零时，系统的 $h(n)$ 的长度是无限的，(6.2.2)式描述的系统称为无限长单位脉冲响应(IIR)数字滤波器。对于 IIR 数字滤波器，一般满足 $M\leqslant N$，这时将系统称为 N 阶的 IIR 数字滤波器。若 $M>N$，$H(z)$ 可看成是一个 N 阶的 IIR 数字滤波器与一个 $M-N$ 阶的 FIR 数字滤波器的级联。以下讨论均假定 $M\leqslant N$。

在设计数字滤波器时需要给定数字滤波器的设计指标。我们通常用的数字滤波器一般属于选频滤波器,其频率响应函数可表示为

$$H(e^{j\omega}) = |H(e^{j\omega})| e^{j\phi(\omega)} \tag{6.2.3}$$

式中,$|H(e^{j\omega})|$称为数字滤波器的幅频响应,$\phi(\omega)$称为滤波器的相频响应。幅频响应表示信号通过滤波器后各频率分量的衰减程度,而相频响应反映各频率分量通过滤波器后在时间上的延时情况。因此,即使两个滤波器的幅频响应相同,而相频响应不一样,那么对相同的输入信号,滤波器输出信号的波形也是不一样的。一般选频滤波器的技术指标要求由幅频响应给出,相频响应一般不作要求。但如果对输出信号波形有较严格的要求时,则要考虑滤波器的相频响应的技术指标,例如,语音合成,波形传输,图像信号处理等。第 6 章主要研究以幅频响应为技术指标的选频滤波器的设计;如果对输出信号波形有严格要求,则需要设计线性相位数字滤波器,这部分内容放在第 7 章进行讨论。

图 6.2.1 示出了一数字低通滤波器的幅频响应曲线。理想数字滤波器在通带内$|H(e^{j\omega})|=1$,阻带内$|H(e^{j\omega})|=0$。实际的数字滤波器通带内的幅频响应不一定是完全平坦的,阻带内也不会完全衰减成零,通带内和阻带内都允许一定的误差容限,而且滤波器也并非是锐截止的,通带与阻带之间总存在一个过渡带。在设计数字滤波器时均应给定它们的具体技术指标。

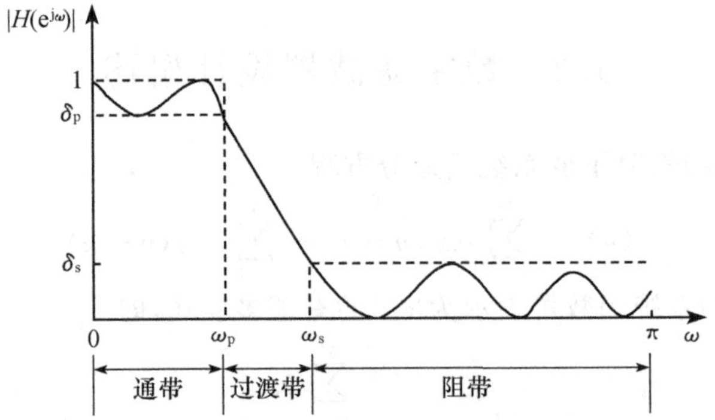

图 6.2.1　数字低通滤波器的幅频响应曲线

设 ω_p 是数字滤波器的通带截止频率,ω_s 是阻带截止频率;δ_p 是通带波纹峰值,δ_s 是阻带波纹峰值。通带频率范围为 $0\leqslant\omega\leqslant\omega_p$,在通带内要求 $1-\delta_p\leqslant|H(e^{j\omega})|\leqslant1$;阻带频率范围为 $\omega_s\leqslant\omega\leqslant\pi$,在阻带内要求$|H(e^{j\omega})|\leqslant\delta_s$,从 ω_p 到ω_s 的频率区间称为过渡带,一般要求过渡带在满足其他技术指标要求的条件下尽可能窄。

数字滤波器通带内和阻带内的衰减一般用分贝(dB)数表示。设通带内允许的最大衰减用 α_p 表示,其定义为

$$\alpha_p = 20\lg \frac{|H(e^{j\omega})|_{max}}{|H(e^{j\omega_p})|} dB \tag{6.2.4}$$

阻带内允许的最小衰减用 α_s 表示，其定义为

$$\alpha_s = 20\lg \frac{|H(e^{j\omega})|_{max}}{|H(e^{j\omega_s})|} dB \tag{6.2.5}$$

如果将 $|H(e^{j\omega})|_{max}$ 归一化为 1，则(6.2.4)式和(6.2.5)式分别化为

$$\alpha_p = -20\lg|H(e^{j\omega_p})| dB \tag{6.2.6}$$

和

$$\alpha_s = -20\lg|H(e^{j\omega_s})| dB \tag{6.2.7}$$

当幅度下降到 $\sqrt{2}/2$ 时，$\omega=\omega_c$，此时 $\alpha_p=3$dB，称 ω_c 为 3dB 通带截止频率。ω_p、ω_s 和 ω_c 统称为边界频率，它们是数字滤波器的重要参数。

关于数字滤波器的设计，由于 IIR 滤波器和 FIR 滤波器的设计方法是不同的，所以要分别讨论。

IIR 滤波器的设计就是给定了滤波器的技术指标后，确定滤波器的阶数 N 和系数 $\{a_k, b_i\}$。在满足技术指标的条件下，滤波器的阶数要尽可能低。在设计 IIR 滤波器时，经常采用的方法是利用设计方法已经很成熟的模拟滤波器来设计数字滤波器。IIR 滤波器设计的基本步骤：首先将数字滤波器的技术指标转换为相应的模拟滤波器的技术指标，然后设计满足技术指标的模拟滤波器 $H_a(s)$，最后将设计出的模拟滤波器系统函数 $H_a(s)$ 按某种方法转换成数字滤波器的系统函数 $H(z)$。在设计过程中要遇到两种不同的变换：一种是频带变换，即将低通滤波器变换为高通、带通和带阻滤波器；另一种是变换域变换，即将模拟滤波器变换成数字滤波器，也就是从 s 域到 z 域的变换或从 $H_a(s)$ 到 $H(z)$ 的变换。根据这两种变换的先后次序，引出以模拟滤波器为基础的两种设计方法，分别如图 6.2.2(a)和(b)所示。

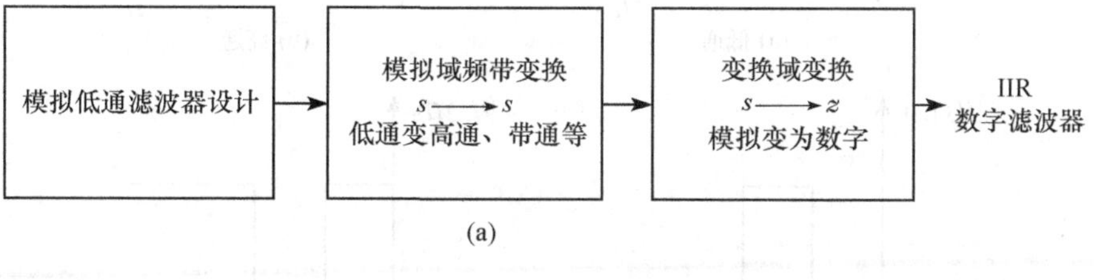

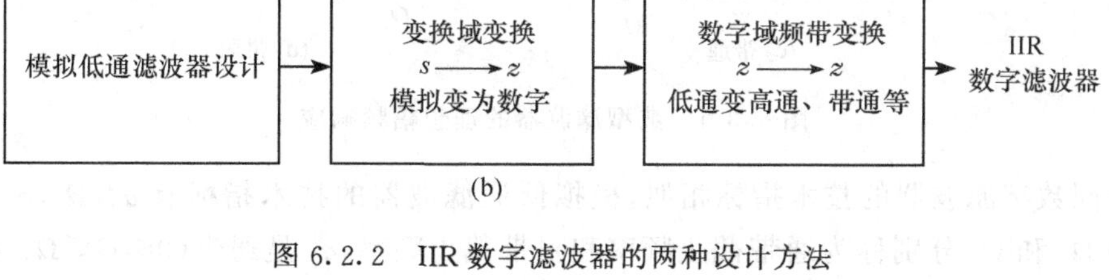

图 6.2.2　IIR 数字滤波器的两种设计方法

IIR 滤波器也可以直接在频域或时域中进行设计，但由于要解联立方程，所以通常需要计算机作辅助设计。

FIR 滤波器的设计经常采用窗函数法和频率采样法，也可以采用计算机辅助设计实现 FIR 滤波器的最优化设计。

Matlab 语言提供了多种模拟和数字 IIR 和 FIR 滤波器的设计函数，是一种重要的设计工具，目前已被广泛采用。

本章讨论 IIR 数字滤波器的设计。

6.3 模拟滤波器的设计

前已说明，常用的 IIR 数字滤波器设计是以模拟滤波器设计为基础的，有若干典型的模拟滤波器可供我们选择，如巴特沃思(Butterworth)滤波器，切比雪夫(Chebyshev)滤波器，椭圆(ellipse)滤波器，贝塞尔(Bessel)滤波器等，这些滤波器都有严格的设计公式以及现成的曲线和图表可供设计人员使用。

模拟滤波器按幅频响应可分为低通、高通、带通和带阻滤波器，它们的理想幅频响应如图 6.3.1 所示。但我们在设计滤波器时，根据图 6.2.2 所示的设计方法，总是先设计低通滤波器，再通过频带变换将低通滤波器转换成希望类型的滤波器。本节将介绍几种常用的模拟低通滤波器的基本特性和设计方法。

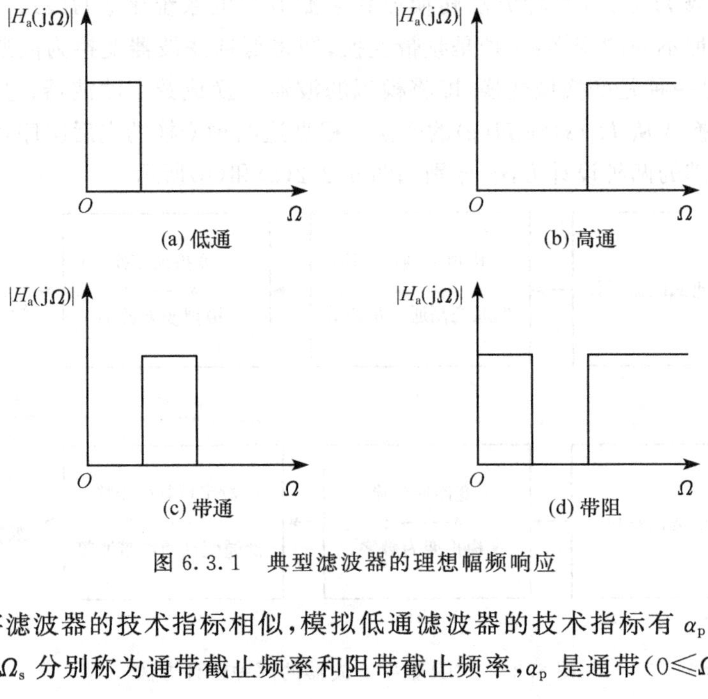

图 6.3.1 典型滤波器的理想幅频响应

同数字滤波器的技术指标相似，模拟低通滤波器的技术指标有 α_p，Ω_p，α_s，Ω_s，其中 Ω_p 和 Ω_s 分别称为通带截止频率和阻带截止频率，α_p 是通带($0\leqslant\Omega\leqslant\Omega_p$)内的

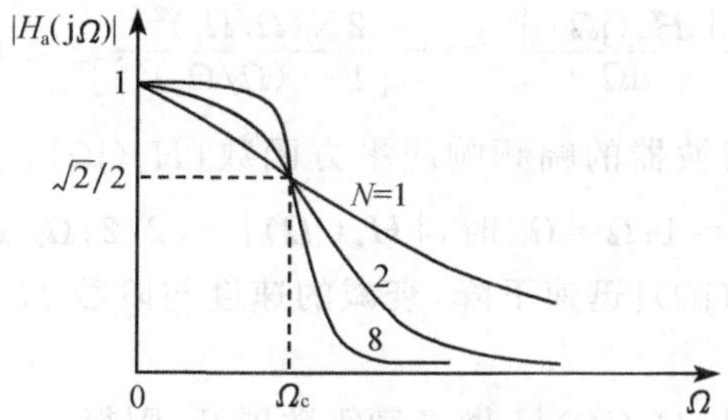

图 6.3.2　巴特沃思模拟低通滤波器幅频响应与阶数 N 的关系

最大允许衰减，α_s 是阻带（$\Omega \geqslant \Omega_p$）内的最小允许衰减。$\alpha_p$ 和 α_s 一般用分贝数（dB）表示，对于单调下降的幅频响应，α_p 和 α_s 可分别表示为

$$\alpha_p = 10\lg \frac{|H_a(j0)|^2}{|H_a(j\Omega_p)|^2} \text{dB} \tag{6.3.1}$$

和

$$\alpha_s = 10\lg \frac{|H_a(j0)|^2}{|H_a(j\Omega_s)|^2} \text{dB} \tag{6.3.2}$$

如果 $\Omega=0$ 处的 $|H_a(j0)|=1$，即为幅度归一化的模拟滤波器，此时 α_p 和 α_s 可表示为

$$\alpha_p = -10\lg |H_a(j\Omega_p)|^2 \text{dB} \tag{6.3.3}$$

和

$$\alpha_s = -10\lg |H_a(j\Omega_s)|^2 \text{dB} \tag{6.3.4}$$

当 $|H_a(j\Omega_c)|=\sqrt{2}/2$ 时，$-10\lg|H_a(j\Omega_c)|^2=3\text{dB}$，故称 Ω_c 为模拟低通滤波器的 3dB 截止频率。

模拟滤波器的上述技术指标给定后，需要设计滤波器的系统函数 $H_a(s)$，要求其幅频响应的平方函数 $|H_a(s)|^2$ 满足给定的技术指标 α_p 和 α_s。如果我们能由 α_p、Ω_p 和 α_s、Ω_s，求出 $|H_a(s)|^2$，那么根据实系数模拟滤波器的零极点是共轭成对的特性和 $H_a(s)|_{s=j\Omega}=H_a(j\Omega)$，就能确定滤波器的系统函数 $H_a(s)$。

6.3.1　巴特沃思模拟低通滤波器

N 阶巴特沃思模拟低通滤波器的幅频响应的平方函数为

$$|H_a(j\Omega)|^2 = \frac{1}{1+(\Omega/\Omega_c)^{2N}} \tag{6.3.5}$$

由(6.3.5)式可知，$|H_a(j0)|^2=1$，$|H_a(j\infty)|^2=0$；式中 Ω_c 是巴特沃思低通滤波器的 3dB 截止频率。图 6.3.2 中画出了 $N=1,2,8$ 时，巴特沃思低通滤波器的幅频响应曲线。

由于

$$\frac{\mathrm{d}\,|\,H_{\mathrm{a}}(\mathrm{j}\Omega)\,|^2}{\mathrm{d}\Omega} = -\frac{2N(\Omega/\Omega_{\mathrm{c}})^{2N-1}}{[1+(\Omega/\Omega_{\mathrm{c}})^{2N}]^2} < 0 \tag{6.3.6}$$

所以，巴特沃思低通滤波器的幅频响应平方函数$|H_{\mathrm{a}}(\mathrm{j}\Omega)|^2$是随$\Omega$单调下降的。当$\Omega=0$时，$|H_{\mathrm{a}}(\mathrm{j}\Omega)|=1$；$\Omega=\Omega_{\mathrm{c}}$时，$|H_{\mathrm{a}}(\mathrm{j}\Omega)|=\sqrt{2}/2$；$\Omega_{\mathrm{c}}$是3dB截止频率；$\Omega>\Omega_{\mathrm{c}}$时，随$\Omega$增大，$|H_{\mathrm{a}}(\mathrm{j}\Omega)|$迅速下降，衰减的速度与阶数$N$有关，$N$越大，衰减速度越快，过渡带越窄。

如果在$\Omega=0$处对$|H_{\mathrm{a}}(\mathrm{j}\Omega)|^2$做泰勒级数展开，则得

$$|\,H_{\mathrm{a}}(\mathrm{j}\Omega)\,|^2 = 1-\left(\frac{\Omega}{\Omega_{\mathrm{c}}}\right)^{2N}+\left(\frac{\Omega}{\Omega_{\mathrm{c}}}\right)^{4N}-\cdots \tag{6.3.7}$$

由(6.3.7)式可知，$|H_{\mathrm{a}}(\mathrm{j}\Omega)|^2$在$\Omega=0$处的1到$2N-1$阶导数为零，所以巴特沃思低通滤波器是在$\Omega=0$处具有最大平坦性的滤波器。

如果令巴特沃思低通滤波器的3dB截止频率$\Omega_{\mathrm{c}}=1$，则滤波器称为归一化的巴特沃思低通滤波器，其幅频响应的平方函数为

$$|\,H_{\mathrm{n}}(\mathrm{j}\Omega)\,|^2 = \frac{1}{1+\Omega^{2N}} \tag{6.3.8}$$

3dB截止频率为Ω_{c}的巴特沃思低通滤波器可由归一化的巴特沃思低通滤波器通过变换

$$H_{\mathrm{a}}(s) = H_{\mathrm{n}}(s/\Omega_{\mathrm{c}}) \tag{6.3.9}$$

获得。

由傅里叶变换的性质可知，当系统的单位脉冲响应是实函数时，系统的频率响应$H_{\mathrm{a}}(\mathrm{j}\Omega)$满足

$$H_{\mathrm{a}}(\mathrm{j}\Omega) = H_{\mathrm{a}}^*(-\mathrm{j}\Omega)$$

故对实系数的模拟滤波器，考虑到

$$H_{\mathrm{a}}(\mathrm{j}\Omega) = H_{\mathrm{a}}(s)\,|_{s=\mathrm{j}\Omega}$$

有

$$|\,H_{\mathrm{a}}(\mathrm{j}\Omega)\,|^2 = H_{\mathrm{a}}(\mathrm{j}\Omega)H_{\mathrm{a}}^*(\mathrm{j}\Omega) = H_{\mathrm{a}}(\mathrm{j}\Omega)H_{\mathrm{a}}(-\mathrm{j}\Omega) = H_{\mathrm{a}}(s)H_{\mathrm{a}}(-s)\,|_{s=\mathrm{j}\Omega}$$

或者

$$H_{\mathrm{a}}(s)H_{\mathrm{a}}(-s) = |\,H_{\mathrm{a}}(\mathrm{j}\Omega)\,|^2_{\Omega=s/\mathrm{j}} \tag{6.3.10}$$

为了求得系统函数$H_{\mathrm{a}}(s)$，将(6.3.5)式代入(6.3.10)式，进行零极点分解，得

$$H_{\mathrm{a}}(s)H_{\mathrm{a}}(-s) = \frac{1}{1+\left(\dfrac{s}{\mathrm{j}\Omega_{\mathrm{c}}}\right)^{2N}} = \frac{\Omega_{\mathrm{c}}^{2N}}{(-\mathrm{j}s)^{2N}+\Omega_{\mathrm{c}}^{2N}} \tag{6.3.11}$$

上式分母多项式的特征方程为$(-\mathrm{j}s)^{2N}+\Omega_{\mathrm{c}}^{2N}=0$，它的根就是滤波器的极点。注

意到$(-1)^{\frac{1}{2N}}$的解是幅度为 1，相角为把 2π 等分为 $2N$ 份的 $2N$ 个单位向量，于是可得这 $2N$ 个根为

$$
\begin{aligned}
p_k &= \Omega_c(-1)^{1/(2N)}\mathrm{j} = \Omega_c[\mathrm{e}^{\mathrm{j}(-\pi+2\pi k)}]^{1/(2N)}\mathrm{j} \\
&= \Omega_c \mathrm{e}^{\mathrm{j}\pi(2k+N-1)/(2N)}, \quad k = 1,2,\cdots,2N
\end{aligned}
\tag{6.3.12}
$$

现对(6.3.12)式做如下说明：

(1) $H_a(s)H_a(-s)$有 $2N$ 个极点，它们等间隔分布在半径为 Ω_c 的圆上，其角度间隔为$(\pi/N)\mathrm{rad}$。

(2) 当 N 为奇数时，极点为 $p_k=\Omega_c \mathrm{e}^{\mathrm{j}\pi(k-1)/N}, k=1,2,\cdots,2N$。

(3) 当 N 为偶数时，极点为 $p_k=\Omega_c \mathrm{e}^{\mathrm{j}\pi\left(k-\frac{1}{2}\right)/N}, k=1,2,\cdots,2N$。

(4) 极点关于虚轴 $\mathrm{j}\Omega$ 对称。

(5) 极点不会落在虚轴上。

(6) 巴特沃思低通滤波器没有零点。

图 6.3.3 (a)和(b)分别绘出了三阶和四阶巴特沃思低通滤波器幅频响应平方函数的极点分布图。

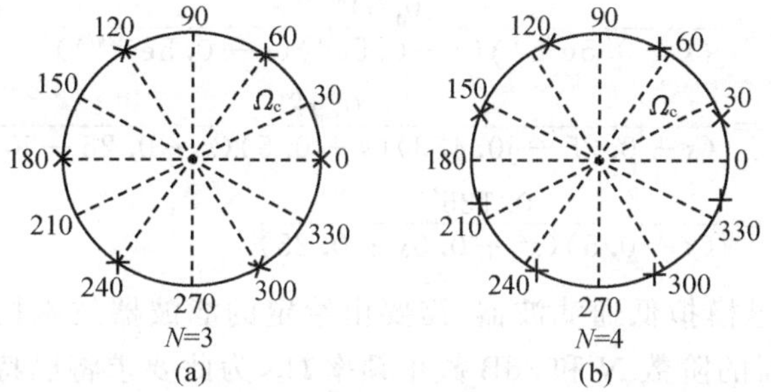

图 6.3.3　巴特沃思低通滤波器幅频响应平方函数的极点分布

(6.3.12)式求出的极点有 $2N$ 个。为了保证模拟滤波器的稳定性，必须选 s 平面左半平面的 N 个极点构成 $H_a(s)$，即应满足

$$
\frac{\pi}{2} < \pi\left(\frac{2k+N-1}{2N}\right) < \frac{3\pi}{2}
$$

化简上式得

$$
\frac{1}{2} < k < N + \frac{1}{2}
$$

所以，N 阶巴特沃思模拟低通滤波器的 N 个极点为

$$
p_k = \Omega_c \mathrm{e}^{\mathrm{j}\pi\left(\frac{2k+N-1}{2N}\right)}, \quad k = 1,2,\cdots,N \tag{6.3.13}
$$

其系统函数为

$$H_a(s)=\frac{\Omega_c^N}{\prod\limits_{k=1}^{N}(s-p_k)} \tag{6.3.14}$$

例如，对于 $N=3$，系统函数为

$$H_a(s)=\frac{\Omega_c^3}{(s-\Omega_c e^{j2\pi/3})(s-\Omega_c e^{j\pi})(s-\Omega_c e^{-j2\pi/3})}$$

例 6.3.1 若给定

$$|H_a(j\Omega)|^2=\frac{1}{1+64\Omega^6}$$

试确定模拟滤波器的系统函数 $H_a(s)$。

解 根据给定的模拟滤波器的幅频响应平方函数，可得

$$|H_a(j\Omega)|^2=\frac{1}{1+64\Omega^6}=\frac{1}{1+\left(\dfrac{\Omega}{0.5}\right)^{2\times 3}}$$

与(6.3.5)式比较，得到 $N=3$，$\Omega_c=0.5$。$H_a(s)H_a(-s)$的极点分布如图 6.3.3(a)所示。因此，由 (6.3.14)式得

$$\begin{aligned}H_a(s)&=\frac{(0.5)^3}{(s-0.5e^{j2\pi/3})(s-0.5e^{j\pi})(s-0.5e^{-j2\pi/3})}\\&=\frac{0.125}{(s+0.25-j0.433)(s+0.5)(s+0.25-j0.433)}\\&=\frac{0.125}{(s+0.5)(s^2+0.5s+0.25)}\end{aligned}$$

设计巴特沃思模拟低通滤波器，需要由给定的滤波器技术指标参数 α_p，Ω_p 和 α_s，Ω_s，确定滤波器的阶数 N 和 3dB 截止频率 Ω_c，为此要求将巴特沃思模拟低通滤波器的技术指标参数公式，变换为它的设计方程。下面推导这些设计方程。

如果要求滤波器在通带和阻带边界频率上的幅频响应满足指标 α_p 和 α_s，即满足下列方程：

$$\Omega=\Omega_p\text{时}，\quad -10\lg|H_a(j\Omega_p)|^2=\alpha_p$$

$$\Omega=\Omega_s\text{时}，\quad -10\lg|H_a(j\Omega_s)|^2=\alpha_s$$

这样就有两个方程

$$-10\lg\left[\frac{1}{1+(\Omega_p/\Omega_c)^{2N}}\right]=\alpha_p \tag{6.3.15a}$$

$$-10\lg\left[\frac{1}{1+(\Omega_s/\Omega_c)^{2N}}\right]=\alpha_s \tag{6.3.15b}$$

将这两个方程对 N 和 Ω_c 联立求解，得

$$N=\frac{\lg[(10^{0.1\alpha_p}-1)/(10^{0.1\alpha_s}-1)]}{2\lg(\Omega_p/\Omega_s)} \tag{6.3.16}$$

取 N 比计算结果略大的最小整数，它就是巴特沃思模拟低通滤波器的阶数。

由于选择的 N 比所需要的阶数略大，如果在 Ω_p 处满足指标要求，则 Ω_s 处指标将有裕量，反之亦然。若要在 Ω_p 处精确满足指标，则要求

$$\Omega_{cp} = \frac{\Omega_p}{\sqrt[2N]{10^{0.1\alpha_p} - 1}} \tag{6.3.17a}$$

而为了在 Ω_s 处精确满足指标，则要求

$$\Omega_{cs} = \frac{\Omega_s}{\sqrt[2N]{10^{0.1\alpha_s} - 1}} \tag{6.3.17b}$$

实际设计时，Ω_c 可在 $\Omega_{cp} \leqslant \Omega_c \leqslant \Omega_{cs}$ 范围内选择。(6.3.16) 式和 (6.3.17) 式就是巴特沃思模拟低通滤波器的设计公式。

综上所述，巴特沃思模拟低通滤波器的设计步骤为：

(1) 根据模拟滤波器的设计指标 α_p，Ω_p 和 α_s，Ω_s，由(6.3.16)式确定滤波器的阶数 N。

(2) 由(6.3.17)式确定滤波器的 3dB 截止频率 Ω_c。

(3) 按照(6.3.13)式，求出 N 个极点 $p_k(k=1,2,\cdots,N)$，将极点 p_k 代入(6.3.14)式得滤波器的系统函数 $H_a(s)$。也可以根据滤波器的阶数 N，直接查表 6.3.1，得到归一化($\Omega_c=1$)的极点 $p_{nk}(k=1,2,\cdots,N)$和归一化的系统函数

$$H_n(s) = \frac{1}{\prod_{k=1}^{N}(s - p_{nk})} = \frac{1}{a_0 + a_1 s + a_2 s^2 + \cdots + a_{N-1}s^{N-1} + s^N}$$

然后利用(6.3.9)式，去归一化得到 3dB 截止频率为 Ω_c 的巴特沃思模拟低通滤波器的系统函数 $H_a(s)$。

表 6.3.1

(a) 巴特沃思归一化模拟低通滤波器参数

阶数 N	极点				
	p_{n1}，p_{n2}	p_{n3}，p_{n4}	p_{n5}，p_{n6}	p_{n7}，p_{n8}	p_{n9}
1	−1.0000				
2	−0.7071±j0.7071				
3	−0.5000±j0.8660	−1.0000			
4	−0.3827±j0.9239	−0.9239±j0.3827			
5	−0.3090±j0.9511	−0.8090±j0.5878	−1.0000		
6	−0.2588±j0.9659	−0.7071±j0.7071	−0.9659±j0.2588		
7	−0.2225±j0.9749	−0.6235±j0.7818	−0.9010±j0.4339	−1.0000	
8	−0.1951±j0.9808	−0.5556±j0.8315	−0.8315±j0.5556	−0.9808±j0.1951	
9	−0.1736±j0.9848	−0.5000±j0.8660	−0.7660±j0.6428	−0.9397±j0.3420	−1.0000

续表

(b) 巴特沃思归一化模拟低通滤波器参数

阶数 N	分母多项式 $a(s)=a_0+a_1s+a_2s^2+\cdots+a_{N-1}s^{N-1}+s^N$								
	a_0	a_1	a_2	a_3	a_4	a_5	a_6	a_7	a_8
1	1.0000								
2	1.0000	1.4142							
3	1.0000	2.0000	2.0000						
4	1.0000	2.6131	3.4142	2.6130					
5	1.0000	3.2361	5.2361	5.2361	3.2361				
6	1.0000	3.8637	7.4641	9.1416	7.4641	2.8637			
7	1.0000	4.4940	10.0978	14.5918	14.5918	10.0978	4.4940		
8	1.0000	5.1258	13.1371	21.8462	25.6884	21.8642	13.1371	5.1258	
9	1.0000	5.7588	16.5817	31.1634	41.9864	41.9864	31.1634	16.5817	5.7588

(c) 巴特沃思归一化模拟低通滤波器参数

阶数 N	分母因式 $A(s)=A_1(s)A_2(s)A_3(s)A_4(s)A_5(s)$
1	$(s+1)$
2	$(s^2+1.4142s+1)$
3	$(s^2+s+1)(s+1)$
4	$(s^2+0.7645s+1)(s^2+1.8478s+1)$
5	$(s^2+0.6180s+1)(s^2+1.6180s+1)(s+1)$
6	$(s^2+0.5176s+1)(s^2+1.4142s+1)(s^2+1.9319s+1)$
7	$(s^2+0.4450s+1)(s^2+1.2470s+1)(s^2+1.8019s+1)(s+1)$
8	$(s^2+0.3902s+1)(s^2+1.1111s+1)(s^2+1.6629s+1)(s^2+1.9616s+1)$
9	$(s^2+0.3473s+1)(s^2+s+1)(s^2+1.5321s+1)(s^2+1.8794s+1)(s+1)$

例 6.3.2 设计一个满足下列指标要求的巴特沃思模拟低通滤波器。指标为

$$\alpha_p \leqslant 1\text{dB},\quad \Omega_p = 2\text{rad/s},\quad \alpha_s \geqslant 30\text{dB},\quad \Omega_s = 4\text{rad/s}$$

解 由(6.3.16)式得滤波器阶数

$$N = \frac{\lg[(10^{0.1\alpha_p}-1)/(10^{0.1\alpha_s}-1)]}{2\lg(\Omega_p/\Omega_s)} = 5.9596$$

取 $N=6$。将 $N=6$ 代入(6.3.17a)式，得

$$\Omega_{cp} = \frac{\Omega_p}{\sqrt[2N]{10^{0.1\alpha_p}-1}} = 2.2384 \text{ rad/s}$$

取 $\Omega_c=\Omega_{cp}$。由上述参数设计的滤波器在通带内刚好满足指标要求，阻带指标有裕量。如果将 $N=6$ 代入(6.3.17b)式，并取 $\Omega_c=\Omega_{cs}$，则设计出的滤波器在阻带内恰好满足指标要求，通带指标有裕量。

利用表 6.3.1，当 $N=6$ 时，查得巴特沃思归一化模拟低通滤波器的系统函数为

$$H_n(s) = \frac{1}{(s^2 + 0.5176s + 1)(s^2 + 1.4142s + 1)(s^2 + 1.9319s + 1)}$$

当 $\Omega_c = 2.2384\text{rad/s}$ 时，由(6.3.9)式得所设计的巴特沃思模拟低通滤波器的系统函数为

$$H_a(s) = H_n(s/\Omega_c)$$

$$= \frac{125.7842}{(s^2 + 1.1586s + 5.0104)(s^2 + 3.1657s + 5.0104)(s^2 + 4.3244s + 5.0104)}$$

图 6.3.4 示出了所设计的巴特沃思模拟低通滤波器的幅频响应曲线。该滤波器通带最大衰减和阻带最小衰减分别为 $\alpha_p = 1\text{dB}$，$\alpha_s = 30.3\text{dB}$。可见滤波器的幅频响应在通带内刚好满足设计指标，在阻带内设计指标有裕量。

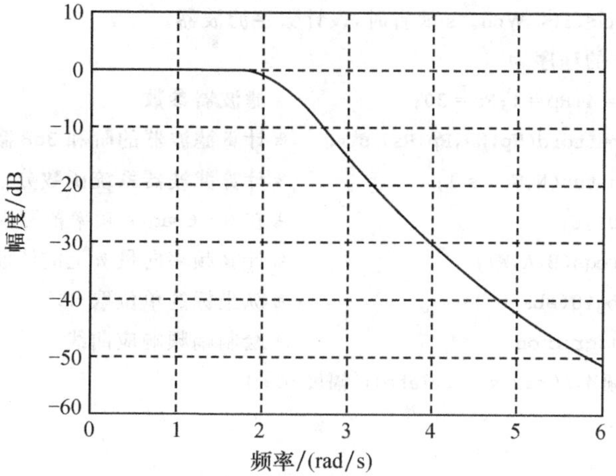

图 6.3.4　例 6.3.2 的六阶巴特沃思模拟低通滤波器的幅频响应曲线

Matlab 信号处理工具箱中提供了设计巴特沃思模拟滤波器的函数 buttord、buttap 和 butter，格式如下：

(1) [N,Wc] = buttord(Wp,Ws,Rp,Rs,′s′)

用于计算巴特沃思模拟低通滤波器的阶 N 和 3dB 截止频率 Wc(即本书中的符号 Ω_c)。其中，Wp 和 Ws 分别是滤波器的通带截止频率 Ω_p 和阻带截止频率 Ω_s，单位为 rad/s；Rp 和 Rs 分别是通带最大衰减系数 α_p 和阻带最小衰减系数 α_s，单位为 dB。

(2) [z,p,G] = buttap(N)

用于计算 N 阶巴特沃思归一化($\Omega_c = 1$)模拟低通滤波器系统函数的零、极点和增益因子，返回长度为 N 的向量 z 和 p 分别给出 N 个零点和极点，G 是滤波器增益。得到的滤波器系统函数形式如下：

$$H_a(s) = \frac{Q_a(s)}{P_a(s)} = G\frac{(s - z_1)(s - z_2)\cdots(s - z_N)}{(s - p_1)(s - p_2)\cdots(s - p_N)}$$

其中，z_k 和 p_k 分别是向量 z 和 p 的第 k 个元素。如果要从零、极点得到系统函数的分子和分母

多项式系数向量 B 和 A,可以调用结构转换函数[B,A]=zp2tf(z,p,G),结构转换后系统函数的形式为

$$H_a(s)=\frac{B(s)}{A(s)}=\frac{b_1 s^{M-1}+\cdots+b_{M-1}s+b_M}{a_1 s^{N-1}+\cdots+a_{N-1}s+a_N}$$

其中,M 是向量 B 的长度,N 是向量 A 的长度,b_k 和 a_k 分别是向量 B 和 A 的第 k 个元素。

(3) [B,A] = butter(N,Wc,'ftype','s')

用于计算巴特沃思模拟滤波器系统函数中分子和分母多项式系数向量 B 和 A。其中 N 和 Wc 分别是滤波器的阶和 3dB 截止频率 Ω_c,返回向量 B 和 A 中的元素 a_k 和 b_k 分别是上面的 $H_a(s)$ 表示式中的分母和分子系数。ftype 缺省时,设计低通滤波器;ftype=high 时,设计高通滤波器;ftype=stop 时,设计带阻滤波器,此时 Wc 为向量[Wcl,Wcu],Wcl 和 Wcu 分别是带阻滤波器的通带 3dB 下、上截止频率;Wc 为向量[Wcl,Wcu],且 ftype 缺省时,设计带通滤波器,带通的频率区间为 Wcl<Ω<Wcu。s 缺省时,设计数字滤波器。

例如,例 6.3.2 的程序为

```
Wp = 2;Ws = 4;Rp = 1;Rs = 30;               % 滤波器参数
[N,Wc] = buttord(Wp,Ws,Rp,Rs,'s');          % 计算滤波器的阶和 3dB 截止频率
[B,A] = butter(N,Wc,'s');                   % 计算滤波器系统函数分子、分母多项式系数
W = 0:0.001:6;                              % 在 0~6rad/s 频率范围内取 1001 个频率点
[H,W] = freqs(B,A,W);                       % 计算频率向量 W 上的滤波器频率响应
H = 20 * log10(abs(H));                     % 纵坐标的单位取 dB
plot(W,H),grid on                           % 绘制幅频响应曲线
xlabel('频率/(rad/s)');ylabel('幅度/dB')
```

运行结果如下:

```
N  = 6
Wc  = 2.2496
B  =      0       0        0         0         0         0    129.5917
A  = 1.0000  8.6916  37.7720  104.0667  191.1447  222.5793  129.5917
```

$$H_a(s)=\frac{129.5917}{s^6+8.6916s^5+37.7720s^4+104.0667s^3+191.1447s^2+222.5793s+129.5917}$$

其中的 Wc 是按(6.3.17b)式计算的。幅频响应曲线如图 6.3.4 所示。

6.3.2 切比雪夫模拟低通滤波器

巴特沃思低通滤波器的频率响应,无论在通带内还是在阻带内都是随频率而单调变化的。这样,若设计出的滤波器在通带或阻带的边界刚好满足指标要求,则滤波器在阻带或通带内的指标将存在裕量,因而并不十分经济。更有效地设计方法应该是将设计指标的精度要求均匀地分布在整个通带内或整个阻带内,或者同时均匀地分布在通带内和阻带内。这样就可以设计出阶数比较低的滤波器。这种精度均匀分布的滤波器可通过选择具有等波纹特性的逼近函数来实现。

切比雪夫模拟低通滤波器的幅频响应在一个频带中具有等波纹特性。切比雪夫Ⅰ型模拟低通滤波器的幅频响应在通带内是等波纹的，在阻带内是单调下降的；切比雪夫Ⅱ型模拟低通滤波器的幅频响应在阻带内是等波纹的，在通带内是单调下降的。

切比雪夫滤波器是以切比雪夫多项式为基础的一种滤波器。N 阶切比雪夫多项式定义为

$$C_N(x)=\begin{cases}\cos[N\arccos(x)], & |x|\leqslant 1\\ \cosh[N\operatorname{arcosh}(x)], & |x|>1\end{cases}\tag{6.3.18}$$

切比雪夫多项式 $C_N(x)$ 是变量 x 的 N 阶实系数多项式。

当 $N=0$ 时，$C_0(x)=1$

当 $N=1$ 时，$C_1(x)=x$

当 $N=2$ 时，$C_2(x)=2x^2-1$

当 $N=3$ 时，$C_3(x)=4x^3-3x$

当 $N=4$ 时，$C_4(x)=8x^4-8x^2+1$

$\vdots$

由此可归纳出高阶切比雪夫多项式的递推公式为

$$C_{N+1}(x)=2xC_N(x)-C_{N-1}(x),\quad C_0(x)=1,\quad C_1(x)=x\tag{6.3.19}$$

图 6.3.5 示出了阶数 $N=0,4,5$ 时的切比雪夫多项式曲线。由图可以看出切比雪夫多项式的主要性质。

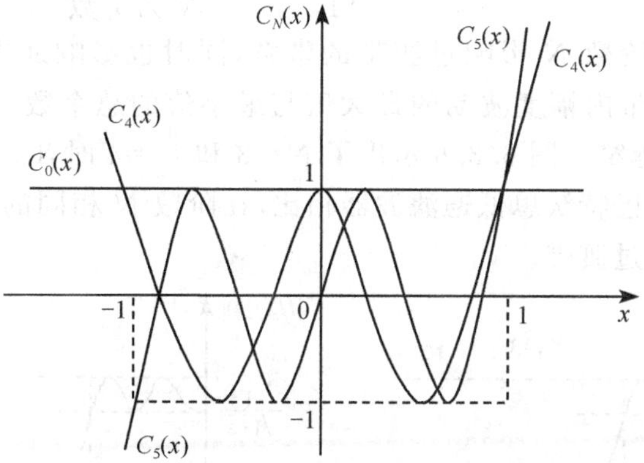

图 6.3.5　$N=0,4,5$ 切比雪夫多项式曲线

(1) 当 $|x|\leqslant 1$ 时，$|C_N(x)|\leqslant 1$。$C_N(x)$ 在 -1 和 $+1$ 之间振荡，振荡的次数与 N 成正比，具有等波纹特性。

(2) 当 $|x|>1$ 时，$|C_N(x)|>1$，且 $|C_N(x)|$ 随着 $|x|$ 的增加而单调上升。

(3) 奇数阶的切比雪夫多项式是奇函数，偶数阶的切比雪夫多项式是偶函数。

(4) N 为偶数时，$|C_N(0)|=1$；N 为奇数时，$C_N(0)=0$。

(5) $|C_N(\pm1)|=1$。

下面分别讨论切比雪夫Ⅰ型和切比雪夫Ⅱ型模拟低通滤波器的主要特性和基本设计方法。

1) 切比雪夫Ⅰ型模拟低通滤波器

N 阶切比雪夫Ⅰ型模拟低通滤波器，简称为 CBⅠ型低通滤波器。它的幅频响应平方函数为

$$|H_a(j\Omega)|^2=\frac{1}{1+\varepsilon^2C_N^2(\Omega/\Omega_p)} \tag{6.3.20}$$

式中，ε 是小于 1 的正数，表示滤波器通带内幅度波动的程度，ε 越大，幅度波动也越大；Ω_p 是通带截止频率；$C_N(x)$ 是 N 阶切比雪夫多项式。

CBⅠ型低通滤波器具有下列主要性质：

(1) 在 $0\leqslant\Omega\leqslant\Omega_p$ 范围内，由切比雪夫多项式的第一个性质可得

$$\frac{1}{1+\varepsilon^2}\leqslant|H_a(j\Omega)|^2\leqslant1 \tag{6.3.21}$$

所以我们说，CBⅠ型低通滤波器的参数 ε 反映了滤波器在通带内幅度波动的程度。

(2) 由切比雪夫多项式的第四个性质可得

$$|H_a(j0)|^2=\begin{cases}\dfrac{1}{1+\varepsilon^2}, & N\text{ 为偶数}\\ 1, & N\text{ 为奇数}\end{cases}$$

(3) 滤波器的阶数 N 影响过渡带的带宽，同时也影响通带内幅度波动的疏密，因为 N 等于通带内幅度波动的最大值与最小值的总个数。显然 N 越大幅度波动越密，过渡带越窄。图 6.3.6 示出了 $N=3$ 和 $N=4$ 时，CBⅠ型低通滤波器的幅频响应曲线。与巴特沃思低通滤波器相比，在阶数 N 相同的情况下，CBⅠ低通滤波器具有较窄的过渡带。

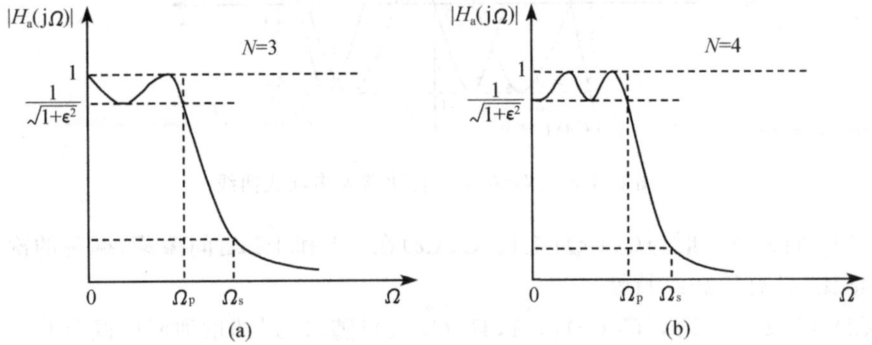

图 6.3.6　CBⅠ型低通滤波器幅频响应曲线

(4) 当 $\Omega>\Omega_p$ 时，$|H_a(j\Omega)|$ 单调下降。N 越大，下降速度越快。所以，CBⅠ型低通滤波器阻带衰减主要由阶数 N 确定。

根据(6.3.20)式，CBⅠ型低通滤波器的幅频响应平方函数与 ε、Ω_p 和 N 三个参数有关。设计 CBⅠ型低通滤波器首先根据指标要求的 α_p、Ω_p、α_s 和 Ω_s，确定其有关参数。

CBⅠ型低通滤波器允许的通带波纹 δ 定义为

$$\delta = 10\lg \frac{|H_a(j\Omega)|^2_{\max}}{|H_a(j\Omega)|^2_{\min}} \tag{6.3.22}$$

由(6.3.21)式知，$|H_a(j\Omega)|^2_{\max}=1$，$|H_a(j\Omega)|^2_{\min}=\dfrac{1}{1+\varepsilon^2}$，所以

$$\delta = 10\lg(1+\varepsilon^2)$$

$$\varepsilon^2 = 10^{0.1\delta}-1$$

通带波纹 δ 等于 $\Omega=\Omega_p$ 时允许的最大衰减为 α_p，所以

$$\varepsilon = \sqrt{10^{0.1\alpha_p}-1} \tag{6.3.23}$$

由下列式子：

$$\alpha_p = -10\lg|H_a(j\Omega)|^2 = -10\lg\frac{1}{1+\varepsilon^2} = 10\lg(1+\varepsilon^2)$$

$$\alpha_s = -10\lg|H_a(j\Omega_s)|^2$$

和

$$|H_a(j\Omega_s)|^2 = \frac{1}{1+\varepsilon^2 C_N^2(\Omega_s/\Omega_p)},\quad \Omega_s>\Omega_p$$

及 N 阶切比雪夫的定义式，可得

$$\varepsilon^2 = 10^{0.1\alpha_p}-1$$

和

$$\varepsilon^2\cosh^2[N\mathrm{arcosh}\,(\Omega_s/\Omega_p)] = 10^{0.1\alpha_s}-1$$

于是有

$$\frac{10^{0.1\alpha_s}-1}{10^{0.1\alpha_p}-1} = \cosh^2[N\mathrm{arcosh}\,(\Omega_s/\Omega_p)]$$

从而解得

$$N = \mathrm{arcosh}\left(\frac{10^{0.1\alpha_s}-1}{10^{0.1\alpha_p}-1}\right)^{1/2}\Big/\mathrm{arcosh}\,(\Omega_s/\Omega_p) \tag{6.3.24}$$

取 N 大于计算结果的最小整数。

CBⅠ型低通滤波器的 3dB 截止频率为 Ω_c，当 $\Omega=\Omega_c$ 时有

$$|H_a(j\Omega_c)|^2 = \frac{1}{1+\varepsilon^2 C_N^2(\Omega_c/\Omega_p)} = \frac{1}{2}$$

所以

$$C_N(\Omega_c/\Omega_p) = \pm\frac{1}{\varepsilon} = \cosh\left[N\operatorname{arcosh}(\Omega_c/\Omega_p)\right]$$

因为通常情况下 $\Omega_c > \Omega_p$，所以上式中仅取正号，从而得滤波器 3dB 截止频率为

$$\Omega_c = \Omega_p\cosh\left[\frac{1}{N}\operatorname{arcosh}\left(\frac{1}{\varepsilon}\right)\right] \tag{6.3.25}$$

当 Ω_p、ε 和 N 确定后，为了得到一个因果的和稳定的滤波器系统函数 $H_a(s)$，必须求出 $H_a(s)H_a(-s)$ 的极点（$2N$ 个），它们应该是 $1+\varepsilon^2C_N^2(-js/\Omega_p)$ 的根，并把 s 平面左半平面的极点（N 个）分配给 $H_a(s)$。

求解极点的这个方程式是比较困难而冗长的。我们知道，$\Omega_p=1$ 的 CBⅠ型低通滤波器称为归一化的 CBⅠ型低通滤波器。可以证明，归一化 CBⅠ型低通滤波器的极点为

$$p_{nk} = \sigma_k + j\Omega_k, \quad k = 1,2,3,\cdots,N \tag{6.3.26}$$

式中

$$\sigma_k = -\sinh(\beta)\sin\frac{(2k-1)\pi}{2N} \tag{6.3.27a}$$

$$\Omega_k = -\cosh(\beta)\cos\frac{(2k-1)\pi}{2N} \tag{6.3.27b}$$

$$\beta = \frac{\operatorname{arsinh}(1/\varepsilon)}{N} \tag{6.3.27c}$$

当 N 为偶数时，归一化 CBⅠ型低通滤波器的系统函数为

$$H_n(s) = \frac{1}{\sqrt{1+\varepsilon^2}}\prod_{k=1}^{N/2}\frac{(\sigma_k^2+\Omega_k^2)}{s^2-2\sigma_k s+(\sigma_k^2+\Omega_k^2)} \tag{6.3.28}$$

当 N 为奇数时，归一化 CBⅠ型低通滤波器的系统函数为

$$H_n(s) = \frac{\sinh\beta}{1+\sinh\beta}\prod_{k=1}^{N/2}\frac{(\sigma_k^2+\Omega_k^2)}{s^2-2\sigma_k s+(\sigma_k^2+\Omega_k^2)} \tag{6.3.29}$$

去归一化后的 CBⅠ型低通滤波器的系统函数为

$$H_a(s) = H_n(s/\Omega_p) \tag{6.3.30}$$

综上所述，CBⅠ型低通滤波器的设计步骤为：

① 确定滤波器的技术指标 α_p、Ω_p、α_s 和 Ω_s 等。

② 由(6.3.23)式，求出滤波器参数 ε。

③ 由(6.3.24)式，求出滤波器的阶数 N，并取 N 大于等于计算结果的最小整数。

④ 由(6.3.26)式和(6.3.27)式求归一化 CBⅠ型低通滤波器的极点 $p_{nk}(k=1,2,3,\cdots,N)$，进而由(6.3.28)式（N 为偶数）或(6.3.29)式（N 为奇数），获得归一化 CBⅠ型低通滤波器的系统函数 $H_n(s)$。

(5) 由(6.3.30)式去归一化，最终得 CBⅠ型低通滤波器的系数函数 $H_a(s)$。

例 6.3.3　设计一个满足下列指标要求的 CBⅠ型低通滤波器。指标为

$$\alpha_p \leqslant 1\text{dB},\quad \Omega_p = 2\text{rad/s},\quad \alpha_s \geqslant 30\text{dB},\quad \Omega_s = 4\text{rad/s}$$

解　由(6.3.23)式得滤波器参数

$$\varepsilon = \sqrt{10^{0.1\alpha_p} - 1} = 0.5088$$

由(6.3.24)式得滤波器阶数

$$N = \operatorname{arcosh}\left(\frac{10^{0.1\alpha_s} - 1}{10^{0.1\alpha_p} - 1}\right)^{\frac{1}{2}} \Big/ \operatorname{arcosh}(\Omega_s/\Omega_p) = 3.66$$

取 $N=4$。由(6.3.26)～(6.3.28)式及(6.3.30)式可得

$$H_a(s) = \frac{1}{\sqrt{1+\varepsilon^2}} \frac{(\sigma_1^2 + \Omega_1^2)}{(s/\Omega_p)^2 - 2\sigma_1(s/\Omega_p) + (\sigma_1^2 + \Omega_1^2)}$$

$$\times \frac{(\sigma_2^2 + \Omega_2^2)}{(s/\Omega_p)^2 - 2\sigma_2(s/\Omega_p) + (\sigma_2^2 + \Omega_2^2)}$$

$$= \frac{3.9305}{(s^2 + 0.5581s + 3.9460)(s^2 + 1.3475s + 1.1176)}$$

图 6.3.7 画出了所设计的 CBⅠ型低通滤波器的幅频响应 $|H_a(j\Omega)|$ 曲线。由图可见，$\alpha_p = 1\text{dB}$，$\alpha_s = 33.9\text{dB}$，即滤波器在通带内的幅频响应刚好满足技术指标，而在阻带内的衰减大于设计指标。

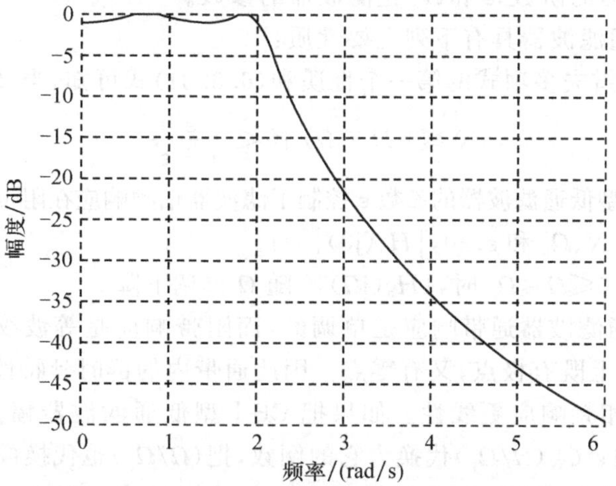

图 6.3.7　例 6.3.3 的四阶 CBⅠ型低通滤波器的幅频响应曲线

Matlab 信号处理工具箱中提供了设计切比雪夫Ⅰ型模拟滤波器的函数 cheb1ord、cheb1ap 和 cheby1，格式如下：

(1) [N,Wpo] = cheb1ord(Wp,Ws,Rp,Rs,′s′)

(2) [z,p,G] = cheb1ap(N,Rp)

(3) [B,A]= cheby1(N,Rp,Wpo,'ftype','s')

其中,格式(1)和(3)中的 Wpo 是切比雪夫Ⅰ型模拟滤波器的通带截止频率,而不是 3dB 截止频率,其他参数的含义与巴特沃思滤波器设计函数中的参数相同。

例 6.3.3 的 Matlab 程序如下:

```
Wp = 2;Ws = 4;Rp = 1;Rs = 30;                 % 滤波器参数
[N,Wpo] = cheb1ord(Wp,Ws,Rp,Rs,'s')           % 计算滤波器的阶和通带截止频率
[B,A] = cheby1(N,Rp,Wpo,'s');                 % 计算滤波器系统函数分子、分母多项式系数
```

运行结果如下:

```
N = 4
Wpo = 2
B =0    0    0    0    3.9305
A =1.0000    1.9056    5.8157    5.9410    4.4100
```

幅频响应曲线如图 6.3.7 所示。

2) 切比雪夫Ⅱ型模拟低通滤波器

N 阶切比雪夫Ⅱ型模拟低通滤波器,简称为 CBⅡ型低通滤波器,它的幅频响应平方函数为

$$|H_a(j\Omega)|^2 = 1 - \frac{1}{1+\varepsilon^2 C_N^2(\Omega_s/\Omega)} = \frac{\varepsilon^2 C_N^2(\Omega_s/\Omega)}{1+\varepsilon^2 C_N^2(\Omega_s/\Omega)} \tag{6.3.31}$$

式中,N 是滤波器的阶数,ε 和 Ω_s 是滤波器的参数。

CBⅡ型低通滤波器具有下列主要性质:

(1) 由切比雪夫多项式的第一个性质和(6.3.31)式可知,当 $|\Omega| \geqslant \Omega_s$ 时,有

$$0 \leqslant |H_a(j\Omega)|^2 \leqslant \frac{\varepsilon^2}{1+\varepsilon^2} \tag{6.3.32}$$

由此可见,CBⅡ型低通滤波器的参数 ε 控制了滤波器幅频响应在阻带内波动的大小。

(2) 对任意 N、Ω_s 和 $\varepsilon > 0$,$|H_a(j0)| = 1$。

(3) 在通带 $0 \leqslant \Omega \leqslant \Omega_p$ 时,$|H_a(j\Omega)|^2$ 随 Ω 单调下降。

CBⅡ型低通滤波器通带响应是单调的,而阻带响应是等波纹的,意味着这种滤波器在 s 平面上既有极点,又有零点。因此通带内的群时延特性比 CBⅠ型低通滤波器好,也即相频响应更线性。如果把 CBⅠ型低通滤波器幅频响应平方函数(6.3.20)式中的 $\varepsilon^2 C_N^2(\Omega/\Omega_p)$ 代换为它的倒数,把 (Ω/Ω_p) 也代换成其倒数,并将 Ω_p 换成 Ω_s,则可把它转化成 CBⅡ型低通滤波器的幅频响应平方函数(6.3.31)式。图 6.3.8 画出了 CBⅡ型低通滤波器的幅频响应曲线。

$\Omega_s = 1$ 的 CBⅡ型低通滤波器称为归一化的 CBⅡ型低通滤波器。归一化CBⅡ型低通滤波器的极点是归一化 CBⅠ型低通滤波器极点的倒数。如用 q_{nk} 表示归一化的 CBⅡ型低通滤波器的极点,则有

$$q_{nk} = \frac{1}{p_{nk}}, \quad k = 1,2,\cdots,N \tag{6.3.33}$$

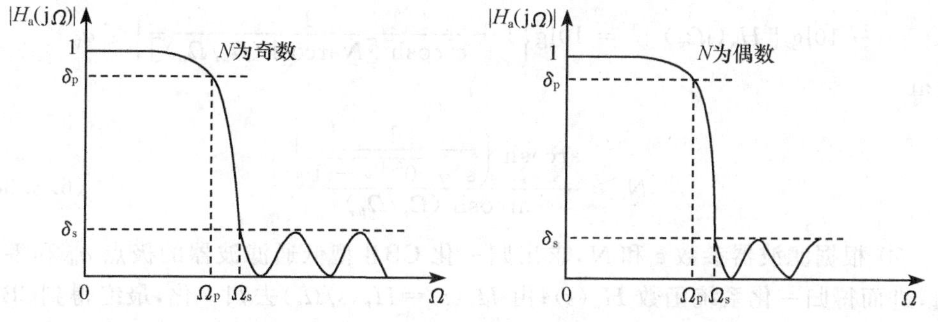

图 6.3.8　CBⅡ型低通滤波器幅频响应曲线

式中 p_{nk} 是由(6.3.26)式确定的归一化 CBⅠ型低通滤波器的极点。与 CBⅠ型低通滤波器不同的是，CBⅡ型低通滤波器具有零点，其归一化零点为

$$z_{nk}=\frac{\mathrm{j}}{\cos\left[\dfrac{(2k-1)\pi}{2N}\right]},\quad k=1,2,\cdots,N \tag{6.3.34}$$

由上式可见，CBⅡ型低通滤波器的零点在 s 平面的虚轴上。当 N 为偶数时，有 N 个零点；当 N 为奇数时，只有 $N-1$ 个零点，因为 $k=(N+1)/2$ 给出一个无穷远的零点。

当 N 为偶数时，归一化 CBⅡ型低通滤波器的系统函数为

$$H_n(s)=\prod_{k=1}^{N/2}\frac{(|q_{nk}|^2/|z_{nk}|^2)(s^2+|z_{nk}|^2)}{(s^2-2\mathrm{Re}[q_{nk}]s+|q_{nk}|^2)} \tag{6.3.35}$$

当 N 为奇数时，归一化 CBⅡ型低通滤波器的系统函数为

$$H_n(s)=\frac{1/\sinh\beta}{s+1/\sinh\beta}\prod_{k=1}^{(N-1)/2}\frac{(|q_{nk}|^2/|z_{nk}|^2)(s^2+|z_{nk}|^2)}{(s^2-2\mathrm{Re}[q_{nk}]s+|q_{nk}|^2)} \tag{6.3.36}$$

CBⅡ型低通滤波器的设计公式和步骤为：

① 确定滤波器的技术指标 α_p、Ω_p、α_s 和 Ω_s 等。

② 由阻带衰减 α_s 确定滤波器参数 ε。

当 $\Omega=\Omega_s$ 时，有

$$-10\lg|H_a(\mathrm{j}\Omega_s)|^2=-10\lg\left(\frac{\varepsilon^2}{1+\varepsilon^2}\right)=\alpha_s$$

解得

$$\varepsilon=\frac{1}{\sqrt{10^{0.1\alpha_s}-1}} \tag{6.3.37}$$

③ 由通带衰减确定滤波器阶数 N。

当 $\Omega=\Omega_p$ 时，要求

$$-10\lg|H_a(j\Omega_p)|^2=10\lg\left\{1+\frac{1}{\varepsilon^2\cosh^2[N\text{arcosh}(\Omega_s/\Omega_p)]}\right\}\leqslant\alpha_p$$

解得

$$N\geqslant\frac{\text{arcosh}\left(\dfrac{1}{\varepsilon\sqrt{10^{0.1\alpha_p}-1}}\right)}{\text{arcosh}\,(\Omega_s/\Omega_p)}\tag{6.3.38}$$

④ 根据滤波器参数 ε 和 N，求出归一化 CBⅡ型低通滤波器的极点 q_{nk} 和零点 z_{nk}，进而得归一化系统函数 $H_n(s)$；由 $H_a(s)=H_n(s/\Omega_s)$ 去归一化，最终得到CBⅡ型低通滤波器的系统函数 $H_a(s)$。

例 6.3.4　设计一个满足下列指标要求的 CBⅡ型低通滤波器。指标为

$$\alpha_p\leqslant 1\text{dB},\quad \Omega_p=2\text{rad/s},\quad \alpha_s\geqslant 30\text{dB},\quad \Omega_s=4\text{rad/s}$$

解　由(6.3.37)式得滤波器参数

$$\varepsilon=\frac{1}{\sqrt{10^{0.1\alpha_s}-1}}=0.0316$$

由(6.3.38)式得滤波器阶数

$$N\geqslant\frac{\text{arcosh}\left(\dfrac{1}{\varepsilon\sqrt{10^{0.1\alpha_p}-1}}\right)}{\text{arcosh}\,(\Omega_s/\Omega_p)}=3.66$$

取 $N=4$。由(6.3.26)式和(6.3.27)式求出极点 p_{n1}、p_{n2}，进而由(6.3.33)式得归一化 CBⅡ型低通滤波器极点 q_{n1}、q_{n2}，并由(6.3.34)式得其零点 z_{n1}、z_{n2}；由(6.3.35)式得归一化 CBⅡ型低通滤波器的系统函数 $H_n(s)$，然后去归一化，得到

$$\begin{aligned}H_a(s)=&\frac{(|q_{n1}|^2/|z_{n1}|^2)[(s/\Omega_s)^2+|z_{n1}|^2]}{\{(s/\Omega_s)^2-2\text{Re}[q_{n1}](s/\Omega_s)+|q_{n1}|^2\}}\\&\times\frac{(|q_{n2}|^2/|z_{n2}|^2)[(s/\Omega_s)^2+|z_{n2}|^2]}{\{(s/\Omega_s)^2-2\text{Re}[q_{n2}](s/\Omega_s)+|q_{n2}|^2\}}\\=&\frac{3.1623\times10^{-2}(s^2+18.7542)(s^2+109.2548)}{(s^2+1.5903s+6.7427)(s^2+5.4690s+9.6049)}\end{aligned}$$

图 6.3.9 画出了所设计的 CBⅡ型低通滤波器的幅频响应曲线，其通带最大衰减为 0.4382dB，阻带最小衰减 30dB。滤波器的幅频响应在阻带内刚好满足设计指标，通带内设计指标有裕量。

Matlab 信号处理工具箱中提供了设计切比雪夫Ⅱ型模拟滤波器的函数 cheb2ord、cheb2ap 和 cheby2，格式如下：

(1) [N,Wso] = cheb2ord(Wp,Ws,Rp,Rs,′s′)

(2) [z,p,G] = cheb2ap(N,Rs)

(3) [B,A] = cheby2(N,Rs,Wso,′ftype′,′s′)

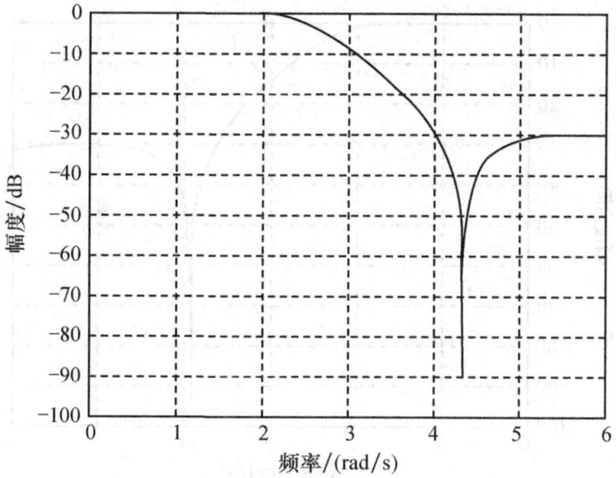

图 6.3.9　例 6.3.4 的四阶 CBⅡ型低通滤波器的幅频响应曲线

其中，格式(1)和(3)中的 Wso 是切比雪夫Ⅱ型模拟滤波器的阻带截止频率，单位为 rad/s。其他参数的含义与巴特沃思滤波器设计函数中的参数相同。

例 6.3.4 的 Matlab 程序如下：

```
Wp = 2;Ws = 4;Rp = 1;Rs = 30;                %滤波器参数
[N,Wso] = cheb2ord(Wp,Ws,Rp,Rs,'s')          %计算滤波器的阶和阻带边界频率
[B,A] = cheby2(N,Rp,Wso,'s');                %计算滤波器系统函数分子、分母多项式
                                              系数
```

运行结果如下：

```
N = 4
Wso = 3.6380
B = 0.0316   - 0.0000    4.0477   - 0.0000   64.7634
A = 1.0000     7.0593   25.0450    52.1509   64.7634
```

幅频响应曲线如图 6.3.10 所示。当 $\Omega=2$rad/s 时幅度为 -1dB，当 $\Omega=3.638$rad/s 时幅度为 -30dB，当 $\Omega=4$rad/s 时幅度为 -46.85dB。设计出的滤波器在通带刚好满足指标要求，阻带特性优于指标要求，过渡带比指标要求的窄。

如果将程序的第三行改为[B,A]＝cheby2(N,Rp,Ws,'s')，幅频响应曲线如图 6.3.9 所示，阻带刚好满足指标，通带特性优于指标要求。

6.3.3　椭圆模拟低通滤波器

椭圆模拟低通滤波器的通带和阻带均具有等波纹特性，因而对于给定的技术指标，用椭圆滤波器实现时，所需滤波器的阶数一般来说是最低的，从这个意义上讲，椭圆滤波器是最优滤波器。

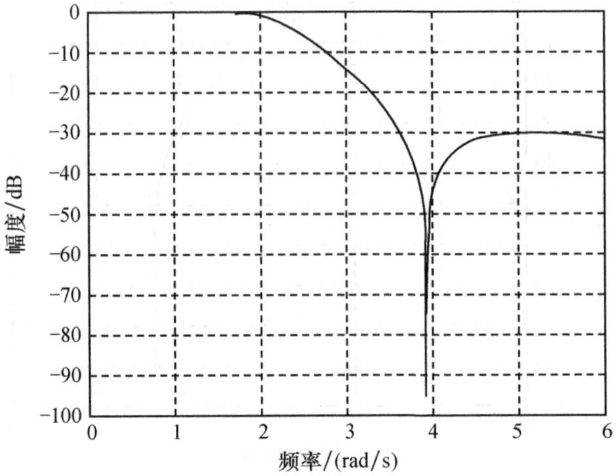

图 6.3.10 用 Matlab 设计出的例 6.3.4 的四阶 CBⅡ型低通滤波器的幅频响应曲线

椭圆滤波器的幅频响应平方函数为

$$|H_a(j\Omega)|^2 = \frac{1}{1+\varepsilon^2 U_N^2(\Omega/\Omega_p)} \tag{6.3.39}$$

式中，ε 是与通带内允许最大衰减 α_p 有关的滤波器参数，N 是滤波器的阶数，$U_N(\cdot)$ 是 N 阶雅可比椭圆函数，它含有参数 k 和 k_1，k 和 k_1 均是小于 1 的正数。$k=\Omega_p/\Omega_s$，k_1 与阻带衰减 α_s 有关。

椭圆低通滤波器具有下列主要性质：

(1) 当 $0\leqslant\Omega\leqslant\Omega_p$ 时，有

$$\frac{1}{1+\varepsilon^2} \leqslant |H_a(j\Omega)|^2 \leqslant 1 \tag{6.3.40}$$

(2) 当 $\Omega_s\leqslant\Omega<\infty$ 时，有

$$0 \leqslant |H_a(j\Omega)|^2 \leqslant \frac{1}{1+(\varepsilon/k_1)^2} \tag{6.3.41}$$

(3) 当 $\Omega=0$ 时，有

$$|H_a(j0)|^2 = \begin{cases} \dfrac{1}{(1+\varepsilon^2)}, & N \text{ 为偶数} \\ 1, & N \text{ 为奇数} \end{cases} \tag{6.3.42}$$

图 6.3.11 示出了椭圆低通滤波器的幅频响应曲线。

下面简要讨论椭圆低通滤波器的设计问题。

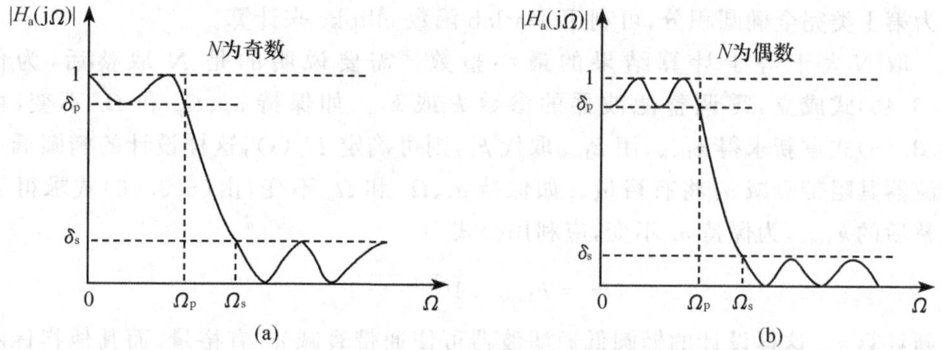

图 6.3.11　椭圆低通滤波器的幅频响应曲线

(1) 确定滤波器的技术指标 α_p、Ω_p、α_s 和 Ω_s 等。

(2) 根据通带最大衰减 α_p 确定滤波器参数 ε。

当 $\Omega=\Omega_p$ 时，有

$$-10\lg|H_a(j\Omega_p)|^2=-10\lg\frac{1}{1+\varepsilon^2}=\alpha_p$$

解得

$$\varepsilon=\sqrt{10^{0.1\alpha_p}-1}\tag{6.3.43}$$

(3) 由通带截止频率 Ω_p 和阻带截止频率 Ω_s 确定滤波器参数 k，即

$$k=\Omega_p/\Omega_s\tag{6.3.44}$$

(4) 根据阻带最小衰减 α_s，确定滤波器参数 k_1。

当 $\Omega=\Omega_s$ 时，有

$$-10\lg|H_a(j\Omega_s)|^2=-10\lg\frac{1}{1+(\varepsilon/k_1)^2}=\alpha_s$$

解得

$$k_1=\varepsilon/\sqrt{10^{0.1\alpha_s}-1}\tag{6.3.45}$$

(5) 确定滤波器的阶数 N。

为了计算椭圆低通滤波器的系统函数 $H_a(s)$，需要应用雅可比椭圆函数，并引入椭圆积分。对它们的分析，即使是很粗浅的，也超出了本书的范围。所以，这里只做简要的介绍，最后，以一个例子的设计结果，来说明椭圆滤波器的特性。

椭圆低通滤波器的阶数 N 由下式计算：

$$N=\frac{K(k)K(\sqrt{1-k_1^2})}{K(k_1)K(\sqrt{1-k^2})}\tag{6.3.46}$$

式中，$k=\Omega_p/\Omega_s$，$k_1=\varepsilon/\sqrt{10^{0.1\alpha_s}-1}$，而

$$K(x)=\int_0^{\pi/2}\frac{1}{\sqrt{1-x^2\sin^2\theta}}d\theta\tag{6.3.47}$$

称为第Ⅰ类完全椭圆积分，可利用 Matlab 函数 ellipke 来计算。

取 N 大于等于计算结果的最小整数。需要说明的是 N 取整后，为使(6.3.46)式成立，需调整滤波器的参数 k 或 k_1。如保持 α_p、Ω_p 和 Ω_s 不变，由(6.3.46)式重新求得 k_{1new}，用 k_{1new} 取代 k_1，则可确定 $H_a(s)$，这样设计的椭圆低通滤波器其阻带衰减 α_s 将有裕量。如保持 α_s、Ω_p 和 Ω_s 不变，由(6.3.46)式求得 N 取整后的 k_{1new}，为保持 α_s 不变，应利用公式

$$\varepsilon = k_{1new}\sqrt{10^{0.1\alpha_s}-1}$$

重新计算 ε。这样设计的椭圆低通滤波器可使通带衰减 α_p 有裕量，而其他指标刚好满足设计要求。

(6) 利用椭圆积分和雅可比椭圆函数，求出归一化椭圆低通滤波器的零极点和系统函数 $H_n(s)$，然后去归一化，得所设计滤波器的系统函数 $H_a(s)$。

例 6.3.5　设计一个满足下列指标要求的椭圆低通滤波器。指标为

$$\alpha_p \leqslant 1\text{dB},\quad \Omega_p = 2\text{rad/s},\quad \alpha_s \geqslant 30\text{dB},\quad \Omega_s = 4\text{rad/s}$$

解　由(6.3.43)式得滤波器参数

$$\varepsilon = \sqrt{10^{0.1\alpha_p}-1} = 0.5088$$

由(6.3.44)式得滤波器参数

$$k = \Omega_p/\Omega_s = 0.5$$

由(6.3.45)式得滤波器参数

$$k_1 = \varepsilon/\sqrt{10^{0.1\alpha_s}-1} = 0.0161$$

由(6.3.46)式得滤波器阶数

$$N = \frac{K(k)K(\sqrt{1-k_1^2})}{K(k_1)K(\sqrt{1-k^2})} = 2.74$$

取 $N=3$。N 取整数 3 后，为使(6.3.46)式成立，重新计算

$$k_{1new} = 0.00964$$

根据上述参数，求出归一化椭圆低通滤波器系统函数 $H_n(s)$，去归一化得所设计椭圆低通滤波器的系统函数

$$H_a(s) = \frac{0.2188(s^2+20.6182)}{(s+1.7098)(s^2+0.8681s+4.0422)}$$

图 6.3.12 画出了所设计的椭圆低通滤波器的幅频响应曲线。其通带最大衰减 $\alpha_p=1$dB，阻带最小衰减 $\alpha_s\approx34$dB，即通带衰减刚好满足指标要求，阻带衰减设计指标有裕量。

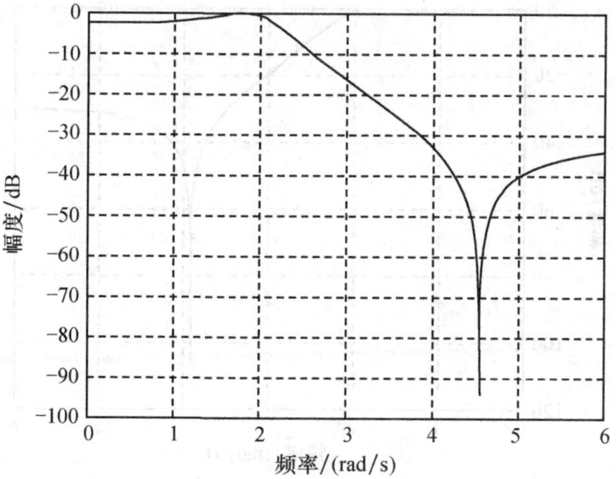

图 6.3.12 例 6.3.5 的三阶椭圆低通滤波器的幅频响应曲线

设计结果说明，椭圆低通滤波器在通带内和阻带内，幅频响应都是等波纹的。因此，在相同的技术指标下，椭圆低通滤波器所需阶数通常比其他滤波器所需阶数要少，从而简化了系统结构，提高了效率。当然这只是从滤波器的幅频响应的角度讨论所得的结论。

Matlab 信号处理工具箱中提供了设计椭圆模拟滤波器的函数 ellipord、ellipap 和 ellip，格式如下：

(1) [N,Wpo] = ellipord (Wp,Ws,Rp,Rs,′s′)

(2) [z,p,G] = ellipap (N,Rp,Rs)

(3) [B,A] = ellip(N,Rp,Rs,Wpo,′ftype′,′s′)

其中，格式(1)和(3)中的 Wpo 是椭圆模拟滤波器的通带截止频率，单位为 rad/s。其他参数的含义与巴特沃思滤波器设计函数中的参数相同。

例 6.3.5 的 Matlab 程序如下：

```
Wp = 2;Ws = 4;Rp = 1;Rs = 30;        % 滤波器参数
[N,Wpo] = ellipord(Wp,Ws,Rp,Rs,′s′)      % 计算滤波器的阶和通带截止频率
[B,A] = ellip(N,Rp,Rs,Wpo,′s′);      % 计算滤波器系统函数分子、分母多项式系数
```

运行结果如下：

```
N = 3
Wpo = 2
B =       0   0.2980   0.0000   4.5493
A = 1.0000   1.9403   4.9839   4.5493
```

幅频响应曲线如图 6.3.13 所示。当 $\Omega=2$rad/s 时幅度为 −1dB，当 $\Omega=3.465$rad/s 时幅度为 −30dB，当 $\Omega=4$rad/s 时幅度为 −47.4dB。设计出的滤波器在通带刚好满足指标要求，阻带特性优于指标要求，过渡带比指标要求的窄。

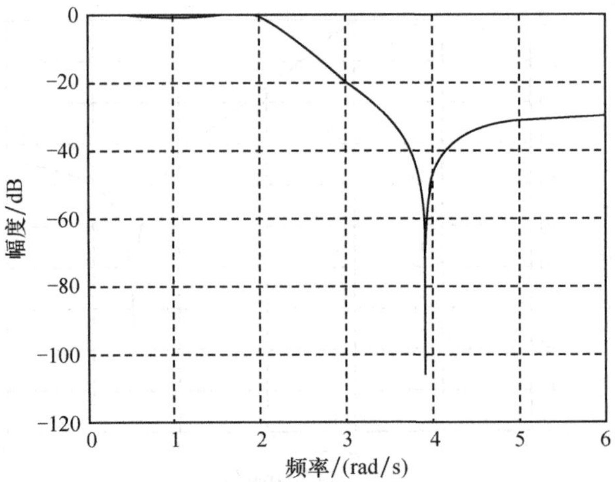

图 6.3.13　用 Matlab 设计出的例 6.3.5 的三阶椭圆低通滤波器的幅频响应曲线

6.3.4　贝塞尔模拟低通滤波器

前面讨论的三种逼近技术可使所设计的模拟低通滤波器系统函数满足幅频响应指标,但均未考虑相频响应特性。在许多实际应用中,除要求幅频响应满足指标要求外,还希望所设计的模拟低通滤波器具有线性相位特性。贝塞尔滤波器是在通带内具有近似线性相位的滤波器。

N 阶贝塞尔模拟低通滤波器的系统函数为

$$H_a(s) = \frac{b_0}{A_N(s)} = \frac{b_0}{a_0 + a_1 s + a_2 s^2 + \cdots + s^N} \tag{6.3.48}$$

$H_a(s)$是全极点型系统函数,并在 $\Omega=0$ 点具有最好的线性相位逼近特性,即在直流频率($\Omega=0$)附近有最平坦的群延时特性。通常将系统函数的分母多项式$A_N(s)$称为贝塞尔多项式。当直流信号的标准群延时为 1 时,$A_N(s)$可以通过下面的迭代关系式得到:

$$A_N(s) = (2N-1)A_{N-1}(s) + A_{N-2}(s)s^2 \tag{6.3.49}$$

其中,$A_1(s)=1+s$(一阶),$A_2(s)=3+3s+s^2$(二阶)。

也可以由

$$a_k = \frac{(2N-k)!}{2^{N-k}k!(N-k)!}, \quad k=0,1,\cdots,N-1 \tag{6.3.50}$$

求得多项式 $A_N(s)$的系数 a_k。

图 6.3.14(a)和(b)分别示出阶数 $N=3,4,5$ 时贝塞尔模拟低通滤波器的幅频响应曲线和相频响应曲线。贝塞尔滤波器的缺点是在阶数 N 相同的情况下,与其他类型滤波器相比较,它的过渡带较宽,因而其频率选择性能稍差。

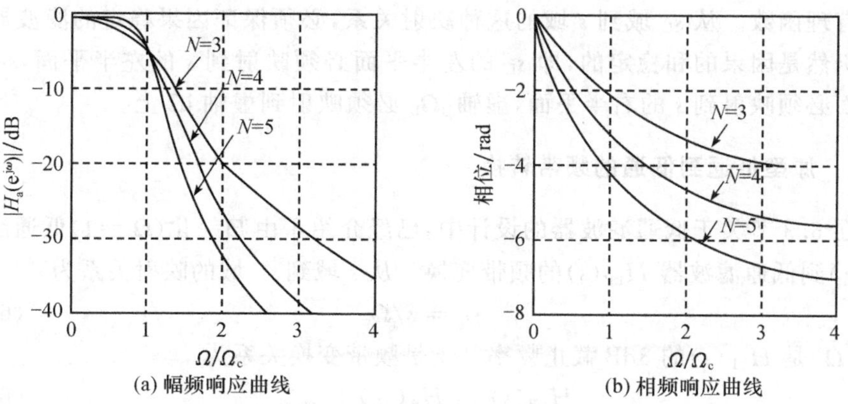

图 6.3.14　贝塞尔模拟低通滤波器的频率响应曲线

6.4　模拟滤波器的频带变换

6.3 节讨论了模拟低通滤波器的设计。在实际应用中，经常还需要高通、带通、带阻等其他类型的滤波器。本节讨论在模拟域把低通滤波器变换为高通、带通、带阻滤波器的方法，也就是图 6.2.2(a)中的 $s \to s$ 变换。讨论的都是模拟滤波器，所以一般省略“模拟”二字。

高通、带通、带阻滤波器的系统函数可以通过频带变换，分别由低通滤波器的系统函数求得。因此不论设计哪一种滤波器，都可以先将该滤波器的技术指标转换为低通滤波器的技术指标，按照该技术指标先设计低通滤波器，再通过频带变换，将其系统函数变换成所需类型滤波器的系统函数。

为了防止符号混淆，用 $H_L(s_L)$ 表示变换前的低通滤波器，称其为原型低通滤波器，$s_L = j\Omega_L$，Ω_L 是变换前的频率，$H_L(s_L)$的通带截止频率和阻带截止频率分别表示为 Ω_{Lp} 和 Ω_{Ls}；用 $H_{LP}(s)$，$H_{HP}(s)$，$H_{BP}(s)$和 $H_{BS}(s)$分别表示变换后的低通，高通，带通和带阻滤波器，$s = j\Omega$，Ω 是变换后的频率。

若从 s_L 域到 s 域的映射关系为

$$s = g(s_L)$$

其变换关系为

$$s_L = g^{-1}(s) = f(s) \tag{6.4.1}$$

其中，$f(s)$为 s 的有理函数，则由原型低通滤波器经频带变换获得的滤波器系统函数为

$$H(s) = H_L(s_L)\big|_{s_L = f(s)} \tag{6.4.2}$$

由于限定了 $f(s)$是有理函数，当 $H_L(s_L)$是有理函数时，变换后获得的 $H(s)$

也是有理函数。从 s_L 域到 s 域的这种映射关系，必须保证因果稳定的滤波器经变换后仍然是因果的和稳定的，即 s_L 的左半平面必须映射到 s 的左半平面，s_L 的右半平面必须映射到 s 的右半平面，虚轴 $j\Omega_L$ 必须映射到虚轴 $j\Omega$ 上。

6.4.1 原型低通到低通的频带转换

在 6.3 节关于低通滤波器的设计中，已经介绍了由归一化($\Omega_c=1$)低通滤波器 $H_n(s_L)$ 到低通滤波器 $H_{LP}(s)$ 的频带变换。从 s 域到 s_L 域的映射关系为

$$s_L = s/\Omega_c \tag{6.4.3}$$

其中，Ω_c 是 $H_{LP}(s)$ 的 3dB 截止频率。于是频带变换关系为

$$H_{LP}(s) = H_n(s_L)\big|_{s_L=s/\Omega_c} \tag{6.4.4}$$

如果原型低通滤波器 $H_L(s_L)$ 不是归一化的滤波器，变换为低通滤波器 $H_{LP}(s)$ 时，则有映射关系

$$s_L = s/\xi_L \tag{6.4.5}$$

其中，ξ_L 是一个正的参数，用来调整 $H_{LP}(s)$ 滤波器的边界频率。系统函数的变换为

$$H_{LP}(s) = H_L(s_L)\big|_{s_L=s/\xi_L} \tag{6.4.6}$$

将 $s_L=j\Omega_L$，$s=j\Omega$ 代入映射关系(6.4.5)式，可得 Ω 与 Ω_L 的关系

$$\Omega = \xi_L\Omega_L \tag{6.4.7}$$

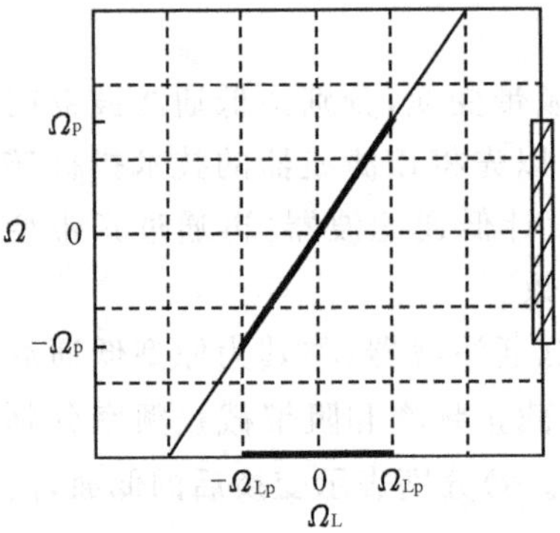

图 6.4.1 原型低通到低通频带变换的频率对应关系

即只要对原型低通滤波器的频率乘以 ξ_L，就实现了原型低通到低通滤波器的频带变换，其频率对应关系如图 6.4.1 所示。当 Ω_L 从 0 到 Ω_{Lp} 范围内变换时，对应的 Ω 从 0 到 $\Omega_p=\xi_L\Omega_{Lp}$ 线性变化。由于 $H_L(s_L)$ 的通带是从 $\Omega_L=0$ 到 Ω_{Lp}，所以 $H_{LP}(s)$ 的通带是从 $\Omega=0$ 到 Ω_p。同理，当 Ω_L 从 Ω_{Ls} 到 ∞ 范围内变换时，对应的 Ω 从 $\Omega_s=\xi_L\Omega_{Ls}$ 到 ∞ 线性变化，所以 $H_{LP}(s)$ 的阻带是从 $\Omega=\Omega_s$ 到 ∞。即通过原型低通到低通的频带变换后，低通滤波器 $H_{LP}(s)$ 的通带截止频率和阻带截止频率分别为 $\Omega_p=\xi_L\Omega_{Lp}$ 和 $\Omega_s=\xi_L\Omega_{Ls}$。

如果原型低通滤波器 $H_L(s_L)$ 截止频率的设计指标为 Ω_{Lp} 或 Ω_{Ls}，变换后低通滤波器 $H_{LP}(s)$ 截止频率的要求为 Ω_p 或 Ω_s，则由(6.4.7)式确定参数 ξ_L 后，就能够由(6.4.6)式实现从原型低通到低通滤波器的频带变换。频带变换后，除滤波器的边界频率满足要求外，其他指标不变。

6.4.2 原型低通到高通的频带变换

低通滤波器的 $H_L(j\Omega_L)$ 和高通滤波器的 $H_{HP}(j\Omega)$ 的幅频响应是相反的。要由

前者变换成后者，就要把通带从低频区变换到高频区，而把阻带从高频区变换到低频区，如图 6.4.2 所示。不难想象，由原型低通滤波器到高通滤波器的频带变换就是 s 变量的倒置变换。这样 s_{L} 域与 s 域的映射关系为

$$s_{\mathrm{L}}=\xi_{\mathrm{H}}/s \tag{6.4.8}$$

其中，ξ_{H} 是一个正的调整参数，用来调整滤波器 $H_{\mathrm{HP}}(s)$ 的边界频率。系统函数的变换关系为

$$H_{\mathrm{HP}}(s)=H_{\mathrm{L}}(s_{\mathrm{L}})\big|_{s_{\mathrm{L}}=\xi_{\mathrm{H}}/s} \tag{6.4.9}$$

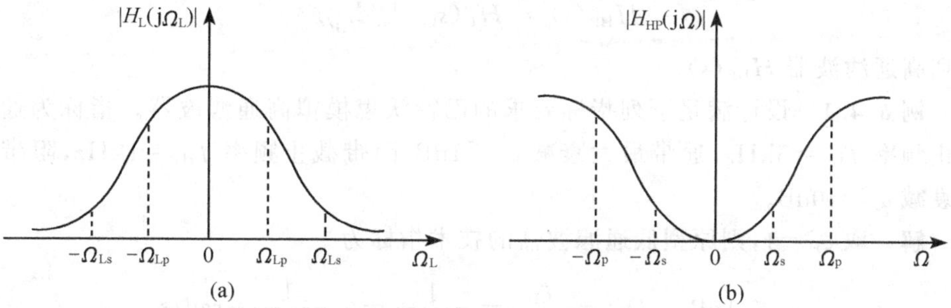

图 6.4.2　低通和高通滤波器的幅频响应曲线

由于原型低通到高通的频带变换为一阶有理函数，所以变换后所得高通滤波器 $H_{\mathrm{HP}}(s)$ 与原型低通滤波器 $H_{\mathrm{L}}(s_{\mathrm{L}})$ 具有相同的阶数。

将 $s_{\mathrm{L}}=\mathrm{j}\Omega_{\mathrm{L}}$，$s=\mathrm{j}\Omega$ 代入映射关系(6.4.8)式，可得 Ω 与 Ω_{L} 的关系

$$\Omega=-\xi_{\mathrm{H}}/\Omega_{\mathrm{L}} \tag{6.4.10}$$

(6.4.10)式表示的原型低通到高通的频带变换的频率关系如图 6.4.3 所示。当 Ω_{L} 从 $-\Omega_{\mathrm{Lp}}$ 到 0 范围内变化时，对应的 Ω 从 $\Omega_{\mathrm{p}}=\xi_{\mathrm{H}}/\Omega_{\mathrm{Lp}}$ 到 ∞ 变化。由于 $H_{\mathrm{L}}(s_{\mathrm{L}})$ 是实系数的低通滤波器，频带范围 $[-\Omega_{\mathrm{Lp}},0]$ 是 $H_{\mathrm{L}}(s_{\mathrm{L}})$ 的通带，所以变换后高通滤波器 $H_{\mathrm{HP}}(s)$ 的通带频率范围为 $[\xi_{\mathrm{H}}/\Omega_{\mathrm{Lp}},\infty)$。当 Ω_{L} 从 $-\infty$ 到 $-\Omega_{\mathrm{Ls}}$ 范围内变化时，对应的 Ω 从 $\Omega=0$ 到 $\Omega_{\mathrm{s}}=\xi_{\mathrm{H}}/\Omega_{\mathrm{Ls}}$ 变化。频率范围 $(-\infty,-\Omega_{\mathrm{Ls}}]$ 是原型低通 $H_{\mathrm{L}}(s_{\mathrm{L}})$ 的阻带，所以变换后高通 $H_{\mathrm{HP}}(s)$ 阻带频率范围为 $[0,\xi_{\mathrm{H}}/\Omega_{\mathrm{Ls}}]$。即通过原型低通到高通的频带变换后，高通滤波器的通带截止频率为 $\xi_{\mathrm{H}}/\Omega_{\mathrm{Lp}}$，阻带截止频率为 $\xi_{\mathrm{H}}/\Omega_{\mathrm{Ls}}$。类似地，变换后高通滤波器的另一通带为 $[-\xi_{\mathrm{H}}/\Omega_{\mathrm{Lp}},-\infty)$，另一阻带为 $[0,-\xi_{\mathrm{H}}/\Omega_{\mathrm{Ls}}]$。由于滤波器幅频响应是偶对称的，所以在设计滤波器时其边界频率按照下式计算：

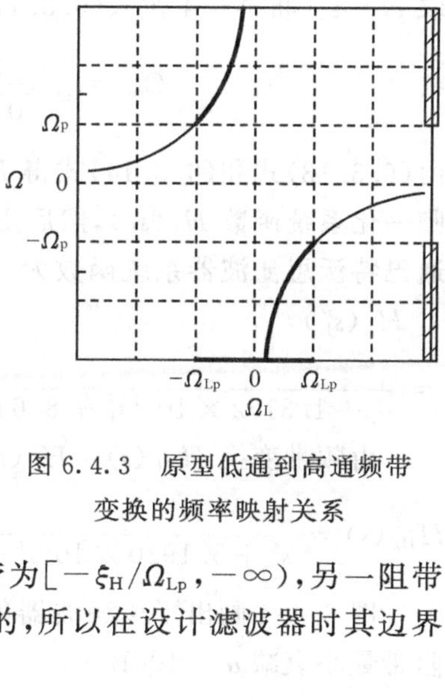

图 6.4.3　原型低通到高通频带变换的频率映射关系

$$\Omega_{\mathrm{L}} = \xi_{\mathrm{H}}/\Omega \tag{6.4.11}$$

根据上述分析,模拟高通滤波器的设计步骤为:

(1) 确定高通滤波器的技术指标:α_p、Ω_p、α_s 和 Ω_s 等。

(2) 由 $\Omega_{Lp}=\xi_H/\Omega_p$,$\Omega_{Ls}=\xi_H/\Omega_s$ 确定低通滤波器的技术指标。为便于计算,常取 $\xi_H=1$。

(3) 设计满足指标 $\alpha_{Lp}=\alpha_p$,$\alpha_{Ls}=\alpha_s$,Ω_{Lp}和 Ω_{Ls}的原型低通滤波器 $H_L(s_L)$。

(4) 由频带变换

$$H_{\mathrm{HP}}(s) = H_{\mathrm{L}}(s_{\mathrm{L}})\big|_{s_{\mathrm{L}}=\xi_{\mathrm{H}}/s}$$

得到高通滤波器 $H_{HP}(s)$。

例 6.4.1 设计满足下列指标要求的巴特沃思模拟高通滤波器。指标为通带截止频率 $f_{Hp}=5\text{kHz}$,通带最大衰减 $\alpha_p\leqslant 1\text{dB}$,阻带截止频率 $f_{Hs}=1\text{kHz}$,阻带最小衰减 $\alpha_s\geqslant 40\text{dB}$。

解 取 $\xi_H=1$,则原型低通滤波器的技术指标为

$$\alpha_{\mathrm{p}} \leqslant 1\mathrm{dB},\quad \Omega_{\mathrm{Lp}} = \frac{\xi_{\mathrm{H}}}{\Omega_{\mathrm{Hp}}} = \frac{1}{2\pi f_{\mathrm{Hp}}} = \frac{1}{2\pi\times 5000}\mathrm{rad/s}$$

$$\alpha_{\mathrm{s}} \geqslant 40\mathrm{dB},\quad \Omega_{\mathrm{Ls}} = \frac{\xi_{\mathrm{H}}}{\Omega_{\mathrm{Hs}}} = \frac{1}{2\pi f_{\mathrm{Hs}}} = \frac{1}{2\pi\times 1000}\mathrm{rad/s}$$

设计原型低通巴特沃思滤波器。由(6.3.16)式得滤波器的阶数

$$N = \frac{10\lg[(10^{0.1\alpha_{\mathrm{Lp}}}-1)/(10^{0.1\alpha_{\mathrm{Ls}}}-1)]}{2\lg(\Omega_{\mathrm{Lp}}/\Omega_{\mathrm{Ls}})} = 3.28$$

取 $N=4$。将 $N=4$ 代入(6.3.17b)式,得

$$\Omega_{\mathrm{cs}} = \frac{\Omega_{\mathrm{Ls}}}{\sqrt[2N]{10^{0.1\alpha_{\mathrm{Ls}}}-1}} = 5.033\times 10^{-5}\mathrm{rad/s}$$

由(6.3.13)式和(6.3.14)式得 $H_L(s_L)$,或根据滤波器阶数 $N=4$,查表 6.3.1,得归一化系统函数 $H_n(s_L)$,然后由(6.3.9)式去归一化得 $H_L(s_L)$。所设计的原型低通巴特沃思滤波器系统函数为

$$H_{\mathrm{L}}(s_{\mathrm{L}}) = \frac{6.4166\times 10^{-18}}{s_{\mathrm{L}}^4 + 1.3152\times 10^{-4}s_{\mathrm{L}}^3 + 8.6485\times 10^{-9}s_{\mathrm{L}}^2 + 3.3315\times 10^{-13}s_{\mathrm{L}} + 6.4166\times 10^{-18}}$$

由频带变换 $H_{HP}(s)=H_L(s_L)|_{s_L=1/s}$,得高通巴特沃思滤波器系统函数为

$$H_{\mathrm{HP}}(s) = \frac{s^4}{s^4 + 5.1920\times 10^4 s^3 + 1.3478\times 10^9 s^2 + 2.049\times 10^{13}s + 1.5585\times 10^{17}}$$

图 6.4.4 画出了该滤波器的幅频响应曲线,其通带最大衰减为 $\alpha_p=0.11\text{dB}$,阻带最小衰减 $\alpha_s=40\text{dB}$。

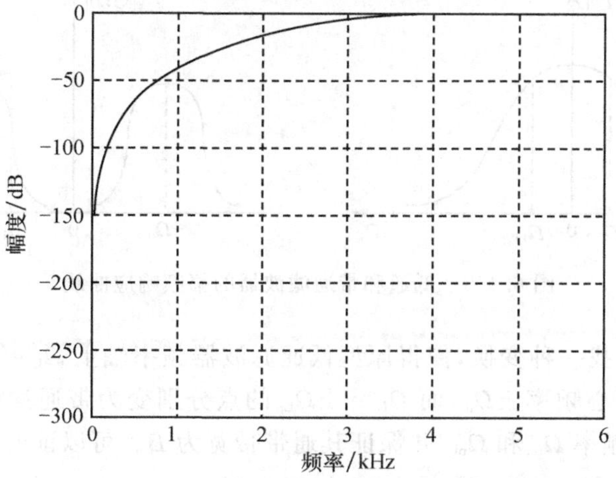

图 6.4.4　例 6.4.1 的四阶巴特沃思高通滤波器的幅频响应曲线

例 6.4.1 的 Matlab 计算结果如图 6.4.4 所示，程序如下：

```
fHp = 5000;fHs = 1000;Wp = 2 * pi * fHp;Ws = 2 * pi * fHs;Rp = 1;Rs = 40;
                                           % 滤波器参数
[N,Wc] = buttord(Wp,Ws,Rp,Rs,'s')          % 计算低通滤波器的阶和 3dB 截止频率
[B,A] = butter(N,Wc,'high','s')            % 计算高通滤波器系统函数分子、分母多项式
                                             系数
f = 1:10:6000;W = 2 * pi. * f;             % 在 1～6kHz 以 10Hz 为间隔均匀取频率点
[H,WH] = freqs(B,A,W);                     % 计算频率点上的滤波器频率响应
H = 20 * log10(abs(H));                    % 纵坐标单位取 dB
plot(f/1000,H),grid on                     % 绘制幅频响应曲线
xlabel('频率 (KHz)');ylabel('幅度(dB)')
```

6.4.3　原型低通到带通的频带变换

低通滤波器和带通滤波器的幅频响应如图 6.4.5 所示。图中 Ω_{pl} 和 Ω_{pu} 分别是带通滤波器的通带下、上截止频率，Ω_{sl} 和 Ω_{su} 分别是其阻带下、上截止频率。带通滤波器一般用通带中心频率 $\pm\Omega_0$ 和通带带宽 B 两个参数来表征。这两个参数的计算公式如下：

$$B = \Omega_{pu} - \Omega_{pl} \tag{6.4.12}$$

$$\Omega_0^2 = \Omega_{pl}\Omega_{pu} \tag{6.4.13}$$

显然，通带带宽 B 定义为通带上，下截止频率之差，而通带中心频率是通带截止频率的几何平均值。

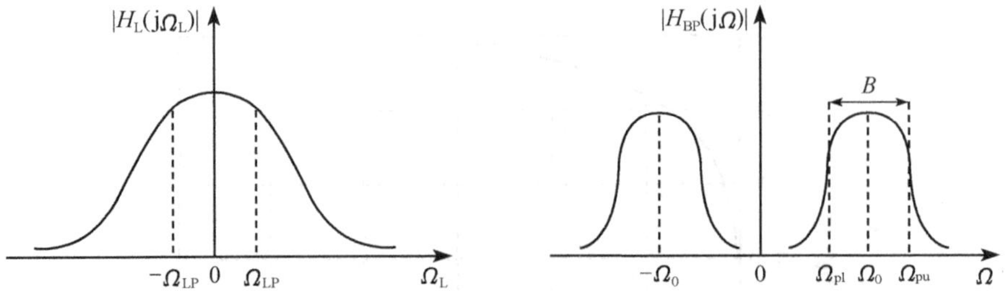

图 6.4.5　低通和带通滤波器的幅频响应曲线

现在需要寻找一种变换，使得原型低通滤波器频率轴上 $\Omega_L=0$ 的点变为带通滤波器的两个中心频率 $\pm\Omega_0$，而 $\Omega_L=\pm\Omega_{Lp}$ 的点分别变为带通滤波器正负两个通带的上、下截止频率 Ω_{pu} 和 Ω_{pl}，并保证其通带带宽为 B。可以证明下列二次函数：

$$\Omega_L=\frac{\Omega^2-\Omega_0^2}{B\Omega} \tag{6.4.14}$$

及其逆函数

$$\Omega=\frac{B\Omega_L\pm\sqrt{B^2\Omega_L^2+4\Omega_0^2}}{2} \tag{6.4.15}$$

能够满足原型低通滤波器转换成带通滤波器的频带变换要求。图 6.4.6 示出了原型低通与带通滤波器的频率映射关系，它表明了上述函数如何把低通频带变换为带通频带。由图可见，低通频带 $-\Omega_{Lp}\sim\Omega_{Lp}$ 映射出正负半轴上的各一个通带，其中心频率为 $\pm\Omega_0$，带宽为 B。

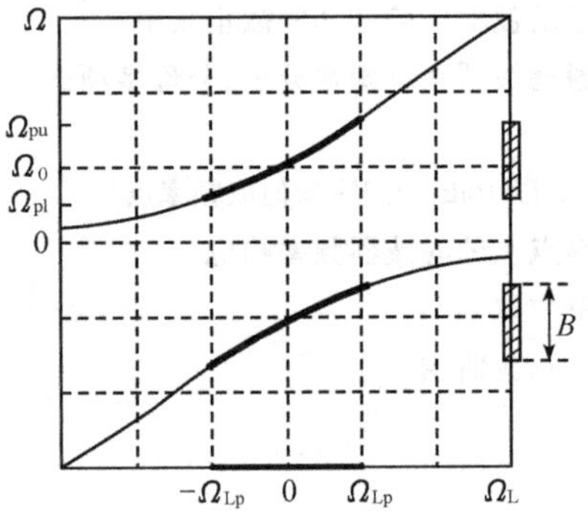

图 6.4.6　原型低通到带通频带变换的频率映射关系

将 $s_L=j\Omega_L$，$s=j\Omega$ 代入变换关系(6.4.14)式，可得

$$s_L=\frac{s^2+\Omega_0^2}{Bs} \tag{6.4.16}$$

于是原型低通到带通滤波器的频带变换关系为

$$H_{BP}(s)=H_L(s_L)\Big|_{s_L=\frac{s^2+\Omega_0^2}{Bs}} \tag{6.4.17}$$

由于低通到带通的频带变换为二阶有理函数，所以变换后所得带通滤波器 $H_{BP}(s)$ 的阶数是原型低通滤波器 $H_L(s_L)$ 阶数的 2 倍。

当(6.4.15)式取正号时，无论 Ω_L 如何变化，Ω 均为正；取负号时，无论 Ω_L 如何变化，Ω 都为负。因此，只需讨论一种情况，下面讨论取正号的情况。

当 $B=\Omega_{pu}-\Omega_{pl}$，$\Omega_0^2=\Omega_{pl}\Omega_{pu}$ 时，由(6.4.14)式可得

$$\Omega_{\mathrm{Lpl}}=\frac{\Omega_{\mathrm{pl}}^2-\Omega_{\mathrm{pl}}\Omega_{\mathrm{pu}}}{(\Omega_{\mathrm{pu}}-\Omega_{\mathrm{pl}})\Omega_{\mathrm{pl}}}=-1 \tag{6.4.18a}$$

$$\Omega_{\mathrm{Lpu}}=\frac{\Omega_{\mathrm{pu}}^2-\Omega_{\mathrm{pl}}\Omega_{\mathrm{pu}}}{(\Omega_{\mathrm{pu}}-\Omega_{\mathrm{pl}})\Omega_{\mathrm{pu}}}=1 \tag{6.4.18b}$$

(6.4.18)式说明，如果低通滤波器 $H_{\mathrm{L}}(s_{\mathrm{L}})$ 的通带截止频率 $\Omega_{\mathrm{Lp}}=1\mathrm{rad/s}$，则频带变换后的带通滤波器的通带频率范围为 $[\Omega_{\mathrm{pl}},\Omega_{\mathrm{pu}}]$，所以频带变换使低通滤波器 $H_{\mathrm{L}}(s_{\mathrm{L}})$ 变换成为带通滤波器 $H_{\mathrm{BP}}(s)$。

另外，由(6.4.14)式可知，变换前后两个滤波器的阻带截止频率的对应关系为

$$\Omega_{\mathrm{Lsl}}=\frac{\Omega_{\mathrm{sl}}^2-\Omega_{\mathrm{pl}}\Omega_{\mathrm{pu}}}{(\Omega_{\mathrm{pu}}-\Omega_{\mathrm{pl}})\Omega_{\mathrm{sl}}} \tag{6.4.19a}$$

和

$$\Omega_{\mathrm{Lsu}}=\frac{\Omega_{\mathrm{su}}^2-\Omega_{\mathrm{pl}}\Omega_{\mathrm{pu}}}{(\Omega_{\mathrm{pu}}-\Omega_{\mathrm{pl}})\Omega_{\mathrm{su}}} \tag{6.4.19b}$$

如果原型低通滤波器的阻带截止频率 Ω_{Ls} 满足

$$\Omega_{\mathrm{Ls}}=\min\{|\Omega_{\mathrm{Lsl}}|,|\Omega_{\mathrm{Lsu}}|\} \tag{6.4.20}$$

则频带变换后的带通滤波器在阻带的衰减将会满足指标。

根据以上分析，模拟带通滤波器的设计步骤为：

(1) 确定带通滤波器的技术指标：α_{p}、B、Ω_0、α_{s}、Ω_{sl} 和 Ω_{su} 等。

(2) 由(6.4.19)式和(6.4.20)式确定原型低通滤波器的阻带截止频带 Ω_{Ls}。

(3) 设计通带截止频率 $\Omega_{\mathrm{Lp}}=1\mathrm{rad/s}$，阻带截止频率为 Ω_{Ls}，通带衰减为 $\alpha_{\mathrm{Lp}}=\alpha_{\mathrm{p}}$，阻带衰减为 $\alpha_{\mathrm{Ls}}=\alpha_{\mathrm{s}}$ 的原型低通滤波器 $H_{\mathrm{L}}(s_{\mathrm{L}})$。

(4) 由频带变换(6.4.17)式得到带通滤波器 $H_{\mathrm{BP}}(s)$。

例 6.4.2　设计一个满足下列指标要求的巴特沃思带通滤波器。指标为

$$\alpha_{\mathrm{p}}\leqslant 1\mathrm{dB},\quad \Omega_{\mathrm{pl}}=6\mathrm{rad/s},\quad \Omega_{\mathrm{pu}}=8\mathrm{rad/s}$$
$$\alpha_{\mathrm{s}}\geqslant 32\mathrm{dB},\quad \Omega_{\mathrm{sl}}=4\mathrm{rad/s},\quad \Omega_{\mathrm{su}}=11\mathrm{rad/s}$$

解　带通滤波器的带宽 B 和中心频率 Ω_0 分别为

$$B=\Omega_{\mathrm{pu}}-\Omega_{\mathrm{pl}}=2\mathrm{rad/s}$$

和

$$\Omega_0=\sqrt{\Omega_{\mathrm{p1}}\Omega_{\mathrm{p2}}}=\sqrt{48}\mathrm{rad/s}$$

由于

$$\Omega_{\mathrm{Lsl}}=\frac{\Omega_{\mathrm{sl}}^2-\Omega_0^2}{B\Omega_{\mathrm{sl}}}=-4\mathrm{rad/s}$$

$$\Omega_{\mathrm{Lsu}}=\frac{\Omega_{\mathrm{su}}^2-\Omega_0^2}{B\Omega_{\mathrm{su}}}=3.3182\mathrm{rad/s}$$

取原型低通滤波器的阻带截止频率为

$$\Omega_{\mathrm{Ls}}=\min\{|\Omega_{\mathrm{Lsl}}|,|\Omega_{\mathrm{Lsu}}|\}=3.3182\mathrm{rad/s}$$

设计技术指标为

$$\alpha_{\mathrm{p}} = 1\mathrm{dB}, \quad \Omega_{\mathrm{Lp}} = 1\mathrm{rad/s}, \quad \alpha_{\mathrm{Ls}} = 32\mathrm{dB}, \quad \Omega_{\mathrm{Ls}} = 3.3182\mathrm{rad/s}$$

的低通巴特沃思滤波器。由(6.3.16)式得滤波器的阶数

$$N = \frac{\lg[(10^{0.1\alpha_{\mathrm{Lp}}} - 1)/(10^{0.1\alpha_{\mathrm{Ls}}} - 1)]}{2\lg(1/\Omega_{\mathrm{Ls}})} = 3.6346$$

取 $N=4$。将 $N=4$ 代入(6.3.17a)式，得

$$\Omega_{\mathrm{cp}} = \frac{\Omega_{\mathrm{Lp}}}{\sqrt[2N]{10^{0.1\alpha_{\mathrm{Lp}}} - 1}} = 1.1840\mathrm{rad/s}$$

根据低通滤波器的阶数 $N=4$，查表 6.3.1，得归一化系统函数 $H_{\mathrm{n}}(s_L)$，然后由(6.3.9)式去归一化得 $H_{\mathrm{L}}(s_{\mathrm{L}})$。所设计的原型低通巴特沃思滤波器系统函数为

$$H_{\mathrm{L}}(s_{\mathrm{L}}) = \frac{4.7862}{(s_{\mathrm{L}}^2 + 0.9062s_{\mathrm{L}} + 1.4019)(s_{\mathrm{L}}^2 + 2.1878s_{\mathrm{L}} + 1.4019)}$$

由频带变换 $H_{\mathrm{BP}}(s) = H_{\mathrm{L}}(s_{\mathrm{L}})\Big|_{s_{\mathrm{L}}=\frac{s^2+\Omega_0^2}{Bs}}$，得巴特沃思带通滤波器的系统函数为

$$H_{\mathrm{BP}}(s) = \frac{5.6075s^2}{(s^4 + 1.1824s^3 + 1.0161\times10^2s^2 + 8.6995\times10s + 2.3040\times10^3)} \times \frac{5.6075s^2}{(s^4 + 4.3755s^3 + 1.0161\times10^2s^2 + 2.1002\times10^2s + 2.3040\times10^3)}$$

幅频响应曲线如图 6.4.7 所示。

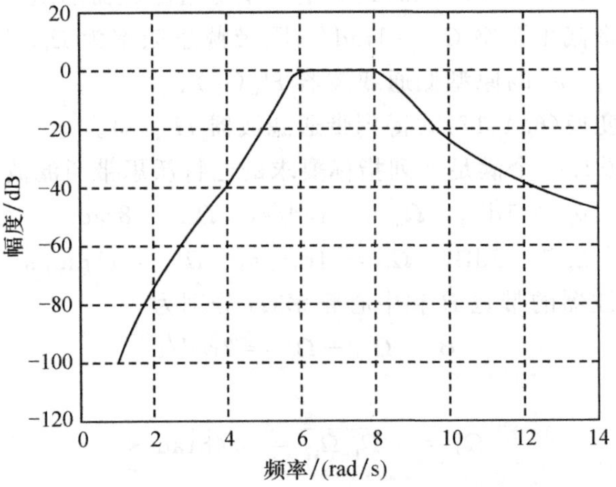

图 6.4.7　例 6.4.2 的巴特沃思带通滤波器的幅频响应曲线

例 6.4.2 的 Matlab 程序如下：

```
Wp = [6,8];Ws = [4,11];Rp = 1;Rs = 32;    % 滤波器参数
[N,Wc] = buttord(Wp,Ws,Rp,Rs,'s');        % 计算滤波器的阶和 3dB 截止频率
[B,A] = butter(N,Wc,'s');        % 计算带通滤波器系统函数分子、分母多项式系数
% 省去绘图部分程序
```

运行结果如图 6.4.7 所示。当 Ω=6,8rad/s 时，幅度均为−0.4445dB；当 Ω=4rad/s 时，幅度为−38.4907dB；当 Ω=11rad/s 时，幅度为−32dB。满足设计要求。

6.4.4　原型低通到带阻的频带变换

低通滤波器和带阻滤波器的幅频响应如图 6.4.8 所示。图中 Ω_{pl} 和 Ω_{pu} 分别是带阻滤波器的通带下，上截止频率，Ω_{sl} 和 Ω_{su} 分别是带阻滤波器的阻带下，上截止频率。带阻滤波器一般也用阻带中心频率 $\pm\Omega_0$ 和阻带带宽 B 两个参数来表征。这两个参数的计算公式如下：

$$B = \Omega_{su} - \Omega_{sl} \tag{6.4.21}$$

$$\Omega_0^2 = \Omega_{sl}\Omega_{su} \tag{6.4.22}$$

显然，阻带带宽 B 定义为阻带上，下截止频率之差，而阻带中心频率是阻带截止频率的几何平均值。

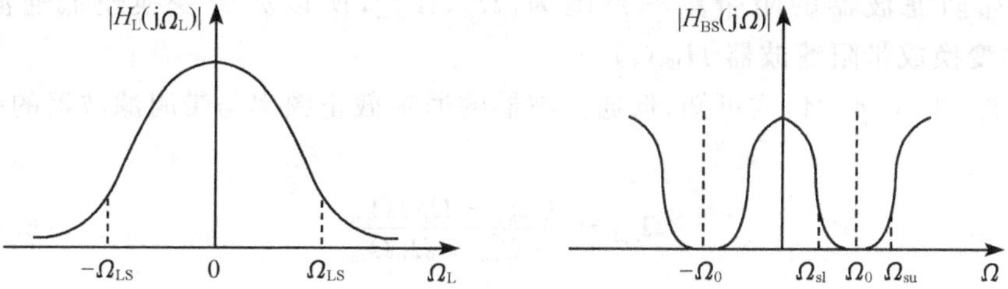

图 6.4.8　低通和带阻滤波器的幅频响应曲线

带阻滤波器可以看作是带通滤波器的“倒置”滤波器，所以由(6.4.16)式，可得映射关系

$$s_L = \frac{Bs}{s^2 + \Omega_0^2} \tag{6.4.23}$$

将 $s_L = j\Omega_L$，$s = j\Omega$ 代入变换关系(6.4.23)式，得二次函数

$$\Omega_L = \frac{B\Omega}{-\Omega^2 + \Omega_0^2} \tag{6.4.24}$$

及其逆函数

$$\Omega = \frac{-B \pm \sqrt{B^2 + 4\Omega_L^2\Omega_0^2}}{2\Omega_L} \tag{6.4.25}$$

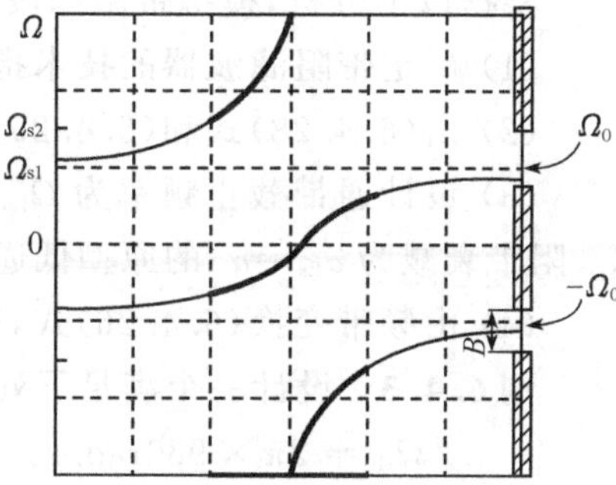

图 6.4.9　原型低通到带阻频带变换的频率映射关系

图 6.4.9 示出了上述函数如何把低通滤波器频带变换为带阻滤波器频带。曲线由上下两段组成，每一段曲线是互不连续的。当 Ω 从

0 向正向变化时，在 $\Omega=\Omega_0$ 处，上段曲线有一从 $+\infty$ 到 $-\infty$ 的突跳；当 Ω 从 0 向负向变化时，在 $\Omega=-\Omega_0$ 处，下段曲线有一从 $-\infty$ 到 $+\infty$ 的突跳。$\Omega_L=\pm\infty$ 的点恰好对应阻带中心频率 $\pm\Omega_0$。由图可见，低通滤波器频带 $-\Omega_{Ls}\sim\Omega_{Ls}$ 映射出正负半轴上各一个阻带，其中心频率为 $\pm\Omega_0$，阻带带宽为 B。

这样，原型低通到带阻滤波器的变换关系为

$$H_{BS}(s)=H_L(s_L)\Big|_{s_L=\frac{Bs}{s^2+\Omega_0^2}} \tag{6.4.26}$$

当 $B=\Omega_{su}-\Omega_{sl}$，$\Omega_0^2=\Omega_{sl}\Omega_{su}$ 时，由(6.4.24)式可得

$$\Omega_{Lsl}=\frac{(\Omega_{su}-\Omega_{sl})\Omega_{su}}{-\Omega_{su}^2+\Omega_{sl}\Omega_{su}}=-1 \tag{6.4.27a}$$

$$\Omega_{Lsu}=\frac{(\Omega_{su}-\Omega_{sl})\Omega_{sl}}{-\Omega_{sl}^2+\Omega_{sl}\Omega_{su}}=1 \tag{6.4.27b}$$

(6.4.27)式说明，如果低通滤波器 $H_L(s_L)$ 的阻带截止频率 $\Omega_{Ls}=1\text{rad/s}$，则频带变换后的带阻滤波器的阻带频率范围为 $[\Omega_{sl},\Omega_{su}]$，所以频带变换使低通滤波器 $H_L(s_L)$ 变换成带阻滤波器 $H_{BS}(s)$。

另外，由(6.4.24)式可知，低通滤波器的通带截止频率与带阻滤波器的参数关系为

$$\Omega_{Lpl}=\frac{(\Omega_{su}-\Omega_{sl})\Omega_{pu}}{-\Omega_{pu}^2+\Omega_{sl}\Omega_{su}} \tag{6.4.28a}$$

和

$$\Omega_{Lpu}=\frac{(\Omega_{su}-\Omega_{sl})\Omega_{pl}}{-\Omega_{pl}^2+\Omega_{sl}\Omega_{su}} \tag{6.4.28b}$$

如果原型低通滤波器的通带截止频率 Ω_{Lp} 满足

$$\Omega_{Lp}=\max\{|\Omega_{Lpl}|,|\Omega_{Lpu}|\} \tag{6.4.29}$$

则频带变换后的带阻滤波器在通带的衰减将会满足指标。

根据以上分析，模拟带阻滤波器的设计步骤为：

(1) 确定带阻滤波器的技术指标：α_s、B、Ω_0、α_p、Ω_{pl} 和 Ω_{pu} 等。

(2) 由(6.4.28)式和(6.4.29)式确定原型低通滤波器的通带截止频率 Ω_{Lp}。

(3) 设计通带截止频率为 Ω_{Lp}，阻带截止频率 $\Omega_{Ls}=1\text{rad/s}$，通带衰减为 $\alpha_{Lp}=\alpha_p$，阻带衰减为 $\alpha_{Ls}=\alpha_s$ 的原型低通滤波器 $H_L(s_L)$。

(4) 由频带变换(6.4.26)式，得到带阻滤波器 $H_{BS}(s)$

例 6.4.3 设计一个满足下列指标要求的巴特沃思带阻滤波器。指标为

$$\Omega_{sl}=2\pi\times980\text{rad/s},\quad \Omega_{su}=2\pi\times1020\text{rad/s},\quad \alpha_s=25\text{dB}$$

$$\Omega_{pl}=2\pi\times905\text{rad/s},\quad \Omega_{pu}=2\pi\times1105\text{rad/s},\quad \alpha_p=3\text{dB}$$

解 带阻滤波器的带宽 B 和中心频率 Ω_0 分别为

$$B=\Omega_{su}-\Omega_{sl}=2\pi\times40\text{rad/s}$$

和

$$\Omega_0 = \sqrt{\Omega_{s1}\Omega_{s2}} = \sqrt{4\pi^2 \times 999600}\ \text{rad/s}$$

由于原型低通滤波器的通带截止频率为

$$\Omega_{Lpl} = \frac{B\Omega_{pu}}{-\Omega_{pu}^2 + \Omega_0^2} = \frac{2\pi \times 40 \times 2\pi \times 1105}{-(2\pi \times 1105)^2 + 4\pi^2 \times 999600}$$
$$= -0.1996(\text{rad/s})$$

和

$$\Omega_{Lpu} = \frac{B\Omega_{pl}}{-\Omega_{pl}^2 + \Omega_0^2} = \frac{2\pi \times 40 \times 2\pi \times 905}{-(2\pi \times 905)^2 + 4\pi^2 \times 999600}$$
$$= 0.2005(\text{rad/s})$$

根据(6.4.30)式，取

$$\Omega_{Lp} = \max\{|\Omega_{Lpl}|, |\Omega_{Lpu}|\} = 0.2005\text{rad/s}$$

设计技术指标为

$$\alpha_{Lp} = 3\text{dB}, \quad \Omega_{Lp} = 0.2005\text{rad/s}, \quad \alpha_s = 25\text{dB}, \quad \Omega_{Ls} = 1\text{rad/s}$$

的低通巴特沃思滤波器。由(6.3.16)式得滤波器的阶数

$$N = \frac{\lg[(10^{0.1\alpha_{Lp}} - 1)/(10^{0.1\alpha_{Ls}} - 1)]}{2\lg(\Omega_{Lp}/\Omega_{Ls})} = \frac{\lg 31.5844 \times 10^{-4}}{2\lg 0.2005} = 1.7916$$

取 $N=2$。查表 6.3.1，并去归一化($\Omega_{Ls}=1\text{rad/s}$)，得原型低通巴特沃思滤波器系统函数为

$$H_L(s_L) = \frac{1}{s_L^2 + 1.4142 s_L + 1}$$

进行频带变换，得巴特沃思带阻滤波器系统函数为

$$H_{BS}(s) = H_L(s_L)\big|_{s_L = \frac{Bs}{s^2 + \Omega_0^2}}$$
$$= \frac{s^4 + 2\Omega_0^2 s^2 + \Omega_0^4}{s^4 + 1.4142 B s^3 + (B^2 + 2\Omega_0^2)s^2 + 1.4142 B\Omega_0^2 s + \Omega_0^4}$$

其中，$B = 2\pi \times 40\text{rad/s}$，$\Omega_0 = \sqrt{4\pi^2 \times 999600}\text{rad/s}$。

Matlab 程序如下：

```
fsl = 980;fsu = 1020;fpl = 905;fpu = 1105;
Wsl = 2 * pi * fsl;Wsu = 2 * pi * fsu;Wpl = 2 * pi * fpl;Wp2 = 2 * pi * fpu;
Wp = [Wpl,Wpu];Ws = [Wsl,Wsu];Rp = 3;Rs = 25;   % 滤波器参数
[N,Wc] = buttord(Wp,Ws,Rp,Rs,'s');   % 计算滤波器的阶和 3dB 截止频率
[B,A] = butter(N,Wc,'stop','s');    % 计算带阻滤波器系统函数分子、分母多项式系数
% 省去绘图部分程序
```

运行结果如图 6.4.10 所示。当 $f=980\text{Hz}$ 时，幅度均为 -25dB；当 $f=905\text{Hz}$ 时，幅度为 -1.83dB；当 $f=1020\text{Hz}$ 时，幅度为 -25.255dB；当 $f=1105\text{Hz}$ 时，幅度为 -1.7834dB。满足设计要求。

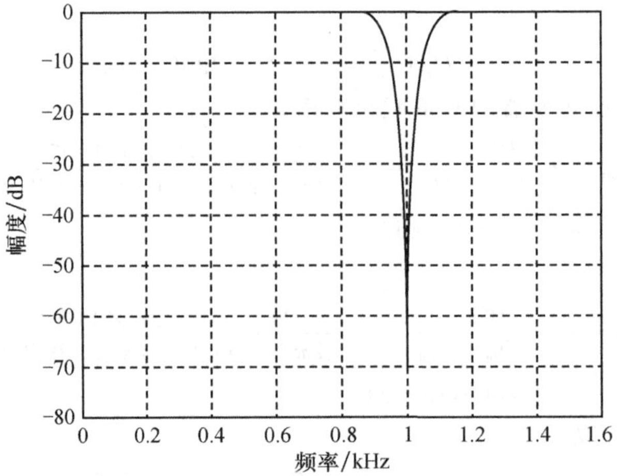

图 6.4.10 例 6.4.3 的巴特沃思带阻滤波器的幅频响应曲线

6.5 用脉冲响应不变法设计 IIR 数字滤波器

如前所述，利用模拟滤波器成熟的理论和设计方法来设计 IIR 数字滤波器是最常采用的方法。设计过程是：将数字滤波器的技术指标转换成模拟滤波器的技术指标；设计满足指标要求的模拟滤波器 $H_a(s)$；采用映射的方法将模拟滤波器变换成数字滤波器。所谓映射，就是要把 s 平面映射到 z 平面，使模拟滤波器的系统函数 $H_a(s)$ 变换成特性等价的数字滤波器的系统函数 $H(z)$，这种由复变量 s 到复变量 z 之间的映射(变换)关系，必须满足两个基本要求：

(1) 因果稳定的模拟滤波器变换成数字滤波器，仍应是因果稳定的。我们知道，因果稳定的模拟滤波器，其系统函数 $H_a(s)$ 的极点全部位于 s 平面的左半平面；因果稳定的数字滤波器，其系统函数 $H(z)$ 的极点全部位于 z 平面的单位圆内。因此，变换关系应是 s 平面的左半平面映射到 z 平面的单位圆内部。

(2) 数字滤波器的频率响应要能模仿模拟滤波器的频率响应，即 s 平面的虚轴必须映射到 z 平面的单位圆上，也就是频率轴要对应，相应的频率之间成线性关系。

将系统函数 $H_a(s)$ 从 s 平面变换到 z 平面的 $H(z)$ 有多种方法，但工程上常用的是脉冲响应不变法和双线性变换法。本节先研究脉冲响应不变法，下一节将研究双线性变换法。

6.5.1 基本原理

脉冲响应不变法的基本原理是使数字滤波器的单位脉冲响应 $h(n)$ 模仿模拟滤波器的单位冲激响应 $h_a(t)$。设模拟滤波器的系统函数为 $H_a(s)$，其单位冲激响应

$$h_a(t) = \mathrm{ILT}[H_a(s)] \tag{6.5.1}$$

式中，ILT[·]代表拉普拉斯逆变换。对 $h_a(t)$ 进行等间隔采样，采样间隔为 T，得到 $h_a(nT)$。将 $h(n)=h_a(nT)$ 作为数字滤波器的单位脉冲响应。对 $h(n)$ 进行 Z 变换得到数字滤波器的系统函数

$$H(z) = \mathrm{ZT}[h(n)] \tag{6.5.2}$$

设模拟滤波器的系统函数 $H_a(s)$ 只有一阶极点，且分母多项式的阶次高于分子多项式的阶次，则 $H_a(s)$ 可用部分分式表示为

$$H_a(s) = \sum_{k=1}^{N} \frac{A_k}{s - p_k} \tag{6.5.3}$$

式中，$p_k(k=1,2,\cdots,N)$ 是 $H_a(s)$ 的一阶极点。对 $H_a(s)$ 进行拉普拉斯逆变换得

$$h_a(t) = \sum_{k=1}^{N} A_k e^{p_k t} u(t) \tag{6.5.4}$$

式中，$u(t)$ 是单位阶跃函数。对 $h_a(t)$ 进行等间隔采样，采样间隔为 T，得到

$$h(n) = h_a(nT) = \sum_{k=1}^{N} A_k e^{p_k nT} u(nT) \tag{6.5.5}$$

对上式进行 Z 变换，就得到数字滤波器的系统函数

$$H(z) = \sum_{k=1}^{N} \frac{A_k}{1 - e^{p_k T} z^{-1}} \tag{6.5.6}$$

连续时间系统的系统函数由 s 平面上的各极点分量 p_{ak} 组成，而离散时间系统的系统函数由 z 平面上的各极点分量 p_{dk} 组成（下标 a 和 d 分别表示模拟域和数字域）。对比(6.5.3)式和(6.5.6)式，可得两者之间的映射关系为

$$p_{dk} = e^{p_{ak} T} \tag{6.5.7}$$

这种映射关系实际上是由拉普拉斯算子 s 和 Z 变换算子 z 之间的关系

$$z = e^{sT} \tag{6.5.8a}$$

和

$$s = \frac{1}{T} \ln z \tag{6.5.8b}$$

决定的。所以，如果 $H_a(s)$ 如(6.5.3)式所示，用脉冲响应不变法设计 IIR 数字滤波器，可由下列变换关系完成：

$$H(z) = H_a(s) \Big|_{\frac{1}{s-p_k} = \frac{1}{1-e^{p_k T} z^{-1}}}, \quad k = 1,2,\cdots,N \tag{6.5.9}$$

6.5.2　s 平面与 z 平面之间的映射关系

下面进一步分析(6.5.8)式所示的 s 平面与 z 平面之间的映射关系。设

$$s = \sigma + j\Omega$$
$$z = r e^{j\omega}$$

则由(6.5.8)式得到

$$re^{j\omega} = e^{\sigma T} e^{j\Omega T} \tag{6.5.10}$$

进而可得

$$r = e^{\sigma T} \tag{6.5.11a}$$

和

$$\omega = \Omega T \tag{6.5.11b}$$

当

$$\sigma = 0 \text{ 时}, \quad r = 1$$
$$\sigma < 0 \text{ 时}, \quad r < 1$$
$$\sigma > 0 \text{ 时}, \quad r > 1$$

上面这些关系式说明，s 平面的虚轴($\sigma=0$)映射 z 平面的单位圆($r=1$)；s 平面的左半平面($\sigma<0$)映射 z 平面的单位圆内($r<1$)；s 平面的右半平面映射 z 平面的单位圆外($r>1$)。这说明如果模拟滤波器 $H_a(s)$是因果稳定的，变换成数字滤波器 $H(z)$仍是因果稳定的。

同时，注意到(6.5.8)式所示的映射关系 $z=e^{sT}$是一个周期函数，可表示为

$$z = e^{sT} = e^{\sigma T} e^{j\left(\Omega+\frac{2\pi}{T}M\right)T}, \quad M \text{ 为任意整数} \tag{6.5.12}$$

该式说明，当 σ 不变，模拟频率 Ω 变化 $2\pi/T$ 的任意整数倍时，映射值不变。即将 s 平面沿着虚轴 $j\Omega$ 分割成一条条宽为 $2\pi/T$ 的水平带，虚轴上每一长为 $2\pi/T$ 的线段都映射到 z 平面单位圆上一周，s 平面每条宽为 $2\pi/T$ 的水平带都映射到整个 z 平面上，所以产生了无数映射的重叠。这种多对一的非单值映射关系，反映了模拟信号采样中，(1.6.6)式所表述的采样信号频谱是模拟信号频谱的周期延拓关系。

上述关于 $H_a(s)$所在的 s 平面与 $H(z)$所在的 z 平面之间的映射关系，如图6.5.1所示，当模拟频率 Ω 从 $-\pi/T$ 变化到 π/T 时，数字频率 ω 则从 $-\pi$ 变化到 π，且满足(6.5.11b)式，即 $\omega=\Omega T$，ω 与 Ω 之间成线性关系。

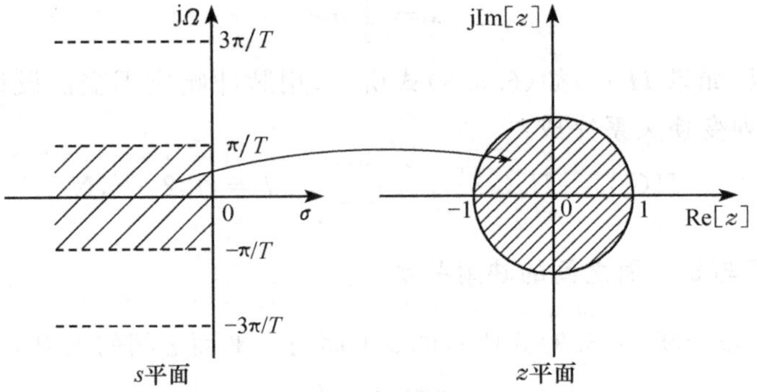

图 6.5.1　s 平面与 z 平面之间的映射关系

6.5.3　设计方法

由前面的分析可归纳出用脉冲响应不变法设计 IIR 数字滤波器的设计步骤为：

(1) 确定采样间隔 T。为避免产生频谱混叠现象，要求所设计的模拟滤波器带限于 $\pm\pi/T$ 之间，但由于实际的滤波器都有一定宽度的过渡带，可选择 T 满足公式 $|\Omega_s|<\pi/T$。但如果先给定数字滤波器的边界频率指标时，由于数字滤波器的系统函数 $H(e^{j\omega})$ 以 2π 为周期，最高频率在 $\omega=\pi$ 处，因此 $\omega_s<\pi$，按照线性关系 $\Omega=\omega/T$，那么一定满足 $\Omega_s<\pi/T$，这样 T 可以任选，为方便常取 $T=1$。

(2) 利用模拟频率与数字频率之间的关系

$$\Omega = \omega/T \tag{6.5.13}$$

根据确定的采样间隔 T，按给定的数字滤波器频率指标 ω_p,ω_s，确定模拟滤波器的频率指标

$$\Omega_p = \frac{\omega_p}{T},\quad \Omega_s = \frac{\omega_s}{T}$$

(3) 根据指标 $\alpha_p,\Omega_p,\alpha_s$ 和 Ω_s，设计模拟滤波器 $H_a(s)$。

(4) 用脉冲响应不变法，将模拟滤波器 $H_a(s)$ 变换成数字滤波器 $H(z)$。

由 1.6.2 节关于模拟信号采样的讨论可知，在脉冲响应不变法中，既然 $h(n)$ 是由 $h_a(t)$ 以等间隔 T 采样获得的，那么 $h(n)$ 的频谱函数 $H(e^{j\omega})$ 是 $h_a(t)$ 频谱函数 $H_a(j\Omega)$ 的周期延拓，即

$$H(e^{j\omega}) = \frac{1}{T}\sum_{k=-\infty}^{\infty} H_a\left(j\frac{\omega}{T} - jk\frac{2\pi}{T}\right) \tag{6.5.14}$$

式中，$H(e^{j\omega})$ 的幅度与采样间隔 T 成反比，这样当 T 较小时，$H(e^{j\omega})$ 就会有太高的增益。为了避免这一现象，令

$$h(n) = Th_a(nT) \tag{6.5.15}$$

和

$$H(z) = \sum_{k=1}^{N} \frac{TA_k}{1-e^{p_kT}z^{-1}} \tag{6.5.16}$$

式中，p_k 是 $H_a(s)$ 的一阶极点。这并不影响频谱函数 $H(e^{j\omega})$ 的特性，所以仍用同样的符号。此时

$$H(e^{j\omega}) = H_a(j\omega/T),\quad |\omega|<\pi \tag{6.5.17}$$

例 6.5.1　利用脉冲响应不变法，把系统函数为

$$H_a(s) = \frac{s+1}{s^2+5s+6}$$

的模拟滤波器变换成等价的数字滤波器 $H(z)$，采样间隔 $T=0.1\text{s}$。

解 首先用部分分式展开 $H_a(s)$，得

$$H_a(s) = \frac{s+1}{s^2+5s+6} = \frac{2}{s+3} - \frac{1}{s+2}$$

极点为 $p_1=-3, p_2=-2$。根据(6.5.16)式和 $T=0.1\text{s}$，得

$$H(z) = \frac{2T}{1-e^{-3T}z^{-1}} - \frac{T}{1-e^{-2T}z^{-1}} = \frac{0.1-0.08966z^{-1}}{1-1.5595z^{-1}+0.6065z^{-2}}$$

Matlab 提供了用脉冲不变法将模拟滤波器变换成数字滤波器的函数 impinvar，格式为

```
[Bz,Az] = impinvar(B,A,fs)
```

其中，B 和 A 分别是模拟滤波器系统函数 $H_a(s)$的分子和分母多项式系数向量，fs 是采样频率，返回参数 Bz 和 Az 分别是数字滤波器系统函数 $H(z)$的分子和分母多项式系数向量。例 6.5.1 的程序如下：

```
B = [1,1];A = [1,5,6];T = 0.1;fs = 1/T
[Bz,Az] = impinvar(B,A,Fs)      % 用脉冲不变法将模拟滤波器变换成数字滤波器
```

运行结果

```
Bz  = 0.1000   - 0.0897
Az  = 1.0000   - 1.5595   0.6065
```

例 6.5.2 试用脉冲响应不变法将系统函数为

$$H_a(s) = \frac{0.5012}{s^2+0.6449s+0.7079}$$

的模拟滤波器变换成系统函数为 $H(z)$的数字滤波器。

解 首先将 $H_a(s)$写成部分分式

$$H_a(s) = \frac{\text{j}0.3224}{s+0.3224+\text{j}0.7772} - \frac{\text{j}0.3224}{s+0.3224-\text{j}0.7772}$$

极点为 $p_1=-(0.3224+\text{j}0.7772), p_2=-(0.3224-\text{j}0.7772)$。

如果采样间隔为 T，根据(6.5.16)式，得

$$\begin{aligned} H(z) &= \frac{\text{j}0.3224T}{1-e^{-(0.3224+\text{j}0.7772)T}z^{-1}} - \frac{\text{j}0.3224T}{1-e^{-(0.3224-\text{j}0.7772)T}z^{-1}} \\ &= \frac{2e^{-0.3224T}\times 0.3224\sin(0.7772T)Tz^{-1}}{1-2e^{-0.3224T}\cos(0.7772T)z^{-1}+e^{-0.6449T}z^{-2}} \end{aligned}$$

采样间隔 T 的选取应满足时域采样定理。若 T 选取过大，则会使 $\omega=\pi$ 附近产生严重的频谱混叠现象，如图 6.5.2 所示。这种频谱混叠现象会使设计出的数字滤波器在 $\omega=\pi$ 附近的频率响应特性，程度不同的偏离模拟滤波器在 $\Omega=\omega/T$ 附近的频率响应特性，严重时使设计的数字滤波器不满足给定的技术指标。这里取 $T=1\text{s}$ 和 $T=0.1\text{s}$，以便进行比较。

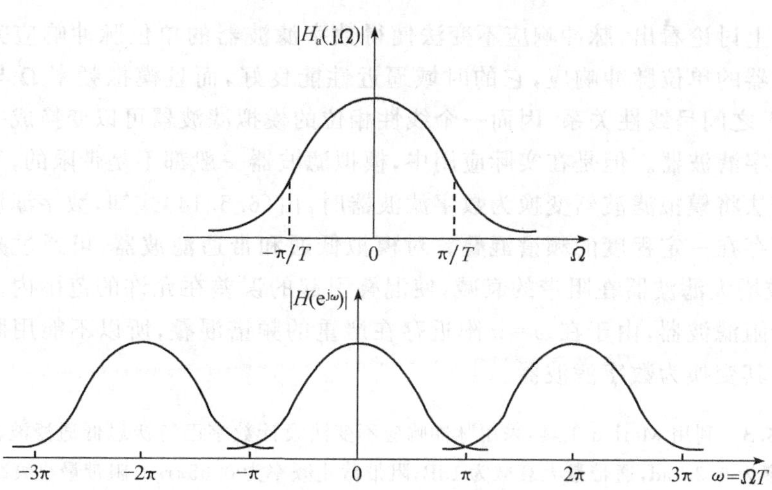

图 6.5.2　脉冲相应不变法的频谱混叠现象

设 $T=1\text{s}$ 时系统函数用 $H_1(z)$ 表示，$T=0.1\text{s}$ 时系统函数用 $H_2(z)$ 表示，则可得

$$H_1(z)=\frac{0.3276z^{-1}}{1-1.0328z^{-1}+0.5247z^{-2}}$$

$$H_2(z)=\frac{0.00485z^{-1}}{1-1.9307z^{-1}+0.9375z^{-2}}$$

将 $H_a(\mathrm{j}\Omega)$、$H_1(\mathrm{e}^{\mathrm{j}\omega})$ 和 $H_2(\mathrm{e}^{\mathrm{j}\omega})$ 的幅频响应各自用其最大值归一化后，如图 6.5.3 所示。图 6.5.3(a)表示模拟滤波器 $H_a(s)$ 的幅频响应曲线；图 6.5.3(b)表示在两种采样周期 $T=1\text{s}$ 和 $T=0.1\text{s}$ 下，变换成数字滤波器的幅频响应曲线。由图可见，当 $T=0.1\text{s}$ 时，它们的幅频响应很接近，只是在折叠频率 π 附近稍有频谱混叠现象；而当 $T=1\text{s}$ 时，频谱混叠现象很严重，致使变换成的数字滤波器的阻带衰减达不到指标要求。这种频谱混叠现象与模拟信号采样时的频谱混叠现象概念上是一样的。

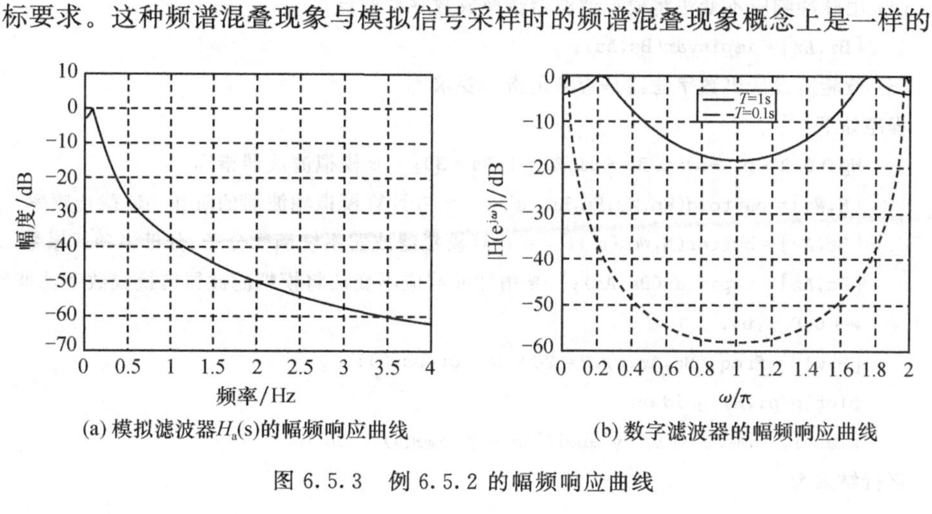

(a) 模拟滤波器 $H_a(s)$ 的幅频响应曲线　　(b) 数字滤波器的幅频响应曲线

图 6.5.3　例 6.5.2 的幅频响应曲线

从以上讨论看出，脉冲响应不变法使得数字滤波器的单位脉冲响应完全模仿模拟滤波器的单位脉冲响应，它的时域逼近性能良好，而且模拟频率 Ω 与数字频率 $\omega=\Omega T$ 之间呈线性关系，因而一个线性相位的模拟滤波器可以变换成一个线性相位的数字滤波器。但是在实际应用中，模拟滤波器一般都不是带限的，所以在用脉冲不变法将模拟滤波器变换为数字滤波器时，由(6.5.14)式知，数字滤波器的频率响应都存在一定程度的频谱混叠。对模拟低通和带通滤波器，可通过减小采样间隔 T 或增大滤波器在阻带的衰减，使混叠引起的误差在允许的范围内。对模拟高通和带阻滤波器，由于在 $\omega=\pi$ 附近存在严重的频谱混叠，所以不能用脉冲响应不变法将其变换为数字滤波器。

例 6.5.3 利用 Matlab 工具，采用脉冲响应不变法设计数字巴特沃思低通滤波器，要求通带截止频率为 0.2πrad，通带最大衰减为 1dB；阻带截止频率为 0.35πrad，阻带最小衰减为 30dB；采样频率为 1Hz。

解 (1) 将数字滤波器指标转换为相应的模拟滤波器指标。

数字滤波器指标：通带截止频率 $\omega_p=0.2\pi\text{rad}$，通带最大衰减 $\alpha_p=1\text{dB}$；

阻带截止频率 $\omega_s=0.35\pi\text{rad}$，阻带最小衰减 $\alpha_s=30\text{dB}$；

采样频率 $f_s=1\text{Hz}$，　　采样间隔 $T=1/f_s=1\text{s}$

模拟滤波器指标：通带截止频率 $\Omega_p=\omega_p/T=0.2\pi\text{rad/s}$，通带最大衰减 $\alpha_p=1\text{dB}$；

阻带截止频率 $\Omega_s=\omega_s/T=0.35\pi\text{rad/s}$，阻带最小衰减 $\alpha_s=30\text{dB}$

```
Wp = 0.2 * pi;Rp = 1;Ws = 0.35 * pi;Rs = 30;
```

(2) 计算模拟滤波器的阶 N 和 3dB 截止频率 Wc。

```
[N,Wc] = buttord(Wp,Ws,Rp,Rs,'s');
```

(3) 计算模拟滤波器系统函数

```
[Bs,As] = butter(N,Wc,'s');
```

(4) 用脉冲响应不变法将模拟滤波器转换成数字滤波器。

```
[Bz,Az] = impinvar(Bs,As);
```

(5) 检验所设计出数字滤器是否满足指标要求。

程序如下：

```
Wp = 0.2 * pi;Ws = 0.35 * pi;Rp = 1;Rs = 30;   % 模拟滤波器指标
[N,Wc] = buttord(Wp,Ws,Rp,Rs,'s');      % 计算模拟滤波器的阶和 3dB 截止频率
[Bs,As] = butter(N,Wc,'s');   % 计算模拟滤波器系统函数分子、分母多项式系数
[Bz,Az] = impinvar(Bs,As);   % 用脉冲响应不变法将模拟滤波器转换成数字滤波器
w = 0:0.1:pi;
[H,w1] = freqz(Bz,Az,w);H = 20 * log10(abs(H));
plot(w/pi,H),grid on
xlabel('\omega/\pi');ylabel('|H(e^j^\omega)| /dB')
```

运行结果为

Bs =0　0　0　0　0　0　0　0　0.0676

As =1.0000　3.6602　6.6987　7.9544　6.6791　4.0560　1.7417　0.4853　0.0676

所设计出的模拟滤波器系统函数为

$$H_a(s)=\frac{0.0676}{s^8+3.6602s^7+6.6987s^6+7.9544s^5+6.6791s^4+4.0560s^3+1.7417s^2+0.4853s+0.0676}$$

Bz =−0.0000　0.0000　0.0006　0.0038　0.0048　0.0015　0.0001　0.0000　0

Az =1.0000　−4.4472　9.1405　−11.1836　8.8395　−4.5971　1.5303　−0.2972　0.0257

所设计出的数字滤波器系统函数为

$$H(z)=\frac{0.0006z^{-2}+0.0038z^{-3}+0.0048z^{-4}+0.0015z^{-5}+0.0001z^{-6}}{1-4.4472z^{-1}+9.1405z^{-2}-11.1836z^{-3}+8.8395z^{-4}-4.5971z^{-5}+1.5303z^{-6}-0.2972z^{-7}+0.0257z^{-8}}$$

所设计出的数字滤波器幅频响应如图 6.5.4 所示。当 $\omega=0.2\pi$rad 时，幅度为 −0.86dB；当 $\omega=0.35\pi$rad 时，幅度为 −30dB；满足指标要求。

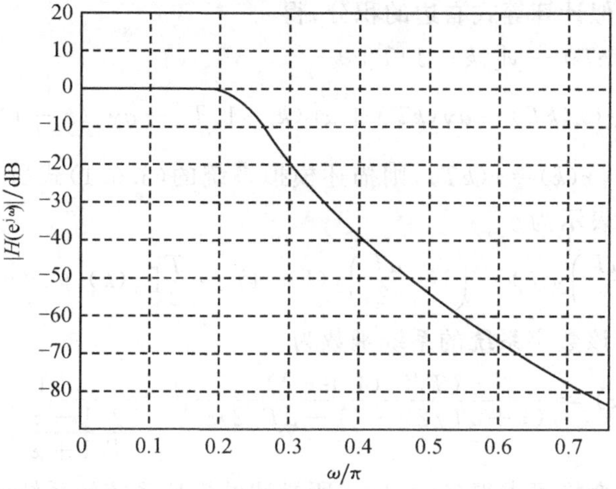

图 6.5.4　例 6.5.3 滤波器的幅频响应

6.6　用双线性变换法设计 IIR 数字滤波器

脉冲响应不变法是使数字滤波器在时域上模仿模拟滤波器的滤波器设计方法，它的缺点是会产生频谱混叠，这是因为从 s 平面到 z 平面的多值映射关系所造成的。双线性变换法是一种能克服脉冲响应不变法频谱混叠的滤波器设计方法，是工程中通常采用的 IIR 数字滤波器设计方法。

6.6.1　基本原理

双线性变换法是使数字滤波器的频率响应模仿模拟滤波器频率响应的一种滤

波器设计方法。双线性变换法把整个 s 平面映射到整个 z 平面上，而且也将 s 平面的左半平面映射到 z 平面的单位圆内。这样就使 s 平面与 z 平面是一一对应的关系，它克服了多值映射的缺点，从而也就消除了频谱混叠现象。同时也满足了因果稳定的模拟滤波器能够变换成因果稳定的数字滤波器的要求。

双线性变换的基本思想是利用数值积分将模拟系统变换为数字系统。设描述模拟系统的输入 $x(t)$ 和输出 $y(t)$ 关系的一阶微分方程为

$$\frac{\mathrm{d}y(t)}{\mathrm{d}t} = x(t) - ay(t) \tag{6.6.1}$$

对上式两边在区间 $(k-1)T$ 到 kT 积分，其中 T 是参数，通常取采样周期，可得

$$\begin{aligned}\int_{(k-1)T}^{kT} \frac{\mathrm{d}y(t)}{\mathrm{d}t}\mathrm{d}t &= y(kT) - y[(k-1)T] \\ &= \int_{(k-1)T}^{kT} [x(t) - ay(t)]\mathrm{d}t\end{aligned}$$

用梯形面积来近似计算等式右边的积分，得

$$\begin{aligned}&y(kT) - y[(k-1)T] \\ &= \frac{T}{2}\{x(kT) - ay(kT) + x[(k-1)T] - ay[(k-1)T]\}\end{aligned}$$

记 $y(k)=y(kT)$，$x(k)=x(kT)$，则描述模拟系统的(6.6.1)式所对应数字系统的差分方程可近似表示为

$$\left(1+\frac{aT}{2}\right)y(k) - \left(1-\frac{aT}{2}\right)y(k-1) = \frac{T}{2}[x(k) + x(k-1)]$$

利用 Z 变换可得该数字系统的系统函数为

$$H(z) = \frac{(T/2)(1+z^{-1})}{(1+aT/2)-(1-aT/2)z^{-1}} = \frac{1}{\dfrac{2}{T}\dfrac{1-z^{-1}}{1+z^{-1}}+a} \tag{6.6.2}$$

由拉普拉斯变换可求得(6.6.1)式所描述的模拟系统的系统函数为

$$H_a(s) = \frac{1}{s+a} \tag{6.6.3}$$

比较(6.6.3)式和(6.6.2)式可得模拟系统 $H_a(s)$ 和对应的数字系统 $H(z)$ 的关系为

$$H(z) = H_a(s)\big|_{s=\frac{2}{T}\frac{1-z^{-1}}{1+z^{-1}}} \tag{6.6.4}$$

即从 s 平面到 z 平面的变换关系为

$$s = \frac{2}{T}\frac{1-z^{-1}}{1+z^{-1}} \tag{6.6.5}$$

该变换被称为双线性变换。这是因为(6.6.5)式展开后，得到

$$\frac{T}{2}sz + \frac{T}{2}s - z + 1 = 0$$

若固定其中一个变量，则另一个变量是线性的。或者说，这种变换对于 s 和 z 是双线性的。

尽管从 s 平面到 z 平面的双线性变换关系(6.6.5)式是通过一阶微分方程推导出的，由于高阶微分方程的求解可以转换为一阶微分方程组的求解，所以双线性变换关系对于高阶微分方程也是成立的。因此，利用双线性变换能够将一个系统函数为 $H_a(s)$ 的模拟滤波器变换成一个系统函数为 $H(z)$ 的数字滤波器。

6.6.2　s 平面与 z 平面之间的映射关系

由从 s 平面到 z 平面的变换关系(6.6.5)式可得

$$z=\frac{2/T+s}{2/T-s} \tag{6.6.6}$$

该式表示 s 平面与 z 平面之间的映射关系。记 $s=\sigma+\mathrm{j}\Omega$，则由(6.6.6)式得

$$z=\frac{2/T+\sigma+\mathrm{j}\Omega}{2/T-\sigma-\mathrm{j}\Omega} \tag{6.6.7}$$

对上式取模得

$$|z|=\sqrt{\frac{(2/T+\sigma)^2+\Omega^2}{(2/T-\sigma)^2+\Omega^2}} \tag{6.6.8}$$

当 $\sigma<0$ 时，有 $|z|<1$，即 s 平面的左半平面映射到 z 平面的单位圆内；当 $\sigma=0$ 时，有 $|z|=1$，即 s 平面的虚轴 $\mathrm{j}\Omega$ 映射到 z 平面的单位圆上；当 $\sigma>0$ 时，有 $|z|>1$，即 s 平面的右半平面映射到 z 平面的单位圆外，如图 6.6.1 所示，这样，当模拟滤波器是一个因果稳定的滤波器时，它的极点都在 s 平面的左半平面，经过双线性变换后，这些极点都被映射到 z 平面的单位圆内。所以一个因果稳定的模拟滤波器经双线性变换后仍是一个因果稳定的数字滤波器。

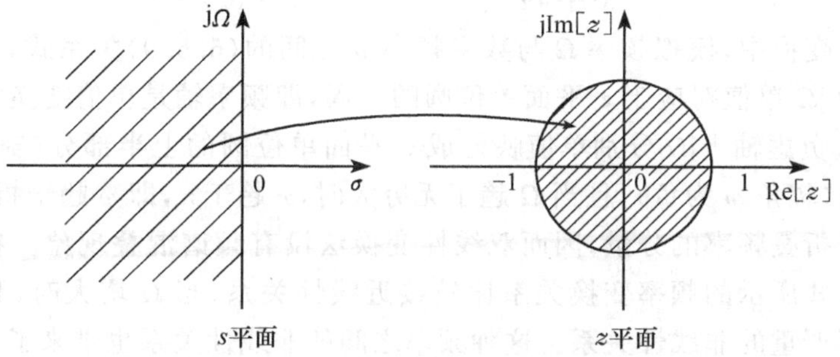

图 6.6.1　s 平面与 z 平面之间的映射关系

下面研究模拟频率 Ω 与数字频率 ω 之间的关系。令 $s=\mathrm{j}\Omega$，$z=\mathrm{e}^{\mathrm{j}\omega}$，由(6.6.5)式可得

$$\mathrm{j}\Omega=\frac{2}{T}\frac{1-\mathrm{e}^{-\mathrm{j}\omega}}{1+\mathrm{e}^{-\mathrm{j}\omega}}=\frac{2}{T}\frac{\mathrm{e}^{\mathrm{j}\omega/2}-\mathrm{e}^{-\mathrm{j}\omega/2}}{\mathrm{e}^{\mathrm{j}\omega/2}+\mathrm{e}^{-\mathrm{j}\omega/2}}=\frac{2}{T}\mathrm{j}\tan\left(\frac{\omega}{2}\right)$$

即有

$$\Omega=\frac{2}{T}\tan\left(\frac{\omega}{2}\right) \tag{6.6.9a}$$

和

$$\omega=2\arctan\left(\frac{\Omega T}{2}\right) \tag{6.6.9b}$$

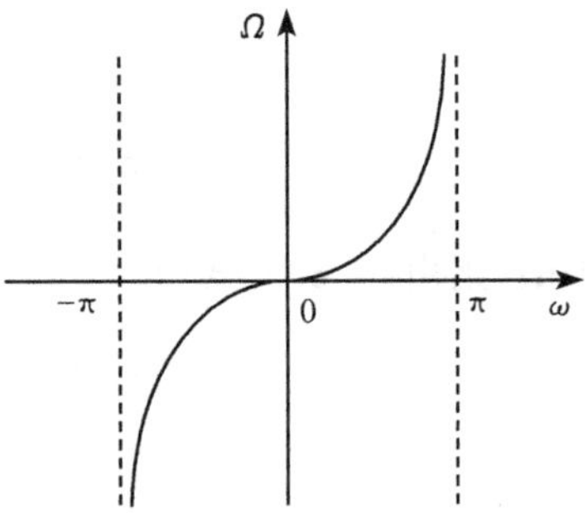

图 6.6.2　双线性变换法的频率变换关系

这说明，s 平面上的模拟频率 Ω 与 z 平面上的数字频率 ω 成非线性正切关系，如图 6.6.2 所示。由图可见，模拟频率 Ω 与数字频率 ω 之间是一一对应的，所以双线性变换法没有频谱混频现象，但这是以频率间变换关系为非线性作为代价取得的。

例 6.6.1　利用双线性变换法，把系统函数为 $H_a(s)=\dfrac{s+1}{s^2+5s+6}$ 的模拟滤波器变换成系统函数为 $H(z)$ 的数字滤波器。参数 $T=1$。

解　根据双线性变换的(6.6.4)式，得到

$$H(z)=H_a(s)\Big|_{s=\frac{2}{T}\frac{1-z^{-1}}{1+z^{-1}},T=1}=\frac{2\dfrac{1-z^{-1}}{1+z^{-1}}+1}{\left(2\dfrac{1-z^{-1}}{1+z^{-1}}\right)^2+5\left(2\dfrac{1-z^{-1}}{1+z^{-1}}\right)+6}$$

整理化简为

$$H(z)=\frac{3+2z^{-1}-z^{-2}}{20+4z^{-1}}=\frac{0.15+0.1z^{-1}-0.05z^{-2}}{1+0.2z^{-1}}$$

双线性变换中，模拟频率 Ω 与数字频率 ω 之间的(6.6.9)关系式，表明 s 平面的整个虚轴 $\mathrm{j}\Omega$ 单值对应于 z 平面单位圆的一周，即频率轴是单值变换关系。由于 s 平面的正、负虚轴 $\pm\mathrm{j}\Omega$ 分别单值映射成 z 平面单位圆的上半部分(辐角 ω 为正)和下半部分(辐角 ω 为负)，且当 Ω 趋于无穷大时，ω 趋于 π，即 ω 趋于折叠频率，故不会有高于折叠频率的分量，因而双线性变换法没有频谱混叠现象。在零频率附近，(6.6.9)式所示的频率变换关系比较接近线性关系，当 Ω 增大时，频率 ω 与 Ω 之间出现了严重的非线性关系。这种频率之间的非线性关系也带来了下列问题。

(1) 如果模拟滤波器是一个线性相位的滤波器，经过双线性变换后得到的是一个非线性相位的数字滤波器，不再保持原有的线性相位了。

(2) 只有当模拟滤波器的幅频响应为分段常数时，双线性变换后的数字滤波器的幅频响应才能模仿模拟滤波器的幅频响应。设模拟低通滤波器的通带和阻带

幅频响应是常数，而过渡带幅频响应是线性的，则经过双线性变换后的数字滤波器过渡带的幅频响应是非线性的，产生了非线性误差，如图 6.6.3 所示。所以严格地讲，双线性变换法只适合于设计幅频响应是分段常数的数字滤波器。

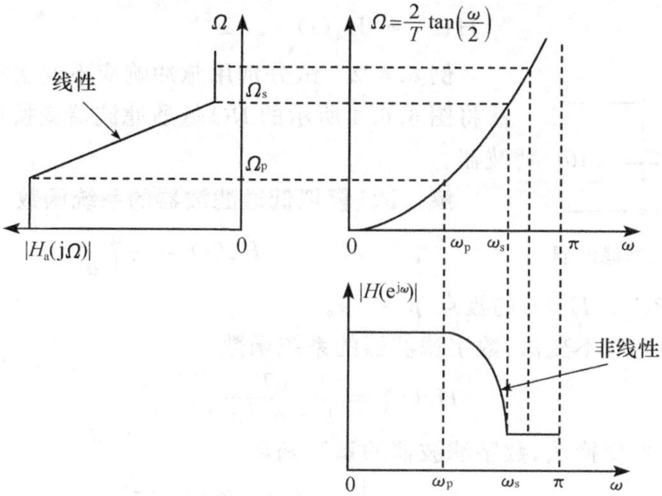

图 6.6.3　双线性变换的频率非线性关系对数字滤波器幅频响应的影响

(3) 对于幅频响应是分段常数型的模拟滤波器，虽然经过双线性变换后，仍得到幅频响应是分段常数的滤波器，但是各分段边缘频率不再保持原来的比例关系。这种频率的畸变，可以通过频率的预修正加以校正。这就是将数字滤波器的边界频率指标，如 ω_p，ω_s 等，转换成模拟滤波器的边界频率指标时，按

$$\Omega_i=\frac{2}{T}\tan\left(\frac{\omega_i}{2}\right) \tag{6.6.10}$$

的关系计算，式中 i 代表任一种边界频率。

6.6.3　设计方法

由前面的分析可归纳出用双线性变换法设计 IIR 数字滤波器的设计步骤为：

(1) 确定参数 T。双线性变换法中的参数 T 的选择和最终设计出的数字滤波器无关，因此可以取实际关系中的值，也可以为设计简单起见，取 $T=2$。由于参数 T 的取值会影响计算精度，所以一般地说，使 $\Omega_c T=1$ 左右比较适当，不宜取太大或太小的数值。

(2) 将数字滤波器的边界频率 ω_p、ω_s 转换为模拟滤波器的边界频率 Ω_p，Ω_s，转换公式为

$$\Omega_p=\frac{2}{T}\tan\left(\frac{\omega_p}{2}\right)$$

$$\Omega_s = \frac{2}{T}\tan\left(\frac{\omega_s}{2}\right)$$

(3) 按照模拟滤波器技术指标 α_p，Ω_p，α_s 和 Ω_s 设计模拟滤波器 $H_a(s)$。

(4) 用双线性变换法将模拟滤波器 $H_a(s)$变换为数字滤波器 $H(z)$，即

$$H(z) = H_a(s)\Big|_{s=\frac{2}{T}\frac{1-z^{-1}}{1+z^{-1}}}$$

例 6.6.2　试分别用脉冲响应不变法和双线性变换法将图 6.6.4 所示的 RC 低通滤波器变换成数字低通滤波器。

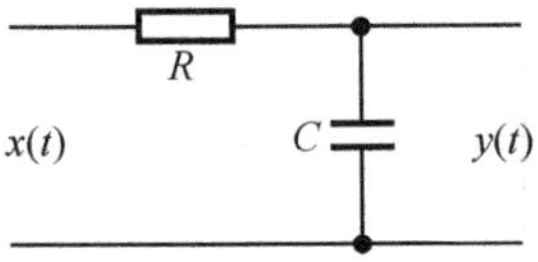

图 6.6.4　RC 低通滤波器

解　RC 模拟低通滤波器的系统函数

$$H_a(s) = \frac{\alpha}{s+\alpha}$$

式中，$\alpha=1/(RC)$。$H_a(s)$的极点 $p=-\alpha$。

利用脉冲响应不变法，数字滤波器的系统函数

$$H_1(z) = \frac{\alpha T}{1-e^{-\alpha T}z^{-1}}$$

利用双线性变换法，数字滤波器的系统函数

$$H_2(z) = H_a(s)\Big|_{s=\frac{2}{T}\frac{1-z^{-1}}{1+z^{-1}}} = \frac{\alpha_1(1+z^{-1})}{1+\alpha_2 z^{-2}}$$

式中

$$\alpha_1 = \frac{\alpha T}{\alpha T+2}, \quad \alpha_2 = \frac{\alpha T-2}{\alpha T+2}$$

设 $\alpha=1000$，$T=0.001$s 和 0.002s，则 $H_1(z)$和 $H_2(z)$的归一化幅频响应分别如图 6.6.5(b)、(c)所示，图 6.6.5(a)是模拟滤波器的幅频响应，它是一个低通滤波器，但拖了很长的尾巴。图 6.6.5(b)是采用脉冲响应不变法设计的数字滤波器的幅频响应，图中 $\omega=\pi$ 处对应的模拟频率与采样间隔 T 有关，当 $T=0.001$s 时，对应的模拟频率为 500Hz，当 $T=0.002$s 时，对应的模拟频率为 250Hz，对照图 6.6.5(a)可见，均与原模拟滤波器的幅频响应有较大差别，且频率越高，差别越大，这是由频谱混叠引起的。相对来说，$T=0.001$s，频率较低时，数字滤波器的幅频响应曲线形状与原模拟滤波器幅频响应比较相近。图 6.6.5(c)是采用双线性变换法设计的数字滤波器，其幅频响应在 $\omega=\pi$ 处降为零，曲线形状偏离原模拟滤波器幅频响应曲线较大，这是由于该设计方法是非线性变换造成的。

例 6.6.3　利用双线性变换法及模拟巴特沃思滤波器设计满足下列指标的数字带通滤波器：

通带中心频率 $\omega_0=0.5\pi$rad，　通带上截止频率 $\omega_{pu}=0.55\pi$rad

通带下截止频率 $\omega_{pl}=0.45\pi$rad，　通带最大衰减 $\alpha_p\leqslant 3$dB

阻带上截止频率 $\omega_{pu}=0.6\pi$rad，　阻带下截止频率 $\omega_{sl}=0.4\pi$rad

阻带最小衰减 $\alpha_s\geqslant 10$dB

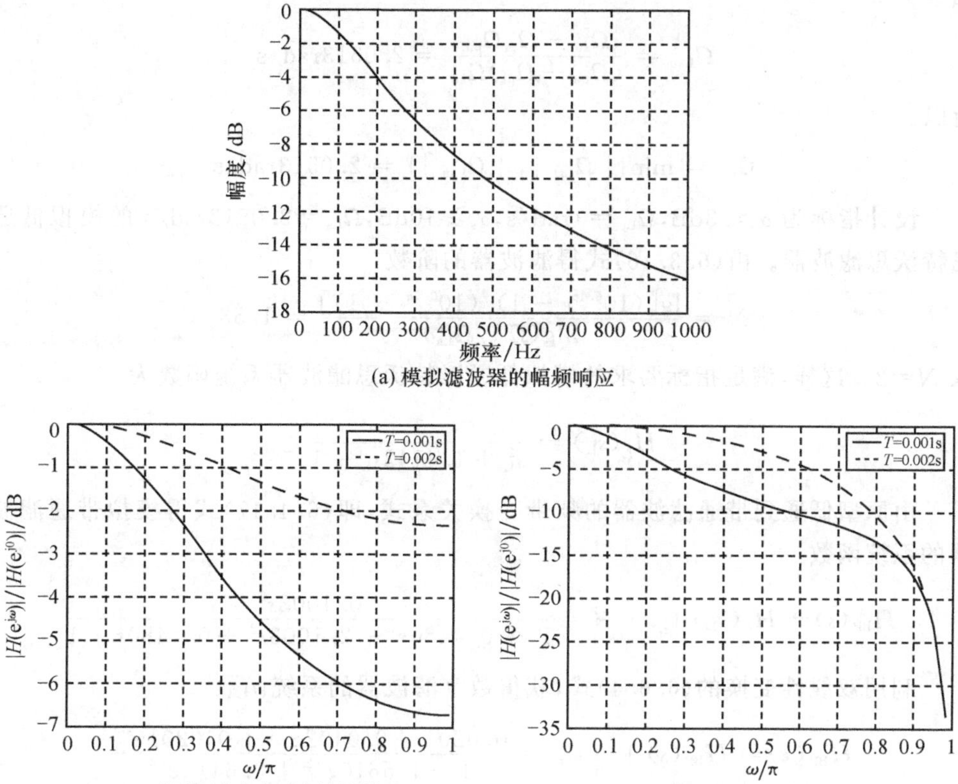

(a) 模拟滤波器的幅频响应

(b) 采用脉冲响应不变法设计的数字滤波器的幅频响应

(c) 采用双线性变换法设计的数字滤波器的幅频响应

图 6.6.5　例 6.6.2 的滤波器幅频响应曲线

解　取双线性变换的参数 $T=2\text{s}$。由 $\Omega=\tan(\omega/2)$ 求出模拟带通滤波器的频率指标为

$$\Omega_{pu}=1.1708\text{rad/s},\quad \Omega_{pl}=0.8541\text{rad/s}$$

$$\Omega_{su}=1.3764\text{rad/s},\quad \Omega_{sl}=0.7265\text{rad/s}$$

由模拟带通滤波器的通带上，下截止频率确定模拟低通到模拟带通变换中的参数。根据(6.4.12)式和(6.4.13)式得

$$B=\Omega_{pu}-\Omega_{pl}=0.3168\text{rad/s}$$

$$\Omega_0=\sqrt{\Omega_{pl}\Omega_{pu}}=1\text{rad/s}$$

确定模拟低通滤波器的阻带截止频率。由(6.4.20)式得阻带下，上截止频率分别为

$$\Omega_{Lsl}=\frac{\Omega_{sl}^2-\Omega_{pl}\Omega_{pu}}{(\Omega_{pu}-\Omega_{pl})\Omega_{sl}}=-2.0515\text{rad/s}$$

和

$$\Omega_{\mathrm{Lsu}}=\frac{\Omega_{\mathrm{su}}^2-\Omega_{\mathrm{pl}}\Omega_{\mathrm{pu}}}{(\Omega_{\mathrm{pu}}-\Omega_{\mathrm{pl}})\Omega_{\mathrm{su}}}=2.0513\mathrm{rad/s}$$

所以

$$\Omega_{\mathrm{Ls}}=\min\{|\Omega_{\mathrm{Lsl}}|,|\Omega_{\mathrm{Lsu}}|\}=2.0513\mathrm{rad/s}$$

设计指标为 $\alpha_p\leqslant 3\mathrm{dB}$，$\Omega_{\mathrm{Lp}}=1\mathrm{rad/s}$，$\alpha_s\geqslant 10\mathrm{dB}$，$\Omega_{\mathrm{Ls}}=2.0513\mathrm{rad/s}$ 的模拟低通巴特沃思滤波器。由(6.3.16)式得滤波器的阶数

$$N=\frac{\lg[(10^{0.1\alpha_p}-1)/(10^{0.1\alpha_s}-1)]}{2\lg(\Omega_{\mathrm{Lp}}/\Omega_{\mathrm{Ls}})}=1.53$$

取 $N=2$。这样，满足指标要求的模拟低通巴特沃思滤波器系统函数为

$$H_a(s_L)=\frac{1}{s_L^2+1.4142s_L+1}$$

由原型低通到带通滤波器的频带变换关系式，即(6.4.17)式得模拟带通滤波器的系统函数

$$H_{\mathrm{BP}}(s)=H_a(s_L)\Big|_{s_L=\frac{s^2+\Omega_0^2}{Bs}}=\frac{0.1003s^2}{s^4+0.4480s^3+2.1003s^2+0.4480s+1}$$

利用双线性变换的(6.6.4)式，获得数字滤波器的系统函数

$$H_{\mathrm{BP}}(z)=H_{\mathrm{BP}}(s)\Big|_{s=\frac{1-z^{-1}}{1+z^{-1}}}=\frac{0.0201-0.0402z^{-2}+0.0201z^{-4}}{1+1.5610z^{-2}+0.6413z^{-4}}$$

图 6.6.6 画出了所设计数字滤波器的幅频响应曲线。该带通数字滤波器的通带指标和阻带指标都是满足要求的。

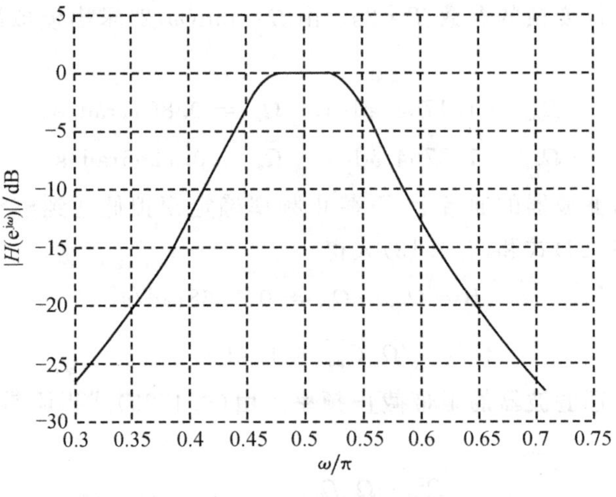

图 6.6.6　例 6.6.3 的带通数字滤波器的幅频响应曲线

6.7 数字滤波器的频带变换

在 6.3 节中介绍了模拟低通滤波器原型的设计方法，在 6.4 节中研究了把模拟低通滤波器原型经频带变换变换为模拟低通，高通，带通和带阻滤波器的方法，在 6.5 节和 6.6 节中又讨论了把模拟滤波器变换为等价的数字滤波器的方法。这样我们已经可以按图 6.2.2(a)的设计流程进行任何类型 IIR 数字滤波器的设计了。

在图 6.2.2(b)中还给出了另一种设计方法。在模拟低通滤波器设计完成之后，先把模拟低通变换为数字低通；然后在数字域进行低通到低通，低通到高通，低通到带通和低通到带阻的频带变换，从而实现了任何类型 IIR 数字滤波器的设计。

这种设计流程在实际中也是有用的。例如，对已设计出的数字滤波器，想把它的频带指标做一些修改调整。如果采用图 6.2.2(a)的设计方法，那就必须先把新的数字滤波器指标变回到模拟域，再在模拟域重新进行计算和频带变换，最后经模拟数字变换，才得到修改的数字滤波器。如果能够直接在数字域进行频带修改，则会方便得多。

图 6.2.2(b)的设计流程，第一步设计模拟低通滤波器；第二步把模拟低通变换为数字低通，称为原型数字低通滤波器，这种变换仍然可以采用脉冲响应不变法或双线性变换法；第三步将原型数字低通滤波器进行频带变换，变换为各种类型的数字滤波器。第一步和第二步我们已经在前几节中进行了讨论，本节研究第三步，即在数字域的频带转换问题。

从原型低通数字滤波器到各种类型数字滤波器的频带变换也称作 z 平面变换法。如果已知原型低通数字滤波器的系统函数 $H_L(z)$，通过一定的变换将得到各种不同类型数字滤波器的系统函数 $H(z)$，这种变换是将 $H_L(z)$的 z 平面映射到 $H(z)$的 z 平面。由于数字频带是在 z 平面 $-\pi \sim \pi$ 的单位圆上定义的，所以低通，高通，带通和带阻选频滤波器的通频带在单位圆上的分布如图 6.7.1 所示。如果能找到适当的从单位圆周到单位圆周的数字变换，把原型低通数字的通带频段变换成其他类型数字滤波器所要求的通带频段，就等于完成了这种滤波器的设计。

为了区分变换前后的两个不同的 z 平面，将变换前的 z 平面记为 z_L，原型低通数字滤波器的系统函数为 $H_L(z_L)$；$H(z)$是期望的选频滤波器系统函数。在 z_L 平面上和 z 平面上的单位圆分别定义为

$$z_L = e^{j\omega_L} \tag{6.7.1a}$$

$$z = e^{j\omega} \tag{6.7.1b}$$

设从 z_L 域到 z 域的变换关系为

$$z_L^{-1} = G(z^{-1}) \tag{6.7.2}$$

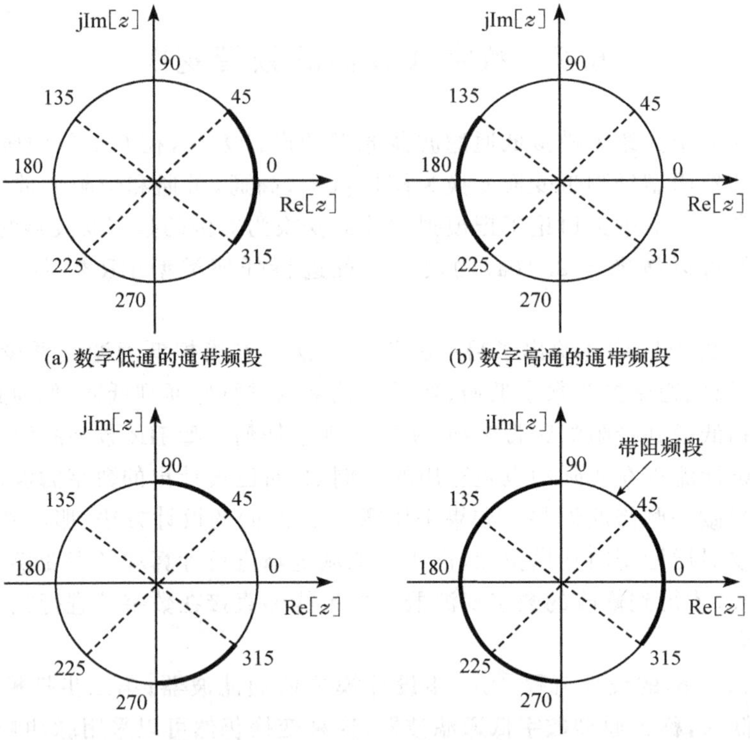

(a) 数字低通的通带频段　(b) 数字高通的通带频段

(c) 数字带通的通带频段　(d) 数字带阻的通带频段

图 6.7.1　z 平面的单位圆上滤波器的通带频段(粗线表示滤波器的通带频段)

则有

$$H(z) = H_L(z_L)\big|_{z_L^{-1}=G(z^{-1})} \tag{6.7.3}$$

现在来研究对系统函数 $G(z^{-1})$ 的要求。假定 $H_L(z_L)$ 是因果稳定的滤波器，当然要求频带变换后的 $H(z)$ 也是因果稳定的。因此，$G(z^{-1})$ 应满足下面的要求：

(1) $G(z^{-1})$ 必须是 z^{-1} 的有理函数，这样 $H(z)$ 才是可实现的滤波器。

(2) z_L 平面的单位圆必须映射到 z 平面的单位圆上，这样频率响应才能满足一定的频带变换要求，频率满足一定的对应关系。

(3) 为了保证滤波器的稳定性，z_L 平面的单位圆内部必须映射到 z 平面的单位圆内部。

设 ω_L 和 ω 分别是 z_L 和 z 的频率变量，则要求(2)意味着在各自单位圆 $z_L = e^{j\omega_L}$ 上和 $z = e^{j\omega}$ 上有

$$|z_L^{-1}| = |G(z^{-1})| = |G(e^{-j\omega})| = 1 \tag{6.7.4}$$

这个函数的幅频特性对所有的频率都等于 1，这表示它具有全通滤波器的特性，故将其称之为全通函数，可表示为

$$G(e^{-j\omega}) = |G(e^{-j\omega})| e^{j\phi(\omega)} \tag{6.7.5}$$

式中，$\phi(\omega)$是 $G(e^{-j\omega})$的相位函数。

根据 3.7.2 节关于全通滤波器的讨论，全通函数的一般形式为

$$G(z^{-1}) = \pm \prod_{k=1}^{N} \frac{z^{-1} - \alpha_k^*}{1 - \alpha_k z^{-1}} \tag{6.7.6}$$

式中，N 是全通函数的阶数；α_k 是 $G(z^{-1})$的极点，可以是实数，也可以是复数，但必须保证极点在单位圆内，即$|\alpha_k|<1$，以保证变换后的稳定性不变；$G(z^{-1})$的所有零点都是极点的共轭倒数。可以证明，当 ω 从 0 变到 π 时，全通函数的相角$\phi(\omega)$的变化量为 $N\pi$，选择合适的 N 和 α_k，就可以得到各种类型的变换。

6.7.1　数字低通到数字低通的频带变换

将原型数字低通滤波器 $H_L(e^{j\omega_L})$频带变换为数字低通滤波器 $H_{LP}(e^{j\omega})$时，它们都是低通函数，只不过边界频率不同，因此当 ω_L 从 0 变到 π 时，相应 ω 也应从 0 变到 π，按全通函数相角变化量为 $N\pi$，故可确定全通函数的阶数 $N=1$，于是有

$$z_L^{-1} = G(z^{-1}) = \frac{z^{-1} - \alpha}{1 - \alpha z^{-1}} \tag{6.7.7}$$

式中，α 是实数，以满足 $G(1)=1$，$G(-1)=-1$ 的变换关系，且需$|\alpha|<1$。代入 $z_L = e^{j\omega_L}$，$z=e^{j\omega}$，则得频率间的关系为

$$e^{-j\omega_L} = \frac{e^{-j\omega} - \alpha}{1 - \alpha e^{-j\omega}} \tag{6.7.8}$$

由此解得

$$\omega = \arctan\left[\frac{(1-\alpha)^2 \sin\omega_L}{2\alpha + (1+\alpha^2)\cos\omega_L}\right] \tag{6.7.9}$$

ω_L 与 ω 的关系如图 6.7.2 所示，除 $\alpha=0$ 外(此时 $\omega=\omega_L$)，在其他 α 值下，频率变换都是非线性关系。由图中可以看到，当 $\alpha>0$ 时，此变换代表频率压缩；当 $\alpha<0$ 时表示频率扩张。但是，对于幅频响应为分段常数的滤波器，变换后仍可得类似的频率响应。设原型低通的边界频率为 ω_{Lc}，变换后对应得边界频率为 ω_c，代入(6.7.8)式可解得

$$\alpha = \frac{\sin\left(\frac{\omega_{Lc} - \omega_c}{2}\right)}{\sin\left(\frac{\omega_{Lc} + \omega_c}{2}\right)} \tag{6.7.10}$$

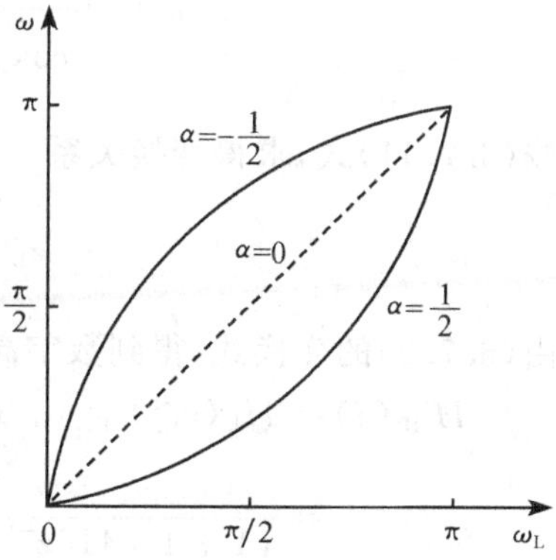

图 6.7.2　数字低通到数字低通的频率变换关系

这样就确定了整个变换函数。

6.7.2 数字低通到数字高通的频带变换

如果用 $-z$ 替换 z，单位圆上的频率响应将旋转 180°，原型 z_L 平面上的低通滤波器就变换为相应的高通滤波器，阶数 N 仍为 1，即

$$z_L^{-1} = G(z^{-1}) = \frac{(-z)^{-1} - \alpha}{1 - \alpha(-z)^{-1}} = -\frac{z^{-1} + \alpha}{1 + \alpha z^{-1}} \tag{6.7.11}$$

在求参数 α 时，应注意原型低通滤波器的边界频率 $-\omega_{Lc}$ 对应于高通滤波器的边界频率 ω_c，于是有

$$e^{-j(-\omega_{Lc})} = -\frac{e^{-j\omega_c} + \alpha}{1 + \alpha e^{-j\omega_c}} \tag{6.7.12}$$

从而解得

$$\alpha = -\frac{\cos\left(\dfrac{\omega_c + \omega_{Lc}}{2}\right)}{\cos\left(\dfrac{\omega_c - \omega_{Lc}}{2}\right)} \tag{6.7.13}$$

例 6.7.1 设原型低通数字滤波器是通带截止频率 $\omega_{Lp} = 0.2\pi\text{rad}$ 的切比雪夫Ⅰ型滤波器，其系统函数为

$$H_L(z_L^{-1}) = \frac{0.001836(1 + z_L^{-1})^4}{(1 - 1.5548z_L^{-1} + 0.6493z_L^{-2})(1 - 1.4996z_L^{-1} + 0.8482z_L^{-2})}$$

求通带截止频率 $\omega_p = 0.6\pi\text{rad}$ 的数字高通滤波器。

解 首先根据(6.7.13)式确定参数 α，得

$$\alpha = -\frac{\cos\left(\dfrac{0.6\pi + 0.2\pi}{2}\right)}{\cos\left(\dfrac{0.6\pi - 0.2\pi}{2}\right)} = -0.38197$$

按(6.7.11)式，求得变换关系

$$z_L^{-1} = -\frac{z^{-1} - 0.38197}{1 - 0.38197z^{-1}}$$

由(6.7.3)的变换式，得到数字高通滤波器的系统函数

$$H_{HP}(z) = H_L(z_L^{-1})\Big|_{z_L^{-1} = -\frac{z^{-1} - 0.38197}{1 - 0.38197z^{-1}}}$$

$$= \frac{0.02426(1 - z^{-1})^4}{(1 + 1.0416z^{-1} + 0.4019z^{-2})(1 + 0.5561z^{-1} + 0.7647z^{-2})}$$

图 6.7.3 画出了所设计的高通数字滤波器的幅频响应曲线。不难看出，数字低通滤波器在 $z_L = -1$ 处的四阶零点经变换后出现在数字高通滤波器的 $z = 1$ 处。

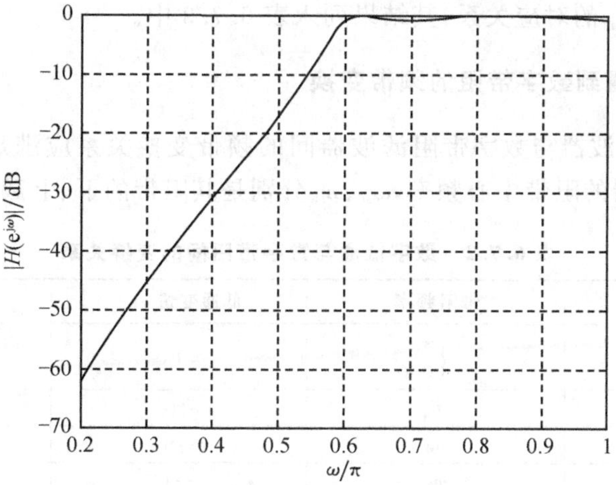

图 6.7.3　例 6.7.1 的高通数字滤波器的幅频响应曲线

6.7.3　数字低通到数字带通的频带变换

数字低通滤波器与数字带通滤波器间的频带变换关系应满足表 6.7.1，表中 ω_0 为带通滤波器的通带中心频率，ω_{pl} 和 ω_{pu} 分别是其通带的下、上截止频率。

表 6.7.1　数字低通与数字带通间的变换关系

低通频率	带通频率	低通变量 z_L^{-1}	带通变量 z^{-1}
0	ω_0	1	$e^{-j\omega_0}$
$-\omega_{Lp}$	ω_{pl}	$e^{j\omega_{Lp}}$	$e^{-j\omega_{pl}}$
ω_{Lp}	ω_{pu}	$e^{-j\omega_{Lp}}$	$e^{-j\omega_{pu}}$
$\pm\pi$	$\begin{cases}\pi\\0\end{cases}$	-1	$\begin{cases}-1\\1\end{cases}$

由表可见，低通滤波器通带中心频率 $\omega_L=0$，对应带通滤波器中心频率 ω_0；当 ω_L 从 0 变化到 π 时，ω 从 ω_0 变化到 π；当 ω_L 从 $-\pi$ 变化到时 0，ω 从 0 变化到 ω_0。这样就看到，当 ω 从 0 变化到 π 时，ω_L 相应的变化量为 2π，因而全通函数的阶数 $N=2$。这样就有

$$z_L^{-1}=G(z^{-1})=\pm\frac{z^{-1}-\alpha^*}{1-\alpha z^{-1}}\frac{z^{-1}-\alpha}{1-\alpha^* z^{-1}}=\pm\frac{z^{-2}+r_1z^{-1}+r_2}{r_2z^{-2}+r_1z^{-1}+1} \tag{6.7.14}$$

因为 α 与 α^* 是一对共轭极点，所以式中 r_1 和 r_2 都是实数。由表 6.7.1 知变换关系满足 $z^{-1}=1$ 时，$z_L^{-1}=G(1)=-1$，把这一关系代入(6.7.14)式，可得

$$z_L^{-1}=G(z^{-1})=-\frac{z^{-2}+r_1z^{-1}+r_2}{r_2z^{-2}+r_1z^{-1}+1} \tag{6.7.15}$$

根据(6.7.15)式变换关系，可得低通滤波器边界频率 0，$-\omega_{Lp}$，ω_{Lp} 与带通滤波器边

界频率 ω_0，ω_{pl}，ω_{pu} 的对应关系，其结果列入表 6.7.3 中。

6.7.4 数字低通到数字带阻的频带变换

数字低通滤波器与数字带阻滤波器间的频带变换关系应满足表 6.7.2，表中 ω_0 为带阻滤波器的阻带中心频率，ω_{sl}、ω_{su} 分别是其阻带的下、上截止频率。

表 6.7.2 数字低通与数字带阻间的变换关系

低通频率	带阻频率	低通变量 z_L^{-1}	带阻变量 z^{-1}
0	$\begin{cases}\pi \\ 0\end{cases}$	1	$\begin{cases}1 \\ -1\end{cases}$
$-\omega_{Ls}$	ω_{su}	$e^{j\omega_{Ls}}$	$e^{-j\omega_{su}}$
ω_{Ls}	ω_{sl}	$e^{-j\omega_{Ls}}$	$e^{-j\omega_{sl}}$
π	ω_0	-1	$e^{-j\omega_0}$

由表同样可以看出，当 ω 变化量为 π 时，ω_L 变化量为 2π，故全通函数的阶数为 $N=2$，也应有(6.7.14)式的表示式。但由表 6.7.2 知，当 $z^{-1}=1$ 时，$z_L^{-1}=G(1)=1$，由此可得

$$z_L^{-1}=G(z^{-1})=\frac{z^{-1}-\alpha^*}{1-\alpha z^{-1}}\,\frac{z^{-1}-\alpha}{1-\alpha^* z^{-1}}=\frac{z^{-2}+r_1z^{-1}+r_2}{r_2z^{-2}+r_1z^{-1}+1} \quad (6.7.16)$$

根据(6.7.16)式变换关系，可得低通滤波器边界频率 $-\omega_{Ls}$，ω_{Ls}，π 与带通滤波器边界频率 ω_{su}，ω_{sl}，ω_0 的对应关系，其结果列入表 6.7.3 中。

表 6.7.3 由边界频率为 ω_{Lc} 的低通数字滤波器变换成各型数字滤波器

变换类型	变换公式	变换参数计算公式
低通→低通	$z_L^{-1}=\frac{z^{-1}-\alpha}{1-\alpha z^{-1}}$	$\alpha=\frac{\sin\left(\frac{\omega_{Lc}-\omega_c}{2}\right)}{\sin\left(\frac{\omega_{Lc}+\omega_c}{2}\right)}$ ω_c 为变换后低通滤波器的边界频率
低通→高通	$z_L^{-1}=-\frac{z^{-1}+\alpha}{1+\alpha z^{-1}}$	$\alpha=-\frac{\cos\left(\frac{\omega_{Lc}+\omega_c}{2}\right)}{\cos\left(\frac{\omega_{Lc}-\omega_c}{2}\right)}$ ω_c 为高通滤波器的边界频率
低通→带通	$z_L^{-1}=-\frac{z^{-2}-\frac{2\alpha k}{k+1}z^{-1}+\frac{k-1}{k+1}}{\frac{k-1}{k+1}z^{-2}-\frac{2\alpha k}{k+1}z^{-1}+1}$	$\alpha=\frac{\cos\left(\frac{\omega_u+\omega_l}{2}\right)}{\cos\left(\frac{\omega_u-\omega_l}{2}\right)}$ $k=\cot\left(\frac{\omega_u-\omega_l}{2}\right)\tan\frac{\omega_{Lc}}{2}$ ω_l、ω_u 为带通滤波器的通带下、上截止频率

续表

变换类型	变换公式	变换参数计算公式
低通→带阻	$z_L^{-1}=\dfrac{z^{-2}-\dfrac{2\alpha}{k+1}z^{-1}+\dfrac{1-k}{1+k}}{\dfrac{1-k}{1+k}z^{-2}-\dfrac{2\alpha}{1+k}z^{-1}+1}$	$\alpha=\dfrac{\cos\left(\dfrac{\omega_u+\omega_l}{2}\right)}{\cos\left(\dfrac{\omega_u-\omega_l}{2}\right)}$ $k=\tan\left(\dfrac{\omega_u-\omega_l}{2}\right)\tan\dfrac{\omega_{Lc}}{2}$ ω_l、ω_u 为带阻滤波器的阻带下、上截止频率

6.8　用 Matlab 设计数字滤波器

前面我们介绍了用模拟滤波器设计数字滤波器的方法，尽管模拟滤波器的理论和设计方法都比较成熟，有许多表格可供设计者参考，但仍需进行滤波器参数计算、滤波器频带变换、模拟域到数字域转换、设计结果简化整理等，设计过程很繁琐。利用现代化的设计工具，可以很好的解决这些问题，例如，Matlab 的信号处理工具箱中提供了许多模拟、数字滤波器的设计和分析函数，使滤波器的设计和分析简单化。Matlab 是目前滤波器设计最简便、快捷的工具，也是目前常用的设计工具。

在本章前面的章节中我们已陆续介绍了 Matlab 设计模拟低通、高通、带通和带阻滤波器的函数及其编程，在 6.5.3 节中的例 6.5.3 中以巴特沃思低通数字滤波器设计为例，给出了利用 Matlab 采用脉冲响应不变化法设计数字滤波器的步骤和编程，采用脉冲响应不变化法设计其他类型数字滤波器的步骤和编程与其类似。本节我们介绍利用 Matlab 工具，用双线性变换法设计数字滤波器的函数和编程。

Matlab 中设计数字滤波器的函数都是采用双线性变换法，将模拟滤波器转换为数字滤波器。这些函数及其调用格式如下：

1. 巴特沃思数字滤波器

1) `[N,Wc] = buttord(Wp,Ws,Rp,Rs)`

该格式用于计算巴特沃思数字滤波器的阶 N 和 3dB 截止频率的归一化值 Wc(关于 π 归一化)。调用参数 Wp 和 Ws 分别是数字滤波器的通带截止频率和阻带截止频率的归一化值(关于 π 归一化)，要求 0≤Wp≤1 和 0≤Ws≤1，其中 1 表示数字频率 π(对应模拟频率 $f_s/2$，f_s 为采样频率)。Rp 和 Rs 分别是通带最大衰减和阻带最小衰减，单位为 dB。当 Ws≤Wp 时，设计高通滤波器；当 Wp 和 Ws 是二元向量时，设计带通(Ws≤Wp)或带阻(Ws≥Wp)滤波器，这时返回参数 Wc 也是二元向量。

2) `[B,A] = butter(N,Wc,'ftype')`

该格式用于计算巴特沃思数字滤波器系统函数分子和分母多项式的系数向量 B 和 A。调用参数 N 和 Wc 分别是巴特沃思数字滤波器的阶和 3dB 截止频率的归一化值(关于 π 归一化)。当 ftype 缺省时，设计低通滤波器；当 ftype=high 时，设计高通滤波器；当 ftype=stop 时，设计带阻滤波器，此时 Wc 为二元向量[Wcl,Wcu]，Wcl 和 Wcu 分别是带阻滤波器的通带 3dB 下、上截止频率的归一化值(关于 π 归一化);Wc 为向量[Wcl,Wcu],且 ftype 缺省时,设计带通滤波器,带通的频率区间为 Wcl<ω<Wcu。注意设计出的带通和带阻数字滤波器是 2N 阶的,这是因为带通滤波器可表示为一个 N 阶低通滤波器与一个 N 阶高通滤波器的级联。

由函数的返回向量 B 和 A 可写出数字滤波器的系统函数为

$$H(z)=\frac{b_1+b_2z^{-1}+\cdots+b_Nz^{-1}+b_{N+1}z^{-N}}{a_1+a_2z^{-1}+\cdots+a_Nz^{-1}+a_{N+1}z^{-N}}$$

其中,b_k 和 a_k 分别是向量 B 和 A 的第 k 个元素。

例 6.8.1 用双线性变换法设计巴特沃思数字低通滤波器,指标要求

通带截止频率 $\omega_p=0.2\pi\text{rad}$, 通带最大衰减 $\alpha_p=1\text{dB}$

阻带截止频率 $\omega_s=0.35\pi\text{rad}$, 阻带最小衰减 $\alpha_s=10\text{dB}$

解 设计步骤如下:

(1) 给出数字滤波器的指标。

```
Wp = 0.2;Ws = 0.35;Rp = 1;Rs = 10;
```

(2) 计算巴特沃思数字滤波器的阶 N 和 3dB 截止频率。

```
[N,Wc] = buttord(Wp,Ws,Rp,Rs);
```

(3) 用双线性变换法设计巴特沃思数字低通滤波器。

```
[Bz,Az] = butter(N,Wc);
```

运行结果如下:

```
Bz =  0.0335    0.1006    0.1006    0.0335
Az = 1.0000    -1.4245    0.8827    -0.1900
```

设计出的数字滤波器系统函数为

$$H(z)=\frac{0.0335+0.1006z^{-1}+0.1006z^{-2}+0.0335z^{-3}}{1.0000-1.4245z^{-1}+0.8827z^{-2}-0.1900z^{-3}}$$

(4) 检验设计出的滤波器是否满足指标。

设计出的数字滤波器的幅频响应如图 6.8.1 所示。当 ω=0.2πrad 时,幅度为 -0.8dB;当 ω=0.35πrad 时,幅度为 -10dB;满足指标要求。

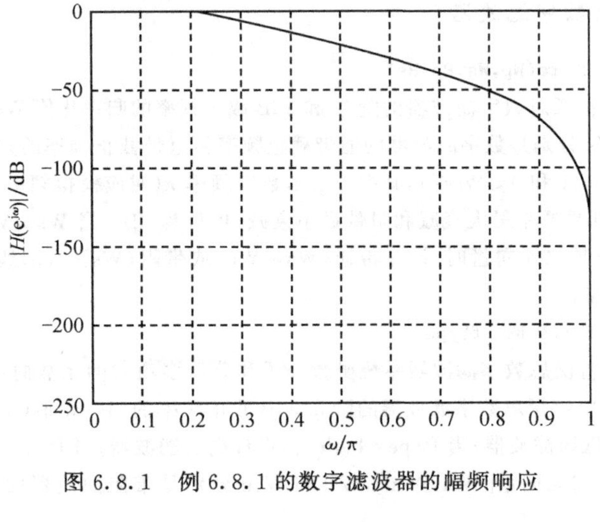

图 6.8.1 例 6.8.1 的数字滤波器的幅频响应

程序如下：

```
Wp = 0.2;Ws = 0.35;Rp = 1;Rs = 10;        % 滤波器参数
[N,Wc] = buttord(Wp,Ws,Rp,Rs);            % 计算数字滤波器的阶 N 和 3dB 截止频率 Wc
[Bz,Az] = butter(N,Wc);                   % 计算数字滤波器系统函数分子和分母多项
                                            式的系数向量 B 和 A
% 省去绘图部分程序
```

2. 切比雪夫Ⅰ型数字滤波器

1) [N,Wpo] = cheb1ord(Wp,Ws,Rp,Rs)

2) [B,A] = cheby1(N,Rp,Wpo,'ftype')

其中，Wpo 是切比雪夫Ⅰ型数字滤波器的通带边界频率，不是 3dB 截止频率。其他参数含义与巴特沃思数字滤波器中的参数相同。

例 6.8.2　设计切比雪夫Ⅰ型数字高通滤波器，设计指标：通带截止频率 $f_p=700\text{Hz}$，通带最大衰减 $\alpha_p=1\text{dB}$，阻带截止频率 $f_{Hs}=500\text{Hz}$，阻带最小衰减 $\alpha_s=40\text{dB}$，采样频率 $f_s=2\text{kHz}$。

解　设计步骤如下：

(1) 因题目给出的是模拟滤波器的指标，所以首先将模拟滤波器的指标转换为数字滤波器的指标。

通带截止频率 $\omega_p=2\pi f_p/f_s=2\pi\times 700/2000=0.7\pi$，　通带最大衰减 $\alpha_p=1\text{dB}$。

阻带截止频率 $\omega_s=2\pi f_{Hs}/f_s=2\pi\times 500/2000=0.5\pi$，　通带最大衰减 $\alpha_p=40\text{dB}$。

```
Wp = 0.7;Ws = 0.5;Rp = 1;Rs = 40;
```

(2) 计算切比雪夫Ⅰ型数字滤波器的阶 N 和通带边界频率 Wpo。

```
[N,Wpo] = cheb1ord(Wp,Ws,Rp,Rs);
```

(3) 用双线性变换法设计切比雪夫Ⅰ型数字高通滤波器。

```
[Bz,Az] = cheby1(N,Rp,Wpo,'high');
```

运行结果如下：

```
Bz = 0.0020   -0.0101   0.0202   -0.0202   0.0101   -0.0020
Az = 1.0000    3.1624   4.7607    4.0528   1.9344    0.4153
```

设计出的数字滤波器系统函数为

$$H(z)=\frac{0.0020-0.0101z^{-1}+0.0202z^{-2}-0.0202z^{-3}-0.0101z^{-4}-0.0020z^{-5}}{1.0000+3.1624z^{-1}+4.7607z^{-2}+4.0528z^{-3}+1.9344z^{-4}+0.4153z^{-5}}$$

(4) 检验设计出的滤波器是否满足指标。

设计出的数字滤波器的幅频响应如图 6.8.2 所示。当 $\omega=0.7\pi\text{rad}$ 时，幅度为 -1dB；$\omega=0.5265\pi\text{rad}$ 时，幅度为 -40dB；当 $\omega=0.5\pi\text{rad}$ 时，幅度为 -44.35dB；满足指标要求。

程序如下：

```
fp = 700;fHs = 500;fs = 2000;Rp = 1;Rs = 40;   % 模拟滤波器指标
Wp = 2 * fp/fs;Ws = 2 * fHs/fs;                % 数字滤波器指标
[N,Wpo] = cheb1ord(Wp,Ws,Rp,Rs);   % 计算切比雪夫Ⅰ型数字滤波器的阶 N 和通带
                                     边界频率 Wpo
```

```
[Bz,Az] = cheby1(N,Rp,Wpo,'high');  % 用双线性变换法设计切比雪夫Ⅰ型数字高通滤波器
% 省去绘图部分程序
```

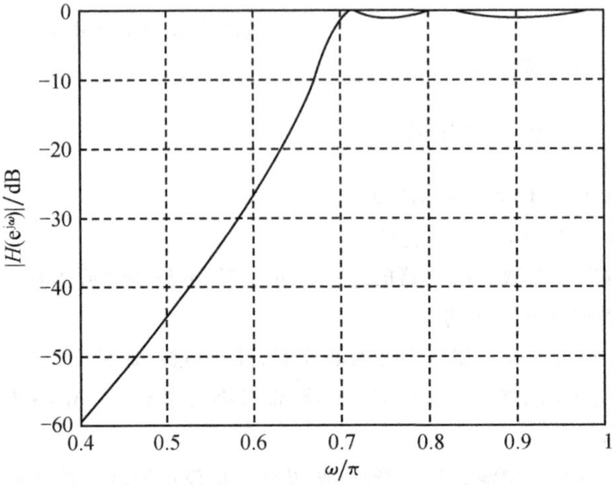

图 6.8.2　例 6.8.2 的数字滤波器的幅频响应

3. 切比雪夫Ⅱ型数字滤波器

```
1) [N,Wso] = cheb2ord(Wp,Ws,Rp,Rs)
2) [B,A] = cheby2(N,Rp,Wso,'ftype')
```

其中,N 和 Wso 分别是切比雪夫Ⅱ型数字滤波器的阶和阻带边界频率,其他参数含义与巴特沃思数字滤波器中的参数相同。

例 6.8.3　对模拟信号采样并进行数字滤波处理,采样频率 $f_s=8$kHz, 要求保留 2025～2225Hz 频段信号,幅度失真小于 1dB;滤除 0～1500Hz 和 2700Hz 以上频率的干扰和噪声,衰减大于 40dB。设计切比雪夫Ⅱ型数字带通滤波器。

解　设计步骤如下:

(1) 根据技术要求,提出模拟滤波器的指标。

通带下截止频率 $f_{pl}=2025$Hz,通带上截止频率 $f_{pu}=2225$Hz,通带最大衰减 $\alpha_p=1$dB。

阻带下截止频率 $f_{sl}=1500$Hz,阻带上截止频率 $f_{su}=2700$Hz,阻带最小衰减 $\alpha_s=40$dB。

(2) 将模拟滤波器的指标转换为数字滤波器的指标。

通带下截止频率 $\omega_{pl}=2\pi f_{pl}/f_s=2\pi\times 2025/8000=0.5062\pi$ (rad)

通带上截止频率 $\omega_{pu}=2\pi f_{pu}/f_s=2\pi\times 2225/8000=0.5563\pi$ (rad)

阻带下截止频率 $\omega_{sl}=2\pi f_{sl}/f_s=2\pi\times 1500/8000=0.3750\pi$ (rad)

阻带上截止频率 $\omega_{su}=2\pi f_{su}/f_s=2\pi\times 2700/8000=0.6750\pi$ (rad)

通带最大衰减 $\alpha_p=1$dB,阻带最小衰减 $\alpha_s=40$dB。

```
Wpl = 0.5062;Wpu = 0.5563;Wsl = 0.3750;Wsu = 0.6750;
```

```
Wp = [Wpl,Wpu];Ws = [Wsl,Wsu];Rp = 1;Rs = 40;
```

(3) 计算切比雪夫Ⅱ型数字滤波器的阶 N 和阻带边界频率 Wso。

```
[N,Wso] = cheb2ord(Wp,Ws,Rp,Rs);
```

(4) 用双线性变换法设计切比雪夫Ⅱ型数字带通滤波器。

```
[Bz,Az] = cheby2(N,Rs,Wso);
```

运行结果如下：

```
Bz = 0.0146  0.0038  -0.0001  0.0000  0.0001  -0.0038  -0.0146
Az = 1.0000  0.4686   2.3954  0.7396  1.9145   0.2966   0.5042
```

设计出的切比雪夫Ⅱ型数字带通滤波器系统函数为

$$H(z)=\frac{0.0146+0.0038z^{-1}-0.0001z^{-2}-0.0001z^{-4}-0.0038z^{-5}-0.0146z^{-6}}{1.0000+0.4686z^{-1}+2.3954z^{-2}+0.7396z^{-3}+1.9145z^{-4}+0.2966z^{-5}+0.5042z^{-6}}$$

(5)检验设计出的滤波器是否满足指标。

设计出的切比雪夫Ⅱ型数字带通滤波器的幅频响应如图 6.8.3 所示，当 $\omega=0.5062\pi\text{rad}$ 时，幅度为 -0.03dB；当 $\omega=0.5563\pi\text{rad}$ 时，幅度为 -0.085dB；当 $\omega=0.3750\pi\text{rad}$ 时，幅度为 -40dB；当 $\omega=0.6750\pi\text{rad}$ 时，幅度为 -40dB；设计出的切比雪夫Ⅱ型数字带通滤波器满足指标要求。

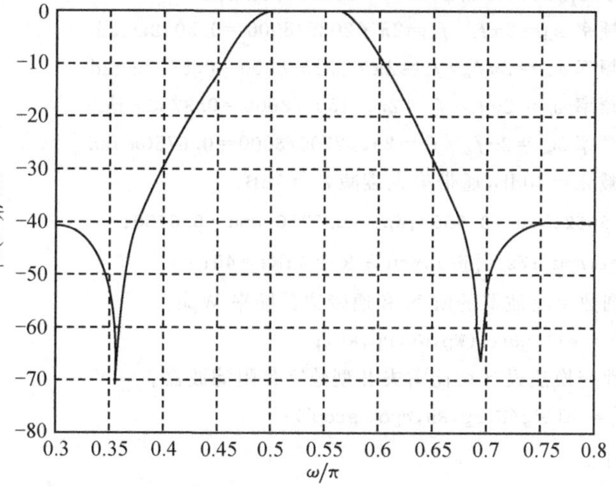

图 6.8.3 例 6.8.3 的数字滤波器的幅频响应

程序如下：

```
Wpl = 0.5062;Wpu = 0.5563;Wsl = 0.3750;Wsu = 0.6750; Rp = 1;Rs = 40;
                              %滤波器指标
Wp = [Wpl,Wpu];Ws = [Wsl,Wsu];
[N,Wso] = cheb2ord(Wp,Ws,Rp,Rs);    %计算切比雪夫Ⅱ型数字滤波器的阶 N 和阻带
                                      边界频率 Wso
[Bz,Az] = cheby2(N,Rs,Wso);          %用双线性变换法设计切比雪夫Ⅱ型数字带通
                                      滤波器
%省去绘图部分程序
```

4. 椭圆数字滤波器

1) [N,Wpo]= ellipord (Wp,Ws,Rp,Rs)

2) [Bz,Az]=ellip(N,Rp,Rs,Wpo,'ftype')

其中,N 和 Wpo 是椭圆数字滤波器的阶和通带边界频率,其他参数含义与巴特沃思数字滤波器中的参数相同。

例 6.8.4 对模拟信号采样并进行数字滤波处理,采样频率 $f_s=8\text{kHz}$,要求滤除 2025~2225Hz 频段的干扰和噪声,衰减大于 40dB;保留 0~1500Hz 和 2700Hz 以上频段的信号,幅度失真小于 1dB。设计椭圆数字带阻滤波器。

解 设计步骤如下:

(1) 根据技术要求,提出模拟滤波器的指标。

阻带下截止频率 $f_{sl}=2025\text{Hz}$, 阻带上截止频率 $f_{su}=2225\text{Hz}$, 阻带最小衰减 $\alpha_s=40\text{dB}$。

通带下截止频率 $f_{pl}=1500\text{Hz}$, 通带上截止频率 $f_{pu}=2700\text{Hz}$, 通带最大衰减 $\alpha_p=1\text{dB}$。

(2) 将模拟滤波器的指标转换为数字滤波器的指标。

阻带下截止频率 $\omega_{sl}=2\pi f_{sl}/f_s=2\pi\times2025/8000=0.5062\pi\ \text{rad}$

阻带上截止频率 $\omega_{su}=2\pi f_{su}/f_s=2\pi\times2225/8000=0.5563\pi\ \text{rad}$

通带下截止频率 $\omega_{pl}=2\pi f_{pl}/f_s=2\pi\times1500/8000=0.3750\pi\ \text{rad}$

通带上截止频率 $\omega_{su}=2\pi f_{pu}/f_s=2\pi\times2700/8000=0.6750\pi\ \text{rad}$

阻带最小衰减 $\alpha_s=40\text{dB}$,通带最大衰减 $\alpha_p=1\text{dB}$。

```
Wsl = 0.5062;Wsu = 0.5563;Wpl = 0.3750;Wpu = 0.6750;
Wp = [Wpl,Wpu];Ws = [Wsl,Wsu]; Rp = 1;Rs = 40;
```

(3) 计算椭圆数字滤波器的阶 N 和通带边界频率 Wpo。

```
[N,Wpo]= ellipord (Wp,Ws,Rp,Rs);
```

(4) 用双线性变换法设计切比雪夫Ⅱ型数字带阻滤波器。

```
[Bz,Az]= ellip(N,Rp,Rs,Wpo,'stop');
```

运行结果如下:

```
Bz  = 0.3521   0.1819   1.0416   0.3576   1.0416   0.1819   0.3521
Az  = 1.0000   0.3531   1.0547   0.3038   0.7232   0.0645   0.0095
```

设计出的切比雪夫Ⅱ型数字带阻滤波器系统函数为

$$H(z)=\frac{0.3521+0.1819z^{-1}+1.0416z^{-2}+0.3576z^{-3}+1.0416z^{-4}+0.1819z^{-5}+0.3521z^{-6}}{1.0000+0.3531z^{-1}+1.0547z^{-2}+0.3038z^{-3}+0.7232z^{-4}+0.0645z^{-5}+0.0095z^{-6}}$$

(5) 检验设计出的滤波器是否满足指标。

设计出的椭圆数字带阻滤波器的幅频响应如图 6.8.4 所示,当 $\omega=0.3750\pi\text{rad}$ 时,幅度为 -1dB;当 $\omega=0.6750\pi\text{rad}$ 时,幅度为 -1dB;当 $\omega=0.494\pi\text{rad}$ 和 $0.5062\pi\text{rad}$ 时,幅度分别为 -40dB 和 -41.81dB;当 $\omega=0.561\pi\text{rad}$ 和 $0.5563\pi\text{rad}$ 时,幅度分别为 -40dB 和 -40.46dB;设计出的椭圆数字带阻滤波器满足指标要求。

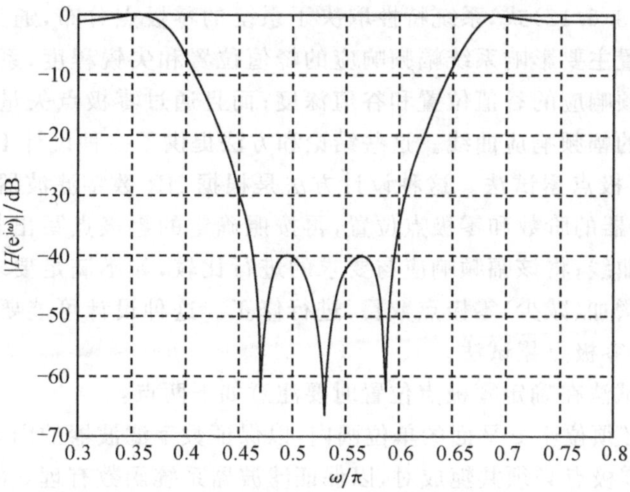

图 6.8.4　例 6.8.4 的数字滤波器的幅频响应

程序如下：

```
Wsl = 0.5062;Wsu = 0.5563;Wpl = 0.3750;Wpu = 0.6750; Rp = 1;Rs = 40;
                                          % 滤波器指标
Wp = [Wpl,Wpu];Ws = [Wsl,Wsu];
[N,Wpo] = ellipord(Wp,Ws,Rp,Rs);          % 计算切椭圆数字滤波器的阶 N 和通
                                            带边界频率 Wpo
[Bz,Az] = ellip(N,Rp,Rs,Wpo,'stop');      % 用双线性变换法设计椭圆数字带阻
                                            滤波器
% 省去绘图部分程序
```

6.9　IIR 数字滤波器的直接设计方法

前面讨论的 IIR 数字滤波器设计方法是通过先设计模拟滤波器，实现 IIR 数字滤波器设计。这种设计方法是 IIR 数字滤波器的一种间接设计方法，其幅频响应特性受所选模拟滤波器特性的限制。例如，切比雪夫滤波器，其幅频响应在通带内或阻带内是等波纹的。本节介绍在数字域直接设计 IIR 数字滤波器的方法，其特点是适合设计任意幅频响应特性的滤波器。

IIR 数字滤波器的直接设计方法主要有零极点累试法，频域设计法和时域设计法。下面分别进行简要讨论。

6.9.1　零极点累试法

在第 3 章的 3.6.4 节中我们分析了系统函数 $H(z)$ 的零极点分布对系统特性

的影响。按照(3.6.12)式,系统特性取决于系统的零极点分布,通过分析,我们知道系统极点位置主要影响系统幅频响应的峰值位置和尖锐程度,系统零点位置主要影响系统幅频响应的谷值位置和谷值深度;而且通过零极点矢量的几何作图法可以画出系统的幅频响应曲线。这些结论和方法提供了一种设计 IIR 数字滤波器的方法,称为零极点累试法。这种设计方法是根据 IIR 数字滤波器的幅频响应要求,先确定滤波器的阶数和零极点位置,再按照确定的零极点写出其系统函数,画出其幅频响应曲线;将该幅频响应与要求的进行比较,如不满足要求,可通过移动零极点位置或增加(减少)零极点数目,进行修正。这种设计可能要反复多次才能完成,所以称为零极点累试法。

零极点累试法在确定零极点位置时要注意如下两点:

(1) 极点必须位于 z 平面的单位圆内,以保证数字滤波器的因果稳定性。

(2) 复数零极点必须共轭成对,以保证滤波器系统函数有理式的系数是实数。

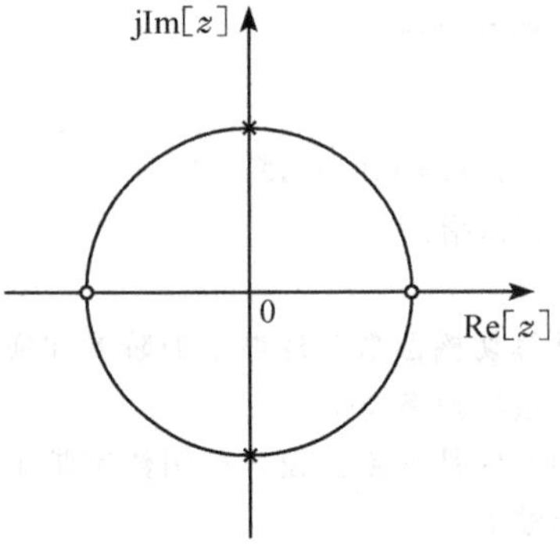

图 6.9.1　例 6.9.1 的零极点分布

例 6.9.1　试用零极点累试法设计 IIR 带通数字滤波器,要求通带中心频率 $\omega_0=\pi/2\text{rad}$,$\omega=0,\pi$ rad 时,幅频响应衰减到 0。

解　根据指标要求,可采用二阶滤波器,极点 $p_{1,2}=re^{\pm j\frac{\pi}{2}}(0<r<1)$,零点 $z_{1,2}=\pm 1$,零极点分布如图 6.9.1 所示。滤波器的系统函数

$$H_{BP}(z)=G\frac{(z-1)(z+1)}{(z-re^{j\frac{\pi}{2}})(z-e^{-j\frac{\pi}{2}})}$$

$$=G\frac{z^2-1}{(z-jr)(z+jr)}=G\frac{1-z^{-2}}{1+r^2z^{-2}}$$

式中,系数 G 用来调整幅频响应的幅度,不影响滤波器频率响应特性。如果要求滤波器在 $\omega=\pi/2$ 处幅度为 1,即 $|H_{BP}(e^{j\omega})|_{\omega=\frac{\pi}{2}}=1$,则 $G=(1-r^2)/2$。取 $r=0.7$ 和 0.9,分别画出其幅频响应曲线如图 6.9.2 所示。显然,极点越靠近单位圆(r 越接近 1),带通特性越尖锐。

6.9.2　频域幅度误差平方最小法

设 IIR 数字滤波器是由 L 个二阶子系统级联而成的,则其系统函数

$$H(z)=A\prod_{l=1}^{L}\frac{1+\alpha_{1l}z^{-1}+\alpha_{2l}z^{-2}}{1+\beta_{1l}z^{-1}+\beta_{2l}z^{-2}} \tag{6.9.1}$$

式中,A 是待确定的常数;α_{1l}、α_{2l}、β_{1l} 和 $\beta_{2l}(l=1,2,\cdots,L)$ 是待求的 $4L$ 个系数。又设 $H_d(e^{j\omega})$ 是期望设计的数字滤波器的频率响应。如果在 $[0,\pi)$ 取 M 个数字频率点 $\omega_i(i=1,2,\cdots,M)$,在每个频率点上求 $|H(e^{j\omega_i})|$ 与 $|H_d(e^{j\omega_i})|$ 之差,并计算

$$e=\sum_{i=1}^{M}[|H(e^{j\omega_i})|-|H_d(e^{j\omega_i})|]^2 \tag{6.9.2}$$

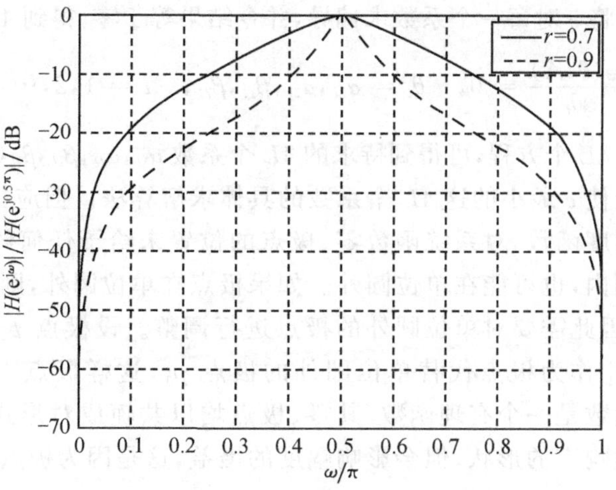

图 6.9.2　例 6.9.1 的带通数字滤波器的幅频响应曲线

e 可以理解为幅度误差的平方。在(6.9.1)式中,共有$(4L+1)$个待求的系数,求解它们的原则是使 e 达到最小。所以称这种设计方法为频域幅度误差平方最小法。

由(6.9.2)式知,e 是$(4L+1)$个未知系数的函数,故可表示为

$$e = e(\theta, A) \tag{6.9.3}$$

式中

$$\theta = [\alpha_{11}, \alpha_{21}, \beta_{11}, \beta_{21}, \alpha_{12}, \alpha_{22}, \beta_{12}, \beta_{22}, \cdots, \alpha_{1L}, \alpha_{2L}, \beta_{1L}, \beta_{2L}]^{\mathrm{T}}$$

是 $4L$ 个系数构成的系数向量。为求出使误差平方 e 最小的系数值,采用将 e 对每一个系数求偏导,并令这些导数等于零的方法,从而得到含有$(4L+1)$个未知系数的$(4L+1)$个方程。

如果记

$$H(\mathrm{e}^{\mathrm{j}\omega}) = A\prod_{l=1}^{L}\frac{1+\alpha_{1l}z^{-1}+\alpha_{2l}z^{-2}}{1+\beta_{1l}z^{-1}+\beta_{2l}z^{-2}}\bigg|_{z=\mathrm{e}^{\mathrm{j}\omega}} = AH_{\mathrm{n}}(\mathrm{e}^{\mathrm{j}\omega})$$

则有关于 A 的方程为

$$\frac{\partial e(\theta, A)}{\partial |A|} = \sum_{i=1}^{M} 2[|A||H_{\mathrm{n}}(\mathrm{e}^{\mathrm{j}\omega_i})| - |H_{\mathrm{d}}(\mathrm{e}^{\mathrm{j}\omega_i})|]|H_{\mathrm{n}}(\mathrm{e}^{\mathrm{j}\omega_i})| = 0$$

解得

$$|A| = \frac{\sum_{i=1}^{M}|H_{\mathrm{n}}(\mathrm{e}^{\mathrm{j}\omega_i})||H_{\mathrm{d}}(\mathrm{e}^{\mathrm{j}\omega_i})|}{\sum_{i=1}^{M}|H_{\mathrm{n}}(\mathrm{e}^{\mathrm{j}\omega_i})|^2} \tag{6.9.4}$$

其余 4L 个系数，将 e 对每一个系数求偏导，并令结果等于零，得到 4L 个非线性方程

$$\frac{\partial e(\theta,A)}{\partial \theta_l}=0,\quad \theta_l=\alpha_{1l},\alpha_{2l},\beta_{1l},\beta_{2l};\quad l=1,2,\cdots,L \tag{6.9.5}$$

通过联立求解这 4L 个方程，可得到待求的 4L 个系数 $\alpha_{1l},\alpha_{2l},\beta_{1l},\beta_{2l}(l=1,2,\cdots,L)$。

我们不讨论使 e 最小的这 4L 个系数的具体求解算法。但应指出，这种最小化的方法只涉及幅度函数，对系统函数零、极点的位置未给予任何约束。因此零、极点可能在单位圆内，也可能在单位圆外。如果极点在单位圆外，则会造成滤波器不是因果稳定的，因此需要对单位圆外的极点进行调整。设极点 p_1 处于单位圆外，则用其倒数 $1/p_1$ 作为极点代替单位圆外的极点 p_1，这样极点 $1/p_1$ 必在单位圆内。由于系统函数是一个有理函数，其零、极点均以共轭成对形式存在，所以这样调整不影响幅频响应的形状，但会影响幅度的增益，这是因为极点矢量的长度发生了变化。

图 6.9.3 所示的是在频域采用幅度误差平方最小法所设计的 IIR 低通数字滤波器的幅频响应曲线。图 6.9.3(a)是期望滤波器的特性，通带截止频率 $\omega_p=0.1\pi$rad。考虑到过渡带特性，在[0,0.2π)每隔 0.01π 取一点 ω_i 值，在[0.2π,π]每隔 0.1π 取一点 ω_i 值，并设置一点过渡带采样，在 $\omega=0.1\pi$ 处 $|H_d(e^{j\omega})|_{\omega=0.1\pi}=0.5$。这样

$$|H_d(e^{j\omega})|=\begin{cases}1, & \omega=0,0.01\pi,0.02\pi,\cdots,0.09\pi\\ 0.5, & \omega=0.1\pi\\ 0, & \omega=0.11\pi,0.12\pi,\cdots,0.19\pi\\ 0, & \omega=0.2\pi,0.3\pi,\cdots,\pi\end{cases}$$

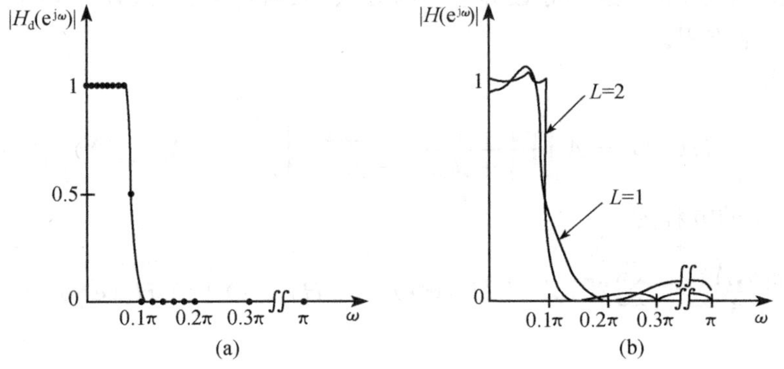

图 6.9.3　利用幅度误差平方最小法设计的低通数字滤波器的幅频响应曲线

图 6.9.3(b)是所设计的滤波器特性，显然 $L=2$ 时的幅频响应特性比 $L=1$ 时的特性改善了很多，且幅度误差平方 e 也有所减少。

6.9.3　时域逼近法和最小二乘法

IIR 数字滤波器也可以根据滤波器的单位脉冲响应 $h(n)$在时域直接设计。下面介绍两种时域设计方法。

1) 帕德(Pade)逼近法

设 $h_d(n)$是一个理想数字滤波器的单位脉冲响应，现在用一个因果数字滤波器逼近该理想滤波器，若其单位脉冲响应为 $h(n)$，则系统函数为

$$H(z) = \sum_{n=0}^{\infty} h(n) z^{-n} = \frac{\sum_{i=0}^{M} b_i z^{-i}}{1 + \sum_{k=1}^{N} a_k z^{-k}} \tag{6.9.6}$$

式中 $b_i(i=0,1,\cdots,M)$和 $a_k(k=1,2,\cdots,N)$是待求的滤波器系数。为了方便起见，在下面的分析中，记 $b_i=b(i)$，$a_k=a(k)$。如果求得 $H(z)$的 $N+M+1$ 个待定的系数，使 $h(n)=h_d(n)(n=0,1,\cdots,N+M)$，就实现了滤波器的设计。为此，首先将 $H(z)=B(z)/A(z)$写成

$$A(z)H(z) = B(z)$$

的形式，在时域，上式左边对应于一个线性卷积，于是有

$$a(n) * h(n) = h(n) + \sum_{k=1}^{N} a(k) h(n-k) = b(n) \tag{6.9.7}$$

$b(n)$的长度为$(M+1)$，令 $h(n)=h_d(n)(n=0,1,\cdots,N+M)$，就可以得到$(N+M+1)$个线性方程，即

$$h_d(n) + \sum_{k=1}^{N} a(k) h_d(n-k) = \begin{cases} b(n), & n = 0,1,\cdots,M \\ 0, & n = M+1, M+2, \cdots, N+M \end{cases} \tag{6.9.8}$$

联立求解这$(N+M+1)$个线性方程，就可解得$(N+M+1)$个待定系数 $b_i(i=0,1,\cdots,M)$和 $a_k(k=1,2,\cdots,N)$。

(6.9.8)式的求解可分两步进行。第一步将(6.9.8)式的最后 N 个方程写成如下矩阵的形式：

$$\begin{bmatrix} h_d(M) & h_d(M-1) & \cdots & h_d(M-N+1) \\ h_d(M+1) & h_d(M) & \cdots & h_d(M-N+2) \\ \vdots & \vdots & & \vdots \\ h_d(M+N-1) & h_d(M+N-2) & \cdots & h_d(M) \end{bmatrix} \begin{bmatrix} a(1) \\ a(2) \\ \vdots \\ a(N) \end{bmatrix} = -\begin{bmatrix} h_d(M+1) \\ h_d(M+2) \\ \vdots \\ h_d(M+N) \end{bmatrix} \tag{6.9.9}$$

由该矩阵方程解得待定系数 $a(k)=a_k(k=1,2,\cdots,N)$。

第二步由(6.9.8)式的前$(M+1)$个方程，即

$$b(n)=h_d(n)+\sum_{k=1}^{N}a(k)h_d(n-k),\quad n=0,1,\cdots,M \tag{6.9.10}$$

解得待定系数 $b(i)=b_i(i=0,1,\cdots,M)$。

虽然帕德逼近法能使 $h(n)$在 $n=0,1,\cdots,M+N$ 范围内很好的逼近 $h_d(n)$，但在 $n>M+N$ 时，对 $h(n)$没有约束，$h(n)$不能很好地逼近 $h_d(n)$，这是其缺点。

2) 最小二乘法

最小二乘法又称普罗尼(Prony)算法。该设计方法求使构造的误差函数

$$\varepsilon=\sum_{n=0}^{L}|h_d(n)-h(n)|^2 \tag{6.9.11}$$

最小的滤波器系数 $a(k)$和 $b(i)$，其中，L 是预先选择的上限。由于误差 ε 是系数 $a(k)$和 $b(i)$的非线性函数，一般来说求解这个最小化问题非常困难。但采用普罗尼算法可用如下的两步过程求出一个近似的最小二乘解。根据(6.9.8)式，有

$$h_d(n)+\sum_{k=1}^{N}a(k)h_d(n-k)=0,\quad N\geqslant M+1 \tag{6.9.12}$$

第一步是求系数 $a(k)$。为此，要求

$$\varepsilon=\sum_{n=M+1}^{\infty}e^2(n) \tag{6.9.13}$$

达到最小，其中

$$e(n)=h_d(n)+\sum_{k=1}^{N}a(k)h_d(n-k)$$

为求得使 ε 最小的系数 $a(k)$，可以通过将 ε 对 $a(k)$求偏导，令结果等于零来解得，即由方程

$$\frac{\partial\varepsilon}{\partial a(k)}=0,\quad k=1,2,\cdots,N \tag{6.9.14}$$

求得系数 $a(k)$。具体表示为求解以下线性方程组：

$$\begin{bmatrix} r_d(1,1) & r_d(1,2) & \cdots & r_d(1,N) \\ r_d(2,1) & r_d(2,2) & \cdots & r_d(2,N) \\ \vdots & \vdots & & \vdots \\ r_d(N,1) & r_d(N,2) & \cdots & r_d(N,N) \end{bmatrix}\begin{bmatrix} a(1) \\ a(2) \\ \vdots \\ a(N) \end{bmatrix}=\begin{bmatrix} r_d(1,0) \\ r_d(2,0) \\ \vdots \\ r_d(N,0) \end{bmatrix} \tag{6.9.15}$$

其中

$$r_d(p,q)=\sum_{n=M+1}^{\infty}h_d(n-q)h_d(n-p) \tag{6.9.16}$$

是 $h_d(n)$的自相关函数。一旦确定了系数 $a(k)$，第二步就可以用帕德法中 $n=0,1,\cdots,M$ 时，$h(n)=h_d(n)$来求系数 $b(i)$，即由方程

$$b(n) = h_{\mathrm{d}}(n) + \sum_{k=1}^{N} a(k) h_{\mathrm{d}}(n-k), \quad n = 0,1,\cdots,M \qquad (6.9.17)$$

解得系数 $b(i)$。

6.10 习　题

6.1 已知模拟滤波器的系统函数为

$$H(s) = \frac{a}{s+a}, \quad a > 0$$

证明该滤波器具有单调下降的低通幅频响应特性，且 $|H(\mathrm{j}0)| = 1$，$|H(\mathrm{j}\infty)| = 0$，并求该滤波器的 3dB 截止频率 Ω_{c}。

6.2 已知模拟滤波器的系统函数为

$$H(s) = \frac{s}{s+a}, \quad a > 0$$

证明该滤波器具有单调下降的高通幅频响应特性，且 $|H(\mathrm{j}0)| = 0$，$|H(\mathrm{j}\infty)| = 1$，并求该滤波器的 3dB 截止频率 Ω_{c}。

6.3 设计一个满足下列指标要求的模拟低通巴特沃思滤波器，并求出其系统函数的极点。通带截止频率 $f_{\mathrm{p}} = 2.1\text{kHz}$，阻带截止频率 $f_{\mathrm{Ls}} = 8\text{kHz}$，通带最大衰减 $\alpha_{\mathrm{p}} = 0.5\text{dB}$，阻带最小衰减 $\alpha_{\mathrm{s}} = 30\text{dB}$。

6.4 模拟低通滤波器的设计指标同习题 6.3，如采用切比雪夫Ⅰ型滤波器，求所需滤波器的最低阶数 N。

6.5 模拟低通滤波器的设计指标同习题 6.3，如采用椭圆滤波器，调用 Matlab 工具箱函数 ellipord，求所需滤波器的最低阶数 N。

6.6 设计一个满足下列指标要求的模拟低通巴特沃思滤波器。通带截止频率 $f_{\mathrm{p}} = 6\text{kHz}$，阻带截止频率 $f_{\mathrm{Ls}} = 12\text{kHz}$，通带最大衰减 $\alpha_{\mathrm{p}} = 3\text{dB}$，阻带最小衰减 $\alpha_{\mathrm{s}} = 25\text{dB}$。

6.7 设计一个满足下列指标要求的模拟低通切比雪夫Ⅰ型滤波器。通带截止频率 $f_{\mathrm{p}} = 6\text{kHz}$，阻带截止频率 $f_{\mathrm{Ls}} = 12\text{kHz}$，通带最大衰减 $\alpha_{\mathrm{p}} = 0.5\text{dB}$，阻带最小衰减 $\alpha_{\mathrm{s}} = 40\text{dB}$。

6.8 二阶模拟低通巴特沃思滤波器的系统函数为

$$H_{\mathrm{LP}}(s) = \frac{4.52}{s^2 + 3s + 4.52}$$

其通带截止频率 $f_{\mathrm{p}} = 0.2\text{Hz}$，通带最大衰减 $\alpha_{\mathrm{p}} = 0.5\text{dB}$。用频带变换公式，将 $H_{\mathrm{LP}}(s)$ 转换成高通滤波器 $H_{\mathrm{HP}}(s)$，要求高通滤波器的通带截止频率为 2Hz，通带最大衰减为 0.5dB。

6.9 设计模拟高通巴特沃思滤波器，要求通带截止频率为 5MHz，通带最大衰减为 0.5dB，阻带截止频率为 0.5MHz，阻带最小衰减为 40dB。

6.10 利用二阶模拟低通巴特沃思滤波器，设计一个中心频率为 $\Omega_0=20\text{rad/s}$，通带 3dB 带宽为 $B=4\text{rad/s}$ 的模拟带通滤波器。

6.11 利用一阶模拟低通巴特沃思滤波器，设计一个通带衰减 $\alpha_p=3\text{dB}$，阻带带宽 $B=\Omega_{su}-\Omega_{sl}$ 的模拟带阻滤波器。当取带阻滤波器的中心频率

$$\Omega_0=\sqrt{\Omega_{sl}\Omega_{su}}=20\text{rad/s}$$

时，粗略画出滤波器阻带带宽 $B=1,8,24\text{rad/s}$，所设计的模拟带阻滤波器的幅频响应曲线。

6.12 设模拟滤波器的系统函数为

$$H_a(s)=\frac{A}{s+a}$$

用脉冲响应不变法将 $H_a(s)$ 转换成数字滤波器的系统函数 $H(z)$，并确定数字滤波器在 $\omega=\pi$ 处的频谱混叠失真幅度与采样间隔 T 的关系。

6.13 设一阶模拟低通滤波器的系统函数为

$$H_a(s)=\frac{\Omega_c}{s+\Omega_c}$$

(1) 试用脉冲响应不变法将 $H_a(s)$ 转换成数字低通滤波器的系统函数 $H(z)$，采样间隔为 T。

(2) 为了比较模拟滤波器和数字滤波器的频率响应特性，需要将数字滤波器的幅频响应用最大值归一化，证明在 $\omega=0$ 时 $|H(e^{j\omega})|$ 达到最大，且用幅频响应 $|H(e^{j\omega})|_{max}$ 归一化的数字滤波器的归一化系统函数为

$$H_n(z)=\frac{1-e^{-j\Omega_c T}}{1-e^{-j\Omega_c T}z^{-1}}$$

6.14 已知模拟滤波器的系统函数为

$$H_a(s)=\frac{3}{s^2+4s+3}$$

用脉冲响应不变法将 $H_a(s)$ 转换成数字滤波器的系统函数 $H(z)$，采样间隔 $T=0.5\text{s}$。

6.15 设模拟滤波器的系统函数为

$$H_a(s)=\frac{\Omega}{(s+\sigma)^2+\Omega^2}$$

证明用脉冲响应不变法将 $H_a(s)$ 转换成数字滤波器的系统函数为

$$H(z)=\frac{z^{-1}e^{-\sigma T}\sin\Omega T}{1-2z^{-1}e^{-\sigma T}\cos\Omega T+z^{-2}e^{-2\sigma T}}$$

式中，T 为采样间隔。

6.16 设模拟滤波器的系统函数为

$$H_a(s) = \frac{s+\Omega}{(s+\sigma)^2+\Omega^2}$$

证明用脉冲响应不变法将 $H_a(s)$ 转换成数字滤波器的系统函数为

$$H(z) = \frac{1-z^{-1}e^{-\sigma T}\cos\Omega T}{1-2z^{-1}e^{-\sigma T}\cos\Omega T+z^{-2}e^{-2\sigma T}}$$

式中，T 为采样间隔。

6.17　利用脉冲响应不变法及模拟低通巴特沃思滤波器，设计一个满足下列指标要求的数字低通滤波器：

$$\omega_p = 0.2\pi\text{rad},\quad \omega_s = 0.6\pi\text{rad},\quad \alpha_p \leqslant 2\text{dB},\quad \alpha_s \geqslant 25\text{dB},\quad T = 1\text{s}$$

并画出其幅频响应曲线。

6.18　下列 IIR 数字滤波器是用脉冲响应不变法设计的，其中，采样间隔 $T=0.3$s。试求原型模拟滤波器的系统函数。

(1) $H(z)=\dfrac{2z}{z-e^{-0.9}}+\dfrac{3z}{z-e^{-1.2}}$；

(2) $H(z)=\dfrac{z^2-ze^{-0.6}\cos(0.9)}{z^2-2ze^{-0.6}\cos(0.9)+e^{-1.2}}$；

(3) $H(z)=\dfrac{ze^{-0.6}\sin(0.9)}{z^2-2ze^{-0.6}\cos(0.9)+e^{-1.2}}$。

6.19　理想模拟积分器的系统函数 $H_a(s)=1/s$，用双线性变换法将其转换成数字积分器，设采样间隔为 T。

(1) 求数字积分器的系统函数 $H(z)$。

(2) 写出数字积分器的差分方程。

(3) 求出模拟积分器和数字积分器的频率响应函数 $H_a(j\Omega)$ 和 $H(e^{j\omega})$，并画出其幅频响应特性曲线和相频响应特性曲线，分析比较数字积分器的逼近误差。

6.20　已知模拟滤波器的系统函数为

(1) $H_a(s)=\dfrac{1}{s^2+s+1}$；

(2) $H_a(s)=\dfrac{1}{s^2+2s+1}$；

(3) $H_a(s)=\dfrac{1}{2s^2+3s+1}$。

分别用脉冲响应不变法和双线性变换法，将其转换成对应的数字滤波器的系统函数 $H(z)$，设采样间隔 $T=2$s。

6.21　一个采样数字处理低通系统如题 6.21 图所示，$H(z)$ 的通带截止频率 $\omega_p=0.2\pi$rad，整个系统相当于一个模拟低通滤波器。设采样频率 $f_s=1$kHz，求等效于模拟低通系统的通带截止频率 f_c。若采样频率 f_s 分别改为 5kHz、200Hz，而 $H(z)$ 不变，问这时等效于模拟低通系统的通带截止频率 f_c 各为多少？

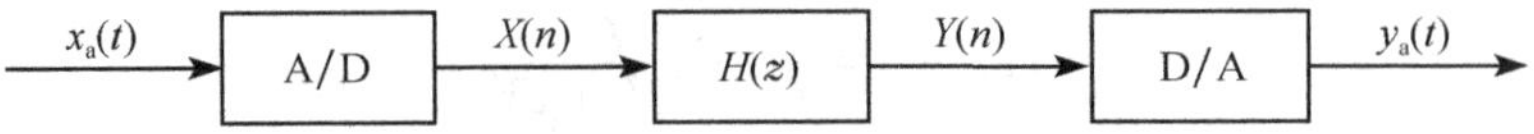

题 6.21 图　采样数字处理低通系统

6.22　已知模拟低通滤波器的通带截止频率 $f_p=0.5\text{kHz}$，用脉冲响应不变法将其转换成数字低通滤波器 $H(z)$，采样间隔 $T=0.5\text{ms}$，求数字低通滤波器的通带截止频率 ω_p 是多少？如果改用双线性变换法，采样间隔 $T=0.5\text{ms}$，数字低通滤波器的通带截止频率 ω_p 是多少？

6.23　利用一阶模拟低通巴特沃思滤波器，采用双线性变换法设计一个 $\alpha_p=3\text{dB}$，通带截止频率为 ω_p 的数字低通滤波器。

6.24　模拟低通滤波器的系统函数为 $H_a(s)$，若数字滤波器的系统函数 $H(z)=H_a(s)\big|_{s=\frac{2}{T}\frac{1-z^{-1}}{1+z^{-1}}}$，判断数字滤波器的通带中心位于下列哪些情况，并说明理由。

(1) $\omega=0$(低通)；

(2) $\omega=\pi$(高通)；

(3) 除了 0 和 π 以外的某一频率(带通)。

6.25　利用模拟低通巴特沃思滤波器，分别采用脉冲响应不变法和双线性变换法设计数字低通滤波器，要求 $\omega_p=0.2\pi\text{rad}$，$\omega_s=0.3\pi\text{rad}$，$\alpha_p\leqslant 1\text{dB}$，$\alpha_s\geqslant 20\text{dB}$。采样间隔 $T=1\text{s}$。

6.26　用双线性变换法设计数字高通巴特沃思滤波器，要求通带截止频率 $\omega_p=0.8\pi\text{rad}$，通带最大衰减 $\alpha_p=3\text{dB}$，阻带截止频率 $\omega_s=0.5\pi\text{rad}$，阻带最小衰减 $\alpha_s=18\text{dB}$。

6.27　三阶数字低通切比雪夫滤波器的系统函数为

$$H(z)=\frac{0.066z(1+z^{-1})^3}{(1-0.2593z^{-1})(1-0.6729z^{-1}+0.3917z^{-2})}$$

通带截止频率 $\omega_p=0.2\pi\text{rad}$，通带最大衰减 $\alpha_p=0.5\text{dB}$。要求将其变换成通带截止频率 $\omega_p=0.5\pi\text{rad}$ 的数字低通滤波器。

6.28　二阶数字低通滤波器的采样频率 $f_s=500\text{Hz}$，通带截止频率 $f_p=50\text{Hz}$，系统函数为

$$H(z)=\frac{0.0674553(1+2z^{-1}+z^{-2})}{1-1.14298z^{-1}+0.412802z^{-2}}$$

试将其变换为数字高通滤波器的系统函数 $H_{HP}(z)$，通带截止频率 $f_p=200\text{Hz}$。

6.29　利用 Matlab 工具箱函数 buttord 和 butter，设计模拟低通巴特沃思滤波器。滤波器的指标要求为：通带截止频率 $f_p=1\text{kHz}$，阻带截止频率 $f_{Ls}=5\text{kHz}$，通带最大衰减 $\alpha_p=1\text{dB}$，阻带最小衰减 $\alpha_s=40\text{dB}$。

6.30　设模拟低通滤波器的指标要求同习题 6.29。

(1) 利用 Matlab 工具箱函数 cheb1ord 和 cheby1，设计切比雪夫 Ⅰ 型模拟低

通滤波器。

(2) 利用 Matlab 工具箱函数 cheb2ord 和 cheby2,设计切比雪夫Ⅱ型模拟低通滤波器。

6.31 设模拟低通滤波器的指标要求同习题 6.29,利用 Matlab 工具箱函数 ellipord和 ellip,设计椭圆滤波器。

6.32 利用 Matlab 工具箱函数 bessel,设计三阶模拟低通贝塞尔滤波器,要求通带截止频率 $f_p=2\text{kHz}$。画出滤波器的幅频响应特性曲线和相频响应特性曲线。

6.33 利用 Matlab 设计模拟高通巴特沃思滤波器,要求通带截止频率 $f_{Hp}=4\text{kHz}$,阻带截止频率 $f_{Hs}=1\text{kHz}$,通带最大衰减 $\alpha_p=0.5\text{dB}$,阻带最小衰减 $\alpha_s=40\text{dB}$。

6.34 利用 Matlab 设计模拟带通巴特沃思滤波器,要求通带下、上截止频率分别为 $f_{pl}=4\text{kHz}$,$f_{pu}=6\text{kHz}$,阻带下、上截止频率分别为 $f_{sl}=2\text{kHz}$,$f_{su}=9\text{kHz}$,通带最大衰减 $\alpha_p=1\text{dB}$,阻带最小衰减 $\alpha_s=20\text{dB}$。

6.35 利用 Matlab 设计模拟带阻巴特沃思滤波器,要求通带下、上截止频率分别为 $\Omega_{pl}=6\text{rad/s}$,$\Omega_{pu}=13\text{rad/s}$,阻带下、上截止频率分别为 $\Omega_{sl}=9\text{rad/s}$,$\Omega_{su}=11\text{rad/s}$,通带最大衰减 $\alpha_p=1\text{dB}$,阻带最小衰减 $\alpha_s=20\text{dB}$。

6.36 利用 Matlab 工具箱函数,采用模拟低通巴特沃思滤波器及脉冲响应不变法,设计满足下列指标的数字低通滤波器,并画出幅频响应特性曲线。

通带截止频率 $\omega_p=0.1\pi\text{rad}$,阻带截止频率 $\omega_s=0.4\pi\text{rad}$;

通带最大衰减 $\alpha_p=1\text{dB}$,阻带最小衰减 $\alpha_s=25\text{dB}$。

6.37 利用 Matlab 工具箱函数,采用模拟低通切比雪夫Ⅰ型滤波器及脉冲响应不变法,设计满足下列指标的数字低通滤波器,并画出幅频响应特性曲线。

通带截止频率 $\omega_p=0.2\pi\text{rad}$,阻带截止频率 $\omega_s=0.4\pi\text{rad}$;

通带最大衰减 $\alpha_p=1\text{dB}$,阻带最小衰减 $\alpha_s=15\text{dB}$。

6.38 已知模拟巴特沃思滤波器的系统函数为

$$H(s)=\frac{1}{(s+1)(s^2+25+1)}$$

取 $T=2\text{s}$,利用 Matlab 工具箱函数,采用双线性变换法将其变换为数字滤波器。

6.39 利用 Matlab 工具箱函数,采用模拟低通切比雪夫Ⅰ型滤波器及双线性变换法,设计满足下列指标的数字低通滤波器,并画出幅频响应特性曲线。

通带截止频率 $\omega_p=0.1\pi\text{rad}$,阻带截止频率 $\omega_s=0.4\pi\text{rad}$;

通带最大衰减 $\alpha_p=1\text{dB}$,阻带最小衰减 $\alpha_s=15\text{dB}$。

6.40 利用 Matlab 工具箱函数,设计满足下列指标的数字低通巴特沃思滤波器,并分别画出幅频响应特性曲线和相频响应特性曲线。设计指标为:

通带截止频率 $\omega_p=0.1\pi$rad，阻带截止频率 $\omega_s=0.5\pi$rad；

通带最大衰减 $\alpha_p=0.5$dB，阻带最小衰减 $\alpha_s=45$dB。

6.41　利用 Matlab 工具箱函数，设计数字低通切比雪夫Ⅰ型滤波器，设计指标和要求同习题 6.40，并与习题 6.40 所设计的数字滤波器特性进行比较。

6.42　利用 Matlab 工具箱函数，分别设计满足下列指标的数字低通巴特沃思滤波器和数字低通椭圆滤波器，画出各自的幅频响应特性曲线，并进行比较。设计指标为：

通带截止频率 $\omega_p=0.2\pi$rad，阻带截止频率 $\omega_s=0.4\pi$rad；

通带最大衰减 $\alpha_p=0.5$dB，阻带最小衰减 $\alpha_s=30$dB。

6.43　利用 Matlab 工具箱函数，设计满足下列指标的数字高通椭圆滤波器，并分别画出幅频响应特性曲线和相频响应特性曲线。设计指标为：

通带截止频率 $\omega_p=0.26\pi$rad，阻带截止频率 $\omega_s=0.18\pi$rad；

通带最大衰减 $\alpha_p=1.2$dB，阻带最小衰减 $\alpha_s=25$dB。

6.44　利用 Matlab 工具箱函数，设计满足下列指标要求的数字带通巴特沃思滤波器，设计指标为：

通带频率范围为 $0.25\pi\text{rad}\leqslant\omega\leqslant0.45\pi$rad，通带最大衰减 $\alpha_p=2$dB；

阻带频率范围为 $0\leqslant\omega\leqslant0.15\pi$rad 和 $0.55\pi\text{rad}\leqslant\omega\leqslant\pi$rad，阻带最小衰减 $\alpha_s=20$dB。

6.45　希望通过对输入模拟信号采样后用数字带通滤波器提取所需要的信号。设系统的采样频率为 8kHz，要求提取 2000～2400Hz 频段的信号，幅度失真小于 1dB；滤除 0～1600Hz 频段和 2800Hz 以上频段的信号，要求衰减大于 40dB。利用 Matlab 工具箱函数，设计数字带通椭圆滤波器。

6.46　希望通过对输入模拟信号采样后用数字带阻滤波器抑制干扰信号。设系统的采样频率为 10kHz，要求抑制 2000～2250Hz 频段的干扰信号，衰减大于 40dB；而对 0～1750Hz 频段和 2500Hz 以上频段的信号，要求幅度失真小于 1dB。利用 Matlab 工具箱函数，设计数字带阻椭圆滤波器。

第 7 章　有限长脉冲响应数字滤波器设计

7.1 引　　言

第 6 章讨论的 IIR 数字滤波器的设计，主要是对滤波器的幅频响应特性进行逼近，其相频响应特性是非线性的。由于线性相位在实际应用中非常重要，如在信号无失真传输，数据通信，图像传输与处理，语音信号处理等领域，都要求滤波器具有线性相位特性。有限长单位脉冲响应(FIR)数字滤波器的最大特点是可以把它设计成具有线性相位的滤波器。由于 FIR 数字滤波器的单位脉冲响应是有限长的，因而滤波器一定是稳定的。另外，FIR 数字滤波器是全零点滤波器，其硬件或软件实现结构简单。因而在很多应用场合，特别是在要求线性相位滤波的场合，一般都采用 FIR 数字滤波器。

本章先讨论线性相位 FIR 数字滤波器及其特点，在此基础上再讨论 FIR 数字滤波器的窗函数设计法，频率采样设计法，最优化设计法及用 Matlab 设计线性相位 FIR 数字滤波器的问题等内容。

7.2 线性相位 FIR 数字滤波器及其特点

FIR 数字滤波器是指滤波器的单位脉冲响应 $h(n)$是有限长序列。$N-1$ 阶 FIR 数字滤波器的系统函数 $H(z)$可表示为

$$H(z) = \sum_{n=0}^{N-1} h(n) z^{-n} \tag{7.2.1}$$

$H(z)$是 z^{-1}的 $N-1$ 阶多项式，在 z 平面上有 $N-1$ 个零点，而它的 $N-1$ 个极点均位于 z 平面的原点 $z=0$。

7.2.1　线性相位 FIR 数字滤波器

FIR 数字滤波器的频率响应

$$H(e^{j\omega}) = \sum_{n=0}^{N-1} h(n) e^{-j\omega n} \tag{7.2.2}$$

一般可将 $H(e^{j\omega})$表示成如下形式：

$$H(e^{j\omega}) = H(\omega) e^{j\theta(\omega)} \tag{7.2.3}$$

式中，$H(\omega)$是一个可取正值也可取负值的实函数，称为幅度特性函数，它与$H(e^{j\omega})=|H(e^{j\omega})|e^{j\phi(\omega)}$中的幅频响应函数$|H(e^{j\omega})|$是不同的；$\theta(\omega)$也与相频响应函数$\phi(\omega)$不同，称为相位特性函数。

若 FIR 数字滤波器的相位特性函数$\theta(\omega)$满足

$$\theta(\omega)=-\omega\tau \tag{7.2.4}$$

即滤波器的相位θ与频率ω成正比，$\theta(\omega)$是ω的严格线性函数，则该滤波器是具有严格线性相位的滤波器。如果频率为ω的信号迟延的相位为θ，则对应的时间延迟为θ/ω。显然，严格线性相位滤波器对信号中所有的频率分量都具有相同的时间延迟τ(τ是一个无量纲的常数)。如果该滤波器幅度特性函数$H(\omega)$也是常数，则通过该滤波器的含有不同频率的信号仅仅有一个纯粹的时延，而不会产生波形失真。这种特性在许多应用场合下都具有重要的意义。

若 FIR 数字滤波器的相位特性函数$\theta(\omega)$满足

$$\theta(\omega)=\theta_0-\omega\tau \tag{7.2.5}$$

式中，θ_0是初始相位。该滤波器的相位特性函数$\theta(\omega)$与频率ω成线性关系，但不能保证对信号中所有的频率分量都具有相同的时间延迟，因为$\theta(\omega)/\omega=\theta_0/\omega-\tau$不是常数，多了一个与频率$\omega$有关的非常数项$\theta_0/\omega$，因此含有不同频率的信号通过这样的滤波器会产生相位失真，这样的滤波器是具有广义线性相位的滤波器。不过通常θ_0比较小，θ_0/ω比τ小的多，由它引起的相位失真一般可以忽略。例如下面要讨论的某些类型线性相位滤波器，$\theta_0=-\pi/2$，而τ的值是 FIR 滤波器阶数$N-1$的一半，通常可以到几十以上，因此θ_0的影响一般可以忽略。习惯上常说的 FIR 数字滤波器具有线性相位特性，一般是指广义线性相位特性。

对于更多的数字滤波器，特别是 IIR 数字滤波器，要做到线性相位是困难的。这时衡量它们造成的相位失真常用群延迟$\tau_g(\omega)$来表示。大家知道，群延迟定义为相位特性函数$\theta(\omega)$对频率ω的导数，即

$$\tau_g(\omega)=-\frac{d\theta(\omega)}{d\omega} \tag{7.2.6}$$

前面定义的两类线性相位 FIR 数字滤波器的群延迟都是常数τ。因此又称线性相位滤波器为恒定群延迟滤波器。对于不满足线性相位的滤波器，则应要求其群延迟$\tau_g(\omega)$随ω变化的特性尽量平坦，越接近于常数越好。

7.2.2 线性相位的条件

设线性相位 FIR 数字滤波器的单位脉冲响应为$h(n)$，其长度为N。下面推导线性相位 FIR 数字滤波器的$h(n)$应满足的条件。

1. *严格线性相位条件*

严格线性相位的 FIR 数字滤波器，其$\theta(\omega)=-\omega\tau$，则由(7.2.2)式和(7.2.3)

式得到

$$H(e^{j\omega}) = \sum_{n=0}^{N-1} h(n)e^{-j\omega n} = H(\omega)e^{-j\omega\tau}$$

展开为

$$\sum_{n=0}^{N-1} h(n)[\cos(\omega n) - j\sin(\omega n)] = H(\omega)[\cos(\omega\tau) - j\sin(\omega\tau)] \quad (7.2.7)$$

利用两个复数相等，必须满足它们的实部相等，虚部也相等的条件，由(7.2.7)式得到

$$H(\omega)\cos(\omega\tau) = \sum_{n=0}^{N-1} h(n)\cos(\omega n) \quad (7.2.8a)$$

$$H(\omega)\sin(\omega\tau) = \sum_{n=0}^{N-1} h(n)\sin(\omega n) \quad (7.2.8b)$$

将(7.2.8a)式除以 (7.2.8b)式得到

$$\frac{\cos(\omega\tau)}{\sin(\omega\tau)} = \frac{\sum_{n=0}^{N-1} h(n)\cos(\omega n)}{\sum_{n=0}^{N-1} h(n)\sin(\omega n)}$$

即

$$\sum_{n=0}^{N-1} h(n)\cos(\omega n)\sin(\omega\tau) = \sum_{n=0}^{N-1} h(n)\sin(\omega n)\cos(\omega\tau)$$

将上式移项，并利用三角公式化简得

$$\sum_{n=0}^{N-1} h(n)\sin[\omega(n-\tau)] = 0 \quad (7.2.9)$$

可见函数 $h(n)\sin[\omega(n-\tau)]$关于求和区间的中心$(N-1)/2$ 奇对称，是满足(7.2.9) 式的一组解。因为 $\sin[\omega(n-\tau)]$关于 $n=\tau$ 奇对称，所以如果取 $\tau=(N-1)/2$，为满足(7.2.9) 式，则要求 $h(n)$关于$(N-1)/2$ 偶对称。这样，要求 τ 和$h(n)$满足如下条件：

$$\tau = (N-1)/2 \quad (7.2.10a)$$

$$h(n) = h(N-1-n) \quad (7.2.10b)$$

上述分析结果说明，如果要求单位脉冲响应为 $h(n)$，长度为 N 的 FIR 数字滤波器具有严格线性相位特性，则 $h(n)$应当满足关于 $n=(N-1)/2$ 点偶对称。当 N 确定后，FIR 数字滤波器的相位特性函数 $\theta(\omega)=-\omega\tau$，$\tau=(N-1)/2$，它是 ω 的严格线性函数。

单位脉冲响应 $h(n)$的长度 N 为奇数和偶数时的偶对称情况分别如表 7.2.1 中的情况Ⅰ和情况Ⅱ所示。

2. 广义线性相位条件

广义线性相位条件的 FIR 数字滤波器，其 $\theta(\omega)=-\pi/2-\omega\tau$，则由(7.2.2)式

和(7.2.3)式，经过类似严格线性相位情况的推导，可以得到

$$\sum_{n=0}^{N-1} h(n)\cos[\omega(n-\tau)] = 0 \tag{7.2.11}$$

可见函数 $h(n)\cos[\omega(n-\tau)]$ 关于求和区间的中心 $(N-1)/2$ 奇对称，是满足(7.2.11)式的一组解。因为 $\cos[\omega(n-\tau)]$ 关于 $n=\tau$ 偶对称，所以如果取 $\tau=(N-1)/2$，为满足(7.2.11)式，则要求 $h(n)$ 关于 $(N-1)/2$ 奇对称。这样，要求 τ 和 $h(n)$ 满足如下条件：

$$\tau = (N-1)/2 \tag{7.2.12a}$$

$$h(n) = -h(N-1-n) \tag{7.2.12b}$$

上述分析结果说明，如果要求单位脉冲响应为 $h(n)$，长度为 N 的 FIR 数字滤波器具有广义线性相位特性，则 $h(n)$ 应当满足关于 $n=(N-1)/2$ 点奇对称。当 N 确定后，FIR 数字滤波器的相位特性函数为 $\theta(\omega)=-\pi/2-\omega\tau$，$\tau=(N-1)/2$，它是 ω 的广义线性函数。

单位脉冲响应 $h(n)$ 的长度 N 为奇数和偶数时的奇对称情况分别如表 7.2.1 中的情况Ⅲ和情况Ⅳ所示。

表 7.2.1　线性相位 FIR 数字滤波器的时域和频域特性

严格线性相位特性　$h(n)=h(N-1-n)$			
情况Ⅰ	相位特性函数 $\theta(\omega)=-\omega\tau,\quad \tau=\frac{N-1}{2}$ 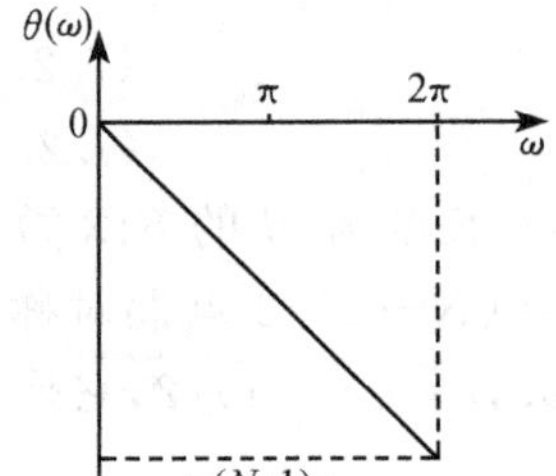	N 为奇数 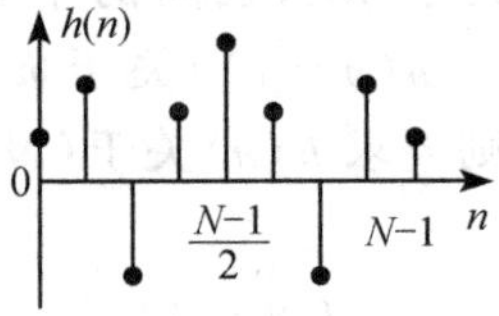	幅度特性函数 $H(\omega)=\sum_{n=0}^{\frac{N-1}{2}} a(n)\cos(\omega n)$ 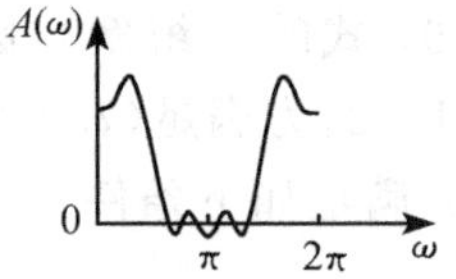
情况Ⅱ		N 为偶数 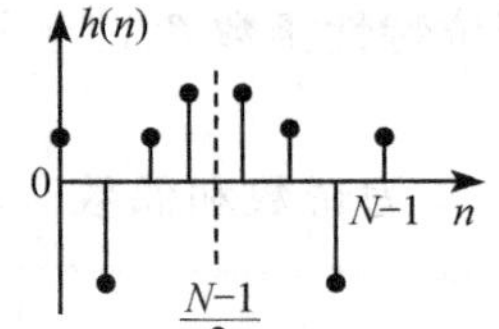	幅度特性函数 $H(\omega)=\sum_{n=0}^{\frac{N}{2}-1} b(n)\cos\left[\omega\left(n-\frac{1}{2}\right)\right]$ 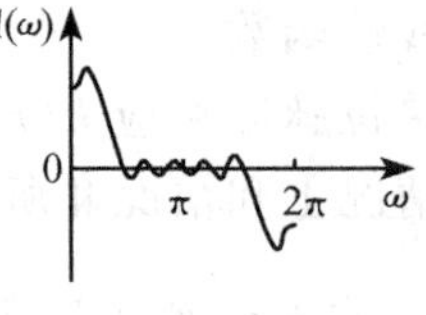

续表

广义线性相位特性	$h(n)=-h(N-1-n)$		
情况Ⅲ	相位特性函数 $\theta(\omega)=-\dfrac{\pi}{2}-\omega\tau,\quad \tau=\dfrac{N-1}{2}$ 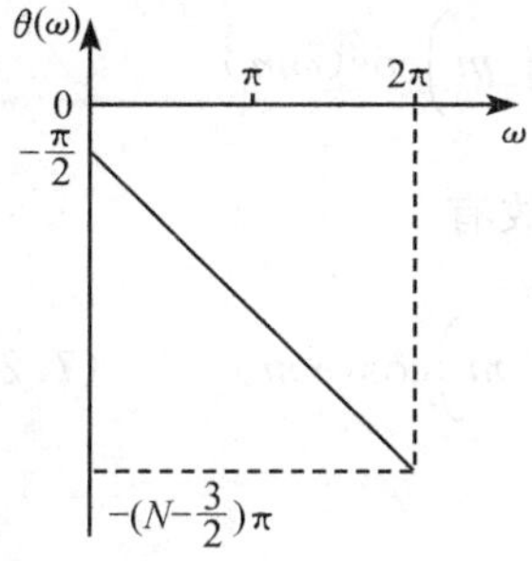 	N 为奇数 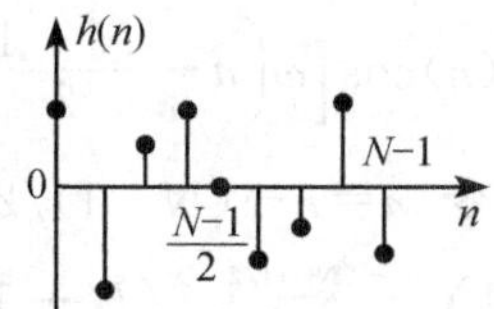 	幅度特性函数 $H(\omega)=\sum_{n=0}^{\frac{N-1}{2}}c(n)\sin(\omega n)$ 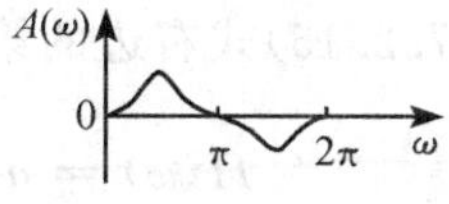
情况Ⅳ		N 为偶数 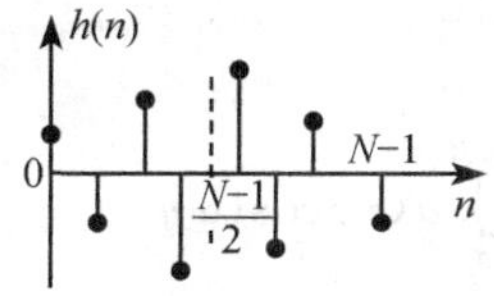 	幅度特性函数 $H(\omega)=\sum_{n=0}^{\frac{N}{2}-1}d(n)\sin\left[\omega\left(n-\frac{1}{2}\right)\right]$ 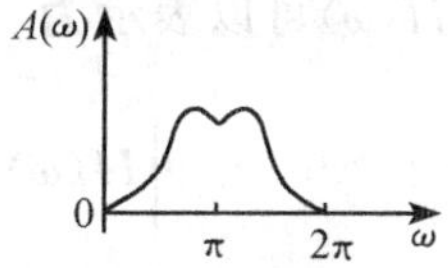

7.2.3　线性相位 FIR 数字滤波器的幅度特性

针对单位脉冲响应 $h(n)$ 是偶对称，还是奇对称，以及长度 N 为奇数还是偶数共四种情况，下面分别讨论线性相位 FIR 数字滤波器的幅度特性函数 $H(\omega)$ 的特性。

1. 情况Ⅰ：$h(n)$ 偶对称，N 为奇数

将时域的约束条件 $h(n)=h(N-1-n)$，代入(7.2.2)式和(7.2.3)式，注意 N 为奇数，得

$$\begin{aligned}
H(e^{j\omega}) = H(\omega)e^{j\theta(\omega)} &= \sum_{n=0}^{N-1} h(n)e^{-j\omega n} \\
&= \sum_{n=0}^{(N-3)/2} h(n)e^{-j\omega n} + h\left(\frac{N-1}{2}\right)e^{-j\omega\frac{N-1}{2}} + \sum_{n=(N+1)/2}^{N-1} h(n)e^{-j\omega n} \\
&= \sum_{n=0}^{(N-3)/2} h(n)\left[e^{-j\omega n} + e^{-j\omega(N-1-n)}\right] + h\left(\frac{N-1}{2}\right)e^{-j\omega\frac{N-1}{2}} \\
&= e^{-j\omega\frac{N-1}{2}}\left\{\sum_{n=0}^{(N-3)/2} h(n)\left[e^{-j\omega\left(n-\frac{N-1}{2}\right)} + e^{j\omega\left(n-\frac{N-1}{2}\right)}\right] + h\left(\frac{N-1}{2}\right)\right\} \\
&= e^{-j\omega\frac{N-1}{2}}\left\{\sum_{n=0}^{(N-3)/2} 2h(n)\cos\left[\omega\left(n-\frac{N-1}{2}\right)\right] + h\left(\frac{N-1}{2}\right)\right\}
\end{aligned} \tag{7.2.13}$$

显然，$H(e^{j\omega})$的相位特性函数

$$\theta(\omega)=-\omega(N-1)/2=-\omega\tau,\quad \tau=(N-1)/2 \tag{7.2.14}$$

满足(7.2.4)式的严格线性相位条件和(7.2.10a)式关于τ的取值关系。而幅度特性函数

$$H(\omega)=\sum_{n=0}^{(N-3)/2}2h(n)\cos\left[\omega\left(n-\frac{N-1}{2}\right)\right]+h\left(\frac{N-1}{2}\right) \tag{7.2.15}$$

针对(7.2.15)式右边的第一项，令$m=n-(N-1)/2$，则得

$$H(\omega)=h\left(\frac{N-1}{2}\right)+\sum_{m=-1}^{-(N-1)/2}2h\left(\frac{N-1}{2}+m\right)\cos(\omega m)$$

考虑到$h\left(\frac{N-1}{2}+m\right)$和$\cos(\omega m)$对于$\pm m$呈偶对称，故有

$$H(\omega)=h\left(\frac{N-1}{2}\right)+\sum_{m=1}^{(N-1)/2}2h\left(\frac{N-1}{2}+m\right)\cos(\omega m) \tag{7.2.16}$$

因此，$H(\omega)$可以表示为

$$\begin{cases}H(\omega)=\sum_{n=0}^{(N-1)/2}a(n)\cos(\omega n)\\ a(n)=2h\left(\frac{N-1}{2}+n\right),\quad 1\leqslant n\leqslant\frac{N-1}{2}\\ a(0)=h\left(\frac{N-1}{2}\right)\end{cases} \tag{7.2.17}$$

因为$\cos(\omega n)$关于$\omega=0,\pi,2\pi$三点是偶对称的，所已由(7.2.17)式可以看出，$H(\omega)$关于$\omega=0,\pi,2\pi$三点也是偶对称的。因此在情况Ⅰ下可以实现各种(低通、高通、带通、带阻)滤波器。作为例图，表7.2.1中给出了情况Ⅰ下FIR低通数字滤波器的$H(\omega)$图形。

2. 情况Ⅱ：$h(n)$偶对称，N为偶数

将时域的约束条件$h(n)=h(N-1-n)$，代入(7.2.2)式和(7.2.3)式，注意N为偶数，得

$$\begin{aligned}H(e^{j\omega})=H(\omega)e^{j\theta(\omega)}&=\sum_{n=0}^{N-1}h(n)e^{-j\omega n}\\&=\sum_{n=0}^{\frac{N}{2}-1}h(n)e^{-j\omega n}+\sum_{n=\frac{N}{2}}^{N-1}h(n)e^{-j\omega n}\\&=\sum_{n=0}^{\frac{N}{2}-1}h(n)e^{-j\omega n}+\sum_{n=0}^{\frac{N}{2}-1}h(N-1-n)e^{-j\omega(N-1-n)}\end{aligned}$$

$$= \sum_{n=0}^{\frac{N}{2}-1} h(n)\left[e^{-j\omega n} + e^{-j\omega(N-1-n)}\right]$$

$$= e^{-j\omega\frac{N-1}{2}} \sum_{n=0}^{\frac{N}{2}-1} 2h(n)\cos\left[\omega\left(n - \frac{N-1}{2}\right)\right] \tag{7.2.18}$$

其相位特性函数与 N 为奇数时相同,为

$$\theta(\omega) = -\omega(N-1)/2 = -\omega\tau, \quad \tau = (N-1)/2 \tag{7.2.19}$$

而幅度特性函数

$$H(\omega) = \sum_{n=0}^{\frac{N}{2}-1} 2h(n)\cos\left[\omega\left(n - \frac{N-1}{2}\right)\right] \tag{7.2.20}$$

令 $m=n-\frac{N}{2}+1$,同样利用偶对称特性,得

$$H(\omega) = \sum_{m=0}^{\frac{N}{2}-1} 2h\left(\frac{N}{2} - 1 + m\right)\cos\left[\omega\left(m - \frac{1}{2}\right)\right] \tag{7.2.21}$$

因此,$H(\omega)$可以表示为

$$\begin{cases} H(\omega) = \sum_{n=0}^{\frac{N}{2}-1} b(n)\cos\left[\omega\left(n - \frac{1}{2}\right)\right] \\ b(n) = 2h\left(\frac{N}{2} - 1 + n\right), \quad 0 \leqslant n \leqslant \frac{N}{2} - 1 \end{cases} \tag{7.2.22}$$

当 $\omega=\pi$ 时,有

$$H(\omega) = \cos\left[\omega\left(n - \frac{1}{2}\right)\right]\bigg|_{\omega=\pi} = \cos\left(n\pi - \frac{\pi}{2}\right) = 0$$

而且 $\cos\left[\omega\left(n-\frac{1}{2}\right)\right]$是关于过零点奇对称、关于 $\omega=0$ 和 $\omega=2\pi$ 偶对称的函数,所以 $H(\pi)=0$,$H(\omega)$关于 $\omega=\pi$ 奇对称,关于 $\omega=0$ 和 $\omega=2\pi$ 偶对称。因此在情况Ⅱ下不能实现高通和带阻滤波器。表 7.2.1 中给出了情况Ⅱ下 FIR 低通数字滤波器的 $H(\omega)$例图。

3. 情况Ⅲ:$h(n)$奇对称,N 为奇数

在 $h(n)$奇对称,N 为奇数情况下,$h(n)$的中间项 $h\left(\frac{N-1}{2}\right)$必为零。将时域约束条件 $h(n)=-h(N-1-n)$ 代入(7.2.2)式和(7.2.3)式,注意 N 为奇数,得到

$$\begin{aligned}
H(e^{j\omega}) = H(\omega)e^{j\theta(\omega)} &= \sum_{n=0}^{N-1} h(n)e^{-j\omega n} \\
&= \sum_{n=0}^{(N-3)/2} h(n)e^{-j\omega n} + \sum_{n=(N+1)/2}^{N-1} h(n)e^{-j\omega n} \\
&= \sum_{n=0}^{(N-3)/2} h(n)[e^{-j\omega n} - e^{-j\omega(N-1-n)}] \\
&= e^{-j\left(\omega\frac{N-1}{2}+\frac{\pi}{2}\right)} \sum_{n=0}^{(N-3)/2} \left\{2h(n)\sin\left[\omega\left(n-\frac{N-1}{2}\right)\right]\right\}
\end{aligned} \tag{7.2.23}$$

其相位特性函数为

$$\theta(\omega) = -\frac{\pi}{2} - \omega\frac{N-1}{2} = -\frac{\pi}{2} - \omega\tau, \quad \tau = \frac{N-1}{2} \tag{7.2.24}$$

满足(7.2.5)式的广义线性相位条件和(7.2.12a)式关于 τ 的取值关系。而幅度特性函数

$$H(\omega) = \sum_{n=0}^{(N-3)/2} \left\{2h(n)\sin\left[\omega\left(n-\frac{N-1}{2}\right)\right]\right\} \tag{7.2.25}$$

令 $m=n-\dfrac{N-1}{2}$，则得

$$H(\omega) = \sum_{m=-1}^{-\frac{N-1}{2}} \left\{2h\left(\frac{N-1}{2}+m\right)\sin(\omega m)\right\}$$

考虑到 $2h\left(\dfrac{N-1}{2}+m\right)$ 和 $\sin(\omega m)$ 对于 $\pm m$ 呈奇对称，故有

$$H(\omega) = \sum_{m=1}^{\frac{N-1}{2}} \left\{2h\left(\frac{N-1}{2}+m\right)\sin(\omega m)\right\} \tag{7.2.26}$$

由于 $h\left(\dfrac{N-1}{2}\right)=0$，因此，$H(\omega)$ 可以表示为

$$\begin{cases}
H(\omega) = \displaystyle\sum_{n=0}^{\frac{N-1}{2}} [c(n)\sin(\omega n)] \\
c(n) = 2h\left(\dfrac{N-1}{2}+n\right), \quad 0 \leqslant n \leqslant \dfrac{N-1}{2}
\end{cases} \tag{7.2.27}$$

由于 $\sin(\omega n)$ 在 $\omega=0,\pi,2\pi$ 处都为零，并对这些点呈奇对称，因此 $H(\omega)$ 关于 $\omega=0,\pi,2\pi$ 三点奇对称。这样在情况Ⅲ下只能实现带通滤波器。表 7.2.1 中给出了情况Ⅲ下 FIR 带通数字滤波器的 $H(\omega)$ 例图。

4. 情况Ⅳ：$h(n)$ 奇对称，N 为偶数

将时域约束条件 $h(n)=-h(N-1-n)$ 代入(7.2.2)式和(7.2.3)式，注意 N

为偶数，得到

$$H(\mathrm{e}^{\mathrm{j}\omega})=H(\omega)\mathrm{e}^{\mathrm{j}\theta(\omega)}=\sum_{n=0}^{N-1}h(n)\mathrm{e}^{-\mathrm{j}\omega n}$$

$$=\mathrm{e}^{-\mathrm{j}\left(\omega\frac{N-1}{2}+\frac{\pi}{2}\right)}\sum_{n=0}^{\frac{N}{2}-1}\left\{2h(n)\sin\left[\omega\left(n-\frac{N-1}{2}\right)\right]\right\}\tag{7.2.28}$$

其相位特性函数与情况Ⅲ相同，为

$$\theta(\omega)=-\frac{\pi}{2}-\omega\frac{N-1}{2}=-\frac{\pi}{2}-\omega\tau,\quad \tau=\frac{N-1}{2}\tag{7.2.29}$$

而幅度特性函数为

$$H(\omega)=\sum_{n=0}^{\frac{N}{2}-1}\left\{2h(n)\sin\left[\omega\left(n-\frac{N-1}{2}\right)\right]\right\}\tag{7.2.30}$$

令 $m=n-\frac{N}{2}+1$，并考虑到上式中求和号下的两项相乘呈偶对称特性，可得

$$H(\omega)=\sum_{m=0}^{\frac{N}{2}-1}\left\{2h\left(\frac{N}{2}-1+m\right)\sin\left[\omega\left(m-\frac{1}{2}\right)\right]\right\}\tag{7.2.31}$$

因此，$H(\omega)$可以表示为

$$\begin{cases}H(\omega)=\sum_{n=0}^{\frac{N}{2}-1}\left\{d(n)\sin\left[\omega\left(n-\frac{1}{2}\right)\right]\right\}\\ d(n)=2h\left(\frac{N}{2}-1+n\right),\quad 0\leqslant n\leqslant\frac{N}{2}-1\end{cases}\tag{7.2.32}$$

由于 $\sin\left[\omega\left(n-\frac{1}{2}\right)\right]$在 $\omega=0,\ 2\pi$ 处为零；当 $\omega=\pi$ 时，$\sin\left[\omega\left(n-\frac{1}{2}\right)\right]=(-1)^{n+1}$，$\left(n=0,1,\cdots,\frac{N}{2}-1\right)$为峰值点；而且 $\sin\left[\omega\left(n-\frac{1}{2}\right)\right]$是关于过零点($\omega=0$ 和 $\omega=2\pi$)奇对称，关于峰值点($\omega=\pi$)偶对称。所以 $H(\omega)$关于 $\omega=0$ 和 $\omega=2\pi$ 两点奇对称，关于 $\omega=\pi$ 偶对称。因此在情况Ⅳ下不能实现低通和带阻滤波器。表 7.2.1 中给出了情况Ⅳ下 FIR 高通数字滤波器的 $H(\omega)$例图。

应当说明，表 7.2.1 中所给出的上述四种情况下，$h(n)$的图形仅是各自一种满足条件的例图，$H(\omega)$也只画出了各自一种可实现滤波器的幅度特性曲线。例如，情况Ⅰ下仅以低通滤波器的幅度特性曲线为例，实际上还有关于 $\omega=0,\pi,2\pi$ 为偶对称的高通，带通和带阻滤波器的幅度特性曲线。所以，每种情况下还有其他可实现滤波器的相应幅度特性曲线。情况Ⅰ～情况Ⅳ下可实现的数字滤波器分别简称为Ⅰ型～Ⅳ型数字滤波器。

例 7.2.1　设 FIR 数字滤波器的系统函数为

$$H(z)=-1+2z^{-1}+4z^{-2}+2z^{-3}-z^{-4}$$

求该滤波器的频率响应函数 $H(e^{j\omega})$，幅度特性函数 $H(\omega)$和相位特性函数 $\theta(\omega)$。

解　滤波器的频率响应函数

$$\begin{aligned}H(e^{j\omega})&=H(z)\mid_{z=e^{j\omega}}=-1+2e^{-j\omega}+4e^{-j2\omega}+2e^{-j3\omega}-e^{-j4\omega}\\&=-e^{-j2\omega}(e^{j2\omega}+e^{-j2\omega})+2e^{-j2\omega}(e^{j\omega}+e^{-j\omega})+4e^{-j2\omega}\\&=-2\cos(2\omega)e^{-j2\omega}+4\cos\omega e^{-j2\omega}+4e^{-j2\omega}\end{aligned}$$

由(7.2.3)式得

$$H(e^{j\omega})=H(\omega)e^{j\theta(\omega)}=[-2\cos(2\omega)+4\cos\omega+4]e^{-j2\omega}$$

所以，幅度特性函数

$$H(\omega)=-2\cos(2\omega)+4\cos\omega+4$$

相位特性函数

$$\theta(\omega)=-2\omega$$

该滤波器的单位脉冲响应 $h(n)$是偶对称的，$N=5$ 为奇数，是严格线性相位的 FIR 数字滤波器，其相位特性曲线和幅度特性曲线分别如图 7.2.1(a)、(b)所示，它是一个低通数字滤波器。

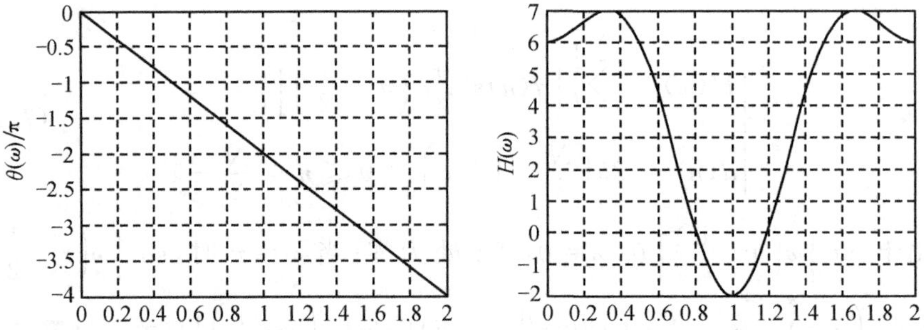

(a) 相位特性曲线　　(b) 幅度特性曲线

图 7.2.1　例 7.2.1FIR 数字滤波器的相位特性曲线和幅度特性曲线

7.2.4　线性相位 FIR 数字滤波器的零点分布

线性相位 FIR 数字滤波器的系统函数

$$H(z)=\sum_{n=0}^{N-1}h(n)z^{-n}$$

将 $h(n)=\pm h(N-1-n)$代入上式，得到

$$H(z)=\sum_{n=0}^{N-1}h(n)z^{-n}=\pm\sum_{m=0}^{N-1}h(m)z^{-(N-1-m)}=\pm z^{-(N-1)}H(z^{-1}) \quad (7.2.33)$$

FIR 数字滤波器的单位脉冲响应 $h(n)$通常是实数序列。称满足

$$H(z)=z^{-(N-1)}H(z^{-1})$$

的实系数多项式为偶对称多项式；而称满足

$$H(z)=-z^{-(N-1)}H(z^{-1})$$

的实系数多项式为奇对称多项式。

无论是哪种对称情况，由(7.2.33)式知，如果 z_i 是 $H(z)$的零点，则其倒数 $1/z_i$ 也是 $H(z)$的零点。根据实系数多项式的性质，$H(z)$的零点是以复共轭成对出现的，所以如果 z_i 是复数零点，它的共轭 z_i^* 也是复数零点，其倒数 $1/z_i^*$ 也是复数零点。所以 $H(z)$的复数零点是按上述关系四个($z_i, 1/z_i, z_i^*, 1/z_i^*$)一组出现的；如果是实数零点，那么只有 z_i 和它的倒数 $1/z_i$ 两个零点成对出现。特殊情况例外，例如，单位圆上的实数零点单独出现。线性相位 FIR 数字滤波器的零点分布(以一组复数零点和一对实数零点为例)如图 7.2.2 所示。

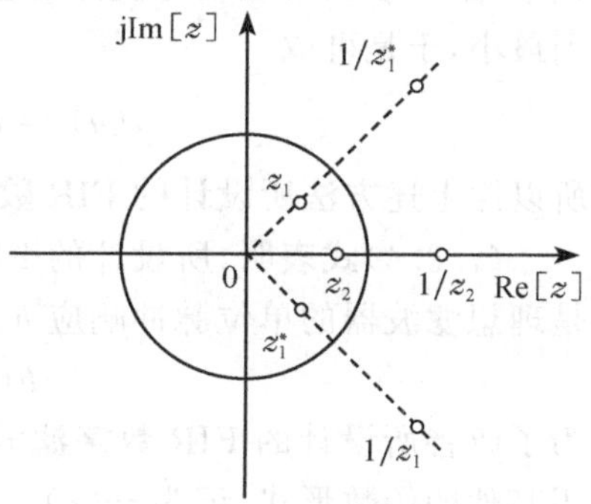

图 7.2.2　线性相位 FIR 数字滤波器的零点分布

7.3　FIR 数字滤波器的窗函数设计法

7.3.1　窗函数设计法的基本原理

设 $H_d(e^{j\omega})$是希望逼近滤波器的频率响应函数，则由其 IDTFT 可得出滤波器的单位脉冲响应

$$h_d(n)=\frac{1}{2\pi}\int_{-\pi}^{\pi}H_d(e^{j\omega})e^{j\omega n}d\omega \quad (7.3.1)$$

窗函数设计法的基本思想是用所设计的 FIR 滤波器频率响应特性去逼近希望滤波器的频率响应特性。为了设计方便，通常选择 $H_d(e^{j\omega})$为具有分段常数特性的理想滤波器，因此其 $h_d(n)$是无限长非因果序列。为了能用 FIR 滤波器来近似理想滤波器，需要将理想滤波器的无限长单位脉冲响应 $h_d(n)$，截取为长度为 N 的因果序列，并用合适的窗函数进行加权，结果作为 FIR 数字滤波器的单位脉冲响应 $h(n)(0\leqslant n\leqslant N-1)$。

这种在 $0\leqslant n\leqslant N-1$ 范围内截取 $h_d(n)$的有限长序列作为所设计 FIR 数字滤波器的单位脉冲响应 $h(n)$，是基于最小均方误差准则。理想滤波器的频率响应

$H_d(e^{j\omega})$与设计滤波器的频率响应 $H(e^{j\omega})$的均方误差定义为

$$\varepsilon^2 = \frac{1}{2\pi}\int_{-\pi}^{\pi} | H_d(e^{j\omega}) - H(e^{j\omega}) |^2 d\omega \tag{7.3.2}$$

根据帕塞瓦尔定理,ε^2 可表示为

$$\begin{aligned}\varepsilon^2 &= \sum_{n=-\infty}^{\infty} | h_d(n) - h(n) |^2 \\ &= \sum_{n=-\infty}^{-1} | h_d(n) |^2 + \sum_{n=0}^{N-1} | h_d(n) - h(n) |^2 + \sum_{n=N}^{\infty} | h_d(n) |^2\end{aligned} \tag{7.3.3}$$

式中,第一项和第三项与设计的滤波器参数无关,为使 ε^2 最小,应使式中第二项达到最小,于是可取

$$h(n) = h_d(n), \quad 0 \leqslant n \leqslant N-1 \tag{7.3.4}$$

所以用上述方法所设计的 FIR 数字滤波器是在均方误差最小下的最佳滤波器。

(7.3.4)式表明,所设计的 FIR 数字滤波器单位脉冲响应 $h(n)(0\leqslant n\leqslant N-1)$是理想滤波器的单位脉冲响应 $h_d(n)$加矩形窗函数 $R_N(n)$截断得到的,即

$$h(n) = h_d(n)R_N(n) \tag{7.3.5a}$$

为了改善所设计的 FIR 数字滤波器的整体性能,对 $h_d(n)$截断的窗函数还可以采用其他的函数形式,记为 $w(n)$。这样,$h(n)$一般地表示为

$$h(n) = h_d(n)w(n) \tag{7.3.5b}$$

所以我们把这种设计方法称为窗函数设计法。关于常用窗函数的函数形式及其对所设计滤波器的性能影响将在后面介绍和讨论。

7.3.2 矩形窗函数所设计滤波器的性能分析

矩形窗函数 $R_N(n)$是最基本的窗函数形式,下面分析采用矩形窗函数 $R_N(n)$所设计的 FIR 数字滤波器的性能。

因为 $h(n)=h_d(n)R_N(n)$,所以

$$H(e^{j\omega}) = \text{DTFT}[h(n)] = \frac{1}{2\pi}H_d(e^{j\omega}) * W_R(e^{j\omega}) \tag{7.3.6}$$

式中,$H_d(e^{j\omega})$是理想滤波器的频率响应函数,一般选择为线性相位理想低通滤波器,即

$$H_d(e^{j\omega}) = \begin{cases} e^{-j\omega\tau}, & |\omega| \leqslant \omega_c \\ 0, & \omega_c < \omega \leqslant \pi \end{cases} \tag{7.3.7a}$$

$$h_d(n) = \frac{\sin[\omega_c(n-\tau)]}{\pi(n-\tau)} \tag{7.3.7b}$$

将 $H_d(e^{j\omega})$表示成幅度特性函数 $H_d(\omega)$与相位特性函数 $\theta_d(\omega)$的形式为

$$H_d(e^{j\omega}) = H_d(\omega)e^{j\theta_d(\omega)} = H_d(\omega)e^{-j\omega\tau}, \quad \tau = \frac{N-1}{2} \tag{7.3.8}$$

$H_d(\omega)$如图 7.3.1 所示；$W_R(e^{j\omega})$为

$$W_R(e^{j\omega}) = \text{DTFT}[R_N(n)] = \frac{\sin(\omega N/2)}{\sin(\omega/2)} e^{-j\omega(N-1)/2}$$

$$= W_R(\omega) e^{-j\omega\tau}, \quad \tau = \frac{N-1}{2} \tag{7.3.9}$$

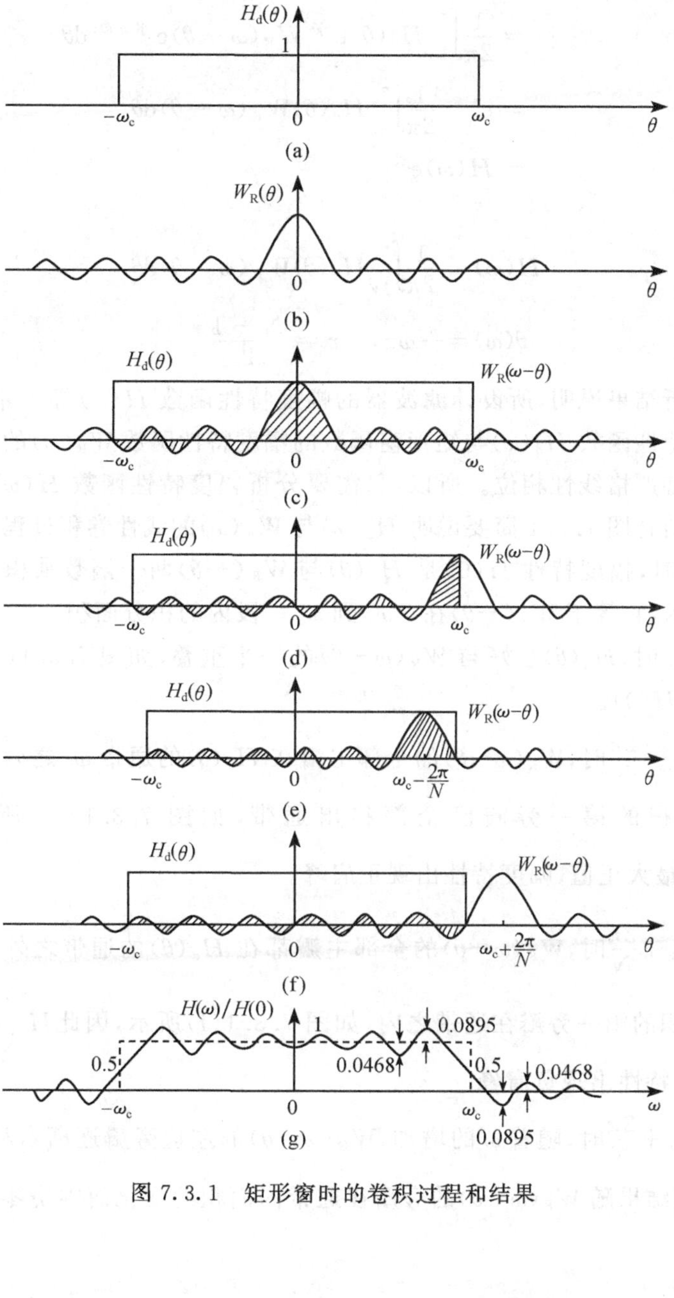

图 7.3.1　矩形窗时的卷积过程和结果

其中 $W_R(\omega)=\sin(\omega N/2)/\sin(\omega/2)$，称为矩形窗函数的幅度特性函数，如图 7.3.1(b)所示。将 $W_R(\omega)$ 在 $\omega=0$ 附近两个零点之间的部分称为主瓣，主瓣宽度为 $4\pi/N$；主瓣两边的衰减振荡部分称为旁瓣，每个旁瓣的宽度均为 $2\pi/N$，将(7.3.8)式和(7.3.9)式代入(7.3.6)式，得到

$$\begin{aligned}
H(e^{j\omega}) &= \frac{1}{2\pi}\int_{-\pi}^{\pi} H_d(e^{j\theta})W_R(\omega-\theta)e^{-j(\omega-\theta)\tau}d\theta \\
&= \frac{1}{2\pi}\int_{-\pi}^{\pi} H_d(\theta)e^{-j\theta\tau}W_R(\omega-\theta)e^{-j(\omega-\theta)\tau}d\theta \\
&= e^{-j\omega\tau}\ \frac{1}{2\pi}\int_{-\pi}^{\pi} H_d(\theta)W_R(\omega-\theta)d\theta \\
&= H(\omega)e^{j\theta(\omega)}
\end{aligned} \tag{7.3.10a}$$

式中

$$H(\omega) = \frac{1}{2\pi}\int_{-\pi}^{\pi} H_d(\theta)W_R(\omega-\theta)d\theta \tag{7.3.10b}$$

$$\theta(\omega) = -\omega\tau, \quad \tau = \frac{N-1}{2} \tag{7.3.10c}$$

以上分析结果说明，所设计滤波器的幅度特性函数 $H(\omega)$ 等于希望逼近的滤波器的幅度特性函数 $H_d(\omega)$ 与矩形窗函数的幅度特性函数 $W_R(\omega)$ 的线性卷积，而相位特性保持严格线性相位。所以，只需要分析幅度特性函数 $H(\omega)$ 的性能就可以了。现在结合图 7.3.1 简要说明 $H_d(\omega)$ 与 $W_R(\omega)$ 的线性卷积过程和结果。

当 $\omega=0$ 时，幅度特性 $H(0)$ 是 $H_d(\theta)$ 与 $W_R(-\theta)$ 两个函数乘积的积分，如图 7.3.1(c)所示，它等于 $W_R(-\theta)$ 在 $-\omega_c$ 到 ω_c 一段内的积分面积。

当 $\omega=\omega_c$ 时，$H_d(\theta)$ 正好与 $W_R(\omega-\theta)$ 的一半重叠，如图 7.3.1(d)所示，因此 $H(\omega_c)=0.5H(0)$。

当 $\omega=\omega_c-\frac{2\pi}{N}$ 时，$W_R(\omega-\theta)$ 的全部主瓣在 $H_d(\theta)$ 的通带 ω_c 之内，而右边的具有最大负面积的第一旁瓣已全部移出通带，如图 7.3.1(e)所示，因此 $H\left(\omega_c-\frac{2\pi}{N}\right)$ 为最大正值，幅度特性出现正肩峰。

当 $\omega=\omega_c+\frac{2\pi}{N}$ 时，$W_R(\omega-\theta)$ 的全部主瓣都在 $H_d(\theta)$ 的通带之外，而左边的具有最大负面积的第一旁瓣在通带之内，如图 7.3.1(f)所示，因此 $H\left(\omega_c+\frac{2\pi}{N}\right)$ 为最大负值，幅度特性出现负肩峰。

当 $\omega>\omega_c+\frac{2\pi}{N}$ 时，随着 ω 的增加，$W_R(\omega-\theta)$ 的左边旁瓣逐渐右移扫过 $H_d(\theta)$ 的通带，卷积结果随 $W_R(\omega-\theta)$ 的旁瓣在通带内面积的变化而围绕零值正负波动，

并逐渐减小。

当 ω 从 $\omega_c-\dfrac{2\pi}{N}$ 向通带内的 $\omega=0$ 逐渐减小时，$W_R(\omega-\theta)$ 的主瓣始终在通带内，卷积结果随 $W_R(\omega-\theta)$ 的旁瓣在通带内面积的变化而围绕着 $H(0)$ 值而波动。

当 $\omega=-\omega_c$ 或其附近频率时，有类似的卷积过程和结果。这样，$H_d(\omega)$ 与 $W_R(\omega)$ 线性卷积所得 $H(\omega)$ 的结果如图 7.3.1(g)所示。

由图 7.3.1 可以看出，理想低通滤波器的单位脉冲响应经矩形窗截断后，对滤波器幅度特性的影响主要有：

(1) 理想低通滤波器通带和阻带的幅度特性函数分别为常数 1 和 0，在通带截止频率 ω_c 处存在间断点，即过渡带宽度为零。但是 $H(\omega)$ 以 $\omega=\omega_c$ 为中心形成过渡带，过渡带的宽度 ΔB 近似等于 $W_R(\omega)$ 的主瓣宽度，约为 $\Delta B=4\pi/N$①。在 $\omega=\omega_c$ 频率点幅度衰减 6dB，$H(\omega_c)=0.5H(0)$。

(2) 由于矩形窗函数旁瓣的作用，使幅度特性函数 $H(\omega)$ 在通带内和阻带内均有波动，旁瓣所包围的面积越大，$H(\omega)$ 的波纹也就越大。

上述影响是由于对 $h_d(n)$ 加矩形窗直接截断在频域的反映，所以称加窗效应。显然加窗效应与窗函数 $w(n)$ 的幅度特性函数 $W(\omega)$ 有关，而 $W(\omega)$ 与 $w(n)$ 的形状和长度 N 有关。对于矩形窗函数 $R_N(n)$，在主瓣附近它的幅度特性函数 $W_R(\omega)$ 可表示为

$$W_R(\omega)=\frac{\sin(\omega N/2)}{\sin(\omega/2)}\approx\frac{\sin(\omega N/2)}{(\omega/2)}=N\frac{\sin x}{x} \tag{7.3.11}$$

式中，$x=N\omega/2$。可见，增加矩形窗函数的长度 N，可以使 $H(\omega)$ 的过渡带变窄，$W_R(\omega)$ 的绝对值增大，但不能改变主瓣与旁瓣的相对比例，这个相对比例由 $\sin x/x$ 决定。这样，$H(\omega)$ 的最大相对肩峰值为 8.95%，见图 7.3.1(g)，它不随 N 的变化而改变，这种现象称为吉布斯效应。还可以算出，用矩形窗函数设计的线性相位 FIR 数字滤波器的阻带最小衰减只有 21dB，通常达不到指标的要求。

通过前面的分析和讨论，采用矩形窗函数法设计 FIR 数字滤波器，虽然增加矩形窗长度 N 可以使所设计的滤波器 $H(\omega)$ 的过渡带变窄，但要改善通带特性，提高阻带最小衰减，应选用合适的窗函数 $w(n)$。研究各种典型的窗函数特性是窗函数设计法的重要内容。下面将会看到时域波形较平滑的窗函数，其幅度特性函数的主瓣所包含的能量较多，旁瓣较小，但是当窗函数长度 N 固定时，其主瓣宽度也较宽。所以加合适的窗函数后能使 $H(\omega)$ 的通带和阻带波动的波纹变小(即通带最大衰减变小，阻带最小衰减变大)，但是其过渡带也将变宽。因此说，用窗函数法设计 FIR 数字滤波器，其通带和阻带性能的改善是以加宽过渡带为代价的。

① $\Delta B=4\pi/N$ 是指 $H(\omega)$ 从 $\omega_c-2\pi/N$ 正肩峰最大值到 $\omega_c+2\pi/N$ 的负肩峰最小值之间频带宽度。

7.3.3 典型窗函数及其特性

前面已经指出，矩形窗截断产生正、负肩峰，增加了通带内的波动并减小了阻带的衰减。为了改善所设计的 FIR 数字滤波器的性能，可以通过选择合适的窗函数来实现。一般来说，窗函数应满足如下两个要求：

(1) 主瓣宽度要窄，以获得较窄的滤波器过渡带宽。

(2) 窗函数的时域波形平滑，与主瓣的幅度相比，旁瓣应尽可能小，以减小滤波器的通带衰减，增大阻带衰减，提高滤波器的性能。

但是，以上两个要求很难同时满足。所以，实际采用的窗函数其特性往往是两者的折中。

为了描述方便并便于比较，需要定义表征窗函数特性的主要参数，简述如下。

旁瓣电平 α_e：窗函数幅度特性绝对值 $|W(\omega)|$ 的最大旁瓣的最大值相对于主瓣最大值的比值(dB)。

过渡带宽度 ΔB：用该窗函数所设计的 FIR 数字滤波器的过渡带宽度(rad)。

阻带最小衰减 α_s：用该窗函数所设计的 FIR 数字滤波器的阻带最小衰减(dB)。

下面介绍常用的几种典型的窗函数，并讨论其主要特性。

1. 矩形窗(Rectangle Windows)函数

矩形窗函数是最基本的窗函数，表示为

$$w_R(n) = R_N(n) = \begin{cases} 1, & 0 \leqslant n \leqslant N-1 \\ 0, & \text{其他} \end{cases} \tag{7.3.12}$$

$$W_R(e^{j\omega}) = W_R(\omega)e^{-j\omega\tau} \tag{7.3.13}$$

$$W_R(\omega) = \frac{\sin\left(\frac{\omega N}{2}\right)}{\sin\left(\frac{\omega}{2}\right)} \tag{7.3.14}$$

$N=31$ 时矩形窗函数的四种波形：$w_R(n)$，$W_R(\omega)$，$h(n)$，$|H(e^{j\omega})|$ 分别如图 7.3.2(a)、(b)、(c)、(d)所示。图 7.3.3 画出了用矩形窗函数设计的 FIR 数字滤波器在过渡带附近的幅度特征曲线。由图可以看出，FIR 滤波器在通带和阻带的波纹基本相同，$\delta_p=\delta_s=0.0895$。这样，用 dB 表示的通带和阻带衰减分别为

$$\alpha_p = 0.8144 \text{ dB}$$

$$\alpha_s = 20.9635 \text{ dB}$$

如果把从 $\alpha_p \approx 0.81$dB 到 $\alpha_s \approx 21$dB 之间的带宽作为 FIR 滤波器的过渡带宽度，则近似为 $\Delta B = 1.8\pi/N$rad。

图 7.3.2 和图 7.3.3 所示的矩形窗函数的主要参数为：主瓣宽度为 $4\pi/N$rad，第一旁瓣比主瓣低 13dB，即 $\alpha_e=-13$dB；$\Delta B=1.8\pi/N$rad，$\alpha_s=21$dB。

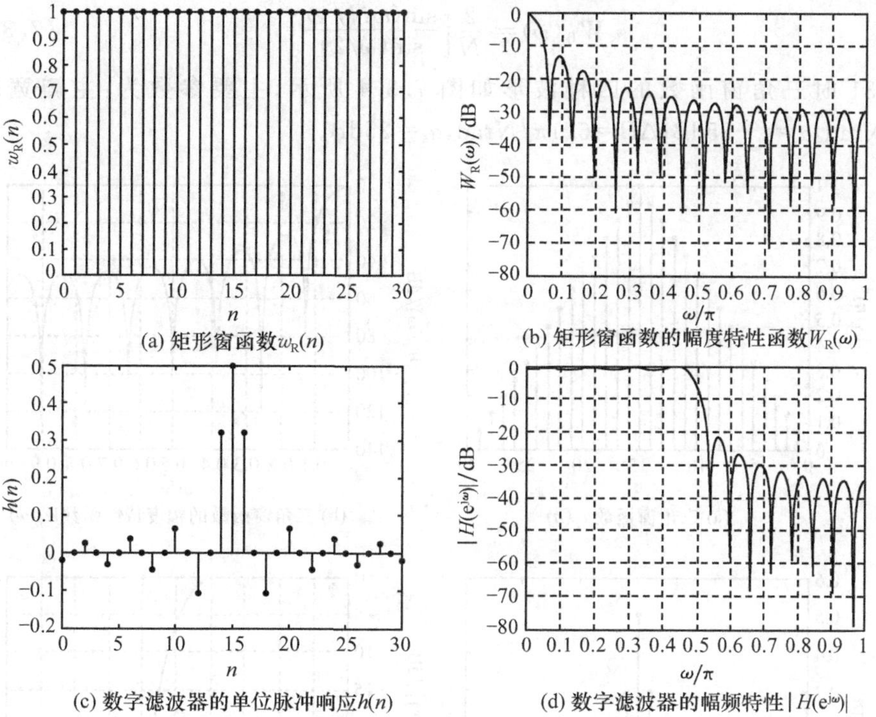

(a) 矩形窗函数 $w_R(n)$　(b) 矩形窗函数的幅度特性函数 $W_R(\omega)$

(c) 数字滤波器的单位脉冲响应 $h(n)$　(d) 数字滤波器的幅频特性 $|H(e^{j\omega})|$

图 7.3.2　矩形窗函数的四种波形（$N=31$）

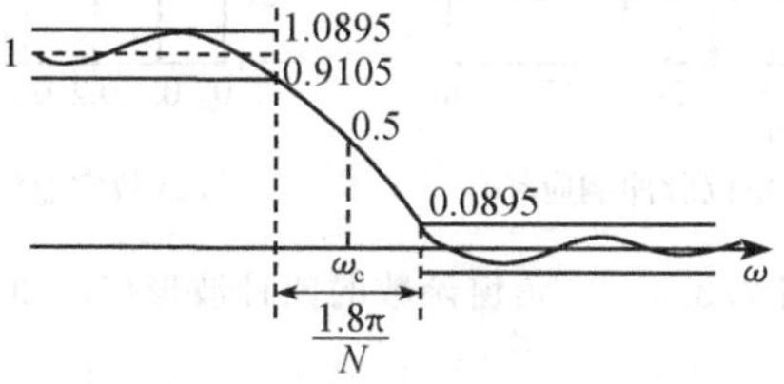

图 7.3.3　用矩形窗函数设计的 FIR 滤波器在 ω_c 附近的幅度特性曲线

2. 三角窗(Bartllett Windows)函数

三角窗函数表示为

$$w_B(n)=\begin{cases}\dfrac{2n}{N-1}, & 0\leqslant n\leqslant \dfrac{N-1}{2}\\[2ex] 2-\dfrac{2n}{N-1}, & \dfrac{N-1}{2}<n\leqslant N-1\\[2ex] 0, & \text{其他}\end{cases} \tag{7.3.15}$$

$$W_B(e^{j\omega})=W_B(\omega)e^{-j\omega\tau}=\frac{2}{N}\left[\frac{\sin(\omega N/4)}{\sin(\omega/2)}\right]^2 e^{-j\omega(N-1)/2} \tag{7.3.16}$$

$$W_B(\omega)=\frac{2}{N}\left[\frac{\sin(\omega N/4)}{\sin(\omega/2)}\right]^2 \tag{7.3.17}$$

$N=31$ 时三角窗函数的四种波形如图 7.3.4 所示，主要参数为：主瓣宽度为 $8\pi/N\text{rad}$，$\alpha_e=-25\text{dB}$；$\Delta B=6.1\pi/N\text{rad}$，$\alpha_s=25\text{dB}$。

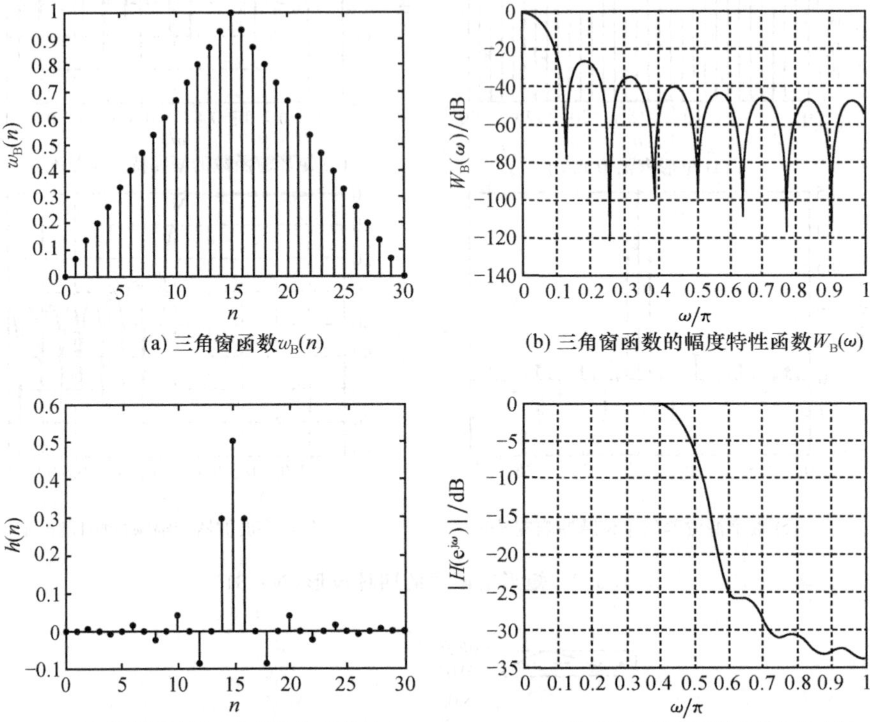

(a) 三角窗函数 $w_B(n)$　(b) 三角窗函数的幅度特性函数 $W_B(\omega)$

(c) 数字滤波器的单位脉冲响应 $h(n)$　(d) 数字滤波器的幅频特性 $|H(e^{j\omega})|$

图 7.3.4　三角窗函数的四种波形（$N=31$）

3. 汉宁窗（Hanning Windows）函数

汉宁窗函数又称升余弦窗函数，表示为

$$w_{Hn}(n)=\begin{cases}0.5\left[1-\cos\left(\dfrac{2\pi n}{N-1}\right)\right], & 0\leqslant n\leqslant N-1\\ 0, & \text{其他}\end{cases} \tag{7.3.18}$$

利用 DTFT 的线性性质和调制特性，得到

$$\begin{aligned}W_{Hn}(e^{j\omega})&=W_{Hn}(\omega)e^{-j\omega\tau}=\text{DTFT}[w_{Hn}(n)]\\&=\text{DTFT}\left[0.5R_N(n)-0.5\cos\left(\frac{2\pi n}{N-1}\right)R_N(n)\right]\\&=0.5W_R(e^{j\omega})-0.25W_R\left[e^{j\left(\omega+\frac{2\pi}{N-1}\right)}\right]-0.25W_R\left[e^{j\left(\omega-\frac{2\pi}{N-1}\right)}\right]\end{aligned}$$

$$= 0.5W_R(\omega)e^{-j\omega\frac{N-1}{2}} - 0.25W_R\left(\omega+\frac{2\pi}{N-1}\right)e^{-j\frac{N-1}{2}\left(\omega+\frac{2\pi}{N-1}\right)}$$

$$-0.25W_R\left(\omega-\frac{2\pi}{N-1}\right)e^{-j\frac{N-1}{2}\left(\omega-\frac{2\pi}{N-1}\right)}$$

$$= \left[0.5W_R(\omega)+0.25W_R\left(\omega+\frac{2\pi}{N-1}\right)+0.25W_R\left(\omega-\frac{2\pi}{N-1}\right)\right]e^{-j\omega\frac{N-1}{2}} \tag{7.3.19}$$

当 $N\gg 1$ 时，$N-1\approx N$，因此幅度特性函数近似为

$$W_{Hn}(\omega) = 0.5W_R(\omega)+0.25W_R\left(\omega+\frac{2\pi}{N}\right)+0.25W_R\left(\omega-\frac{2\pi}{N}\right) \tag{7.3.20}$$

$N=31$ 时汉宁窗函数的四种波形如图 7.3.5 所示，主要参数为：主瓣宽度为 $8\pi/N$rad，$\alpha_e=-31$dB；$\Delta B=6.2\pi/N$rad，$\alpha_s=44$dB。

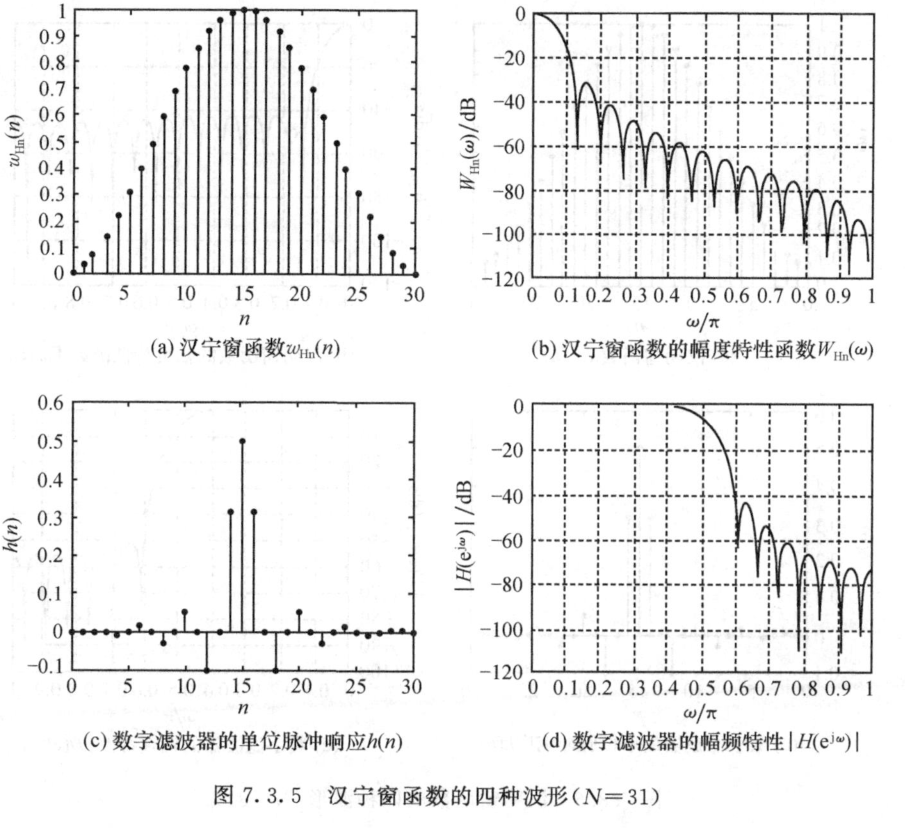

图 7.3.5　汉宁窗函数的四种波形($N=31$)

4. 汉明窗(Hamming Windows)函数

汉明窗函数又称改进升余弦窗函数，表示为

$$w_{\mathrm{Hm}}(n)=\begin{cases}0.54-0.46\cos\left(\dfrac{2\pi n}{N-1}\right), & 0\leqslant n\leqslant N-1\\ 0, & \text{其他}\end{cases}\tag{7.3.21}$$

$$\begin{aligned}W_{\mathrm{Hm}}(\mathrm{e}^{\mathrm{j}\omega})&=W_{\mathrm{Hm}}(\omega)\mathrm{e}^{-\mathrm{j}\omega\tau}=\mathrm{DTFT}[w_{\mathrm{Hm}}(n)]\\&=\left[0.54W_{\mathrm{R}}(\omega)+0.23W_{\mathrm{R}}\left(\omega+\frac{2\pi}{N-1}\right)+0.23W_{\mathrm{R}}\left(\omega-\frac{2\pi}{N-1}\right)\right]\mathrm{e}^{-\mathrm{j}\omega\frac{N-1}{2}}\end{aligned}\tag{7.3.22}$$

通常 $N\gg1$，因此幅度特性函数近似为

$$W_{\mathrm{Hm}}(\omega)=0.54W_{\mathrm{R}}(\omega)+0.23W_{\mathrm{R}}\left(\omega+\frac{2\pi}{N}\right)+0.23W_{\mathrm{R}}\left(\omega-\frac{2\pi}{N}\right)\tag{7.3.23}$$

$N=31$ 时汉明窗函数的四种波形如图 7.3.6 所示，主要参数为：主瓣宽度 $8\pi/N\mathrm{rad}$，$\alpha_{\mathrm{e}}=-41\mathrm{dB}$；$\Delta B=6.6\pi/N\mathrm{rad}$，$\alpha_{\mathrm{s}}=53\mathrm{dB}$。

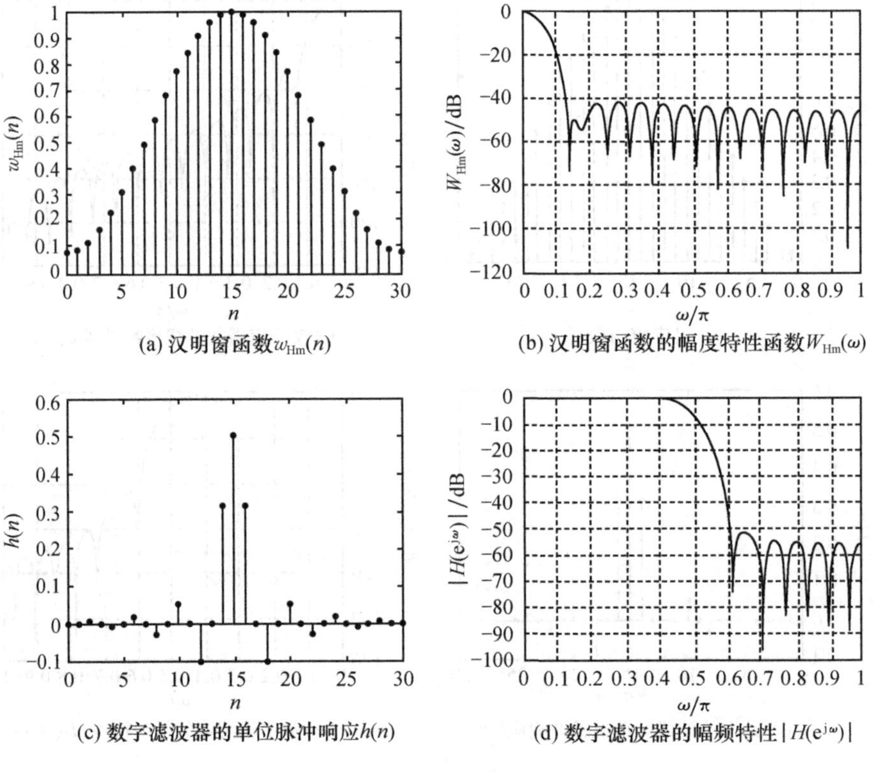

图 7.3.6　汉明窗函数的四种波形（$N=31$）

5. 布莱克曼窗(Blackman Window)函数

布莱克曼窗函数又称二阶升余弦窗函数，其函数及其幅度特性函数分别为

$$w_{\mathrm{Bl}}(n)=\begin{cases}0.42-0.5\cos\left(\dfrac{2\pi n}{N-1}\right)+0.08\cos\left(\dfrac{4\pi n}{N-1}\right), & 0\leqslant n\leqslant N-1\\ 0, & \text{其他}\end{cases}\tag{7.3.24}$$

$$\begin{aligned}W_{\mathrm{Bl}}(\omega)=&\ 0.42W_{\mathrm{R}}(\omega)+0.25W_{\mathrm{R}}\left(\omega+\frac{2\pi}{N-1}\right)+0.25W_{\mathrm{R}}\left(\omega-\frac{2\pi}{N-1}\right)\\&+0.04W_{\mathrm{R}}\left(\omega+\frac{4\pi}{N-1}\right)+0.04W_{\mathrm{R}}\left(\omega-\frac{4\pi}{N-1}\right)\end{aligned}\tag{7.3.25}$$

$N=31$ 时布莱克曼窗函数的四种波形如图 7.3.7 所示，主要参数为：主瓣宽度 $12\pi/N\mathrm{rad}$，$\alpha_{\mathrm{e}}=-57\mathrm{dB}$；$\Delta B=11\pi/N\mathrm{rad}$，$\alpha_{\mathrm{s}}=74\mathrm{dB}$。布莱克曼窗函数阻带衰减比汉明窗函数大 21dB，但过渡带宽度增加 $4.4\pi/N\mathrm{rad}$。

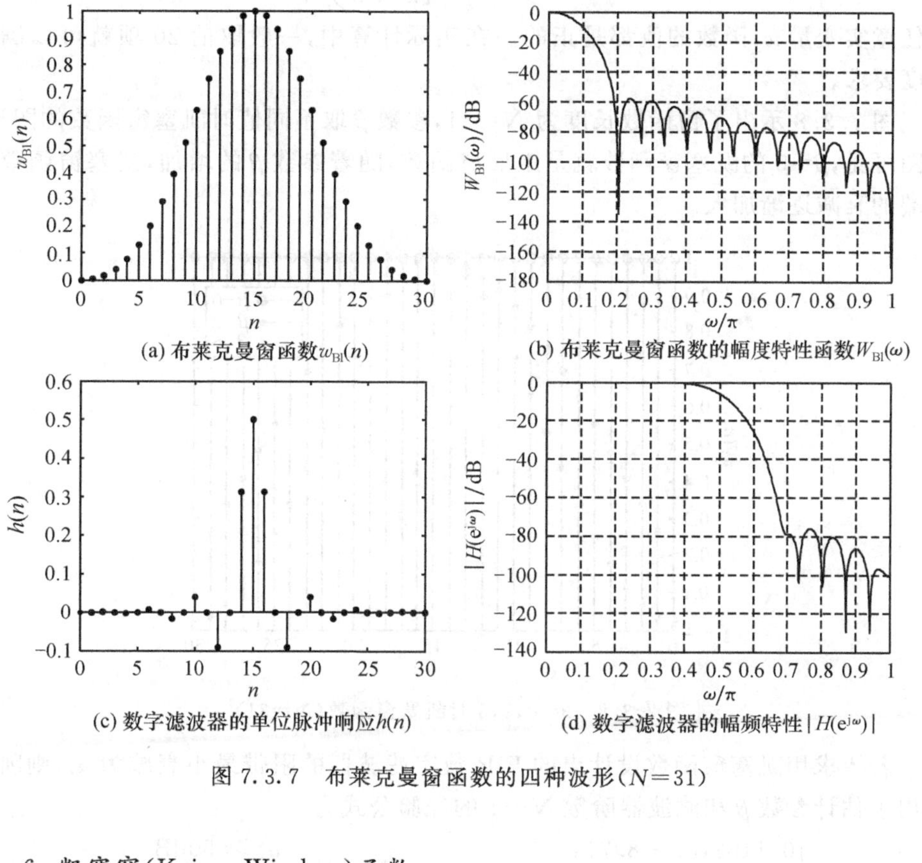

图 7.3.7　布莱克曼窗函数的四种波形（$N=31$）

6. 凯塞窗(Kaiser Window)函数

前面介绍的五种窗函数都是固定窗函数，因而一旦选择了某种窗函数，所设计的 FIR 数字滤波器的阻带最小衰减就确定了。凯塞窗函数是一种应用广泛的可调窗函数，它可以通过调整控制参数改变窗函数的形状，从而控制窗函数的主瓣宽度、旁瓣电平 α_e，进而使设计出的滤波器达到要求的阻带最小衰减 α_s，并有最窄的过滤带宽度。

长度为 N 的凯塞窗函数定义为

$$w_K(n)=\begin{cases}\dfrac{\mathrm{I}_0\left[\beta\sqrt{1-\left(1-\dfrac{2n}{N-1}\right)^2}\right]}{\mathrm{I}_0(\beta)}, & 0\leqslant n\leqslant N-1\\ 0, & 其他\end{cases}\tag{7.3.26}$$

式中，β 是调整参数，$\mathrm{I}_0(x)$ 是第一类零阶修正贝塞尔函数（modified zeroth-order Bessel function），可用幂级数表示为

$$\mathrm{I}_0(x)=1+\sum_{k=1}^{\infty}\left[\frac{1}{k!}\left(\frac{x}{2}\right)^k\right]^2\tag{7.3.27}$$

对任意实变量 x，函数的值都是正的。在实际计算中，一般取前 20 项就可以满足精度要求。

图 7.3.8 示出了窗函数长度为 $N=31$，参数 β 取不同值时凯塞窗函数的图形。由图可见，$\beta=0$ 的凯塞窗函数就是矩形窗函数，随着参数 β 的增加，凯塞窗函数在两端的衰减逐渐加大。

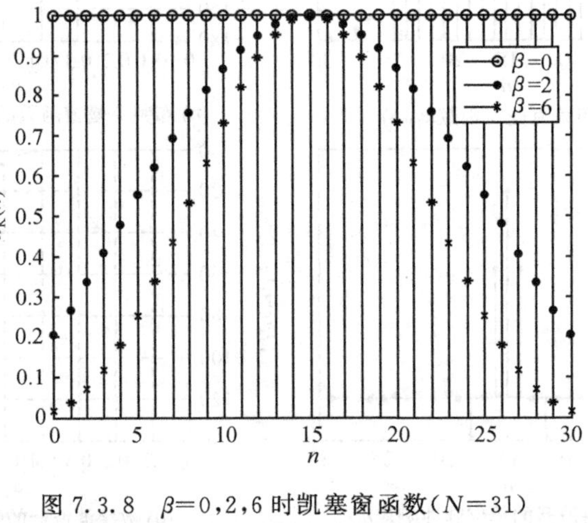

图 7.3.8　$\beta=0,2,6$ 时凯塞窗函数（$N=31$）

若要求用凯塞窗函数设计出的 FIR 数字滤波器的阻带最小衰减为 α_s，则凯塞给出了估计参数 β 和滤波器阶数 $N-1$ 的经验公式为

$$\beta=\begin{cases}0.1102(\alpha_s-8.7), & \alpha_s\geqslant 50\text{dB}\\ 0.5842(\alpha_s-21)^{0.4}+0.07886(\alpha_s-21), & 21\text{dB}<\alpha_s<50\text{dB}\\ 0, & \alpha_s\leqslant 21\text{dB}\end{cases}$$

(7.3.28)

$$N-1=\frac{\alpha_s-7.95}{2.285\Delta B} \tag{7.3.29}$$

式中，$\Delta B=|\omega_s-\omega_p|$是 FIR 数字滤波器的过滤带宽度。应当注意，因为(7.3.29)式为阶数估计，所以必须对设计结果进行检验。另外，凯塞窗函数不能独立控制通带波纹幅度，实际中通带波纹幅度近似等于阻带波纹幅度。

表 7.3.1 列出了不同β值时凯塞窗函数所设计出的 FIR 数字滤波器的主要性能。

表 7.3.1　凯塞窗函数控制参数 β 对滤波器性能的影响

β	过渡带宽度/rad	通带波纹幅度/dB	阻带最小衰减/dB
2.120	$3.00\pi/N$	±0.27	30
3.384	$4.46\pi/N$	±0.08647	40
4.538	$5.86\pi/N$	±0.0274	50
5.658	$7.24\pi/N$	±0.00868	60
6.764	$8.64\pi/N$	±0.00275	70
7.865	$10.0\pi/N$	±0.000868	80
8.960	$11.4\pi/N$	±0.000275	90
10.056	$12.8\pi/N$	±0.000087	100

为了便于性能比较和设计时选择合适的窗函数，将上述六种窗函数的主要参数列于表 7.3.2 中。设计中根据阻带最小衰减α_s选择窗函数的类型，然后根据过渡带宽度ΔB确定所选窗函数的长度N。例如，技术指标为：阻带最小衰减$\alpha_s\geqslant$60dB，过渡带宽度$\Delta B\leqslant 0.1\pi$rad，则由表 7.3.2 必须选择布莱克曼窗函数或凯塞窗函数。若选择布莱克曼窗函数，$\alpha_s=74$dB，则由过渡带宽度$\Delta B=11\pi/N$应小于等于0.1πrad，算得$N\geqslant 110$；若选择凯塞窗函数，使$\alpha_s\approx 74$dB，$\beta\approx 7.196$，过渡带宽度约为$\Delta B=9.18\pi/N$，应小于等于0.1πrad，算得$N\geqslant 92$。可见用凯塞窗函数使滤波器阶数有所下降。

表 7.3.2　六种窗函数的主要参数

窗函数类型	主瓣宽度/rad	旁瓣电平/dB	过渡带宽度/rad	阻带最小衰减/dB
矩形窗	$4\pi/N$	−13	$1.8\pi/N$	21
三角窗	$8\pi/N$	−25	$6.1\pi/N$	25
汉宁窗	$8\pi/N$	−31	$6.2\pi/N$	44
汉明窗	$8\pi/N$	−41	$6.6\pi/N$	53
布莱克曼窗	$12\pi/N$	−57	$11\pi/N$	74
凯塞窗 $\beta=7.865$		−57	$10\pi/N$	80

窗函数设计法中的主要计算工作是计算 $h_d(n)$，然后将 $h_d(n)$ 与 $w(n)$ 相乘得到 $h(n)$。

$h_d(n)$是 $H_d(e^{j\omega})$的 IDTFT。当 $H_d(e^{j\omega})$较复杂时，则不便于按(7.3.1)式直接计算 $h_d(n)$，而一般采用离散傅里叶逆变换计算 $h_d(n)$，即

$$h_M(n) = \frac{1}{M}\sum_{k=0}^{M-1} H_d(k) e^{j\frac{2\pi}{M}kn}, \quad 0 \leqslant n \leqslant M-1 \qquad (7.3.30)$$

式中

$$H_d(k) = H_d(e^{j\omega})\big|_{\omega=\frac{2\pi}{M}k} = H_d(e^{j\frac{2\pi}{M}k}), \quad 0 \leqslant k \leqslant M-1 \qquad (7.3.31)$$

当 $M \gg N$ 时，则有

$$h_M(n) \approx h_d(n) \qquad (7.3.32)$$

$$h(n) = h_d(n)w(n) \qquad (7.3.33)$$

Matlab 信号处理工具箱中提供了 14 种窗函数的产生函数，列出上述六种函数的产生函数如下：

```
wn = boxcar(N)               % 列向量 wn 中返回长度为 N 的矩形窗函数
wn = bartlett(N)             % 列向量 wn 中返回长度为 N 的三角窗函数
wn = hanning(N)              % 列向量 wn 中返回长度为 N 的汉宁窗函数
wn = hamming(N)              % 列向量 wn 中返回长度为 N 的汉明窗函数
wn = blackman(N)             % 列向量 wn 中返回长度为 N 的布莱克曼窗函数
wn = blackman(N,beta)        % 列向量 wn 中返回长度为 N,β = beta 的凯塞窗函数
```

7.3.4 窗函数法设计 FIR 数字滤波器步骤

综上分析，可以归纳出用窗函数法设计 FIR 数字滤波器的步骤：

(1) 根据所需设计的数字滤波器类型(低通、高通、带通、带阻)，确定线性相位数字滤波器类型(Ⅰ型、Ⅱ型、Ⅲ型、Ⅳ型)。

(2) 选择合适的窗函数 $w(n)$。

根据滤波器阻带衰减 α_s 选择窗函数 $w(n)$的种类，然后根据滤波器过渡带宽度确定所选窗函数的长度 N，并可根据线性相位数字滤波器类型，对 N 向大修正。应当说明，用窗函数法设计的 FIR 数字滤波器的通带波纹幅度近似等于阻带波纹幅度。一般要求滤波器的阻带最小衰减达到 40dB 以上($\delta_s \leqslant 0.01$)，则通带最大衰减就小于 0.1dB($\delta_p \leqslant 0.01$)。所以用窗函数法设计 FIR 数字滤波器时，通常只考虑阻带最小衰减就可以了。

(3) 确定理想数字滤波器的频率响应函数 $H_d(e^{j\omega}) = H_d(\omega)e^{j\theta_d(\omega)}$，其中 $H_d(\omega)$为幅度特性函数，$\theta_d(\omega)$为相位特性函数。

对Ⅰ型和Ⅱ型严格线性相位 FIR 数字滤波器，$\theta_d(\omega) = -\omega(N-1)/2$；对Ⅲ型和Ⅳ型广义线性相位 FIR 数字滤波器。$\theta_d(\omega) = -\pi/2 - \omega(N-1)/2$。由图 7.3.1

可知，理想数字滤波器的截止频率 ω_c 近似为最终所设计的 FIR 数字滤波器的过渡带中心频率，该频率点处幅度特性函数衰减为一半（约衰减 6dB）。所以一般取 $\omega_c=(\omega_p+\omega_s)/2$，其中 ω_p 和 ω_s 分别为通带边界频率和阻带边界频率。

（4）计算理想数字滤波器的单位脉冲响应 $h_d(n)$，即

$$h_d(n)=\frac{1}{2\pi}\int_{-\pi}^{\pi}H_d(e^{j\omega})e^{j\omega n}d\omega$$

如果计算比较困难，则可以采用(7.3.30)～(7.3.32)式的离散傅里叶逆变换法。

（5）加窗得到设计结果 $h(n)$，即

$$h(n)=h_d(n)w(n)$$

例 7.3.1 用窗函数法设计严格线性相位 FIR 数字高通滤波器。要求通带截止频率 $\omega_p=\pi/2\text{rad}$，阻带截止频率 $\omega_s=\pi/4\text{rad}$，通带最大衰减 $\alpha_p=1\text{dB}$，阻带最小衰减 $\alpha_s=40\text{dB}$。

解 （1）确定滤波器类型。

由于要求设计严格线性相位的 FIR 数字高通滤波器，所以确定滤波器的类型为Ⅰ型。

（2）选择窗函数 $w(n)$，计算窗函数长度 N。

要求阻带衰减 $\alpha_s=40\text{dB}$，由表 7.3.2 可知，汉宁窗函数、汉明窗函数和布莱克曼窗函数均能满足要求（这里没有考虑凯塞窗函数），因为满足 $\alpha_s=40\text{dB}$ 指标的汉宁窗函数所设计数字滤波器的过渡带宽度最窄，所以选择汉宁窗函数

$$w(n)=\begin{cases}0.5\left[1-\cos\left(\dfrac{2\pi n}{N-1}\right)\right], & 0\leqslant n\leqslant N-1\\ 0, & \text{其他}\end{cases}$$

例中要求过渡带宽度 $\Delta B\leqslant\omega_p-\omega_s=\pi/4\text{rad}$，而汉宁窗函数所设计数字滤波器的过渡带宽度 $\Delta B=6.2\pi/N\text{rad}$，所以要求 $\Delta B=6.2\pi/N\leqslant\pi/4$，解得 $N\geqslant24.8$。Ⅰ型滤波器的 N 必须取奇数，现取 $N=25$。这样就有汉宁窗函数

$$w(n)=\begin{cases}0.5\left[1-\cos\left(\dfrac{\pi n}{12}\right)\right], & 0\leqslant n\leqslant 24\\ 0, & \text{其他}\end{cases}$$

（3）确定理想滤波器的频率响应函数 $H_d(e^{j\omega})$。

理想滤波器选择为线性相位理想高通滤波器，其

$$H_d(e^{j\omega})=\begin{cases}e^{-j\omega\tau}, & \omega_c\leqslant|\omega|\leqslant\pi\\ 0, & 0\leqslant|\omega|<\omega_c\end{cases}$$

式中，$\tau=(N-1)/2=12$，$\omega_c=(\omega_s+\omega_p)/2=3\pi/8\text{rad}$。

(4)求理想高通滤波器的单位脉冲响应 $h_d(n)$。

$$h_d(n)=\frac{1}{2\pi}\int_{-\pi}^{\pi}H_d(e^{j\omega})e^{j\omega n}d\omega$$
$$=\frac{1}{2\pi}\left(\int_{-\pi}^{-\omega_c}e^{-j\omega\tau}e^{j\omega n}d\omega+\int_{\omega_c}^{\pi}e^{-j\omega\tau}e^{j\omega n}d\omega\right)$$
$$=\frac{\sin[\pi(n-\tau)]}{\pi(n-\tau)}-\frac{\sin[\omega_c(n-\tau)]}{\pi(n-\tau)}$$

将 $\tau=12,\omega_c=3\pi/8\text{rad}$ 代入得

$$h_d(n)=\delta(n-12)-\frac{\sin[3\pi(n-12)/8]}{\pi(n-12)}$$

式中,$\delta(n-12)$对应全通滤波器,$\frac{\sin[3\pi(n-12)/8]}{\pi(n-12)}$是截止频率 $\omega_c=3\pi/8$ 的理想低通滤波器的单位脉冲响应,二者之差就是理想高通滤波器的单位脉冲响应。

理想低通滤波器的单位脉冲响应为

$$h_{Ld}(n)=\frac{\sin[\omega_c(n-\tau)]}{\pi(n-\tau)},\quad \tau=\frac{N-1}{2},\quad \omega_c=(\omega_s+\omega_p)/2$$

所以,理想高通滤波器的单位脉冲响应为

$$h_d(n)=\delta(n-\tau)-\frac{\sin[\omega_c(n-\tau)]}{\pi(n-\tau)},\quad \tau=\frac{N-1}{2},\quad \omega_c=(\omega_s+\omega_p)/2$$

加窗后,就得到所设计 FIR 数字高通滤波器的单位脉冲响应

$$h(n)=h_d(n)w(n)$$
$$=\left\{\delta(n-12)-\frac{\sin[3\pi(n-12)/8]}{\pi(n-12)}\right\}\left[0.5-0.5\cos\left(\frac{n\pi}{12}\right)\right]R_{25}(n)$$

图 7.3.9 画出了所设计的 FIR 数字高通滤波器的单位脉冲响应 $h(n)$波形和幅频响应曲线。

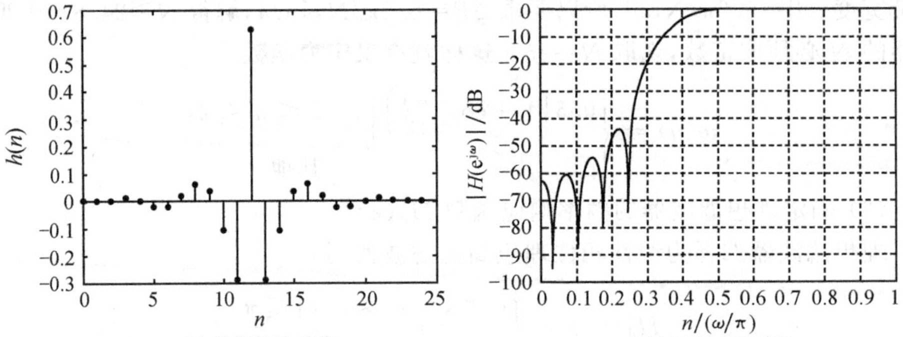

(a) 单位脉冲响应　　(b) 幅频响应特性

图 7.3.9　例 7.3.1 所设计的 FIR 数字高通滤波器

Matlab 提供了窗函数法设计 FIR 数字滤波器的函数 fir1,格式如下:

```
h = fir1(N,Wc,'ftype',window)
```

其中,h 是数字滤波器的单位脉冲向应,长度为 $N+1$。Wc 是对 π 归一化的 6dB 数字截止频率,0≤Wc≤1。

ftype 是滤波器类型,当 ftype 缺省,并且 Wc 是标量时,设计低通滤波器;当 ftype 缺省,并且 Wc=[Wcl,Wcu]时,设计带通滤波器,其−6dB 通带为 Wcl≤ω≤Wcu;当 ftype=high 时,设计高通滤波器;当 ftype=stop,并且 Wc=[Wcl,Wcu]时,设计带阻滤波器。在设计高通和带阻滤波器时,N 只能取偶数;如果将 N 设置为奇数,fir1 会自动对 N 加 1。

Window 是窗函数的类型,当 Window 缺省时,采用汉明窗函数;当 Window=bartlett($N+1$)时,采用三角窗;当 Window=hanning($N+1$)时,采用汉宁窗;当 Window=blackman($N+1$)时,采用布莱克曼窗;当 Window=kaiaer($N+1$,beta)时,采用 β= beta 的凯塞窗函数。

例 7.3.1 的设计程序如下(略去绘图部分程序):

```
Wp = pi/2;Ws = pi/4;B = Wp-Ws;   % 计算过渡带宽度
N0 = ceil(6.2 * pi/B);   % 根据表 7.3.2 计算 h(n)的长度
N = N0 + mod(N0 + 1,2);   % 确保 N 是奇数
Wc = (Wp + Ws)/2/pi;      % 计算理想高通滤波器通带截止频率,并关于 π 归一化
h = fir1(N - 1,Wc,'high',hanning(N));   % 计算高通滤波器的单位脉冲响应
```

例 7.3.2　利用凯塞窗函数设计满足下列指标的Ⅰ型线性相位 FIR 数字低通滤波器。指标要求为:通带截止频率 $\omega_p=0.3\pi\text{rad}$,阻带截止频率 $\omega_s=0.5\pi\text{rad}$,通带最大衰减 $\alpha_p=0.5\text{dB}$,阻带最小衰减 $\alpha_s=40\text{dB}$。

解　滤波器为Ⅰ型线性相位 FIR 数字低通滤波器;采用凯塞窗函数设计。根据(7.3.28)式,凯塞窗函数的调整参数

$$\beta=0.5842(\alpha_s-21)^{0.4}+0.07886(\alpha_s-21)=3.3953$$

指标要求滤波器过渡带宽度 $\Delta B=\omega_s-\omega_p=0.2\pi\text{rad}$,根据(7.3.29)式,滤波器的阶数

$$N-1=\frac{\alpha_s-7.95}{2.285\Delta B}=\frac{40-7.95}{2.285\times 0.2\pi}=22.3235$$

取满足要求的最小整数 $N-1=23$,但由于Ⅰ型线性相位数字滤波器阶数必须为偶数,N 为奇数,所以取 $N=25$。

理想数字低通滤波器的通带截止频率 $\omega_c=(\omega_s+\omega_p)/2=0.4\pi\text{rad}$,其频率响应函数为

$$H_d(e^{j\omega})=\begin{cases}e^{-j\omega\tau}, & |\omega|\leqslant\omega_c\\ 0, & \omega_c<|\omega|\leqslant\pi\end{cases}$$

式中,$\tau=(N-1)/2=12$, $\omega_c=0.4\pi\text{rad}$。而它的单位脉冲响应

$$h_d(n)=\frac{1}{2\pi}\int_{-\pi}^{\pi}H_d(e^{j\omega})e^{j\omega n}d\omega=\frac{1}{2\pi}\int_{-\omega_c}^{\omega_c}e^{-j\omega\tau}e^{j\omega n}d\omega$$

$$=\frac{\sin[\omega_c(n-\tau)]}{\pi(n-\tau)}=\frac{\sin[0.4\pi(n-12)]}{\pi(n-12)}$$

加窗得所设计 FIR 数字低通滤波器的单位脉冲响应

$$h(n)=h_d(n)w_k(n)=\frac{\sin[0.4\pi(n-12)]}{\pi(n-12)}w_k(n)$$

式中，$w_k(n)$是长度为 $N=25$，参数 $\beta=3.3953$ 的凯塞窗函数。图 7.3.10 画出了所设计滤波器的单位脉冲响应 $h(n)$波形和幅频响应曲线。

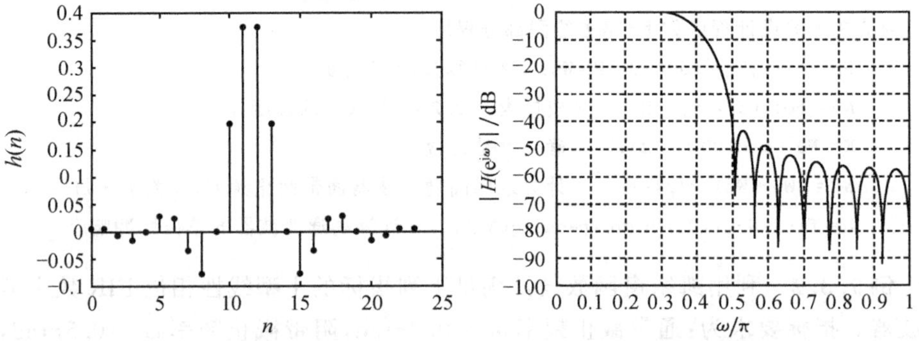

(a) 单位脉冲响应　　(b) 幅频响应特性

图 7.3.10　例 7.3.2 所设计的 FIR 数字高通滤波器

因为满足 $\alpha_s=40\text{dB}$，所以阻带波纹 $\delta_s=0.01$。当通带波纹 $\delta_s=\delta_p=0.01$ 时，通带最大衰减为 0.0873dB，小于 0.1dB 的指标要求。

程序如下(略去绘图部分程序)：

```
Wp = 0.3 * pi;Ws = pi/2;Rs = 40;B = Ws - Wp;
beta = 0.5842 * (Rs - 21)^0.4 + 0.07886 * (Rs - 21);    % 计算凯塞窗的参数 β
N = ceil((Rs - 8)/2.285/B);                              % 计算凯塞窗的长度
Wc = (Wp + Ws)/2/pi;
h = fir1(N,Wc,kaiser(N + 1,beta));
```

7.4　FIR 数字滤波器的频率采样设计法

7.3 节讨论的 FIR 数字滤波器的窗函数设计法，是根据设计要求，从相应的理想滤波器频率响应函数 $H_d(e^{j\omega})$出发，求出它的单位脉冲响应 $h_d(n)$，然后用合适的窗函数加窗得到所设计的 FIR 数字滤波器的单位脉冲响应 $h(n)$。频率采样设计法是通过对 $H_d(e^{j\omega})$进行采样得到 $H_d(k)$,然后通过变换得到所设计 FIR 数字滤波器的 $h(n)$和系统函数 $H(z)$。

7.4.1　频率采样设计法的基本原理

从 4.3.3 节的讨论已经知道,一个长度为 M 的有限长序列,可以通过其频谱函数的 $N \geqslant M$ 点等间隔采样值准确的恢复原序列。这是 FIR 数字滤波器频率采样设计的理论基础。

与窗函数设计法相同,设 $H_d(e^{j\omega})$是希望逼近滤波器的频率响应函数,对其在 $[0,2\pi)$上进行 N 点等间隔采样,得到

$$H_d(k) = H_d(e^{j\omega})\big|_{\omega=k\frac{2\pi}{N}}, \quad 0 \leqslant k \leqslant N-1 \tag{7.4.1}$$

以此 $H_d(k)$作为所设计 FIR 数字滤波器的频率响应函数的离散样本 $H(k)$,即

$$H(k) = H_d(k) = H_d(e^{j\omega})\big|_{\omega=k\frac{2\pi}{N}}, \quad 0 \leqslant k \leqslant N-1 \tag{7.4.2}$$

将 $H(k)$通过 IDFT 即可得到 FIR 数字滤波器的单位脉冲响应 $h(n)$,即

$$h(n) = \mathrm{IDFT}[H(k)] = \frac{1}{N}\sum_{k=0}^{N-1} H(k) W_N^{-kn}, \quad 0 \leqslant n \leqslant N-1 \tag{7.4.3}$$

进而得到滤波器的系统函数 $H(z)$和频率响应函数 $H(e^{j\omega})$。对(7.4.3)式求 Z 变换,得

$$\begin{aligned} H(z) &= \mathrm{ZT}[h(n)] = \sum_{n=0}^{N-1} h(n) z^{-n} = \sum_{n=0}^{N-1}\left[\frac{1}{N}\sum_{k=0}^{N-1} H(k) W_N^{-kn}\right] z^{-n} \\ &= \frac{1}{N}\sum_{k=0}^{N-1} H(k) \sum_{n=0}^{N-1} (W_N^{-k} z^{-1})^n \\ &= \frac{1}{N}\sum_{k=0}^{N-1} H(k) \frac{1-W_N^{-kN} z^{-N}}{1-W_N^{-k} z^{-1}} \end{aligned} \tag{7.4.4}$$

式中,$W_N^{-kN}=1$,于是滤波器的系统函数为

$$H(z) = \frac{1-z^{-N}}{N}\sum_{k=0}^{N-1} \frac{H(k)}{1-W_N^{-k} z^{-1}} \tag{7.4.5}$$

对于滤波器在单位圆上的频率响应函数,由(7.4.5)式可以表示为

$$\begin{aligned} H(e^{j\omega}) &= \frac{1-e^{-j\omega N}}{N}\sum_{k=0}^{N-1} \frac{H(k)}{1-e^{j2\pi k/N} e^{-j\omega}} \\ &= \frac{1}{N}\sum_{k=0}^{N-1} \frac{H(k)\sin(\omega N/2)}{\sin[(\omega-2\pi k/N)/2]} e^{-j\left(\frac{N-1}{2}\omega+\frac{k\pi}{N}\right)} \\ &= \sum_{k=0}^{N-1} H(k) \varphi_k(e^{j\omega}) \end{aligned} \tag{7.4.6}$$

式中，内插函数

$$\varphi_k(e^{j\omega}) = \frac{1}{N}\frac{\sin(\omega N/2)}{\sin[(\omega - 2\pi k/N)/2]}e^{-j\left(\frac{N-1}{2}\omega + \frac{k\pi}{N}\right)} \tag{7.4.7}$$

可以将 $\varphi_k(e^{j\omega})$表示为更为方便的形式

$$\varphi_k(e^{j\omega}) = \varphi\left(\omega - \frac{2\pi}{N}k\right) \tag{7.4.8}$$

式中，内插函数

$$\varphi(\omega) = \frac{1}{N}\frac{\sin(\omega N/2)}{\sin(\omega/2)}e^{-j\omega\frac{N-1}{2}} \tag{7.4.9}$$

则

$$H(e^{j\omega}) = \sum_{k=0}^{N-1} H(k)\varphi\left(\omega - \frac{2\pi}{N}k\right) \tag{7.4.10}$$

如果设计的是线性相位的 FIR 数字滤波器，则其采样值 $H(k)$的幅度和相位一定要满足 7.2 节所讨论的约束条件，这些条件已归纳在表 7.2.1 中。

对于情况Ⅰ的严格线性相位 FIR 滤波器，即 $h(n)$偶对称，N 为奇数时，由表 7.2.1 知

$$H(e^{j\omega}) = H(\omega)e^{-j\omega\frac{N-1}{2}} \tag{7.4.11}$$

式中，幅度特性函数应为偶对称

$$H(\omega) = H(2\pi - \omega) \tag{7.4.12}$$

如果频率采样值 $H(k)$也用纯标量幅度 H_k 和相角 θ_k 表示，即

$$H(k) = H_k e^{j\theta_k} \tag{7.4.13}$$

那么，由(7.4.11)式可知，θ_k 必须满足

$$\theta_k = -\omega\frac{N-1}{2}\bigg|_{\omega=\frac{2\pi}{N}k} = -k\pi\left(1 - \frac{1}{N}\right), \quad 0 \leqslant k \leqslant N-1 \tag{7.4.14}$$

而由(7.4.12)式可知，H_k 必须满足偶对称的要求，即

$$H_k = H(\omega)\big|_{\omega=\frac{2\pi}{N}k} = H_{N-k}, \quad 0 \leqslant k \leqslant N-1 \tag{7.4.15}$$

对于情况Ⅱ的严格线性相位 FIR 滤波器。即 $h(n)$偶对称，N 为偶数时，由表 7.2.1 知，$H(e^{j\omega})$仍为(7.4.11)式，但其幅度特性函数为奇对称

$$H(\omega) = -H(2\pi - \omega) \tag{7.4.16}$$

所以，这时的 H_k 应满足奇对称的要求，即

$$H_k = -H_{N-k}, \quad 0 \leqslant k \leqslant N-1 \tag{7.4.17}$$

而 θ_k 与(7.4.14)式相同。

类似地，对广义线性相位 FIR 滤波器，要求单位脉冲响应 $h(n)$奇对称，即 $h(n) = -h(N-1-n)$。由表 7.2.1 可知，相角 θ_k 必须满足

$$\theta_k = -\frac{\pi}{2} - \omega \frac{N-1}{2}\bigg|_{\omega=\frac{2\pi}{N}k} = -\frac{\pi}{2} - k\pi\left(1-\frac{1}{N}\right),\quad 0 \leqslant k \leqslant N-1 \tag{7.4.18}$$

而幅度 H_k 满足：

$$N\text{为奇数时(情况 Ⅲ)},\quad H_k = -H_{N-k},\quad 0 \leqslant k \leqslant N-1 \tag{7.4.19}$$

$$N\text{为偶数时(情况 Ⅳ)},\quad H_k = H_{N-k},\quad 0 \leqslant k \leqslant N-1 \tag{7.4.20}$$

7.4.2　频率采样设计法的逼近误差分析

由(7.4.10)式可以看出，频率响应函数 $H(e^{j\omega})$ 在各采样点就等于 $H(k)$，而各采样点之间的值 $H(e^{j\omega})$，则是由各采样值的内插函数叠加形成，因而有一定的逼近误差，误差的大小取决于理想频率响应的曲线形状。采样点之间的理想频率响应特性变化越陡，则内插值与理想值之间的误差就越大，因而在理想频率响应特性的不连续点附近，就会产生肩峰和波纹；反之，理想频率响应特性变化越平缓，则内插值越接近理想值，逼近误差越小。为了直观地说明这一问题，并对逼近误差做进一步分析，请看下面的例子。

例 7.4.1　用频率采样法设计严格线性相位 FIR 低通数字滤波器，要求通带截止频率 $\omega_p = \pi/3\text{rad}$，频域采样点数分别取 $N=15$ 和 $N=75$。绘出 $h(n)$ 和 $H(e^{j\omega})$ 的图形，并对逼近误差进行分析。

解　用理想低通滤波器的频率响应函数 $H_d(e^{j\omega}) = H_d(\omega)e^{-j\omega(N-1)/2}$ 作为希望逼近的频率响应函数。对 $H_d(\omega)$ 在 $[0,2\pi)$ 上等间隔采样 15 点，得到幅度采样 H_k，如图 7.4.1(a)所示。$N=15$ 时的相位采样为

$$\theta_k = -\omega\frac{N-1}{2}\bigg|_{\omega=\frac{2\pi}{N}k} = -\frac{14}{15}\pi k,\quad 0 \leqslant k \leqslant N-1$$

这样，频率采样为

$$H(k) = H_k e^{j\theta_k} = \begin{cases} e^{-j14\pi k/15}, & k = 0,1,2,13,14 \\ 0, & k = 3,4,\cdots,12 \end{cases}$$

对 $H(k)$ 进行 N 点 IDFT 得到严格线性相位 FIR 低通数字滤波器的单位脉冲响应为

$$h(n) = \text{IDFT}[H(k)] = \frac{1}{N}\sum_{k=0}^{14} H(k) W_{15}^{-kn},\quad 0 \leqslant n \leqslant 14$$

根据(7.4.10)式，得到滤波器的频率响应函数

$$H(e^{j\omega}) = \text{DTFT}[h(n)] = \sum_{k=0}^{N-1} H(k)\varphi\left(\omega - \frac{2\pi}{N}k\right)$$

$$= H(\omega)\mathrm{e}^{-\mathrm{j}\omega\frac{N-1}{2}} = H(\omega)\mathrm{e}^{-\mathrm{j}7\omega}$$

$$\varphi(\omega) = \frac{1}{N}\,\frac{\sin(\omega N/2)}{\sin(\omega/2)}\mathrm{e}^{-\mathrm{j}\omega\frac{N-1}{2}}$$

$$= \frac{1}{15}\,\frac{\sin(15\omega/2)}{\sin(\omega/2)}\mathrm{e}^{-\mathrm{j}7\omega}$$

所设计的 FIR 低通数字滤波器是严格线性相位的。其单位脉冲响应如图 7.4.1(b)所示，$H(\omega)$及其幅频响应特性曲线分别如图 7.4.1(c)、(d)所示。

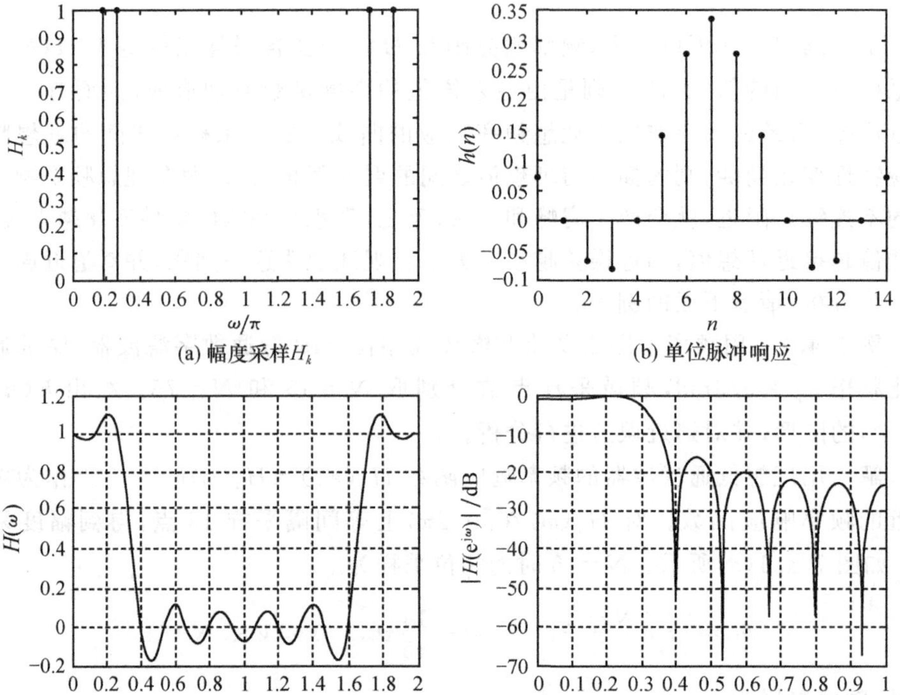

图 7.4.1　FIR 数字滤波器的频率采样设计法主要图形(N=15)

类似地可以得到 N=75 时的结果。N=15 和 N=75 两种情况下的幅度特性函数 $H(\omega)$如图 7.4.2 所示。

由图可知 7.4.2 可以看出，频率采样设计法逼近误差具有如下特点：

(1) 如同由(7.4.10)式所得结果一样，在采样频率点上逼近误差为零；其余频率上幅度响应值等于(7.4.10)式的 N 项叠加值，逼近误差与希望逼近的幅度响应 $H_\mathrm{d}(\omega)$的曲线形状有关，$H_\mathrm{d}(\omega)$越平坦的区域逼近误差就越小，而 $H_\mathrm{d}(\omega)$越陡峭的区域逼近误差越大。

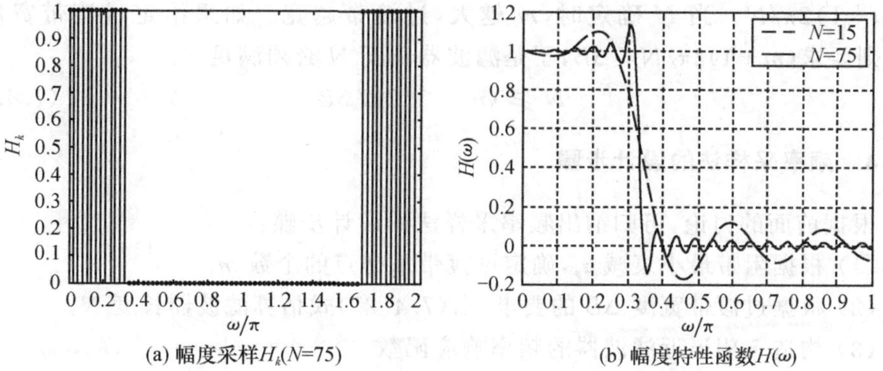

图 7.4.2　采样点数 N 不同时的幅度特性函数

(2) 在 $H_d(\omega)$突跳边缘的两侧逼近误差最大，形成过渡带，过渡带宽度近似为 $2\pi/N$。通带和阻带均有波动，形成波纹（即吉布斯效应），突跳边缘的通带一侧形成最大的正肩峰（对应通带最大衰减 α_p），阻带一侧形成最大的负肩峰（对应阻带最小衰减 α_s）。

(3) 采样点数 N 越大，通带和阻带的波动越快，形成的过渡带越窄，逼近误差越小。但通带最大衰减和阻带最小衰减随 N 的增大并无多大改善。$N=15$ 时，通带最大衰减 $\alpha_p=0.8340\text{dB}$，阻带最小衰减 $\alpha_s=15.0788\text{dB}$；$N=75$ 时，通带最大衰减 $\alpha_p=1.0880\text{dB}$，阻带最小衰减 $\alpha_s=16.5815\text{dB}$。

7.4.3　频率采样设计法的改进措施

为了提高逼近质量，减少逼近误差，类似于窗函数法的加窗平滑截断，可以使希望逼近的幅度特性 $H_d(\omega)$从通带比较平滑地过渡到阻带，消除阶跃突变，从而使逼近误差减小。这相当于设置了 $H_d(\omega)$的过渡带，其实质是对幅度采样 H_k 设置了过渡带的采样点，以加宽过渡带为代价换取通带和阻带内波纹幅度的减小。

过渡带的采样点个数 m 与要求的滤波器阻带最小衰减 α_s 有关，其经验数据列于表 7.4.1 中。

表 7.4.1　过渡带的采样点个数 m 与要求的滤波器阻带最小衰减的经验数据

m	0	1	2	3
α_s/dB	20	44～54	65～75	85～95

过渡带采样点的值通过优选设计确定，这样可在相同采样点个数的条件下使阻带最小衰减 α_s 最大。

虽然设置过渡带采样点可以使滤波器通带内和阻带内的波纹幅度减小，但这是以加宽过渡带宽度为代价的。如果设置 m 个过渡带采样点，则过渡带宽度近似为$(m+1)2\pi/N$。当 N 确定时，m 越大，过渡带越宽。如果给定过渡带宽度为 ΔB，则要求$(m+1)2\pi/N\leqslant\Delta B$，于是滤波器长度 N 必须满足

$$N \geqslant (m+1)2\pi/\Delta B \tag{7.4.21}$$

7.4.4　频率采样法的设计步骤

根据前面的讨论，可归纳出频率采样法的设计步骤：

(1) 根据阻带最小衰减 α_s，确定过渡带采样点的个数 m。

(2) 根据过渡带宽度 ΔB 的要求，由(7.4.21)式估算滤波器长度 N。

(3) 构造希望逼近滤波器的频率响应函数

$$H_d(e^{j\omega}) = H_d(\omega)e^{j\theta(\omega)}$$

一般将 $H_d(\omega)$构造为具有理想频率响应特性的形式，并满足表 7.2.1 的要求。

(4) 对 $H_d(e^{j\omega})$进行频域等间隔 N 点采样，得

$$H(k) = H_d(e^{j\omega})\big|_{\omega=\frac{2\pi}{N}k} = H_k e^{j\theta_k}, \quad 0 \leqslant k \leqslant N-1$$

$$H_k = H_d(\omega)\big|_{\omega=\frac{2\pi}{N}k}$$

$$\theta_k = \theta(\omega)\big|_{\omega=\frac{2\pi}{N}k}$$

如果增加过渡带采样，其采样值可设置为经验值。或者用试验法确定，也可以用最优化算法估算。

(5) 对 $H(k)$进行 N 点 IDFT，得所设计 FIR 数字滤波器的单位脉冲响应

$$h(n) = \mathrm{IDFT}[H(k)] = \frac{1}{N}\sum_{k=0}^{N-1}H(k)W_N^{-kn}, \quad 0 \leqslant n \leqslant N-1$$

再对 $h(n)$进行 Z 变换，得滤波器的系统函数

$$H(z) = \mathrm{ZT}[h(n)] = \sum_{n=0}^{N-1}h(n)z^{-n}$$

(6) 对设计结果进行检验。如果阻带的最小衰减 α_s 未达到指标要求，则要改变过渡带采样设置值，直到满足指标要求为止；如果滤波器边界频率未达到指标要求，则需调整 $H_d(e^{j\omega})$的边界频率。

例 7.4.2　用频率采样法设计严格线性相位 FIR 低通数字滤波器，要求通带截止频率 $\omega_p=\pi/3\mathrm{rad}$，过渡带宽度 $\Delta B\leqslant\pi/15\mathrm{rad}$，阻带最小衰减按大于 15dB 和大于 40dB 两个指标分别设计。

解　当 α_s 要求大于 15dB 时，希望逼近滤波器选择为理想低通滤波器

$$H_d(e^{j\omega}) = H_d(\omega)e^{-j\omega(N-1)/2}$$

且过渡带不设置采样点。

滤波器的长度 N，即采样点数满足

$$N \geqslant 2\pi/\Delta B = 30$$

如果要求采样点数为奇数，可取 $N=31$。这样，频率采样后的 $H_d(k)$如图 7.4.3(a)所

示。由于 N 为奇数，H_k 偶对称于 $\omega=\pi$，通带截止频率 $\omega_p=\pi/3\text{rad}$，满足 $10\pi/31\text{rad}\leqslant\omega_p\leqslant 11\pi/31\text{rad}$，故得

$$\theta_k=-k\frac{2\pi}{N}\frac{N-1}{2}=-\frac{30}{31}\pi k$$

$$H_k=\begin{cases}1, & 0\leqslant k\leqslant 5;\quad 26\leqslant k\leqslant 30\\ 0, & 6\leqslant k\leqslant 25\end{cases}$$

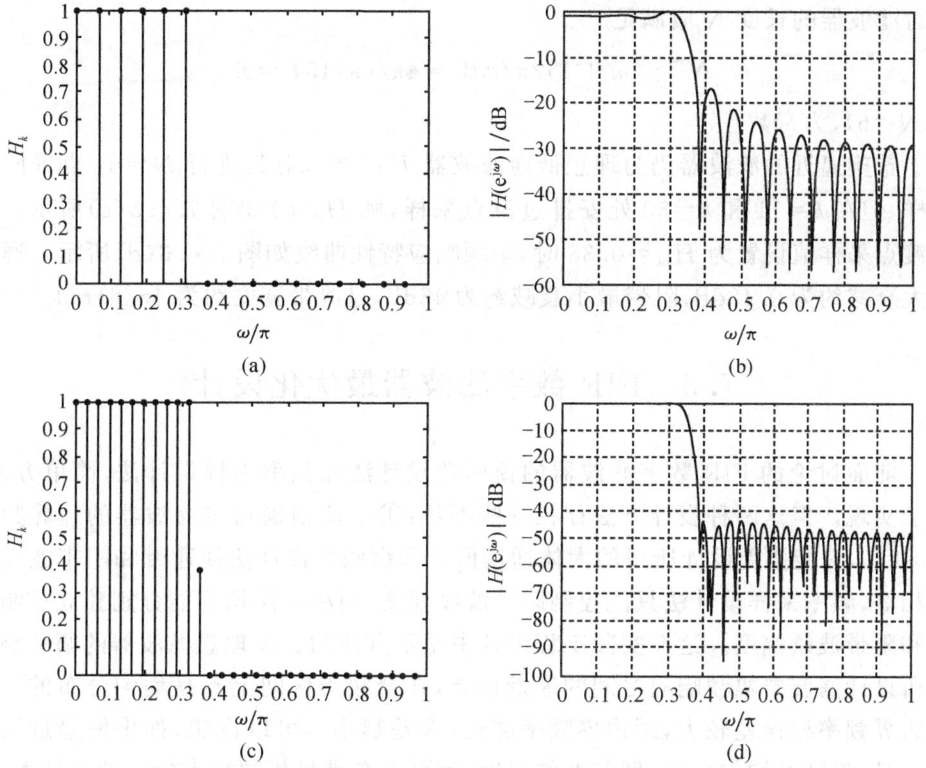

图 7.4.3　例 7.4.2 的幅度采样和滤波器的幅频响应曲线

将 $H_k=H_k e^{j\theta_k}$ 代入(7.4.10)式，可得

$$H(e^{j\omega})=\frac{1}{N}\sum_{k=0}^{N-1}\frac{H_k\sin\left[\left(\omega-\frac{2\pi}{N}k\right)N/2\right]}{\sin\left[\left(\omega-\frac{2\pi}{N}k\right)/2\right]}e^{-j\frac{N-1}{N}\pi k}e^{-j\left(\omega-\frac{2\pi}{N}k\right)\frac{N-1}{2}}$$

$$=\frac{1}{31}\sum_{k=0}^{30}\frac{H_k\sin[31(\omega/2-\pi k/31)]}{\sin(\omega/2-\pi k/31)}e^{-j15\omega}$$

考虑到 $6\leqslant k\leqslant 25$ 时，$H_k=0$，故

$$H(\mathrm{e}^{\mathrm{j}\omega})=\frac{1}{31}\left\{\frac{\sin\left(\frac{31\omega}{2}\right)}{\sin\left(\frac{\omega}{2}\right)}+\sum_{k=1}^{5}\left[\frac{\sin\left[31\left(\frac{\omega}{2}-\frac{\pi k}{31}\right)\right]}{\sin\left(\frac{\omega}{2}-\frac{\pi k}{31}\right)}+\frac{\sin\left[31\left(\frac{\omega}{2}+\frac{\pi k}{31}\right)\right]}{\sin\left(\frac{\omega}{2}+\frac{\pi k}{31}\right)}\right]\right\}\mathrm{e}^{-\mathrm{j}15\omega}$$

按该式计算得到的幅频响应特性曲线如图 7.4.3(b)所示。由图可以看出，滤波器过渡带宽度为 $2\pi/31\mathrm{rad}$，阻带最小衰减约为 16dB。

当 α_s 要求大于 40dB 时，根据表 7.4.1，需要在过渡带设置 $m=1$ 个采样点。这时滤波器的长度 N 应满足

$$N\geqslant(m+1)2\pi/\Delta B=4\pi/(\pi/15)=60$$

取 $N=61$，为奇数。

希望逼近的滤波器仍为理想低通滤波器 $H_d(\mathrm{e}^{\mathrm{j}\omega})$，对其进行 $N=61$ 点等间隔采样，但在 $k=11$ 和 $k=50$ 处安排过渡点采样，则 $H_d(k)$ 如图 7.4.3(c)所示。当过渡点采样值设置为 $H_{11}=0.38$ 时，幅频响应特性曲线如图 7.4.3(d)所示。通带最大衰减约为 0.48dB，阻带最小衰减约为 43dB，过渡带宽度约为 $4\pi/61\mathrm{rad}$。

7.5　FIR 数字滤波器最优化设计

前面讨论的 FIR 数字滤波器的窗函数设计法和频率采样设计法，简单方便，易于实现。但这两种设计方法存在一些不足：①不能精确指定滤波器的边界频率 ω_p 和 ω_s，只能接受设计所得的大体适用值。②窗函数设计法使通带和阻带波纹幅度相等，频率采样设计法只能控制阻带波纹幅度，两种方法均不能分别独立控制通带和阻带波纹幅度。这在实际工程设计中是不方便的。③理想滤波器的幅频响应与所设计滤波器幅频响应之间的逼近误差，在全频带区间上不是均匀分布的。靠近边界频率处误差较大，距边界频率越远，误差越小。可以设想，如果使逼近误差在通带、阻带都均匀分布，即等波纹幅度，就可以在满足相同技术指标的条件下，得到一个较低阶的滤波器。能够克服上述三个问题的最优化设计方法，其数学分析、推演复杂，已超出了本书的范围，不过现在已有 Matlab 信号处理工具箱函数，实现 FIR 数字滤波器的最优化设计。所以这里只介绍其设计思想和所用的 Matlab 函数。

7.5.1　FIR 数字滤波器最优化设计准则

FIR 数字滤波器的最优化设计中，第一种常用的准则，就是在 7.3 节中已经讨论的最小均方误差准则，其结果是用矩形窗函数 $R_N(n)$ 直接截取理想滤波器单位脉冲响应 $h_d(n)$ 的一段，作为所设计滤波器的单位脉冲响应 $h(n)$，即

$$h(n)=\begin{cases}h_d(n), & 0\leqslant n\leqslant N-1\\ 0, & \text{其他}\end{cases} \tag{7.5.1}$$

这是一种时域逼近法。所以矩形窗函数法是最小均方误差准则的最优化设计法，它保证在整个频带上误差平方的积分所得面积最小，但不排除在某些频率点上误差幅度较大，这主要是指由于吉布斯效应，在过渡带的内侧通带内有较大的正肩峰，而外侧阻带内有较大的负肩峰。矩形窗函数法所设计的 FIR 数字滤波器过渡带窄，但波纹大，阻带衰减小。所以实际应用中很少直接采用矩形窗函数，而选择旁瓣电平小的窗函数，但增加了过渡带宽度。

第二种常用的准则是最大误差最小化准则，它使幅度误差在整个逼近频段上均匀分布；按该准则所设计的 FIR 数字滤波器的幅频响应在通带和阻带都是等波纹的，而且可以分别独立控制通带和阻带的波纹幅度；在滤波器长度给定的条件下能使加权误差波纹幅度最小。所以该准则是一种等波纹最佳逼近优化设计准则，即用等波纹最佳逼近法设计 FIR 数字滤波器。在这种设计方法的长期研究中，切比雪夫(Chebyshev)，帕克斯-麦克莱伦(Parks-McClellan)和雷米兹(Remez)等学者分别从各自的学科对解决这个问题做出了贡献，所以这种设计方法也称为切比雪夫逼近法，或雷米兹逼近法。

7.5.2　等波纹最佳逼近法的设计思想

用 $H_d(\omega)$表示希望逼近的滤波器幅度特性函数，要求设计线性相位 FIR 数字滤波器时，$H_d(\omega)$必须满足线性相位的约束条件。用 $H(\omega)$表示所设计的 FIR 数字滤波器幅度特性函数。定义加权幅度误差函数为

$$e(\omega)=W(\omega)[H_d(\omega)-H(\omega)] \tag{7.5.2}$$

式中，$W(\omega)$是幅度误差加权函数，用来控制不同频带(一般指通带和阻带)的幅度逼近误差。所以，幅度加权函数 $W(\omega)$是为在通带和阻带取不同的波纹值而设置的。一般地，在要求逼近精度高的频带，$W(\omega)$取值大，而要求逼近精度低的频带，$W(\omega)$取值小。设计过程中，$W(\omega)$是由设计者根据通带最大衰减 α_p 和阻带最小衰减 α_s 的指标要求取定的确知函数。对于 FIR 低通数字滤波器，常取

$$W(\omega)=\begin{cases}k\delta_2/\delta_1, & 0\leqslant\omega\leqslant\omega_p\\ k, & \omega_p<\omega\leqslant\pi\end{cases} \tag{7.5.3}$$

式中，δ_1 和 δ_2 分别为滤波器设计指标中通带和阻带的振荡波纹幅度，如图 7.5.1 所示，k 是正的系数。如果 $\delta_2/\delta_1<1$，说明对通带波纹的加权比较小。例如，$\delta_2/\delta_1=0.1$，则加权设计的等波纹滤波器，在通带内的最大波纹 δ_1 将比阻带内的最大波纹 δ_2 大 10 倍，此时加权函数 $W(\omega)=[1,10]$。

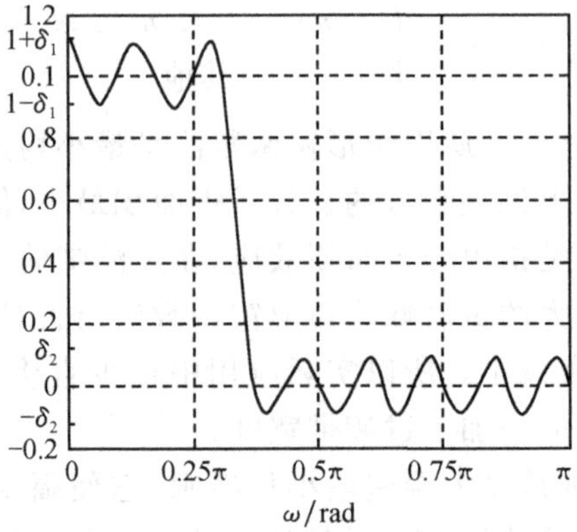

图 7.5.1　等波纹滤波器的幅频特性曲线

滤波器的通带最大衰减 α_p(dB)和阻带最小衰减 α_s(dB)与通带和阻带的振荡波纹幅度 δ_1 和 δ_2 的换算关系为

$$\alpha_p = 20\lg\left(\frac{1+\delta_1}{1-\delta_1}\right) \tag{7.5.4}$$

$$\alpha_s = -20\lg\left(\frac{\delta_2}{1+\delta_1}\right) \approx -20\lg\delta_2 \tag{7.5.5}$$

或者

$$\delta_1 = \frac{10^{\alpha_p/20}-1}{10^{\alpha_p/20}+1} \tag{7.5.6}$$

$$\delta_2 = 10^{-\alpha_s/20} \tag{7.5.7}$$

等波纹最佳逼近法的设计，在于找到滤波器的系数向量 $h(n)$(即单位脉冲响应$h(n)$，$0\leqslant n\leqslant N-1$)，使得在通带 $\omega=[0,\omega_p]$和阻带 $\omega=[\omega_s,\pi]$频带内的最大绝对值幅度误差$|e(\omega)|$为最小，这就是最大误差最小化(minmax)问题。建立在最大误差最小化准则基础上的 FIR 数字滤波器的最优化设计，应用数学上的切比雪夫逼近理论，获得了可控的通带和阻带性能，并能准确地指定通带和阻带的边界。

帕克斯-麦克莱伦利用交替定理解决了上述滤波器设计的优化问题。根据切比雪夫逼近理论，它的解就是 $e(\omega)$在$[0,\omega_p]$和$[\omega_s,\pi]$频带内必须有正负交替出现且极值相等的波纹，见图 7.5.1 波形。这样的描述归结为如下的交替定理：

设 F 表示闭区间$[0,\pi]$中的任意闭子集，例如是$[0,\omega_p]$和$[\omega_s,\pi]$的合集，为了使(7.5.2)式所表示的 $H(\omega)$在 F 中唯一地最佳逼近于 $H_d(\omega)$，其必要和充分条件是误差函数 $e(\omega)$在 F 中是等幅波动的，并且该误差函数 $e(\omega)$在 F 中至少有 $L+2$ 个极点。也就是说，在闭子集 F 中，存在着

$$0\leqslant\omega_1<\omega_2<\cdots<\omega_{L+2}\leqslant\pi$$

其中，包括 ω_p 和 ω_s，在这些频率点上的误差函数正负交替出现，且都达到同样的极值 e_m，即

$$e(\omega_i) = (-1)^i e_m, \quad i = 0,1,\cdots,L+2 \tag{7.5.8}$$

其中，e_m 可以是一个正数或负数，满足

$$|e_m| = \max[|e(\omega)|]_{\omega\in F} \tag{7.5.9}$$

该定理称为交替定理。定理中与极点个数有关的参数 L，决定于滤波器的阶数 M，当 M 为偶数时，$L=M/2$；当 M 为奇数时，$L=(M-1)/2$。

运用交替定理，就意味着在通带内和阻带内的幅度特性分别满足

$$|H(\omega)-1| \leqslant |\delta_1 e_m/\delta_2| = \delta_1, \quad 0\leqslant\omega\leqslant\omega_p \tag{7.5.10}$$

$$|H(\omega)| \leqslant e_m = \delta_2, \quad \omega_s\leqslant\omega\leqslant\pi \tag{7.5.11}$$

所以，通带内的最佳 $H(\omega)$ 应在 $1\pm\delta_1$ 之间正负交替地波动，而阻带内的最佳 $H(\omega)$ 应在 $\pm\delta_2$ 之间正负交替地波动，见图 7.5.1 波形。通过调整幅度误差加权函数 $W(\omega)$，就可以分别独立控制通带波纹和阻带波纹。

帕克斯-麦克莱伦采用基于交替定理的雷米兹交替算法，通过逐次迭代逼近的运算求得滤波器的系数向量 $h(n)$，实现了等波纹最佳逼近法的滤波器设计。

对于 FIR 低通等波纹滤波器设计，一般是给定指标 α_p 或 δ_1、α_s 或 δ_2、ω_p 和 ω_s，这就需要求出能满足这些指标要求的最佳滤波器长度。目前，有一些估算公式可用于估计最佳滤波器的长度 N，常用的是凯塞经验公式。

一般情况下，估计滤波器长度 N 的凯塞经验公式为

$$N \approx \frac{-20\lg(\sqrt{\delta_1\delta_2})-13}{14.6\,|\omega_p-\omega_s|/(2\pi)}+1 \tag{7.5.12}$$

对于窄带低通滤波器，δ_2 对滤波器长度 N 起主要作用，此时

$$N \approx \frac{-20\lg\delta_2+0.22}{|\omega_p-\omega_s|/(2\pi)}+1 \tag{7.5.13}$$

对于宽带低通滤波器，δ_1 对滤波器长度 N 起主要作用，此时

$$N \approx \frac{-20\lg\delta_1+5.94}{27\,|\omega_p-\omega_s|/(2\pi)}+1 \tag{7.5.14}$$

归纳上述讨论，用等波纹最佳逼近法设计 FIR 数字滤波器的步骤为：

(1) 根据滤波器的设计指标要求：边界频率、通带最大衰减 α_p 或 δ_1、阻带最小衰减 α_s 或 δ_2 等，估计滤波器的阶数 $M=N-1$，确定幅度误差加权函数 $W(\omega)$。

(2) 采用雷米兹交替算法，获得所设计滤波器的单位脉冲响应 $h(n)$。

调用 Matlab 信号处理工具箱函数 remez 和 remezord，设置调用参数，就可实现等波纹最佳逼近法 FIR 数字滤波器的设计。

7.5.3 remez 和 remezord 函数的功能和调用

1. remez 函数

函数功能：采用雷米兹算法设计 FIR 数字滤波器。

函数格式：`hn = remez(M,f,m,w)`

其中：

M 是滤波器的阶。

hn 是数字滤波器的单位脉冲响应，其长度为 M+1。

f 是希望滤波器的边界频率向量，要求 f 是单调增向量（即 $f(k)<f(k+1)$），并且从 0 开始，以 1 结束，1 对应数字频率 π（或模拟频率 $f_s/2$，f_s 表示时域采样频率）。

m 是与 f 对应的希望滤波器的幅度向量，m 与 f 的长度相等，$m(k)$表示希望滤波器在频率点 $f(k)$上的幅频响应值，m 和 f 给出了希望滤波器的幅度特性。

w 是误差加权向量，其长度为 f 的一半。$w(i)$表示对 m 中第 i 个频率段幅度逼近精度的加权值。w 缺省时，函数默认 w 为全 1（即每个频率段的逼近误差加权值相同）。

2. remezord 函数

函数功能：根据逼近指标，计算采用雷米兹算法等波纹最佳逼近滤波器的最低阶数 M、误差加权向量 w 和归一化边界频率向量 f。其返回参数作为 remez 函数的调用参数。

函数格式：`[M,f0,m0,w] = remezord(f,m,rip,fs)`

其中：

f 与 remez 函数中的类似，f 可以是归一化边界数字频率向量，也可以是模拟边界频率向量（单位为 Hz），但必须以 0 开始，以 1（数字频率时）或 fs/2（模拟频率时）结束，并且其中省略了 0 和 fs/2 两个频率点。

fs 是时域采样频率，单位为 Hz。fs 缺省时，函数默认 fs＝2Hz。但这时 f 的长度（包括省略的 0 和 fs/2 两个频率点）是 m 的两倍，即 m 中的每个元素表示 f 给定的一个逼近频段上的希望逼近的幅度值。

rip 表示 f 和 m 描述的各逼近频段允许的波纹振幅（幅频响应最大偏差），f 的长度是 rip 的两倍。

一般以[M,f0,m0,w]＝ remezord(f,m,rip,Fs)返回的参数 M,f0,m0,w 作为 remez 的调用参数，即用 hn＝remez(M,f0,m0,w)计算数字滤波器的单位脉冲响应 hn。

调用 remezord 函数时应注意以下几点：

(1) 省略 fs 时，f 必须是归一化数字频率。

(2) 有时计算的阶数 M 略小，使设计结果达不到指标要求，这时要取 M+1 或 M+2(注意对滤波器长度 M+1 的奇偶性要求)。

(3) 如果过渡带太窄，或截止频率接近 0 和 fs/2 时，设计结果不正确。

(4) 实际中有时给出模拟滤波器的指标要求，调用参数 f 可以用模拟频率表示。但这时调用 remezord 函数时必需加入采样频率 fs，见例 7.5.2。

(5) 必须检验设计结果。

下面给出由滤波器的设计指标确定 remezord 函数调用参数 f、m 和 rip 的公式，编程时可直接套用。

1) 低通滤波器

滤波器指标：逼近通带$[0,\omega_p]$，通带最大衰减 α_pdB，逼近阻带$[\omega_s,\pi]$，阻带最小衰减 α_sdB。

remezord 函数调用参数：$f=[\omega_p/\pi,\omega_s/\pi]$，$m=[1,0]$，$rip=[\delta_1,\delta_2]$。其中，f 向量中省去了起点频率 0 和终点频率 1，δ_1 和 δ_2 分别是通带和阻带波纹幅度，由(7.5.6)式和(7.5.7)式计算，以下相同。

例 7.5.1　设计数字低通滤波器，要求通带截止频率 $\omega_p=0.25\pi$rad，阻带截止频率 $\omega_s=0.3\pi$rad，通带最大衰减 $\alpha_p=1$dB，阻带最小衰减 $\alpha_s=40$dB。

解　调用 remezord 函数计算出 $M=57$，调用 remez 函数得到滤波器单位脉冲响应。经检验，滤波器的通带最大衰减为 1.1dB，阻带最小衰减为 39.65dB，不满足指标要求，原因是 remezord 函数估算的阶数偏小。

取 $M=58$ 时，设计出的滤波器幅频响应如图 7.5.2 所示，通带最大衰减为 1.018dB，阻带最小衰减为 40.355dB，基本满足指标要求。程序如下(略去绘图程序)：

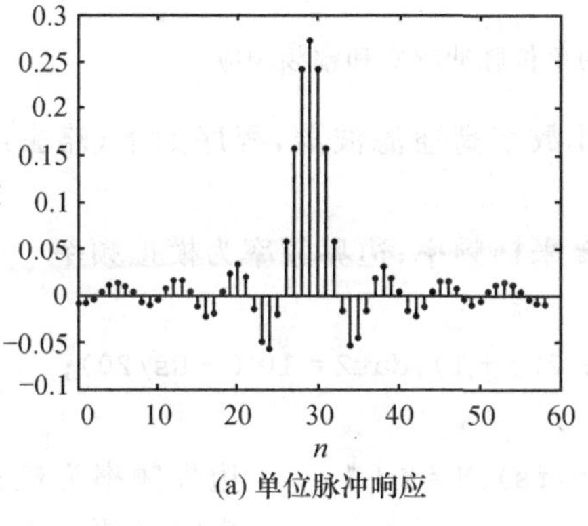

(a) 单位脉冲响应

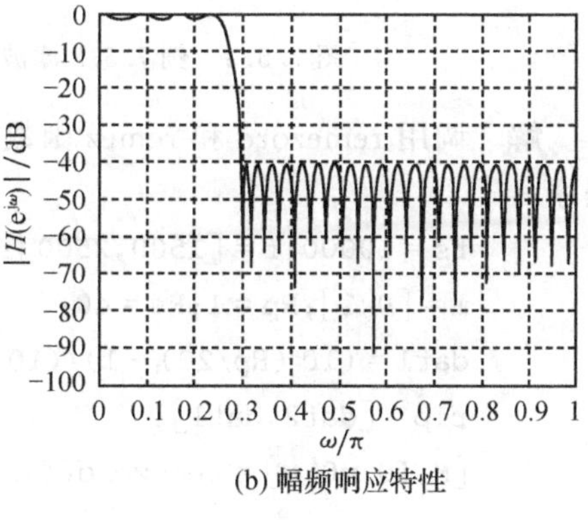

(b) 幅频响应特性

图 7.5.2　例 7.5.1 滤波器的单位脉冲响应和幅频响应

```
f = [0.25,0.3];m = [1,0];
Rp = 1;Rs = 40;
dat1 = (10^(Rp/20) - 1)/(10^(Rp/20) + 1);   % 由(7.5.6)式计算 δ1
dat2 = 10^( - Rs/20);                        % 由(7.5.7)式计算 δ2
rip = [dat1,dat2];
[M,f0,m0,w] = remezord(f,m,rip);M = M + 1;  % remezord 函数估算的阶
                                               数偏小,加 1 满足指标
hn = remez(M,f0,m0,w);
```

2）高通滤波器

滤波器指标：逼近通带$[\omega_p,\pi]$，通带最大衰减 α_pdB，逼近阻带$[0,\omega_s]$，阻带最小衰减 α_sdB。

remezord 函数调用参数：$f=[\omega_s/\pi,\omega_p/\pi]$，$m=[0,1]$，$rip=[\delta_2,\delta_1]$。

例 7.5.2　设计数字高通滤波器实现对模拟信号的数字滤波处理，要求通带截止频率 $f_p=2500$Hz，阻带截止频率 $f_{Hs}=1500$Hz，通带最大衰减 $\alpha_p=1$dB，阻带最小衰减 $\alpha_s=40$dB，采样频率 $f_s=10$kHz。如图 7.5.3 所示。

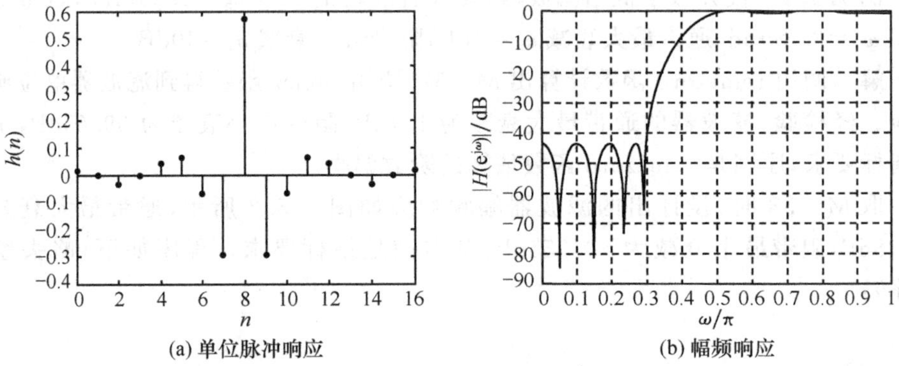

图 7.5.3　例 7.5.2 滤波器的单位脉冲响应和幅频响应

解　调用 remezord 和 remez 函数设计数字高通滤波器，程序如下（略去绘图程序）：

```
fs = 10000;f = [1500,2500];     % 采样频率;边界频率为模拟频率
m = [0,1];Rp = 1;Rs = 40;
dat1 = (10^(Rp/20) - 1)/(10^(Rp/20) + 1);dat2 = 10^( - Rs/20);
rip = [dat2,dat1];
[M,f0,m0,w] = remezord(f,m,rip,fs);M = M + 1;    % 边界频率为模拟频
                                                    率时必须加入采样
                                                    频率 fs
```

```
hn = remez(M,f0,m0,w);
```

3）带通滤波器

滤波器指标：逼近通带[ω_{pl},ω_{pu}]，通带最大衰减 α_p dB；逼近阻带[0,ω_{sl}]、[ω_{su},π]，阻带最小衰减 α_s dB。

remezord 函数调用参数：$f=[\omega_{sl}/\pi,\omega_{pl}/\pi,\omega_{pu}/\pi,\omega_{su}/\pi]$，$m=[0,1,0]$，$rip=[\delta_2,\delta_1,\delta_2]$。

例 7.5.3　用等波纹最佳逼近设计 FIR 带通数字滤波器，要求通带下截止频率 $\omega_{pl}=0.35\pi rad$，通带上截止频率 $\omega_{pu}=0.65\pi rad$，通带最大衰减 $\alpha_p=1dB$；阻带下截止频率 $\omega_s=0.2\pi rad$，阻带上截止频率 $\omega_{su}=0.8\pi rad$，阻带最小衰减 $\alpha_s=60dB$。如图 7.5.4 所示。

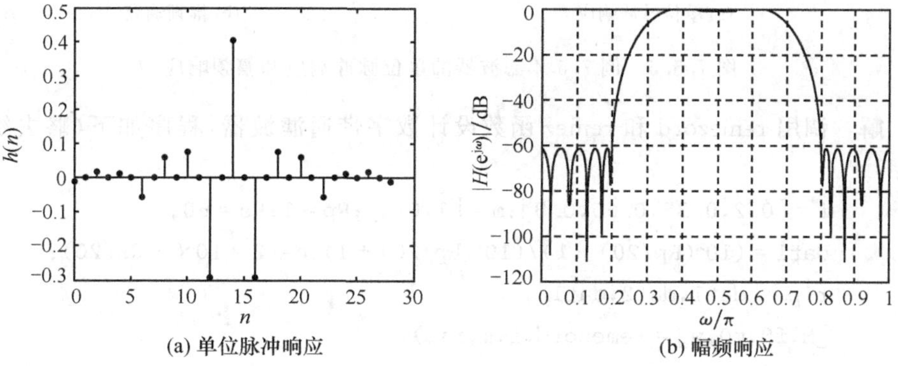

图 7.5.4　例 7.5.3 滤波器的单位脉冲响应和幅频响应

解　调用 remezord 和 remez 函数设计数字带通滤波器，程序如下（略去绘图程序）：

```
f = [0.2,0.35,0.65,0.8];m = [0,1,0];Rp = 1;Rs = 60;
dat1 = (10^(Rp/20) - 1)/(10^(Rp/20) + 1);dat2 = 10^( - Rs/20);rip =
[dat2,dat1,dat2];
[M,f0,m0,w] = remezord(f,m,rip);M = M + 2;
hn = remez(M,f0,m0,w);
```

4）带阻滤波器

滤波器指标：逼近通带[0,ω_{pl}]，[ω_{pu},π]，通带最大衰减 α_p dB；逼近阻带[ω_{sl},ω_{su}]，阻带最小衰减 α_s dB。

remezord 函数调用参数：$f=[\omega_{pl}/\pi,\omega_{sl}/\pi,\omega_{su}/\pi,\omega_{pu}/\pi]$，$m=[1,0,1]$，$rip=[\delta_1,\delta_2,\delta_1]$。

例 7.5.4　用等波纹最佳逼近设计 FIR 带阻数字滤波器，要求通带下截止频率 $\omega_{pl}=0.2\pi rad$，通带上截止频率 $\omega_{pu}=0.8\pi rad$，通带最大衰减 $\alpha_p=1dB$；阻带下截

止频率 $\omega_{sl}=0.35\pi$rad，阻带上截止频率 $\omega_{su}=0.65\pi$rad，阻带最小衰减 $\alpha_s=60$dB。如图 7.5.5 所示。

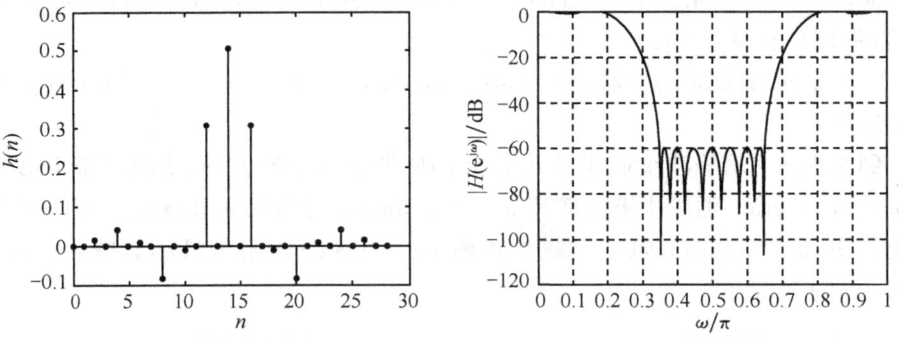

(a) 单位脉冲响应　　(b) 幅频响应

图 7.5.5　例 7.5.4 滤波器的单位脉冲响应和幅频响应

解　调用 remezord 和 remez 函数设计数字带通滤波器，程序如下（略去绘图程序）：

```
f = [0.2,0.35,0.65,0.8];m = [1,0,1];Rp = 1;Rs = 60;
dat1 = (10^(Rp/20) - 1)/(10^(Rp/20) + 1);dat2 = 10^( - Rs/20);
rip = [dat1,dat2,dat1];
[M,f0,m0,w] = remezord(f,m,rip);
hn = remez(M,f0,m0,w);
```

上面我们看到 remez 函数可以设计低通、高通、带通和带阻数字滤波器，除了设计这些选频滤波器外，利用 remez 函数还可以设计 FIR 数字希尔伯特变换器和 FIR 数字微分器，有兴趣的读者可参考 Matlab 的帮助文件。

7.6　习　题

7.1　设 FIR 数字滤波器的系统函数为

$$H(z)=(1+0.9z^{-1}+2.2z^{-2}+0.9z^{-3}+z^{-4})/6$$

求其单位脉冲响应 $h(n)$；判断该数字滤波器是否具有线性相位特性；求其幅度特性函数和相位特性函数。

7.2　已知 8 阶 Ⅰ 型线性相位 FIR 数字滤波器的部分零点为：$z_1=2$，$z_2=\mathrm{j}0.5$，$z_3=\mathrm{j}$。

(1) 试确定该滤波器的其他零点。

(2) 设 $h(0)=1$，求出该滤波器的系统函数 $H(z)$。

7.3　已知 9 阶 Ⅱ 型线性相位 FIR 数字滤波器的部分零点为：$z_1=2$，$z_2=$

j0.5, $z_3=-\mathrm{j}$。

(1) 试确定该滤波器的其他零点。

(2) 设 $h(0)=1$,求出该滤波器的系统函数 $H(z)$。

7.4　已知 8 阶Ⅲ型线性相位 FIR 数字滤波器的部分零点为：$z_1=-0.2$, $z_2=\mathrm{j}0.8$。

(1)试确定该滤波器的其他零点。

(2)设 $h(0)=1$,求出该滤波器的系统函数 $H(z)$。

7.5　已知 9 阶Ⅳ型线性相位 FIR 数字滤波器的部分零点为：$z_1=-1$, $z_2=0.8$, $z_3=\mathrm{j}0.5$。

(1) 试确定该滤波器的其他零点。

(2) 设 $h(0)=1$,求出该滤波器的系统函数 $H(z)$。

7.6　长度为 N 的线性相位 FIR 数字滤波器的频率响应函数 $H(\mathrm{e}^{\mathrm{j}\omega})=H(\omega)\mathrm{e}^{\mathrm{j}\theta(\omega)}$。现考虑一个长度为 $N=4$ 的严格线性相位 FIR 数字滤波器,已知在 $\omega=0$ 和 $\omega=\pi/2$ 两个频点的幅度采样值为 $H_0=H(\omega)|_{\omega=0}=1$, $H_1=H(\omega)|_{\omega=\frac{\pi}{2}}=0.5$,求该滤波器的单位脉冲响应 $h(n)$。

7.7　已知长度为 $N=15$ 的严格线性相位 FIR 数字滤波器的前 8 个幅度采样值为

$$H_k=H(\omega)|_{\omega=\frac{2\pi}{15}k}=\begin{cases}1, & k=0,1,2,3\\ 0, & k=4,5,6,7\end{cases}$$

试求该滤波器的单位脉冲响应 $h(n)$。

7.8　已知长度为 $N=15$ 的广义线性相位 FIR 数字滤波器的前 8 个幅度采样值为

$$H_k=H(\omega)|_{\omega=\frac{2\pi}{15}k}=\begin{cases}1, & k=0,1,2,3\\ 0.4, & k=4\\ 0, & k=5,6,7\end{cases}$$

试求该滤波器的单位脉冲响应 $h(n)$。

7.9　设 $h(n)$表示一个 FIR 数字低通滤波器的单位脉冲响应,通带边界频率为 ω_c。若

$$h_1(n)=(-1)^n h(n)$$

$$h_2(n)=h(n)\cos(\omega n),\quad \omega_c<\omega<\pi-\omega_c$$

证明 $h_1(n)$是一个高通滤波器, $h_2(n)$是一个带通滤波器。

7.10　对下面的 FIR 数字滤波器指标,选择满足设计要求的窗函数类型和滤波器长度。

(1) 阻带最小衰减 20dB,过渡带宽度 1kHz,采样频率 12kHz。

(2) 阻带最小衰减 50dB,过渡带宽度 2kHz,采样频率 5kHz。

(3) 阻带最小衰减 50dB,过渡带宽度 500Hz,采样频率 5kHz。

7.11 用矩形窗函数设计线性相位 FIR 数字低通滤波器,逼近理想低通滤波器的 $H_d(e^{j\omega})$ 为

$$H_d(e^{j\omega}) = \begin{cases} e^{-j\omega\tau}, & 0 \leqslant |\omega| \leqslant \omega_c \\ 0, & \omega_c < |\omega| \leqslant \pi \end{cases}$$

要求过渡带宽度不能超过π/8rad。

(1) 求出所设计滤波器的单位脉冲响应 $h(n)$的表示式,确定 τ 与 $h(n)$的长度 N 的关系式。

(2) 取 $N=31$,$\omega_c=\pi/4$rad 用 Matlab 画出该 FIR 数字低通滤波器的幅频响应和相频响应特性曲线。

7.12 用窗函数法设计线性相位 FIR 数字低通滤波器,要求通带截止频率 $\omega_p=\pi/4$rad,过渡带宽度为 $8\pi/51$rad,阻带最小衰减 $\alpha_s=45$dB。

(1) 选择合适的窗函数及滤波器长度 N,求出单位脉冲响应 $h(n)$。

(2) 用 Matlab 画出该 FIR 数字低通滤波器的幅频响应特性曲线和相频响应特性曲线。

7.13 希望对输入低频模拟信号做数字低通滤波处理,以提取所需要的信号。设系统的采样频率为 50kHz,要求通带截止频率为 10kHz,阻带截止频率为 25kHz,阻带最小衰减为 60dB。

(1) 用窗函数法设计 FIR 数字低通滤波器,选择合适的窗函数及滤波器长度 N,求出单位脉冲响应 $h(n)$。

(2) 用 Matlab 画出该 FIR 数字低通滤波器的幅频响应特性曲线和相频响应特性曲线。

7.14 用矩形窗函数设计一个线性相位 FIR 数字高通滤波器,逼近理想高通滤波器的

$$H_d(e^{j\omega}) = \begin{cases} e^{-j\omega\tau}, & \omega_c \leqslant |\omega| \leqslant \pi \\ 0, & 0 \leqslant |\omega| < \omega_c \end{cases}$$

要求过渡带宽不超过 π/8rad。

(1) 求出所设计滤波器的单位脉冲响应 $h(n)$的表示式,确定 τ 与 $h(n)$的长度 N 的关系。

(2) 问有几种可选择的滤波器类型? 分别是属于那一种线性相位滤波器?

(3) 若改用汉宁窗设计,写出 $h(n)$的表示式。

7.15 用矩形窗函数设计一个线性相位 FIR 数字带通滤波器,逼近理想带通滤波器的

$$H_d(e^{j\omega}) = \begin{cases} e^{-j\omega\tau}, & \omega_c \leqslant |\omega| \leqslant \omega_c + B \\ 0, & 0 \leqslant |\omega| < \omega_c, \quad \omega_c + B < |\omega| \leqslant \pi \end{cases}$$

(1) 设计 N 为奇数时滤波器的单位脉冲响应 $h(n)$。

(2) 设计 N 为偶数时滤波器的单位脉冲响应 $h(n)$。

(3) 若改用汉明窗设计，求出以上两种类型滤波器单位脉冲响应 $h(n)$ 的表示式。

7.16　用频率采样法设计一个严格线性相位 FIR 数字低通滤波器，$N=15$，幅度采样值为

$$H_k = H(\omega)\mid_{\omega=\frac{2\pi}{15}k} = \begin{cases} 1, & k=0 \\ 0.5, & k=1,14 \\ 0, & 2\leqslant k\leqslant 13 \end{cases}$$

求采样值的相位 $\theta_k=\theta(\omega)|_{\omega=\frac{2\pi}{15}k}$，并写出 $h(n)$ 及 $H(e^{j\omega})$ 的表示式。

7.17　用频率采样法设计一个严格线性相位 FIR 数字低通滤波器，$N=32$，$\omega_p=\pi/2$rad，过渡带上设置一个采样点，幅度采样值为 0.39，试求各点采样值 $H(k)$。

7.18　用频率采样法设计一个线性相位 FIR 数字高通滤波器，通带边界频率 $\omega_p=3\pi/4$rad，过渡带上设置一个采样点，幅度采样值为 0.39，分别求 $N=33$ 和 $N=34$ 时的各点采样值 $H(k)$。

7.19　一个用频率采样法设计的 FIR 数字滤波器，其系统函数为

$$H(z)=\frac{(1-z^{-12})}{12}\left[\frac{2}{1+z^{-1}}+\frac{1-0.5z^{-1}}{1-z^{-1}+z^{-2}}+\frac{1+0.5z^{-1}}{1+z^{-1}+z^{-2}}\right]$$

(1) 试判断该滤波器是低通、高通、带通还是带阻滤波器？

(2) 求出该滤波器幅频响应函数在频率区间[0,π]上的 6 点等间隔采样值。

7.20　利用 Matlab 工具箱函数，分别画出长度为 15 的矩形窗、汉宁窗、汉明窗和布莱克曼窗函数的时域波形。

7.21　利用 Matlab 工具箱函数，分别画出长度为 15 的矩形窗、汉宁窗、汉明窗和布莱克曼窗的幅频特性(dB)曲线，观察它们的主要参数(主瓣宽度、过渡带宽度、旁瓣峰值幅度)的差别。

7.22　利用 Matlab 工具箱函数 fir1，设计线性相位 FIR 数字低通滤波器，要求希望逼近的理想低通滤波器的通带截止频率 $\omega_p=\pi/4$rad，滤波器长度 $N=21$。试分别选用矩形窗、汉宁窗、汉明窗和布莱克曼窗进行设计，画出用每种窗函数所设计的滤波器的单位脉冲响应 $h(n)$ 波形及幅频响应特性曲线，并进行比较，观察各种窗函数的设计性能。

7.23　利用 Matlab 工具箱函数 remezord 和 remez，设计线性相位 FIR 数字低通滤波器，实现对模拟信号的采样信号 $x(n)$ 的数字低通滤波处理，采样频率为 16kHz。要求通带截止频率为 4.5kHz，通带最大衰减为 1dB；阻带截止频率为 6kHz，阻带最小衰减为 75dB。

7.24　利用 Matlab 工具箱函数 fir1，设计线性相位 FIR 数字低通滤波器。要

求通带截止频率为 0.3πrad，阻带截止频率为 0.5πrad，阻带最小衰减为 40dB。选择合适的窗函数和滤波器长度，显示所设计滤波器的单位脉冲响应 $h(n)$ 的数据，并画出滤波器的幅频响应特性曲线和相频响应特性曲线。

7.25　利用 Matlab 工具箱函数 fir1，设计线性相位 FIR 数字低通滤波器，要求通带截止频率为 20Hz，阻带截止频率为 40Hz，通带最大衰减为 0.1dB，阻带最小衰减为 40dB，采样频率为 200Hz。分别选用汉宁窗、汉明窗、布莱克曼窗和凯塞窗进行设计，显示所设计滤波器的单位脉冲响应 $h(n)$ 的数据，并画出幅频响应特性曲线和相频响应特性曲线，请对每种窗函数的设计结果进行比较。

7.26　利用 Matlab 工具箱函数 fir1，设计线性相位 FIR 数字高通滤波器，要求通带截止频率为 0.6πrad，阻带截止频率为 0.45πrad。通带最大衰减为 0.2dB，阻带最小衰减为 45dB。分别用汉宁窗、汉明窗、布莱克曼窗和凯塞窗进行设计，显示所设计滤波器的单位脉冲响应 $h(n)$ 的数据，并画出幅频响应特性曲线和相频响应特性曲线，请对每种窗函数的设计结果进行比较。

7.27　利用 Matlab 工具箱函数 fir1，设计线性相位 FIR 数字带通滤波器，要求通带下、上截止频率分别为 0.55πrad 和 0.7πrad，阻带下、上截止频率分别为 0.45πrad 和 0.8πrad。通带最大衰减为 0.15dB，阻带最小衰减为 40dB。分别用汉宁窗、汉明窗、布莱克曼窗和凯塞窗进行设计，显示所设计滤波器的单位脉冲响应 $h(n)$ 的数据，并画出幅频响应特性曲线和相频响应特性曲线，请对每种窗函数的设计结果进行比较。

7.28　利用 Matlab 工具箱函数 remezord 和 remez，完成习题 7.25、习题 7.26 和习题 7.27 所给技术指标的滤波器设计，并分别比较设计结果：滤波器的阶数和幅频响应特性。

7.29　利用 Matlab 工具箱函数 remezord 和 remez，设计线性相位 FIR 数字高通滤波器，实现对模拟采样信号 $x(n)$ 的数字高通滤波处理，采样频率为 16kHz。设计指标为：通带截止频率 5.5kHz，通带最大衰减为 1dB，过渡带宽度小于等于 3.5kHz，阻带最小衰减为 75dB。显示所设计滤波器的单位脉冲响应 $h(n)$ 的数据，并画出幅频响应特性曲线和相频响应特性曲线。

7.30　利用 Matlab 工具箱函数并编写程序，采用频率采样法设计一个严格线性相位 FIR 数字低通滤波器，要求通带截止频率 $\omega_p=\pi/3$rad，过渡带宽度 $\Delta B\leqslant\pi/16$rad，阻带最小衰减 $\alpha_s=40$dB，允许在过渡带上设置采样点。画出所设计滤波器的单位脉冲响应 $h(n)$ 的波形及幅频响应特性曲线。

7.31　利用 Matlab 工具箱函数并编写程序，采用频率采样法设计一个严格线性相位 FIR 数字高通滤波器，要求通带截止频率 $\omega_p=0.6\pi$rad，阻带截止频率 $\omega_s=0.5\pi$rad，在过渡带上设置一个采样点，幅度采样值为 0.38，滤波器的阶数为 $N-1=32$。画出所设计滤波器的幅频响应特性曲线。

7.32　利用 Matlab 工具箱函数 remezord 和 remez，采用等波纹最佳逼近法设计线性相位 FIR 数字低通滤波器，要求通带截止频率 $\omega_p = 0.3\pi$rad，通带最大衰减 $\alpha_p = 1$dB，阻带截止频率 $\omega_s = 0.5\pi$rad，阻带最小衰减 $\alpha_s = 40$dB。画出所设计滤波器的单位脉冲响应 $h(n)$ 的波形及幅频响应特性曲线。

7.33　利用 Matlab 工具箱函数 remezord 和 remez，采用等波纹最佳逼近法设计线性相位 FIR 数字带阻滤波器，要求通带下、上截止频率分别为 0.2πrad 和 0.8πrad，通带最大衰减为 $\alpha_p = 1$dB，阻带下、上截止频率分别为 0.35πrad 和 0.65πrad，阻带最小衰减 $\alpha_s = 60$dB。画出所设计滤波器的单位脉冲响应 $h(n)$ 的波形及幅频响应特性曲线。

第8章 数字滤波器的算法结构与误差分析

8.1 引 言

IIR数字滤波器或FIR数字滤波器理论设计完成后，得到了滤波器的系统函数或差分方程。在此基础上还需要具体设计滤波器的算法结构，以便实现。

数字滤波器是离散时间系统，在时域可以用差分方程描述为

$$y(n)=\sum_{i=0}^{M}b_i x(n-i)-\sum_{k=1}^{N}a_k y(n-k) \tag{8.1.1}$$

在变换域则可以用系统函数表示为

$$H(z)=\frac{\sum_{i=0}^{M}b_i z^{-i}}{1+\sum_{k=1}^{N}a_k z^{-k}} \tag{8.1.2}$$

这两种描述方法是等价的，可以相互转换。即使同一类表示方法，也存在着许多等价的算法结构。例如，数字滤波器的系统函数为

$$H_1(z)=\frac{1}{1-0.3z^{-1}-0.4z^{-2}}$$

$$H_2(z)=\frac{1}{1-0.8z^{-1}}\frac{1}{1+0.5z^{-1}}$$

和

$$H_3(z)=\frac{0.6154}{1-0.8z^{-1}}+\frac{0.3846}{1+0.5z^{-1}}$$

不难证明，$H_1(z)=H_2(z)=H_3(z)$，但它们具有不同的算法。不同的算法会影响系统的某些实际性能。

数字滤波器的工程实现方法有两种，即软件实现方法和硬件实现方法。软件实现方法是按照滤波器的差分方程或系统函数设计其实现软件，在计算机上实现；硬件实现方法则是按照滤波器的算法结构，利用加法器，乘法器和延时单元等组成专用设备，实现特定的信号处理算法。目前利用性能优良的信号处理器(DSP)芯片配以时序电路、外部存储器等电路所构成的数字信号处理系统，无疑是一种很好的实现方法，应用十分广泛。

数字滤波器的工程实现中，需要考虑很多问题，归纳如下：

(1) 工程实现的难易程度。对于同一个差分方程或系统函数，可能有不同的算法结构。虽然从理论上讲，这些不同的算法结构应该有相同的计算结果，但算法结构不同，实现的难易程度将会有所差别。一般来说，一个高阶滤波器用等价的若干个低阶滤波器的级联、并联或级、并联来实现将比较容易。

(2) 需要的存储量。包括为存储滤波器参数、中间计算结果、输入信号数据和输出信号数据等所需要的存储容量。

(3) 计算的复杂度、效率和实时性。主要是指完成整个滤波运算所需要的乘法次数、加法次数、数据存取的格式和次数以及特殊参数(如求复数的模和相角、归一化处理等)的算法。一个高阶滤波器用若干个低阶滤波器的级联、并联和级、并联实现时，一般来说能提高运算效率，增强实时性。

(4) A/D 变换的量化效应和滤波器系数的量化效应。

(5) 运算中的有限字长效应。包括舍入和截断误差、饱和和溢出等。

不同的滤波器算法结构可以实现同样的系统函数，但不同的算法结构在满足上述的要求方面是有差别的，有的差别还较大。在研究 DFT 的 FFT 算法时已经看到，同样的 N 点 DFT 运算，改变计算结构对提高计算效率和节省存储量起了多么大的作用。

本章将讨论数字滤波器的算法结构，并在此基础上对数字滤波器的量化误差、运算误差等进行分析。

8.2 信号流图

数字滤波器有三种基本运算，即加法、倍乘和单位时延。这三种基本运算可用信号流图表示，如图 8.2.1 所示。

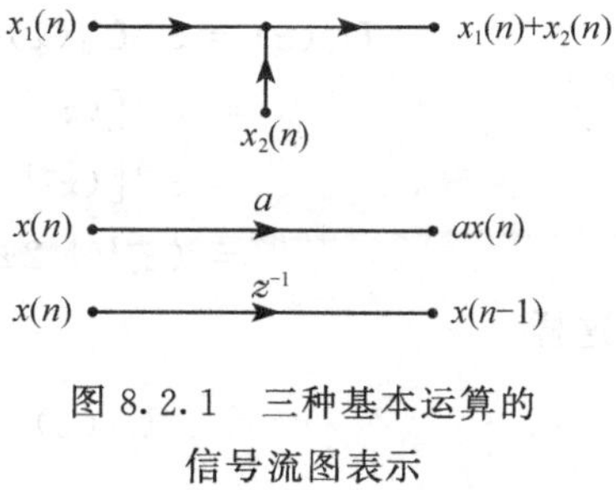

图 8.2.1　三种基本运算的信号流图表示

信号流图由节点和有向支路组成。每个节点表示一个信号，每个节点处的信号称为节点变量。带有箭头的支路表示信号流动的方向，因而是有向支路，和每个节点连接的有输入支路和输出支路。节点变量等于所有输入支路的末端信号之和。写在支路箭头旁边的系数 a 称为支路增益，z^{-1} 代表单位时延。如果支路箭头旁边没有标明增益系数，则表示支路增益为 1，没有输入支路的节点称为输入节点，没有输出支路或输出支路箭头不指向其他节点的节点称为输出节点。两个变量相加，用指向一个节点的两条有向支路表示。因此，整个滤波器的算法结构完全可以用这样

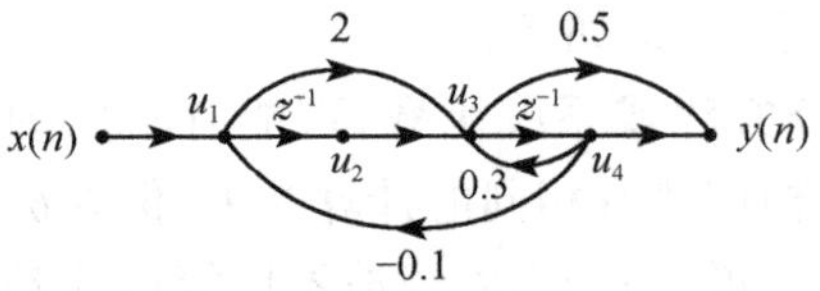

图 8.2.2　数字滤波器用信号流图表示的例子

一些基本运算支路组成，图 8.2.2 就是其中的一个例子。

滤波器的算法结构可以用信号流图表示，而信号流图实际上是由连接信号节点的一些有向支路组成的。在图 8.2.2 例子中，可以依次列出每个节点的变量方程，即

$$\begin{cases} u_1 = x - 0.1u_4 \\ u_2 = z^{-1}u_1 \\ u_3 = u_2 + 2u_1 + 0.3u_4 \\ u_4 = z^{-1}u_3 \\ y = 0.5u_3 + u_4 \end{cases} \tag{8.2.1}$$

其中，有单位延迟算子 z^{-1} 的算式，如 $u_2 = z^{-1}u_1$，表示的是 $u_2(n) = u_1(n-1)$，而 $u_4 = z^{-1}u_3$，表示的是 $u_4(n) = u_3(n-1)$。从例子可以看到，用信号流图可以简明地表示滤波器的运算过程。

根据信号流图的节点变量方程，推导出输出信号与输入信号之间的关系，可以求出滤波器的系统函数。

例 8.2.1　求图 8.2.2 信号流图所表示的滤波器系统函数 $H(z)$。

解　对信号流图的节点变量方程(8.2.1)式进行 Z 变换，得到

$$\begin{aligned} U_1(z) &= X(z) - 0.1U_4(z) \\ U_2(z) &= z^{-1}U_1(z) \\ U_3(z) &= U_2(z) + 2U_1(z) + 0.3U_4(z) \\ U_4(z) &= z^{-1}U_3(z) \\ Y(z) &= 0.5U_3(z) + U_4(z) \end{aligned}$$

求解这个联立方程，得

$$\begin{aligned} U_4(z) &= z^{-1}U_3(z) = z^{-1}[U_2(z) + 2U_1(z) + 0.3U_4(z)] \\ &= z^{-1}[(z^{-1} + 2)U_1(z) + 0.3U_4(z)] \\ &= z^{-1}[(z^{-1} + 2)[X(z) - 0.1U_4(z)] + 0.3U_4(z)] \\ &= (z^{-2} + 2z^{-1})X(z) - (0.1z^{-2} - 0.1z^{-1})U_4(z) \end{aligned}$$

这样

$$U_4(z) = \frac{z^{-2} + 2z^{-1}}{1 - 0.1z^{-1} + 0.1z^{-2}}X(z)$$

而由

$$Y(z) = 0.5U_3(z) + U_4(z)$$

和

$$U_4(z) = z^{-1}U_3(z)$$

得到

$$Y(z) = (0.5z + 1)U_4(z)$$

于是有

$$Y(z) = (0.5z + 1)\frac{z^{-2} + 2z^{-1}}{1 - 0.1z^{-1} + 0.1z^{-2}}X(z)$$

最终得到滤波器的系统函数为

$$H(z) = \frac{Y(z)}{X(z)} = (0.5z + 1)\frac{z^{-2} + 2z^{-1}}{1 - 0.1z^{-1} + 0.1z^{-2}}$$

$$= \frac{1 + 2.5z^{-1} + z^{-2}}{1 - 0.1z^{-1} + 0.1z^{-2}}$$

数字滤波器的算法结构实际上也是一种滤波器的信号流图。它唯一的特殊要求是所有的相加节点都限定为两个信号相加。如果有三个信号(x_1,x_2 和 x_3)相加,那就要分成两个节点来完成,x_1 和 x_2 在前一个节点相加,其和信号再在下一个节点与 x_3 相加。这样做的好处是与实际信号处理器的硬、软件结构符合,便于信号处理系统的开发,同时在算法结构形式上也比较规范、统一,便于理论分析。它的缺点是方程的数目增多,在系统函数的求解时比较麻烦。

8.3　无限长脉冲响应数字滤波器的算法结构

无限长脉冲响应 IIR 数字滤波器的系统函数为(8.1.2)式,即

$$H(z) = \frac{\sum_{i=0}^{M} b_i z^{-i}}{1 + \sum_{k=1}^{N} a_k z^{-k}} \tag{8.3.1}$$

其中 b_i、a_k 为滤波器系数。这里 $a_0 = 1$,如果 $N \geqslant M$,$a_k \neq 0$,这时 IIR 数字滤波器阶数为 N。IIR 数字滤波器的差分方程为(8.1.1)式,即

$$y(n) = \sum_{i=0}^{M} b_i x(n-i) - \sum_{k=1}^{N} a_k y(n-k) \tag{8.3.2}$$

IIR 数字滤波器的特点是其脉冲响应是无限长的,表现在信号流图中是含有反馈支路。实现 IIR 数字滤波器有三种算法结构,分别为:

(1) 直接型结构。如果按系统函数(8.3.1)式直接实现,得到的就是滤波器的直接型结构。这种滤波器结构可分为两部分,即滑动平滑部分和递归部分。根据这两部分运算的先后次序,有两种结构形式,分别称为直接Ⅰ型结构和直接Ⅱ型

结构。

(2) 级联型结构。如果将(8.3.1)式所示系统函数 $H(z)$因式分解成若干个二阶子系统相乘的形成,而每个二阶子系统都以直接型结构实现,整个系统由二阶子系统级联构成,即为级联型结构。

(3) 并联型结构。如果将(8.3.1)式所示系统函数 $H(z)$用部分分式展开,合并共轭项,使之成为二阶子系统的和。而每个二阶子系统都以直接型结构实现,整个系统由二阶子系统并联构成,即为并联型结构。

下面分别讨论 IIR 数字滤波器的三种算法结构。

8.3.1 直接型结构

将(8.3.1)式所示的IIR数字滤波器的系统函数 $H(z)$看成是系统函数分别为 $H_1(z)$和 $H_2(z)$的两个子系统的系统函数相乘,即

$$H(z) = H_1(z)H_2(z) \tag{8.3.3}$$

其中

$$H_1(z) = \sum_{i=0}^{M} b_i z^{-i} \tag{8.3.4}$$

$$H_2(z) = \frac{1}{1+\sum_{k=1}^{N} a_k z^{-k}} \tag{8.3.5}$$

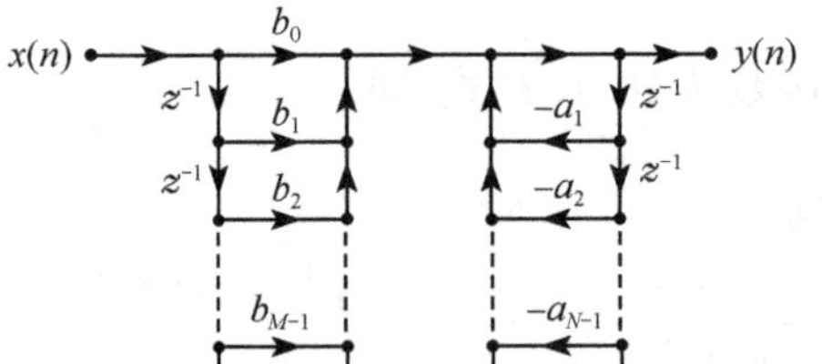

图 8.3.1　IIR数字滤波器的直接Ⅰ型结构

分别画出这两个子系统的信号流图,并将他们级联起来,就得图 8.3.1 所示的直接型信号流图,称为 IIR 数字滤波器直接Ⅰ型结构,图中假设 $M=N$。当 $M \leqslant N$ 时,只要令图中系数 $b_l=0(l=M+1,M+2,\cdots,N)$即可。

如果将(8.3.3)式中的 $H_1(z)$与 $H_2(z)$运算次序交换,并不影响整个系统的特性,这样

$$H(z) = H_2(z)H_1(z) = \frac{1}{1+\sum_{k=1}^{N} a_k z^{-k}} \sum_{i=0}^{M} b_i z^{-i} \tag{8.3.6}$$

其实现结构如图 8.3.2 所示。观察该图发现,节点变量 $u_1=u_2$,因此前后两部分的延时支路可以合并,以节省延时单元,形成如图 8.3.3 所示的滤波器结构,它也是由系统的差分方程或系统函数直接得到的,称为 IIR 数字滤波器的直接Ⅱ型结构。

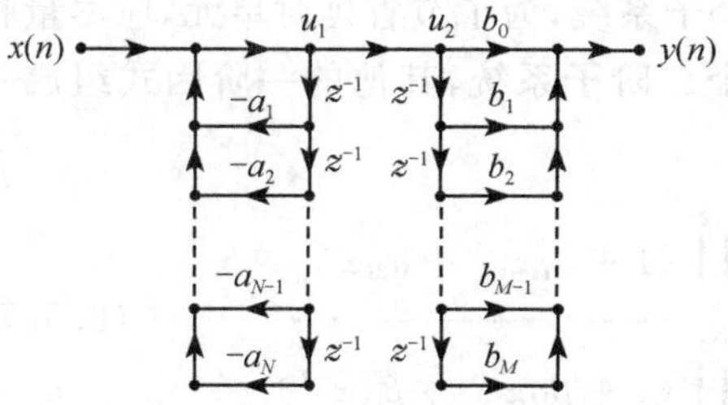

图 8.3.2　交换运算次序后的 IIR 数字滤波器的直接Ⅰ型结构

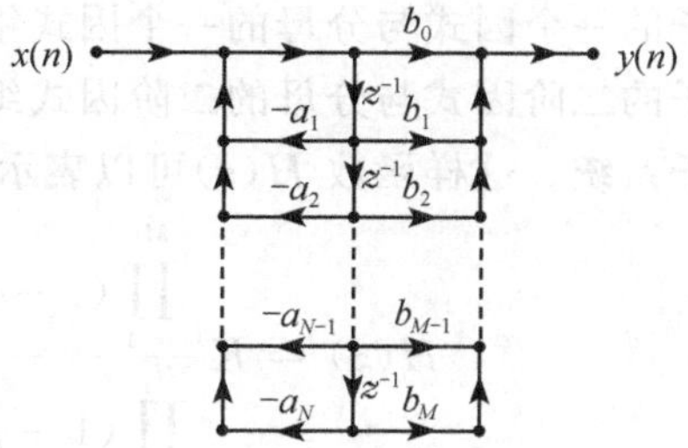

图 8.3.3　IIR 数字滤波器的直接Ⅱ型结构

IIR 数字滤波器直接Ⅱ型结构需要 $M+N+1$ 次乘法运算，$M+N$ 次加法运算，延时单元数为 M 和 N 中最大的数。

IIR 数字滤波器直接型结构的优点是简单直观，所使用的延时单元数量少。其缺点是改变某一个系数 b_i 将影响所有零点之值，改变某一个系数 a_k 将影响所有极点之值。更严重的是这种结构对参数的量化非常敏感，当 N 较大时由于参数量化将会导致系统的零极点位置有较大的位移，如果极点的位置移到单位圆外，会引起系统的不稳定性。同时相对于后面要介绍的级联型和并联型结构，这种结构的参数调整也比较麻烦。

例 8.3.1　设 IIR 数字滤波器的系统函数为

$$H(z)=\frac{8-4z^{-1}+11z^{-2}-2z^{-3}}{1-\frac{5}{4}z^{-1}+\frac{3}{4}z^{-2}-\frac{1}{8}z^{-3}}$$

写出该系统的差分方程，并画出该滤波器的直接Ⅱ型结构。

解　由该滤波器的系统函数 $H(z)$ 写出其差分方程为

$$\begin{aligned}y(n)=&8x(n)-4x(n-1)+11x(n-2)-2x(n-3)\\&+\frac{5}{4}y(n-1)-\frac{3}{4}y(n-2)+\frac{1}{8}y(n-3)\end{aligned}$$

按照系统函数或差分方程画出其直接Ⅱ型结构如图 8.3.4 所示。

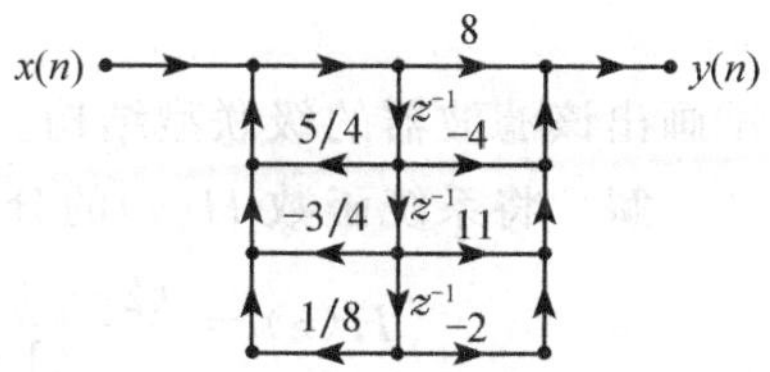

图 8.3.4　例 8.3.1 的直接Ⅱ型结构

8.3.2　级联型结构

如果将(8.3.1)式的分子、分母多项式分别进行因式分解，因为滤波器的系数都是实数，所以除实数零、极点外，其他都是共轭成对出现的，将共轭成对的零点放在一起，共轭成对的极点放在一起，形成具有实系数的二阶因式，最后分子、分母均形成一阶和二阶因式的连乘形式，系数均为实数。再将分子的一个因式与分母的一个因式组成一个子系统，为了节省延时单元，应尽量将分子的二阶因式与分母的二阶因式组成一个二阶子系统，其他的一阶因式组成一阶子系统。这样函数 $H(z)$ 可以表示为

$$H(z)=K\frac{\prod_{i=1}^{M_1}(1-z_iz^{-1})\prod_{i=1}^{M_2}(1+\alpha_{1i}z^{-1}+\alpha_{2i}z^{-2})}{\prod_{k=1}^{N_1}(1-p_kz^{-1})\prod_{k=1}^{N_2}(1+\beta_{1k}z^{-1}+\beta_{2k}z^{-2})} \tag{8.3.7}$$

式中，$M_1+2M_2=M,N_1+2N_2=N$。如果把一阶因子看成是二阶因子的特例，即二次项系数 α_{2i} 和 β_{2k} 等于零的二阶因子，则系统函数 $H(z)$ 可写成如下形式：

$$H(z)=A\prod_{l=1}^{L}\frac{1+\alpha_{1l}z^{-1}+\alpha_{2l}z^{-2}}{1+\beta_{1l}z^{-1}+\beta_{2l}z^{-2}}=A\prod_{l=1}^{L}H_l(z) \tag{8.3.8}$$

式中，$H_l(z)$ 是滤波器的二阶子系统，一般采用直接Ⅱ型结构实现。于是整个滤波器就可以用 L 个二阶子系统的级联构成，如图 8.3.5 所示。

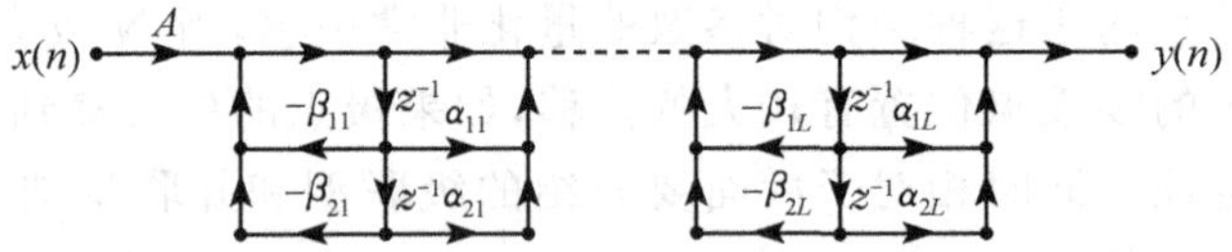

图 8.3.5　IIR 数字滤波器的级联结构

级联型结构的优点是一阶子系统只决定一个零点和一个极点之值，二阶子系统只决定一对共轭零点(也可能是一个实数零点)和一对共轭极点之值，因此便于较准确地实现滤波器的零、极点位置调整，达到调整滤波器频率响应的目的。此外，级联型结构便于改变各子系统的运算次序，可以使滤波器特性得到优化，减小运算误差。

例 8.3.2　设 IIR 数字滤波器的系统函数为

$$H(z)=\frac{8-4z^{-1}+11z^{-2}-2z^{-3}}{1-\frac{5}{4}z^{-1}+\frac{3}{4}z^{-2}-\frac{1}{8}z^{-3}}$$

试画出该滤波器的级联型结构。

解　将系统函数 $H(z)$ 的分子多项式和分母多项式进行因式分解，得到

$$H(z)=\frac{(2-0.379z^{-1})(4-1.24z^{-1}+5.264z^{-2})}{(1-0.25z^{-1})(1-z^{-1}+0.5z^{-2})}$$

为了节省延时单元，将分子与分母的一阶因式组成一个一阶子系统，而将分子与分母的二阶因式组成一个二阶子系统，则得

$$H(z)=\frac{(2-0.379z^{-1})}{(1-0.25z^{-1})}\frac{(4-1.24z^{-1}+5.264z^{-2})}{(1-z^{-1}+0.5z^{-2})}=H_1(z)H_2(z)$$

式中，$H_1(z)$是一阶子系统，$H_2(z)$是二阶子系统，将二者级联得到$H(z)$。$H_1(z)$和$H_2(z)$均用直接Ⅱ型实现，则滤波器的级联型结构如图 8.3.6 所示。

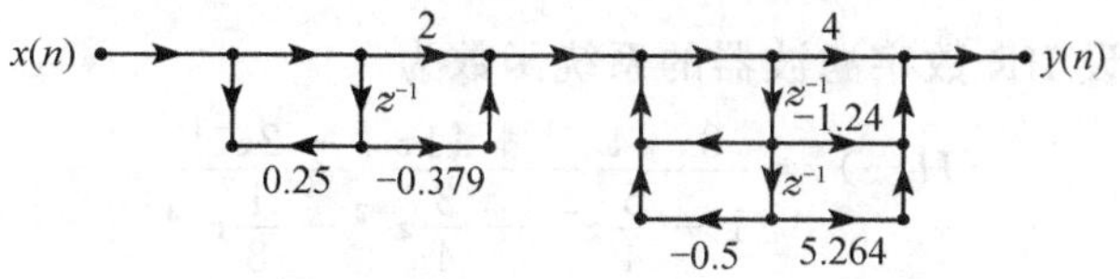

图 8.3.6　例 8.3.2 的级联型结构

如果将$H(z)$写成

$$H(z)=\frac{(2-0.379z^{-1})}{(1-z^{-1}+0.5z^{-2})}\frac{(4-1.24z^{-1}+5.264z^{-2})}{(1-0.25z^{-1})}$$

请读者画出它的级联型结构，并与图 8.3.6 进行比较，可知它比图 8.3.6 多用了一个延时单元。

8.3.3　并联型结构

若将滤波器的系统函数$H(z)$展开成部分分式之和，且一阶子系统仍看成是二阶子系统的特例，则$H(z)$可以表示为

$$H(z)=C+\sum_{l=1}^{L}\frac{\gamma_{0l}+\gamma_{1l}z^{-1}}{1+\beta_{1l}z^{-1}+\beta_{2l}z^{-2}}=C+\sum_{l=1}^{L}H_l(z) \qquad (8.3.9)$$

式中，$H_l(z)$是二阶子系统，L是$(N+1)/2$的整数部分。当N为奇数时，$H_l(z)$的极点中一定有一个是实数极点。按照(8.3.9)式，整个滤波器就可以由常增益支路与L个二阶子系统并联构成，每个二阶子系统均采用直接Ⅱ型结构，如图 8.3.7 所示。

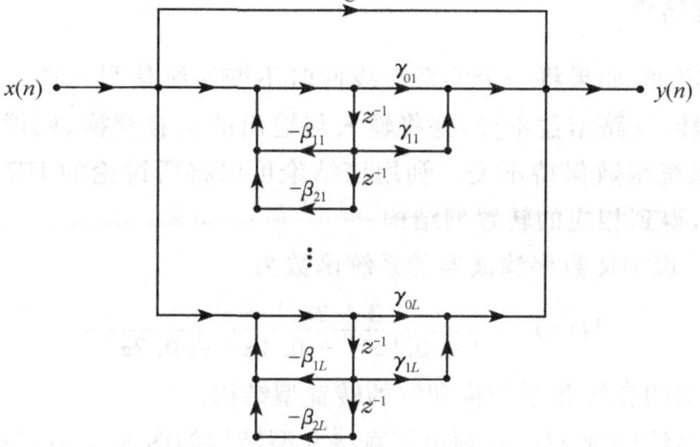

图 8.3.7　IIR 数字滤波器的并联型结构

并联型结构的运算速度最快，各子系统的误差互不影响；可以单独调整极点的位置，但不能像级联型那样直接调整零点，这是因为子系统的零点并不是整个系统的零点。

例 8.3.3 设 IIR 数字滤波器的系统函数为

$$H(z)=\frac{8-4z^{-1}+11z^{-2}-2z^{-3}}{1-\frac{5}{4}z^{-1}+\frac{3}{4}z^{-2}-\frac{1}{8}z^{-3}}$$

试画出该滤波器的并联型结构。

解 将系统函数 $H(z)$ 进行部分分式展开，得到

$$\begin{aligned}H(z)&=\frac{8-4z^{-1}+11z^{-2}-2z^{-3}}{(1-0.25z^{-1})(1-z^{-1}+0.5z^{-2})}\\&=16+\frac{8}{1-0.25z^{-1}}+\frac{-16+20z^{-1}}{1-z^{-1}+0.5z^{-2}}\end{aligned}$$

将上式中的每一个子系统画成直接Ⅱ型结构，再进行并联，最后得到滤波器的并联型结构如图 8.3.8 所示。

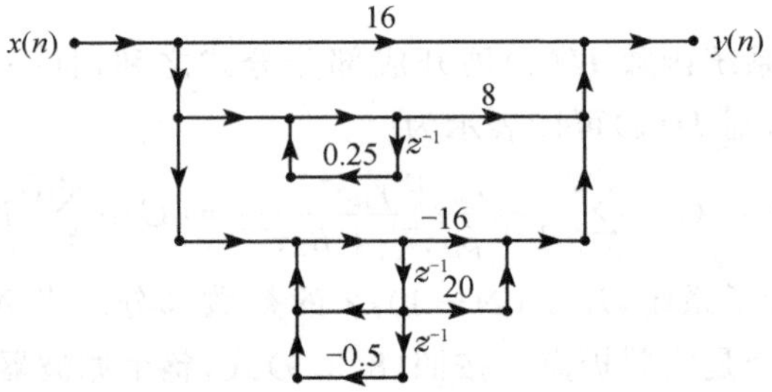

图 8.3.8 例 8.3.3 的并联型结构

8.3.4 转置型结构

根据转置定理，如果将一个实系数线性时不变系统信号流图中的所有支路信号传输方向翻转，支路增益不变，并将输入与输出的位置交换，则形成原结构的转置型结构，且系统函数保持不变。利用该结论可以将所讨论的 IIR 数字滤波器的结构进行转置，得到相应的转置型结构。

例 8.3.4 设 IIR 数字滤波器的系统函数为

$$H(z)=\frac{3+2z^{-1}+z^{-2}}{1+0.5z^{-1}-0.4z^{-2}+0.2z^{-3}}$$

试画出该滤波器的直接Ⅱ型结构和它的转置型结构。

解 根据系统函数 $H(z)$，画出其直接Ⅱ型结构如图 8.3.9(a)所示。

根据转置结构定理，画出其转置型结构如图 8.3.9(b)所示。一般习惯将输入

节点画在左边，输出节点画在右边，因此将各支路转变方向，输入、输出交换位置后，再将整个结构左、右翻转一下，即得到图 8.3.9(b)的转置型结构。

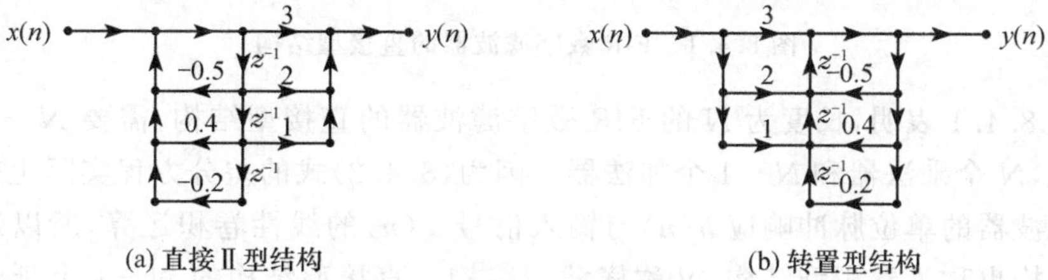

图 8.3.9　例 8.3.4 的滤波器结构

8.4　有限长脉冲响应数字滤波器的算法结构

有限长脉冲响应数字滤波器(FIR 数字滤波器)的单位脉冲响应 $h(n)$是一个有限长序列，长度为 N，即 $0 \leqslant n \leqslant N-1$。FIR 数字滤波器的系统函数和差分方程分别为

$$H(z) = \sum_{n=0}^{N-1} h(n) z^{-n} \tag{8.4.1}$$

和

$$y(n) = \sum_{m=0}^{N-1} h(m) x(n-m) \tag{8.4.2}$$

式中，$H(z)$是滤波器的系统函数，$h(n)$是滤波器的单位脉冲响应。

令

$$h(n) = \begin{cases} b_n, & 0 \leqslant n \leqslant N-1 \\ 0, & \text{其他} \end{cases} \tag{8.4.3}$$

则(8.4.1)式还可以表示为

$$H(z) = \sum_{n=0}^{N-1} b_n z^{-n} \tag{8.4.4}$$

上面各式中，一般称 N 为 FIR 数字滤波器的长度，$N-1$ 为其阶数。FIR 数字滤波器的算法结构主要有直接型、级联型、线性相位结构、频率采样结构和快速卷积算法五种形式，下面分别讨论。

8.4.1　直接型结构

按照(8.4.1)式或(8.4.2)式，可以直接画出 FIR 数字滤波器的直接型结构，如图 8.4.1 所示。

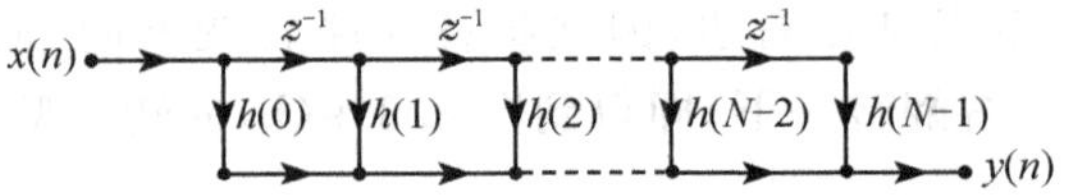

图 8.4.1　FIR 数字滤波器的直接型结构

图 8.4.1 表明，长度为 N 的 FIR 数字滤波器的直接型结构，需要 $N-1$ 个延时单元，N 个乘法器和 $N-1$ 个加法器。因为(8.4.2)式的差分方程实际上是 FIR 数字滤波器的单位脉冲响应 $h(n)$ 与输入信号 $x(n)$ 的线性卷积运算，所以这种直接型结构也称为卷积型结构，又称横截型结构。直接型结构的 $N-1$ 个延时单元是串联的，并且每个都有抽头，称为抽头延时线。

8.4.2　级联型结构

$N-1$ 阶 FIR 数字滤波器的系统函数 $H(z)$ 是 z^{-1} 的 $N-1$ 次多项式，对其进行因式分解，并将共轭成对的零点放在一起，形成系数为实数的二阶子系统。这样把系数为实数的一阶子系统和二阶子系统级联起来，构成 FIR 数字滤波器的级联型结构。其中每一个子系统都用直接型结构实现。如果把一阶因子看成二阶因子的特例，则系统函数 $H(z)$ 可以表示为

$$H(z) = h(0)\prod_{l=1}^{L}(1+\alpha_{1l}z^{-1}+\alpha_{2l}z^{-2}) \tag{8.4.5}$$

根据上式可以画出 FIR 数字滤波器的级联型结构，如图 8.4.2 所示。

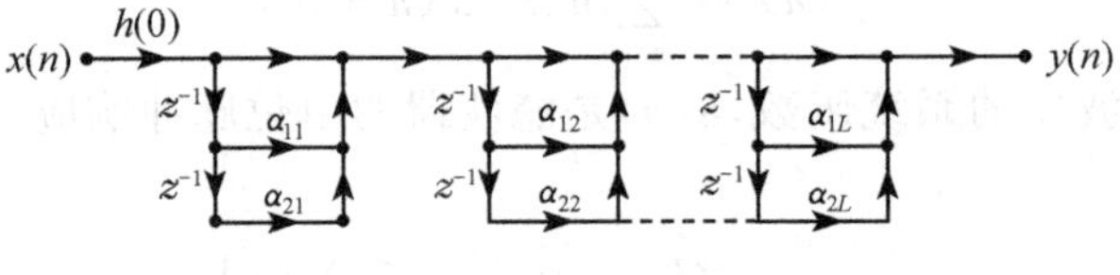

图 8.4.2　FIR 数字滤波器的级联型结构

FIR 数字滤波器的级联型结构需要 $N-1$ 个延时单元，N 个乘法器和 $N-1$ 个加法器，与直接型结构所需的基本运算单元数量相同。但级联型结构每个子系统有一个或一对零点，它们也是整个系统的零点。因此，级联型的最大特点是可以分别独立调整每个子系统的零点之值，当需要精确控制滤波器的零点位置时，往往采用这种级联型结构。

例 8.4.1　设 FIR 数字滤波器的系统函数为

$$H(z) = 0.8 + 2z^{-1} + 3.2z^{-2} + 1.2z^{-3}$$

试画出该滤波器的直接型结构和级联型结构。

解　该滤波器的直接型结构按照系统函数 $H(z)$ 直接画出如图 8.4.3(a)所示。将系统函数 $H(z)$ 进行因式分解，得到

$$\begin{aligned}H(z) &= 0.8 + 2z^{-1} + 3.2z^{-2} + 1.2z^{-3} \\ &= 0.8(1 + 2.5z^{-1} + 4z^{-2} + 1.5z^{-3}) \\ &= 0.8(1 + 0.5z^{-1})(1 + 2z^{-1} + 3z^{-2})\end{aligned}$$

于是该滤波器的级联型结构如图 8.4.3(b)所示。

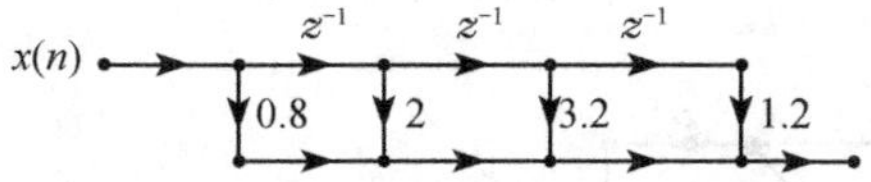

(a) 直接型结构

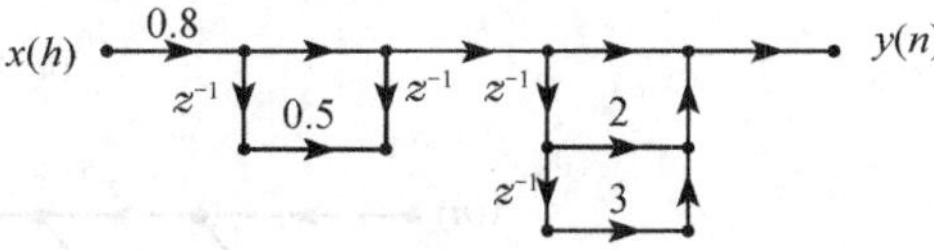

(b) 级联型结构

图 8.4.3　例 8.4.1 的滤波器结构

如果将系统函数 $H(z)$因式分解成另一种表示，例如

$$H(z) = (2 + z^{-1})(0.4 + 0.8z^{-1} + 1.2z^{-2})$$

则其级联型结构的乘法器个数将会增加。请读者画出滤波器的级联型结构，并与图 8.4.3 进行比较。

8.4.3　线性相位结构

如果 FIR 数字滤波器具有线性相位特性，它的单位脉冲响应满足下式：

$$h(n) = \pm h(N - n - 1) \tag{8.4.6}$$

式中，"＋"对应严格线性相位滤波器，"－"对应广义线性相位滤波器。利用线性相位滤波器单位脉冲响应 $h(n)$的这种对称特性，可以推导出滤波器的系统函数 $H(z)$当 N 为偶数和奇数时分别为：

当 N 为偶数时

$$H(z) = \sum_{n=0}^{N-1} h(n) z^{-n} = \sum_{n=0}^{N/2-1} h(n)[z^{-n} \pm z^{-(N-n-1)}] \tag{8.4.7}$$

当 N 为奇数时

$$H(z) = \sum_{n=0}^{N-1} h(n) z^{-n} = \sum_{n=0}^{(N-1)/2-1} h(n)[z^{-n} \pm z^{-(N-n-1)}] + h\left(\frac{N-1}{2}\right) z^{-\frac{N-1}{2}} \tag{8.4.8}$$

FIR 线性相位数字滤波器的系统函数(8.4.7)式和(8.4.8)式的推导，留作习题请读者自己导出。按照系统函数表示式，严格线性相位滤波器的结构如图 8.4.4(a)、(b)所示。广义线性相位滤波器的结构如图 8.4.5(a)、(b)所示。与直接型结构比较，如果 N 为偶数，直接型结构需要 N 个乘法器，而线性相位结构只需要 $N/2$ 个乘法器，节省了一半；如果 N 为奇数，则乘法器的个数减少到 $(N+1)/2$ 个，也节省了近一半的乘法器。

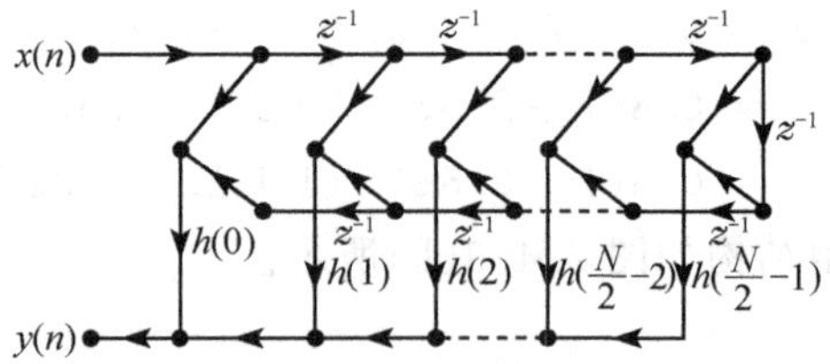

(a) N为偶数

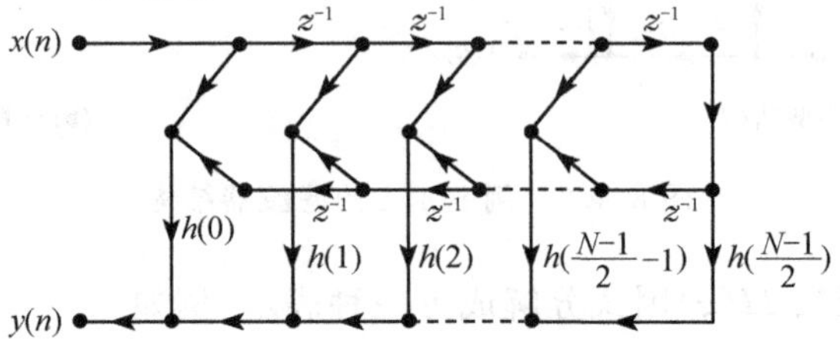

(b) N为奇数

图 8.4.4　严格线性相位 FIR 数字滤波器的结构

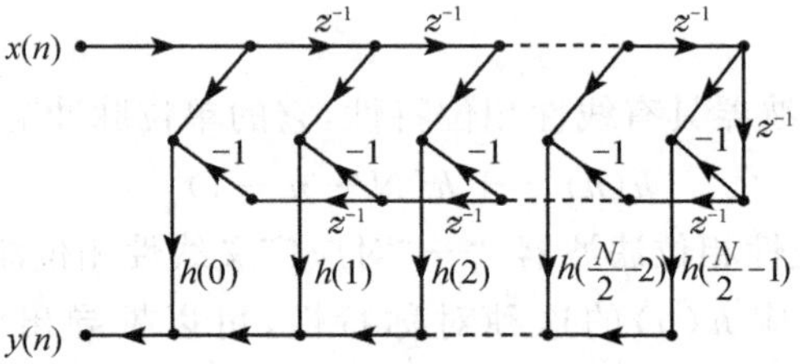

(a) N为偶数

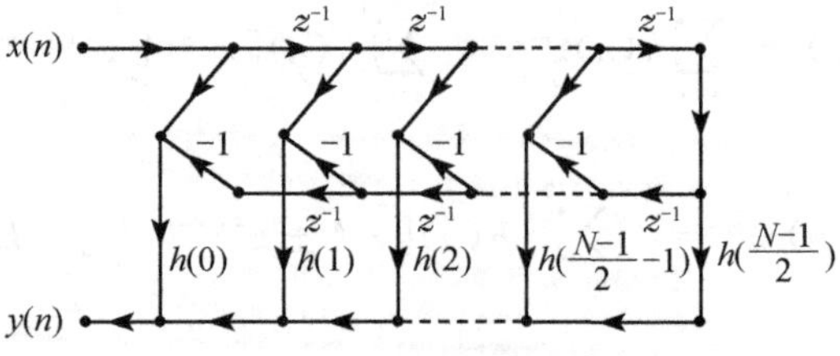

(b) N为奇数

图 8.4.5　广义线性相位 FIR 数字滤波器的结构

8.4.4　频率采样结构

从 4.3.3 节的讨论及 FIR 数字滤波器频率采样设计法的基本原理知道，如果对滤波器的系统函数 $H(z)$ 在单位圆上等间隔采样 N 点，且 N 大于等于滤波器的单位脉冲响应长度 M，那么系统函数 $H(z)$ 可由采样值 $H(k)$ 通过内插公式来表示，即

$$H(z)=\frac{1-z^{-N}}{N}\sum_{k=0}^{N-1}\frac{H(k)}{1-W_N^{-k}z^{-1}} \tag{8.4.9}$$

式中

$$H(k)=H(z)\big|_{z=e^{j\frac{2\pi}{N}k}},\quad 0\leqslant k\leqslant N-1 \tag{8.4.10}$$

(8.4.9)式提供了 FIR 数字滤波器的频率采样结构。为了说明方便，将(8.4.9)式改写成

$$H(z)=\frac{1}{N}H_c(z)\sum_{k=0}^{N-1}H_k(z) \tag{8.4.11}$$

式中

$$H_c(z)=1-z^{-N} \tag{8.4.12}$$

$$H_k(z)=\frac{H(k)}{1-W_N^{-k}z^{-1}} \tag{8.4.13}$$

$H_c(z)$ 是一个梳状滤波器，它的零点在 $z_k=W_N^{-k}(0\leqslant k\leqslant N-1)$ 处；$H_k(z)$ 是一个一阶子系统，极点在 $p_k=W_N^{-k}(0\leqslant k\leqslant N-1)$ 处。因此，FIR 数字滤波器的频率采样结构由一个 N 阶梳状滤波器与 N 个一阶子系统的并联网络级联而成。如图 8.4.6 所示。

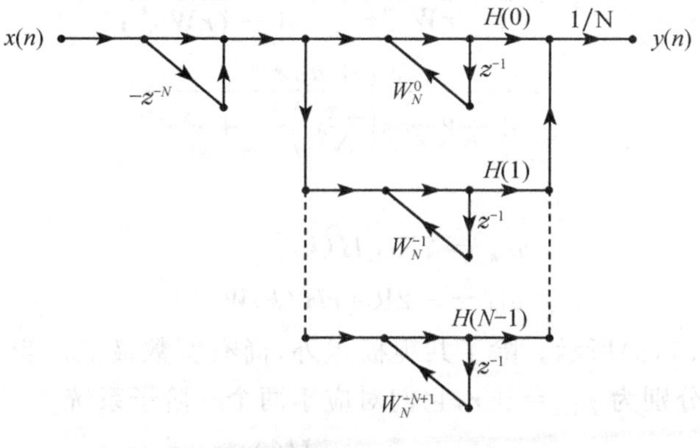

图 8.4.6　FIR 数字滤波器的频率采样结构

从前面的分析可知，N 个一阶子系统的极点和梳状滤波器的零点刚好相互抵消，虽然极点在单位圆上，但零、极点相互抵消后，滤波器在理论上仍然是稳定的。频率采样结构虽然有反馈支路，但仍然属于 FIR 数字滤波器结构。实际上，因为滤波器系数存在量化误差，结果有可能使系统不稳定。解决的办法是采用以 r 为半径的圆对系统函数 $H(z)$ 进行采样，这里 r 稍小于 1。这时 $H(z)$ 可以写成

$$H(z)=\frac{1-r^N z^{-N}}{N}\sum_{k=0}^{N-1}\frac{H_r(k)}{1-rW_N^{-k}z^{-1}} \tag{8.4.14}$$

式中的零、极点均为 $z_k=p_k=rW_N^{-k}(0\leqslant k\leqslant N-1)$，$H_r(k)=H(z)|_{z=rW_N^{-k}}$，是半径为 r 的圆上的采样值。因为 r 很接近于 1，所以 $H_r(k)\approx H(k)$，因此实际中经常采用 $H_r(k)=H(k)$。这样

$$H(z)=\frac{1-r^N z^{-N}}{N}\sum_{k=0}^{N-1}\frac{H(k)}{1-rW_N^{-k}z^{-1}} \tag{8.4.15}$$

在 FIR 数字滤波器的频率采样结构中，并联的各 IIR 一阶子系统的 $H(z)$ 和 W_N^{-k} 都是复数，需要用复数运算。考虑到极点是以共轭对的形式出现的，即

$$(rW_N^{-k})^*=rW_N^{-(N-k)},\quad 0\leqslant k\leqslant N-1$$

同时，滤波器的单位脉冲响应 $h(n)$ 一般是实序列，而实序列 $h(n)$ 的 DFT 也是共轭对称的，即

$$H(k)=H^*(N-k),\quad 0\leqslant k\leqslant N-1$$

这样，可将共轭成对的两个一阶子系统 $H_k(z)$ 和 $H_{N-k}(z)$ 合并，形成实系数的二阶子系统，用 $\hat{H}_k(z)$ 表示，则有

$$\begin{aligned}\hat{H}_k(z)&=H_k(z)+H_{N-k}(z)\\&=\frac{H(k)}{1-rW_N^{-k}z^{-1}}+\frac{H(N-k)}{1-rW_N^{-(N-k)}z^{-1}}\\&=\frac{H(k)}{1-rW_N^{-k}z^{-1}}+\frac{H^*(k)}{1-(rW_N^{-k})^*z^{-1}}\\&=\frac{\alpha_{0k}+\alpha_{1k}z^{-1}}{1-2r\cos\left(\frac{2\pi}{N}k\right)z^{-1}+r^2z^{-2}}\end{aligned} \tag{8.4.16}$$

式中

$$\alpha_{0k}=2\mathrm{Re}[H(k)] \tag{8.4.17}$$

$$\alpha_{1k}=-2\mathrm{Re}[rH(k)W_N^{k}] \tag{8.4.18}$$

其结构如图 8.4.7(a)所示。除了共轭极点外，尚有实数极点。当 N 为偶数时，有一对实数极点，分别为 $p_{1,2}=\pm r$，它们对应于两个一阶子系统

$$H_0(z)=\frac{H(0)}{1-rz^{-1}} \tag{8.4.19}$$

和

$$H_{N/2}(z)=\frac{H(N/2)}{1+rz^{-1}} \tag{8.4.20}$$

其结构分别如图 8.4.7(b)、(c)所示。当 N 为奇数时，只有一个实数极点 $p=r$，因而只有一个一阶子系统 $H_0(z)$。

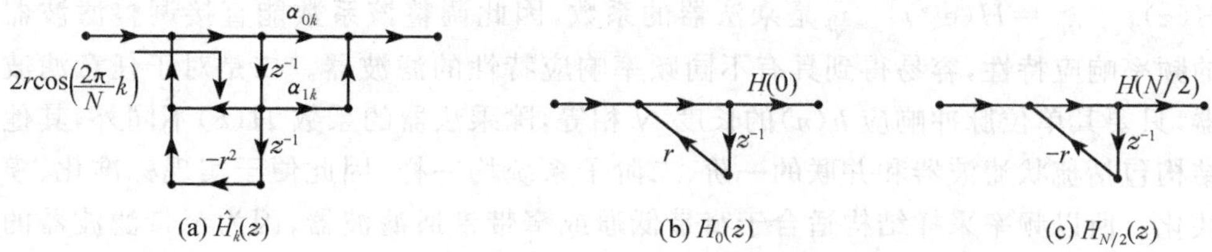

(a) $\hat{H}_k(z)$　(b) $H_0(z)$　(c) $H_{N/2}(z)$

图 8.4.7　三种实系数子系统结构

对 FIR 数字滤波器的频率采样结构进行了如上改进后，其系统函数可以表示为：

当 N 为偶数时，则

$$H(z)=(1-r^Nz^{-N})\frac{1}{N}\left[\frac{H(0)}{1-rz^{-1}}+\frac{H(N/2)}{1+rz^{-1}}+\sum_{k=1}^{N/2-1}\frac{\alpha_{0k}+\alpha_{1k}z^{-1}}{1-2r\cos\left(\frac{2\pi}{N}k\right)z^{-1}+r^2z^{-2}}\right] \tag{8.4.21}$$

当 N 为奇数时，则

$$H(z)=(1-r^Nz^{-N})\frac{1}{N}\left[\frac{H(0)}{1-rz^{-1}}+\sum_{k=1}^{\frac{N-1}{2}}\frac{\alpha_{0k}+\alpha_{1k}z^{-1}}{1-2r\cos\left(\frac{2\pi}{N}k\right)z^{-1}+r^2z^{-2}}\right] \tag{8.4.22}$$

图 8.4.8 示出了 N 为偶数时频率采样的改进结构，图中二阶子系统 $\hat{H}_k(z)$ 的结构如图 8.4.7(a)所示。

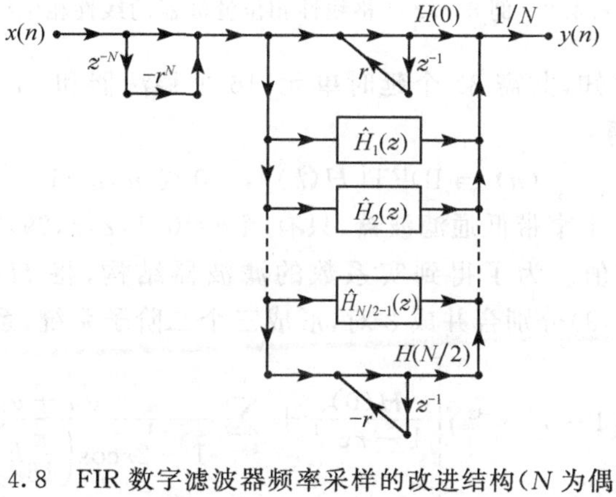

图 8.4.8　FIR 数字滤波器频率采样的改进结构（N 为偶数）

FIR 数字滤波器频率采样结构需要较多的延时单元，乘法运算量也较大，结构较复杂。但它也有一些优点。一是在频率采样点 $\omega_k=\frac{2\pi}{N}k$ 上，采样值 $H(k)=$

$H(z)|_{z=e^{j\frac{2\pi}{N}k}}=H(e^{j\omega})|_{\omega=\frac{2\pi}{N}k}$是乘法器的系数，因此调整该系数能直接调整滤波器的频率响应特性，容易得到具有不同频率响应特性的滤波器。二是对于任意滤波器，只要其单位脉冲响应 $h(n)$的长度 N 相等，除乘法器的系数 $H(k)$不同外，其他结构包括梳状滤波器和并联的一阶、二阶子系统均一样，因此便于实现标准化、模块化。所以频率采样结构适合于窄带低通或窄带带通滤波器，因为窄带滤波器的频率采样值 $H(k)$大部分为零，从而可以减少 $H_k(z)$的数目，既减少了运算量，又可使结构简单许多。

例 8.4.2　设滤波器是具有严格线性相位的 FIR 数字滤波器，$N=32$，频率采样值为

$$H(k)=H(e^{j\frac{2\pi}{N}k})=\begin{cases}1, & k=0,1,2,30,31\\ 1/2, & k=3,29\\ 0, & k=4,5,\cdots,15,16,17,\cdots,28\end{cases}$$

试画出该滤波器的线性相位结构和频率采样改进结构。

解　因为滤波器具有严格线性相位，N 为偶数，所以它的线性相位结构如图 8.4.9 所示。

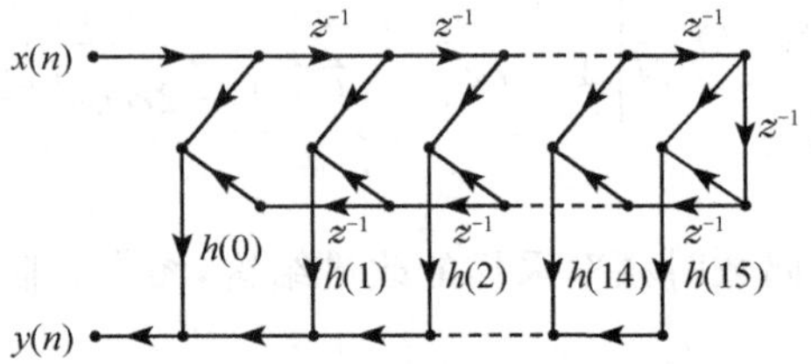

图 8.4.9　例 8.4.2 严格线性相位滤波器的线性相位结构

由图 8.4.9 可知，共需 31 个延时单元，16 个乘法器和 31 个加法器。滤波器的 $h(n)$用下式计算：

$$h(n)=\text{IDFT}[H(k)],\quad 0\leqslant n\leqslant 31$$

该滤波器是一个窄带低通滤波器，只有当 $k=0,1,2,3,29,30,31$ 时，频率采样值 $H(k)$才为非零值。为了得到实系数的滤波器结构，将 $H(k)(k=1,2,3)$和 $H(N-k)(k=1,2,3)$分别合并成 3 对，形成三个二阶子系统，系统函数为

$$H(z)=\frac{1}{32}(1-r^{32}z^{-32})\left[\frac{H(0)}{1-rz^{-1}}+\sum_{k=1}^{3}\frac{\alpha_{0k}+\alpha_{1k}z^{-1}}{1-2r\cos\left(\frac{\pi}{16}k\right)z^{-1}+r^2z^{-2}}\right]$$

式中

$$\alpha_{0k}=2\text{Re}[H(k)]$$

$$\alpha_{1k}=-2\text{Re}[rH(k)e^{j\frac{\pi}{16}k}]$$

滤波器的频率采样改进结构如图 8.4.10 所示。由图可知，频率采样改进结构共需 14 个乘法器和 14 个加法器，比线性相位结构少，但若 z^{-32} 用延时单元实现，则延时单元用的较多。

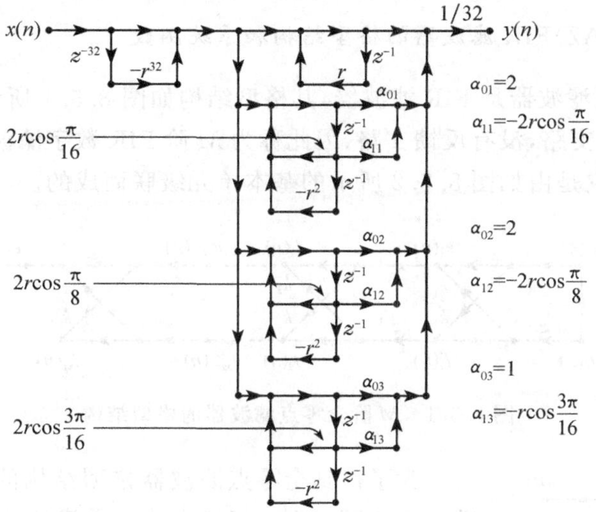

图 8.4.10　例 8.4.2 频率采样的改进结构

8.4.5　快速卷积结构

FIR 数字滤波器还可以用快速卷积算法来实现。我们知道，FIR 数字滤波器的单位脉冲响应 $h(n)$ 是一个有限长序列，长度为 N，如果滤波器的输入信号 $x(n)$ 也是一个有限长序列，长度为 M，则输出信号 $y(n)$ 是 $x(n)$ 与 $h(n)$ 的线性卷积，即

$$y(n) = x(n) * h(n) \tag{8.4.23}$$

由第 4 章的讨论知道，两个有限长序列的线性卷积可以用 DFT 计算，而具体实现时是采用 FFT 快速算法来完成，所以称为快速卷积算法。

如果滤波器的输入信号 $x(n)$ 是无限长序列，应用 4.5 节讨论的重叠相加法或重叠保留法，仍然可以采用 FFT 算法计算线性卷积。

FIR 数字滤波器的快速卷积算法，其具体计算方法、结构框图、FFT 快速算法等请参考第 4 章、第 5 章有关章节。

8.5　数字滤波器的格型结构

在实际中，实现数字滤波器的算法结构除了前面讨论的 IIR 和 FIR 的基本结构外，还有很多种。本节仅介绍在信号建模、自适应滤波、线性预测和信号谱估计中广泛应用的格型结构，它既可用于 FIR 数字滤波器，也可用于 IIR 数字滤波器。这种结构的优点是，对有限字长效应的敏感度低，且适合递推算法。

8.5.1　全零点滤波器的格型结构

1. 全零点(AZ)FIR 滤波器的格型结构和系统函数

M 阶全零点滤波器是 FIR 滤波器，其格型结构如图 8.5.1 所示。该结构的信号流图只有直通支路，没有反馈支路，因此称为 M 阶 FIR 数字滤波器(全零点滤波器)格型结构。它是由如图 8.5.2 所示的基本单元级联而成的。

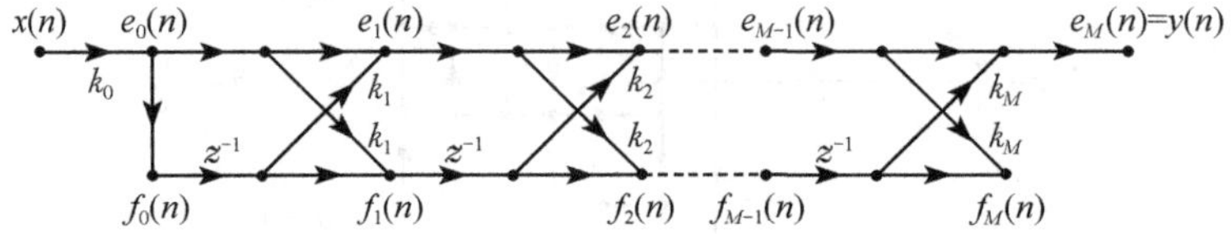

图 8.5.1　M 阶全零点滤波器的格型结构

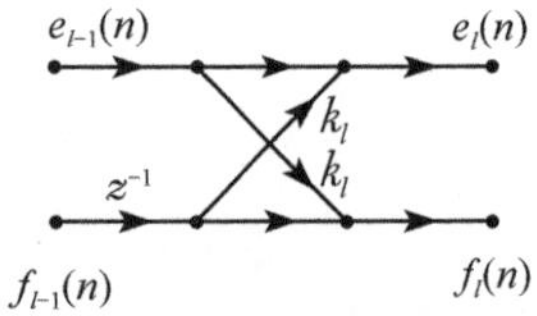

图 8.5.2　格型结构的基本单元

为了得到全零点滤波器格型结构的系统函数，按照图 8.5.2 写出每一级输入输出之间的差分方程为

$$e_l(n) = e_{l-1}(n) + f_{l-1}(n-1)k_l,\quad l = M, M-1, \cdots, 1 \tag{8.5.1}$$

$$f_l(n) = e_{l-1}(n)k_l + f_{l-1}(n-1),\quad l = M, M-1, \cdots, 1 \tag{8.5.2}$$

对上式进行 Z 变换，得到

$$E_l(z) = E_{l-1}(z) + z^{-1}F_{l-1}(z)k_l,\quad l = M, M-1, \cdots, 1 \tag{8.5.3}$$

$$F_l(z) = E_{l-1}(z)k_l + z^{-1}F_{l-1}(z),\quad l = M, M-1, \cdots, 1 \tag{8.5.4}$$

再将上式写成矩阵形式

$$\begin{bmatrix} E_l(z) \\ F_l(z) \end{bmatrix} = \begin{bmatrix} 1 & z^{-1}k_l \\ k_l & z^{-1} \end{bmatrix}\begin{bmatrix} E_{l-1}(z) \\ F_{l-1}(z) \end{bmatrix},\quad l = M, M-1, \cdots, 1 \tag{8.5.5}$$

将 M 个基本单元级联后，得到

$$\begin{bmatrix} E_M(z) \\ F_M(z) \end{bmatrix} = \begin{bmatrix} 1 & z^{-1}k_M \\ k_M & z^{-1} \end{bmatrix}\begin{bmatrix} 1 & z^{-1}k_{M-1} \\ k_{M-1} & z^{-1} \end{bmatrix}\cdots\begin{bmatrix} 1 & z^{-1}k_1 \\ k_1 & z^{-1} \end{bmatrix}\begin{bmatrix} E_0(z) \\ F_0(z) \end{bmatrix} \tag{8.5.6}$$

式中，$E_M(z)=Y(z)$，$E_0(z)=F_0(z)=k_0X(z)$。输出

$$Y(z) = [1\quad 0]\begin{bmatrix} E_M(z) \\ F_M(z) \end{bmatrix} = [1\quad 0]\left(\prod_{l=M}^{1}\begin{bmatrix} 1 & z^{-1}k_l \\ k_l & z^{-1} \end{bmatrix}\right)\begin{bmatrix} k_0 \\ k_0 \end{bmatrix}X(z) \tag{8.5.7}$$

从而得到全零点滤波器格型结构的系统函数为

$$H(z)=\frac{Y(z)}{X(z)}=[1\quad 0]\begin{bmatrix}E_M(z)\\F_M(z)\end{bmatrix}=[1\quad 0]\left(\prod_{l=M}^{1}\begin{bmatrix}1 & z^{-1}k_l\\k_l & z^{-1}\end{bmatrix}\right)\begin{bmatrix}k_0\\k_0\end{bmatrix}\tag{8.5.8}$$

显然，只要知道格型滤波器的系数 $k_l, l=M,M-1,\cdots,1$，即可由上式直接求出该滤波器的系统函数 $H(z)$。

2. 由 FIR 数字滤波器的直接型结构转换成全零点滤波器格型结构

如果能由 M 阶 FIR 数字滤波器的单位脉冲响应 $h(n)(0\leqslant n\leqslant M)$ 求出该滤波器的格型结构的系数 $k_l(0\leqslant l\leqslant M)$，那么就能将 FIR 数字滤波器的直接型转换成全零点滤波器格型结构。

设 M 阶 FIR 滤波器的系数函数为

$$H(z)=\sum_{n=0}^{M}h(n)z^{-n}\tag{8.5.9}$$

式中，$h(n)$ 是 FIR 数字滤波器的单位脉冲响应，$h(0)=b_0$。令 $\alpha_i=h(i)/b_0$，则

$$H(z)=b_0\left(1+\sum_{i=1}^{M}\alpha_i z^{-i}\right)\tag{8.5.10}$$

下面讨论由系数 $\alpha_i=h(i)/b_0$ 求解全零点滤波器格型结构系数 $k_l(0\leqslant l\leqslant M)$ 的问题，$k_0=b_0$。

由全零点滤波器格型结构图 8.5.1 可得

$$H_1(z)=\frac{E_1(z)}{E_0(z)}=1+k_1z^{-1}\tag{8.5.11a}$$

$$G_1(z)=\frac{F_1(z)}{E_0(z)}=k_1+z^{-1}\tag{8.5.11b}$$

$$G_1(z)=z^{-1}H_1(z^{-1})\tag{8.5.11c}$$

而由(8.5.3)式和(8.5.4)式得到

$$E_2(z)=E_1(z)+z^{-1}F_1(z)k_2$$
$$F_2(z)=E_1(z)k_2+z^{-1}F_1(z)$$

于是可得

$$H_2(z)=\frac{E_2(z)}{E_0(z)}=H_1(z)+k_2z^{-1}G_1(z)\tag{8.5.12a}$$

$$G_2(z)=\frac{F_2(z)}{E_0(z)}=k_2H_1(z)+z^{-1}G_1(z)\tag{8.5.12b}$$

$$G_2(z)=z^{-2}H_2(z^{-1})\tag{8.5.12c}$$

以此类推，对 l 阶格型网络，可得到

$$H_l(z) = \frac{E_l(z)}{E_0(z)} = H_{l-1}(z) + k_l z^{-1} G_{l-1}(z) \tag{8.5.13a}$$

$$G_l(z) = \frac{F_l(z)}{E_0(z)} = k_l H_{l-1}(z) + z^{-1} G_{l-1}(z) \tag{8.5.13b}$$

$$G_l(z) = z^{-l} H_l(z^{-1}) \tag{8.5.13c}$$

上面的(8.5.13)式对于 $l=1,2,\cdots,M$ 均成立。对于 $l=M$,得到

$$H_M(z) = H_{M-1}(z) + k_M z^{-1} G_{M-1}(z) \tag{8.5.14a}$$

$$G_M(z) = k_M H_{M-1}(z) + z^{-1} G_{M-1}(z) \tag{8.5.14b}$$

$$G_M(z) = z^{-M} H_M(z^{-1}) \tag{8.5.14c}$$

将(8.5.14a)式减去 k_M乘(8.5.14b)式的结果,得

$$H_{M-1}(z) = \frac{1}{1-k_M^2}[H_M(z) - k_M G_M(z)] \tag{8.5.15a}$$

将(8.5.14b)式减去 k_M乘(8.5.14a)式的结果,得

$$G_{M-1}(z) = \frac{1}{1-k_M^2}[-k_M z H_M(z) + z G_M(z)] \tag{8.5.15b}$$

式中

$$H_M(z) = \frac{E_M(z)}{E_0(z)} = 1 + \sum_{i=1}^{M} \alpha_i z^{-i} \tag{8.5.15c}$$

将(8.5.15c)式和(8.5.14c)式带入(8.5.15a)式,得

$$\begin{aligned} H_{M-1}(z) &= \frac{1}{1-k_M^2}\left[1 + \sum_{i=1}^{M} \alpha_i z^{-i} - k_M z^{-M}\left(1 + \sum_{i=1}^{M} \alpha_i z^{i}\right)\right] \\ &= \frac{1}{1-k_M^2}\left[1 + \alpha_M z^{-M} + \sum_{i=1}^{M-1} \alpha_i z^{-i} - k_M z^{-M} - k_M \alpha_M - k_M z^{-M} \sum_{i=1}^{M-1} \alpha_i z^{i}\right] \end{aligned} \tag{8.5.16}$$

令 $\alpha_i = \alpha_i(M)$,$k_M = \alpha_M(M)$,得到 $M-1$ 阶的系统函数为

$$\begin{aligned} H_{M-1}(z) &= 1 + \frac{1}{1-k_M^2}\left[\sum_{i=1}^{M-1} \alpha_i z^{-i} - k_M \sum_{i=1}^{M-1} \alpha_i z^{-(M-i)}\right] \\ &= 1 + \frac{1}{1-k_M^2}\left[\sum_{i=1}^{M-1} \alpha_i z^{-i} - k_M \sum_{i=1}^{M-1} \alpha_{M-i} z^{-i}\right] \\ &= 1 + \sum_{i=1}^{M-1} \frac{\alpha_i(M) - k_M \alpha_{M-i}(M)}{1-k_M^2} z^{-i} \\ &= 1 + \sum_{i=1}^{M-1} \alpha_i(M-1) z^{-i} \end{aligned} \tag{8.5.17}$$

式中

$$\alpha_i(M-1) = \frac{\alpha_i(M) - k_M \alpha_{M-i}(M)}{1-k_M^2} \tag{8.5.18}$$

重复以上迭代过程，对于 $l=M,M-1,\cdots,1$，得到由高阶递推低一阶系数的递推公式

$$\alpha_i = \alpha_i(M) \tag{8.5.19a}$$

$$\alpha_l(l) = k_l, \quad l = M, M-1, \cdots, 1 \tag{8.5.19b}$$

$$\alpha_i(l-1) = \frac{\alpha_i(l) - k_l \alpha_{l-i}(l)}{1-k_l^2}, \quad i = 1,2,\cdots,l-1 \tag{8.5.19c}$$

且

$$k_0 = b_0 \tag{8.5.19d}$$

例 8.5.1　设 FIR 数字滤波器的零点分别为 $z_{1,2}=0.9\mathrm{e}^{\pm \mathrm{j}\pi/3}$，$z_3=0.8$。试画出该滤波器的直接型结构和格型结构。

解　该滤波器的系统函数为

$$\begin{aligned} H(z) &= (1-0.9\mathrm{e}^{\mathrm{j}\pi/3}z^{-1})(1-0.9\mathrm{e}^{-\mathrm{j}\pi/3}z^{-1})(1-0.8z^{-1}) \\ &= 1-1.7z^{-1}+1.53z^{-2}-0.648z^{-3} \end{aligned}$$

可见这是一个三阶 FIR 数字滤波器，其中滤波器系数 $h(0)=1$。由(8.5.19a)式，得到

$$\alpha_1(3) = -1.7, \quad \alpha_2(3) = 1.53, \quad \alpha_3(3) = -0.648$$

由(8.5.19b)式，得到

$$k_3 = \alpha_3(3) = -0.648$$

由(8.5.19c)式，得到

$$l=3, \quad i=1, \quad \alpha_1(2) = \frac{\alpha_1(3) - k_3\alpha_2(3)}{1-k_3^2} = \frac{-1.7+0.648\times 1.53}{1-0.648^2} = -1.2215$$

$$l=3, \quad i=2, \quad \alpha_2(2) = \frac{\alpha_2(3) - k_3\alpha_1(3)}{1-k_3^2} = \frac{1.53-0.648\times 1.7}{1-0.648^2} = 0.7385$$

$$k_2 = \alpha_2(2) = 0.7385$$

$$l=2, \quad i=1, \quad \alpha_1(1) = \frac{\alpha_1(2) - k_2\alpha_1(2)}{1-k_2^2} = \frac{-1.2215+0.7385\times 1.2215}{1-0.7385^2} = -0.7026$$

$$k_1 = \alpha_1(1) = -0.7026$$

最后，画出该二阶 FIR 数字滤波器的直接型结构如图 8.5.3 所示，相应的格型结构如图 8.5.4 所示。

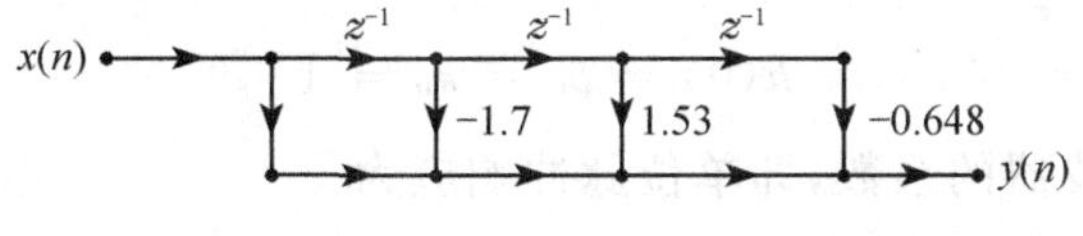

图 8.5.3　例 8.5.1 三阶 FIR 数字滤波器的直接型结构

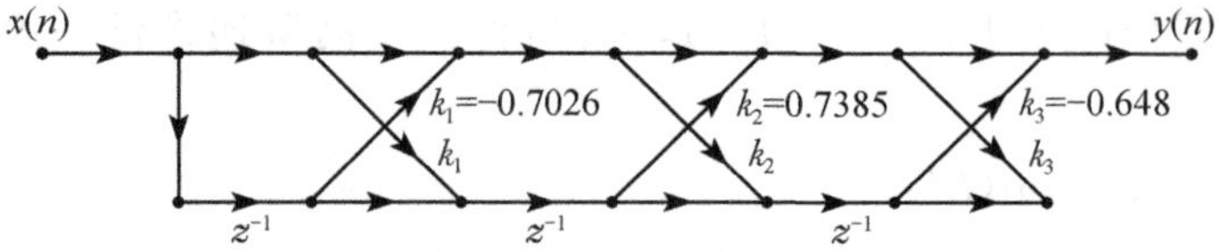

图 8.5.4　例 8.5.1 三阶 FIR 数字滤波器的格型结构

3. 由全零点滤波器的格型结构转换成 FIR 数字滤波器的直接型结构

若已知 M 阶 FIR 数字滤波器格型结构的系数 $k_l(0\leqslant l\leqslant M)$，可以将其系数转换成滤波器直接型结构的系数 $h(i)(0\leqslant i\leqslant M)$。其转换的递推公式为

$$\alpha_0(l)=1 \tag{8.5.20a}$$

$$\alpha_l(l)=k_l \tag{8.5.20b}$$

$$\alpha_i(l)=\alpha_i(l-1)+\alpha_l(l)\alpha_{l-i}(l-1)\,,\quad 1\leqslant i\leqslant l-1,\quad l=1,2,\cdots,M \tag{8.5.20c}$$

且

$$b_0=k_0 \tag{8.5.20d}$$

这样，FIR 数字滤波器直接型结构的系数为

$$h(0)=b_0 \tag{8.5.21a}$$

$$h(i)=b_0\alpha_i(M),\quad 1\leqslant i\leqslant M \tag{8.5.21b}$$

上述系数转换的递推公式，即(8.5.20a)～(8.5.20d)式的推导过程，请参阅参考文献(胡广书　1998)，这里省略。

例 8.5.2　已知三阶全零点滤波器格型结构的系数分别为 $k_0=1,k_1=1/4,k_2=1/2,k_3=1/3$，请将其转换成 FIR 数字滤波器直接型结构的系数。

解　由系数转换的递推公式，即(8.5.20)式，可得

$$\alpha_0(l)=1,\quad \alpha_1(1)=k_1=1/4,\quad \alpha_2(2)=k_2=1/2,\quad \alpha_3(3)=k_3=1/3$$

$$l=2,\quad i=1,\quad \alpha_1(2)=\alpha_1(1)+\alpha_2(2)\alpha_1(1)=k_1+k_2k_1=3/8$$

$$l=3,\quad i=2,\quad \alpha_2(3)=\alpha_2(2)+\alpha_3(3)\alpha_1(2)=k_2+k_3\alpha_1(2)=5/8$$

$$l=3,\quad i=1,\quad \alpha_1(3)=\alpha_1(2)+\alpha_3(3)\alpha_2(2)=\alpha_1(2)+k_3k_2=13/24$$

即

$$\alpha_0=1,\quad \alpha_1=\alpha_1(3)=13/24,\quad \alpha_2=\alpha_2(3)=5/8,\quad \alpha_3=\alpha_3(3)=1/3$$

由于

$$h(0)=b_0=k_0=1$$

所以，FIR 数字滤波器的系数，即单位脉冲响应为

$$h(0)=1,\quad h(1)=13/24,\quad h(2)=5/8,\quad h(3)=1/3$$

8.5.2　全极点滤波器的格型结构

1. 全极点(AP)IIR 滤波器的格型结构

N 阶全极点滤波器是一种 IIR 系统，其系统函数为

$$H(z)=\frac{1}{1+\sum_{k=1}^{N}a_k z^{-k}}=\frac{1}{A(z)} \tag{8.5.22}$$

$$A(z)=1+\sum_{k=1}^{N}a_k z^{-k} \tag{8.5.23}$$

式中，$A(z)$是 N 阶 FIR 系统。因此全极点 IIR 系统 $H(z)$是全零点 FIR 系统 $A(z)$的逆系统，这样，全极点格型滤波器可以从全零点格型滤波器得到。

设数字滤波器的输入信号和输出信号分别为 $x(n)$和 $y(n)$，则由(8.5.22)式得到全极点 IIR 滤波器的差分方程为

$$y(n)=-\sum_{k=1}^{N}a_k y(n-k)+x(n) \tag{8.5.24}$$

如果将 $x(n)$与 $y(n)$的含义相互交换，则差分方程变成为

$$x(n)=-\sum_{k=1}^{N}a_k x(n-k)+y(n)$$

即

$$y(n)=x(n)+\sum_{k=1}^{N}a_k x(n-k) \tag{8.5.25}$$

显然，(8.5.25)式描述的是具有系统函数 $H(z)=A(z)$的 N 阶 FIR 数字滤波器，而(8.5.24)式描述的是具有系统函数 $H(z)=1/A(z)$的 N 阶 IIR 数字滤波器。按照(8.5.24)式的全极点 N 阶 IIR 数字滤波器，其直接型结构如图 8.5.5 所示。

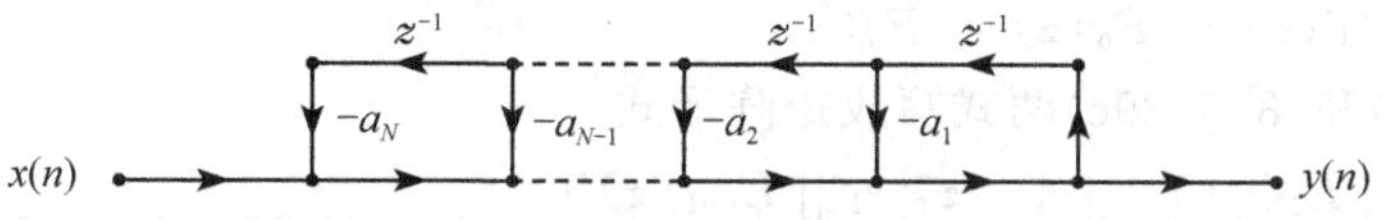

图 8.5.5　全极点 N 阶 IIR 数字滤波器直接型结构

基于上面的结果，我们将 N 阶 FIR 滤波器格型结构通过交换公式中输入和输出信号的含义，会得到它的逆系统，即 N 阶 IIR 滤波器格型结构。

由于 $A(z)$多项式的首项为 1，所以可以重新定义 N 阶 FIR 数字滤波器格型结构的输入信号和输出信号分别为

$$x(n)=e_N(n),\quad y(n)=e_0(n)$$

再将 FIR 滤波器格型结构的基本单元运算式，即(8.5.1)式和(8.5.2)式的每一级

输入输出之间的差分方程重写如下：

$$e_l(n) = e_{l-1}(n) + f_{l-1}(n-1)k_l, \quad l = N, N-1, \cdots, 1 \tag{8.5.26}$$

$$f_l(n) = k_l e_{l-1}(n) + f_{l-1}(n-1), \quad l = N, N-1, \cdots, 1 \tag{8.5.27}$$

由于重新定义了输入信号和输出信号，所以将 $e_l(n)$ 按降序运算关系表示，$f_l(n)$ 运算关系不变，则有

$$x(n) = e_N(n) \tag{8.5.28a}$$

$$e_{l-1}(n) = e_l(n) - f_{l-1}(n-1)k_l, \quad l = N, N-1, \cdots, 1 \tag{8.5.28b}$$

$$f_l(n) = e_{l-1}(n)k_l + f_{l-1}(n-1), \quad l = N, N-1, \cdots, 1 \tag{8.5.28c}$$

$$y(n) = e_0(n) = f_0(n) \tag{8.5.28d}$$

按照上面四个方程画出它的结构如图 8.5.6 所示，这是一个 N 阶全极点 IIR 滤波器的格型结构。

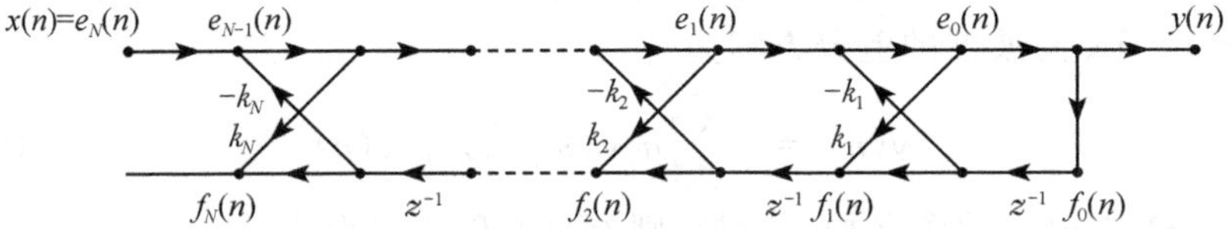

图 8.5.6 N 阶全极点 IIR 滤波器的格型结构

2. 全极点 IIR 滤波器格型结构的系统函数

现在推导全极点 IIR 滤波器格型结构的系统函数。对(8.5.28)式进行 Z 变换，得到

$$X(z) = E_N(z) \tag{8.5.29a}$$

$$E_{l-1}(z) = E_l(z) - z^{-1}F_{l-1}(z)k_l, \quad l = N, N-1, \cdots, 1 \tag{8.5.29b}$$

$$F_l(z) = E_{l-1}(z)k_l + z^{-1}F_{l-1}(z), \quad l = N, N-1, \cdots, 1 \tag{8.5.29c}$$

$$Y(z) = E_0(z) = F_0(z) \tag{8.5.29d}$$

将(8.5.29b)和(8.5.29c)两式写成矩阵形式

$$\begin{bmatrix} E_l(z) \\ F_l(z) \end{bmatrix} = \begin{bmatrix} 1 & z^{-1}k_l \\ k_l & z^{-1} \end{bmatrix} \begin{bmatrix} E_{l-1}(z) \\ F_{l-1}(z) \end{bmatrix}, \quad l = N, N-1, \cdots, 1 \tag{8.5.30}$$

然后将 N 级进行级联，并利用(8.5.29a)式和(8.5.29d)式，得到

$$X(z) = [1 \quad 0] \begin{bmatrix} E_N(z) \\ F_N(z) \end{bmatrix} = [1 \quad 0] \left(\prod_{l=N}^{1} \begin{bmatrix} 1 & z^{-1}k_l \\ k_l & z^{-1} \end{bmatrix} \right) \begin{bmatrix} 1 \\ 1 \end{bmatrix} Y(z) \tag{8.5.31}$$

系统函数

$$H(z) = \frac{Y(z)}{X(z)} = \frac{1}{[1 \quad 0] \left(\prod_{l=N}^{1} \begin{bmatrix} 1 & z^{-1}k_l \\ k_l & z^{-1} \end{bmatrix} \right) \begin{bmatrix} 1 \\ 1 \end{bmatrix}} \tag{8.5.32}$$

与全零点滤波器格型结构的系统函数，即(8.5.8)式比较可知，当 $M=N$，$k_0=1$ 时，全极点滤波器格型结构的系统函数正好是全零点的系统函数的倒数。

全极点 IIR 滤波器格型结构同样存在稳定性的问题，已经证明格型结构稳定的充分必要条件是系数 $|k_l|\leqslant 1, l=1,2,\cdots,N$。

3. 全极点 IIR 滤波器格型结构系数 k_l 的递推公式

观察全零点 FIR 滤波器格型结构与全极点 IIR 滤波器格型结构每一级的输入输出之间的差分方程发现，二者是一样的。因此全极点 IIR 滤波器格型结构的系数 $k_l(l=N,N-1,\cdots,1)$，可以用全零点 FIR 滤波器格型结构的系数 $k_l(l=M,M-1,\cdots,1)$ 相同的递推公式，由其直接型结构的系数 $\{a_k\}$ 递推求出。参照(8.5.19)式，全极点 IIR 滤波器格型结构的系数递推公式为

$$a_k = a_k(N) \tag{8.5.33a}$$

$$a_l(l) = k_l, \quad l = N, N-1, \cdots, 1 \tag{8.5.33b}$$

$$a_k(l-1) = \frac{a_k(l) - k_l a_{l-k}(l)}{1-k_l^2}, \quad k = 1,2,\cdots,l-1 \tag{8.5.33c}$$

$$a_0 = a_0(N) = 1 \tag{8.5.33d}$$

例 8.5.3　设三阶全极点 IIR 数字滤波器的系统函数为

$$H(z) = \frac{1}{1+\frac{13}{24}z^{-1}+\frac{5}{8}z^{-2}+\frac{1}{3}z^{-3}}$$

试画出该滤波器的直接型结构和格型结构。

解　由该滤波器的系统函数 $H(z)$ 知

$$a_0 = a_0(3) = 1, \quad a_1 = a_1(3) = \frac{13}{24}, \quad a_2 = a_2(3) = \frac{5}{8}, \quad a_3 = a_3(3) = \frac{1}{3}$$

由系数转换递推公式得到

$$k_3 = a_3(3) = \frac{1}{3}$$

$$l = 3, \quad k = 1, \quad a_1(2) = \frac{a_1(3) - k_3 a_2(3)}{1-k_3^2} = \frac{\frac{13}{24} - \frac{1}{3}\times\frac{5}{8}}{1-\left(\frac{1}{3}\right)^2} = \frac{3}{8}$$

$$l = 3, \quad k = 2, \quad a_2(2) = \frac{a_2(3) - k_3 a_1(3)}{1-k_3^2} = \frac{\frac{5}{8} - \frac{1}{3}\times\frac{13}{24}}{1-\left(\frac{1}{3}\right)^2} = \frac{1}{2}$$

$$k_2 = a_2(2) = \frac{1}{2}$$

$$l = 2,\quad k = 1,\quad a_1(1) = \frac{a_1(2) - k_2 a_1(2)}{1 - k_2^2} = \frac{\frac{3}{8} - \frac{1}{2} \times \frac{3}{8}}{1 - \left(\frac{1}{2}\right)^2} = \frac{1}{4}$$

$$k_1 = a_1(1) = \frac{1}{4}$$

最后,画出该三阶全极点 IIR 数字滤波器直接型结构如图 8.5.7 所示，相应的格型结构如图 8.5.8 所示。

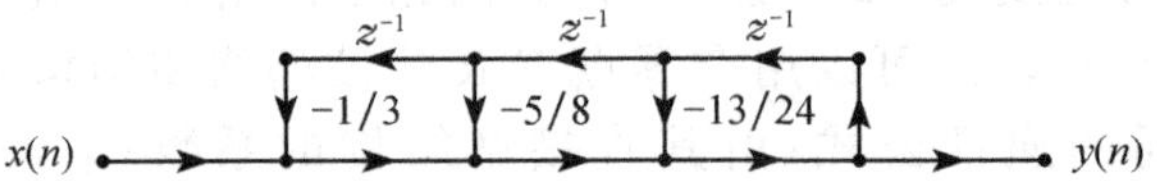

图 8.5.7　例 8.5.3 三阶全极点 IIR 数字滤波器的直接型结构

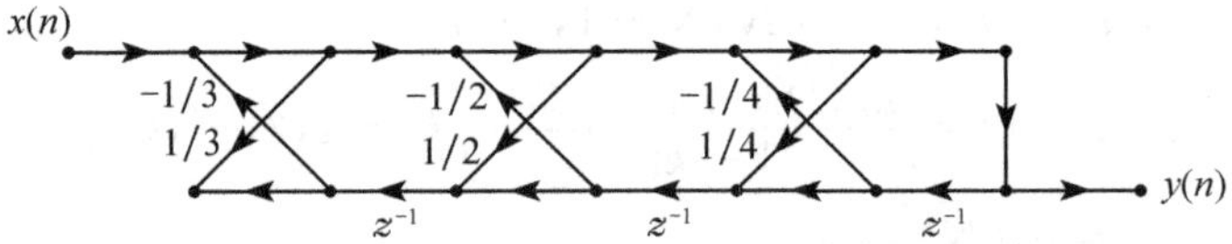

图 8.5.8　例 8.5.3 三阶全极点 IIR 数字滤波器的格型结构

8.5.3　具有零点和极点滤波器的格梯型结构

1. 具有零点和极点的 IIR 滤波器的格梯型结构

一般的 IIR 数字滤波器既有零点又有极点,它可以在全极点 IIR 滤波器格型结构的基础上来实现。设 N 阶 IIR 数字滤波器的系统函数

$$H(z) = \frac{\sum_{i=0}^{M} b_i z^{-i}}{1 + \sum_{k=1}^{N} a_k z^{-k}} = \frac{B(z)}{A(z)} \tag{8.5.34}$$

式中,$N \geqslant M$。为构造它的格型结构,首先根据(8.5.34)式中的分母多项式,由(8.5.33)式递推算出其格型结构的系数 k_l($l=N,N-1,\cdots,1$),实现全极点 IIR 滤波器的格型结构,如图 8.5.6 所示。然后,增加一个梯形部分,把输出 $y(n)$看作 $f_i(n)$($i=0,1,\cdots,M$)的加权线性组合,即

$$y(n) = \sum_{i=0}^{M} C_i f_i(n) \tag{8.5.35}$$

式中,C_i称为梯形加权系数。所以,把具有零、极点 IIR 滤波器的这种结构称为格梯型结构,当 $M=N$ 时,如图 8.5.9 所示。

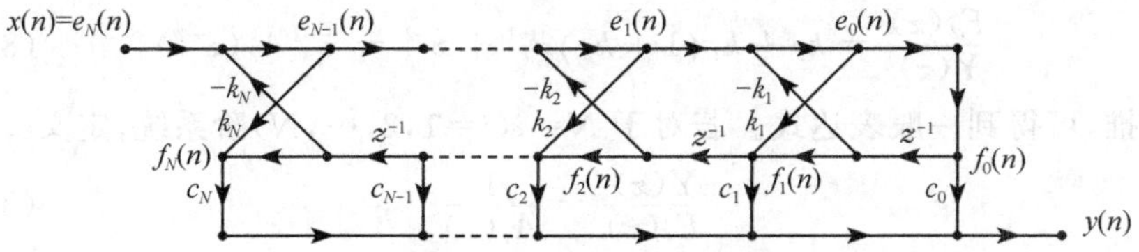

图 8.5.9　具有零、极点的 N 阶 IIR 滤波器的格梯型结构($M=N$)

2. 具有零极点 IIR 滤波器格梯型结构的系数递推公式

前面已经说明，格梯型结构中，格型部分的系数 k_l 由递推公式(8.5.33)从 $A(z)$ 多项式中递推得到；梯形部分的梯形加权系数 $C_i(i=0,1,2,\cdots,M)$ 可由 $B(z)$ 多项式的系数$\{b_i\}$和全极点 IIR 滤波器格型结构递推 k_l 时的参数$\{a_k(l)\}$递推得到。下面研究梯形加权系数 $C_i(i=0,1,2,\cdots,M)$ 的递推公式。

在全极点 IIR 滤波器格型结构的图 8.5.5 中，若令 $N=1$，则有

$$e_0(n)=e_1(n)-k_1f_0(n-1) \tag{8.5.36a}$$

$$f_1(n)=e_0(n)k_1+f_0(n-1) \tag{8.5.36b}$$

由于 $e_0(n)=f_0(n)=y(n)$，$e_1(n)=x(n)$，所以

$$y(n)=e_1(n)-k_1y(n-1)=x(n)-k_1y(n-1) \tag{8.5.37a}$$

$$f_1(n)=y(n)k_1+y(n-1) \tag{8.5.37b}$$

这样，(8.5.37a)式表示 $x(n)$ 为输入信号，$y(n)$ 为输出信号的一阶 IIR 系统，而(8.5.37b)式则表示 $y(n)$ 为输入信号，$f_1(n)$ 为输出信号的一阶 FIR 系统。由(8.5.37)式，若令

$$\frac{Y(z)}{E_1(z)}=\frac{1}{1+k_1z^{-1}}=\frac{1}{A_1(z)} \tag{8.5.38}$$

则

$$\frac{F_1(z)}{Y(z)}=k_1+z^{-1}=z^{-1}(1+k_1z)=z^{-1}A_1(z^{-1}) \tag{8.5.39}$$

若令 $N=2$，则

$$e_1(n)=e_2(n)-k_2f_1(n-1) \tag{8.5.40a}$$

$$f_2(n)=e_1(n)k_2+f_1(n-1) \tag{8.5.40b}$$

这时，$e_2(n)=x(n)$，再由(8.5.36)式，可得

$$y(n)=-k_1(1+k_2)y(n-1)-k_2y(n-2)+x(n) \tag{8.5.41a}$$

$$f_2(n)=k_2y(n)+k_1(1+k_2)y(n-1)+y(n-2) \tag{8.5.41b}$$

于是有

$$\frac{Y(z)}{E_2(z)}=\frac{1}{1+k_1(1+k_2)z^{-1}+k_2z^{-2}}=\frac{1}{A_2(z)} \tag{8.5.42}$$

$$\frac{F_2(z)}{Y(z)} = k_2 + k_1(1+k_2)z^{-1} + z^{-2} = z^{-2}A_2(z^{-1}) \tag{8.5.43}$$

以此类推，可得到一般表达式。若对于 $N=i(i=1,2,\cdots,N)$ 阶系统，定义

$$\frac{Y(z)}{E_i(z)} = \frac{1}{A_i(z)} \tag{8.5.44}$$

则有

$$\frac{F_i(z)}{Y(z)} = z^{-i}A_i(z^{-1}) \tag{8.5.45}$$

这样，如果将 $x(n)=e_i(n)$ 作为输入信号，$f_i(n)$ 作为输出信号，则系统函数为

$$H_{f_i|x}(z) = \frac{F_i(z)}{X(z)} = \frac{F_i(z)}{Y(z)}\frac{Y(z)}{X(z)} = \frac{z^{-i}A_i(z^{-1})}{A(z)} \tag{8.5.46}$$

式中，$1/A(z)$ 是全极点 IIR 滤波器的系统函数。

对于具有零、极点的 IIR 滤波器，格梯型结构的输出信号

$$y(n) = \sum_{i=0}^{M} C_i f_i(n) \tag{8.5.47}$$

所以，其系数函数

$$H(z) = \frac{Y(z)}{X(z)} = \frac{\sum_{i=0}^{M} C_i F_i(z)}{X(z)} \tag{8.5.48}$$

由于具有零极点 IIR 滤波器格梯型结构的格型部分不受梯形部分的影响，所以(8.5.48)式中的

$$\frac{F_i(z)}{X(z)} = H_{f_i|x}(z) = z^{-i}\frac{A_i(z^{-1})}{A(z)}$$

这样(8.5.48)式可写成

$$H(z) = \frac{Y(z)}{X(z)} = \frac{\sum_{i=0}^{M} C_i z^{-i} A_i(z^{-1})}{A(z)} = \frac{B(z)}{A(z)} \tag{8.5.49}$$

式中

$$B(z) = \sum_{i=0}^{M} b_i z^{-i} = \sum_{i=0}^{M} C_i z^{-i} A_i(z^{-1}) \tag{8.5.50}$$

由多项式 $A(z)=1+\sum_{k=1}^{N} a_k z^{-k}$ 的一般形式可知，i 阶多项式 $A_i(z^{-1})$ 的形式为

$$A_i(z^{-1}) = 1 + a_1 z + a_2 z^2 + \cdots + a_i z^i \tag{8.5.51}$$

将(8.5.51)式代入(8.5.50)式，根据等式两边多项式同次幂的系数相等，可求得梯形加权系数 $C_i(i=0,1,2,\cdots,M)$ 与 $B(z)$ 多项式系数 $\{b_i\}$ 及递推全极点 IIR 滤波器格型结构系数 k_l 时的参数 $\{a_k(l)\}$ 的递推关系式。设 $N\geqslant M$，并记 $a_1=a_1(N)$，$a_2=a_2(N)$，$\cdots$，$a_N=a_N(N)$，则有

$$C_i = 0, \quad i = M+1, M+2, \cdots, N \tag{8.5.52a}$$

$$C_M = b_M \tag{8.5.52b}$$

$$C_i = b_i - \sum_{k=i+1}^{M} C_k a_{k-i}(k), \quad i = M-1, M-2, \cdots, 0 \tag{8.5.52c}$$

这样,若已知 N 阶零、极点 IIR 滤波器的系统函数 $H(z)$,则可得到该系统的格梯型结构。具体方法是:先由全极点 IIR 滤波器格型结构的系数 k_l 的递推公式(8.5.33),从 $H(z)$ 的分母多项式 $A(z)$ 中求得系数 $k_l(l=N, N-1, N-2, \cdots, 1)$,再利用(8.5.52)式从 C_M 开始后向递推求出梯形加权系数 $C_i(i=M, M-1, \cdots, 1, 0)$。

例 8.5.4　设三阶 IIR 滤波器的系统函数为

$$H(z) = \frac{3 + \frac{5}{3}z^{-1} + \frac{2}{3}z^{-2}}{1 + \frac{1}{6}z^{-1} + \frac{1}{3}z^{-2} - \frac{1}{6}z^{-3}}$$

试分别画出该滤波器的直接型结构和格梯型结构。

解　由(8.5.33)式,递推求得该滤波器格型部分的系数 $k_l(l=3,2,1)$。由该滤波器的系统函数分母多项式 $A(z) = 1 + \frac{1}{6}z^{-1} + \frac{1}{3}z^{-2} - \frac{1}{6}z^{-3}$ 知

$$a_0 = a_0(3) = 1, \quad a_1 = a_1(3) = \frac{1}{6}, \quad a_2 = a_2(3) = \frac{1}{3}, \quad a_3 = a_3(3) = -\frac{1}{6}$$

由系数转换递推公式(8.5.33)得到

$$k_3 = a_3(3) = -\frac{1}{6}$$

$$l = 3, \quad k = 1, \quad a_1(2) = \frac{a_1(3) - k_3 a_2(3)}{1 - k_3^2} = \frac{\frac{1}{6} - \left(-\frac{1}{6}\right) \times \frac{1}{3}}{1 - \left(-\frac{1}{6}\right)^2} = \frac{8}{35}$$

$$l = 3, \quad k = 2, \quad a_2(2) = \frac{a_2(3) - k_3 a_1(3)}{1 - k_3^2} = \frac{\frac{1}{3} - \left(-\frac{1}{6}\right) \times \frac{1}{6}}{1 - \left(-\frac{1}{6}\right)^2} = \frac{13}{35}$$

$$k_2 = a_2(2) = \frac{13}{35}$$

$$l = 2, \quad k = 1, \quad a_1(1) = \frac{a_1(2) - k_2 a_1(2)}{1 - k_2^2} = \frac{\frac{8}{35} - \frac{13}{35} \times \frac{8}{35}}{1 - \left(\frac{13}{35}\right)^2} = \frac{1}{6}$$

$$k_1 = a_1(1) = \frac{1}{6}$$

再由(8.5.52)式递推求出梯形加权系数 $C_i(i=3,2,1,0)$。由该滤波器的系统

函数分子多项式 $B(z)=3+\frac{5}{3}z^{-1}+\frac{2}{3}z^{-2}$知

$$b_0=3,\quad b_1=\frac{5}{3},\quad b_2=\frac{2}{3},\quad b_3=0$$

由梯形加权系统递推公式(8.5.52)得到

$$C_3=b_3=0$$

$$C_2=b_2=\frac{2}{3}$$

$$C_1=b_1-C_2a_1(2)=\frac{5}{3}-\frac{2}{3}\times\frac{8}{35}=\frac{53}{35}$$

$$C_0=b_0-C_1a_1(1)-C_2a_2(2)$$

$$=3-\frac{53}{35}\times\frac{1}{6}-\frac{2}{3}\times\frac{13}{35}=\frac{5}{2}$$

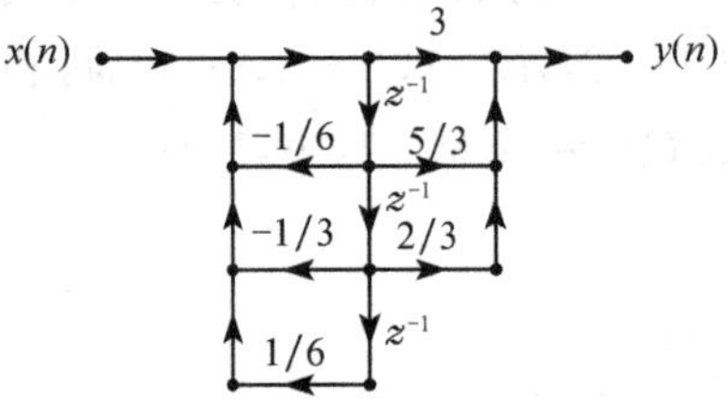

图 8.5.10 例 8.5.4 三阶零极点 IIR 滤波器的直接型结构

根据系统函数 $H(z)$画出该滤波器的直接型结构如图 8.5.10 所示。根据所求出的转换系数 $k_l(l=3,2,1)$和梯形加权系数 $C_i(i=2,1,0)$,画出该滤波器的格梯型结构如图 8.5.11 所示。

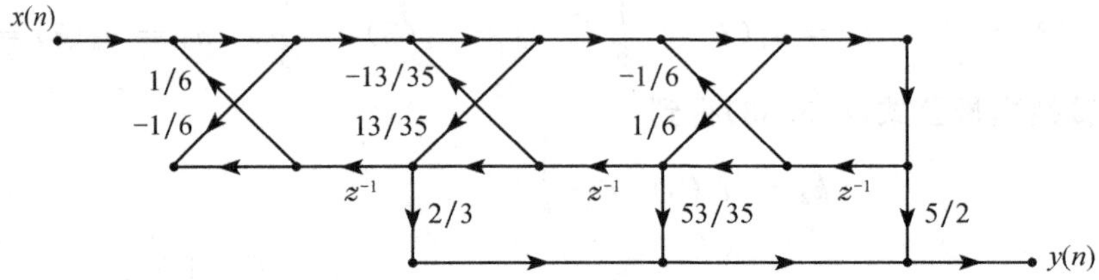

图 8.5.11 例 8.5.4 三阶零极点 IIR 滤波器的格梯型结构

8.6 利用 Matlab 进行数字滤波器算法结构的转换

Matlab 信号处理工具箱提供了滤波器结构转换的函数,利用这些函数可以方便地获得数字滤波器的级联型、并联型、频率采样型、格型等结构,本节介绍这些函数的格式及调用方法。

8.6.1 由直接型转换为级联型

1. 滤波器结构转换函数

函数:tf2sos

功能:将数字滤波器的直接型结构转换为级联型结构

格式：[sos,g]=tf2sos(b,a)

其中，b 和 a 分别是滤波器系统函数(8.3.1)式的分子和分母多项式系数向量；返回参数 g 和 sos 是级联型结构的增益和二阶子系统的参数，sos 是一个 $L\times 6$ 阶的矩阵

$$\text{sos}=\begin{bmatrix} b_{01} & b_{11} & b_{21} & 1 & a_{11} & a_{21} \\ b_{02} & b_{12} & b_{22} & 1 & a_{12} & a_{22} \\ \vdots & \vdots & \vdots & \vdots & \vdots & \vdots \\ b_{0L} & b_{1L} & b_{2L} & 1 & a_{1L} & a_{2L} \end{bmatrix} \tag{8.6.1}$$

sos 中的每一行元素 b_{ik} 和 a_{ik} 分别是二阶子系统的分子和分母多项式系数，共有 L 个二阶子系统。系统函数 $H(z)$ 的级联结构为

$$H(z)=g\prod_{k=1}^{L}\frac{b_{0k}+b_{1k}z^{-1}+b_{2k}z^{-2}}{1+a_{1k}z^{-1}+a_{2k}z^{-2}} \tag{8.6.2}$$

2. 滤波器输出响应计算函数

函数：sosfilt

功能：用级联结构求滤波器的输出响应

格式：y=sosfilt(sos,x)

其中，x 是滤波器的输入向量，sos 是滤波器的级联结构系数矩阵，如(8.6.1)式所示。

例 8.6.1　IIR 数字滤波器的系统函数为

$$H(z)=\frac{1-3z^{-1}+11z^{-2}-27z^{-3}+18z^{-4}}{16+12z^{-1}+2z^{-2}-4z^{-3}-z^{-4}}$$

画出滤波器的级联型结构。

解　利用 tf2sos 函数求出级联型结构，程序如下：

```
b=[1,-3,11,-27,18];a=[16,12,2,-4,-1];
[sos,g]=tf2sos(b,a)
```

程序运行结果为

```
sos = 1.0000    -3.0000   2.0000   1.0000    -0.2500    -0.1250
      1.0000     0.0000   9.0000   1.0000     1.0000     0.5000
  g = 0.0625
```

滤波器的级联结构方程为(8.6.3)式，级联结构如图 8.6.1 所示。

$$H(z)=0.0625\,\frac{1-3z^{-1}+2z^{-2}}{1-0.25z^{-1}-0.125z^{-2}}\,\frac{1+9z^{-2}}{1+z^{-1}+0.5z^{-2}} \tag{8.6.3}$$

例 8.6.2　利用 Matlab 写出例 8.4.1 的 FIR 数字滤波器的级联型结构方程。

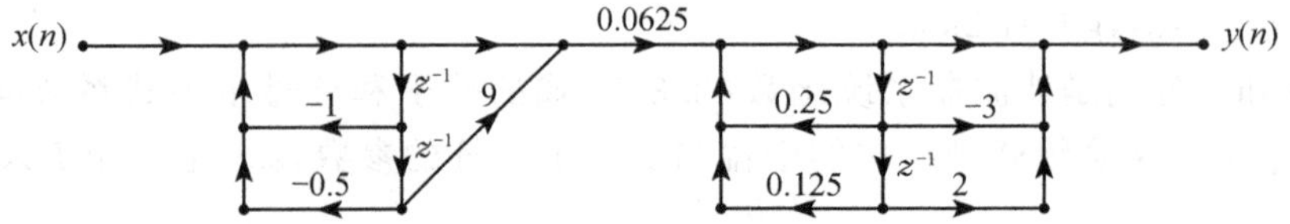

图 8.6.1　例 8.6.1 的级联结构

解　滤波器的系统函数为

$$H(z) = 0.8 + 2z^{-1} + 3.2z^{-2} + 1.2z^{-3}$$

利用 tf2sos 函数求出级联型结构,程序如下:

```
b=[0.8,2,3.2,1.2];a=[1];
[sos,g]=tf2sos(b,a)
```

程序运行结果为

```
sos=1.0000    0.5000    0         1.0000    0    0
    1.0000    2.0000    3.0000    1.0000    0    0
  g=0.8000
```

滤波器的级联结构方程为

$$H(z) = 0.8(1 + 0.5z^{-1})(1 + 2z^{-1} + 3z^{-2})$$

8.6.2　并联型结构

Matlab 信号处理工具箱没有提供将直接型结构转换为并联型结构的函数,这里我们给出一个将直接型结构转换为并联型结构的子程序 tf2par,其调用格式为

```
[C,B,A]=tf2par(b,a)
```

其中,b 和 a 分别是滤波器系统函数(8.3.1)式的分子和分母多项式系数向量;返回参数 C 是直接项的系数向量,B 和 A 分别是 $L\times 2$ 和 $L\times 3$ 阶矩阵,B 和 A 的每一行分别是一个二阶子系统分子和分母多项式系数,即

$$B = \begin{bmatrix} b_{01} & b_{11} \\ b_{02} & b_{12} \\ \vdots & \vdots \\ b_{0L} & b_{1L} \end{bmatrix},\quad A = \begin{bmatrix} 1 & a_{11} & a_{21} \\ 1 & a_{12} & a_{22} \\ \vdots & \vdots & \vdots \\ 1 & a_{1L} & a_{2L} \end{bmatrix},\quad C = [c_0, c_1, \cdots, c_K] \tag{8.6.4}$$

滤波器并联结构方程为

$$H(z) = \sum_{n=1}^{L} \frac{b_{0n} + b_{1n}z^{-1}}{1 + a_{1n}z^{-1} + a_{2n}z^{-2}} + \sum_{n=0}^{K} c_k z^{-n} \tag{8.6.5}$$

tf2par 程序如下:

```
function [C,B,A]=tf2par(b,a)
```

```
%直接型到并联型转换
M=length(b);N=length(a);
[r1,p1,C]=residuez(b,a);  %先求系统的单根p1,对应的留数r1及直
                          接项C
p=cplxpair(p1,1e-9);      %用配对函数cplxpair由p1找共轭复根
                          p,1e-9为容差
I=cplxcomp(p1,p);         %找p1变为p时的排序变化,Matlab无此
                          程序,见后
r=r1(I);                  %让r1的排序同样变化成为r,以保持与
                          极点对应变为二阶子系统
K=floor(N/2);B=zeros(K,2);A=zeros(K,3);
if k*2==N;
    for i=1:2:N-2
        pi=p(i:i+1,:);               %取出一对极点
        ri=r(i:i+1,:);               %取出一对对应的留数
        [Bi,Ai]=residuez(ri,pi,[]);  %两个极点留数转换为二
                                     阶子系统分子分母系数
        B(fix((i+1)/2),:)=real(Bi);  %取Bi的实部,放入系数
                                     矩阵B的相应行中
        A(fix((i+1)/2),:)=real(Ai);  %取Ai的实部,放入系数
                                     矩阵A的相应行中
    end
    [Bi,Ai]=residuez(r(N-1),p(N-1),[]);  %处理单实根
    B(K,:)=[real(Bi) 0];A(K,:)=[real(Ai) 0];
else                  %N为奇数,A(z)的阶数是偶数,所有因式都是二阶的
    for i=1:2:N-1
        pi=p(i:i+1,:);               %取出一对极点
        ri=r(i:i+1,:);               %取出一对对应的留数
        [Bi,Ai]=residuez(ri,pi,[]);  %两个极点留数转换为二
                                     阶子系统分子分母系数
        B(fix((i+1)/2),:)=real(Bi);  %取Bi的实部,放入系数
                                     矩阵B的相应行中
        A(fix((i+1)/2),:)=real(Ai);  %取Ai的实部,放入系数
                                     矩阵A的相应行中
    end
```

```
end
```

程序 tf2par 中用到了 cplxcomp 子程序，Matlab 无此程序，编写如下：

```
function I = cplxcomp(p1,p2)
%比较两个包含同样标量元素但(可能)有不同下标的复数对
I = [];
for j = 1:length(p2)
    for i = 1:length(p1)
        if (abs(p1(i)-p2(j))<0.0001) I = [I,i];end
    end
end,I = I';
```

信号通过并联型滤波器的输出可用下面的 parfilt 子程序计算，其中 C,B,A 是滤波器并联型结构参数，如(8.6.4)式和(8.6.5)式所示。

```
function y = parfilt(C,B,A,x)
%计算并联型结构滤波器的输出
[K,L] = size(B);N = length(x);
yk = zeros(K + 1,N);                    %对每个子系统输出矩阵初始化
yk(1,:) = filter(C,1,x);
for i = 1:K
    yk(i + 1,:) = filter(B(i,:),A(i,:),x);   %各二阶子系统的输出
end
y = sum(yk);                                  %求总输出
```

从并联型结构转换到直接型结构可用下面的 par2tf 子程序，其中 C,B,A 是滤波器并联型结构参数，如(8.6.4)式和(8.6.5)式所示；b 和 a 分别是滤波器直接型结构的分子和分母多项式系数向量，如(8.3.1)式所示。

```
function [b,a] = par2tf(C,B,A)
%并联型到直接型结构转换
[K,L] = size(A);R = [ ];P = [ ];          %变量初始化
for i = 1:1:K
    [r,p,k] = residuez(B(i,:),A(i,:));    %把每个二阶子系统变为
                                          单极点留数
    R = [R;r];P = [P;p];          %并入系统总的极点向量和留数向量中
end
[b,a] = residuez(R,P,C);         %用系统总的极点和留数求分子和分母
                                  多项式系数
b = b(:)';a = a(:)';
```

例 8.6.3　IIR 数字滤波器的系统函数为

$$H(z)=\frac{1-3z^{-1}+11z^{-2}-27z^{-3}+18z^{-4}}{16+12z^{-1}+2z^{-2}-4z^{-3}-z^{-4}}$$

求出它的并联型结构。

解　Matlab 程序如下：

```
b=[1,-3,11,-27,18];a=[16,12,2,-4,-1];
[C,B,A]=tf2par(b,a);
```

程序运行结果为

```
C= -18
B= -10.0500      -3.9500
    28.1125      -13.3625
A=1.0000    1.0000     0.5000
   1.0000    -0.2500    -0.1250
```

并联型结构方程为

$$H(z)=\frac{-10.05-3.95z^{-1}}{1+z^{-1}+0.5z^{-2}}+\frac{28.1125-13.3625z^{-1}}{1-0.25z^{-1}-0.125z^{-2}}-18$$

8.6.3　频率采样型结构

Matlab 信号处理工具箱没有提供频率采样型结构的函数，这里我们给出一个频率采样型结构的子程序 tf2fs，其调用格式为

```
[C,B,A]=tf2fs(h)
```

其中，h 是滤波器的单位脉冲响应向量，长度为 N；返回参数 C 是每个并联子系统的增益向量，B 和 A 分别是 $L\times2$ 和 $(L+1)\times3$（N 为偶数时）或 $(L+2)\times3$（N 为奇数时）阶矩阵，B 和 A 的每 $k(1\leqslant k\leqslant L)$ 行分别是一个二阶子系统分子和分母多项式系数，A 中最后多出的一行或二行是一阶子系统 $H(0)$ 和 $H(N/2)$ 的分母系数。即

$$B=\begin{bmatrix}b_{01} & b_{11}\\ b_{02} & b_{12}\\ \vdots & \vdots\\ b_{0L} & b_{1L}\end{bmatrix},\quad A=\begin{bmatrix}1 & a_{11} & a_{21}\\ 1 & a_{12} & a_{22}\\ \vdots & \vdots & \vdots\\ 1 & a_{1L} & a_{2L}\\ 1 & a_{1(L+1)} & a_{2(L+1)}\\ 1 & a_{1(L+2)} & a_{2(L+2)}\end{bmatrix},\quad C=\begin{bmatrix}c_0\\ c_1\\ \vdots\\ c_L\\ c_{L+1}\\ c_{L+2}\end{bmatrix}\tag{8.6.6}$$

滤波器频率采样型结构方程为：

N 为偶数时

$$H(z)=\frac{1-z^{-N}}{N}\sum_{n=1}^{L}c_n\frac{b_{0n}+b_{1n}z^{-1}}{1+a_{1n}z^{-1}+a_{2n}z^{-2}}+\frac{c_{L+1}}{1-z^{-1}}+\frac{c_{L+2}}{1+z^{-1}} \quad (8.6.7)$$

N 为奇数时

$$H(z)=\frac{1-z^{-N}}{N}\sum_{n=1}^{L}c_n\frac{b_{0n}+b_{1n}z^{-1}}{1+a_{1n}z^{-1}+a_{2n}z^{-2}}+\frac{c_{L+1}}{1-z^{-1}} \quad (8.6.8)$$

tf2fs 程序如下：

```
function [C,B,A] = tf2fs(h)
%频率采样型结构
N = length(h);H = fft(h,N);                    %用 FFT 求频率采样值
MagH = abs(H);phaH = angle(H)';                %求频率采样值的幅度和相位
if (N == 2 * floor(N/2))                       %N 为偶数
    L = N/2 - 1;A1 = [1, - 1,0;1,1,0];         %设置 z = ±1 处的两个实极点
    C1 = [real(H(1)),real(H(L + 2))];          %及相应的系数
else                                           %N 为奇数
    L = (N - 1)/2;A1 = [1, - 1,0];             %设置 z = 1 处的实极点
    C1 = [real(H(1))];                         %及相应的系数
end
k = [1:L]';
B = zeros(L,2);A = ones(L,3);                  %初始化 B 和 A
A(1:L,2) = - 2 * cos(2 * pi * k/N);            %计算分母系数,加上实极点系数
A = [A;A1];
B(1:L,1) = cos(phaH(2:L + 1));                 %计算分子系数
B(1:L,2) = - cos(phaH(2:L + 1) - (2 * pi * k/N));
C = [2 * MagH(2:L + 1),C1]';                   %计算增益系数
```

例 8.6.4 FIR 的单位脉冲相应为 h(n)={1/9,2/9,3/9,2/9,1/9}，求滤波器的频率采样结构。

解 调用 tf2fs 函数，程序如下：

```
h = [1,2,3,2,1]/9;
[C,B,A] = tf2fs(h);
```

程序运行结果为

```
C = 0.5818
    0.0849
    1.0000
```

```
B = -0.8090     0.8090
     0.3090    -0.3090
A = 1.0000    -0.6180    1.0000
    1.0000     1.6180    1.0000
    1.0000    -1.0000    0
```

频率采样型结构方程为

$$H(z)=\frac{1-z^{-5}}{5}\left(0.5818\frac{-0.809+0.809z^{-1}}{1-0.618z^{-1}+z^{-2}}\right.$$
$$\left.+0.0848\frac{0.309-0.309z^{-1}}{1+1.618z^{-1}+z^{-2}}+\frac{1}{1-z^{-1}}\right)$$

8.6.4 格型结构

Matlab 信号处理工具箱提供了滤波器直接型与格型结构的相互转换函数，以及计算格型结构滤波器输出的函数，介绍如下：

1. 全零点格型结构

1）直接型结构到格型结构的转换

函数：tf2latc

功能：将滤波器的直接型结构转换为格型结构

格式：K＝tf2latc(b)

其中，b 是滤波器系统函数分子多项式系数向量，b 的第一个元素必须归一化为 1；K 是格型结构参数向量。

例 8.6.5　例 8.5.1 滤波器的系统函数为

$$H(z)=1-1.7z^{-1}+1.53z^{-2}-0.648z^{-3}$$

用 Matlab 计算滤波器的格型结构参数。

解　利用 tf2latc 函数编写程序如下：

```
b = [1, -1.7,1.53, -0.648];
K = tf2latc(b);
```

程序运行结果为

```
K = -0.7026    0.7385    -0.6480
```

2）格型到直接型结构的转换

函数：latc2tf

功能：将滤波器的格型结构转换为直接型结构

格式：b＝latc2tf(K)

其中，b 和 K 的含义同 tf2latc 函数。

例 8.6.6 将例 8.6.5 计算出的格型结构参数转换为直接型结构参数。

解 利用 latc2tf 函数编写程序如下：

```
K=[-0.7026,0.7385,-0.6480];
b=latc2tf(K);
```

程序运行结果为

```
b=1.0000    -1.7000    1.5300    -0.6480
```

3）格型结构滤波器的输出

函数：latcfilt

功能：计算格型结构滤波器的输出

格式：y=latcfilt(K,x)

其中，K 的含义同 tf2latc 函数，x 是滤波器的输入向量，y 是滤波器的输出向量。

2. 全极点格型结构

函数：tf2latc

功能：将滤波器的直接型结构转换为格型结构

格式：K=tf2latc(1,a)

其中，a 是滤波器系统函数分母多项式系数向量，a 的第一个元素必须归一化为 1；K 是格型结构参数向量。

例 8.6.7 将例 8.5.3 的三阶全极点 IIR 数字滤波器的直接型结构转换为格型结构。

解 滤波器的系统函数为

$$H(z)=\frac{1}{1+\frac{13}{24}z^{-1}+\frac{5}{8}z^{-2}+\frac{1}{3}z^{-3}}$$

利用 tf2lat 函数编写程序如下：

```
a=[1,13/24,5/8,1/3];
K=tf2latc(1,a);
```

程序运行结果为

```
K=0.2500    0.5000    0.3333
```

将滤波器的格型结构转换为全极点直接型结构用函数 latc2tf，计算格型结构滤波器的输出用 latcfilt 函数，latc2tf 和 latcfilt 函数的调用格式同上。

3. 零极点格梯型结构

1）直接型到格梯型结构的转换

函数：tf2latc

功能：将滤波器的直接型结构转换为格梯型结构

格式：[K,C]=tf2latc(b,a)

其中，b 和 a 分别是滤波器系统函数分子和分母多项式系数向量，a 的第一个元素必须归一化为 1；K 是格型结构参数向量，C 是梯形系数向量。

例 8.6.8　将例 8.5.4 的三阶 IIR 滤波器的直接型结构转换为格梯型结构。

解　滤波器的系统函数为

$$H(z)=\frac{3+\frac{5}{3}z^{-1}+\frac{2}{3}z^{-2}}{1+\frac{1}{6}z^{-1}+\frac{1}{3}z^{-2}-\frac{1}{6}z^{-3}}$$

利用 tf2latc 函数编写程序如下：

```
b=[3,5/3,2/3];a=[1,1/6,1/3,-1/6];
[K,C]=tf2latc(b,a);
```

程序运行结果为

```
K=0.1667      0.3714      -0.1667
C=2.5000      1.5143       0.6667     0
```

2）格梯型到直接型结构的转换

函数：latc2tf

功能：将滤波器的格梯型结构转换为直接型结构

格式：[b,a]=latc2tf(K,C)

其中，b、a 和 K、C 的含义同 tf2latc 函数。

例 8.6.9　将例 8.5.4 的格梯型结构转换为直接型结构。

解　利用 latc2tf 函数编写程序如下：

```
K=[1/6,13/35,-1/6];C=[5/2,53/35,2/3,0];
[b,a]=latc2tf(K,C);
```

程序运行结果为

```
b=3.0000      1.6667      0.6667        0
a=1.0000      0.1667      0.3333      -0.1667
```

3）格型结构滤波器的输出

函数：latcfilt

功能：计算格梯型结构滤波器的输出

格式：y=latcfilt(K,C,x)

8.7　数字信号处理中的误差分析

数字信号处理是用数字的方法和技术来处理信号。因此信号的数值、系统的参数、运算中的中间变量和运算结果均需用二进制编码表示。由于受 A/D 变换器位数、寄存器位数和运算字长等的限制，二进制码是有限字长的，这样就带来了多种误差。这些误差均是由数值量化引起的，所以称为量化误差。本节对数字信号处理中的误差进行分析。量化使二进制码是有限字长的，所以也把这种误差分析称为有限字长效应或量化效应。

8.7.1　二进制数的表示

数字信号处理中的二进制数表示方法有定点表示法和浮点表示法。

1. 定点二进制数的表示

在整个运算中，二进制小数点在数码中的位置是固定不变的，称为定点制。

通常，在定点制中，最高位为符号位，分别用 0、1 代表正数和负数。小数点紧跟在符号位后边，数的本身只有小数部分，称为“尾数”。因此，定点二进制数所能表示的十进制数的范围是 $-1\sim+1$。定点二进制数有原码、反码和补码三种表示形式。

1) 原码

一个 $(b+1)$ 位的原码

$$\beta_0\beta_1\beta_2\cdots\beta_b \tag{8.7.1}$$

符号位 $\beta_0=0$ 代表正数，$\beta_0=1$ 代表负数。原码所代表的十进制数值可表示为

$$x=(-1)^{\beta_0}\sum_{i=1}^{b}\beta_i 2^{-i} \tag{8.7.2}$$

例如，$x=0.101$ 表示的是 $+0.625$，$x=1.101$ 表示的是 -0.625。

2) 反码

反码的正数表示和原码相同。负数的反码表示是将该数的正数表示形式中所有 0 改为 1，所有 1 改为 0。反码所代表的十进制数值可表示为

$$x=-\beta_0(1-2^{-b})+\sum_{i=1}^{b}\beta_i 2^{-i} \tag{8.7.3}$$

例如，$x=1.010$ 表示的是 -0.625。

3) 补码

补码的正数表示和原码相同。负数的补码等于其反码在最低位上加 1。补码所代表的十进制数值可表示为

$$x=-\beta_0+\sum_{i=1}^{b}\beta_i 2^{-i} \tag{8.7.4}$$

例如，$x=1.011$ 表示的是 -0.625。

原码的优点是直观，但做加减运算时要判别符号位的异同，因而增加了运算时

间；反码只是将负数的原码转换为补码时的一个中间过渡的代码，比较少用；补码做加减运算较简单，可以将加法运算和减法运算都统一为加法运算，对于乘法运算补码比原码略为复杂一些，但目前在并行补码乘法运算方面已有一些快速算法，并作为大规模集成电路的内核广泛使用。因此在数字信号处理中普遍使用二进制补码形式。

2. 浮点二进制数的表示

定点二进制数的缺点是动态范围小，运算中容易产生溢出。浮点二进制数的动态范围很大，溢出的可能性很小。浮点二进制数表示为

$$x = M \times 2^c \tag{8.7.5}$$

M 是它的尾数部分，2^c 是它的指数部分，c 是阶数，称为“阶码”。尾数和阶码都用带符号位的定点二进制数表示，通常 M 处于不等式

$$\frac{1}{2} \leqslant M < 1$$

范围内，称作尾数的归一化。尾数的字长决定浮点制数的运算精度，而阶码的字长决定浮点制数的动态范围。

浮点制数的加法首先要使两个数的阶码相等，称作对阶，然后尾数相加，其和数做归一化处理。浮点数的动态范围很大，加减运算一般不需要考虑溢出问题。

浮点制数的乘法是尾数相乘，阶码相加，尾数相乘的过程与定点制相同，也需要做归一化处理。

一般来讲，浮点制数的运算精度比定点制数要高的多，所以下面将重点讨论定点制数的误差分析。

8.7.2　量化及量化误差分析

对于一个无限精度十进制数需要无限多位二进制数才能精确表示。但实际上只能用有限字长的二进制数来表示，这种过程称为量化，量化所产生的误差称为量化误差。假设用$(b+1)$位二进制数表示数字信号，其中 1 位是符号位，尾数用 b 位表示，能表示的最小单位称为量化阶（量化间隔），用 q 表示，则 $q=2^{-b}$。如果二进制数的尾数长于 b，必须进行尾数处理，使其为 b 位，这就是量化。尾数处理有两种方法：截尾法和舍入法。截尾法是将尾数的第$(b+1)$位以及后面的二进制数码全部略去。舍入法是将尾数的第$(b+1)$位按逢 1 进位、逢 0 不进位，$(b+1)$位后面的二进制数码全部略去。这样，在定点制中，如二进制数字长为$(b+1)$位（含 1 位符号位），则量化阶

$$q = 2^{-b} \tag{8.7.6}$$

如果数 x 被量化，则将引入量化误差 e，即

$$e = [x]_Q - x \tag{8.7.7}$$

式中，$[x]_Q$ 表示 x 的量化值，即 x 经截尾或舍入后的值。

1. 截尾处理量化特性

对于正数，原码、反码和补码的形式都相同，小数点后 $b_1(b_1>b)$ 位的正数

$$x = \sum_{i=1}^{b_1} \beta_i 2^{-i} \tag{8.7.8}$$

以$[x]_T$表示对 x 做截尾处理后的处理值，即

$$[x]_T = \sum_{i=1}^{b} \beta_i 2^{-i} \tag{8.7.9}$$

则截尾误差

$$e_T = [x]_T - x = -\sum_{i=b+1}^{b_1} \beta_i 2^{-i} \tag{8.7.10}$$

上式表明截尾误差总是负的，并在 $\beta_i(b+1\leqslant i\leqslant b_1)$全部为 1 时，具有最大误差

$$e_T = -\sum_{i=b+1}^{b_1} \beta_i 2^{-i} = -(2^{-b} - 2^{-b_1})$$

即

$$-(2^{-b} - 2^{-b_1}) \leqslant e_T \leqslant 0 \tag{8.7.11}$$

一般 $2^{-b_1} \ll 2^{-b}$，用量化阶 $q=2^{-b}$表示为

$$-q < e_T \leqslant 0 \tag{8.7.12}$$

对于负数，由于三种码的表示形式不同，误差也不同。对于原码

$$x = -\sum_{i=1}^{b_1} \beta_i 2^{-i}$$

$$[x]_T = -\sum_{i=1}^{b} \beta_i 2^{-i}$$

$$e_T = [x]_T - x = \sum_{i=b+1}^{b_1} \beta_i 2^{-i}$$

因此，误差是正的，即

$$0 \leqslant e_T < q \tag{8.7.13}$$

对于负数的反码

$$x = -1 + \sum_{i=1}^{b_1} \beta_i 2^{-i} + 2^{-b_1}$$

$$[x]_T = -1 + \sum_{i=1}^{b} \beta_i 2^{-i} + 2^{-b}$$

$$e_T = [x]_T - x = -\sum_{i=b+1}^{b_1} \beta_i 2^{-i} + 2^{-b} - 2^{-b_1}$$

这个误差与负数的原码相同，为正值

$$0 \leqslant e_T < q \tag{8.7.14}$$

对于负数的补码

$$x = -1 + \sum_{i=1}^{b_1} \beta_i 2^{-i}$$

$$[x]_T = -1 + \sum_{i=1}^{b} \beta_i 2^{-i}$$

这个误差与正数的一样，仍为负值

$$-q < e_T \leqslant 0 \tag{8.7.15}$$

这样，补码的截尾误差全为负值，其量化处理的非线性量化特性如图 8.7.1(a)所示。原码和反码的截尾误差与数的正负有关，正数时为负，负数时为正，其非线性量化特性如图 8.7.1(b)所示。

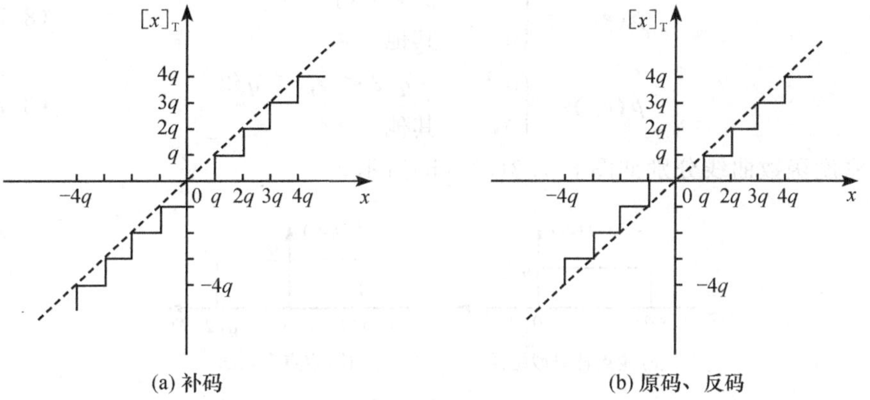

图 8.7.1　定点制截尾处理量化特征

2. 舍入处理量化特性

对定点数 x 做舍入处理到 b 点，是通过 $(b+1)$ 位上加 1，然后截取到 b 位实现的。舍入之后的量化阶 $q=2^{-b}$。若以 $[x]_R$ 表示对 x 的舍入处理后的处理值，e_R 表示舍入误差，由舍入量化方式，无论是原码，反码还是补码，均有

$$e_R = [x]_R - x \tag{8.7.16}$$

且满足

$$-\frac{q}{2} < e_R \leqslant \frac{q}{2} \tag{8.7.17}$$

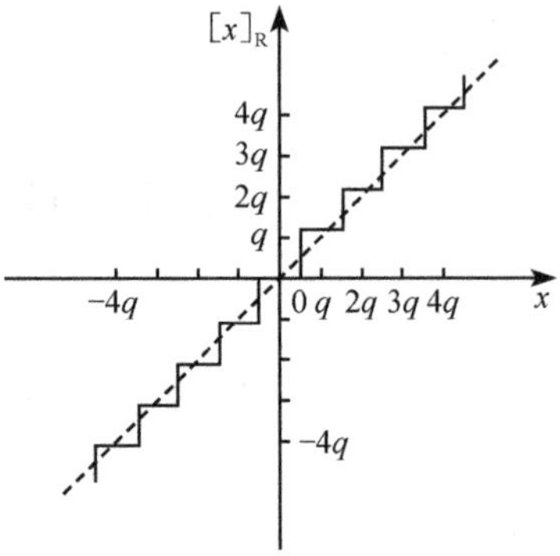

图 8.7.2　定点制舍入处理量化特征

其非线性量化特性如图 8.7.2 所示。显然，舍入处理时的误差范围，直观上比截尾处理时的误差要小，所以在数字信号处理中进行尾数量化时多采用舍入处理。

3. 量化误差的统计分析

在数字信号处理中，待处理的信号 $x(n)$ 一般是随机序列，因此量化误差 $e(n)=[x(n)]_Q-x(n)$ 也是随机序列。为了进行量化误差的统计分析，对其统计特性作了以下一些假设：

(1) $e(n)$ 是平稳随机序列。

(2) $e(n)$ 与信号 $x(n)$ 是互不相关的。

(3) $e(n)$ 在误差范围内是均匀分布的加性白噪声序列。

满足假设条件的量化误差 $e(n)$，其概率密度函数可分别表示为

$$p(e_T)=\begin{cases}q^{-1}, & -q<e_T\leqslant 0\\ 0, & \text{其他}\end{cases} \tag{8.7.18}$$

$$p(e_R)=\begin{cases}q^{-1}, & -q/2<e_R\leqslant q/2\\ 0, & \text{其他}\end{cases} \tag{8.7.19}$$

概率密度函数曲线分别如图 8.7.3(a)、(b)所示。

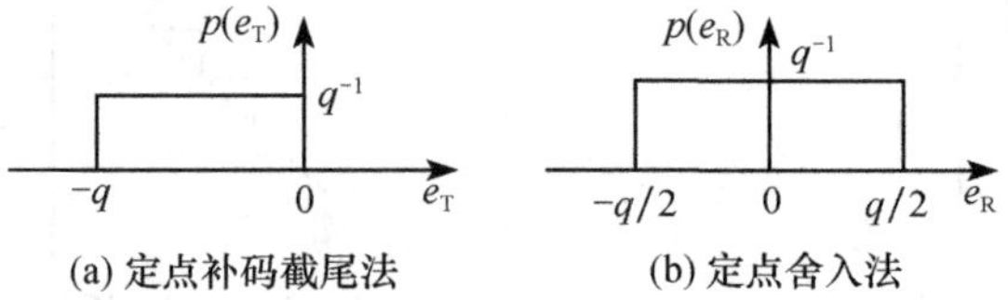

图 8.7.3　量化误差的概率密度函数曲线

定点补码截尾法量化误差 e_T 的统计平均值和方差分别为

$$\mu_{e_T}=\int_{-q}^{0}e_T p(e_T)\mathrm{d}e_T=-\frac{q}{2} \tag{8.7.20a}$$

$$\sigma_{e_T}^2=\int_{-q}^{0}(e_T-\mu_{e_T})^2 p(e_T)\mathrm{d}e_T=\frac{q^2}{12} \tag{8.7.20b}$$

定点舍入法量化误差 e_R 的统计平均值和方差分别为

$$\mu_{e_R}=\int_{-\frac{q}{2}}^{\frac{q}{2}}e_R p(e_R)\mathrm{d}e_R=0 \tag{8.7.21a}$$

$$\sigma_{e_R}^2=\int_{-\frac{q}{2}}^{\frac{q}{2}}(e_R-\mu_{e_R})^2 p(e_R)\mathrm{d}e_R=\frac{q^2}{12} \tag{8.7.21b}$$

统计分析结果表明，量化误差 $e(n)$ 是由量化引起的量化噪声。定点补码截尾处理量化噪声的统计平均值 $\mu_{e_T}=-q/2$，相当于给信号增加了一个直流分量，从而改变了信号的频谱特性，而方差 $\sigma_{e_T}^2$（量化噪声功率）相当于增加了噪声强度，降低了信噪比，这就是量化效应。定点舍入处理量化噪声的统计平均值 $\mu_{e_R}=0$，这一点比定点补码截尾法好。另外，量化噪声的方差与量化的位数 b 有关，为了减少量化噪声，必须增加量化的位数。

8.7.3　A/D 变换的量化误差

实际工程中，原始待处理的信号大多是模拟信号，模拟信号只有经过 A/D 变换器转换为数字信号，才能用数字系统进行处理。一个 A/D 变换器从功能上讲，一般可分成两部分，即采样与量化，如图 8.7.4(a)所示。模拟信号 $x_a(t)$ 经采样后，转变为采样序列 $x_a(nT)$。在第 1 章已讨论过，$x_a(nT)$ 在时间上是离散的而在幅度上是连续的离散时间信号，用 $x(n)$ 表示。量化器即二进制数字编码器，它对 $x(n)$ 进行截尾或舍入处理，得到$(b+1)$位（含 1 位符号位）有限字长的数字信号 $\hat{x}(n)$。量化误差为 $e(n)$，A/D 变换总是采用定点制表示信号 $x(n)$，其截尾或舍入处理的量化特性如同前小节所述，这里不再重复。

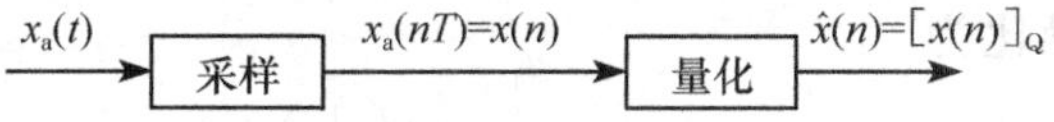

(a) 非线性模型

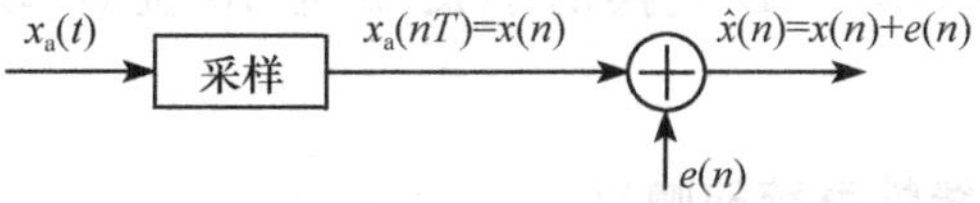

(b) 统计模型

图 8.7.4　A/D 变换的模型

1. 量化误差的统计分析

根据前面的说明，A/D 变换量化过程的统计模型如图 8.7.4(b)所示。

如果对 A/D 变换的量化误差 $e(n)$ 做同前小节的量化误差 $e(n)$ 同样的假设，则在截尾处理和舍入处理两种方法下，其概率密度函数及其统计平均值和方差均分别与 8.7.2 节结果一样，分别见(8.7.18)式、(8.7.20)式和(8.7.19)式、(8.7.21)式。

2. 量化信噪比与所需字长的关系

对信号的 A/D 变换而言，量化过程可等效为无限精度信号叠加上量化噪声，补码截尾和舍入的量化误差除均值不同外，两者的方差均为 $q^2/12$，显然，A/D 变换器的字长(位数)越长,量化噪声越小。

信号功率与量化噪声功率之比称为量化功率信噪比,即

$$\frac{\sigma_x^2}{\sigma_e^2}=\frac{\sigma_x^2}{q^2/12}=(12\times 2^{2b})\sigma_x^2 \tag{8.7.22}$$

式中,σ_x^2 和 σ_e^2 分别是信号和量化噪声的功率。用对数表示量化功率信噪比,记作SNR,则

$$\mathrm{SNR}=10\lg\left(\frac{\sigma_x^2}{\sigma_e^2}\right)=6.02b+10.79+10\lg(\sigma_x^2)\mathrm{dB} \tag{8.7.23}$$

(8.7.23)式说明,字长每增加1位,信号信噪比提高约6dB;σ_x^2 越大,功率信噪比越高。σ_x^2 是信号的功率,对于定点制信号 $x(n)$ 在−1~1变化。为了提高 σ_x^2,在信号不溢出的前提下,应充分利用A/D变换器的有效位数。

例 8.7.1　设信号 $x(n)$ 是在−1~1均匀分布的平稳随机序列,求A/D变换器的功率信噪比SNR。

解　信号 $x(n)$ 的统计平均值和方差分别为

$$E[x(n)]=0$$

$$\sigma_x^2=E[x^2(n)]=\int_{-1}^{1}\frac{1}{2}x^2\mathrm{d}x=\frac{1}{3}$$

这样,量化功率信噪比为

$$\mathrm{SNR}=6.02b+10.79+10\lg\left(\frac{1}{3}\right)\approx 6(b+1)\mathrm{dB}$$

当A/D变换器的位数(即A/D变换的字长)b 为10位时,功率信噪比SNR≈66dB。

8.7.4 量化噪声通过线性系统的响应

当已量化的信号通过离散时间线性时不变(LTI)系统时,量化噪声也随之通过该系统以输出噪声的形式出现在系统响应中。设离散时间LTI系统的系统函数为 $H(z)$,单位脉冲响应为 $h(n)$,当信号输入为 $\hat{x}(n)=x(n)+e(n)$ 时,系统的响应

$$\begin{aligned}\hat{y}(n)&=\hat{x}(n)*h(n)=[x(n)+e(n)]*h(n)\\&=x(n)*h(n)+e(n)*h(n)\\&=y(n)+e_f(n)\end{aligned} \tag{8.7.24}$$

见图8.7.5。

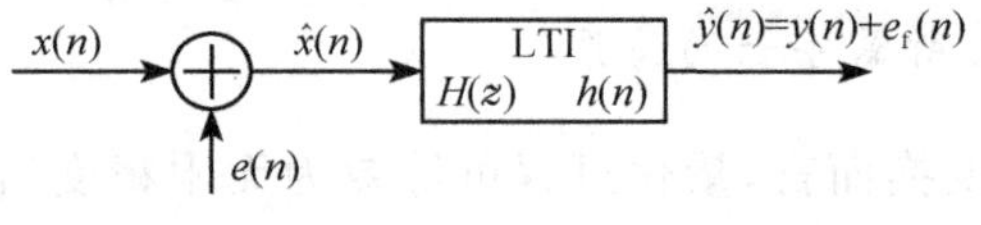

图 8.7.5　量化噪声通过线性系统的响应

系统输出噪声 $e_f(n)$ 表示为

$$e_f(n) = e(n) * h(n) = \sum_{m=0}^{\infty} h(m)e(n-m) \tag{8.7.25}$$

输出噪声 $e_f(n)$ 的统计平均值(即直流分量)为

$$\begin{aligned}\mu_f &= E[e_f(n)] = E\left[\sum_{m=0}^{\infty} h(m)e(n-m)\right] \\ &= \sum_{m=0}^{\infty} h(m)E[e(n-m)] = \mu_e \sum_{m=0}^{\infty} h(m) \\ &= \mu_e H(e^{j0})\end{aligned} \tag{8.7.26}$$

式中，$H(e^{j0}) = H(e^{j\omega})|_{\omega=0}$ 是系统的直流增益。当 $e(n)$ 是舍入量化噪声时，$\mu_e = 0$，$\mu_f = 0$。

输出噪声 $e_f(n)$ 的方差为

$$\begin{aligned}\sigma_f^2 &= E\{[e_f(n) - \mu_f]^2\} \\ &= E\left\{\left[\sum_{m=0}^{\infty} h(m)e(n-m) - \mu_e \sum_{m=0}^{\infty} h(m)\right]\left[\sum_{l=0}^{\infty} h(l)e(n-l) - \mu_e \sum_{l=0}^{\infty} h(l)\right]\right\} \\ &= E\left\{\sum_{m=0}^{\infty} h(m)[e(n-m) - \mu_e]\sum_{l=0}^{\infty} h(l)[e(n-l) - \mu_e]\right\} \\ &= \sum_{m=0}^{\infty}\sum_{l=0}^{\infty} h(m)h(l)E\{[e(n-m) - \mu_e][e(n-l) - \mu_e]\}\end{aligned}$$

因为输入量化噪声 $e(n)$ 是方差为 σ_e^2 的白噪声序列，各变量之间互不相关，所以上式中的协方差函数满足

$$E\{[e(n-m) - \mu_e][e(n-l) - \mu_e]\} = \delta(m-l)\sigma_e^2$$

从而得到输出噪声 $e_f(n)$ 的方差为

$$\sigma_f^2 = \sum_{m=0}^{\infty}\sum_{l=0}^{\infty} h(m)h(l)\delta(m-l)\sigma_e^2 = \sigma_e^2 \sum_{m=0}^{\infty} h^2(m) \tag{8.7.27}$$

根据 Z 变换中的帕塞瓦尔定理，有

$$\sum_{m=0}^{\infty} h^2(m) = \frac{1}{2\pi j}\oint_c H(z)H(z^{-1})\frac{dz}{z}$$

式中的系统函数 $H(z)$ 的全部极点都在单位圆内(系统是因果的和稳定的)，$\oint_c$ 是沿单位圆逆时针方向的围线积分。将上式代入(8.7.27)式，得到

$$\sigma_f^2 = \frac{\sigma_e^2}{2\pi j}\oint_c H(z)H(z^{-1})\frac{dz}{z} \tag{8.7.28}$$

或者根据傅里叶变换中的帕塞瓦尔定理，得

$$\sigma_f^2 = \frac{\sigma_e^2}{2\pi}\int_{-\pi}^{\pi} |H(e^{j\omega})|^2 d\omega \tag{8.7.29}$$

例 8.7.2 设有一 12 位($b=11$)的 A/D 变换器,其量化噪声的方差 $\sigma_e^2=q^2/12$,$q=2^{-b}$。若 A/D 变换的输出信号通过系统函数为

$$H(z)=\frac{z}{z-0.999}$$

的 IIR 滤波器,求该滤波器输出噪声 $e_f(n)$的功率 σ_f^2。

解 由于 A/D 变换器的量化效应,量化噪声的功率为

$$\sigma_e^2=\frac{q^2}{12}=\frac{2^{-2b}}{12}=\frac{2^{-22}}{12}$$

根据(8.7.29)式,IIR 滤波器输出噪声 $e_f(n)$的功率为

$$\begin{aligned}\sigma_f^2&=\frac{\sigma_e^2}{2\pi j}\oint_c H(z)H(z^{-1})\frac{dz}{z}\\&=\frac{2^{-22}}{12}\frac{1}{2\pi j}\oint_c\frac{z}{z-0.999}\frac{z^{-1}}{z^{-1}-0.999}\frac{dz}{z}\\&=\text{Res}[H(z)H(z^{-1})z^{-1},0.999]\\&=\frac{2^{-22}}{12}\times 500.25=9.9391\times 10^{-6}\end{aligned}$$

8.7.5 数字系统中的系数量化效应

数字系统对输入信号进行处理时需要若干参数或者称为系数,所有系数都是有限字长的,因此存在系数量化效应。系数的量化误差将改变系统函数零、极点的位置,因而影响系统的频率特性,使其偏离理论设计的特性,有可能造成不满足设计指标要求。如果量化误差较大,甚至会使系统函数的极点移到单位圆上或者单位圆外,结果造成系统不稳定。

系数的量化效应不仅与字长有关,也与系统算法结构有关,即有的算法结构对系数的量化误差不敏感,而有的算法结构受量化误差影响较大。采用什么样的算法结构能使其对系数的量化误差不敏感,也是本小节要讨论的内容之一。

1. 系数量化误差对系统频率响应特性的影响

设 N 阶 IIR 数字滤波器的系统函数为

$$H(z)=\frac{\sum_{i=0}^{M}b_i z^{-i}}{1+\sum_{k=1}^{N}a_k z^{-k}} \tag{8.7.30}$$

记系数 b_i 和 a_k 量化而产生的量化误差分别为 Δb_i 和 Δa_k,量化后的系数分别为 $\hat{b}_i$ 和 $\hat{a}_k$,则

$$\hat{b}_i=b_i+\Delta b_i,\quad i=0,1,\cdots,M \tag{8.7.31a}$$

$$\hat{a}_k = a_k + \Delta a_k, \quad i = 1,2,\cdots,N \tag{8.7.31b}$$

系统量化后的系统函数为

$$\hat{H}(z) = \frac{\sum_{i=0}^{M} \hat{b}_i z^{-i}}{1 + \sum_{k=1}^{N} \hat{a}_k z^{-k}} \tag{8.7.32}$$

显然，系统量化后，系统函数的零、极点发生了变化，从而使其频率响应特性不同于系数量化前的系统频率响应特性。

例 8.7.3　设 IIR 窄带数字滤波器的系统函数为

$$H(z) = \frac{1}{1 - 0.17z^{-1} + 0.965z^{-2}}$$

如果用 $(b+1)$ 位的二进制数表示 $H(z)$ 中的系数，取 $b=4$，并采用舍入法进行量化，则得到

$$\hat{H}(z) = \frac{1}{1 - 0.1875z^{-1} + 0.9375z^{-2}}$$

原系统函数 $H(z)$ 的极点为

$$p_{1,2} = 0.08500 \pm \mathrm{j}0.97866$$

而量化后系统函数 $\hat{H}(z)$ 的极点为

$$\hat{p}_{1,2} = 0.09375 \pm \mathrm{j}0.96370$$

显然，因为系数的量化，使系统函数的极点发生了变化，如图 8.7.6(a)所示。系数量化前后极点的模（极点矢量长度）分别为

$$|p_{1,2}| = 0.98234$$

$$|\hat{p}_{1,2}| = 0.96235$$

说明系数量化后的极点位置离单位圆稍远一些（极点矢量长度稍长一些），结果使窄带滤波器的幅度响应特性的峰值下降，且滤波器的中心频率有所偏移，如图 8.7.6(b)所示。

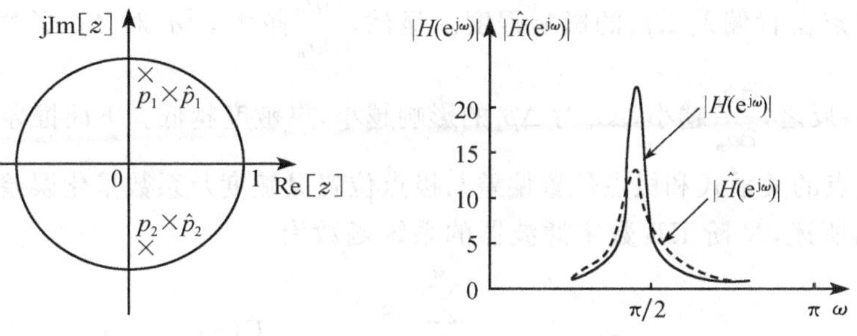

(a) 极点位置　　(b) 幅频响应特性曲线

图 8.7.6　例 8.7.3 的极点位置和幅频响应特性曲线

但是,如果取量化字长 $b=7$,仍采用舍入法进行量化,则得到

$$\hat{H}(z)=\frac{1}{1-0.17187z^{-1}+0.96875z^{-2}}$$

此时,系数量化后系统函数 $\hat{H}(z)$的极点为

$$\hat{p}_{1,2}=0.08509375\pm \mathrm{j}0.98049209$$

与量化前的极点差别甚小,因此对系统频率响应特性的影响也不大。

该例的上述结果说明,由于系数的量化效应,将使滤波器系统函数的极点位置发生变化,从而影响滤波器的频率响应特性。但若系数量化的字长较长,这种影响将不会太大。

2. 极点位置灵敏度

前面已经指出,系数量化误差将对系统函数的零、极点产生影响,改变其位置,从而使滤波器的频率响应特性发生变化。特别是极点位置的改变,还会影响系统的稳定性。

为了表示系数量化对零、极点位置的影响,引入零点位置灵敏度和极点位置灵敏度的概念。所谓零点位置灵敏度或者极点位置灵敏度,是指系统函数的每个零点位置或者每个极点位置对系数量化的敏感程度。二者分析方法相同。由于极点位置对系统性能的影响更大,所以下面只对极点位置灵敏度进行分析。

系统函数 $H(z)$的(8.7.30)式中,分母多项式 $A(z)$有 N 个根,$H(z)$有 N 个极点 $p_k(k=1,2,\cdots,N)$,系数量化后的极点用 $\hat{p}_k(k=1,2,\cdots,N)$表示,这样

$$\hat{p}_k=p_k+\Delta p_k \tag{8.7.33}$$

式中,Δp_k表示第 k 个极点的位置偏差,它应与各个系数的量化误差都有关,即

$$\Delta p_k=\sum_{n=1}^{N}\frac{\partial p_k}{\partial a_n}\Delta a_n \tag{8.7.34}$$

式中,$\frac{\partial p_k}{\partial a_n}$称为极点 p_k对系数 a_n变化的灵敏度,它表示第 n 个系数量化误差 Δa_n对第 k 个极点位置偏差 Δp_k的影响程度。显然,$\frac{\partial p_k}{\partial a_n}$越大,$\Delta a_n$对 Δp_k的影响越大,灵敏度越高;反之,$\frac{\partial p_k}{\partial a_n}$越小,$\Delta a_n$对 Δp_k的影响越小,灵敏度越低。下面推导极点位置灵敏度与极点的关系式和极点位置偏差与极点位置灵敏度及系数量化误差的关系式。

如前所述,N 阶 IIR 数字滤波器的系统函数为

$$H(z)=\frac{\sum_{i=0}^{M}b_iz^{-i}}{1+\sum_{k=1}^{N}a_kz^{-k}}=\frac{B(z)}{A(z)} \tag{8.7.35}$$

系数 b_i、a_k 量化后的系统函数为

$$\hat{H}(z)=\frac{\sum_{i=0}^{M}\hat{b}_i z^{-i}}{1+\sum_{k=1}^{N}\hat{a}_k z^{-k}} \tag{8.7.36}$$

式中，$\hat{b}_i$、$\hat{a}_k$ 分别是量化以后的系数

$$\hat{b}_i=b_i+\Delta b_i,\quad i=0,1,\cdots,M \tag{8.7.37a}$$

$$\hat{a}_k=a_k+\Delta a_k,\quad k=1,2,\cdots,N \tag{8.7.37b}$$

Δb_i、Δa_k 是系数的加性量化误差。设 N 阶多项式 $A(z)$ 的根为 $p_k(k=1,2,\cdots,N)$，它是 $H(z)$ 的第 k 个极点，于是

$$A(z)=1+\sum_{k=1}^{N}a_k z^{-k}=\prod_{k=1}^{N}(1-z^{-1}p_k) \tag{8.7.38}$$

由于

$$\left[\frac{\partial A(z)}{\partial a_n}\right]_{z=p_k}=-\left[\frac{\partial A(z)}{\partial p_k}\right]_{z=p_k}\frac{\partial p_k}{\partial a_n}$$

从而

$$\frac{\partial p_k}{\partial a_n}=-\left[\frac{\partial A(z)/\partial a_n}{\partial A(z)/\partial p_k}\right]_{z=p_k} \tag{8.7.39}$$

根据(8.7.38)式，可以求得

$$\frac{\partial A(z)}{\partial a_n}=z^{-n} \tag{8.7.40}$$

和

$$\frac{\partial A(z)}{\partial p_k}=-z^{-1}\prod_{\substack{n=1\\n\neq k}}^{N}(1-z^{-1}p_n)=-z^{-N}\prod_{\substack{n=1\\n\neq k}}^{N}(z-p_n) \tag{8.7.41}$$

将这两个结果代入(8.7.39)式，就得到第 k 个极点对系数 a_n 的极点位置灵敏度为

$$\frac{\partial p_k}{\partial a_n}=\frac{p_k^{N-n}}{\prod_{\substack{n=1\\n\neq k}}^{N}(p_k-p_n)},\quad k=1,2,\cdots,N \tag{8.7.42}$$

将极点位置灵敏度的(8.7.42)式代入(8.7.34)式，就得到滤波器系数 a_n 量化误差引起的第 k 个极点的位置偏差为

$$\Delta p_k=\sum_{n=1}^{N}\frac{p_k^{N-n}}{\prod_{\substack{n=1\\n\neq k}}^{N}(p_k-p_n)}\Delta a_n,\quad k=1,2,\cdots,N \tag{8.7.43}$$

分析极点位置灵敏度的(8.7.42)式和极点位置偏差的(8.7.43)式，可以得出如下结论：

(1) (8.7.42)式分母中的每一个因子(p_k-p_n)是极点p_n指向极点p_k的矢量,整个分母是所有极点(不包括p_k极点)指向极点p_k的矢量之积。这些矢量越长,即极点彼此间距离越远,极点位置灵敏度就越低;这些矢量越短,即极点彼此间越密集,极点位置灵敏度就越高。

(2) (8.7.43)表明,极点位置的偏差$\Delta p_k(k=1,2,\cdots,N)$,不仅与极点位置灵敏度$\partial p_k/\partial a_n(k=1,2,\cdots,N)$和滤波器系数量化误差$\Delta a_n(n=1,2,\cdots,N)$有关,而且与滤波器系统函数的阶数$N$有关,阶数越高,极点位置偏差也越大。

所以,在数字滤波器设计中,系数量化字长要取足够高的位数,以降低系数量化误差。同时,要选择合适的滤波器算法结构,特别是要求阶数高的滤波器。如窄带滤波器,由于频率选择性强,滤波器阶数高,且极点位置密集,导致极点位置灵敏度高,极点位置偏差大。极点位置的偏差将影响滤波器的频率响应特性,严重时使极点位于单位圆上或单位圆外,引起滤波器不稳定。为此,对于阶数较高的滤波器最好不采用直接型算法结构,而是将其分解为一阶,二阶子系统级联,并联或级、并联算法结构,以避免较多的零点、极点密集的问题。

例 8.7.4 设数字滤波器的系统函数为

$$H(z)=\frac{1}{1-2.9425z^{-1}+2.8934z^{-2}-0.9508z^{-3}}$$

试分析系数量化对极点位置的影响。

解 将系统函数的分母多项式进行因式分解,得到

$$H(z)=\frac{1}{(1-0.99z^{-1})(1-0.98\mathrm{e}^{\mathrm{j}5^\circ}z^{-1})(1-0.98\mathrm{e}^{-\mathrm{j}5^\circ}z^{-1})}$$

所以,系统函数的极点分别为

$$p_1=0.99,\quad p_2=0.98\mathrm{e}^{\mathrm{j}5^\circ},\quad p_3=0.98\mathrm{e}^{-\mathrm{j}5^\circ}$$

滤波器的系数为$a_1=-2.9425$,$a_2=2.8934$,$a_3=-0.9508$,它们的量化误差Δa_1,Δa_2,Δa_3将影响每个极点的位置。

为了简化分析,仅讨论实数极点p_1因系数量化而引起的位置变化,并假设系数a_1和a_3没有量化误差,即$\Delta a_1=0$,$\Delta a_3=0$。在上述条件下,按照(8.7.43)式,得到极点p_1位置偏差为

$$\Delta p_1=\frac{p_1}{(p_1-p_2)(p_1-p_3)}\Delta a_2=\frac{0.99}{(0.99-0.98\mathrm{e}^{\mathrm{j}5^\circ})(0.99-0.98\mathrm{e}^{-\mathrm{j}5^\circ})}\Delta a_2$$

如果采用$b=8$位(不含符号位)二进制数舍入法进行系数量化,则系数最大量化误差为$q/2=2^{-9}=0.001953$,即$\Delta a_2=0.001953$。将Δa_2之值代入Δp_1式,计算得到$\Delta p_1=0.258347$。这样,系数量化后,极点p_1的位置可能为

$$\hat{p}_1=p_1+\Delta p_1=0.99+0.258347=1.248347$$

显然,由于滤波器系数量化误差的影响,极点可能由单位圆内移到单位圆外,造成

系统的不稳定。这里还是仅考虑一个系数量化误差的情况，如果同时考虑三个系数量化误差的影响，结果将会更加严重，极点位置偏移会更大。

下面研究在前面条件下（$\Delta a_1=0$，$\Delta a_3=0$，仅讨论极点 p_1 位置的偏差 Δp_1），由于系数量化使 $\hat{p}_1=p_1+\Delta p_1$ 不移出单位圆的最少系数量化位数 b（不含符号位）。因为 $p_1=0.99$，欲使 $\hat{p}_1=p_1+\Delta p_1\leqslant 1$，则应有 $\Delta p_1\leqslant 0.01$。由 Δp_1 计算公式，得

$$\Delta p_1=\frac{0.99}{(0.99-0.98\mathrm{e}^{\mathrm{j}5^\circ})(0.99-0.98\mathrm{e}^{-\mathrm{j}5^\circ})}\Delta a_2\leqslant 0.01$$

从而得到

$$\Delta a_2=\frac{(0.99-0.98\mathrm{e}^{\mathrm{j}5^\circ})(0.99-0.98\mathrm{e}^{-\mathrm{j}5^\circ})}{0.99}\times 0.01=0.00007560$$

因为 Δa_2 的最大值为 $q/2$，所以，系数量化间隔 q 应满足

$$q\leqslant 2\times\Delta a_2=0.00015119$$

我们知道

$$2^{-13}<0.00015119<2^{-12}$$

所以，系数量化位数 b（不含符号位）最少应取 13 位，才能保证由系数量化误差所引起的极点 p_1 位置偏移后的 $\hat{p}_1$ 不移出单位圆。这里仍然是只考虑一个系数 a_2 存在量化误差的情况，若同时考虑三个系数量化误差的影响，为保证极点 $\hat{p}_1$ 不移出单位圆的二进制量化位数 b 往往还需增加。就本例而言，最好是将三阶系统用一个一阶子系统和一个二阶子系统（由一对共轭极点构成）进行级联或并联实现。

8.7.6　数字信号处理中有限字长运算的量化效应

数字信号处理的运算包括乘法和加法。在定点制运算中，加法运算不增加字长，而乘法运算会使位数增多。因此，每一次乘法运算之后都要做一次尾数处理。尾数处理有截尾法和舍入法两种，不管采用哪一种尾数处理方法，都会引起误差，称为运算量化误差，它也是一种随机的量化噪声。

研究定点乘法运算的信号流图和统计模型如图 8.7.7 所示。图 8.7.7(a)表示无限精度乘积 $v(n)$；图 8.7.7(b)表示尾数处理后的有限精度乘积 $\hat{v}(n)$，$[\cdot]_Q$ 表示量化处理；采用统计分析时，可将量化误差作为独立噪声 $e(n)$ 叠加在信号上，图 8.7.7(c)是统计分析模型。

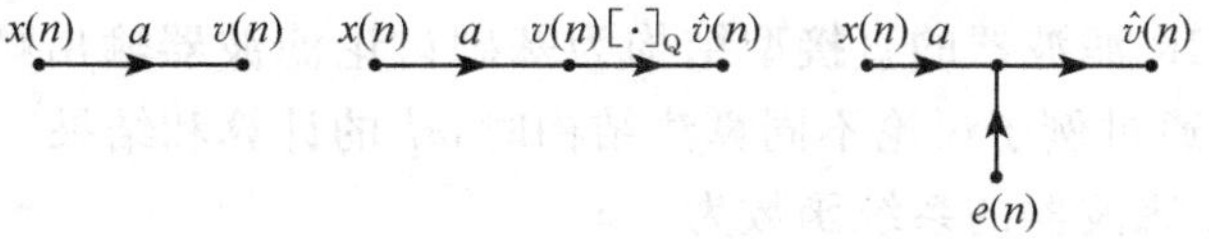

(a) 无限精度乘积　(b) 有限精度乘积　(c) 统计分析模型

图 8.7.7　定点乘法运算的信号流图和统计模型

在有限精度乘积的情况下，乘积 $v(n)=ax(n)$，经过尾数处理（量化）后表示为 $\hat{v}(n)=[ax(n)]_Q$，$\hat{v}(n)$与 $v(n)$之间的量化误差为 $e(n)$。于是有

$$\hat{v}(n) = v(n) + e(n) \tag{8.7.44}$$

定点乘法运算有限字长的量化误差，即量化噪声 $e(n)$，其统计特性做如前关于量化误差相同的统计假设。对于截尾量化处理，$e(n)$的均值为$-q/2$，方差 $\sigma_e^2=q^2/12$；对于舍入量化处理，$e(n)$的均值为 0，方差 $\sigma_e^2=q^2/12$。下面针对舍入量化方式进行讨论，这时方差 σ_e^2 是量化噪声 $e(n)$的功率。

当量化信号 $\hat{v}(n)$通过单位脉冲响应为 $h(n)$，系统函数为 $H(z)$的离散时间 LTI 后，系统的输出信号

$$\hat{y}(n) = \hat{v}(n) * h(n) = v(n) * h(n) + e(n) * h(n) = y(n) + e_f(n) \tag{8.7.45}$$

其中，输出噪声 $e_f(n)$的方差为 σ_f^2，由(8.7.27)式或(8.7.28)式得

$$\sigma_f^2 = \sigma_e^2 \sum_{m=0}^{\infty} h^2(m) \tag{8.7.46}$$

或

$$\sigma_f^2 = \frac{\sigma_e^2}{2\pi j}\oint_c H(z)H(z^{-1})\frac{dz}{z} \tag{8.7.47}$$

它是系统输出噪声的功率。

1. IIR 滤波器的有限字长运算量化效应

设 N 阶 IIR 滤波器的系统函数为

$$H(z) = \frac{\sum_{i=0}^{M} b_i z^{-i}}{1 + \sum_{k=1}^{N} a_k z^{-k}} \tag{8.7.48}$$

滤波器的系数 $b_i(i=0,1,\cdots,M)$、$a_k(k=1,2,\cdots,N)$与对应的序列 $x(n-i)$、$y(n-k)$相乘，所以从系统函数看，共作 $N+M+1$ 次乘法运算，将引入 $N+M+1$ 个量化噪声。但当采用不同的算法结构实现时，乘法器的数目可能会略有不同，更重要的是每个量化噪声到达滤波器输出端所通过的路径随滤波器算法结构的不同而改变，从而得到相同系统函数 $H(z)$下，采用不同的算法结构，会得到输出噪声 $e_f(n)$大小不等的方差 σ_f^2。因此，不同的算法结构，滤波器输出的功率信噪比是不同的。下面先以二阶 IIR 滤波器的直接型结构为基础讨论滤波器输出噪声 $e_f(n)$的方差 σ_f^2 的计算，然后通过例子讨论不同算法结构时，σ_f^2 的计算和结果。

设二阶 IIR 滤波器的系统函数为

$$H(z) = \frac{b_0 + b_1 z^{-1} + b_2 z^{-2}}{1 + a_1 z^{-1} + a_2 z^{-2}}$$

其直接型算法结构如图 8.7.8(a)所示。图中每一个乘法器输出端引入一个噪声源，共有五个乘法器，因此有五个噪声源，噪声分别记为 $e_0(n)$，$e_1(n)$，$e_2(n)$，$e_3(n)$ 和 $e_4(n)$，其乘法量化效应统计模型如图 8.7.8(b)所示。

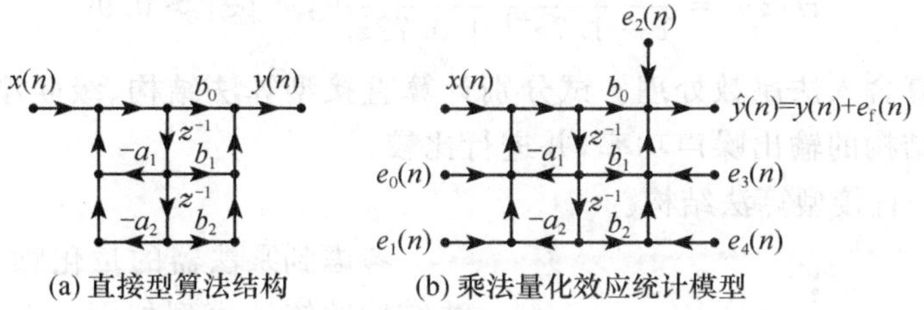

图 8.7.8　二阶 IIR 滤波器结构

观察图 8.7.8(b)所示的乘法量化效应统计模型可以看出，五个量化噪声经过不同的路径到达输出端，其中 $e_0(n)$和 $e_1(n)$通过整个滤波器到达输出端，而$e_2(n)$，$e_3(n)$和 $e_4(n)$直接到达输出端。所以输出噪声

$$e_f(n) = [e_0(n) + e_1(n)] * h(n) + [e_2(n) + e_3(n) + e_4(n)]$$

式中，$h(n)$是滤波器的单位脉冲响应。

如果记

$$e'(n) = e_0(n) + e_1(n)$$

$$e''(n) = e_2(n) + e_3(n) + e_4(n)$$

则二阶 IIR 直接型算法结构的乘法量化效应简化统计模型如图 8.7.9 所示。噪声 $e'(n)$通过整个系统到达输出端，而 $e''(n)$直接加到输出端。

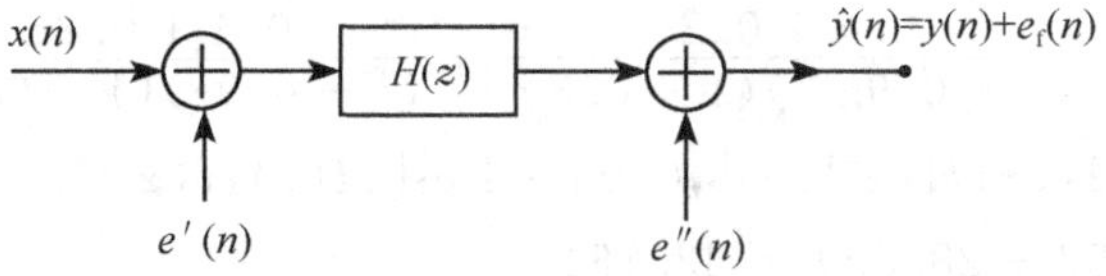

图 8.7.9　二阶 IIR 直接型算法结构的乘法量化效应简化统计模型

利用(8.7.47)式，根据对量化噪声 $e(n)$统计特性的假设：$e(n)$间是互不相关的平稳加性白噪声随机序列，方差均为 $\sigma_e^2 = q^2/12$ 等，容易得到二阶 IIR 滤波器直接型算法结构输出噪声 $e_f(n)$的方差

$$\sigma_f^2 = \frac{2\sigma_e^2}{2\pi j}\oint_c H(z)H(z^{-1})\frac{dz}{z} + 3\sigma_e^2$$

显然，对于系统函数 $H(z)$为(8.7.48)式所示的 N 阶 IIR 滤波器，若 $b_i \neq 0$(实数，$i=0,1,\cdots,M$)，$a_k \neq 0$(实数，$k=1,2,\cdots,N$)，当采用直接型算法结构时，输出噪声 $e_f(n)$的方差

$$\sigma_f^2 = \frac{N\sigma_e^2}{2\pi j}\oint_c H(z)H(z^{-1})\frac{dz}{z} + (M+1)\sigma_e^2 \tag{8.7.49}$$

例 8.7.5 设数字滤波器的系统函数为

$$H(z) = \frac{0.4+0.2z^{-1}}{1-1.7z^{-1}+0.72z^{-2}}, \quad |z|>0.9$$

采用定点运算舍入法尾数处理。试分别计算直接型算法结构、级联型算法结构和并联型算法结构的输出噪声功率，并进行比较。

解 (1) 直接型算法结构。

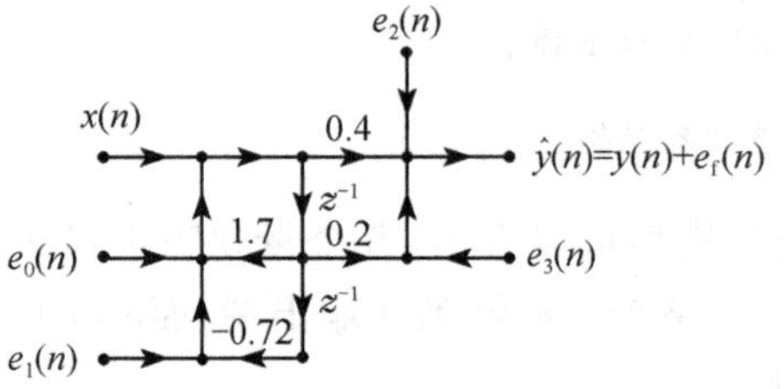

图 8.7.10 例 8.7.5 的直接型算法结构统计模型

考虑到乘法器的量化噪声，直接型算法结构的统计模型如图 8.7.10 所示。图中噪声 $e_0(n)$、$e_1(n)$ 通过整个系统，而 $e_2(n)$、$e_3(n)$ 直接输出。因此

$$e_f(n) = [e_0(n)+e_1(n)] * h(n) + e_2(n) + e_3(n)$$

$$\sigma_f^2 = \frac{2\sigma_e^2}{2\pi j}\oint_c H(z)H(z^{-1})\frac{dz}{z} + 2\sigma_e^2$$

式中

$$\sigma_e^2 = q^2/12, \quad q = 2^{-b}$$

$$H(z) = \frac{0.4+0.2z^{-1}}{1-1.7z^{-1}+0.72z^{-2}} = \frac{0.4+0.2z^{-1}}{(1-0.9z^{-1})(1-0.8z^{-1})}$$

$$\begin{aligned}&\frac{1}{2\pi j}\oint_c H(z)H(z^{-1})\frac{dz}{z}\\ &= \frac{1}{2\pi j}\oint_c \frac{0.4+0.2z^{-1}}{(1-0.9z^{-1})(1-0.8z^{-1})}\frac{0.4+0.2z}{(1-0.9z)(1-0.8z)}\frac{dz}{z}\\ &= \mathrm{Res}[H(z)H(z^{-1})z^{-1},0.9] + \mathrm{Res}[H(z)H(z^{-1})z^{-1},0.8]\\ &= 61.053 - 28.899 = 32.164\end{aligned}$$

于是得到

$$\sigma_f^2 = \frac{q^2}{6} + \frac{q^2}{6} \times 32.164 = 5.527q^2$$

(2) 级联型算法结构。

将系统函数 $H(z)$ 因式分解表示为

$$\begin{aligned}H(z) &= \frac{0.4+0.2z^{-1}}{(1-0.9z^{-1})(1-0.8z^{-1})}\\ &= \frac{0.4+0.2z^{-1}}{(1-0.9z^{-1})}\frac{1}{(1-0.8z^{-1})} = H_1(z)H_2(z)\end{aligned}$$

式中

$$H_1(z)=\frac{0.4+0.2z^{-1}}{1-0.9z^{-1}}$$

$$H_2(z)=\frac{1}{1-0.8z^{-1}}$$

构成级联型算法结构，其统计模型如图 8.7.11(a)所示。

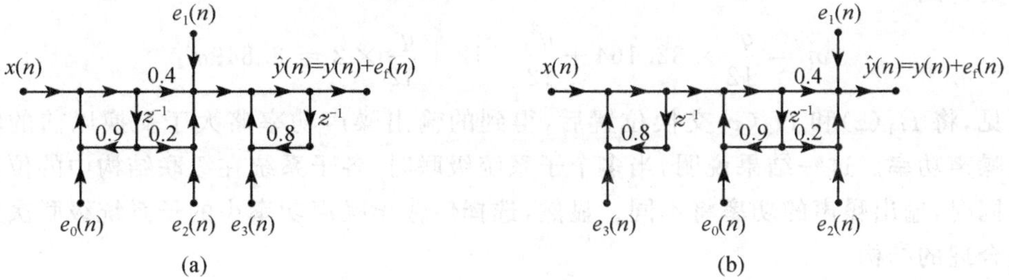

图 8.7.11　例 8.7.5 的级联型算法结构统计模型

输出噪声为

$$e_f(n)=e_0(n)*h(n)+[e_1(n)+e_2(n)+e_3(n)]*h_2(n)$$

式中，$h(n)$是整个系统 $H(z)$的单位脉冲响应，$h_2(n)$是子系统 $H_2(z)$的单位脉冲响应。输出噪声的功率为

$$\sigma_f^2=\frac{\sigma_e^2}{2\pi j}\oint_c H(z)H(z^{-1})\frac{dz}{z}+\frac{3\sigma_e^2}{2\pi j}\oint_c H_2(z)H_2(z^{-1})\frac{dz}{z}$$

式中

$$\frac{1}{2\pi j}\oint_c H(z)H(z^{-1})\frac{dz}{z}=32.164$$

$$\frac{1}{2\pi j}\oint_c H_2(z)H_2(z^{-1})\frac{dz}{z}=\frac{1}{2\pi j}\oint_c\frac{1}{1-0.8z^{-1}}\frac{1}{1-0.8z}\frac{dz}{z}$$

$$=\mathrm{Res}[H_2(z)H_2(z^{-1})z^{-1},0.8]=2.778$$

于是得到

$$\sigma_f^2=\frac{q^2}{12}\times 32.164+\frac{q^2}{4}\times 2.778=3.375q^2$$

级联型算法结构的系统函数也可以表示为

$$H(z)=\frac{1}{1-0.8z^{-1}}\frac{0.4+0.2z^{-1}}{1-0.9z^{-1}}=H_2(z)H_1(z)$$

其统计模型如图 8.7.11(b)所示。这种算法结构的输出噪声为

$$e_f(n)=e_3(n)*h(n)+e_0(n)*h_1(n)+e_1(n)+e_2(n)$$

输出噪声的功率为

$$\sigma_f^2=\frac{\sigma_e^2}{2\pi j}\oint_c H(z)H(z^{-1})\frac{dz}{z}+\frac{\sigma_e^2}{2\pi j}\oint_c H_1(z)H_1(z^{-1})\frac{dz}{z}+2\sigma_e^2$$

式中

$$\frac{1}{2\pi j}\oint_c H(z)H(z^{-1})\frac{dz}{z}=32.164$$

$$\frac{1}{2\pi j}\oint_c H_1(z)H_1(z^{-1})\frac{dz}{z}=12$$

于是得到

$$\sigma_f^2=\frac{q^2}{12}\times 32.164+\frac{q^2}{12}\times 12+\frac{q^2}{12}\times 2=3.849q^2$$

可见,将 $H_1(z)$和 $H_2(z)$交换位置后,得到的输出噪声功率略大于交换以前的输出噪声功率。这一结果说明,当多个子系统级联时,各子系统在级联结构中的位置不同时,输出噪声的功率将不同。显然,选择使输出噪声功率小的子系统级联次序是合理的结构。

(3) 并联型算法结构。

将系统函数 $H(z)$进行部分分式展开,表示为

$$H(z)=\frac{0.4+0.2z^{-1}}{(1-0.9z^{-1})(1-0.8z^{-1})}=\frac{5.6}{(1-0.9z^{-1})}-\frac{5.2}{(1-0.8z^{-1})}$$
$$=5.6H_1(z)-5.2H_2(z)$$

式中

$$H_1(z)=\frac{1}{1-0.9z^{-1}}$$

$$H_2(z)=\frac{1}{1-0.8z^{-1}}$$

构成并联型算法结构,其统计模型如图 8.7.12 所示。

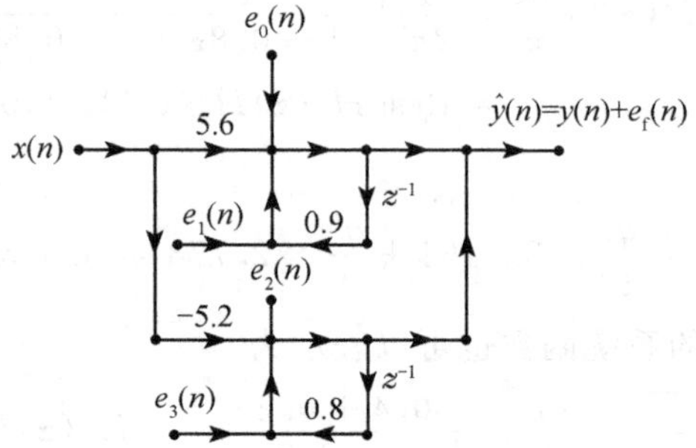

图 8.7.12　例 8.7.5 的并联型算法结构统计模型

输出噪声为

$$e_f(n)=[e_0(n)+e_1(n)]*h_1(n)+[e_2(n)+e_3(n)]*h_2(n)$$

输出噪声的功率为

$$\sigma_f^2 = \frac{2\sigma_e^2}{2\pi j}\oint_c H_1(z)H_1(z^{-1})\frac{dz}{z} + \frac{2\sigma_e^2}{2\pi j}\oint_c H_2(z)H_2(z^{-1})\frac{dz}{z}$$

式中

$$\frac{1}{2\pi j}\oint_c H_1(z)H_1(z^{-1})\frac{dz}{z} = \frac{1}{2\pi j}\oint_c \frac{1}{1-0.9z^{-1}}\frac{1}{1-0.9z}\frac{dz}{z}$$

$$= \mathrm{Res}[H_1(z)H_1(z^{-1})z^{-1}, 0.9] = \frac{100}{19}$$

$$\frac{1}{2\pi j}\oint_c H_2(z)H_2(z^{-1})\frac{dz}{z} = \frac{1}{2\pi j}\oint_c \frac{1}{1-0.8z^{-1}}\frac{1}{1-0.8z}\frac{dz}{z}$$

$$= \mathrm{Res}[H_2(z)H_2(z^{-1})z^{-1}, 0.8] = \frac{100}{36}$$

于是得到

$$\sigma_f^2 = \frac{q^2}{6}\times\frac{100}{19} + \frac{q^2}{6}\times\frac{100}{36} = 1.340q^2$$

比较本例中三种算法结构的输出噪声功率可知，直接型算法结构的输出噪声功率最大，即输出运算误差最大，级联型算法结构的输出噪声功率较小，并联型算法结构的输出噪声功率最小。直接型算法结构不仅有两个量化噪声通过整个系统，更主要的是因为有反馈回路，使噪声产生积累作用，可以推想直接型算法结构的阶数越高，积累作用越大，输出噪声功率越大。因此，数字滤波器的直接型算法结构通常用于低阶系统。级联型算法结构第 k 级子系统的量化噪声只通过后级各子系统，因而具有较小的输出噪声功率。并联型算法结构各子系统的输出噪声直接加到系统输出端，不会进入其他子系统，因此它的输出噪声功率最小。另外，对于级联型算法结构，各子系统的级联次序对输出噪声功率的大小也是有影响的。

2. FIR 滤波器的有限字长运算量化效应

关于 IIR 滤波器的有限字长运算量化效应的分析，也适用于 FIR 滤波器。FIR 滤波器没有反馈回路（频率采样型算法结构除外），其分析方法比 IIR 滤波器要简单些。这里仅就定点运算的直接型 FIR 滤波器的有限字长运算量化效应进行分析。

一个 $N-1$ 阶 FIR 滤波器的直接型实现可以按下列线性卷积式得到：

$$y(n) = \sum_{m=0}^{N-1} h(m)x(n-m) \tag{8.7.50}$$

式中，$h(n)$是 FIR 滤波器的单位脉冲响应。在有限精度舍入运算时，有

$$\hat{y}(n) = y(n) + e_f(n) = \sum_{m=0}^{N-1} [h(m)x(n-m)]_Q \tag{8.7.51}$$

每一次相乘运算后产生一个舍入量化噪声，即

$$[h(m)x(n-m)]_Q = h(m)x(n-m) + e_m(n) \tag{8.7.52}$$

因此

$$\begin{aligned} y(n) + e_f(n) &= \sum_{m=0}^{N-1} [h(m)x(n-m)]_Q \\ &= \sum_{m=0}^{N-1} h(m)x(n-m) + \sum_{m=0}^{N-1} e_m(n) \end{aligned} \tag{8.7.53}$$

这样，就得到输出噪声为

$$e_f(n) = \sum_{m=0}^{N-1} e_m(n) \tag{8.7.54}$$

这个结果从如图 8.7.13 所示的 $N-1$ 阶 FIR 滤波器直接型算法结构的统计模型中看得非常清楚，所有的乘法器输出量化噪声都直接加到滤波器的输出端，因而输出噪声就是这些量化噪声之和。

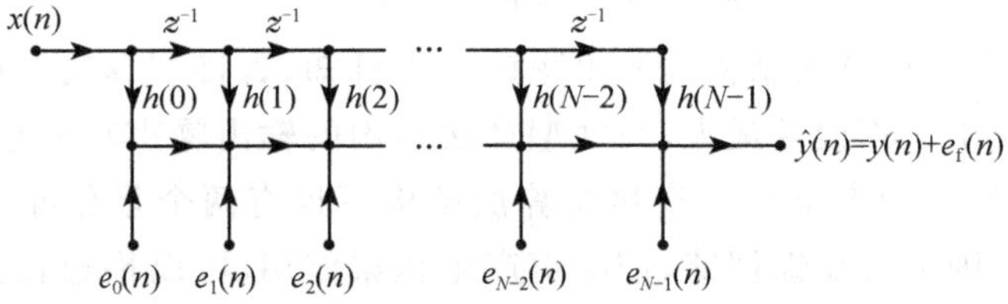

图 8.7.13 直接型 FIR 滤波器乘法量化效应统计模型

输出噪声 $e_f(n)$ 的方差可以直接计算。设乘法运算后尾数处理的量化噪声 $e_m(n)(m=0,1,\cdots,N-1)$ 的统计特性假设同前：$e_m(n)$ 之间是互不相关的平稳加性白噪声随机序列，方差均为 $\sigma_e^2=q^2/12$ 等，则输出噪声 $e_f(n)$ 的方差为

$$\sigma_f^2 = N\sigma_e^2 = \frac{Nq^2}{12} = \frac{N}{3} \times 2^{-2(b+1)} \tag{8.7.55}$$

该式说明，输出噪声的方差 σ_f^2 与运算字长 b 有关，也与 FIR 滤波器的阶数 $N-1$ 有关。很明显，滤波器的阶数越高，运算字长越短，量化噪声越大，输出噪声功率越大。因此，若限制 σ_f^2 的最大值，则滤波器的阶数越高，所需运算字长 b 越长。

3. 滤波器运算中的溢出问题

滤波器进行定点加法运算时，虽无舍入量化误差，但受到滤波器动态范围的限制常引起输出结果发生溢出。按照线性卷积的关系式

$$y(n) = \sum_{m=0}^{N-1} h(m)x(n-m)$$

若 $x(n)$ 的最大绝对值用 x_{max} 表示，则 $y(n)$ 应满足下式：

$$|y(n)|_{max} \leqslant x_{max} \sum_{m=0}^{N-1} |h(m)| \tag{8.7.56}$$

运算中产生溢出，将使计算结果发生错误，应于避免。对于定点数运算不发生溢出的条件为

$$|y(n)|_{\max} < 1 \tag{8.7.57}$$

避免溢出的方法，一是适当增加运算字长，扩大滤波器的动态范围；二是对输入信号 $x(n)$ 乘以一个比例因子 A，使下式成立：

$$Ax_{\max}\sum_{m=0}^{N-1}|h(m)| < 1 \tag{8.7.58}$$

即

$$A < \frac{1}{x_{\max}\sum_{m=0}^{N-1}|h(m)|} \tag{8.7.59}$$

对于类似白噪声一类的宽带信号来说，上式求得的比例因子是合适的。但是，对于像正弦这一类窄带信号，(8.7.59)式就嫌太保守。在这种情况下，输入端的比例因子可以以滤波器的幅频响应的峰值 $\max[|H(e^{j\omega})|]$ 来表示，即

$$A < \frac{1}{x_{\max}\max[|H(e^{j\omega})|]} \tag{8.7.60}$$

数字滤波器完成一系列乘法、加法运算，对 FIR 滤波器直接型算法结构，当采用补码运算时，补码的累加，只要最终结果不溢出(绝对值小于 1)，中间的累加结果发生了溢出是没有关系的。补码累加运算的这一特性留作习题，请读者去验证。

在用 DSP 实现数字滤波器运算时，一般 DSP 芯片中设置有溢出标志和溢出保护功能，当发生溢出时，DSP 芯片自动将计算结果设置为最大值或最小值，这样虽然可能降低计算精度，但却可以避免严重的计算错误。并且，根据溢出标志，可以重新设置有关参数来避免溢出。

以上讨论了数字滤波器实现中有限字长的效应。其中输入信号经过 A/D 变换器所产生的量化误差一般比有限字长运算的量化误差小，所以当运算误差较大时，若对信号量化误差要求太小是没有意义的。在数字滤波器设计中，必须综合考虑 A/D 变换的量化误差，系数量化误差、运算乘积的舍入量化误差以及信号的动态范围、滤波器增益等指标，才能最终确定合理的设计参数。

4. FFT 计算中的有限字长运算量化效应

FFT 是 DFT 的快速算法，它的基本运算是由复数乘法和复数加法构成的蝶形运算，因而也存在着有限字长运算的量化效应。在高速实时信号处理中定点 FFT 算法的应用比较普遍，因为它的计算比浮点运算简单，速度快；但另一方面，定点运算对有限字长效应比较敏感。这里以时域抽取基 2FFT 算法为例，讨论定点 FFT 算法的有限字长效应。所得结论略加修改即可适用于按频域抽取的基 2FFT 算法以及其他算法。

时域抽取基 2FFT 算法的基本单元是蝶形运算单元。设序列长度为 $N=2^M$，共需计算 $M=\log_2 N$ 级，每级有 $N/2$ 个单独的蝶形运算单元，每个蝶形运算单元需完成一次复数乘法，两次复数加法运算。第 $L(L=1,2,\cdots,M)$ 级的蝶形运算可以表示为

$$X_L(k) = X_{L-1}(k) + W_N^p X_{L-1}(k+B) \tag{8.7.61a}$$

$$X_L(k+B) = X_{L-1}(k) - W_N^p X_{L-1}(k+B) \tag{8.7.61b}$$

式中，$W_N^p = \mathrm{e}^{-\mathrm{j}\frac{2\pi}{N}p}$ 是旋转因子；$B=2^{L-1}$ 是蝶形运算单元两输入数据之间的位置间隔；当 $L=1$ 时，$X_{L-1}(k)$、$X_{L-1}(k+B)$ 即为输入的时域序列值。蝶形运算单元的信号流图如图 8.7.14(a)所示。采用定点运算时，只有乘法运算之乘积才需舍入量化处理，量化误差是加性的。考虑相乘后量化误差的影响，则蝶形运算单元的统计模型如图 8.7.14(b)所示。图中 $e(L,k+B)$ 表示 $X_{L-1}(k+B)$ 与 W_N^p 相乘所引入的量化误差，该误差是复数误差。

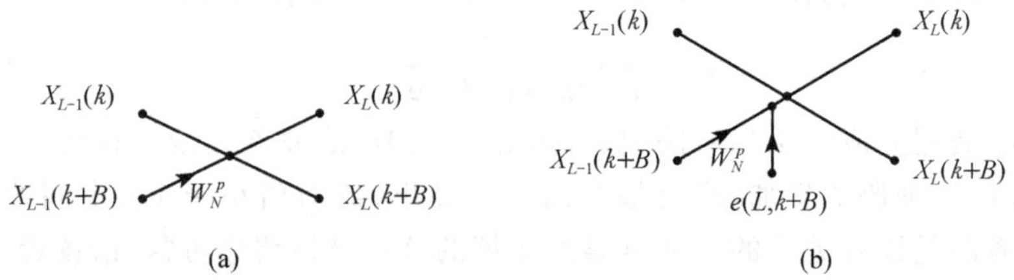

图 8.7.14　蝶形运算单元的信号流图和统计模型

因为每个复数乘法包括 4 个实数乘法，每个定点实数乘法产生 1 个量化误差。所以，蝶形运算中的复数乘法将产生 4 个实数误差 e_1,e_2,e_3 和 e_4，表示为

$$\begin{aligned}&[X_{L-1}(k+B)W_N^p]_Q\\ &=\{\mathrm{Re}[X_{L-1}(k+B)]\mathrm{Re}[W_N^p]+e_1-\mathrm{Im}[X_{L-1}(k+B)]\mathrm{Im}[W_N^p]+e_2\}\\ &\quad+\mathrm{j}\{\mathrm{Re}[X_{L-1}(k+B)]\mathrm{Im}[W_N^p]+e_3+\mathrm{Im}[X_{L-1}(k+B)\mathrm{Re}[W_N^p]]+e_4\}\\ &=X_{L-1}(k+B)W_N^p+e(L,k+B)\end{aligned} \tag{8.7.62}$$

式中，复数量化误差

$$e(L,k+B) = (e_1+e_2)+\mathrm{j}(e_3+e_4) \tag{8.7.63}$$

若对每个实数量化误差 e_1,e_2,e_3 和 e_4 的统计特性假设同前：它们之间是互不相关的平稳加性白噪声随机序列，方差均为 $\sigma_e^2=q^2/12$，则一个复数乘法运算所引入的复数量化误差 $e(L,k+B)$ 的方差为

$$E\{|e(l,k+B)|^2\} = \frac{q^2}{12}\times 4 = \frac{q^2}{3} = \sigma_B^2 \tag{8.7.64}$$

接着研究 FFT 计算中，某运算级的一个蝶形运算所产生的复数量化误差的方

差通过后级蝶形运算单元时的变化规律。蝶形运算的加法、减法不影响量化误差的方差，而通过乘系数 W_N^p 后，其方差为

$$E[|e(L,k)W_N^p|^2] = |W_N^p|^2 E[|e(L,k)|^2] = E[|e(L,k)|^2] \tag{8.7.65}$$

这表明，$e(L,k+B)$通过后级所有蝶形运算单元时，加、减和相乘运算对量化误差的方差均无影响，即 FFT 计算中，任意一个蝶形运算所产生的复数量化误差通过后级直到 FFT 输出端，其方差是不变的，均为 σ_B^2。

这样，计算 FFT 输出量化误差的方差，即由于运算字长量化而产生的输出噪声功率，只需知道 FFT 的输出 $X(k)(k=0,1,\cdots,N-1)$节点共连接多少个蝶形运算单元节点即可。若以 σ_k^2 表示 $X(k)$上叠加的输出噪声 e_k 的方差，它和末级的一个蝶形运算单元节点连接，和末前级的两个蝶形运算单元节点连接，依此类推，每往前一级，所连接的蝶形运算单元节点就增加一倍，直到连接到第一级蝶形运算单元节点。因此，对于 $N=2^M$ 点 FFT，连接到 $X(k)$输出端的量化误差源总数为

$$1+2+2^2+\cdots+2^{M-1} = 2^M - 1 = N - 1$$

图 8.7.15 示出了 $N=8$，按时域抽取基 2FFT 算法时，连接到 $X(0)$的各蝶形运算单元所产生的量化误差到达 FFT 输出节点的方差均为 σ_B^2，所以，在离散傅里叶变换 $X(k)$上叠加的输出噪声 e_k 的方差(即输出噪声功率)

$$\sigma_k^2 = E[|e_k|^2] = (N-1)\sigma_B^2, \quad k = 0,1,\cdots N-1 \tag{8.7.66}$$

当 N 很大时，可近似认为

$$\sigma_k^2 = N\sigma_B^2 = \frac{Nq^2}{3}, \quad q = 2^{-b} \tag{8.7.67}$$

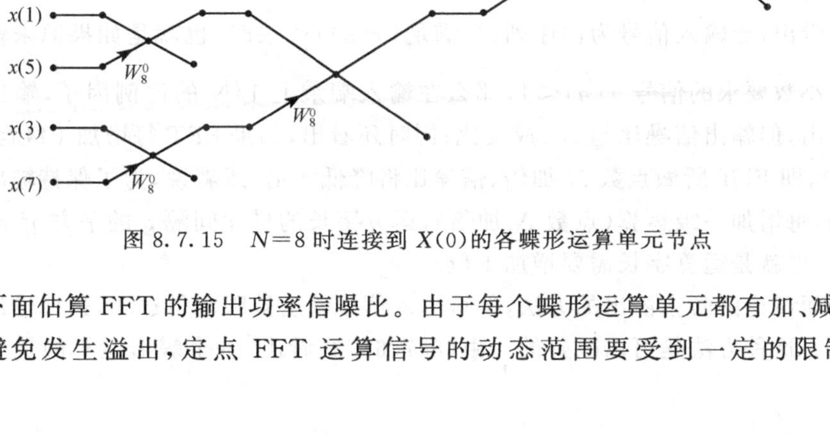

图 8.7.15　$N=8$ 时连接到 $X(0)$的各蝶形运算单元节点

下面估算 FFT 的输出功率信噪比。由于每个蝶形运算单元都有加、减运算，为了避免发生溢出，定点 FFT 运算信号的动态范围要受到一定的限制。从

(8.7.61)式看出

$$\max[\,|X_{L-1}(k)|,|X_{L-1}(k+B)|\,]\leqslant\max[\,|X_L(k)|,|X_L(k+B)|\,]\leqslant 2\max[\,|X_{L-1}(k)|,|X_{L-1}(k+B)|\,] \tag{8.7.68}$$

这表示，蝶形运算单元输出的最大模值不大于输入最大模值的两倍，但有可能等于最大输入模值的两倍。总共有 $M=\log_2 N$ 级蝶形运算，因此，FFT 最后输出的最大模值有可能等于输入模值的 $2^M=N$ 倍，即

$$\max|X(k)|\leqslant 2^M\max|x(n)|=N\max|x(n)| \tag{8.7.69}$$

为使 $X(k)$不溢出，即 $\max|X(k)|<1$，要求

$$|x(n)|<\frac{1}{N},\quad n=0,1,\cdots,N-1 \tag{8.7.70}$$

这意味着为了防止溢出，可以在输入端一次性乘上比例因子$1/N$。如果假设 $x(n)$在$\left(-\frac{1}{N},\frac{1}{N}\right)$区间上是均匀分布的，则 $x(n)$的方差为

$$\sigma_x^2=E[\,|x(n)|^2\,]=\frac{\left(\frac{2}{N}\right)^2}{12}=\frac{1}{3N^2} \tag{8.7.71}$$

由于

$$X(k)=\sum_{n=0}^{N-1}x(n)W_N^{kn}$$

所以

$$E[\,|X(k)|^2\,]=\sum_{n=0}^{N-1}E[\,|x(n)|^2\,|W_N^{kn}|^2\,]=N\sigma_x^2=\frac{1}{3N} \tag{8.7.72}$$

这样，就得到了在这种防止溢出方法($|x(n)|<1/N$)下的输出信噪比，通常用其倒数表示为

$$(\mathrm{SNR})^{-1}=\frac{\sigma_k^2}{E[\,|X(k)|^2\,]}=N^2q^2 \tag{8.7.73}$$

由此式看出，当输入信号为白序列，且满足$|x(n)|<\frac{1}{N}$时，也就是如果原来输入满足定点小数要求的信号 $x(n)<1$，那么在输入端乘上 $1/N$ 的比例因子，输出信号不会溢出，但输出信噪比与 N^2 成反比；同时还看出，如果 FFT 每增加 1 级运算(M 增加 1)，即 FFT 所做点数 N 加倍，信噪比将降低 4 倍，或者说，为了保持输出信噪比不变，每增加一级运算(点数 N 加倍)，运算字长的量化间隔 q 的平方 q^2 必须降低 4 倍，也就是运算字长需要增加 1 位。

前面讨论的防止溢出的方法，使得输入信号幅度被限制得过小，造成输出信噪比过低。这种方法是可以改善的。由(8.7.68)式看出，一个蝶形运算的最大输出

幅度不超过输入的两倍，又知输入信号是满足 $|x(n)|<1$ 的，因而，如果对每个蝶形运算的两个输入支路都乘以 1/2 的比例因子，其统计模型如图 8.7.16 所示，就可以保证蝶形运算不发生溢出，对 $M=\log_2 N$ 级蝶形运算，就相当于设置了 $(1/2)^M=1/N$ 的比例因子。和前一种防溢出方法的不同之处在于这里把 $1/N$ 的比例因子分散到各级蝶形运算之中。因此在保持输出信号方差(8.7.72)式不变的情况下，输入信号幅度却增加 N 倍，达到

$$|x(n)|<1 \tag{8.7.74}$$

这种方法得到的最大输出信号幅度和前种方法一样，但是输出噪声功率却比(8.7.67)式中的要小得多，这是因为 FFT 运算中的某级引入的噪声都被后面各级按比例因子逐级衰减了。

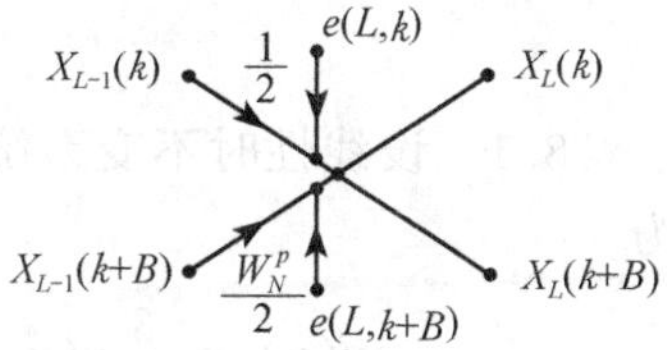

图 8.7.16　各支路加比例因子的蝶形运算统计模型

由图 8.7.16 看出，由于各支路引入了 1/2 的比例因子，因而每个蝶形运算单元都有两个量化噪声源。由于 $e(L,k)$ 是由 $X_{L-1}(k)$ 乘以实系数 1/2 所引入的，而 $e(L,k+B)$ 是由 $X_{L-1}(k+B)$ 乘以复数系数 $W_N^p/2$ 所引入的，因此 $e(L,k)$ 的方差应不大于 $e(L,k+B)$ 的方差 σ_B^2，σ_B^2 是由复数乘法所引入的量化误差的方差。这样，一个蝶形运算两支路乘 1/2 比例因子后所产生的总的量化误差的方差为

$$\sigma_{B'}^2=E[|e(L,k)|^2]+E[|e(L,k+B)|^2]\leqslant 2\sigma_B^2 \tag{8.7.75}$$

由于这个误差每通过一级蝶形运算单元时，受比例因子 1/2 的加权作用，其幅度下降到 1/2，方差下降到 1/4。参照图 8.7.15 所示的蝶形运算单元连接，输出总方差中末级引入的量化误差是不被衰减的，但每往前一级，其引入的量化误差方差要降低到 1/4 倍，于是可求出总的输出噪声方差(取 $\sigma_{B'}^2=2\sigma_B^2$)为

$$\begin{aligned}\sigma_k^2&=\sigma_{B'}^2+\frac{1}{4}\times 2\sigma_{B'}^2+\frac{1}{4^2}\times 4\sigma_{B'}^2+\cdots+\frac{1}{4^{M-1}}\times 2^{M-1}\sigma_{B'}^2\\&=\frac{1-\left(\frac{1}{2}\right)^M}{1-\frac{1}{2}}\sigma_{B'}^2\approx 2\sigma_{B'}^2=4\sigma_B^2=\frac{4}{3}q^2\end{aligned} \tag{8.7.76}$$

考虑到输出信号的方差仍为 $E[|X(k)|^2]=1/(3N)$，可得到输出信噪比的倒数为

$$(\mathrm{SNR})^{-1}=\frac{\sigma_k^2}{E[|X(k)|^2]}=12N\sigma_B^2=4Nq^2 \tag{8.7.77}$$

由此式看出，此时信噪比的值不再和 N^2 成反比，而是和 N 成反比，信噪比大大地提高了。这种逐级加比例因子的防溢出方法，为保证运算精度不变，N 增加到 4 倍，即增加两级蝶形运算时，运算字长才需要增加 1 位。

在数字信号处理系统中，如果有足够的信号处理运算时间，最好采用浮点制数

运算。浮点制数的优点是动态范围非常大，不必考虑运算中的溢出问题，虽然也存在有限字长运算的量化效应，但其量化误差比定点制数小得多，因而能获得很高的运算精度。这是以复杂运算为代价换取的。

8.8 习　题

8.1　设线性时不变系统的输入序列为 $x(n)$，输出序列为 $y(n)$，其差分方程为

$$y(n)=\frac{3}{4}y(n-1)-\frac{1}{8}y(n-2)+x(n)+\frac{1}{3}x(n-1)$$

求其系统函数 $H(z)$，并分别画出该系统的直接型、级联型和并联型算法结构。

8.2　设线性时不变系统的差分方程为

$$\begin{aligned}y(n)=&(a+b)y(n-1)-aby(n-2)+abx(n)\\&+(a+b)x(n-1)+x(n-2)\end{aligned}$$

其中，$|a|<1$，$|b|<1$。求系统函数 $H(z)$，并分别画出该系统的直接型、级联型和并联型算法结构。

8.3　设线性时不变系统的系统函数为

$$H(z)=\frac{1}{(1-0.4z^{-1})(1-0.6z^{-1}+0.25z^{-2})}$$

试分别画出该系统的直接型、级联型和并联型算法结构。

8.4　设线性时不变系统的算法结构如题 8.4 图所示。

(1) 写出该系统的差分方程，并求其系统函数 $H(z)$。

(2) 计算每个输出样本所需的乘法次数和加法次数。

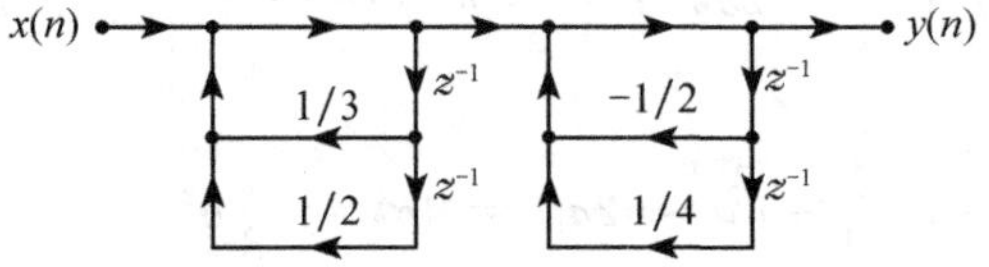

题 8.4 图　系统的算法结构

8.5　设线性时不变系统的系统函数为

$$H(z)=\frac{4(1+z^{-1})(1-1.414z^{-1}+z^{-2})}{(1-0.5z^{-1})(1+0.9z^{-1}+0.81z^{-2})}$$

试画出所需单位延时单元最少的一种级联型算法结构。

8.6　题 8.6 图画出了 10 种不同的系统算法结构流图，试分别求出它们的系统函数 $H(z)$。

8.7　求题 8.7 图所示系统的系统函数 $H(z)$和单位脉冲响应 $h(n)$。

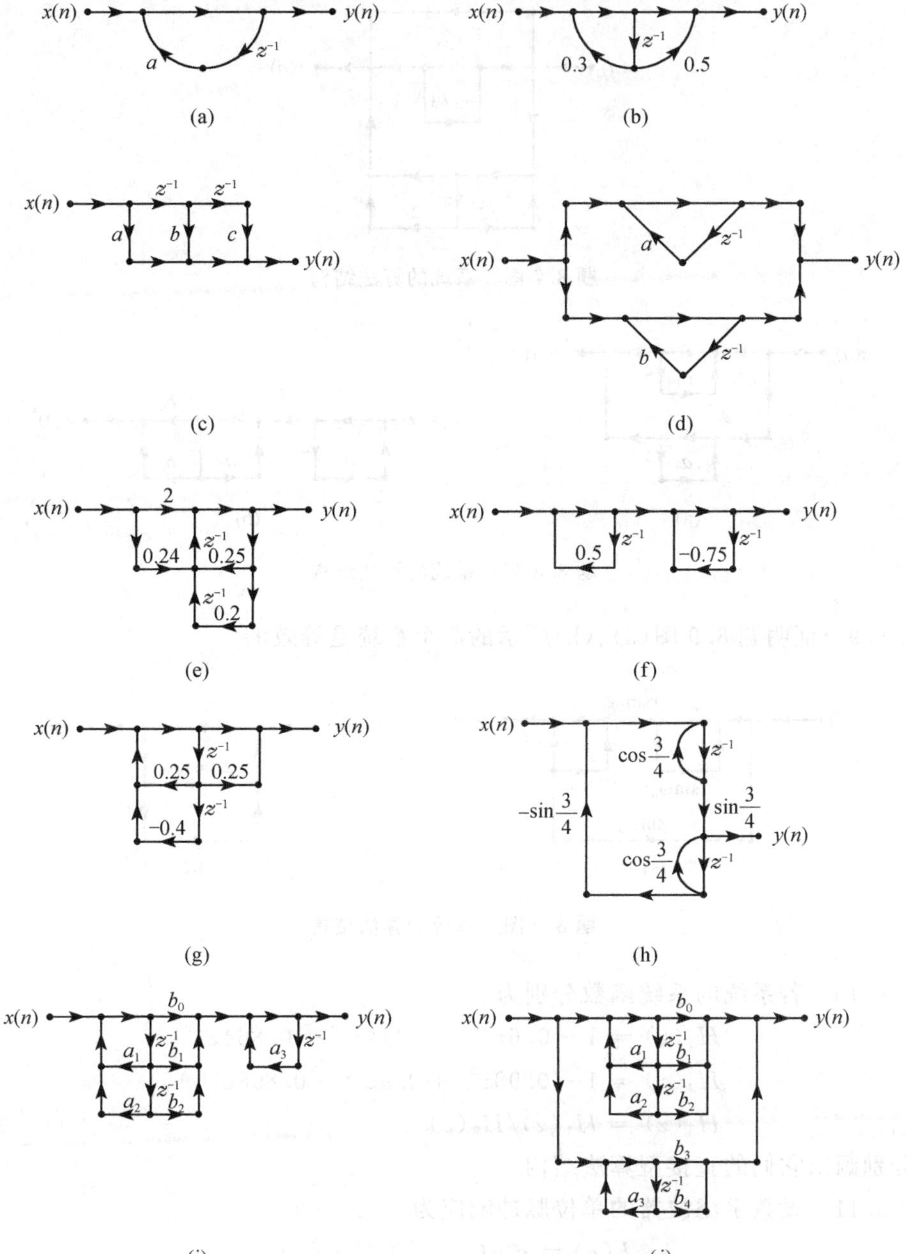

题 8.6 图　10 种不同系统的算法结构

8.8　若两个系统的算法结构分别如题 8.8 图(a)、(b)所示，试用 a_1 和 a_2 确

定 a_3、a_4、b_0 和 b_1，使两个系统等效。

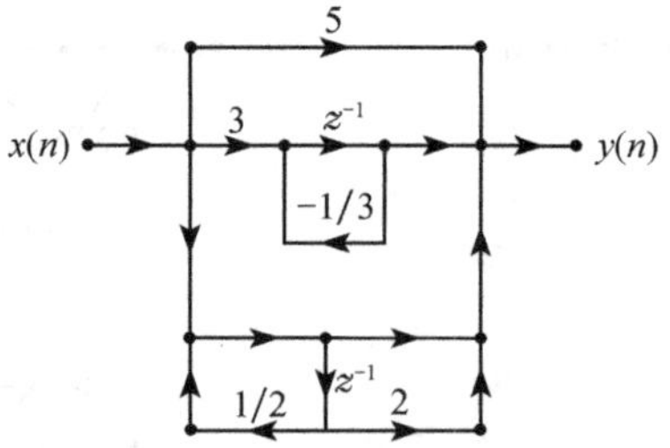

题 8.7 图　系统的算法结构

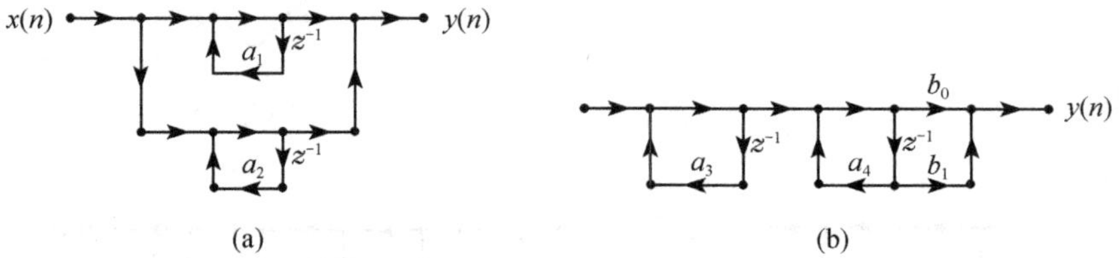

题 8.8 图　系统的算法结构

8.9　证明题 8.9 图(a)、(b)所示的两个系统是等效的。

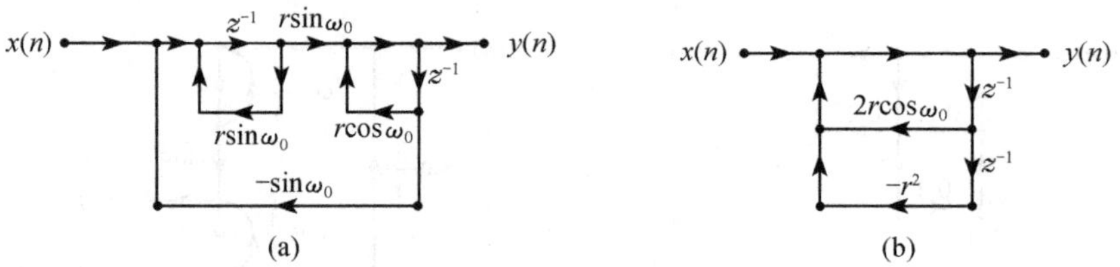

题 8.9 图　系统的算法结构

8.10　若系统的系统函数分别为

$$H_1(z) = 1 - 0.6z^{-1} - 1.414z^{-2} + 0.864z^{-3}$$

$$H_2(z) = 1 - 0.98z^{-1} + 0.9z^{-2} - 0.898z^{-3}$$

$$H_3(z) = H_1(z)/H_2(z)$$

试分别画出它们的直接型算法结构。

8.11　设数字滤波器的单位脉冲响应为

$$h(n) = a^n u(n), \quad 0 < a < 1$$

求该滤波器的系统函数 $H(z)$，并画出它的直接型算法结构。

8.12　已知系统的单位脉冲响应为

$$h(n) = \delta(n) + 2\delta(n-1) + 0.3\delta(n-2) + 2.5\delta(n-3) + 0.5\delta(n-5)$$

求系统的系统函数 $H(z)$，并画出它的直接型算法结构。

8.13　已知 FIR 数字滤波器的系统函数为

$$H(z) = (1 + z^{-1})(1 - 2z^{-1} + 2z^{-2})$$

试分别画出该滤波器的直接型和级联型算法结构。

8.14　已知 FIR 数字滤波器的系统函数为

$$H(z) = \frac{1}{10}(1 + 0.9z^{-1} + 2.1z^{-2} + 0.9z^{-3} + z^{-4})$$

试画出该滤波器的直接型算法结构和线性相位算法结构。

8.15　已知一个六阶线性相位 FIR 数字滤波器的单位脉冲响应 $h(n)$ 满足

$$h(0) = -h(6) = 3,\quad h(1) = -h(5) = -2$$
$$h(2) = -h(4) = 3,\quad h(3) = 0$$

试画出该滤波器的线性相位算法结构。

8.16　若 FIR 数字滤波器具有线性相位特性，则它的单位脉冲响应一定满足

$$h(n) = \pm h(N-1-n)$$

式中，“+”对应严格线性相位滤波器，“−”对应广义线性相位滤波器。试利用上式证明下列公式成立：

(1) 当 N 为偶数时

$$H(z) = \sum_{n=0}^{N/2-1} h(n)[z^{-n} \pm z^{-(N-1-n)}]$$

(2) 当 N 为奇数时

$$H(z) = \sum_{n=0}^{(N-1)/2-1} h(n)[z^{-n} \pm z^{-(N-1-n)}] + h\left(\frac{N-1}{2}\right)z^{-(N-1)/2}$$

8.17　设线性时不变系统的单位脉冲响应为

$$h(n) = \begin{cases} a^n, & 0 \leqslant n \leqslant 7 \\ 0, & \text{其他} \end{cases}$$

(1) 画出该系统的直接型 FIR 算法结构。

(2) 证明该系统的系统函数为

$$H(z) = \frac{1 - a^8 z^{-8}}{1 - az^{-1}}$$

并由该系统函数画出由 FIR 系统和 IIR 系统的级联而成的算法结构。

(3) 请问系统的哪一种算法结构所需的单位延时单元最少？哪一种算法结构所需的运算次数最少？

8.18　已知 FIR 数字滤波器的系统函数在单位圆上的 16 个等间隔采样值分别为

$$H(0) = 12,\quad H(1) = -3 - \mathrm{j},\quad H(2) = 1 + \mathrm{j}$$
$$H(3) \sim H(13) = 0,\quad H(14) = 1 - \mathrm{j},\quad H(15) = -3 + \mathrm{j}$$

试画出该滤波器的频率采样算法结构。

8.19　已知数字滤波器的系统函数为

$$H(z)=\frac{5-2z^{-3}-3z^{-6}}{1-z^{-1}}$$

若在半径为 r 的圆上做 6 点等间隔采样，选择 $r=0.95$，试画出该滤波器的频率采样算法结构；调用 Matlab 工具箱函数 fft，用 DFT 计算出频率采样算法结构中的有关参数。

8.20　已知两个 FIR 数字滤波器的系统函数分别为

(1) $H_1(z)=1+2z^{-1}+z^{-2}$。

(2) $H_2(z)=1-0.6z^{-1}+0.825z^{-2}-0.9z^{-3}$。

试分别画出它们的直接型算法结构和格型算法结构，并求出格型算法结构的有关参数。

8.21　设系统的系统函数为

$$H(z)=1+2.88z^{-1}+3.4048z^{-2}+1.74z^{-3}+0.4z^{-4}$$

(1) 求该系统的差分方程。

(2) 画出该系统的直接型算法结构。

(3) 画出该系统的格型算法结构，并求出它的有关参数。

(4) 该系统是最小相位系统吗？

8.22　设 FIR 数字滤波器的格型算法结构的参数 $k_1=0.08$，$k_2=0.217$，$k_3=1$，$k_4=0.5$，求该滤波器的系统函数 $H(z)$，并画出它的直接型算法结构。

8.23　设 FIR 数字滤波器的格型算法结构的参数 $k_1=0.6$，$k_2=0.3$，$k_3=0.5$，$k_4=0.9$，求该格型滤波器的单位脉冲响应 $h(n)$。

8.24　设线性时不变系统如题 8.24 图所示。

(1) 求该系统的系统函数。

(2) 如果系统参数为：

(a) $b_0=1$，$b_1=2$，$b_2=1$；$a_1=1.5$，$a_2=-0.9$。

(b) $b_0=1$，$b_1=2$，$b_2=1$；$a_1=1$，$a_2=-2$。

分别画出各系统的零极点分布，并检验系统的稳定性。

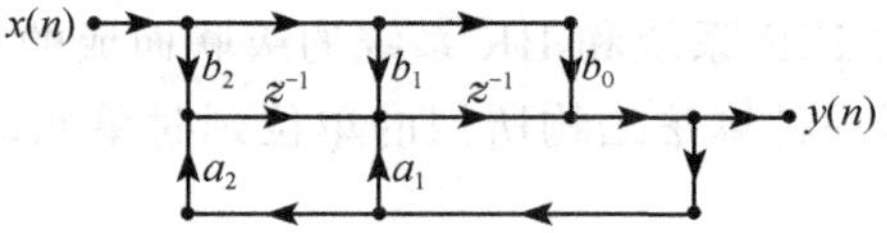

题 8.24 图　系统的算法结构

8.25　设线性时不变系统的差分方程或系统函数分别为

(1) $y(n)=\frac{1}{2}y(n-1)+\frac{3}{16}y(n-2)+x(n)+\frac{1}{2}x(n-1)$。

(2) $y(n)=-0.1y(n-1)+0.72y(n-2)+0.7x(n)-0.252x(n-2)$。

(3) $y(n)=-0.1y(n-1)+0.2y(n-2)+3x(n)+3.6x(n-1)+0.6x(n-2)$。

(4) $y(n)=\frac{1}{2}y(n-1)+\frac{1}{4}y(n-2)+x(n)+x(n-1)$。

(5) $y(n)=y(n-1)-\frac{1}{2}y(n-2)+x(n)-x(n-1)+x(n-2)$。

(6) $H(z)=\frac{2(1-z^{-1})(1+\sqrt{2}z^{-1}+z^{-2})}{(1+0.5z^{-1})(1-0.9z^{-1}+0.81z^{-2})}$。

分别画出各系统的直接型、级联型和并联型算法结构，并确定哪几个系统是稳定的系统。

8.26　设线性时不变系统的差分方程为

$$y(n)=\frac{1}{2}y(n-1)+x(n)$$

(1) 假定运算是无限精度的，计算当输入 $x(n)=(1/4)^n u(n)$ 时的输出 $y(n)$。

(2) 若用 5 位原码定点运算(含 1 位符号位)，并按截尾方式实现量化，计算当输入 $x(n)=(1/4)^n u(n)$ 时的输出 $y(n)$，并与(1)的结果进行比较。

8.27　设线性时不变系统的差分方程为

$$y(n)=0.999y(n-1)+x(n)$$

若输入信号按 8 位(含 1 位符号位)舍入法量化，问由于信号量化而在输出端产生的噪声功率是多少？

8.28　设系统的系统函数为

$$H(z)=\frac{1-\frac{1}{2}z^{-1}}{\left(1-\frac{1}{4}z^{-1}\right)\left(1+\frac{1}{4}z^{-1}\right)}$$

(1) 画出该系统的直接型、级联型和并联型算法结构。

(2) 若采用 $(b+1)$ 位(含 1 位符号位)定点补码运算，针对上面的三种结构，分别计算由有限字长乘法运算舍入量化噪声所产生的输出噪声功率，并进行比较。

8.29　若系统由两个子系统级联而成。两个子系统的系统函数分别为

$$H_1(z)=\frac{1}{1-\frac{1}{2}z^{-1}},\quad H_2(z)=\frac{1}{1-\frac{1}{4}z^{-1}}$$

两种级联方式分别为 $H(z)=H_1(z)H_2(z)$ 和 $H(z)=H_2(z)H_1(z)$，试分别计算在两种不同的级联实现时，由有限字长乘法运算舍入量化噪声所产生的输出噪声功率，并进行比较。

8.30　设 FIR 数字滤波器的系统函数为

$$H(z)=1+\frac{3}{4}z^{-1}+\frac{1}{8}z^{-2}+\frac{3}{8}z^{-3}+\frac{1}{2}z^{-4}$$

若采用 7 位(含 1 位符号位)定点运算,舍入方式进行量化处理,试计算直接型算法结构由有限字长乘法运算舍入量化噪声所产生的输出噪声功率。

8.31 设数字滤波器的系统函数为

$$H(z)=\frac{0.1z^{-1}}{1-1.7z^{-1}+0.745z^{-2}}$$

$$=\frac{0.1z^{-1}}{[1-(0.85+\mathrm{j}0.15)z^{-1}][1-(0.85-\mathrm{j}0.15)z^{-1}]}$$

(1) 确定保持滤波器稳定的最小字长。

(2) 若使极点位置在 0.5%以内变化,滤波器系数 $\alpha_2(\alpha_2=0.745)$ 允许变化的百分数是多少?并确定 α_2 在这个变化范围内所需要的最小字长。

8.32 若按时域抽取基 2FFT 算法,做 512 点 DFT,采用定点运算。为防止溢出在每个蝶形的两个输入支路上均乘以 1/2 的比例因子,假设输入信号 $x(n)$ 在 $(-1,1)$ 区间内是均匀等概率分布的,若要求输出信噪比大于 25dB,问运算字长至少要多少位?

8.33 已知四阶 IIR 数字滤波器的系统函数为

$$H(z)=\frac{0.020083-0.040167z^{-2}+0.020883z^{-4}}{1+1.561z^{-2}+0.6413z^{-4}}$$

利用 Matlab 分别实现该滤波器的级联型算法结构和并联型算法结构。

8.34 已知八阶 IIR 数字滤波器的系统函数为

$$H(z)=\frac{\sum_{i=0}^{8}b_i z^{-i}}{1+\sum_{k=1}^{8}a_k z^{-k}}$$

其中

$$b_i=\{0.0009,0,-0.0036,0,0.0053,0,-0.0036,0,0.0009,\ i=0,1,\cdots,8\}$$

$$a_k=\{-4.1603,9.5155,-14.0166,14.6425,-10.8649,5.7152,-1.9339,0.3607,k=1,2,\cdots,8\}$$

利用 Matlab 分别实现该滤波器的级联型算法结构和并联型算法结构。

8.35 已知线性相位 FIR 数字滤波器的系统函数分别为

(1) $H_1(z)=0.1258-0.0010z^{-1}-0.1766z^{-2}+0.1169z^{-3}+0.1169z^{-4}-0.1766z^{-5}-0.0010z^{-6}+0.1258z^{-7}$

(2) $H_2(z)=-0.0468-0.0328z^{-1}+0.1514z^{-2}-0.2575z^{-3}+0.3000z^{-4}-0.2575z^{-5}+0.1514z^{-6}-0.0328z^{-7}-0.0468z^{-8}$

利用 Matlab 分别实现该滤波器的级联型算法结构。

8.36 调用 Matlab 工具箱格型算法结构函数,分别实现习题 8.33、习题 8.34

的 IIR 数字滤波器和习题 8.35 的 FIR 数字滤波器的格型算法结构。

8.37　已知二阶 IIR 数字滤波器的系统函数为

$$H(z)=\frac{1}{(1-0.8z^{-1})(1-0.7z^{-1})}$$

现用 7 位(含 1 位符号位)字长舍入方式对其系数量化。利用 Matlab 子程序 a2dR,计算以下三种算法结构中,系数量化后的零、极点分布和频率响应。

(1) 直接型算法结构。

(2) 级联型算法结构。

(3) 并联型算法结构。

附子程序 a2dR:

```
function  beq = a2dR(d,b)
% beq = a2dR(d,b)将十进制数利用舍入法得到 b 位的二进制数
%然后将二进制数再转换为十进制数
m = 1;d1 = abs(d);
while fix(d1)>0
      d1 = abs(d)/(2^m);
      m = m + 1;
end
beq = fix(d1 * 2^b + 0.5);
beq = sign(d). * beq. * 2^(m-b-1);
```

8.38　如果对习题 8.37 给出的 IIR 数字滤波器,改为截尾方式对其系数量化,利用 Matlab 子程序 a2dT,重做习题 8.37。

附子程序 a2dT:

```
function  beq = a2dT(d,b)
% beq = a2dT(d,b)将十进制数利用截尾法得到 b 位的二进制数
%然后将该二进制数再转换为十进制数
m = 1;d1 = abs(d);
while fix(d1)>0
      d1 = abs(d)/(2^m);
      m = m + 1;
end
beq = fix(d1 * 2^b);
beq = sign(d). * beq. * 2^(m-b-1);
```

8.39　设五阶椭圆数字滤波器,其通带截止频率 $\omega_p=0.4\pi\text{rad}$,通带最大衰减 $\alpha_p=0.4\text{dB}$,阻带最小衰减 $\alpha_s=50\text{dB}$。若采用舍入方式对其系数量化,量化字长为

6 位(含 1 位符号位),利用 Matlab 子程序 a2dR,计算系数量化后滤波器的零、极点分布和频率响应。

8.40　利用 Matlab 子程序 a2dT,计算习题 8.39 所给滤波器在级联型和并联型两种算法结构中,系数截尾到 6 位(含 1 位符号位)时的零、极点分布和频率响应,并与习题 8.39 的结果进行比较。

第 9 章　多速率数字信号处理

9.1　引　　言

多速率数字信号处理又称多采样率数字信号处理。前面各章节中研究的都是单速率的离散时间信号与系统，即系统中对所有信号的采样速率是相同的。在实际的数字信号处理应用中，会遇到在一个系统中存在不同采样速率的信号，称这样的系统为多速率数字信号处理系统。多速率信号处理在通信系统、音频信号处理、视频信号处理、数字信号处理等领域有着广泛的应用。例如在数字可视电话系统中，传输的信号既有语音信号，又有图像信号，还可能有传真信号，这些信号的频谱和带宽相差很大。所以，这样的系统应该具有多采样速率，并能根据所传输的信号自动完成速率间的转换。

本章首先讨论多速率系统中降低和提高采样速率的基本原理、运算和描述，前者称为信号的抽取(decimation)，后者称为信号的内插(interpolation)；然后讨论采样速率转换系统中滤波器的设计，即实现方法；最后以数字信号处理中的直接中频信号采样技术为例讨论多采样速率的应用。

9.2　信号的抽取

降低采样速率通常采用抽取的方法。抽取可以是整数倍抽取，也可以是有理数因子或任意因子抽取。这里，仅讨论整数 M 倍的抽取运算和描述。

9.2.1　整数 M 倍信号抽取的运算

设离散信号序列为 $x(n)$，其整数 M 倍抽取的定义为

$$y(m) = x(Mm) \tag{9.2.1}$$

表示对序列 $x(n)$ 每隔 $M-1$ 个样本值抽取(保留)一个，而去除两个保留样本之间的 $M-1$ 个样本。抽取运算的框图如图 9.2.1 所示。$M=3$ 的抽取过程如图 9.2.2 所示。由图可见，在抽取运算后，原序列中的 $n=3m$ 处的样本值将保留，而 $n\neq 3m$ 处的样本将去除。

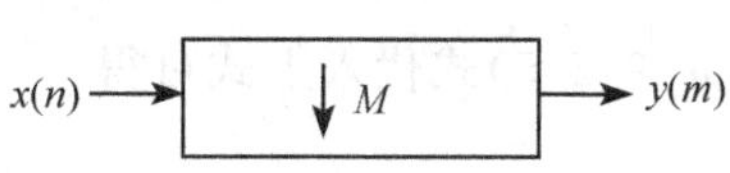

图 9.2.1　整数 M 倍抽取运算框图

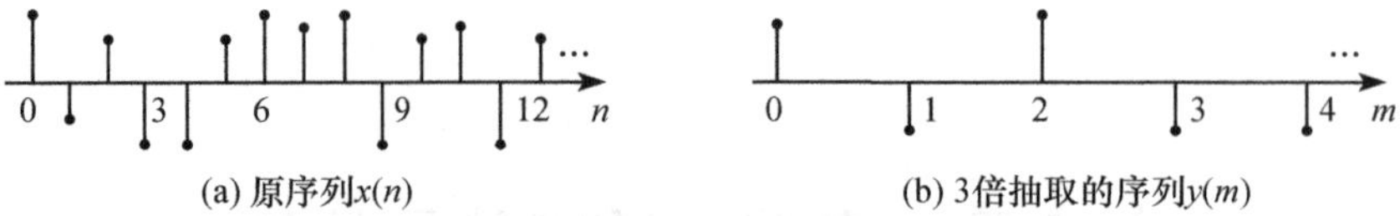

图 9.2.2　离散信号序列 $x(n)$的抽取过程

设原离散信号序列 $x(n)$的采样周期为 T,采样频率 $f_s=1/T$,则经过 M 倍抽取后的序列 $y(m)$的采样周期为

$$T_D = MT \tag{9.2.2}$$

采样频率为

$$f_{Ds} = \frac{1}{T_D} = \frac{1}{MT} = \frac{f_s}{M} \tag{9.2.3}$$

显然,M 倍抽样后序列 $y(m)$的采样频率 f_{Ds}是原序列 $x(n)$采样频率 f_s 的 $1/M$。因此,信号的抽取,降低了信号的采样速率。

9.2.2　信号抽取的变换域描述

大家知道,周期为 M 的单位脉冲序列

$$\tilde{\delta}_M(n) = \sum_{l=-\infty}^{\infty}\delta(n-lM) \tag{9.2.4}$$

由周期序列的离散傅里叶级数知,$\tilde{\delta}_M(n)$的离散傅里叶级数表示为

$$\tilde{\delta}_M(n) = \frac{1}{M}\sum_{k=0}^{M-1}W_M^{-kn},\quad W_M = \mathrm{e}^{-\mathrm{j}2\pi/M} \tag{9.2.5}$$

由 Z 变换的定义,原序列 $x(n)$经 M 倍抽取后的序列 $y(m)$的 Z 变换 $Y(z)$表示为

$$\begin{aligned}Y(z) &= \sum_{m=-\infty}^{\infty}y(m)z^{-m} = \sum_{m=-\infty}^{\infty}x(Mm)z^{-m} \\ &= \sum_{\substack{n=-\infty \\ n\text{ 是 }M\text{ 的整数倍}}}^{\infty}x(n)z^{-n/M}\end{aligned} \tag{9.2.6}$$

由于周期为 M 的单位脉冲序列 $\tilde{\delta}_M(n)$只在 n 为 M 的整数倍时的值为 1,n 为其他值时为零,所以(9.2.6)式可写为

$$Y(z) = \sum_{n=-\infty}^{\infty}x(n)\tilde{\delta}_M(n)z^{-n/M} \tag{9.2.7}$$

将(9.2.5)式代入上式可得

$$Y(z) = \frac{1}{M}\sum_{n=-\infty}^{\infty}\sum_{k=0}^{M-1}x(n)W_M^{-kn}z^{-n/M} \tag{9.2.8}$$

对上式交换求和顺序即得到

$$Y(z) = \frac{1}{M}\sum_{k=0}^{M-1} X(z^{1/M}W_M^k) \tag{9.2.9}$$

再将 $z=\mathrm{e}^{\mathrm{j}\omega_y}$ 代入上式，最后得到整数 M 倍抽取后序列 $y(m)$ 的频谱函数为

$$Y(\mathrm{e}^{\mathrm{j}\omega_y}) = \frac{1}{M}\sum_{k=0}^{M-1} X[\mathrm{e}^{\mathrm{j}(\omega_y - 2\pi k)/M}] \tag{9.2.10}$$

式中，ω_y 表示 $y(m)$ 的数字频率，即 $\omega_y=2\pi fT_{\mathrm{D}}$。设原序列 $x(n)$ 的数字频率为 ω_x，即 $\omega_x=2\pi fT$，因为 $T_{\mathrm{D}}=MT$，所以

$$\omega_y = 2\pi fMT = M\omega_x \tag{9.2.11}$$

由(9.2.10)式可知，整数 M 倍抽取后序列 $y(m)$ 的频谱函数 $Y(\mathrm{e}^{\mathrm{j}\omega_y})$ 可按下列步骤获得：

(1) 将原序列 $x(n)$ 的频谱函数 $X(\mathrm{e}^{\mathrm{j}\omega_x})$ 扩展 M 倍，得函数 $X(\mathrm{e}^{\mathrm{j}\omega_y/M})$，注意 $X(\mathrm{e}^{\mathrm{j}\omega_y/M})$ 的周期为 $2\pi M$。

(2) 将 $X(\mathrm{e}^{\mathrm{j}\omega_y/M})$ 右移 2π 的整数倍得函数 $X[\mathrm{e}^{\mathrm{j}(\omega_y-2\pi k)/M}]$ $(k=0,1,\cdots,M-1)$。

(3) 将(2)中的 M 个周期为 $2\pi M$ 的函数相加并乘以因子 $1/M$，即可得到周期为 2π 的 M 倍抽取后序列 $y(m)$ 的频谱函数 $Y(\mathrm{e}^{\mathrm{j}\omega_y})$。

例 9.2.1　序列 $x(n)$ 的频谱函数 $X(\mathrm{e}^{\mathrm{j}\omega_x})$ 是以 2π 为周期的频率 ω_x 的连续函数，现设

$$X(\mathrm{e}^{\mathrm{j}\omega_x}) = \begin{cases} X(\mathrm{e}^{\mathrm{j}\omega_x}), & 2\pi l - 3\pi/4 \leqslant \omega_x \leqslant 2\pi l + 3\pi/4,\ l = 0, \pm 1, \pm 2, \cdots \\ 0, & \text{其他} \end{cases}$$

如图 9.2.3(a)所示的梯形。求 $M=2$ 倍抽取后序列 $y(m)$ 的频谱函数 $Y(\mathrm{e}^{\mathrm{j}\omega_y})$。

解　根据整数 M 倍抽取后序列 $y(m)$ 的频谱函数 $Y(\mathrm{e}^{\mathrm{j}\omega_y})$ 的(9.2.10)式，现 $M=2$，所以

$$Y(\mathrm{e}^{\mathrm{j}\omega_y}) = \frac{1}{2}\sum_{k=0}^{1} X[\mathrm{e}^{\mathrm{j}(\omega_y-2\pi k)/2}]$$

式中，$X(\mathrm{e}^{\mathrm{j}\omega_y/2})$ 和 $X[\mathrm{e}^{\mathrm{j}(\omega_y-2\pi k)/2}]$ 分别如图 9.2.3(b)、(c)所示，将二者相加并乘以因子 1/2，即得 $Y(\mathrm{e}^{\mathrm{j}\omega_y})$，图 9.2.3(d)示出了 $2Y(\mathrm{e}^{\mathrm{j}\omega_y})$ 的结果。

由例 9.2.1 的图 9.2.3 可知，由于 $X(\mathrm{e}^{\mathrm{j}\omega_y/2})$ 与 $X[\mathrm{e}^{\mathrm{j}(\omega_y-2\pi)/2}]$ 的非零部分有重叠，所以抽取后序列的频谱形状在 $\omega_y=-\pi-2\pi l$ 和 $\omega_y=\pi+2\pi l$ $(l=0,1,\cdots)$ 附近发生了变化，这种现象称为抽取产生的频谱混叠。

例 9.2.2　设序列 $x(n)$ 的频谱函数

$$X(\mathrm{e}^{\mathrm{j}\omega_x}) = \begin{cases} 1 - \dfrac{3}{\pi}\lvert\omega_x + 2\pi l\rvert, & -2\pi l - \pi/3 \leqslant \omega_x \leqslant -2\pi l + \pi/3,\ l = 0,1,\cdots \\ 1 - \dfrac{3}{\pi}\lvert\omega_x - 2\pi l\rvert, & 2\pi l - \pi/3 \leqslant \omega_x \leqslant 2\pi l + \pi/3,\ l = 0,1,\cdots \\ 0, & \text{其他} \end{cases}$$

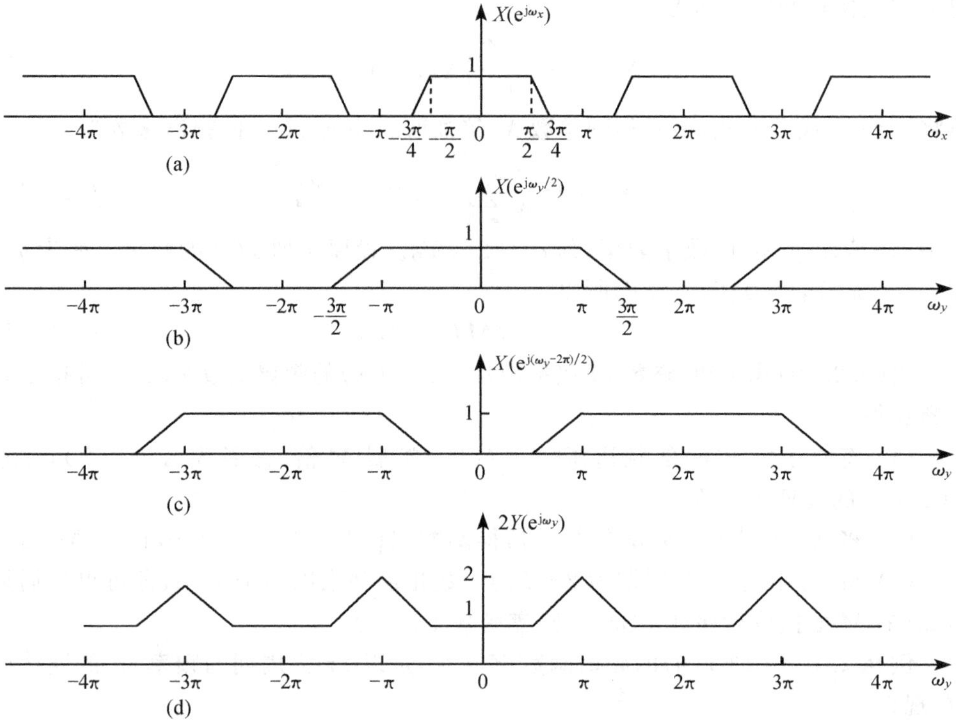

图 9.2.3　例 9.2.1 $x(n)$经 2 倍抽取后序列的频谱

如图 9.2.4(a)中所示的三角形。求 $M=3$ 倍抽取后序列 $y(m)$的频谱函数 $Y(e^{j\omega_y})$。

解　根据整数 M 倍抽取后序列 $y(m)$的频谱函数 $Y(e^{j\omega_y})$的(9.2.10)式，现 $M=3$，所以

$$Y(e^{j\omega_y}) = \frac{1}{3}\sum_{k=0}^{2} X(e^{j(\omega_y-2\pi k)/3})$$

式中，$X(e^{j\omega_y/3})$、$X(e^{j(\omega_y-2\pi)/3})$和 $X(e^{j(\omega_y-4\pi)/3})$分别如图 9.2.4(b)、(c)和(d)所示，将三者相加并乘以因子 1/3，即得 $Y(e^{j\omega_y})$，图 9.2.4(e)示出了 $3Y(e^{j\omega_y})$的结果。

由图 9.2.4 可知，$x(n)$经 3 倍抽取后序列的频谱函数恰好不产生频谱混叠。一般地，由于序列 $x(n)$经整数 M 倍抽取后序列的频谱将扩展 M 倍，所以，当原序列 $x(n)$的频谱是带限的，且在主值频率区间$[-\pi,\pi]$内满足

$$X(e^{j\omega_x}) = 0,\quad \pi/M < |\omega_x| \leqslant \pi \tag{9.2.12}$$

则 M 倍抽取后序列的频谱就不会发生混叠。(9.2.12)式称为序列抽取频谱不混叠的奈奎斯特(Nyquist)条件。

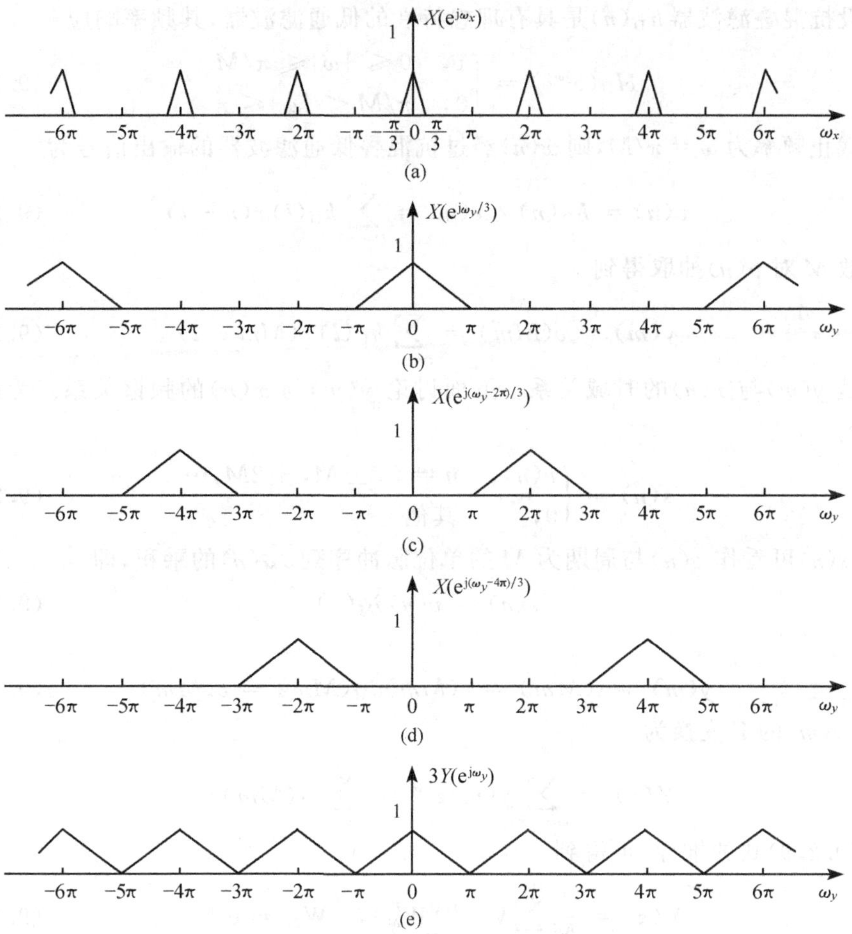

图 9.2.4　例 9.2.2$x(n)$经 3 倍抽取后序列的频谱函数

9.2.3　抗混叠整数倍信号抽取

前面已经指出，以采样频率 f_s 获得的信号序列 $x(n)$，经整数 M 倍抽取后，使采样频率降低为 $f_{Ds}=f_s/M$，这样可能会产生频谱混叠。为了避免频谱混叠，必须先对 $x(n)$进行抗混叠低通滤波，以便将 $x(n)$的有效频带限制在折叠频率$f_s/(2M)$以内，等效的数字频率为 π/M 以内，然后再对 $x(n)$进行整数 M 倍抽取，得到抽取后的序列 $y(m)$。这个过程如图 9.2.5 所示。

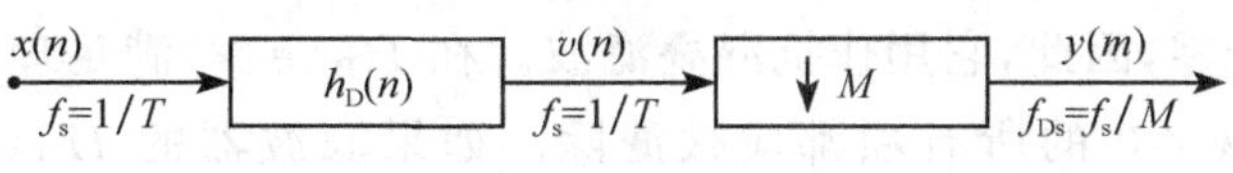

图 9.2.5　抗混叠整数 M 倍抽取运算框图

设抗混叠滤波器$h_D(n)$是具有理想特性的低通滤波器，其频率响应

$$H_D(e^{j\omega_x}) = \begin{cases} 1, & 0 \leqslant |\omega| \leqslant \pi/M \\ 0, & \pi/M < |\omega| \leqslant \pi \end{cases} \tag{9.2.13}$$

阻带截止频率为$\omega_s = \pi/M$，则$x(n)$经过抗混叠低通滤波器的输出信号为

$$v(n) = h_D(n) * x(n) = \sum_{l=-\infty}^{\infty} h_D(l)x(n-l) \tag{9.2.14}$$

按整数M对$v(n)$抽取得到

$$y(m) = v(Mm) = \sum_{l=-\infty}^{\infty} h_D(l)x(Mm-l) \tag{9.2.15}$$

这就是$y(m)$与$x(n)$的时域关系。下面讨论$y(m)$与$x(n)$的频谱关系。为此，定义序列

$$s(n) = \begin{cases} v(n), & n = 0, \pm M, \pm 2M, \cdots \\ 0, & \text{其他} \end{cases} \tag{9.2.16}$$

显然，$s(n)$可看作$v(n)$与周期为M的单位脉冲序列$\tilde{\delta}_M(n)$的乘积，即

$$s(n) = v(n)\tilde{\delta}_M(n) \tag{9.2.17}$$

所以

$$y(m) = s(Mm) = v(Mm)\tilde{\delta}_M(Mm) = v(Mm) \tag{9.2.18}$$

这样，$y(m)$的Z变换为

$$Y(z) = \sum_{m=-\infty}^{\infty} y(m)z^{-m} = \sum_{m=-\infty}^{\infty} s(Mm)z^{-m}$$

仿照(9.2.9)式的推导，可得到

$$Y(z) = \frac{1}{M}\sum_{k=0}^{M-1} V(z^{1/M}W_M^k), \quad W_M = e^{-j2\pi/M} \tag{9.2.19}$$

式中，$V(z) = \mathrm{ZT}[v(n)] = H_D(z)X(z)$，所以

$$Y(z) = \frac{1}{M}\sum_{k=0}^{M-1} H_D(z^{1/M}W_M^k)X(z^{1/M}W_M^k), \quad W_M = e^{-j2\pi/M} \tag{9.2.20}$$

计算单位圆上的$Y(z)$，就得到$y(m)$的频谱函数$Y(e^{j\omega_y})$。令$z = e^{j\omega_y}$，代入(9.2.20)式，得

$$Y(e^{j\omega_y}) = \frac{1}{M}\sum_{k=0}^{M-1} H_D[e^{j(\omega_y - 2\pi k)/M}]X[e^{j(\omega_y - 2\pi k)/M}] \tag{9.2.21}$$

可以看出，$Y(e^{j\omega_y})$是由M个频段的信号混叠在一起的结果。低通滤波器$H_D(e^{j\omega})$的作用是对$x(n)$进行高频分量抑制，以便使$v(n)$的频谱分量在频率$\pi/M < |\omega| \leqslant \pi$范围内接近于零，因此，它用作抗混叠滤波。在$H_D(e^{j\omega_x})$满足理想条件情况下，(9.2.21)式中$k \neq 0$的所有项都应被滤除。如果滤波器的$H_D(e^{j\omega_x})$非常逼近(9.2.13)式的理想响应特性，则

$$Y(e^{j\omega_y}) \approx \frac{1}{M}X(e^{j\omega_y/M}), \quad 0 \leqslant |\omega_y| \leqslant \pi \tag{9.2.22}$$

9.3　信号的内插

提高信号采样率通常采用内插的方法，最常用的是整数 L 倍内插。

9.3.1　整数 L 倍信号内插的运算

按整数 L 倍信号内插的目的是将原信号采样频率提高 L 倍。设序列 $x(n)$ 是由模拟信号 $x_a(t)$ 采样得到的时域离散信号，即 $x(n)=x_a(nT)$，采样频率 $f_s=1/T$，满足采样定理。按整数 L 倍内插就是在 $x(n)$ 的相邻两个序列值之间插入 $L-1$ 个新的序列值，从而得到一个新的序列 $y(m)$。$y(m)$ 的采样周期 $T_I=T/L$，采样频率 $f_{Is}=1/T_I=Lf_s$。现在的问题是所插入的 $L-1$ 个新的序列值如何由已知序列 $x(n)$ 的若干个序列值来求得。根据时域采样定理，由序列 $x(n)$ 可以不失真地恢复模拟信号 $x_a(t)$，因此，所插入的 $L-1$ 个新的序列值的解是肯定存在的。下面讨论按整数 L 倍内插的一种方案。

按整数 L 倍内插的过程分两步完成：第一步在 $x(n)$ 的相邻两个序列值之间等间隔插入 $L-1$ 个零序列值，称为"零值内插"，得序列 $v(m)$；第二步将序列 $v(m)$ 通过一低通滤波器 $h_I(m)$ 进行平滑处理，其输出为序列 $y(m)$。这种内插方案如图 9.3.1 所示，图 9.3.2(a)、(b)和(c)画出了 $L=3$ 时的内插过程示意图。

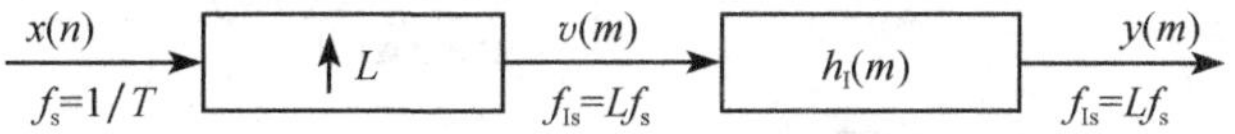

图 9.3.1　整数 L 倍内插方案原理框图

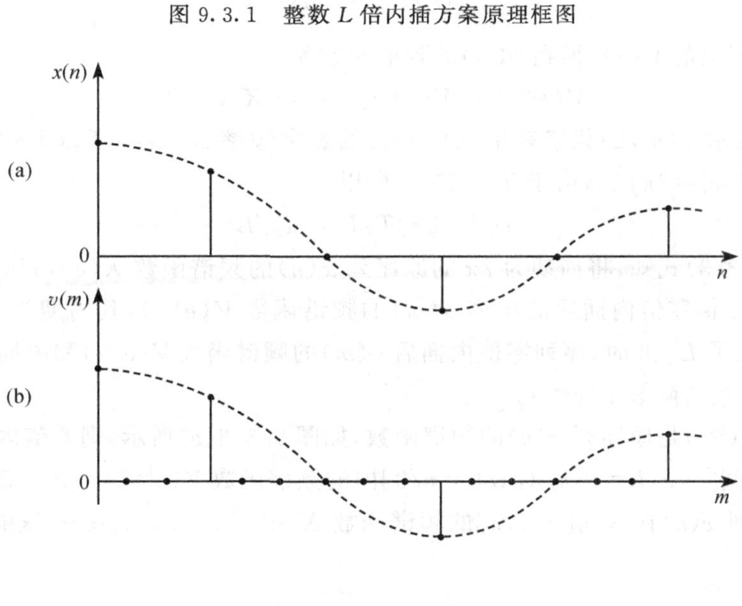

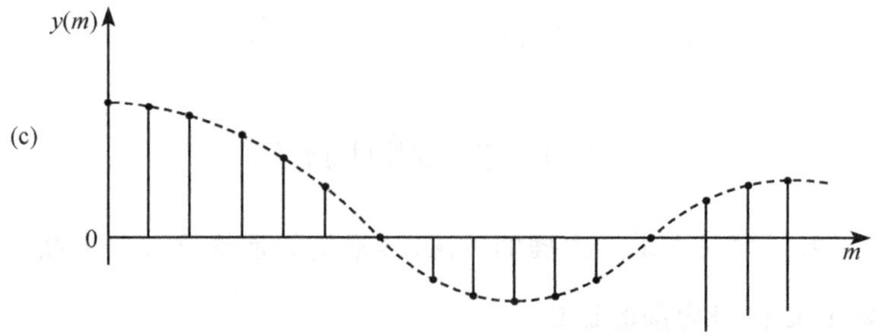

图 9.3.2　整数 $L=3$ 内插过程示意图

整数 L 倍内插过程中,零值内插的输出序列 $v(m)$ 可表示为

$$v(m)=\begin{cases}x\left(\dfrac{m}{L}\right), & m=0,\pm L,\pm 2L,\cdots \\ 0, & \text{其他}\end{cases} \tag{9.3.1}$$

9.3.2　信号内插的变换域描述

现在讨论整数 L 倍信号内插的频域分析。从内插过程知,序列 $v(m)$ 的采样频率与序列 $y(m)$ 的采样频率相同。现在通过分析序列 $v(m)$ 的频谱,找出为了从 $v(m)$ 得到 $y(m)$,内插滤波器 $h_{\mathrm{I}}(m)$ 应具有什么样的特性。序列 $v(m)$ 的 Z 变换为

$$V(z)=\sum_{m=-\infty}^{\infty}v(m)z^{-m}=\sum_{\substack{m=-\infty\\ m\text{是}L\text{的整数倍}}}^{\infty}x\left(\frac{m}{L}\right)z^{-m}$$

$$=\sum_{n=-\infty}^{\infty}x(n)z^{-Ln}=X(z^{L}) \tag{9.3.2}$$

计算单位圆上的 $V(z)$,得到 $v(m)$ 的频谱函数为

$$V(\mathrm{e}^{\mathrm{j}\omega_y})=V(z)\big|_{z=\mathrm{e}^{\mathrm{j}\omega_y}}=X(\mathrm{e}^{\mathrm{j}L\omega_y}) \tag{9.3.3}$$

式中,ω_y 表示 $y(m)$ 的数字频率,而 $v(m)$ 的数字频率 $\omega_v=\omega_y$,所以上式中直接用 ω_y 表示,且 $\omega_y=2\pi fT_{\mathrm{I}}$,由于 $T_{\mathrm{I}}=T/L$,所以

$$\omega_y=2\pi fT/L=\omega_x/L \tag{9.3.4}$$

由(9.3.3)式知,将周期为 2π 的原序列 $x(n)$ 的频谱函数 $X(\mathrm{e}^{\mathrm{j}\omega_x})$ 压缩 L 倍即得到整数 L 倍零值内插后的序列 $v(m)$ 的频谱函数 $V(\mathrm{e}^{\mathrm{j}\omega_y})$,其周期为 $2\pi/L$。图 9.3.3 画出了 $L=3$ 时,序列零值内插后 $v(m)$ 的频谱函数 $V(\mathrm{e}^{\mathrm{j}\omega_y})$ 和内插滤波后序列 $y(m)$ 的频谱函数 $Y(\mathrm{e}^{\mathrm{j}\omega_y})$。

设 $X(\mathrm{e}^{\mathrm{j}\omega_x})$ 是原序列 $x(n)$ 的频谱函数,如图 9.3.3(a)所示,则零值内插后序列 $v(m)$ 在区间$[-\pi/L=-\pi/3,\pi/L=\pi/3]$内的频谱函数 $V(\mathrm{e}^{\mathrm{j}\omega_y})(-\pi/3\leqslant\omega_y\leqslant\pi/3)$ 是由原序列 $x(n)$ 在区间$[-\pi,\pi]$的频谱函数 $X(\mathrm{e}^{\mathrm{j}\omega_x})(-\pi\leqslant\omega_x\leqslant\pi)$ 压缩 $L=3$ 倍

获得的，除了一个频率上的压缩比例因子外，这两个频率函数的形状是一样的；由于 $X(e^{j\omega_x})$ 的周期为 2π，所以 $V(e^{j\omega_y})$ 在每个 $[-\pi,\pi]$ 周期内，将有 L 个周期为 $2\pi/L=2\pi/3$ 重复的频谱形状，如图 9.3.3(b)所示。我们把 $V(e^{j\omega_y})$ 在频段 $\pi/L<|\omega_y|\leqslant\pi$ 上的周期重复谱称为镜像频谱。

上述分析结果表明，零值内插后序列 $v(m)$ 的频谱函数 $V(e^{j\omega_y})$ 中不仅包含基带频率($-\pi/L\leqslant\omega_y\leqslant\pi/L$)分量，而且还包含 $L-1$ 个以谐波 $\pm2\pi/L,\pm4\pi/L,\cdots,\pm(L-1)\pi/(2L)$ 为中心频率的镜像频率分量。为了恢复基带信号而滤除不需要的镜像分量，有必要用一个数字低通滤波器对序列 $v(m)$ 进行滤波，内插用的这一滤波器 $h_I(n)$ 称为镜像滤波器。镜像滤波器 $h_I(m)$ 的理想频率响应特性为

$$H_I(e^{j\omega_y})=\begin{cases}G, & 0\leqslant|\omega_y|\leqslant\pi/L\\ 0, & \pi/L<|\omega_y|\leqslant\pi\end{cases}\tag{9.3.5}$$

下面将证明，为了保证 $y(m)$ 的幅度是正确的，滤波器的增益 G 在通带内必须为 L。$L=3$ 内插后的序列 $v(m)$ 经(9.3.5)式所示的镜像滤波器后，所得 $y(m)$ 的频谱函数如图 9.3.3(c)所示。

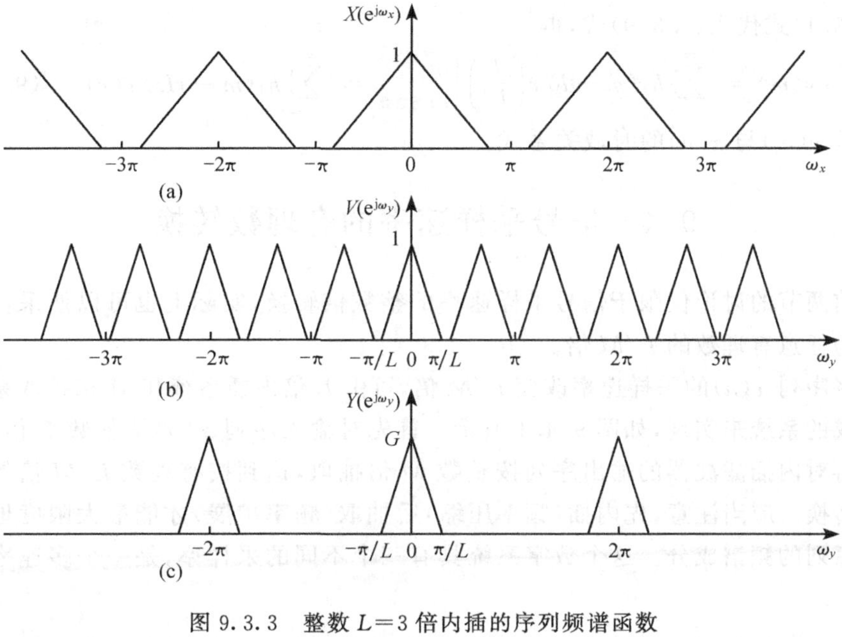

图 9.3.3　整数 $L=3$ 倍内插的序列频谱函数

若实际的镜像滤波器的频率响应特性为 $H_I(e^{j\omega_y})$，则

$$Y(e^{j\omega_y})=H_I(e^{j\omega_y})V(e^{j\omega_y})=H_I(e^{j\omega_y})X(e^{jL\omega_y})\tag{9.3.6}$$

即

$$Y(\mathrm{e}^{\mathrm{j}\omega_y}) = \begin{cases} GX(\mathrm{e}^{\mathrm{j}L\omega_y}), & 0 \leqslant |\omega_y| \leqslant \pi/L \\ 0, & \pi/L < |\omega_y| \leqslant \pi \end{cases} \tag{9.3.7}$$

为了在 $m=0,\pm L,\pm 2L,\cdots$时,确保输出序列 $y(m)=x(m/L)$,镜像滤波器的增益 G 可由 $m=0$ 时的 $y(0)=x(0)$来确定。在 $m=0$ 时,有

$$y(0) = \frac{1}{2\pi}\int_{-\pi}^{\pi} Y(\mathrm{e}^{\mathrm{j}\omega_y})\mathrm{d}\omega_y = \frac{G}{2\pi}\int_{-\pi/L}^{\pi/L} X(\mathrm{e}^{\mathrm{j}L\omega_y})\mathrm{d}\omega_y$$

因为 $\omega_y=\omega_x/L$,所以

$$y(0) = \frac{G}{2\pi}\frac{\int_{-\pi}^{\pi} X(\mathrm{e}^{\mathrm{j}\omega_x})\mathrm{d}\omega_x}{L} = \frac{G}{L}x(0) \tag{9.3.8}$$

现要求 $y(0)=x(0)$,所以应有 $G=L$,即若要求理想的内插镜像滤波器能够恢复内插前的信号,则其增益 G 必须等于 L。

最后,根据上述原理,给出输出序列 $y(m)$与输入序列 $x(n)$的时域关系式。由图 9.3.1 可知

$$y(m) = h_{\mathrm{I}}(m) * v(m) = \sum_{l=-\infty}^{\infty} h_{\mathrm{I}}(m-l)v(l) \tag{9.3.9}$$

将(9.3.1)式代入(9.3.9)式,得

$$y(m) = \sum_{l=-\infty}^{\infty} h_{\mathrm{I}}(m-l)x\left(\frac{l}{L}\right)\bigg|_{l/L\text{为整数}} = \sum_{r=-\infty}^{\infty} h_{\mathrm{I}}(m-rL)x(r) \tag{9.3.10}$$

这就是 $y(m)$与 $x(n)$的时域关系式。

9.4　信号采样速率的有理数转换

前两节的讨论仅限于信号采样速率的整数倍转换,实际上也可以使采样速率转换为任意有理数的 L/M 倍。

将序列 $x(n)$的采样速率改变 L/M 倍,可由 L 倍内插系统和 M 倍抽取系统级联构成的系统来实现,如图 9.4.1 所示。首先对输入序列 $x(n)$按整数 L 倍内插,然后再对内插滤波器的输出序列按整数 M 倍抽取,达到按有理数 L/M 倍的采样速率转换。应当注意,先内插(频率压缩)后抽取(频率扩展)才能最大限度地保留输入序列的频谱成分。这个数字系统具有三个不同的采样率,是一个多速率数字系统。

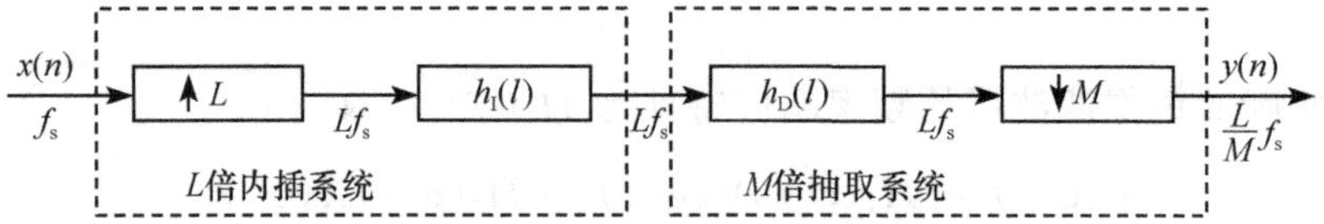

图 9.4.1　有理数 L/M 倍采样速率转换原理框图

如果仍用 $f_s=1/T$ 表示输入序列 $x(n)$ 的采样频率，而用 $f_{L/M}=1/T_{L/M}$ 表示输出序列 $y(m)$ 的采样频率，则 $f_{L/M}=(L/M)f_s$。在图 9.4.1 中，镜像滤波器 $h_I(l)$ 和抗混叠滤波器 $h_D(l)$ 是直接级联的，而且工作在相同的采样频率 Lf_s 上，因此可以将二者合并成一个等效滤波器 $h(l)$，从而得到按有理数 L/M 倍采样速率转换的等效原理框图，如图 9.4.2 所示。

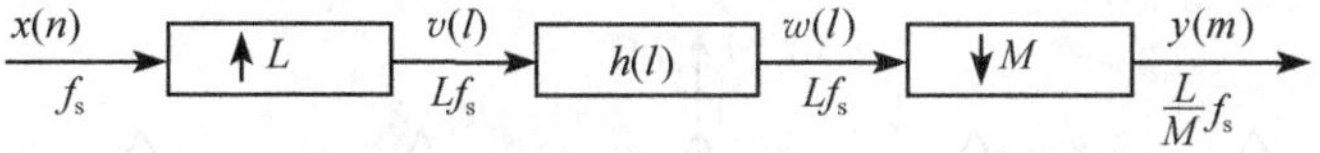

图 9.4.2 有理数 L/M 倍采样速率转换等效原理框图

如前所述，在理想情况下，$h_I(l)$ 和 $h_D(l)$ 均为理想低通滤波器，所以等效滤波器 $h(l)$ 也是理想低通滤波器，其等效带宽应当是 $h_I(l)$ 和 $h_D(l)$ 中最小的带宽。这样，$h(l)$ 的频率响应为

$$H(e^{j\omega_v})=\begin{cases}L, & 0\leqslant|\omega_v|\leqslant\min\{\pi/L,\pi/M\}\\0, & \min\{\pi/L,\pi/M\}<|\omega_v|\leqslant\pi\end{cases}\tag{9.4.1}$$

现在推导图 9.4.2 中输出序列的时域表示式。零值内插的输出序列为

$$v(l)=\begin{cases}x(l/L), & l=0,\pm L,\pm 2L,\cdots\\0, & \text{其他}\end{cases}\tag{9.4.2}$$

等效的线性滤波器 $h(l)$ 输出序列为

$$\begin{aligned}w(l)&=\sum_{g=-\infty}^{\infty}h(l-g)v(g)=\sum_{g=-\infty}^{\infty}h(l-g)x\left(\frac{g}{L}\right)\Bigg|_{g/L\text{为整数}}\\&=\sum_{r=-\infty}^{\infty}h(l-rL)x(r)\end{aligned}\tag{9.4.3}$$

整数 M 倍抽取得到输出序列 $y(m)$，其时域表示式为

$$y(m)=w(Mm)=\sum_{r=-\infty}^{\infty}h(Mm-rL)x(r)\tag{9.4.4}$$

如果线性滤波器用 FIR 滤波器实现，则可以根据(9.4.4)式计算输出序列 $y(m)$。

例 9.4.1 已知图 9.4.2 系统中，输入序列 $x(n)$ 的采样频率为 4kHz，其频谱形状如图 9.4.3(a)所示。试确定图 9.4.2 系统中的内插倍数 L，抽取倍数 M 和等效理想低通滤波器的频率响应 $H(e^{j\omega_v})$，使输出序列 $y(m)$ 的采样频率为 5kHz。

解 由于 5kHz/4kHz=5/4，所以可取 $L=5$，$M=4$。序列 $x(n)$ 的 $L=5$ 倍内插后序列 $v(l)$ 的频谱形状如图 9.4.3(b)所示；线性滤波器的频率响应为

$$H(e^{j\omega_v})=\begin{cases}L=5, & 0\leqslant|\omega_v|\leqslant 0.16\pi\\0, & 0.16\pi<|\omega_v|\leqslant\pi\end{cases}$$

再经过 $M=4$ 倍抽取后输出序列 $y(m)$ 的频谱形状如图 9.4.3(c)所示。

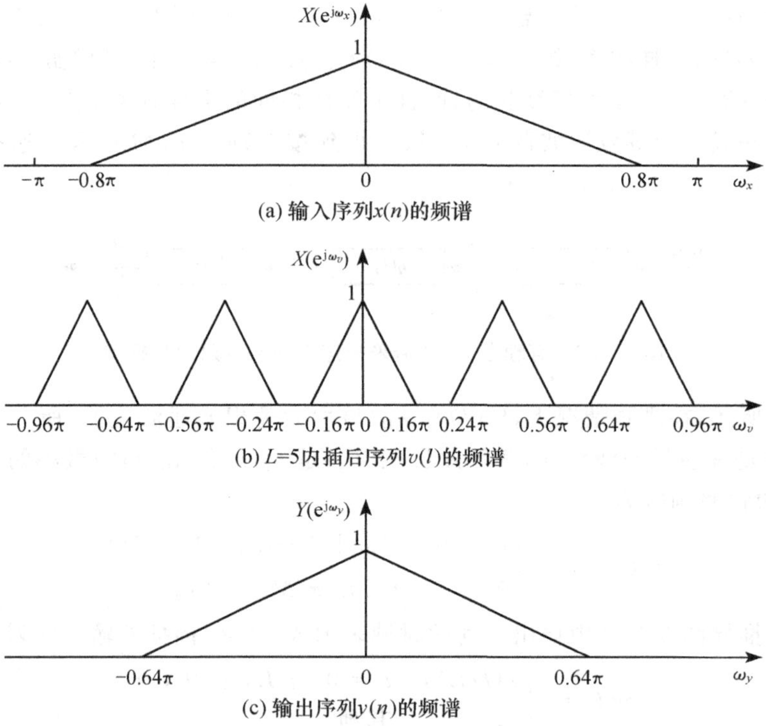

图 9.4.3　例 9.4.1 各序列的频谱

9.5　采样频率转换系统的 FIR 滤波器算法结构

从以上三节看到，采样速率转换系统中都需要一个数字低通滤波器，它用于滤除可能会引起信号失真的频谱分量。根据采样速率转换系统中输出序列 $y(m)$与输入序列 $x(n)$的时域关系式，参见(9.2.15)式、(9.3.10)式和(9.4.4)式，当用因果稳定的线性滤波器实现时，可以采用 FIR 数字滤波器，连同抽取器或内插器一起，采用合理的算法结构，能够大大提高运算效率。

采用 FIR 滤波器实现采样速率转换系统中的滤波器具有很多优点，主要是 FIR 滤波器一定是稳定的，容易实现线性相位特性，具有便于实现的高效算法结构等。所以在采样速率转换系统中大多采用 FIR 滤波器来实现，本节将分别介绍直接型 FIR 滤波器的高效算法结构和多级算法结构。

9.5.1　采样速率转换系统的直接型 FIR 滤波器算法结构

有理数 L/M 倍采样速率转换系统的原理框图如图 9.4.2 所示，输出序列

$y(m)$与输入序列 $x(n)$的时域关系为(9.4.4)式。当 $h(n)$是长度为 N 的 FIR 滤波器单位脉冲响应时,可以采用如图 9.5.1 所示的算法结构来实现,其中的 FIR 滤波器采用直接型算法结构。

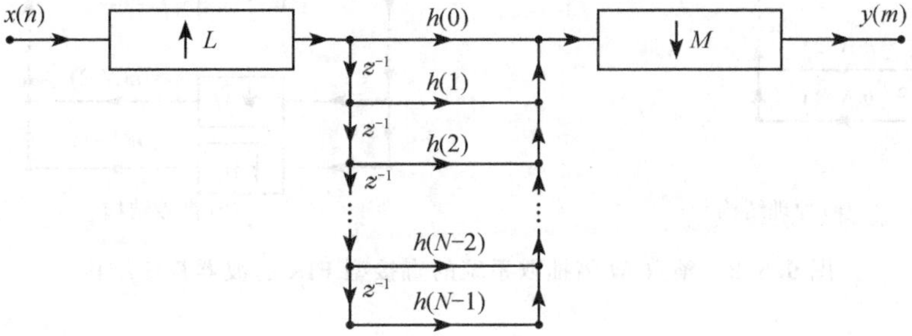

图 9.5.1　L/M 倍采样速率转换系统的直接型 FIR 滤波器算法结构

图 9.5.1 所示的直接型 FIR 滤波器算法结构概念清楚,结构简单。但是,滤波器的所有乘法运算和加法运算都是在系统采样速率最高处进行的;由于零值内插过程中在输入序列 $x(n)$的相邻序列值之间插入 $L-1$ 个零序列值,如果 L 比较大,则进入 FIR 滤波器的信号值大部分为零,因此乘法运算的结果也大部分为零,即多数乘法是无效运算;而且,最后的抽取过程使 FIR 滤波器的每 M 个输出值中只有一个被抽取输出,也就是说,有 $M-1$ 个滤波器的输出值其计算结果是没用的。因此,图 9.5.1 所示的直接型 FIR 滤波器算法结构是低效率的。下面研究直接型 FIR 滤波器的高效算法结构。

导出高效算法结构的基本思想是,将 FIR 滤波器的乘法和加法运算移到采样速率转换系统中采样速率最低处进行,且只做有用输出序列值的运算。下面分别讨论整数 M 倍抽取系统和整数 L 倍内插系统的高效算法结构。

1. 整数 M 倍抽取系统的直接型 FIR 滤波器算法结构

根据图 9.2.5 和输出序列 $y(m)$与输入序列 $x(n)$的时域关系(9.2.15)式,画出整数 M 倍抽取系统的直接型 FIR 滤波器算法结构如图 9.5.2(a)所示。该结构中,FIR 滤波器 $h(n)=h_D(n)$以高采样速率 f_s 运算,但其输出的每 M 个序列值中只抽取一个作为抽取系统最终的输出,丢弃了其余的 $M-1$ 个运算结果,所以,这种结构的运算效率很低。

为了得到直接型 FIR 滤波器的高效运算结构,将抽取操作 $\boxed{\downarrow M}$ 嵌入 FIR 滤波器算法结构中,如图 9.5.2(b)所示。图 9.5.2(a)中抽取器 $\boxed{\downarrow M}$ 在 $n=Mm$ 时刻开通,选通 FIR 滤波器输出序列值中在该时刻的一个输出作为抽取系统输出序列的一个序列值 $y(m)$,即

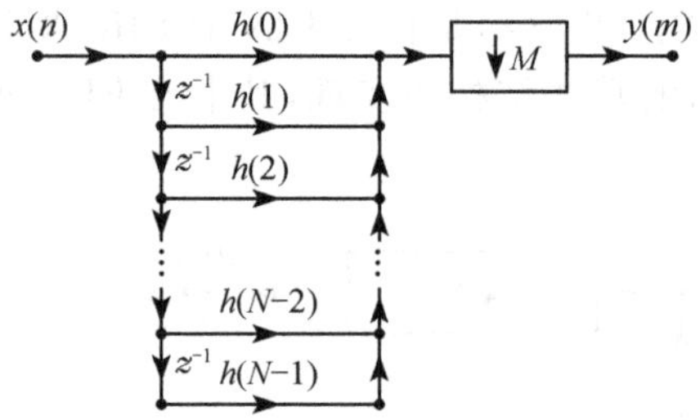

(a) 原理结构

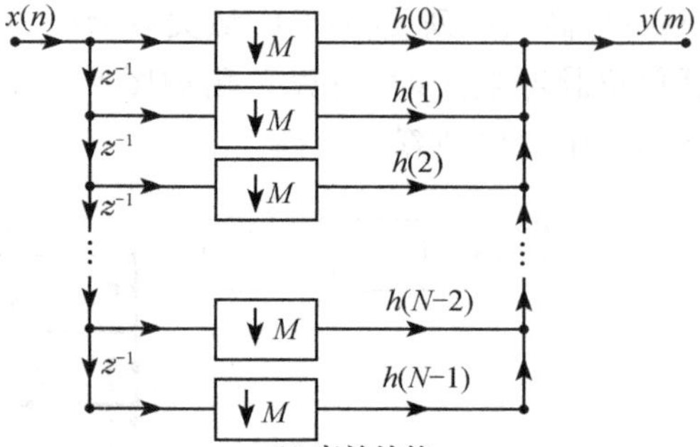

(b) 高效结构

图 9.5.2　整数 M 倍抽取系统的直接型 FIR 滤波器算法结构

$$y(m)=\sum_{l=0}^{N-1}h(l)x(Mm-l) \tag{9.5.1}$$

而图 9.5.2(b)中抽取器 $\boxed{\downarrow M}$ 在 $n=Mm$ 时刻同时开通，选通 FIR 滤波器输入序列 $x(n)$ 的一组延时序列值：$x(Mm)$，$x(Mm-1)$，$x(Mm-2)$，…，$x(Mm-N+2)$，$x(Mm-N+1)$，再进行乘法、加法运算，得到抽取系统输出序列的一个序列值

$$y(m)=\sum_{l=0}^{N-1}h(l)x(Mm-l) \tag{9.5.2}$$

它与(9.5.1)式给出的 $y(m)$ 完全相同。因此，图 9.5.2(a)和图 9.5.2(b)的功能完全等效，但图 9.5.2(b)的运算量仅是图 9.5.2(a)的 $1/M$，故称图 9.5.2(b)为抽取系统直接型 FIR 滤波器的高效算法结构。

应当说明，虽然图 9.5.2(b)将抽取器 $\boxed{\downarrow M}$ 移到 N 条支路的每个乘法器之前，但这并不是把抽取操作移到滤波运算之前，而仍然是先滤波后抽取。这是因为加在 FIR 滤波器各条支路上的信号还是抽取前的各序列值 $x(n)$，这种结果只是对原 FIR 滤波器输出序列抽取中被丢弃的序列值不做运算，从而提高了运算效率。

如果 FIR 滤波器设计为线性相位滤波器，则根据 $h(n)$ 的对称性，还可以进一步减小运算量，其算法结构如图 9.5.3 所示。

2. 整数 L 倍内插系统的直接型 FIR 滤波器算法结构

根据图 9.3.1 画出整数 L 倍内插系统的直接型 FIR 滤波器算法结构如图 9.5.4 所示。该算法结构中，FIR 滤波器 $h(n)=h_{\mathrm{I}}(n)$ 以高采样速率 Lf_s 进行运算，正如前面所讨论的，其运算效率很低。

显然，对于图 9.5.4 所示的直接型结构，不能简单地将零值内插器 $\boxed{\uparrow L}$ 移到 FIR 滤波器结构中的 N 条支路的乘法器之后，因为那样做就会变成先滤波运算再零值内插。

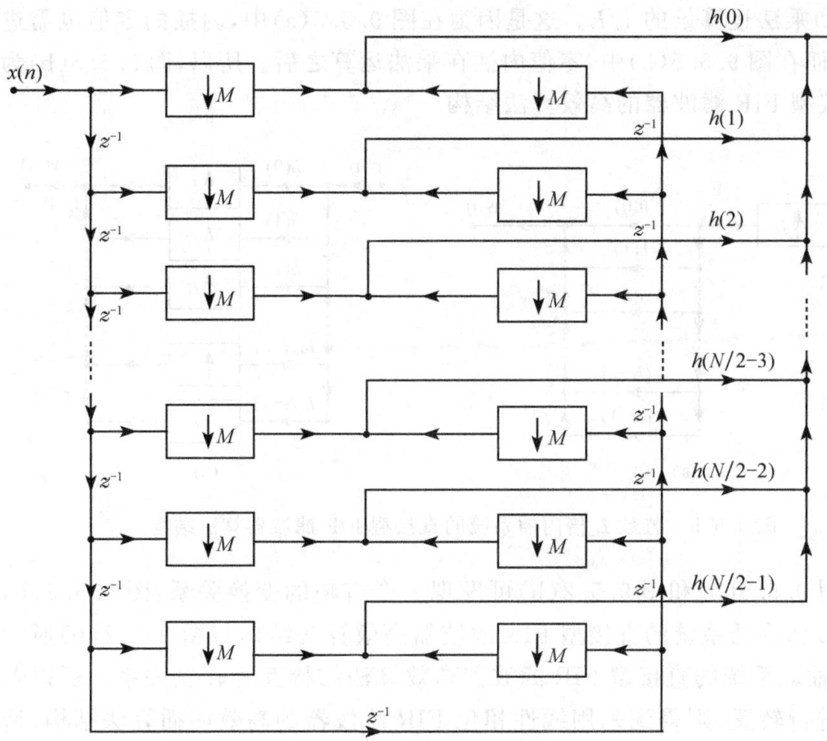

图 9.5.3　采用线性相位 FIR 滤波器的高效抽取算法结构

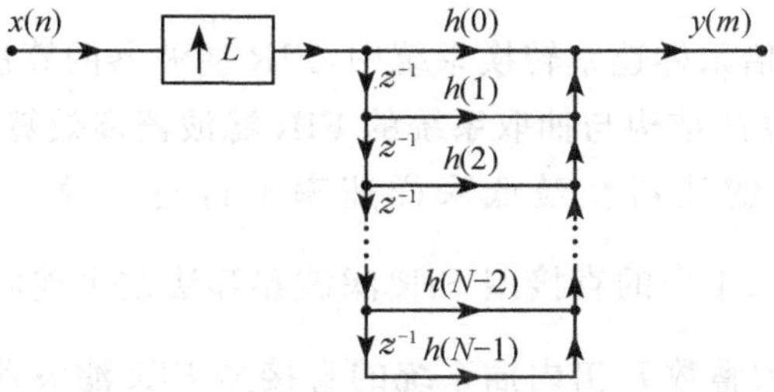

图 9.5.4　整数 L 倍内插系统的直接型 FIR 滤波器算法结构

为了得到整数 L 倍内插系统的直接型 FIR 滤波器高效算法结构，首先对图 9.5.4 中的直接型 FIR 滤波器算法结构部分进行转置变换，,得到如图 9.5.5(a)所示的等效算法结构。然后可以将零值内插器 $\boxed{\uparrow L}$ 移到 FIR 滤波器结构中的 N 条支路的乘法器之后，得到如图 9.5.5(b)所示的算法结构。由于图 9.5.5(a)、(b)加到延迟链上的信号完全相同，所以二者的整数 L 倍内插功能完全等效。但图 9.5.5(b)中的所有乘法运算都在低采样速率 f_s 下完成，其乘法运算量仅是

图 9.5.5(a)乘法运算量的 $1/L$。这是因为在图 9.5.5(a)中,内插的零值也需进行乘法运算,而在图 9.5.5(b)中,零值内插在乘法运算之后。所以,图 9.5.5(b)为内插系统直接型 FIR 滤波器的高效算法结构

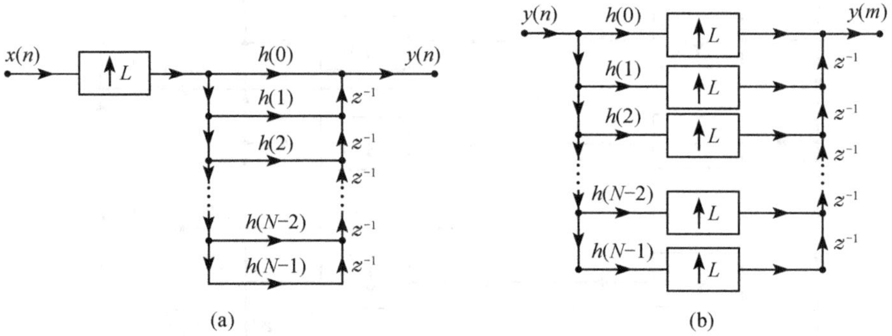

图 9.5.5 整数 L 倍内插系统的直接型 FIR 滤波器算法结构

观察图 9.5.5(b)和图 9.5.2(b)可发现一个有趣的变换关系:图 9.5.5(b)所示的整数 L 倍内插系统的直接型 FIR 滤波器高效算法结构与图 9.5.2(b)所示的整数 M 倍抽取系统的直接型 FIR 滤波器高效算法结构互为转置关系。所以若将图 9.5.3 进行转置,则得到采用线性相位 FIR 滤波器的高效内插算法结构,请读者自己完成。

3. 有理数 L/M 倍采样速率转换系统 FIR 滤波器的高效算法结构

在有理数 L/M 倍采样速率转换系统中,FIR 滤波器的算法结构基于内插系统的 FIR 滤波器高效算法结构与抽取系统的 FIR 滤波器高效算法结构进行设计,其设计思想是,使 FIR 滤波器在最低采样速率上进行运算。为此,当 $L>M$ 时,$\frac{L}{M}f_s>f_s$,则将图 9.5.1 中的直接型 FIR 滤波器算法结果连同前面的内插器 $\boxed{\uparrow L}$ 用图 9.5.5(b)所示的整数 L 倍内插系统的直接型 FIR 滤波器高效算法结构代替即可;当 $L<M$ 时,$\frac{L}{M}f_s<f_s$,则将图 9.5.1 中的直接型 FIR 滤波器算法结果连同后面的抽取器 $\boxed{\downarrow M}$ 用图 9.5.2(b)所示的整数 M 倍抽取系统的直接型 FIR 滤波器高效算法结构代替即可。如果采用线性相位 FIR 滤波器算法结构,则应当用相应的线性相位 FIR 滤波器内插高效算法结构或抽取高效算法结构实现。

9.5.2 采样速率转换系统的多级实现

采样速率转换系统中的抽取滤波器和内插滤波器可以用多级级联实现。

1. 整数 M 倍抽取滤波器的多级实现

由于整数 M 倍抽取滤波器的截止频率为 π/M，故随着 M 的增加抽取滤波器的过滤带宽度将会变窄。大家知道，FIR 滤波器的阶数是与过渡带宽度成反比的。所以当 M 较大时，所需的 FIR 滤波器的阶数将很高。为了减少系统的运算量，提高运算效率，可采用多级方案来实现 M 倍抽取滤波系统。

当整数 M 很大时，如果 M 可以分解为 J 个正整数 $M_j(j=1,2,\cdots,J)$ 的乘积，即

$$M=\prod_{j=1}^{J}M_j \tag{9.5.3}$$

则整数 M 倍抽取系统可用如图 9.5.6 所示的 J 级整数倍抽取系统的级联来实现。其中每一级可用直接型 FIR 抽取滤波器的高效算法结构。

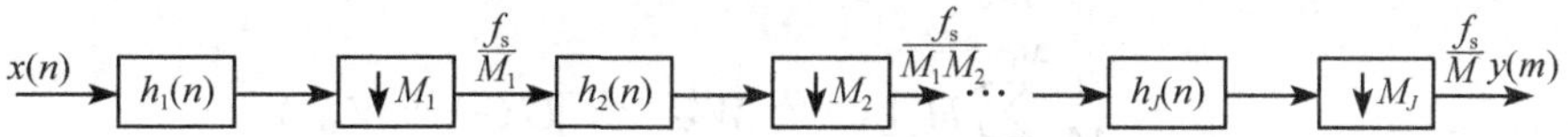

图 9.5.6　整数 M 倍抽取系统的多级实现原理框图

在该实现结构中，第 j 级输出序列的采样速率为

$$f_j=f_{j-1}/M_j,\quad j=1,2,\cdots,J \tag{9.5.4}$$

式中，$f_0=f_s$。图 9.5.6 中，$h_j(n)$是第 j 级整数 M_j 倍抽取系统的抗混叠滤波器，其阻带截止频率应满足

$$\omega_{sj}=\pi/M_j \tag{9.5.5}$$

按照该式设计每一级抗混叠滤波器，可以保证各级抽取后无频谱混叠现象。

下面以整数倍抽取系统的两级实现为例做进一步分析。因为一般抽取系统的抽取倍数 M 为几到几十的量级，所以讨论其两级实现是有意义的，且在此基础上可推广到多级实现系统中。

设整数抽取倍数 $M=M_1M_2$（M_1，M_2 也是正整数），抗混叠滤波器 $h(n)$的系统函数 $H(z)=H_1(z)H_2(z^{M_1})$，则 M 倍抽取系统如图 9.5.7(a)所示，等价地抽取系统如图 9.5.7(b)所示。下面将证明，它的两级实现系统如图 9.5.7(c)所示。

现在证明，图 9.5.7(c)是图 9.5.7(b)的两级实现系统。对于图 9.5.7(b)所示系统，有

$$V_b(z)=H_2(z^{M_1})U(z) \tag{9.5.6}$$

根据(9.2.19)式，得

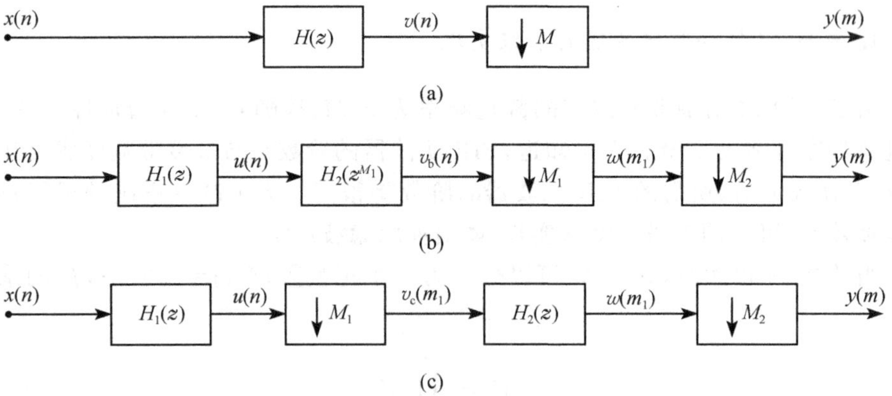

图 9.5.7　整数倍抽取系统及两级实现原理框图

$$
\begin{aligned}
W(z) &= \frac{1}{M_1}\sum_{k=0}^{M_1-1} V_b(z^{1/M_1} W_{M_1}^k) \\
&= \frac{1}{M_1}\sum_{k=0}^{M_1-1} H_2[(z^{1/M_1} W_{M_1}^k)^{M_1}] U(z^{1/M_1} W_{M_1}^k) \\
&= \frac{1}{M_1}\sum_{k=0}^{M_1-1} H_2(z W_{M_1}^{kM_1}) U(z^{1/M_1} W_{M_1}^k)
\end{aligned}
$$

式中

$$
W_{M_1}^{kM_1} = e^{-j\frac{2\pi}{M_1}kM_1} = e^{-j2\pi k} = 1
$$

于是有

$$
W(z) = \frac{H_2(z)}{M_1}\sum_{k=0}^{M_1-1} U(z^{1/M_1} W_{M_1}^k) \tag{9.5.7}
$$

而对于图 9.5.7(c)所示系统，根据(9.2.19)式得

$$
V_c(z) = \frac{1}{M_1}\sum_{k=0}^{M_1-1} U(z^{1/M_1} W_{M_1}^k) \tag{9.5.8}
$$

于是有

$$
W(z) = H_2(z)V(z) = \frac{H_2(z)}{M_1}\sum_{k=0}^{M_1-1} U(z^{1/M_1} W_{M_1}^k) \tag{9.5.9}
$$

比较(9.5.7)式和(9.5.9)式，二者一样，这就证明了图(9.5.7)所示系统确实是整数 M 倍抽取系统的两级实现系统。并由此得到一般的抽取等式，如图 9.5.8 所示。

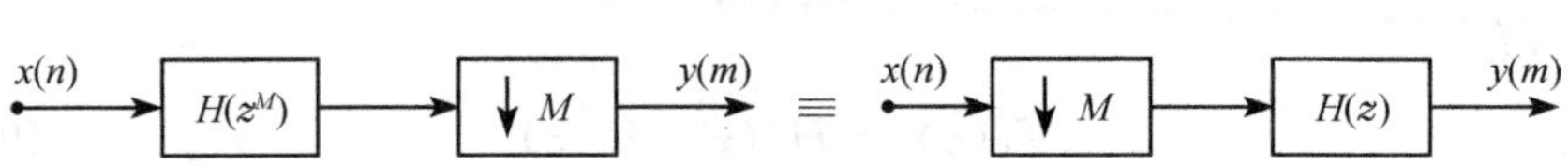

图 9.5.8　抽取等式

若要求抽取滤波器的通带截止频率和阻带截止频率分别为 ω_p 和 ω_s（$\omega_p<\omega_s$，$\omega_s\leqslant\pi/M$），如图 9.5.9(a)所示，则由于第一级做 M_1 倍抽取后，信号的频谱扩展 M_1 倍，所以可设 $H_2(z)$的通带截止频率和阻带截止频率分别为 $\omega_{p2}=M_1\omega_p$ 和 $\omega_{s2}=M_1\omega_s$，即 $H_2(z)$的过渡带宽度是 $H(z)$的 M_1 倍，如图 9.5.9(b)所示；而 $H_2(z^{M_1})$的幅频响应特性如图 9.5.9(c)所示；为使 $H_1(z)H_2(z^{M_1})$满足 $H(z)$的指标要求，$H_1(z)$的通带截止频率可取为 $\omega_{p1}=\omega_p$，为使滤波器阶数尽可能低，过渡带宽度应尽可能取大。由图 9.5.9(c)可知，$H_1(z)$的阻带截止频率可取为 $\omega_{s1}=2\pi/M_1-\omega_s$，如图 9.5.9(d)所示。

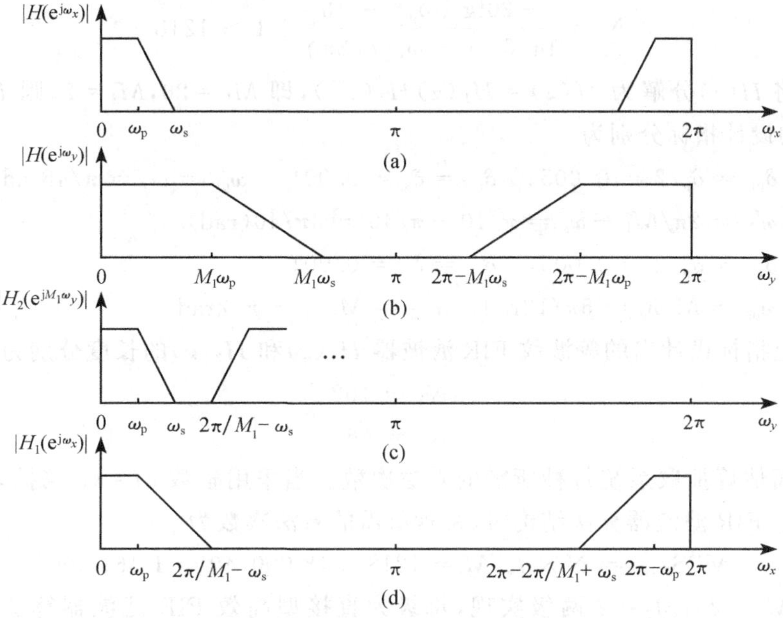

图 9.5.9　整数倍抽取系统中两级实现时各滤波器的幅频响应

设抽取滤波器 $H(z)$在通带内的波纹和阻带内的波纹允许值分别为 δ_p 和 δ_s，为使抽取系统的级联在通带内满足波纹指标要求，$H_1(z)$和 $H_2(z)$在通带内的波纹分别可取 $\delta_{p1}=\delta_{p2}=\delta_p/2$；为使抽取系统的级联在阻带内满足波纹指标要求，$H_1(z)$和 $H_2(z)$在阻带内的波纹可取为 $\delta_{s1}=\delta_{s2}=\delta_s$。

例 9.5.1　设信号的频率范围为 0～500Hz，$x(n)$是对该信号采样所得序列，采样频率 $f_s=48$kHz。试设计两级实现的等波纹 FIR 滤波器抽取系统，要求保留信号的全部频率分量，滤波器在通带和阻带内的波纹分别为 $\delta_p=0.01$，$\delta_s=0.001$。

解　首先确定抽取倍数 M。因为信号的频率范围为 0 到 500Hz，根据时域采样定理，采样的最低频率为 $f_{slea}=2\times500\text{Hz}=1.0\text{kHz}$，现采样频率 $f_s=48$kHz，这样，抽取倍数 M 最大为 $M_{max}=48\div1=48$。

为了保留信号的全部频率分量时留有余量，现取抽取倍数 $M=40$。

现在确定两级抽取实现时各自的抽取倍数 M_1 和 M_2 及 FIR 滤波器 $H_1(z)$ 和 $H_2(z)$ 的技术指标与长度 N_1 和 N_2。抽取滤波器 $H(z)$ 的通带截止频率和阻带截止频率分别为

$$\omega_p = 2\pi \times 500/f_s = 2\pi \times 500/48000 = \pi/48(\text{rad})$$

$$\omega_s = \pi/M = \pi/40\text{rad}$$

若按等波纹 FIR 滤波器设计方法，根据估计滤波器阶数的凯塞经验公式，滤波器 $H(z)$ 的长度为

$$N = \frac{-20\lg\sqrt{\delta_p\delta_s}-13}{14.6\,|\omega_p-\omega_s|/(2\pi)}+1 \approx 1218$$

若将 $H(z)$ 分解为 $H(z)=H_1(z)H_2(z^{20})$，即 $M_1=20, M_2=2$，则 $H_1(z)$ 和 $H_2(z)$ 的设计指标分别为

$$\delta_{p1} = \delta_p/2 = 0.005,\quad \delta_{s1} = \delta_s = 0.001,\quad \omega_{p1} = \omega_p = \pi/48\text{rad}$$

$$\omega_{s1} = 2\pi/M_1 - \omega_s = \pi/10 - \pi/40 = 3\pi/40(\text{rad})$$

$$\delta_{p2} = \delta_p/2 = 0.005,\quad \delta_{s2} = \delta_s = 0.001$$

$$\omega_{p2} = M_1\omega_p = 5\pi/12\text{rad},\quad \omega_{s2} = M_1\omega_s = \pi/2\text{rad}$$

根据以上指标设计出的等波纹 FIR 滤波器 $H_1(z)$ 和 $H_2(z)$ 的长度分别为

$$N_1 = 102$$

$$N_2 = 66$$

下面估算抽取系统每秒所需的乘法次数。当采用整数 $M=40$ 倍抽取系统直接型高效 FIR 滤波器算法结构时，每秒所需的乘法次数为

$$\text{MPS}_{M,H} = N \times f_s/M = 1218 \times 48\,000/40 = 1\,461\,600$$

当采用 $M_1=20, M_2=2$ 两级实现，每级为直接型高效 FIR 滤波器算法结构时，$H_1(z)$ 系统和 $H_2(z)$ 系统每秒所需乘法次数分别为

$$\text{MPS}_{M_1,H_1} = N_1 \times f_s/M_1 = 102 \times 48\,000/20 = 244\,800$$

$$\text{MPS}_{M_2,H_2} = N_2 \times (f_s/M_1)/M_2 = 66 \times 2400/2 = 79\,200$$

两级级联型算法结构和直接型算法结构每秒所需乘法次数的百分比为

$$\frac{\text{MPS}_{M_1,H_1} + \text{MPS}_{M_2,H_2}}{\text{MPS}_{M,H}} \times 100\% = 22.168\%$$

显然，两级级联实现的方案，系统每秒所需乘法次数低于单级直接型的算法结构。

最后说明，整数 $M=M_1M_2$ 之 M_1 与 M_2 的数值分配不同，滤波器 $H_1(z)$ 和 $H_2(z)$ 的长度也将各不相同，系统每秒所需乘法次数也不同。例如，在上例中 $M=40$，当 $M_1=8, M_2=5$ 时，则有

$$N_1 = 27,\quad N_2 = 165$$

$$\mathrm{MPS}_{M_1,H_1} = 162\,000, \quad \mathrm{MPS}_{M_2,H_2} = 198\,000$$

当 M_1、M_2 为其他数值时，其结果请读者自己进行计算。取 $M_1=20, M_2=2$ 的两级抽取方案，运算效率最高，而取 $M_1=2, M_2=20$ 的两级抽取方案运算效率最低，这是应当注意的。

2. 整数 L 倍内插滤波器的多级实现

多级实现方案也适用于整数 L 倍内插滤波系统。设

$$L = \prod_{k=1}^{K} L_k \tag{9.5.10}$$

式中 $L_k(k=1,2,\cdots,K)$ 均为正整数，则整数 L 倍内插滤波系统可用图 9.5.10 所示的 K 级整数内插系统的级联来实现，其中每一级可采用直接型 FIR 内插滤波器的高效算法结构。

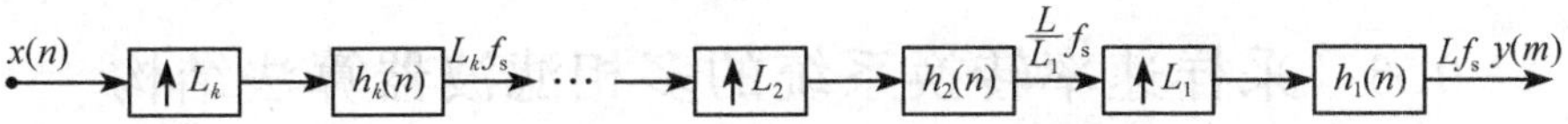

图 9.5.10　整数 L 倍内插系统的多级实现原理框图

设用系统函数 $H(z)$ 表示的整数 L 倍内插滤波系统如图 9.5.11(a)所示。若 $L=L_2L_1$，$H(z)=H_2(z^{L_1})H_1(z)$，则等价的内插系统如图 9.5.11(b)所示。它的两级实现如图 9.5.11(c)所示，证明如下：

对于图 9.5.11(b)所示系统，根据(9.3.2)式，得

$$V_b(z) = U(z^{L_1}) \tag{9.5.11}$$

于是有

$$W(z) = H_2(z^{L_1})V_b(z) = H_2(z^{L_1})U(z^{L_1}) \tag{9.5.12}$$

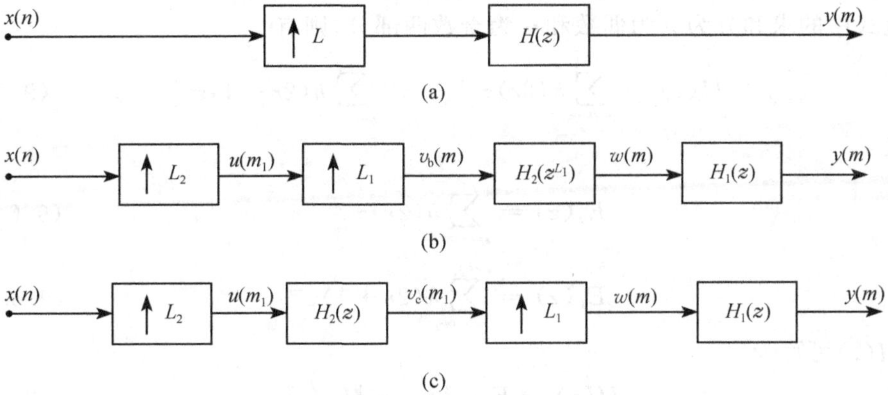

图 9.5.11　整数倍内插系统及两级实现原理框图

对于图 9.5.11(c)所示系统,有

$$V_c(z) = H_2(z)U(z) \tag{9.5.13}$$

根据(9.3.2)式,得

$$W(z) = V_c(z^{L_1}) = H_2(z^{L_1})U(z^{L_1}) \tag{9.5.14}$$

比较(9.5.12)式和(9.5.14)式,二者一样,这就说明了图 9.5.11(c)所示系统确实是整数 L 倍内插滤波系统的两级实现系统。并由此得到一般的内插等式,如图 9.5.12 所示。

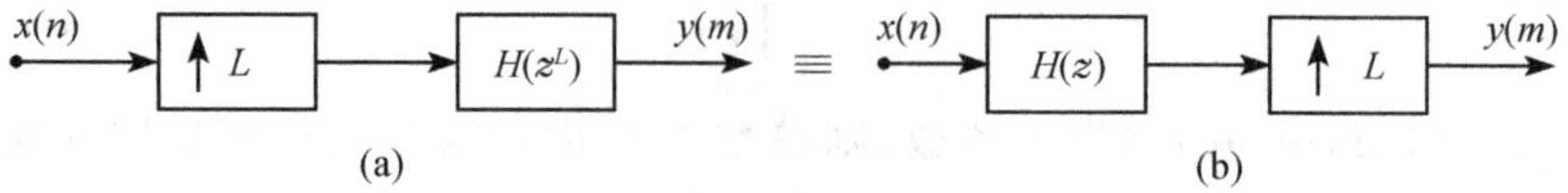

图 9.5.12 内插等式

9.6 采样速率转换系统的多相滤波器算法结构

在多速率信号处理系统的分析中,多相分解(polyphase decomposition)是一种非常有用的工具。多相分解不仅在多速率信号处理系统的理论分析中起着重要作用,而且利用多相分解还可以得到更有效地实现多速率信号处理系统的多相滤波器算法结构。

9.6.1 多速率信号处理系统的多相分解表示

设系统的系统函数为 $H(z)$,其定义为

$$H(z) = \sum_{n=-\infty}^{\infty} h(n)z^{-n} \tag{9.6.1}$$

将上式中的求和分为 n 为偶数和 n 为奇数两部分,则有

$$H(z) = \sum_{r=-\infty}^{\infty} h(2r)z^{-2r} + z^{-1}\sum_{r=-\infty}^{\infty} h(2r+1)z^{-2r} \tag{9.6.2}$$

定义

$$E_0(z) = \sum_{r=-\infty}^{\infty} h(2r)z^{-r} \tag{9.6.3a}$$

$$E_1(z) = \sum_{r=-\infty}^{\infty} h(2r+1)z^{-r} \tag{9.6.3b}$$

则 $H(z)$可写为

$$H(z) = E_0(z^2) + z^{-1}E_1(z^2) \tag{9.6.4}$$

称(9.6.4)式为 $H(z)$在 $M=2$ 时的多相分解表示,$E_0(z)$为 $H(z)$的第 0 个多相分

量,$E_1(z)$为 $H(z)$的第 1 个多相分量。(9.6.4)式所示的 $H(z)$多相分解表示对 IIR 滤波器和 FIR 滤波器均成立。

例 9.6.1　已知一阶 IIR 滤波器的系统函数为

$$H(z)=\frac{(1-\alpha)}{2}\frac{1+z^{-1}}{1-\alpha z^{-1}}$$

试求其 $M=2$ 时的多相分量。

解　因为

$$\begin{aligned}H(z)&=\frac{(1-\alpha)}{2}\frac{1+z^{-1}}{1-\alpha z^{-1}}=\frac{(1-\alpha)}{2}\frac{(1+z^{-1})(1+\alpha z^{-1})}{(1-\alpha z^{-1})(1+\alpha z^{-1})}\\&=\frac{(1-\alpha)}{2}\frac{1+\alpha z^{-2}+z^{-1}(1+\alpha)}{1-\alpha^2 z^{-2}}\\&=\frac{(1-\alpha)}{2}\frac{1+\alpha z^{-2}}{1-\alpha^2 z^{-2}}+\frac{(1-\alpha^2)}{2}\frac{z^{-1}}{1-\alpha^2 z^{-2}}\end{aligned}$$

所以,系统函数 $H(z)=E_0(z^2)+z^{-1}E_1(z^2)$的两个多相分量分别为

$$E_0(z)=\frac{(1-\alpha)}{2}\frac{1+\alpha z^{-1}}{1-\alpha^2 z^{-1}}$$

和

$$E_1(z)=\frac{(1-\alpha^2)}{2}\frac{1}{1-\alpha^2 z^{-1}}$$

例 9.6.2　设六阶线性相位 FIR 滤波器的系统函数为

$$\begin{aligned}H(z)=&h(0)+h(1)z^{-1}+h(2)z^{-2}+h(3)z^{-3}\\&+h(2)z^{-4}+h(1)z^{-5}+h(0)z^{-6}\end{aligned}$$

试求其 $M=2$ 时的多相分量。

解　由 FIR 滤波器的单位脉冲响应 $h(n)$知,它是偶对称的,所以该 FIR 滤波器是严格线性相位的 FIR 系统,其系统函数 $H(z)$可表示为

$$\begin{aligned}H(z)=&[h(0)+h(2)z^{-2}+h(2)z^{-4}+h(0)z^{-6}]\\&+z^{-1}[h(1)+h(3)z^{-2}+h(1)z^{-4}]\end{aligned}$$

所以,系统函数 $H(z)$的两个多相分量分别为

$$E_0(z)=h(0)+h(2)z^{-1}+h(2)z^{-2}+h(0)z^{-3}$$

和

$$E_1(z)=h(1)+h(3)z^{-1}+h(1)z^{-2}$$

可见,该六阶线性相位 FIR 系统的两个多相分量也分别是线性相位 FIR 系统。

上述关于 $H(z)$的 $M=2$ 的多相分解可推广到 M 为任意正整数的一般情况。令 $n=rM+k(k=0,1,\cdots,M-1)$,则(9.6.1)式所示的系统函数 $H(z)$可写为

$$H(z)=\sum_{k=0}^{M-1}\sum_{r=-\infty}^{\infty}h(rM+k)z^{-(rM+k)}$$

$$= \sum_{k=0}^{M-1} z^{-k} \sum_{r=-\infty}^{\infty} h(rM+k) z^{-rM} \tag{9.6.5}$$

定义 $H(z)$的第 k 个多相分量为

$$E_k(z) = \sum_{r=-\infty}^{\infty} h(rM+k) z^{-r}, \quad k = 0,1,\cdots,M-1 \tag{9.6.6}$$

则(9.6.5)式所示的 $H(z)$可表示为

$$H(z) = \sum_{k=0}^{M-1} z^{-k} E_k(z^M) \tag{9.6.7}$$

称(9.6.7)式为 $H(z)$的Ⅰ型多相分解表达式。若记 $R_k(z) = E_{M-1-k}(z)(k=0, 1,\cdots,M-1)$,则可得 $H(z)$多相分解的另一种表述形式

$$H(z) = \sum_{k=0}^{M-1} z^{-(M-1-k)} R_k(z^M) \tag{9.6.8}$$

称(9.6.8)式为 $H(z)$的Ⅱ型多相分解表达式。

9.6.2 抽取和内插系统的多相滤波器算法结构

由 $H(z)$的多相分解表示可以推导出抽取和内插系统的多相滤波器算法结构。

根据(9.6.7)式,按整数 M 倍抽取系统的 FIR 滤波器算法结构,可以用 M 个长度较短的多相滤波器构成的滤波器组实现,如图 9.6.1(a)所示。如果 FIR 滤波器总长度为 N,第 k 个多相分量 $E_k(z)$构成的 FIR 子滤波器长度为 N_k,则有 $N = \sum_{k=0}^{M-1} N_k$。由图 9.5.8 表示的抽取等式,可得图 9.6.1(b)所示的等价结构。通常称图 9.6.1(b)所示结构为抽取滤波系统的多相算法结构。

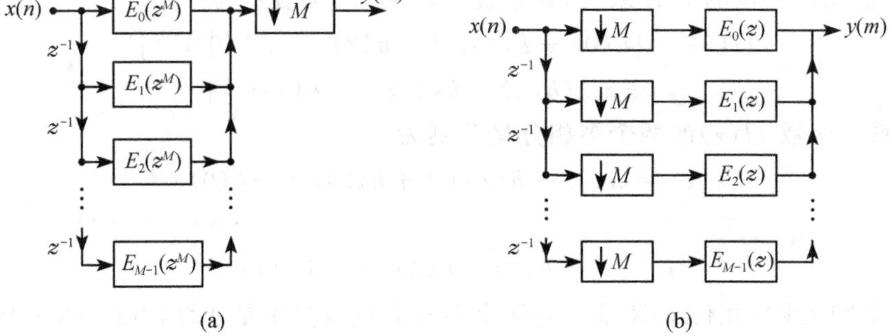

图 9.6.1 整数 M 倍抽取滤波系统的多相算法结构

下面分析整数 M 倍抽取滤波系统的多相算法结构的运算量。如图 9.6.1(b)所示多相算法结构,第 k 个多相分量 $E_k(z)$构成的 FIR 子滤波器需要 N_k 次

乘法和 N_k-1 次加法。若以输入序列 $x(n)$ 的采样间隔为单位时间，则 M 个单位时间(获得一个输出序列值)内多相滤波器算法结构共需要完成的乘法次数为 $\sum_{k=0}^{M-1} N_k = N$，共需要完成的加法次数为 $\sum_{k=0}^{M-1}(N_k-1)+(M-1)=N-1$。这与图 9.5.2(b)所示的整数 M 倍抽取滤波系统直接型 FIR 滤波器的高效算法结构运算量是一样的。

如果用Ⅱ型多相分解表示整数 L 倍内插滤波，根据(9.6.8)式，则可用图 9.6.2(a)所示的算法结构实现内插滤波系统。由图 9.5.12 所示的内插等式，可得图 9.6.2(b)所示的等价结构。通常称图 9.6.2(b)所示结构为内插滤波系统的多相算法结构。

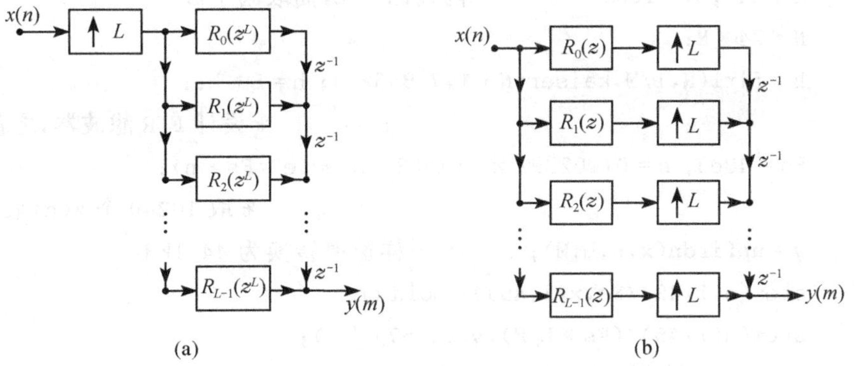

图 9.6.2　整数 L 倍内插滤波系统的多相算法结构

在图 9.6.2(b)所示的内插滤波系统多相算法结构中，$R_k(z)$ 的工作频率与输入序列的采样频率相同，所以每个乘法器都有一个单位时间来完成运算。系统所需完成的乘法次数为 $\sum_{k=0}^{L-1} N_k = N$，所需的加法次数为 $\sum_{k=0}^{L-1}(N_k-1)+(L-1)=N-1$。

9.7　采样速率转换系统的 Matlab 实现

Matlab 信号处理工具箱提供了一些采样速率转换函数，本节简要介绍这些函数的功能和调用格式。

1. 内插、滤波和抽取

格式：y＝upfirdn(x,h)

y＝upfirdn(x,h,L)，L 缺省时默认为 1

y＝upfirdn(x,h,L,M)，M 缺省时默认为 1

功能：(1) 对输入序列 x 进行 L 倍零值内插。

(2) 对内插信号进行 FIR 滤波，其中 h 是 FIR 滤波器的单位脉冲响应，滤波采用多相结构。

(3) 按照因子 M 进行抽取，得到输出序列 y。

例 9.7.1 设序列 $x(n)=\sin(2\pi\times1000n/f_s)$，$f_s=48$kHz。按照因子 147/160 抽取，将 $x(n)$ 的采样速率转换为 44.1kHz 得到序列 $y(n)$，画出 $x(n)$ 和 $y(n)$ 的波形。

解 利用 upfirdn 函数，编写程序如下：

```
L = 147; M = 160;          % 内插因子 L,抽取因子 M
N = 24 * M;
h = fir1(N,1/M,kaiser(N + 1,7.8562)); h = L * h;;
                                        %设计 FIR 滤波器,增益为 L
Fs = 48e3; n = 0:10239; x = sin(2 * pi * 1e3/Fs * n);
                                        %取 10240 个 x(n)采样值
y = upfirdn(x,h,L,M);        % 采样速率转换为 44.1kHz
stem(n(1:49)/Fs,x(1:49)); hold on
stem(n(1:45)/(Fs * L/M),y(13:57),'.');
xlabel('时间/s'); ylabel ('x(n)'); legend ('Fs = 48kHz','Fs =
  44.1kHz')
```

程序运行结果如图 9.7.1 所示。

2. 采样速率转换

格式：(1) y = resample(x,L,M)

(2) [y,h] = resample(x,L,M)

(3) y = resample(x,L,M,h)

功能：按照因子 L/M 完成采样速率转换的全部过程。如果原序列向量 x 的采样速率为 f_x，长度为 N_x，则序列 y 的采样速率为 $f_y=\dfrac{L}{M}f_x$，长度为 $N_y=\dfrac{L}{M}N_x$。当 $\dfrac{L}{M}N_x$ 不是整数时，y 的长度取不小于 $\dfrac{L}{M}N_x$ 的最小整数。

resample 函数在采样速率转换过程中，用抗混叠滤波器对 x 进行滤波处理，其中抗混叠滤波器调用 fr1s 函数凯塞窗设计。

格式(2)返回抗混叠滤波器的单位脉冲响应序列 h。格式(3)允许用户给定抗

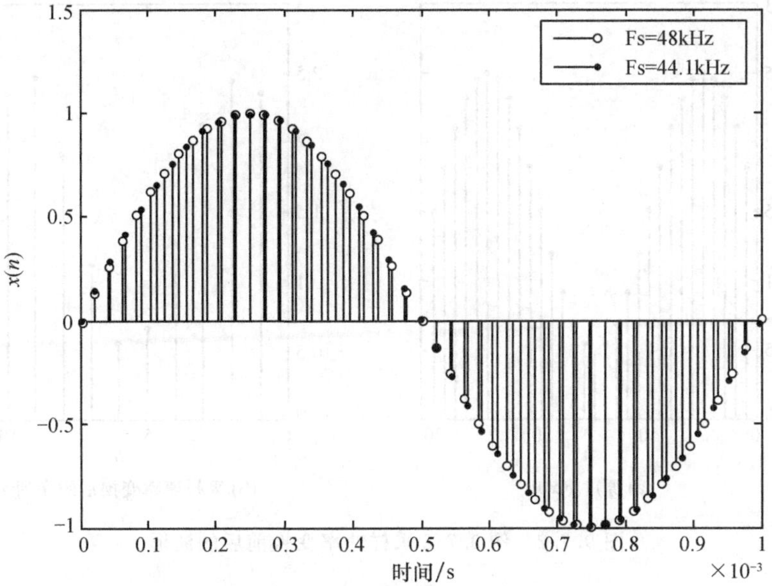

图 9.7.1 例 9.7.1 信号波形

混叠滤波器的单位脉冲响应序列 h。

例 9.7.2 设 $x(n)=\sin(0.1\pi n)+1.5$，利用 resample 函数对 $x(n)$ 按因子 3/8 进行采样速率变换。

解 利用 resample 函数，编写程序如下：

```
n = 0:31;x = sin(0.1 * pi * n) + 1.5;
[y,h] = resample(x,3,8);
figure(1)
subplot(1,2,1);stem(n,x,'.');axis([0,31,0,3]);xlabel('n');yla-
  bel('x(n)')
ny = 0:length(y) - 1;
subplot(1,2,2);stem(ny,y,'.');axis([0,12,0,3]);xlabel('n');yla-
  bel('y(n)')
figure(2)
w = (0:1023) * 2/1024;H = 20 * log10(abs(fft(h,1024)))
plot(w,H);axis([0,1/4,-80,20]);grid on
title('(d)');xlabel('\omega/\pi rad');ylabel('|H(e^j^\omega)| /dB')
```

程序运行结果 $x(n)$、$y(n)$ 如图 9.7.2 所示，抗混叠滤波器的幅频响应如图 9.7.3 所示。

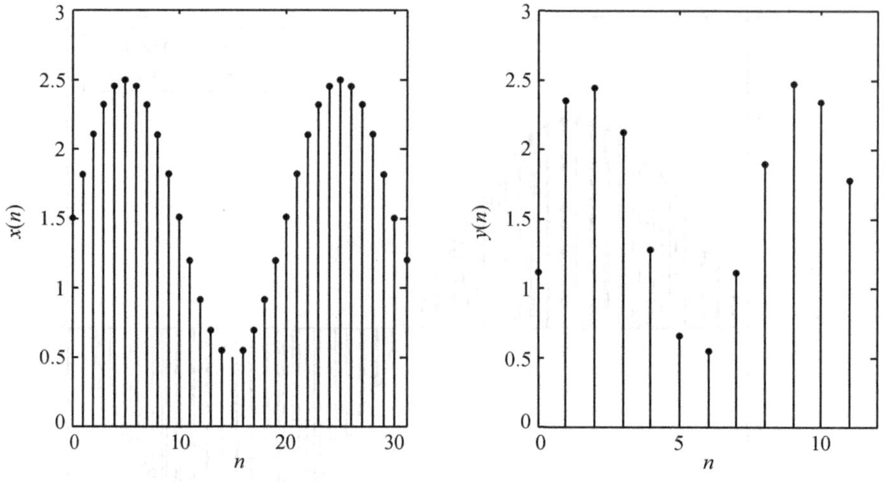

(a) 原序列$x(n)$　　　(b) 采样速率变换后的序列$y(n)$

图 9.7.2　例 9.7.2 采样速率变换前后的波形

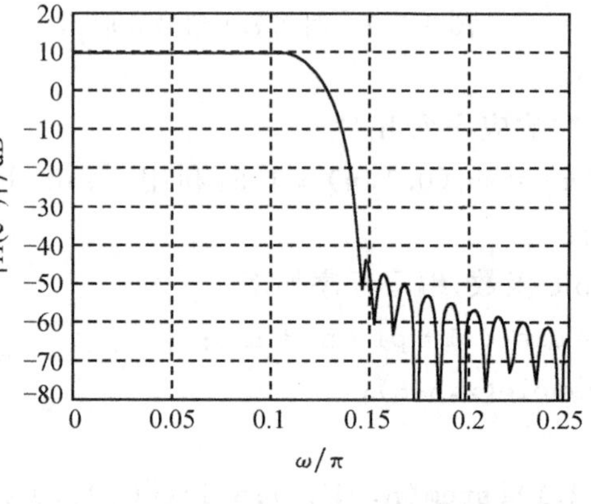

图 9.7.3　例 9.7.2 抗混叠滤波器的幅频响应

9.8　多采样速率转换应用举例

多采样速率转换技术在数字信号处理、数字接收机设计等数字系统中获得越来越广泛的应用。本节以直接中频采样实现数字下变频为例说明多采样速率转换的应用。

中频信号 $x_a(t)$的下变频处理，通常称为正交相位检波，其目的是获得同相分量 $x_I(t)$和正交分量 $x_Q(t)$，它们构成复数信号 $x(t)=x_I(t)+jx_Q(t)$，是利用幅度信息和相位信息进行信号处理的基本信号。因为它是中频信号的下变频信号，所以也称零中频信号。

9.8.1　数字下变频的传统实现方法

在数字信号处理中，获得零中频数字信号的传统方法是，将中频信号 $x_a(t)$ 经模拟正交相位检波器获得同相分量 $x_I(t)$ 和正交分量 $x_Q(t)$，$x_I(t)$ 和 $x_Q(t)$ 分别经 A/D 变换器得到相互正交的数字信号 $x_I(n)$ 和 $x_Q(n)$，如图 9.8.1 所示。

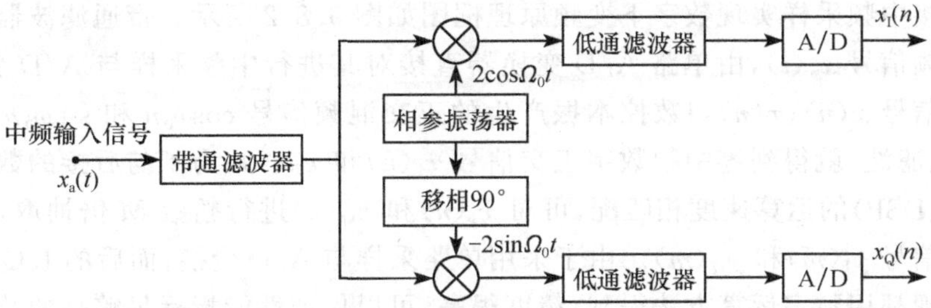

图 9.8.1　模拟正交相位检波实现数字下变频原理框图

设模拟中频带通实信号为

$$x_a(t) = A\cos[\Omega_0 t + \varphi(t)] \tag{9.8.1}$$

其中，A 为信号的幅度，$\Omega_0 = 2\pi f_0$ 为信号的中心角频率，$\varphi(t)$ 为信号的相位；信号的带宽为 B。$x_a(t)$ 可以表示为

$$x_a(t) = A\cos[\Omega_0 t + \varphi(t)] = \mathrm{Re}\{A\mathrm{e}^{\mathrm{j}\varphi(t)}\mathrm{e}^{\mathrm{j}\Omega_0 t}\} \tag{9.8.2}$$

其中，$A\mathrm{e}^{\mathrm{j}\varphi(t)}$ 称为信号的复包络，可将其表示为

$$x(t) = A\mathrm{e}^{\mathrm{j}\varphi(t)} = A\cos\varphi(t) + \mathrm{j}A\sin\varphi(t) = x_I(t) + \mathrm{j}x_Q(t) \tag{9.8.3}$$

其中，$x_I(t)$ 和 $x_Q(t)$ 分别称为信号复包络的同相分量和正交分量。

图 9.8.1 所示的上支路（同相支路，简称 I 支路）乘法器输出信号为

$$\begin{aligned} x_a(t) \times 2\cos\Omega_0 t &= A\cos[\Omega_0 t + \varphi(t)] \times 2\cos\Omega_0 t \\ &= A\cos[2\Omega_0 t + \varphi(t)] + A\cos\varphi(t) \end{aligned} \tag{9.8.4}$$

经低通滤波器后获得同相分量

$$x_I(t) = A\cos\varphi(t) \tag{9.8.5}$$

而下支路（正交支路，简称 Q 支路）乘法器输出信号为

$$\begin{aligned} -x_a(t) \times 2\sin\Omega_0 t &= -A\cos[\Omega_0 t + \varphi(t)] \times 2\sin\Omega_0 t \\ &= A\sin[2\Omega_0 t + \varphi(t)] + A\sin\varphi(t) \end{aligned} \tag{9.8.6}$$

经低通滤波器后获得正交分量

$$x_Q(t) = A\sin\varphi(t) \tag{9.8.7}$$

$x_I(t)$ 和 $x_Q(t)$ 分别经 A/D 变换器得到相互正交的数字信号 $x_I(n)$ 和 $x_Q(n)$。

零中频数字信号的传统获取方法中，正交相位检波器是由模拟电路来实现的，

存在同相支路与正交支路间的幅度不一致性和相位不正交性，且会随温度变化而漂移。这种方法所得到的正交数字信号其性能指标不能满足高性能信号处理的要求。而直接中频采样的数字下变频技术可以获得高性能的数字正交信号。

9.8.2 直接中频采样的数字下变频技术

1. 数字下变频的基本原理

直接中频采样实现数字下变频原理框图如图 9.8.2 所示。带通滤波器输出的模拟中频信号 $x_a(t)$，由单路 A/D 变换器直接对其进行中频采样与 A/D 变换，得到数字信号 $x(n)$；$x(n)$与数控本振产生的正交混频信号 $\cos\omega_0 n$ 和 $\sin\omega_0 n$ 分别相乘、低通滤波，就得到零中频数字正交信号 $x_I(n)$和 $x_Q(n)$；为了与后接的数字信号处理器(DSP)的运算速度相匹配，可对 $x_I(n)$和 $x_Q(n)$进行整数 M 倍抽取，获得数字正交信号 $y_I(m)$和 $y_Q(m)$。由于采用单路采样与 A/D 变换，而后的 I、Q 支路的信号处理都用数字运算方法得到，精度很高，可以保证性能指标足够高的数字正交信号 $x_I(n)$和 $x_Q(n)$的幅度一致性和相位正交性。

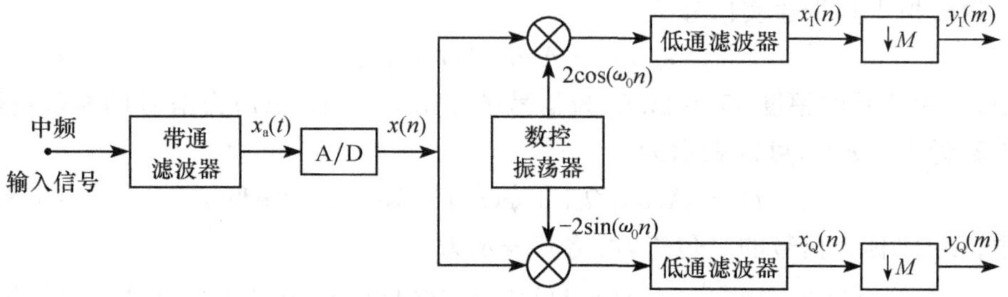

图 9.8.2 直接中频采样实现数字下变频原理框图

图 9.8.2 中，带通滤波器的输出中频带通实信号

$$x_a(t) = A\cos[\Omega_0 t + \varphi(t)]$$

现以等时间间隔 T 对其进行采样，则得

$$x_a(nT) = A\cos[\Omega_0 nT + \varphi(nT)] \tag{9.8.8}$$

可将 $x_a(nT)$表示为

$$x(n) = A\cos[\omega_0 n + \varphi_n] \tag{9.8.9}$$

其中，$\omega_0 = \Omega_0 T$，$\varphi_n = \varphi(nT)$。将 $x(n)$乘以正交混频因子 $2\cos(\omega_0 n)$，并经低通滤波，得到同相分量 $x_I(n) = A\cos\varphi_n$；将 $x(n)$乘以正交混频因子$-2\sin(\omega_0 n)$，并经低通滤波，得到正交分量 $x_Q(n) = A\sin\varphi_n$。

2. 直接中频采样的采样频率选择

现在讨论直接中频采样的采样频率选择问题。

抗混叠带通滤波器输出的中频信号 $x_a(t)$，其中心频率（载频）f_0 为几十兆赫兹（如常用的 30MHz 或 60MHz），而带宽 B 通常为几十千赫兹到几兆赫兹，所以是中频带通实信号，其频谱函数 $X(\mathrm{j}f)$ 如图 9.8.3 所示，特点是正负频谱分量是共轭对称的，即正负频谱的幅度相等，相位相反，其单边带频谱（如正频谱）就包含了 $x_a(t)$ 中的所有信息。将实信号的频谱左移载频 f_0，并滤除负频率分量，就得到了复包络的频谱。对于这样的窄带信号的采样，当然可以根据时域采样定理，选择采样频率 $f_s \geqslant 2f_u$（f_u 为信号的最高频率）。对于中心频率较高的中频信号，$f_s \geqslant 2f_u$ 的高采样频率无疑会给信号处理带来困难。分析表明，对于中频窄带实信号采样时，使频谱不混叠的采样频率 f_s 可不按照奈奎斯特定理（奈奎斯特定理是对低频信号的时域采样定理）选择，而可采用带通信号采样定理。

根据带通信号采样定理，窄带实信号的采样频率 f_s 可选择为（Tsui　2002）

$$\frac{2f_u}{m} \leqslant f_s \leqslant \frac{2f_l}{m-1} \tag{9.8.10}$$

其中，f_u 为信号正频率的上限，即最高频率，f_l 为信号正频率的下限，见图 9.8.3；m 是满足下式的正整数：$1 \leqslant m \leqslant \left[\frac{f_u}{B}\right] = m_{\max}$，这里，$[u]$ 表示取不大于 u 的最大整数。（9.8.10）式称为带通信号的采样定理，该式定义了 $m_{\max}$ 个无频谱混叠的采样频率区域 $s_m = \left[\frac{2f_u}{m}, \frac{2f_l}{m-1}\right]$（$m=1,2,\cdots,m_{\max}$），如图 9.8.4 所示。当取 $m=1$ 时，$f_s \geqslant 2f_u$；当取 $m=m_{\max}$ 时，$f_s \geqslant 2B$。所以，中频带通信号的最低采样频率应等于信号带宽 B 的两倍，它对应图 9.8.4 中每个楔形区域的顶点。当 $2 \leqslant m \leqslant m_{\max}$ 时，采样频率 $f_s < 2f_u$，称为欠采样。实际应用中一般取 $f_s \geqslant 2B$，因为若取 $f_s = 2B$，对信号来说保护带为零，对采样频率来说，频偏误差容限为零，这样，无论是信号频带的偏差，还是采样频率的漂移，均会造成采样后信号频谱的混叠。同理，由于无混叠采样频率区域与引起混叠的采样频率区域（图 9.8.4 中的斜线区域）交叉出现，当采样频率 f_s 取（9.8.10）式给出的边界频率时，信号频带的偏差或采样频率的漂移，也会造成采样后信号频谱的混叠。所以实际应用中最好取上下边界采样频率

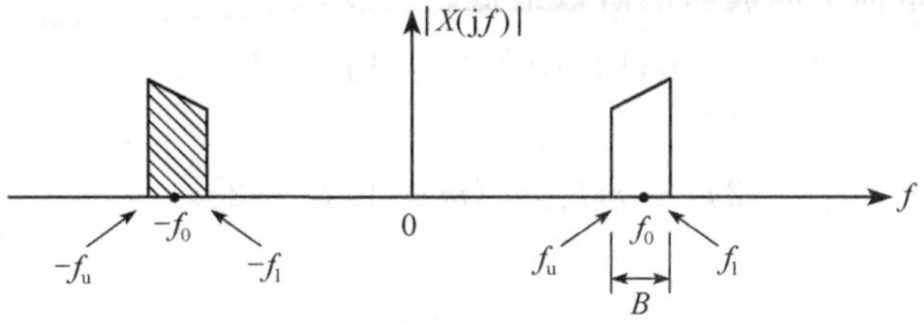

图 9.8.3　中频带通信号的频谱

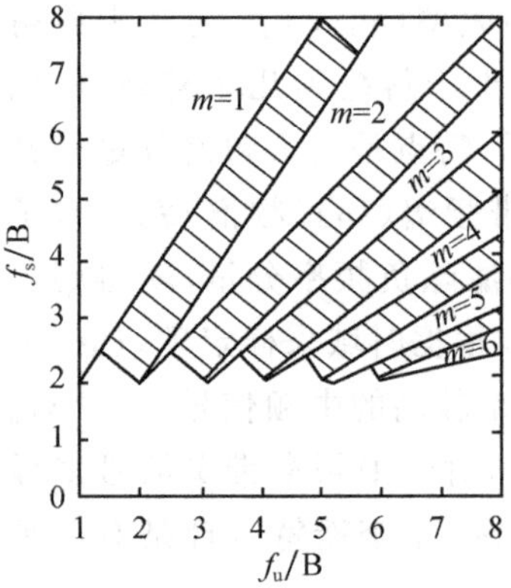

图 9.8.4 中频带通实信号采样的采样频率与频段位置的关系

的中间值作为采样频率。另外，由图 9.8.4 可见，随着 m 的增大，采样频率 f_s 降低，但无频率混叠的采样区域也随之减少。因此，从这个意义上讲，采样频率 f_s 也不宜取低。

下面进一步讨论直接中频采样的最佳采样频率 f_{sopt}。大家知道，模拟信号 $x_a(t)$ 经采样频率为 $f_s=1/T$ 的采样后，采样信号 $x(n)$ 的频谱 $X(e^{j2\pi f})$ 是原模拟信号的频谱以 f_s 为周期在频率轴上的周期延拓乘以系数 $1/T$。系数 $1/T$ 不影响频谱的特性，归一化为 1。这样，中频带通实信号经采样频率为 f_s 的直接中频采样后，采样信号 $x(n)$ 的频谱 $X(e^{j2\pi f})$ 如图 9.8.5 所示。现考察以 f_0 为中心的正频带，与它相邻的两个负频带的中心频率可以分别表示为 $(-f_0+mf_s)$ 和 $[-f_0+(m+1)f_s]$，则有

$$D_1(f_s,m)=f_0-(-f_0+mf_s)=2f_0-mf_s \tag{9.8.11a}$$

和

$$D_2(f_s,m)=-f_0+(m+1)f_s-f_0=(m+1)f_s-2f_0 \tag{9.8.11b}$$

其中 $D_1(f_s,m)$ 和 $D_2(f_s,m)$ 是正频带中心分别与相邻的两个负频带中心之间的频率间隔。为了使采样后信号频谱不混叠，应满足

$$B\leqslant\min\{D_1(f_s,m),D_2(f_s,m)\} \tag{9.8.12}$$

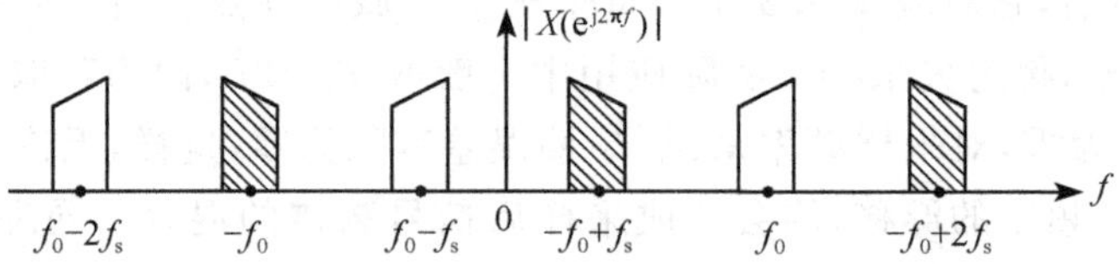

图 9.8.5 中频带通实信号欠采样后的频谱

为了便于滤除负频带，各频带应当是等间隔排列的，因为这样低通滤波器的过滤带最宽，同样指标下滤波器的阶数最低。所以，令

$$D_1(f_s,m)=D_2(f_s,m) \tag{9.8.13}$$

即

$$2f_0-mf_s=(m+1)f_s-2f_0 \tag{9.8.14}$$

解得

$$f_s=\frac{4f_0}{2m+1} \tag{9.8.15}$$

称上述在给定 m 下使低通滤波器过渡带最宽的采样频率为最佳采样频率，记为 f_{sopt}，即

$$f_{sopt}=\frac{4f_0}{2m+1} \tag{9.8.16}$$

可以证明，最佳采样频率 f_{sopt} 满足带通信号采样定理，即

$$\frac{2f_u}{m}\leqslant f_{sopt}\leqslant\frac{2f_l}{m-1} \tag{9.8.17}$$

其证明留作习题。

综上关于中频带通实信号直接中频采样采样频率的讨论，我们可以得出如下两点结论：

(1) 根据带通信号采样定理，直接中频采样可以选择欠采样的采样频率 f_s，甚至只要满足 $f_s\geqslant 2B$ 即可。但实际上，考虑到信号带宽的偏差，采样频率的频漂以及来自内部和外部的宽带噪声和干扰，为了减少采样时的频谱混叠，降低对前级模拟带通滤波器的要求，还是有必要先采用尽可能高的采样频率，在实现数字下变频获得数字正交信号 $x_I(n)$ 和 $x_Q(n)$ 后，根据数字信号处理器的运算速度和技术要求，用整数 M 倍抽取降低信号的采样速率，完成信号处理。

(2) 直接中频采样的采样频率最好选择为最佳采样频率 f_{sopt}，以使低通滤波器的过渡带宽最宽，易于设计和实现。

3. 整数 M 倍抽取

如前所述，为了得到满足性能指标要求的数字下变频信号，直接中频采样的采样频率通常选择的比较高，相对而言，数字信号处理器的运算速度比较低。因此，在获得正交数字信号 $x_I(n)$ 和 $x_Q(n)$ 后，可进行整数 M 倍抽取，得到降速的数字正交信号 $y_I(m)$ 和 $y_Q(m)$，再进行信号处理。

抽取的倍数 M 与采样频率 f_s，数字信号处理器的运算速度和系统的指标要求（如精度，分辨力，数据率，实时性，……）等因素有关。抽取倍数 M 的最大值 M_{max} 应保证满足 $f_s/M_{max}\geqslant 2B$。

4. 数字下变频的实现方法

直接中频采样的数字下变频实现方法有多种方案，下面介绍几种主要的方法。

1) 低通滤波法

任何中频带通实信号 $x_a(t)=A\cos[\Omega_0 t+\varphi(t)]$ 可以用莱斯表达式表示为

$$x_a(t)=A\cos[\Omega_0 t+\varphi(t)]=x_I(t)\cos\Omega_0 t-x_Q(t)\sin\Omega_0 t \tag{9.8.18}$$

其中

$$x_I(t)=A\cos\varphi(t)$$

$$x_Q(t) = A\sin\varphi(t)$$

分别为 $x_a(t)$复包络信号的实部和虚部。因此，只要适当选择采样频率 f_s，使得 $\cos\Omega_0 t$ 和 $\sin\Omega_0 t$ 在采样后交替为零，就能使 $x_I(t)$和 $x_Q(t)$这两个正交分量在采样序列中交替出现，这就是莱斯变换。然后进行符号修正和低通滤波以实现时间对齐，就可以得到正交信号 $x_I(t)$和 $x_Q(t)$。这就是基于莱斯变换的低通滤波法。

现在考虑数字信号。对 $x_a(t)$以等时间间隔 T 进行采样，则得

$$\begin{aligned} x(n) &= A\cos[\Omega_0 nT + \varphi(nT)] \\ &= x_I(n)\cos 2\pi f_0 nT - x_Q(n)\sin 2\pi f_0 nT \end{aligned} \tag{9.8.19}$$

其中

$$x_I(n) = A\cos\varphi_n$$

和

$$x_Q(n) = A\sin\varphi_n$$

就是数字下变频待求得两个数字正交分量：同相分量和正交分量，$\varphi_n = \varphi(nT)$。当采样频率 f_s 选择为最佳采样频率 $f_{\text{sopt}} = \dfrac{4f_0}{2m-1}$时，则有

$$\begin{aligned} x(n) &= x_I(n)\cos(2\pi f_0 n/f_s) - x_Q(n)\sin(2\pi f_0 n/f_s) \\ &= x_I(n)\cos[n(2m-1)\pi/2] - x_Q(n)\sin[n(2m-1)\pi/2] \\ &= x_I(n)\cos(nm\pi - n\pi/2) - x_Q(n)\sin(nm\pi - n\pi/2) \\ &= \begin{cases} (-1)^{n/2}x_I(n), & n\text{ 为偶数} \\ (-1)^m(-1)^{n/2}x_Q(n), & n\text{ 为奇数} \end{cases} \end{aligned} \tag{9.8.20}$$

可见，中频带通实信号直接中频采样获得采样信号 $x(n)$，经过偶奇分离和符号修正，就可以得到 $x_I(2n)$和 $x_Q(2n+1)$。因为得到的同相分量和正交分量在采样时间上相差一个采样周期，而实际要得到的是同一时刻的同相分量 $x_I(n)$和正交分量 $x_Q(n)$，所以还需要时间对齐处理。

时间对齐处理可以采用整数 L 倍内插的方法来实现。因为在(9.8.20)式中

$$\cos(nm\pi - n\pi/2) = \begin{cases} (-1)^{n/2}, & n\text{ 为偶数} \\ 0, & n\text{ 为奇数} \end{cases} \tag{9.8.21a}$$

$$\sin(nm\pi - n\pi/2) = \begin{cases} 0, & n\text{ 为偶数} \\ (-1)^m(-1)^{(n-1)/2}, & n\text{ 为奇数} \end{cases} \tag{9.8.21b}$$

所以，在同相支路中，n 为奇数时，序列值为零，n 为偶数时，符号修正后的序列值是所需要的；同样，在正交支路中，n 为偶数时，序列值为零，n 为奇数时，符号修正后的序列值是所需要的。因此，采用整数 $L=2$ 倍内插方法，且同相支路的序列和正交支路的序列已分别完成了零值内插，所以只需分别对两序列进行镜像滤波，即可得到中频直接采样的数字下变频正交信号 $x_I(n)$和 $x_Q(n)$。

根据以上分析，低通滤波法实现数字下变频的原理框图如图 9.8.6 所示。

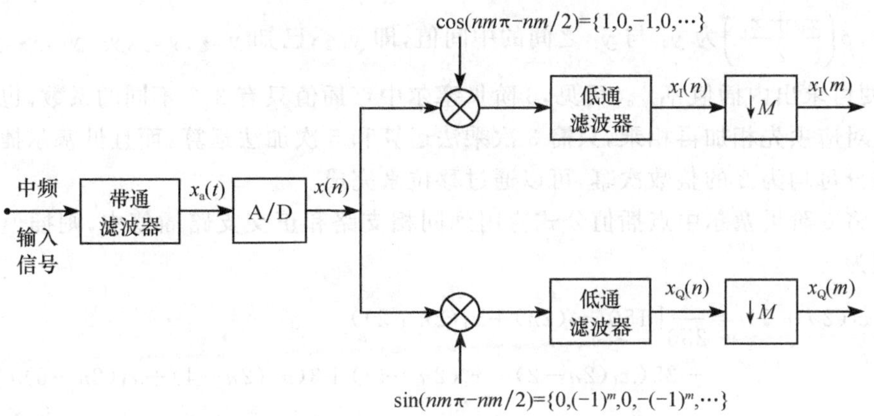

图 9.8.6　低通滤波法实现数字下变频原理框图

2）贝塞尔插值法

贝塞尔插值法也是基于莱斯变换的数字下变频方法。由(9.8.20)式可知，直接中频采样输出 $x(n)$ 经过符号修正后得到偶数项的同相分量和奇数项的正交分量。为了得到同一时刻的同相分量和正交分量，从时域考虑，最直接的方法是进行插值，对同相分量内插奇数项，对正交分量内插偶数项。常用的是贝塞尔插值法。

贝塞尔插值是用多项式来逼近一个带限函数。由于现在所需内插的点正好位于两个已知样点的正中间，所以应采用中点插值。可见，贝塞尔插值法与低通滤波法的差别仅在于获得两已知样点中间值的方法不同而已。

贝塞尔中点插值公式为

$$p\left(\frac{x_0+x_1}{2}\right)=\frac{1}{2}(y_0+y_1)+\frac{1}{16}(-y_{-1}+y_0+y_1-y_2)$$
$$+\frac{3}{256}(y_{-2}-3y_{-1}+2y_0+2y_1-3y_2+y_3)$$
$$+\frac{5}{2048}(-y_{-3}+5y_{-2}-9y_{-1}+5y_0+5y_1-9y_2+5y_3-y_4)+\cdots \tag{9.8.22}$$

其中，y_i 为已知的样点值，$p(\cdot)$为内插值。

如果选取内插阶数为 6，则 6 阶贝塞尔中点插值公式为

$$p\left(\frac{x_0+x_1}{2}\right)=\frac{1}{256}(3y_{-2}-25y_{-1}+150y_0+150y_1-25y_2+3y_3)$$
$$=\frac{1}{256}[150(y_0+y_1)-25(y_{-1}+y_2)+3(y_{-2}+y_3)] \tag{9.8.23}$$

其中，$p\left(\frac{x_0+x_1}{2}\right)$为 y_0 与 y_1 之间的中间值，即 $y_{1/2}$；已知 y_{-2}、y_{-1}、y_0、y_1、y_2、y_3 之值，便可求出内插值 $y_{1/2}$。可见，6 阶贝塞尔中点插值只有 3 个不同的系数，也就是说将对应项先相加再相乘，只需 3 次乘法运算和 5 次加法运算；而且贝塞尔插值系数的分母均为 2 的整数次幂，可以通过移位来完成。

将 6 阶贝塞尔中点插值公式应用到同相支路和正交支路插值中，则插值公式分别为

$$x_I(2n+1)=\frac{1}{256}[150(x_I(2n)+x_I(2n+2)) -25(x_I(2n-2)+x_I(2n+4))+3(x_I(2n-4)+x_I(2n+6))] \tag{9.8.24a}$$

和

$$x_Q(2n)=\frac{1}{256}[150(x_Q(2n-1)+x_Q(2n+1)) -25(x_Q(2n-3)+x_Q(2n+3))+3(x_Q(2n-5)+x_Q(2n+5))] \tag{9.8.24b}$$

类似地，10 阶贝塞尔中点插值公式为

$$p\left(\frac{x_0+x_1}{2}\right)=\frac{1}{65536}[39690(y_0+y_1)-8820(y_{-1}+y_2) +2268(y_{-2}+y_3)-405(y_{-3}+y_4)+35(y_{-4}+y_5)] \tag{9.8.25}$$

可以看出，10 阶贝塞尔中点插值只有 5 个不同的系数，所以只需 5 次乘法运算和 9 次加法运算；分母系数通过移位完成，将其应用到到同相支路和正交支路插值中，则插值公式分别为

$$x_I(2n)=\frac{1}{65536}[39690(x_I(2n)+x_I(2n+2))-8820(x_I(2n-2) +x_I(2n+4))+2268(x_I(2n-4)+x_I(2n+6))-405(x_I(2n-6) +x_I(2n+8))+35(x_I(2n-8)+x_I(2n+10))] \tag{9.8.26a}$$

和

$$x_Q(2n)=\frac{1}{65536}[39690(x_Q(2n-1)+x_Q(2n+1))-8820(x_Q(2n-3) +x_Q(2n+3))+2268(x_Q(2n-5)+x_Q(2n+5))-405(x_Q(2n-7) +x_Q(2n+7))+35(x_Q(2n-9)+x_Q(2n+9))] \tag{9.8.26b}$$

实际实现中，可只需对一路数据进行插值并输出插值结果，另一路数据延时即可。这相当于得到 2 倍抽取后的数字下变频正交信号 $x_I(n)$和 $x_Q(n)$，其原理框图如图 9.8.7 所示。

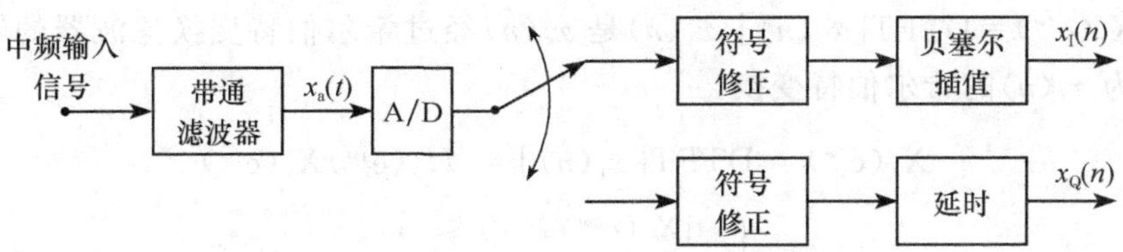

图 9.8.7　贝塞尔插值法实现数字下变频原理框图

3) 希尔伯特变换法

我们知道，实信号 $x_r(n)$ 的频谱是共轭对称的，其中负频率部分的频谱可以由正频率部分的频谱表示。因此，从信息的角度考虑，实信号的负频率部分的频谱是冗余的。所以，从实信号产生只保留其正频率部分的解析信号 $x(n)$ 是很有价值的，它能使实信号的频带宽度减小一半，又不丢失任何信息。希尔伯特变换滤波器能够实现由实信号产生解析信号这种功能。

解析信号是一个复信号，即

$$x(n) = x_r(n) + j\hat{x}_r(n)$$

其实部是原信号 $x_r(n)$，而其虚部 $\hat{x}_r(n)$ 是原信号的希尔伯特变换，因此，解析信号的实部是同相分量，虚部是正交分量。所以，希尔伯特变换是一种正交变换，由该变换可以产生实信号的正交分量。

理想希尔伯特变换滤波器（又称 90°移相器）的频率响应函数为

$$H_d(e^{j\omega}) = \begin{cases} j, & -\pi \leqslant \omega < 0 \\ -j, & 0 \leqslant \omega < \pi \end{cases} \tag{9.8.27}$$

相应的单位脉冲响应为

$$h_d(n) = \text{IDTFT}[H_d(e^{j\omega})] = \frac{2\sin^2(n\pi/2)}{n\pi}$$

$$= \begin{cases} \dfrac{2}{n\pi}, & n\text{ 为奇数} \\ 0, & n\text{ 为偶数} \end{cases} \tag{9.8.28}$$

它可由实信号生成时域离散的解析信号。

设 $x_r(n)$ 是实信号，$X_r(e^{j\omega}) = \text{DTFT}[x_r(n)]$，则 $X_r(e^{j\omega})$ 具有共轭对称性：$X_r(e^{j\omega}) = X_r^*(e^{-j\omega})$。所以实信号包含分布在正频率轴和负频率轴上的双边频带频谱，两个边带关于 $\omega=0$ 共轭对称。用 $x(n)$ 表示只保留 $X_r(e^{j\omega})$ 正频率频带频谱的复解析信号，下面证明可以用希尔伯特变换滤波器从 $x_r(n)$ 产生 $x(n)$。

设 $x(n)$ 和 $x_r(n)$ 的关系为

$$x(n) = x_r(n) + j\hat{x}_r(n) \tag{9.8.29}$$

$$X(e^{j\omega}) = \text{DTFT}[x(n)] = X_r(e^{j\omega}) + j\hat{X}_r(e^{j\omega}) \tag{9.8.30}$$

式中，$\hat{X}_r(e^{j\omega})=\mathrm{DTFT}[\hat{x}_r(n)]$，$\hat{x}_r(n)$是 $x_r(n)$经过希尔伯特变换滤波器的输出信号，称为 $x_r(n)$的希尔伯特变换。

$$\hat{X}_r(e^{j\omega})=\mathrm{DTFT}[\hat{x}_r(n)]=H_d(e^{j\omega})X_r(e^{j\omega})=\begin{cases}-jX_r(e^{j\omega}), & 0\leqslant\omega<\pi\\ jX_r(e^{j\omega}), & -\pi\leqslant\omega<0\end{cases}\tag{9.8.31}$$

将(9.8.31)式代入(9.8.30)式，得到

$$X(e^{j\omega})=X_r(e^{j\omega})+\begin{cases}X_r(e^{j\omega}), & 0\leqslant\omega<\pi\\ -X_r(e^{j\omega}), & -\pi\leqslant\omega<0\end{cases}=\begin{cases}2X_r(e^{j\omega}), & 0\leqslant\omega<\pi\\ 0, & -\pi\leqslant\omega<0\end{cases}\tag{9.8.32}$$

(9.8.32)式说明，$X(e^{j\omega})$只保留了 $X_r(e^{j\omega})$中 $\omega>0$ 的频谱，使频带宽度减小了一半。(9.8.29)式就是从实信号 $x_r(n)$产生其解析信号的数学模型。对 $x_r(n)$进行希尔伯特变换得到 $\hat{x}_r(n)$，以 $x_r(n)$作为实部，$\hat{x}_r(n)$作为虚部，则构成 $x_r(n)$的解析信号 $x(n)$。但是，(9.8.28)式表明，理想的希尔伯特变换滤波器是一个非因果的 IIR 系统，物理上是不可实现的。所以实际中一般用 $N-1$ 阶 FIR 滤波器逼近理想的希尔伯特变换滤波器。具体实现方法如下。

将(9.8.28)式给出的 $h_d(n)$向后移$(N-1)/2$ 个单位，再截取长度为 N 的一段，作为 $N-1$ 阶 FIR 希尔伯特变换滤波器的单位脉冲响应，即

$$h(n)=h_d\left(n-\frac{N-1}{2}\right)R_N(n)=\frac{2\sin^2\left[\left(n-\frac{N-1}{2}\right)\pi/2\right]}{\left(n-\frac{N-1}{2}\right)\pi}R_N(n)\tag{9.8.33}$$

容易看出，$h(n)$关于 $n=\frac{N-1}{2}$点奇对称，属于广义线性相位 FIR 滤波器。根据上述分析，可以用图 9.8.8 所示的模型框图表示从实信号 $x_r(n)$产生解析信号 $x(n)$的方法。图 9.8.8 中 $N-1$ 为偶数$\left(\frac{N-1}{2}\text{为整数}\right)$时才容易实现 $x(n)=x_r\left(n-\frac{N-1}{2}\right)+j\hat{x}_r\left(n-\frac{N-1}{2}\right)$的运算。所以，实际的 FIR 希尔伯特变换滤波器的长度 N 只取奇数，阶数 $N-1$ 为偶数，可以设计成广义线性相位的 FIR 滤波器。

基于上述关于实信号的希尔伯特变换及 FIR 希尔伯特滤波器的讨论，可将其用于直接中频采样数字下变频的变换中，原理框图如图 9.8.9 所示。

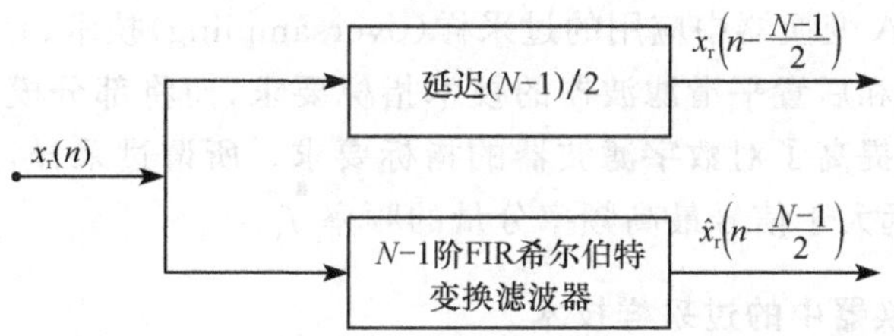

图 9.8.8　用 $N-1$ 阶 FIR 希尔伯特变换滤波器从实信号生成解析信号的框图

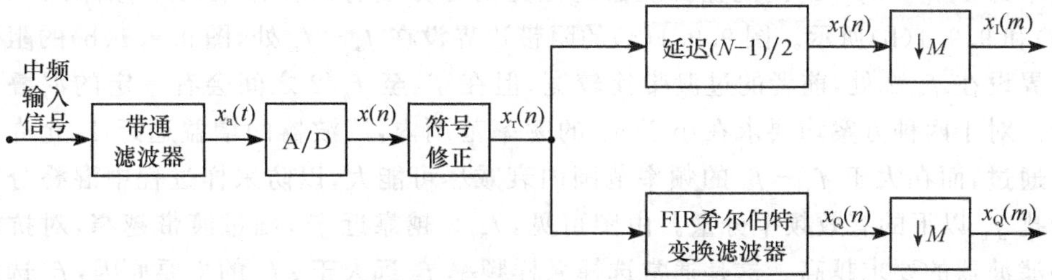

图 9.8.9　希尔伯特变换法实现数字下变频原理框图

现对图 9.8.9 的原理框图做简要说明。当直接中频采样的采样频率为 $f_{\text{sopt}}=\frac{4f_0}{2m-1}$ 时，基于莱斯变换的结果，将 $x(n)$ 按同相分量进行符号 $\{1,0,-1,0,\cdots\}$ 修正，得实信号 $x_r(n)$；$x_r(n)$ 经上支路的 $(N-1)/2$ 延迟，得同相分量 $x_I(n)=x_r\left(n-\frac{N-1}{2}\right)$，$x_r(n)$ 经下支路的 $N-1$ 阶 FIR 希尔伯特变换滤波器输出正交分量 $x_Q(n)=\hat{x}_r\left(n-\frac{N-1}{2}\right)$，从而实现了数字下变频的变换。

$N-1$ 阶 FIR 希尔伯特变换滤波器可以用窗函数法设计，也可以用等波纹最佳逼近法设计。(9.8.33)式所示的 $h(n)$ 是采用矩形窗函数的设计结果。如果选用其他窗函数 $w(n)$，则用所选窗函数 $w(n)$ 乘以(9.8.33)式，即可得到所需 FIR 希尔伯特变换滤波器的单位脉冲响应 $h(n)$。

4) 多级实现和多相滤波器结构

直接中频采样数字下变频处理中，如果抽取倍数 M 较大，最好采用多级抽取实现；为了降低低通滤波器的阶数，可以采用多相匹配滤波器算法结构。这些在前面已经做了讨论，这里不再赘述。

9.9　过采样技术

多采样速率的转换可以用于不同速率的信号处理系统之间的互联。本节主要介绍 A/D 和 D/A 变换器中应用的过采样(oversampling)技术，它的作用是降低模拟抗混叠滤波器和后置平滑滤波器的技术指标要求，而将部分模拟滤波器性能指标的要求但同时提高了对数字滤波器的指标要求。所谓过采样，是指对模拟信号的采样频率 f_s 远大于信号最高频率分量的频率 f_c。

9.9.1 A/D 变换器中的过采样技术

对于 A/D 变换器，假定被变换的模拟信号最高频率分量的频率为 f_c，而采样频率为 f_s，$f_c<f_s/2$，抗混叠滤波器的性能指标分配有两种方案，分别如图 9.9.1(a)和 9.9.1(b)所示。图 9.9.1(a)的阻带边界设在 f_s-f_c 处，图 9.9.1(b)的阻带边界设在 $f_s/2$ 处，前者的过渡带比较宽，但在 f_c 至 $f_s/2$ 之间会有一定的混叠分量。对于两种方案均要求在小于 f_c 的频率范围内，滤波器的增益逼近 1，允许信号通过，而在大于 f_s-f_c 的频率范围内衰减尽可能大，以防采样过程中混叠分量干扰 f_c 以下的有效频率分量。由图可见，$f_s/2$ 越靠近 f_c，则过渡带越窄，对抗混叠滤波器的要求越高。这是通常选择采样频率 f_s 远大于 $2f_c$ 的主要原因，f_s 选的越高，抗混叠滤波器过渡带越宽，实现越容易。带来的问题是对 A/D 变换器的性能要求提高，采样数据量增加，系统的运算速度也必须提高。

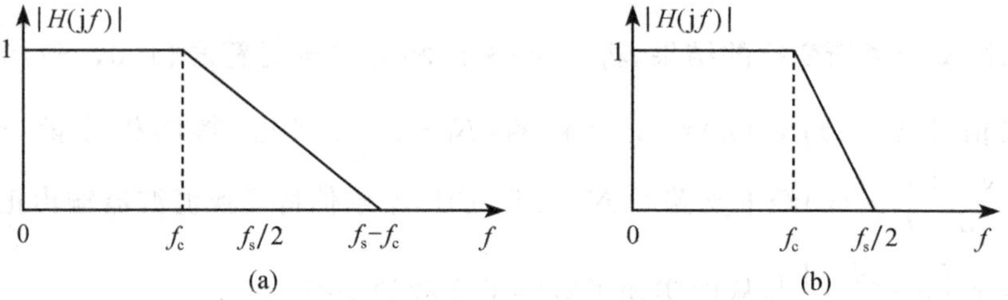

图 9.9.1 模拟抗混叠滤波器和抗镜像后置模拟滤波器的指标分配

图 9.9.2 为过采样 A/D 变换器的原理框图。在该系统中，采样频率 f_s 远大于 $2f_c$，这样就降低了对模拟抗混叠滤波器的要求；为了与数字信号处理器的处理速度相匹配，可进一步采用 M 倍数字抽取器将采样频率降低，只要抽取器中的数字低通滤波器设计合理，抽取后的采样频率 f_s/M 略大于 $2f_c$ 即可，这样也降低了对数字信号处理系统的运算速度的要求。

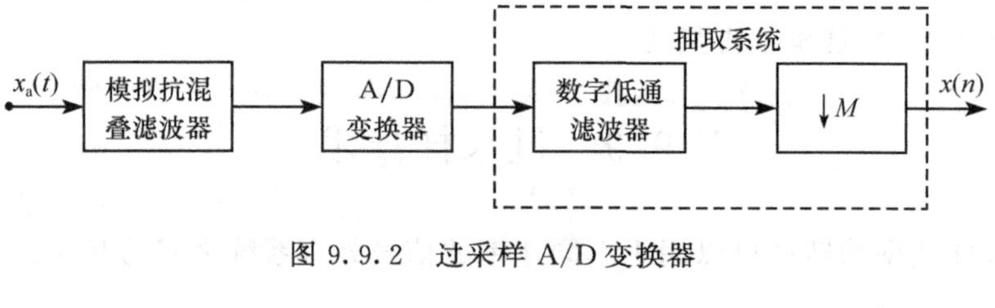

图 9.9.2 过采样 A/D 变换器

9.9.2 D/A 变换器中的过采样技术

对于 D/A 变换器，在数字信号变换成模拟信号的过程中，D/A 输出的模拟信号呈阶梯状的特征，产生了许多频率高于 $f_s/2$ 的镜像分量。因此，在 D/A 变换器的后面有必要设置一个抗镜像分量的后置模拟低通滤波器。后置模拟低通滤波器的性能指标如图 9.9.1(b)所示，它以 $f_s/2$ 为阻带截至频率，f_c 是被处理信号最高有效频率分量的频率，也是通带边界频率。当 $f_s/2$ 接近 f_c 时，由于过渡带很窄，实现这样一个后置模拟低通滤波器是非常困难的。为了既满足性能要求，又便于实现，可以采用图 9.9.3 所示的过采样 D/A 变换器结构。首先通过 L 倍内插器提高采样频率至 Lf_s，由于采样频率的提高，拉大了 f_c 与 $Lf_s/2$ 间的距离，即增加了后置模拟低通滤波器的过渡带宽度，使后置模拟低通滤波器实现变得容易。

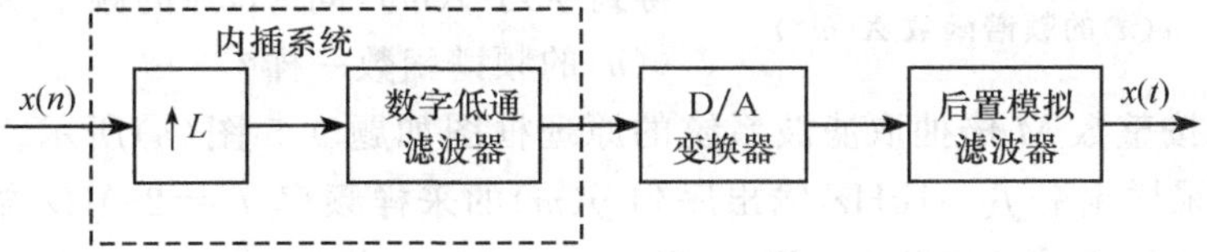

图 9.9.3　过采样 D/A 变换器

总之，无论是过采样 A/D 变换器，还是过采样 D/A 变换器，均是通过提高数字滤波器的技术指标来降低模拟滤波器的部分性能指标，使数字信号处理系统与模拟系统的接口更加完善。

9.10 习　　题

9.1　若离散序列 $x(n)$ 的频谱函数 $X(e^{j\omega})$ 如题 9.1 图所示，试求下列整数 M 倍抽取(不滤波)后的序列 $y(m)$ 的频谱函数 $Y(e^{j\omega})$。

(1) $M=2$；　(2) $M=3$；　(3) $M=4$。

9.2　若实序列 $x(n)$ 的频谱函数 $X(e^{j\omega})$ 如题 9.2 图所示，试求 $M=3$ 倍抽取(不滤波)后的序列 $y(m)$ 的频谱函数 $Y(e^{j\omega})$，并讨论所得到的结果。

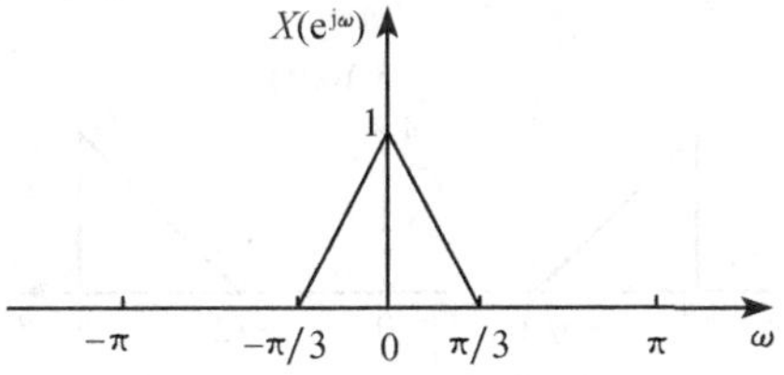

题 9.1 图　$x(n)$ 的频谱函数 $X(e^{j\omega})$

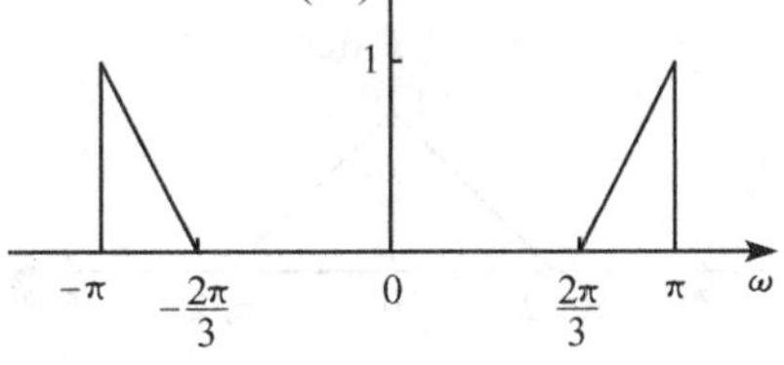

题 9.2 图　$x(n)$ 的频谱函数 $X(e^{j\omega})$

9.3 已知序列 $x(n)=a^n u(n)$，$|a|<1$。

(1) 求序列 $x(n)$的频谱函数 $X(e^{j\omega})=\mathrm{DTFT}[x(n)]$。

(2) 按整数 $M=2$ 倍对序列 $x(n)$抽取得到序列 $y(m)$，试求序列 $y(m)$的频谱函数 $Y(e^{j\omega})$。

(3) 证明：$y(m)$的频谱函数就是 $x(2n)$的频谱函数。

9.4 若序列 $x(n)$的频谱函数 $X(e^{j\omega})$如题 9.4 图所示，设序列

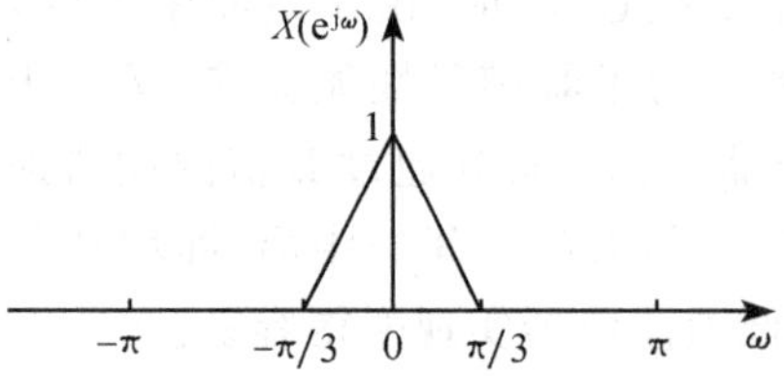

题 9.4 图 $x(n)$的频谱函数 $X(e^{j\omega})$

$$y(n)=\begin{cases}x(n), & n=0,\pm 2,\pm 4,\cdots\\ 0, & n=\pm 1,\pm 3,\pm 5,\cdots\end{cases}$$

试求 $y(n)$的离散时间傅里叶变换 $Y(e^{j\omega})=\mathrm{DTFT}[y(n)]$，并说明是否能由 $y(n)$恢复 $x(n)$。若按整数 $M=2$ 倍对 $x(n)$进行抽取得到序列 $y(m)$，问 $y(m)$的频谱函数是否与 $y(n)$的频谱函数一样？

9.5 按整数 M 倍抽取滤波系统的原理框图如题 9.5 图(a)所示。设输入序列 $x(n)$的采样频率 $f_s=1\mathrm{kHz}$，输出序列 $y(m)$的采样频率 $f_y=250\mathrm{Hz}$，输入序列 $x(n)$的频谱函数 $X(e^{j\omega})$如题 9.5 图(b)所示。试求抽取倍数 M，并画出题 9.5 图(a)中理想低通滤波器 $h_D(n)$的频率响应特性曲线和序列 $v(n)$、$y(m)$的频谱特性曲线。

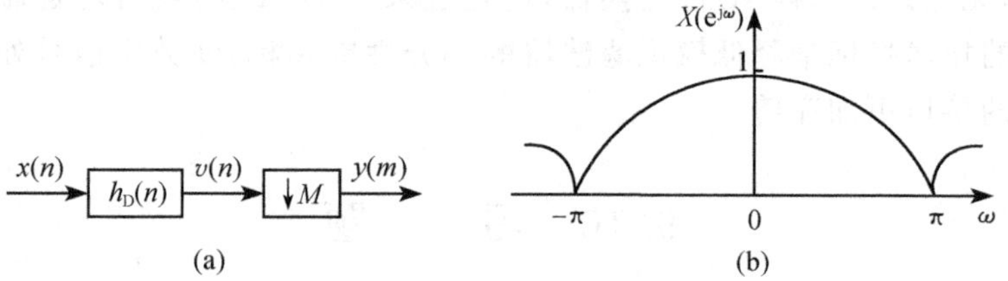

题 9.5 图 整数 M 倍抽取滤波系统原理框图及 $x(n)$的频谱函数 $X(e^{j\omega})$

9.6 若序列 $x(n)$的频谱函数 $X(e^{j\omega})$如题 9.6 图所示，试求下列整数 L 倍内插(不滤波)后的序列 $y(m)$的频谱函数 $Y(e^{j\omega})$。

(1) $L=2$；　(2) $L=3$；　(3) $L=4$。

9.7 设序列 $x(n)$的频谱函数 $X(e^{j\omega})$如题 9.7 图所示。

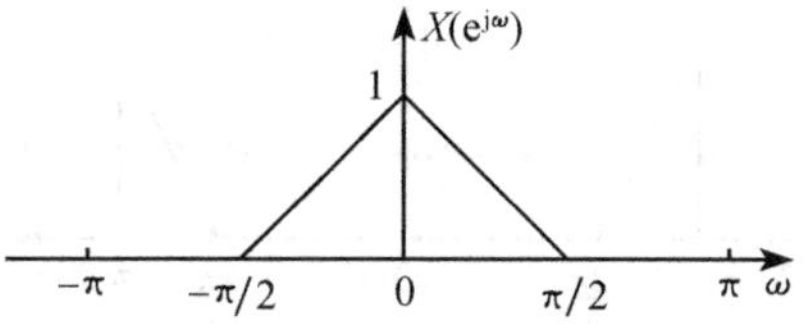

题 9.6 图 $x(n)$的频谱函数 $X(e^{j\omega})$

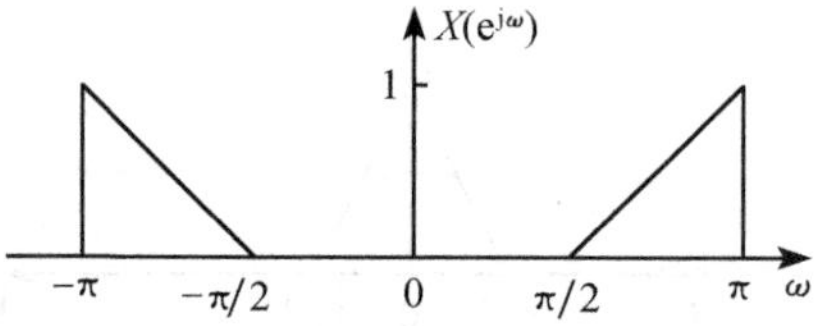

题 9.7 图 $x(n)$的频谱函数 $X(e^{j\omega})$

(1) 若按整数 $M=2$ 抽取后得到序列 $y(m)$，试求 $y(m)$ 的频谱函数 $Y(e^{j\omega})$。

(2) 将序列 $x(n)$ 的整数 M 倍抽取后得到序列 $v(m)$，再将序列 $v(m)$ 整数 L 倍内插后得到序列 $y(n)$。推导 $X(e^{j\omega})$ 与 $Y(e^{j\omega})$ 的关系。

9.8　按整数 L 倍内插滤波系统的原理框图如题 9.8 图所示。设输入序列 $x(n)$ 的采样频率 $f_s=200\text{Hz}$，输出序列 $y(m)$ 的采样频率 $f_y=1\text{kHz}$，输入序列 $x(n)$ 的频谱函数 $X(e^{j\omega})$ 如题 9.5 图(b)所示。试求内插倍数 L，并画出题 9.8 图中理想低通滤波器 $h_I(n)$ 的频率响应特性曲线和 $v(m)$、$y(m)$ 的频谱特性曲线。

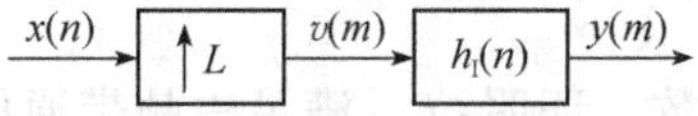

题 9.8 图　整数 L 倍内插滤波系统原理框图

9.9　设序列 $x(n)$ 的采样频率 $f_s=500\text{Hz}$，现要用内插滤波系统将 $x(n)$ 转换为采样频率 $f_y=10\text{kHz}$ 的序列 $y(m)$。已知序列 $x(n)$ 中有用信号频率分量的频率在 0～150Hz，要求内插滤波器在通带和阻带的波纹分别为 $\delta_1=0.02$ 和 $\delta_2=0.01$。

(1) 试确定内插滤波器的设计指标。

(2) 如果采用等波纹最佳逼近的 FIR 滤波器设计方法，试估算用直接型 FIR 滤波器高效算法结构时，系统每秒所需的乘法次数。

(3) 试设计一种两级实现方案，估算系统每秒所需的乘法次数。

9.10　设二阶 IIR 滤波器的系统函数为

$$H(z)=\frac{2-z^{-1}}{1+0.7z^{-1}+0.8z^{-2}}$$

试求 $M=2$ 的多相分量 $E_0(z)$ 和 $E_1(z)$。

9.11　已知线性相位 FIR 抽取滤波器的阶数为 14，试画出 3 倍抽取滤波系统的多相结构框图。

9.12　已知线性相位 FIR 内插滤波器的阶数为 11，试画出 4 倍内插滤波系统的多相结构框图。

9.13　序列 $x(n)$ 的 L 倍线性内插定义为

$$y(nL+k)=\frac{L-k}{L}x(n)+\frac{k}{L}x(n+1),\quad -\infty<n<\infty,\quad 0\leqslant k\leqslant L-1$$

试证明可用 L 倍内插滤波系统实现 L 倍线性内插。求出内插滤波器的单位脉冲响应 $h(n)$。

9.14　试证明题 9.14 图所示图(a)与图(b)等效。

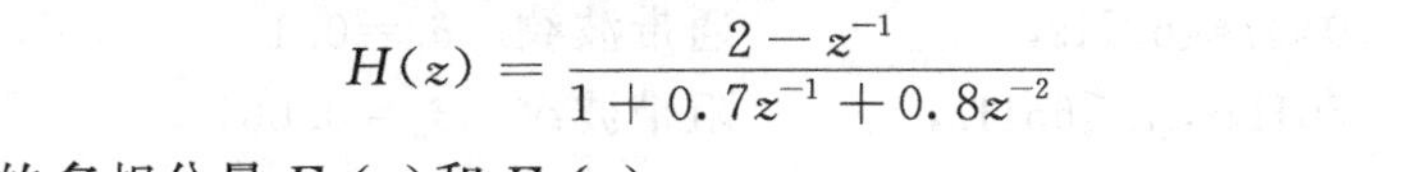

题 9.14 图

9.15　中频带通实信号采样的最佳采样频率为

$$f_{sopt}=\frac{4f_o}{2m-1}$$

式中 m 是满足下式的正整数：$1\leqslant m\leqslant\left[\frac{f_u}{B}\right]=m_{max}$，这里 $\left[\frac{f_u}{B}\right]$ 取不大于 $\frac{f_u}{B}$ 的最大整数。证明：f_{sopt} 满足中频带通信号采样定理，即 $\frac{2f_u}{m}\leqslant f_{sopt}\leqslant\frac{2f_l}{m-1}$。

9.16　在整数 $M=5$ 倍抽取滤波系统中，抗混叠 FIR 低通滤波器的指标要求为：通带最大衰减为 0.1dB，阻带最小衰减为 30dB，过渡带宽度为 0.02πrad。利用 Matlab 工具箱函数 remez 设计该滤波器，画出滤波器的单位脉冲响应波形和幅频响应特性曲线，并确定实现内插滤波系统的多相滤波结构和相应的多相滤波器的单位脉冲响应。

9.17　在整数 $L=2$ 倍的内插滤波系统中，镜像 FIR 低通滤波器的指标要求为：通带最大衰减为 0.1dB，阻带最小衰减为 30dB，过渡带宽度为 0.02πrad。利用 Matlab 工具箱函数 remez 设计该滤波器，画出滤波器的单位脉冲响应波形和幅频响应特性曲线，并确定实现内插滤波系统的多相滤波结构和相应的多相滤波器的单位脉冲响应。

9.18　设采样速率转换滤波系统中的线性相位 FIR 低通滤波器的指标要求为

通频带　$0\leqslant f\leqslant 60$Hz，　　　通带波纹　$\delta_1=0.1$

过渡带　$60\text{Hz}<f\leqslant 65$Hz，　　阻带波纹　$\delta_2=0.001$

若输入序列 $x(n)$ 的采样频率 $f_s=10$kHz，经采样速率转换滤波系统后，要求尽可能降低采样频率，试确定采样速率转换因子，并用 Matlab 工具箱函数设计该滤波器。

9.19　用 Matlab 工具箱函数设计一个两级抽取滤波系统中的线性相位 FIR 低通滤波器，技术指标要求为：

输入信号采样频率　$f_s=10$kHz

抽取倍数　$M=100$

通频带　$0\leqslant f\leqslant 45$Hz，　　　通带波纹　$\delta_1=0.1$

过渡带　$45\text{Hz}<f\leqslant 50$Hz，　　阻带波纹　$\delta_2=0.001$

9.20　用 Matlab 工具箱函数设计一个抽取滤波系统，将采样速率从 60kHz 降到 3kHz，抗混叠 FIR 低通滤波器采用等波纹最佳逼近法设计，技术指标要求为：通带截止频率 $f_p=1.25$kHz，通带波纹 $\delta_1=0.02$，阻带波纹 $\delta_2=0.01$。

(1) 用一级抽取滤波系统。如果分别以滤波器的总长度和每秒所需的乘法次数作为计算复杂度的参数，试计算该抽取滤波系统的复杂度。

(2) 用两级抽取滤波系统，要求具有最小的计算复杂度。计算它的复杂度，并与一级抽取滤波系统进行比较。画出两级实现时，滤波器的单位脉冲响应波形和幅频响应特性曲线。

参 考 文 献

白森.2006.PD雷达导引头数字接收机的理论和实现.航空兵器,(4)

陈后金等.2004.数字信号处理.北京:高等教育出版社

陈怀琛.2004.数字信号处理教程——MATLAB释义与实现.北京:电子工业出版社

程佩清.2001.数字信号处理.第2版.北京:清华大学出版社

丁玉美,高西全.2001.数字信号处理.第2版.西安:西安电子科技大学出版社

高西全,丁玉美,阔永红.2006.数字信号处理:原理、实现及应用.北京:电子工业出版社

胡广书.1998.数字信号处理——理论、算法与实现.北京:清华大学出版社

吴镇扬.2004.数字信号处理.北京:高等教育出版社

应启珩,冯一云,窦维蓓.2001.离散时间信号分析和处理.北京:清华大学出版社

Chi-Tsong Chen. 2002. Digital Signal Processing Spectral Computation and Filter Design. 北京:电子工业出版社

Crochire R E, Rabiner L R. 1983. Multirate Digital Signal Processing. Prentice-Hall Inc

Joyes Van Vegte. 2003. Fundamentals of Digital Signal Processing. 北京:电子工业出版社

Mitra S J. 2001. Digital Signal Processing-A Computer-Based Approach. Second Edition. McGraw-Hill

Oppenheim A V, Schafe R W. 1975. Digital Signal Processing. Prentice-Hall Inc

Tsui J. 2002. 宽带数字接收机. 杨小牛等译. 北京:电子工业出版社